地球の歩き方 B23 ● 2020～2021年版

ペルー

ボリビア　エクアドル　コロンビア

Perú Bolivia Ecuador Colombia

地球の歩き方 編集室

Perú
Bolivia Ecuador Colombia

CONTENTS

巻頭＊マチュピチュ別冊マップつき＊

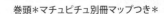

出発前に必ずお読みください！ 旅のトラブルと安全対策…407

地球の歩き方南米シリーズ

本書『ペルー編』のほか、『アルゼンチン/チリ編』、『ブラジル/ベネズエラ編』があります。GEM シリーズ『世界遺産 ガラパゴス諸島 完全ガイド』、『世界遺産 マチュピチュ 完全ガイド』、『世界遺産 ナスカの地上絵 完全ガイド』、BOOKS『世界の絶景アルバム101』も必見です。

『アルゼンチン/チリ編』アルゼンチン/チリ/パラグアイ/ウルグアイ収録

『ブラジル/ベネズエラ編』ブラジル/ベネズエラ収録

『世界遺産 ガラパゴス諸島 完全ガイド』では貴重な動物を紹介

本書で用いられる記号・略号

本文中および地図中に出てくる記号で、❶はツーリストインフォメーション（観光案内所）を表します。その他のマークは、以下のとおりです。

★紹介している地区の場所を指します。

紹介している地区の市外局番。

2019年10月24日現在の為替レート。

❶ ツーリストインフォメーション（観光案内所）

MAP 地図位置
住 住所
☎ 電話番号（カッコ内は市外局番）
Free 無料通話の電話番号
FAX FAX番号
URL ウェブサイトのURL（http:// は省略）
E-mail eメールアドレス

開 開館時間
営 営業時間
運 運行時間
休 閉館日、休業日
料 入場・入館料金

Lima
ペルー中部
リマ

標高 > 154m
MAP > P.38-B3
市外局番 > 01
（電話のかけ方は→P.40）
US$1＝S/3.3

世界遺産に登録されているリマ旧市街

南米大陸の太平洋岸の中心となるのが、人口約956万人を擁するペルーの首都リマ。ここは、ブラジルのリオ・デ・ジャネイロやサン・パウロと並ぶ、南米のゲートウエイだ。毎日アメリカやカナダ、ヨーロッパから何十便もの飛行機が、ホルヘ・チャベス国際空港に到着する。

リマはチャラと呼ばれる海岸砂漠地帯に位置し、年間を通してほとんど雨は降らない。ただし、6～9月の冬の間はガルーアという海霧が空を覆い、わずかながら霧雨が降ることもある。湿度は90%を超え、どんよりとした曇天が続く。

空港から車で約30分、レンガ造りの家々や露天商の集まる道をすり抜けると、目の前に高層ビルが現れる。目指すは旧市街のリマ区（セントロ）か、新市街のミラフローレスやサン・イシドロ。旧市街のアルマス広場にはスペインのコンキスタドール（征服者）ピサロが定礎を置いたカテドラルがそびえ、周囲には植民地時代に財力を注ぎ込んだ建造物が、数百年の威厳をもって旅行者を見つめる。この古い町並みは、1988年と1991年にユネスコの世界文化遺産に登録された。

リマには植民地時代の文化と近代文化が融合することとなく入り乱れている。伝統を守り続ける心と、新しい物を取り入れようとするパワーとがあふれている町である。

リマの海岸から眺めたサンセット

ホルヘ・チャベス国際空港
MAP P54-A1
住 Av. Elmer Faucett s/n, Callao
☎ (01)517-3100
URL www.lima-airport.com

●おもな航空会社
国際線航空会社
ユナイテッド航空
United Airlines (UA)
住 Av. Víctor Andrés Belaúnde 147 of 101 Edificio Real 5, San Isidro
☎ (01)712-9230
Free 0-800-70030
デルタ航空
Delta Airlines (DL)
住 Av. Víctor Andrés Belaúnde Of. 701 Edificio Real 3-San Isidro
☎ (01)211-9211
アメリカン航空
American Airlines (AA)
住 Av. Pardo 392, Miraflores
☎ (01)211-7000
エア・カナダ
Air Canada (AC)
住 Calle Italia 389 of. 101, Miraflores
Free 0-800-52073
ラタム航空
LATAM Airlines (LA)
住 Av. José Pardo 513, Miraflores
☎ (01)213-8200
アビアンカ航空
Avianca (AV)
住 Av. José Pardo 811, Miraflores
Free 0-800-11936

51

エンターテインメント

ショッピング

レストラン

ホテル

Sachún
サチュン
MAP P.68-A1

38年...
更に...
クラブ...
の演奏...
に、店内...
テージ...
装など...
露する。...
住 Av. De...
中(01)44...
※20:30...
閉日～火...
料S/350...
URL dedalo...
営10:00...
休無休...
営12:00~...

Dédalo
デダロ
MAP P.69-C4

ラルコ...
階にある...
のアーチ...
を集めた...
トショッ...
れたベル...
de Puca...

La Rosa Náutica
ラ・ロサ・ナウティカ
MAP P.68-B4

ラルコ...
く、海に突...
様にあるレ...
ストラン、...
を傾けなが...
メインディ...
コースMer...
Espigón...
(01)447...
www.L...
12:00~...

El Pardo Double Tree by Hilton Hotel
エル・パルド・ダブル・ツリー・バイ・ヒルトン
MAP P.69-C2

最高級ホテル

インデペンデンシア通りと木々・パルドの角にある近代的な5つ星ホテル。周辺は高級住宅地で環境もよく静かだ。フロントのサービス、対応ともにいい。部屋は広く、落ち着ける雰囲気。

住 Jr. Independencia 141, Miraflores
☎ (01)617-1000 FAX (01)444-2171
URL doubletree3.hilton.com
料 ⑤⑩US$250～ サービス料10%別
カード ADJMV 室151室

ホテルの設備

アイコンはほとんどの部屋にある場合に掲出しています。一部の部屋では使えないことがありますので事前にご確認ください。

🛁 バスタブあり
🛁 一部バスタブあり
📺 テレビあり
☎ 電話あり
💻 インターネット可
🍴 朝食付き

※ホテルの料金について
特に注記のない限り、⑤はひとりで利用、⑩はふたりで利用した場合の1泊分のスタンダードルーム1室の最低料金です。一般的にはこれにサービス料が別途かかります。

地　図

- ℹ ツーリストインフォメーション（観光案内所）
- ✉ 郵便局
- ⛪ 教会、大聖堂
- 🚏 バスターミナル、バス停
- [H] ホテル
- [R] レストラン
- [S] ショップ
- [N] ナイトスポット

読者投稿

紹介している地区についての読者からの投稿です。

※閉館、休業日について
本書では、各国で定められた祝祭日、年末年始、クリスマス、イースター以外の閉館、休業日を記しています。祝日は例外的にクローズするケースが多々ありますので、事前にご確認ください。

ホテル・レストランなど物件情報の統一記号

[MAP] 地図位置
[住] 住所
☎ 電話番号
[FAX] FAX 番号
[URL] ウェブサイトの URL（http:// は省略）
[E-mail] e メールアドレス
[開] 開館時間
[催] 催行時間
[休] 休業日
[料] 料金
Ⓢ シングル　Ⓦ ダブルまたはツイン
Ⓣ トリプル
[カード] 利用できるクレジットカード
A AMEX　D Diners　J JCB
M MasterCard　V VISA

■本書の特徴

本書は、ペルー、ボリビア、エクアドル、コロンビアを旅行される方を対象に個人旅行者が現地でいろいろな旅行を楽しめるように、各都市のアクセス、ホテル、レストランなどの情報を掲載しています。

■掲載情報のご利用にあたって

編集部では、できるだけ最新で正確な情報を掲載するよう務めていますが、現地の規則や手続きなどがしばしば変更されたり、またその解釈に見解の相違が生じることもあります。このような理由に基づく場合、または弊社に重大な過失がない場合は、本書を利用して生じた損失や不都合について、弊社は責任を負いかねますのでご了承ください。また、本書をお使いいただく際は、掲載されている情報やアドバイスがご自身の状況や立場に適しているか、すべてご自身の責任でご判断のうえご利用ください。

■現地取材および調査時期

本書は 2019 年 8 月の現地調査を基に編集されています。また、追跡調査を 2019 年 11 月まで行いました。しかしながら時間の経過とともにデータの変更が生じることがあります。特にホテルやレストランなどの料金は、旅行時点では変更・訂正されていることも多くあります。したがって、本書のデータはひとつの目安としてお考えいただき、現地では観光案内所などでできるだけ新しい情報を入手してご旅行ください。

■発行後の情報の更新と訂正について

本書に掲載している情報で、発行後に変更されたものや、訂正箇所が明らかになったものについては『地球の歩き方』ホームページの「ガイドブック更新・訂正情報」で可能な限り最新のデータに更新・訂正しています（ホテル、レストラン料金の変更などは除く）。出発前に、ぜひ最新情報をご確認ください。

[URL] **book.arukikata.co.jp/support**

■投稿記事について

投稿記事は、多少主観的になっても原文にできるだけ忠実に掲載してありますが、データに関しては編集部で追跡調査を行っています。投稿記事のあとに（東京都○○ '18）とあるのは、寄稿者と旅行年を表しています。ただし、ホテルなどの料金は追跡調査で新しいデータに変更している場合は、寄稿者のデータのあとに調査年度を入れ ['19] としています。
※みなさまの投稿を募集しています。詳しくは→ P.429。

世界遺産

ペルー Perú →P.37

★はユネスコの世界遺産登録年と分類を意味します。

アンデス高地や海岸地域に古くから文明が栄えたペルーは、マチュピチュをはじめとする遺跡の宝庫。自然豊かな見どころもある。

❶クスコ市街 City of Cuzco P.103
★1983年登録　文化遺産
インカ帝国の首都として栄えたコロニアルシティ。

❷アレキパ歴史地区 P.164
Historical Centre of the City of Arequipa
★2000年登録　文化遺産
「シウダー・ブランカ＝白い町」という別名を持つ古都。

❸マチュピチュの歴史保護区 P.136、別冊
Historic Sanctuary of Machu Picchu
★1983年登録　複合遺産
細い尾根に造られたインカ帝国時代の石造りの都市遺跡。

❹マヌー国立公園 P.124
Manú National Park
★1987年登録　自然遺産
クスコの郊外に広がるペルー最大規模の熱帯雨林の森。

❺ナスカとフマナ平原の地上絵 P.93
Lines and Geoglyphs of Nasca and Pampas de Jumana
★1994年登録　文化遺産
ナスカ文明の時代に描かれた地上絵の意味は、いまだに謎に包まれている。

❻リマ歴史地区 P.51
Historic Centre of Lima
★1988/1991年登録　文化遺産
ペルーの首都リマの、歴史的建造物が建ち並ぶ旧市街。

❼カラルの宗教都市遺跡 P.56
Sacred City of Caral-Supe
★2009年登録　文化遺産
紀元前2800〜2500年頃の遺跡で、世界ピラミッドを含む32の建造物をもつ。

❽ワスカラン国立公園 P.184
Huascarán National Park
★1985年　自然遺産
ワラスの近郊にある国立公園。ヤンガヌコ湖を擁する。

❾チャビンの考古学地区 P.181
Chavín (Archaeological Site)
★1985年登録　文化遺産
宗教都市として栄えたチャビン・デ・ワンタルの遺跡群。

❿チャンチャン遺跡 P.188
Chan Chan Archaeological Zone
★1986年登録　文化遺産(危機遺産)
インカに征服されるまで栄えていたチムー王国時代の都市跡。

⓫リオ・アビセオ国立公園
Río Abiseo National Park
★1990/1992年登録　複合遺産
遺跡と自然からなる複合遺産。

ガラパゴス諸島

ボゴタ
Bogoá

コロンビア
COLOMBIA

エクアドル
ECUADOR

キト
Quito

ペルー
PERÚ

リマ
Lima

ラパス
La Paz

ボリビア
BOLIVIA

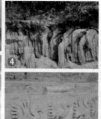

南米6ヵ国にまたがる

アンデスの道路網カパック・ニャン
Qhapaq Ñan, Anden Road System

ペルー、ボリビア、エクアドル、コロンビアなど南米6ヵ国に張り巡らされた、インカ時代の道。全長3万kmにおよぶ。

2014年登録
文化遺産

コロンビア Colombia →P.349

カリブ海と太平洋のふたつの海に面する南米唯一の国。アンデス高地、大平原からアマゾンのジャングルまで豊かな自然をもつ。

①カルタヘナの港、要塞群と建造物群
Port, Fortresses and Group of Monuments, Cartagena [P.370]
★1984年登録　文化遺産
カリブ海に造られた16世紀の要塞都市。

②ロス・カティオス国立公園
Los Katíos National Park
★1994年登録　自然遺産(危機遺産)
カピバラ、ホエザルなどの哺乳類のほか、400種以上の鳥類が生息している。

③サンタ・クルス・デ・モンポスの歴史地区
Historic Centre of Santa Cruz de Mompox
★1995年登録　文化遺産
1540年に総督モンポスが築いた。水運の要衝として栄えたコロニアルな町並み。

④コロンビアのコーヒー文化的景観
Coffee Cultural Landscape of Colombia
★2011年登録　文化遺産
4つの県、47地区が登録されている。

⑤マルペロの動植物保護区
Malpelo Fauna and Flora Sanctuary
★2006年登録　自然遺産
多種のサメや海洋生物が生息。

⑥ティエラデントロの国立遺跡公園
National Archeological Park of Tierradentro
★1995年登録　文化遺産
8～14世紀にかけてのティアラデントロ文化の遺跡。地下埋葬所や像が出土。

⑦サン・アグスティン遺跡公園
San Agustín Archaeological Park
★1995年登録　文化遺産
紀元前500年から8世紀ごろまで続いた文化の遺跡で、不思議な石彫群が特徴。

⑧チリビケテ国立公園「ジャガーのマロカ」
Chiribiquete National Park – "The Maloca of the Jaguar"
★2018年登録　複合遺産
紀元前2万年の岩絵が残る、コロンビア最大の保護地域。

エクアドル Ecuador →P.287

南米のなかでは小さな国だが、豊かな自然と山岳景観が見どころのひとつ。太平洋に浮かぶガラパゴス諸島が世界的に有名。

①ガラパゴス諸島 [P.337]
Galápagos Islands
★1978/2001年登録　自然遺産
孤島で暮らし、独自の進化を遂げたさまざまな動物がすむ諸島群。

②キト市街 [P.298]
City of Quito
★1978年登録　文化遺産
贅を尽くしたスパニッシュコロニアルな建物群が残るエクアドルの首都。

③サンガイ国立公園
Sangay National Park
★1983年登録　自然遺産
サンガイ山を中心とする国立公園。

④サンタ・アナ・デ・ロス・リオス・デ・クエンカの歴史地区 [P.323]
Historic Centre of Santa Ana de los Ríos de Cuenca
★1999年登録　文化遺産
インディヘナの人々の伝統的な暮らしを垣間見られる古き良き古都。

ボリビア Bolivia →P.207

世界最高所の首都であるラ・パスの標高は3650m。都市のほとんどがアンデス高地に位置し、インディヘナの人々が暮らす。

①ティワナク：ティワナク文化の宗教的・政治的中心地 [P.236]
Tiwanaku: Spiritual and Political Centre of the Tiwanaku Culture
★2000年登録　文化遺産
紀元前200年から紀元1200年頃まで続いたとされるティワナク文化の遺跡。

②ポトシ市街 City of Potosí [P.265]
★1987年登録　文化遺産
標高約4070m、銀山によって栄えた歴史をもつ。

③古都スクレ [P.257]
Historic City of Sucre
★1991年登録　文化遺産
スペイン人入植者によって造られ、初代大統領の名を冠した由緒ある町。

④サマイパタの砦 [P.283]
Fuerte de Samaipata
★1998年登録　文化遺産
先コロンブス期の、宗教儀式が行われたと思われる遺跡。岩に多数の彫刻がある。

⑤チキトスのイエズス会伝道所群
Jesuit Missions of the Chiquitos
★1990年登録　文化遺産
イエズス会により建設されたキリスト教の伝道所跡。

⑥ノエル・ケンプ・メルカード国立公園
Noel Kempff Mercado National Park
★2000年登録　自然遺産
ブラジルとの国境に広がる多様な気候と植生が特徴の森林地帯。

見たい景色はここにある
遺跡と絶景の旅へ

日本から飛行機で丸一日以上かかる、地球の裏側にある南米の国々。
好奇心をくすぐられる遺跡、憧れの絶景を求めて旅立とう。

見張り小屋の裏から
尾根に広がる市街地の全景。正面の山はワイナピチュ

ペルー 🇵🇪

世界遺産

マチュピチュ
Machu Picchu

→P.136／別冊

インカ帝国時代、人里離れた山奥に作られた石造りの町。
帝国崩壊後も数百年にわたり気づかれることなく、
当時の景色を今も残す奇跡の遺跡だ。

Machu Picchu

マチュピチュ
散策ガイド

天空都市と呼ばれるマチュピチュ。人々を魅了してやまない憧れの地には、世界中から旅行者が訪れる。遺跡を守るため散策順路は決められており、あちこちで監視員が目を光らせている。実際にどんな景色が見られるのか、最新のマチュピチュ散策をリポート。

TRAVEL PLAN

リマ

↓ ✈ 約1時間

クスコ →P.103

↓ 🚌 約3時間15分

マチュピチュ村 →P.136

↓ 🚃 約25分

マチュピチュ

ベストシーズン ▶ 5～10月
乾季の5～10月は雨が降る確率が少なくおすすめ。それ以外の時期も雨は常に降るわけではなく、雨季のほうが植物のグリーンは鮮やか。

滞在日数 ▶ 2泊3日
クスコから日帰りも可能だが、午前中にマチュピチュへ行くなら、前日にマチュピチュ村に宿泊することになる。日本からは最短で6日あれば行くことができる。

🐾 START

入口でパスポートが必要。荷物預かり所は入場してすぐの左手にある

マチュピチュ駅からバスで遺跡の入口へ。バスを降りると、入場を待つ長い行列ができている。遺跡内にトイレはないので、焦らず支度をしてから入場しよう。

入場してハイラム・ビンガムのレリーフを過ぎると、右手にウルバンバ川とぼこぼこと尖った山々の展望が広がる。

景色にも神聖な雰囲気が漂っている

順路に従って左の斜面を上ると森の中へ。きつい傾斜をジグザグに登っていく。

見張り小屋

森を抜け、復元された見張り小屋付近まで登ると、遺跡の全容が一望できる。

日差しが強いため、暑くても長袖がおすすめ

代表的なマチュピチュの眺めはココから

市街地入口
門をくぐって振り返ると、扉を取り付けていたとされる凹みや出っ張りが見られる。

いよいよ遺跡の中へ

ここで神事が執り行われたとされている

神聖な広場
神殿が集まるエリアの中央に横たわる石の台。存在感のある大きさと形が目を引く。

マチュピチュの動物たち

遺跡内をゆうゆうと歩くリャマはマチュピチュの住人

石の隙間をのぞけば、チンチラの仲間であるビスカッチャがいるかも!

メイン広場
広場脇の歩道から、中央に横たわる広場と技術者の居住区が見渡せる。

草をはむリャマの姿が見られる

コンドルの神殿
羽を広げたコンドルを連想させる建物。自然石と加工された石を巧みに組み合わせて作られている。

建物内は半地下になっている

マチュピチュの不思議な石たち

コンドルの石
コンドルの神殿にあり、儀式に使われたとされる。
→P.145／別冊P.22

聖なる石
背後の峰と同じシルエットになっている。
→別冊P.18

天体観測の石
水を張って天体観測をしたとされる。
→P.144／別冊P.21

太陽の神殿
マチュピチュで唯一、カーブを描く石壁が使われた塔のような建物。上部が太陽の神殿、下は陵墓と言われている。

陵墓は自然石を利用して造られた

GOAL

マチュピチュから見るワイナピチュ →P.145

マチュピチュ遺跡から周囲に広がる山々を眺めていると、ひと際高い山のいただきに石造りの人工物が見えてくる。この山こそ、マチュピチュを見下ろすワイナピチュだ。目を凝らして見ると、切り立った山肌に張りつくように作られた登山道を歩く旅行者の姿が確認できる。こんな急斜面にどうやって道や建物を建設したのか、インカの人々の技術の高さを実感できる光景だ。ワイナピチュから望むマチュピチュも絶景だが、マチュピチュからは圧巻のワイナピチュを堪能できる。

13

ウユニ塩湖
Salar de Uyuni →P.274

ボリビアの高地に広がる、真っ白な塩の大地。
ひとたび雨が降ると、空を映し出す"天空の鏡"となる。

꙳⸲✦⸱ Salar de Uyuni ꙳⸲✦⸱

ウユニ塩湖
日帰りツアー

水をたたえた塩湖がすべての風景を映し出す、幻想的なスポットとして注目を集めるウユニ塩湖。この地へ行くには、ボリビアの首都ラ・パスから540kmの高地にある小さな町、ウユニからツアーに参加する。日帰りツアーで訪れるポイントを紹介しよう。

TRAVEL PLAN

ラ・パス

↓ ✈ 約45分

ウユニ →P.271

↓

ウユニ塩湖日帰りツアー

ベストシーズン ▶ 通年
塩湖一面に水が張るのは雨季の11〜3月。ただし、この時期はインカ・ワシ島まで行けないことも。雨季以外でも、一部に水が残っていることがある。

滞在日数 ▶ 1泊2日
ツアーを予約しておいて、ラ・パスから飛行機を利用すれば日帰りも可能だが、フライトキャンセルが多いので余裕をもって。ラ・パスからバスを利用すると2泊3日必要。

꙳ START

列車の墓
ウユニの町を出発し、最初に行くのがここ。かつて塩や鉱物を運んで走った機関車が放置されている。

コルチャニ村
塩湖の入口にある、塩の採掘を行っている村。みやげ物屋が並ぶ。

塩で作られたリャマの置き物

列車の屋根に上がることもできる

塩の目
塩分濃度の濃い塩水が湧き出しているスポット。

手を浸して舐めてみると……

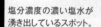
インカ・ワシ島 ꙳ GOAL
塩湖内の真っ白な大地を走って行くと島が近づいてくる。インカ・ワシ島は塩湖に浮かぶ島のひとつ。島の全体に大きなサボテンが生えている独特な風景だ。

プラヤ・ブランカ
塩湖内の拠点で、ツアーでの昼食場所となる塩の建物。外には世界各国の国旗が飾られている。

真っ白な塩湖に鮮やかにはためく国旗

島の上からは真っ白な塩湖と山が見える

乾季の塩湖

広大な塩湖に、塩の結晶が六角形の模様を描く。
よく晴れた昼間は日差しの照り返しで目が開けられないほどまぶしい。

雨季の星空

雨季の夜には星空が水面に映り込み、天空を映す鏡となる。
日帰りツアーのオプションプランや、午後出発の星空ツアーに参加しよう。

ペルー

ナスカの地上絵

Líneas de Nasca →P.98

荒涼とした平原に描かれた、無数の線や不思議な絵。
上空からしか全体を見られない巨大な地上絵を眺めよう!

フクロウ人間
小高い丘の斜面にある92mの地上絵。
大きく丸い目から、宇宙人との説もある

地上絵を見るフライト

ナスカの地上絵を上空から見るには、小型飛行機のセスナに乗る。ナスカからのフライトはもちろん、ナスカよりもリマに近いピスコ(→P.91)からのフライトも出ている。

リマからナスカへはバスで約7時間、ピスコへは約3時間30分。

ナスカの町外れにある、地上絵観覧のセスナが発着する小さな空港

必見の地上絵はコレ!

フクロウ人間のほかにも絶対に見逃せない地上絵ベスト3はコレ!

ハチドリ
フライトの終盤に現れる。長くデフォルメされたくちばしが特徴

サル
くるくると丸まった尻尾がかわいい。93mもの大きさがある

クモ
見事なバランスのクモは比較的はっきり見える

島も家も舟も、すべてトトラでできている。
島の淵では足を踏み外さないよう注意

→P.157

ペルー ウロス島
Isla de Los Uros

ペルーとボリビアの国境の高地に横たわる、ティティカカ湖に浮かぶウロス島。
トトラを積み重ねてできた、フワフワとした浮き島に上陸してみよう。

上陸して島内を見学できるほか、トトラの
舟に乗ってティティカカ湖のクルーズも

ウロス島へ

ウロス島はプーノに比較的近い場所にあり気軽に
行くことができる。近年は宿泊施設もある。

プーノの桟橋
にはウロス島
へ行くモーター
ボートがたくさ
ん並んでいる

モーターボートでしばらく
行くとトトラの生えるエリ
アに入っていく

約40分で目的のウロス島に
到着。島民が出迎えてくれる

19

グアタペ
Guatape →P.378

丘から突き出た巨大な奇岩、ピエドラ・デル・ペニョール。
絵の具箱をひっくり返したような
カラフルな町グアタペを拠点に、
とっておきの一枚を
撮りに行こう。

View

岩の上の展望台からはグアタペ貯水池が
一望できる

約220mの岩の上まで740段の階
段をジグザグに上る

フォトジェニックなグアタペ散策

どこを切り取っても絵はがきのようなグア
タペの町。カラフルな色の組み合わせや
家の土台部分に描かれたイラスト、かわい
らしいモニュメントなどをチェック！

白に赤のアクセ
ントが斬新な教
会。前に停まっ
ているバイクタク
シーまでカラフル

家の土台部分（ソ
カロ）の絵は職業
を表しているなど、
遊び心いっぱい！

噴水を利用したユ
ニークなモニュメント

岩にへばりついている階段は、
まるで靴ひもやジッパーのよう

ミルプ・ターコイズ・プール
Aguas Turquesas de Millpu

いま世界から注目を集めている、ペルーの話題のスポットがココ。
切り立った岩に挟まれた細い渓谷に横たわる、目の覚めるようなターコイズブルーの絶景が広がる。

ナスカとクスコの間に位置する、アヤクチョの郊外約120kmにある渓谷。ミルプ川の流れに削られ、垂直に切り立った断崖の底に、約20のプール状になった水たまりが連なる不思議な光景。標高3540mの人里離れた高地に位置する秘境だ。断崖の上から見下ろせるほか、川の縁まで下りることもできる。美しい色が見られるベストシーズンは5～10月の乾季。

ミルプ川への行き方

リマからアヤクチョまでは飛行機で約1時間、バスは約10時間。アヤクチョから車で約4時間、下車後30分ほど山道を上ると川を見下ろせる展望スポットに着く。アヤクチョには日帰りツアーを催行している旅行会社がいくつかある。ミッキー・ツール（→P.58）では、リマ発着の2泊3日ツアーを催行。
MAP➡P.38-B3

現在は景観保護のため水には入れない

21

アンデス文明を知る

マチュピチュやナスカで知られる、スケールの大きな遺跡を残したのは誰なのか。スペインに支配されるまで、北はコロンビア、南はアルゼンチンやチリ北部にまで広大な領土をインカ帝国が治めていた。そのインカが興る以前にも、各地でいくつもの高度な文明が興っては滅び、互いに影響し合いながら発展していったのである。

手を小さく広げたチャンカイ文化の土器。
天野プレコロンビアン織物博物館収蔵

シカン文化

写実的な土器を残したモチェ文化に続いて北部海岸地方で発展した。黄金の加工技術に優れていた。

戦士をモチーフにした土器

シカン文化の大都市跡
トゥクメ遺跡

26ものピラミッドの跡が点在している

チャビン文化

アンデス文明初期の、神殿を中心に栄えた文化。

チャビン文化の地下神殿
チャビン・デ・ワンタル

巨石を組み合わせた門

土器は素朴なものが多い

時代ごとの個性が見られる アンデス文明の 土器 ◈

太平洋に面した海岸からアンデスの山岳地帯にかけて、各時代のさまざまな土器が発掘されている。ほっと癒やされる表情から写実的なものまで、気になる時代の土器をチェックしよう。

インカ帝国

高度な石組みや建築技術を誇った、南米最初で最後の大帝国。各地に興った文化の影響が見られる。

ケロと呼ばれるカップ

モチェ文化

写実的な土器が特徴。生贄を捧げた儀式の様子を表した土器も出土している。

当時の髪型や装飾品などがわかる

ナスカ文化

地上絵で有名なナスカ文化だが、彩色の美しい土器も多数発掘されている。

ナスカの祭祀センター
カワチ遺跡

チムー文化

黒色の土器が特徴

シカン文化から黄金の加工技術を受け継いだ、プレ・インカ最大の都市。

高さ20m以上もあるピラミッド型で、巨大な施設だったと思われる

ワリ文化

都市による統治を行った文化で、ペルーのほぼ全土に影響を与えた。

2本の飲み口の土器はその他の文明でも見られる

鮮やかな彩色とユニークなイラストが見られるナスカの土器

MAPで見る

アンデス文明の旅

インカ帝国の誕生まで、海岸からアンデス山脈にかけての広い範囲で、インカ以前の文明＝プレ・インカと呼ばれるさまざまな文明や王国が華開いた。高度な技術を持つ文明をひもといてみよう。

1 インカ帝国

南米最後で最大の大帝国

1450年頃→1532年

最盛期には南北4000kmを支配する大帝国となった、太陽を神とする王政国家。1532年、スペイン人により皇帝が捕らえられ滅亡の道を進む。

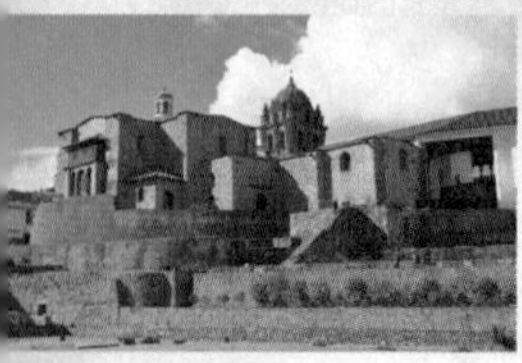

クスコのコリカンチャ

インカ9代皇帝の離宮 [世界遺産]
マチュピチュ →P.136

行き交う人々が休んだ
オリャンタイタンボ →P.120

インカ帝国の首都 [世界遺産]
クスコ →P.103

2 チムー文化

インカに統合された王国

1100年頃→1500年

プレ・インカ最大の王国。インカ帝国にあった黄金は、ほとんどがこのチムー王国の技術により生み出されたものとされる。

宗教的な儀式が行われた
ドラゴンのワカ →P.189

チムー王国の大都市跡 [世界遺産]
チャンチャン遺跡 →P.188

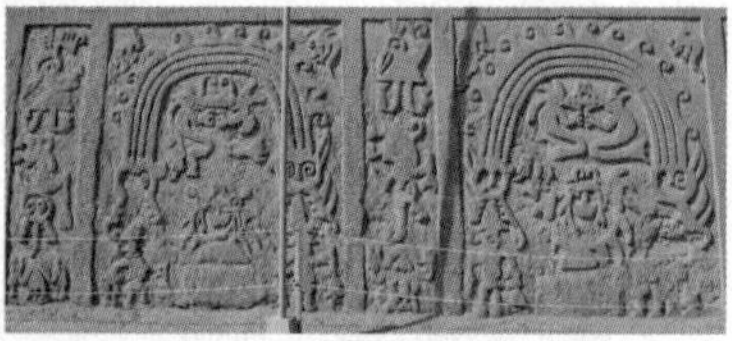

ドラゴンのワカに残る見事なレリーフ

3 シカン文化

北部海岸の黄金の王国

850年頃→1100年

モチェ文化と同じく黄金の加工技術に優れており、数多くの黄金製品が発掘されている。その技術は、やがてこの地を制服したチムー王国へと受け継がれた。

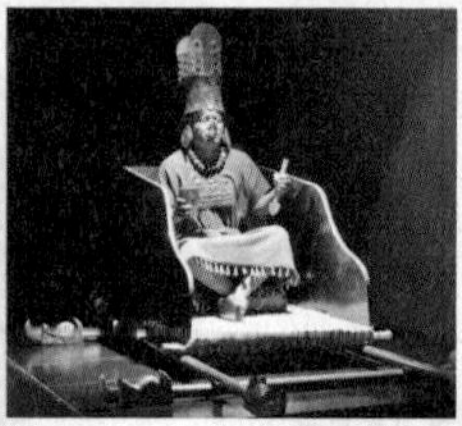

国立シカン博物館（→P.195）に展示されている発掘品

チムー王国の大都市跡
トゥクメ遺跡 →P.196

4 チャチャポヤス文化

インカと戦った雲上の人

800年頃→1500年

起伏のある土地を利用して農業を行い、山の上に大都市を築いた。そのことからインカの人々は彼らを、チャチャポヤス＝雲の上の人と名付けた。

山の上の都市遺跡
クエラップ →P.200

壁のくぼみに並ぶ家型の墓
レバッシュの霊廟 →P.200

「死者の町」と呼ばれる場所
プエブロ・デ・ロス・ムエルトス →P.200

断崖に並ぶ王の棺
カラヒアの棺 →P.199

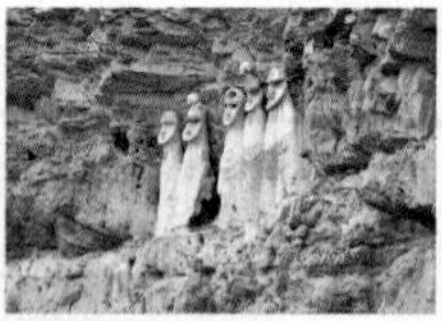

断崖のくぼみに置かれたカラヒアの棺

5 ワリ文化

建物が集まる都市型の文化

500年頃→900年

中央アンデスで初めて、神殿ではなく都市による統治を行った文化。道路整備や都市建設は後のインカ帝国に受け継がれることとなる。

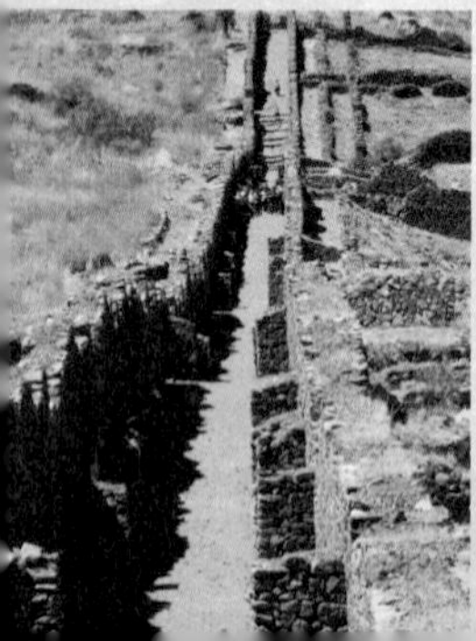

区画整備されているピキリャクタ遺跡

壁に囲まれた計画都市
ピキリャクタ遺跡 →P.123

内部にトンネルのある建物
ウィルカワイン遺跡 →P.180

6 ナスカ文化

上空からしかわからない巨大絵

紀元前後→800年

上空からしか認識できない地上絵や、数十キロにわたる直線を描いた。彩色の美しい織物や土器も特徴。

[世界遺産]
上空からしかわからない巨大絵
ナスカの地上絵 →P.98

ナスカ時代の祭祀センター
カワチ遺跡 →P.97

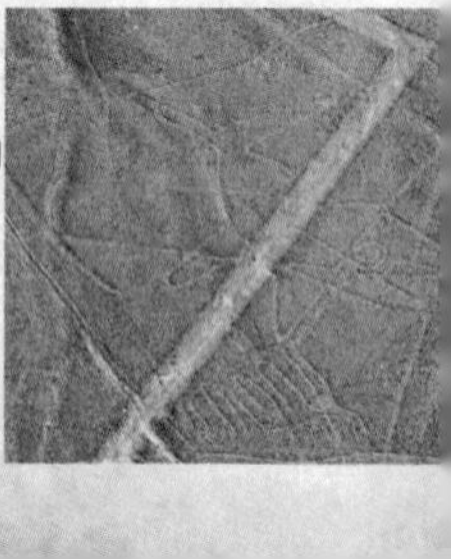

ナスカの地上絵の、コミカルな絵柄が印象的なクジラ

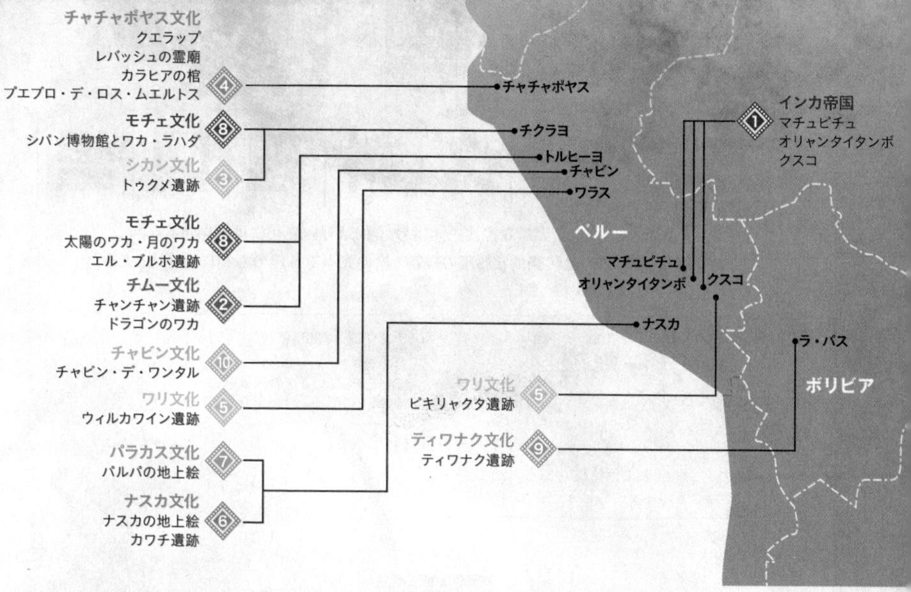
チャチャポヤス文化
クエラップ
レバッシュの霊廟
カラヒアの棺
プエブロ・デ・ロス・ムエルトス
[4]
チャチャポヤス
モチェ文化
シパン博物館とワカ・ラハダ
[8]
チクラヨ
シカン文化
トゥクメ遺跡
[3]
トルヒーヨ
チャビン
ワラス
モチェ文化
太陽のワカ・月のワカ
エル・ブルホ遺跡
[8]
チムー文化
チャンチャン遺跡
ドラゴンのワカ
[2]
チャビン文化
チャビン・デ・ワンタル
[10]
ワリ文化
ウィルカワイン遺跡
[5]
パラカス文化
パルパの地上絵
[7]
ナスカ文化
ナスカの地上絵
カワチ遺跡
[6]
インカ帝国
マチュピチュ
オリャンタイタンボ
クスコ
[1]
ペルー
マチュピチュ
オリャンタイタンボ
クスコ
ナスカ
ラ・パス
ボリビア
ワリ文化
ピキリャクタ遺跡
[5]
ティワナク文化
ティワナク遺跡
[9]

[7] 地上絵のルーツとされる パラカス文化

紀元前300年 ➡紀元前後

ナスカ文化が興る前に華開いていた文明。ナスカと同じくハチドリの地上絵を描いていており、技術やデザインは継承されている。

絵は何を意味しているのか [世界遺産]
パルパの地上絵 →P.100

パルパのスターと呼ばれる、大小ふたつの星

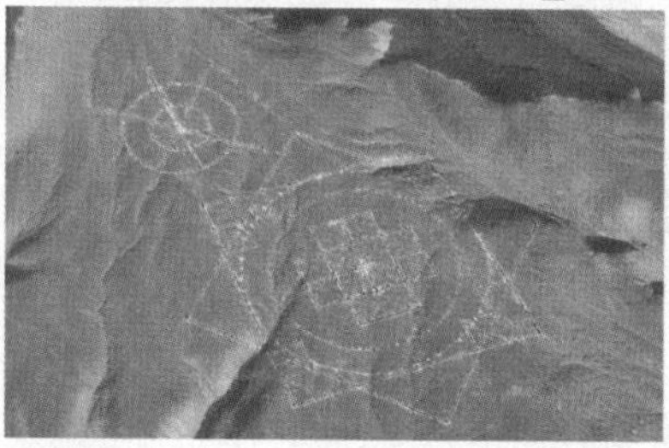

[9] 巨石の建造物が広範囲に点在 ティワナク文化

紀元前200年 ➡1200年頃

巨石を組み合わせた神殿やモノリートと呼ばれる石像などを製造。その技術は後のインカの石組みに代表される巨大文化の礎となった。

神々を崇拝する宗教都市跡 [世界遺産]
ティワナク遺跡 →P.236

巨大なモノリートがたたずむティワナク遺跡

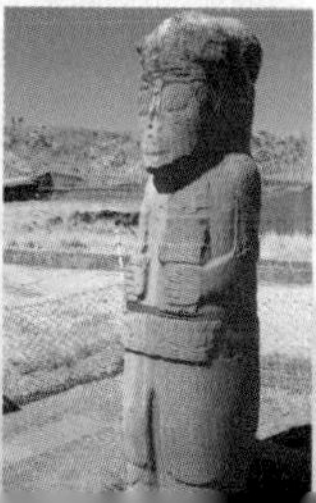

[8] 写実的な土器を残した モチェ文化

紀元前後 ➡700年頃

アドベレンガを使った巨大なピラミッドを多数建設した。写実的な土器やアドベに施した文様が特徴。

シパン王が眠るアドベの遺跡
シパン博物館とワカ・ラハダ →P.195

対峙するふたつのピラミッド
太陽のワカ・月のワカ →P.187

シャーマンが集まった場所
エル・ブルホ遺跡 →P.189

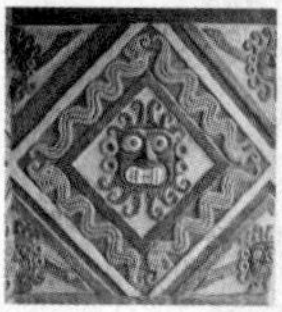

エル・ブルホ遺跡の鮮やかな壁画のレプリカ

[10] アンデスの古代の幕開け チャビン文化

紀元前1000年頃 ➡紀元前500年頃

神々を祀る神殿が文化の中心だった時代。チャビン・デ・ワンタルにはジャガーやヘビなどを神格化したレリーフが多く残る。

迷路のような地下神殿 [世界遺産]
チャビン・デ・ワンタル →P.181

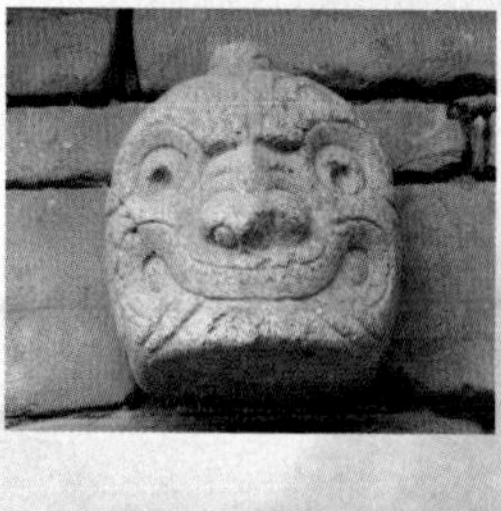

神殿の壁には、擬人化した動物の顔がはめ込まれている

アンデス料理図鑑

海辺、山岳地帯、湖畔など、場所により、国により食文化には違いがある。
ここで紹介しているのは代表的な料理の一部。旅の先々で各地の名物に出合えるだろう。

PERÚ

ペルー料理

首都のリマがある沿岸地方は魚介を使った料理、アンデスの山岳地帯はジャガイモやマス、クイ(テンジクネズミ)を食べるなど、地域により特徴がある。

チョクロ CHOCLO
粒の大きなペルーのトウモロコシ。モチモチしているが甘味は薄い。揚げたものが添えられる場合もある

まず食べたい
Best 3

1 CEBICHE セビーチェ

ペルーを代表する料理。白身魚やタコ、エビ、イカ、貝などをレモンで締め、紫タマネギとあえたマリネのような料理。おもに海岸地方で食べられるが、山岳部ではマスのセビーチェもある。

パパ・フリータ PAPA FRITA
フライドポテト。通常は一緒に炒めてある。太めのものが多い

カモーテ CAMOTE
ペルーのサツマイモ。セビーチェに欠かせない付け合わせ。ジャガイモやユカ芋が付いてくる場合もある

3 AJÍ DE GALLINA アヒ・デ・ガジーナ

ガジーナ(雌鶏)のほぐし身と、タマネギ、牛乳に浸したパン、アヒ・アマリージョ(黄色いトウガラシ)、スパイスなどを調理した料理。ご飯にかけて食べるのでカレーライスに似ている。

2 LOMO SALTADO ロモ・サルタード

牛肉の細切り、タマネギ、トマト、フライドポテトを炒めた、ペルーのどこででも食べられる国民食。味付けに醤油を使うこともあり、日本人の口に合う。

オリーブ OLIVO
ペルーはオリーブの名産地。サイズが多いのが特徴

POLLO A LA BRASA
ポジョ・ア・ラ・ブラサ

鶏肉をグリルしただけのものだが、こぶりの鶏肉は味が濃く、グリルする際に余分な脂が落ちて美味。ペルー国民の誰もが好きな料理。通常フライドポテトが付いている。

ANTICUCHO
アンティクーチョ

牛の心臓(ハツ)を串刺しにして焼いた料理。レストランのメニューにもあるが、露店でもよく売られている。ジャガイモと一緒に食べる。

CUY AL HORNO/CUY FRITO
クイ・アル・オルノ(上)
クイ・フリート(下)

アンデス地方で昔から食用とされているクイ(テンジクネズミ)。おなかにハーブを詰め込んで窯焼きするのが一般的だが、場所によっては油で揚げたり、開いて焼いたクイ・チャクタードもある。

> アンティークーチョ

> ロコト・レジェーノ
> 内容は左下参照。写真はグリーンのロコトだが、赤いロコトを使う場合も

タマル TAMAL
トウモロコシの粉を練って肉やオリーブ入れ、バナナの葉に包んで蒸した朝食の定番

肉料理
Carne

ALPACA A LA PLANCHA
アルパカ・ア・ラ・プランチャ

アルパカ肉を焼いたもの。クスコなどの山岳部で食べられる。クセもなく軟らかい。

ROCOTO RELLENO
ロコト・レジェーノ

ロコトというピーマンのようなトウガラシに、ひき肉やゆで卵、オリーブなどを詰めて焼いた料理。衣を付けて揚げてあることも。

CABRITO CON TACUTACU
カブリート・コン・タクタク

カブリートはヤギ肉のことでペルー北部の料理。煮込んであって軟らかい。タクタクは豆を混ぜ込んだご飯をフライパンで焼いたもの。

ペルーのドリンク

◀ ソフトドリンク
アルコール類 ▶

インカコーラ

ペルーを代表する炭酸飲料。甘いがなぜかクセになる味わい。炭酸飲料のことはコーラなども含めガセオサGaseosaと呼ぶ

ビール
アルコールで最も飲まれているのはビール。クスコのクスケーニャ、リマのピルセンやクリスタルが代表的

チルカノ

ピスコをジンジャエールなどの炭酸で割ったカクテル。スーパーなどでいろいろなバリエーションが売っている

チチャモラーダ

紫色のトウモロコシを煮出し、レモンや砂糖などを加えて作るジュース。ポリフェノールやアントシアニンが豊富

ピスコサワー

ブドウの蒸留酒ピスコを使ったカクテル。卵の白身とレモン、砂糖を加えてシェイクする。飲みやすいが度数は高い

ワイン

リマの南のイカはブドウの栽培が盛んで、ワインの産地として有名。代表的なタマTakamaのほか数種の銘柄がある

魚料理
Pescado

CHUPE DE CAMARONES
チュペ・デ・カマロネス

チュペとは濃厚なスープのこと。川エビ(カマロン)をトマトスープで煮込んだものでエビのだしが出ている。魚介類を煮込んだチュペ・デ・マリスコスも一般的。

ARROZ CON MARISCOS
アロス・コン・マリスコス

アロスはお米のことで、つまりシーフードチャーハンといったところ。アロス・コン・ポジョ(チキンチャーハン)は庶民的な店にはたいていある国民食のひとつ。

CAUCAU DE MARISCOS
カウカウ・デ・マリスコス

カウカウは、アヒ・アマリージョ(黄色いトウガラシ)を使ったピリ辛の煮込み料理。写真はマリスコスなので魚介が入っているが、通常、カウカウといえば牛の内臓(ハチノス)とジャガイモの煮込み。

CONCHITAS A LA PARMESANA
コンチータス・ア・ラ・パルメサーナ

リマなど海岸地方の料理で、ホタテ貝にパルメザンチーズをかけて焼いたシンプルな料理。

TRUCHA A LA PLANCHA
トゥルチャ・ア・ラ・プランチャ

湖などで取れるマス(トゥルチャ)を焼いたシンプルな料理。ティティカカ湖、マチュピチュ、ワラスなどおもに山岳部で食べられる。

アンデス原産のジャガイモ料理

アンデス原産のジャガイモは、長い年月をかけて少しずつ品種改良が加えられ、今では3000種類ものジャガイモがあるという。市場に行けばジャガイモがずらりと並び壮観だ。

Andean potato

地元の人は料理によってジャガイモを使い分ける

PAPA A LA HUANCAÍNA
パパ・ア・ラ・ワンカイーナ

ワンカイヨ地方発祥の料理。ゆでたジャガイモにクリーム、チーズ、黄色いトウガラシなどで作ったソースをかけた、食べやすい味。

CAUSA
カウサ

マッシュポテトにゆで卵などの具材を挟んだ伝統的なジャガイモ料理。黄色いパパ・アマリージャを使い、アヒ・アマリージョを混ぜて作る。

インカ時代からの保存食 ▶ チューニョ

チューニョは乾燥ジャガイモのこと。保存食として、インカ時代から重宝されている。夜に外気で凍らせ、日中に天日に干して解凍したら足で踏んで水分を出す、を1ヵ月ほど繰り返して作る。水で戻してスープなどで食べる。

カチカチのチューニョ。白いものはモラヤ、カットされたパパセカもある

ボリビア料理

ボリビアは海に面していない内陸の国。高地で栽培されるジャガイモや鶏肉が入ったスープ類がメイン。ティティカカ湖周辺などではトゥルチャやペヘレイなどの淡水魚も食べられる。

AJÍ DE LENGUA
アヒ・デ・レングア

牛タンのトマト煮込み料理。アヒやタマネギ、ハーブを加えて煮込んである。

SAJTA
サフタ

ラ・パスの伝統料理で、鶏肉にアヒ・アマリージョ（黄色いトウガラシ）で作ったソースをかけたもの。チューニョ（右ページ参照）を水で戻したものが添えられる。

PEJERREY CON SALSA
ペヘレイ・コン・サルサ

ペヘレイは南米原産の白身魚。ボリビアでは人気のある魚のひとつで、これはピリ辛のサルサソースで味付けしてある。

PICANTE DE POLLO
ピカンテ・デ・ポジョ

鶏のもも肉をアヒのソースでじっくり煮込んだ料理。柔らかい肉とピリっとした辛さが特徴。

PIQUE MACHO
ピケ・マチョ

牛肉とソーセージ、タマネギやジャガイモなどの野菜を細切りにし、辛めのソースであえたボリビアの国民食。ゆで卵がのっている。

CHAIRO
チャイロ

豆やジャガイモ、野菜を煮込んだスープの中に軟らかい牛肉が入っている。あっさりした味で、ランチにぴったり。

SALTEÑA
サルテーニャ

中に肉や野菜が詰まったボリビア風総菜パン。朝食の定番。

LECHÓN AL HORNO
レチョン・アル・オルノ

子豚の肉をオーブンで焼いた料理。サンタ・クルスをはじめとするボリビア東部でポピュラー。

SILPANCHO
シルパンチョ

ご飯の上に肉、目玉焼き、刻んだタマネギとトマトをのせた料理。コチャバンバの名物。

MAJAO DE CHARQUE
マハオ・デ・チャルケ

チャルケとはジャーキー、干し肉のことで、干し肉を米と一緒に炊いた料理。目玉焼きやバナナが添えられて出てくることが多い。

エクアドル料理

ペルーと同じく、海から山まで幅広い自然環境をもつエクアドル。沿岸部では新鮮なシーフード、山岳部ではジャガイモやトウモロコシなどの農作物、豚肉などが主体の料理となる。

CEBICHE CAMARON
セビーチェ・カマロン

エビのセビーチェ。エクアドルのセビーチェはペルーとは異なり、酸味がなくマイルドな味付けが多い。

SECO DE CHIVO
セコ・デ・チボ

ラムをタマネギやトマト、ビールなどでラム肉を煮込んだ料理で、必ずアチョーテの実で色付けしたライスとアボカドが添えられる。

CANGREJO
カングレホ

カングレホはグアヤキル名物のマングローブガニ。まるごとゆでたものが出てくるので、棒でたたいて硬い殻を割って、アヒ(チリソース)を付けて食べる。

BOLÓN DE VERDE
ボロン・デ・ベルデ

エクアドルの朝食の定番。加熱した調理用バナナをたたいてつぶし、豚肉やチーズを混ぜて丸く握ったもの。できたてはほくほくとしておいしい。

EMPANADA
エンパナーダ

トウモロコシ粉などで作った生地に、ひき肉やタマネギなどの具材を詰めて揚げたもの。南米各地で食べられるが、すりつぶしたバナナを入れたエンパナーダ・ベルデはエクアドルならでは。

HUMITA
ウミータ

チョクロという白っぽいトウモロコシをすりつぶして、バナナの葉で包んで蒸したおやつ。ウミータによく似たものにタマルTamalがあるが、こちらは肉や卵などの具材が入っている。

ENCEBOLLADO
エンセボジャード

グアヤキルを中心とするコスタの料理で、魚とユカ芋、タマネギがたっぷり入ったトマトベースのスープ。今ではキトなど全国で食べられる。レモンを絞って味わう。

FRITADAS
フリターダス

エクアドル風フライものの盛り合わせ。豚肉の唐揚げや揚げバナナ、チーズをかけて食べるチョクロ・コン・ケソという白いトウモロコシなどが盛られている。

CAMARONES AL AJILLO
カマロネス・アル・アヒージョ

料理用バナナとエビの上に、ニンニクと黄色いアヒのソースをかけたもの。料理用バナナはほっくりとしていて、イモのような食感。

LOCRO DE QUESO
ロクロ・デ・ケソ

チーズ入りのポテトスープ。一見シンプルなスープだが、アボカドが使われており、よりクリーミーな味わいになっている。

コロンビア料理

太平洋とカリブ海に面し、山岳地域からアマゾンまで擁するコロンビアは、食事も地域色豊か。全体的にスープや煮込み料理が多く、日本人の口にも合う。

CARNE DE CHIGÜIRO
カルネ・デ・チグイロ

チグイロは南米に生息する齧歯類カピバラのこと。コロンビアのジャノ地方の郷土料理で、下味を付けて炭火焼きしたチグイロは肉本来の味わいが楽しめる。

SOBREBARRIGA
ソブレバリガ

直訳すると「へその上」。牛の腹、カルビにあたる部位をじっくり煮込んだもの。サルサ・クリオージャをかけて食べるのが一般的。

CAZUELA DE MARISCOS
カスウエラ・デ・マリスコス

タコやエビなどシーフードがたっぷり入った、トマトベースの煮込み。食べ応えのあるボリューム。

BANDEJA PAISA
バンデハ・パイサ

コロンビアの国民食のひとつで、ご飯の周りに、豆の煮込み、腸詰め、豚肉のフライ、アボカド、目玉焼きなどのおかずをのせたボリュームのある一品。

MONDONGO
モンドンゴ

モンドンゴは牛モツのことで、モツとジャガイモなどの野菜をじっくり煮込んだスープ。牛モツは軟らかくプルンとした食感。

SANCOCHO DE GALLINA
サンコーチョ・デ・ガジーナ

ジャガイモなどの野菜と鶏肉や牛肉などを煮込んだスープ。ガジーナは鶏肉のこと。トウモロコシを入れるのが定番。

CHICHARRÓN AHUMADO
チチャロン・アウマド

燻製した豚の皮付き肉を揚げた料理。カリカリとした食感でビールとの相性が抜群。

AJIACO
アヒアコ

コロンビアを代表するアヒアコは、ジャガイモをじっくりと煮込んだ優しい味わいのスープ。鶏肉も入っている。付け合わせに出てくるアボカドやケイパーを入れて味わう。

SOPA DE MENUDENCIAS
ソパ・デ・メヌデンシアス

鶏の内臓をジャガイモやニンジンなどの野菜と一緒に煮込んだスープ。クセがあるので好き嫌いが分かれる。

PIRARUCU FRITO
ピラルクー・フリート

アマゾン流域に生息する世界最大の淡水魚ピラルクーは、3mにもなるグロテスクな見かけによらず淡泊な味わい。レティシアで味わえる。

カラフルで ポップ 南米で買いたいおみやげ！

鮮やかな色づかいの個性豊かなおみやげが見つかるアンデス地方。
アルパカのニットとアンデスの織物は、ペルー、ボリビア、エクアドル共通だ。

◈ ペルー ◈ PERÚ

おみやげの一番人気はベビーアルパカのニット。専門店が多数ある。チョコレートも種類が豊富。アンデスの布を使った小物もいろいろ。

ベビーアルパカ

ベビーアルパカのマフラーはリャマ柄。アルパカ・タモン（→P.134／P.150）

四隅のビーズがワンポイントの大判ショール。ポルティコ（→P.89）

アルパカ・タモン（→P.134／P.150）の軽くて暖かいベビーアルパカのポンチョとスヌード

アルパカの毛を加工したふかふかの人形やマットは定番みやげ

ハンドクラフト

アンデスのリャマをモチーフにしたアートな貯金箱。ポルティコ（→P.89）

カラフルにペイントされた鏡の壁掛け。ペダソ・デ・アルテ（→P.134）

イエス誕生のシーンを表したナシミエントの置物。クリスマスに飾られる

アンデスの織物を使用したバリャイ・インカ（→P.135）のブーツはS/150

10個セットS/15程度でどこにでも売っているピンバッジ

リャマの毛で織った生地に毛糸の刺繍を施したタペストリー

アマゾンの風景をデザインしたポーチ。手作りなのですべて絵柄が違う

32

チョコレート

左はクスコのレプブリカ・デル・カカオ（→P.135）、右は同じクスコのチョコ・ムセオ（→P.134）の板チョコ。ペルー産カカオを使用

クスコで人気のラ・チョリータのチョコレートで中にココナッツやアンズが入っている

パッケージがかわいいボルティコ（→P.89）のオリジナルチョコレート

クスコのみやげもの店などで売っているカカオ。ホットミルクに入れてココアに

食品

ブドウを使って作る蒸留酒のピスコ。ピスコサワーなどにして飲む

世界から注目が集まっているペルー産ワイン。太平洋岸の産地、イカのタカマが有名ブランド

マラスの塩田で売っている塩。左はピュアな塩、右はニンニクやパプリカ入りの調味料

◆ ボリビア ◆ BOLIVIA

アンデスの布を使った小物類のほか、ボリビアのラッキーアイテム「エケコ」の人形、フォルクローレの楽器、ウユニ塩湖の塩などが人気。

ウユニ塩湖の塩。ウユニの町や塩湖の入口などで販売

ウユニ塩湖の塩の人形。塩と言っても硬い岩塩を削って作られている

欲しい物が手に入る、幸運をもたらす置物として人気のエケコ

近年増えているボリビア産のチョコ

耳当てが付いていてアンデスらしい柄とデザインの帽子

箱の中に陶器製のかわいい人形型をしたチェスのコマが入っている

フォルクローレの楽器。サンポーニャやケーナなどを練習してみるのも

カラフルな織物（マンタ）を使ったお財布とペンケース

◆ エクアドル ● ECUADOR

手工芸品作りが盛んで、アンデスらしい民芸品から雑貨まで幅広い。ガラパゴスの動物をモチーフにした置物やTシャツなども定番みやげ。

トキージャ椰子の繊維で編まれたかわいいバッグ

アルパカの毛や羊毛で作ったアンデスの民族衣装のポンチョ

クエンカ郊外の銀の町、チョルデレグの伝統的なカンドンガというイヤリング

パナマ帽は実はエクアドルの工芸品。一般的なものでUS$100～200、最高級品はUS$2000以上するものも

アオアシカツオドリ置物。ガラパゴス諸島以外にも、キトやグアヤキルで手に入る

象牙椰子と呼ばれるととても硬いタグアの種子を加工したスプーン

ガラパゴスのサンタ・クルス島で作られたコーヒー豆を使用したコーヒー

カカオの産地として有名なエクアドルのチョコはおみやげに人気

カラフルにペイントされた陶器製の皿。飾ってもいい

◆ コロンビア ● COLOMBIA

植物の繊維で作った手工芸品、布を重ねたモラ、コーヒー製品などが有名。名産のエメラルドを使ったアクセサリーもあるが値が張る。

コロマ社のコーヒー農場（→P.365）の豆を使用したリキュール

人とフルーツや動物などを満載した陶器製のバスの置物、チバパス

小さく折りたたんでもよれたりせず元に戻る

ヤシの繊維で作られるヴェルディアオという帽子

レティシアのみやげ物屋で売っている植物の繊維を編んだバッグ

メデジンの人気カフェ、ベルガミノ（→P.379）のコーヒー

布を重ねて絵柄を生み出すモラはコロンビアの伝統芸術品

コロンビアの名産品であるエメラルドをあしらったピアス

コロンビアの家をイメージしたかわいい壁掛け。カソナ・デル・ムセオ（→P.369）にて

34

選ぶのも楽しい！ スーパーで買えるおみやげ

料理に欠かせない調味料から珍しいスナック菓子まで揃っているスーパーマーケット。
帰国してからも楽しめる食べ物は、ばらまきみやげの定番！

スナック

インカ・コーンは、ペルー名産のジャイアントコーンのスナック

インカ・チップスといえばアマゾンのバナナをフライにしたチフレ。塩辛いのと甘いのがある

チョコレート

ペルーを代表するアレキパのチョコレートメーカー、ラ・イベリカのチョコ。コイン型のものが人気でパッケージもいろいろある

調味料＆サルサ

黄色いアヒ・アマリージョのソース。使い方いろいろ

アマゾンのチリを使ったホットソース

ピーマンのようなアヒ、ロコトのサルサ。風味がいい

ジャガイモ料理パパ・ア・ラ・ワンカイーナに欠かせないソース

鶏肉の煮込み風料理アヒ・デ・ガジーナが簡単にできる

ジャム＆ペースト

ペルー人が愛してやまない練乳風のペースト「マンハルブランコManjarblanco」。クッキーでサンドしたアルファフォールAlfajorというお菓子が有名

アグアイマント（食用ほおずき）。そのまま食べるほか、ジャムやジュース、チョコなどいろいろなものに使われる

アグアイマントのジャム

コーヒー＆ジュース

左は紫色のトウモロコシを使ったチチャモラーダ、右はアグアイマントとオレンジの粉ジュース

ペルー産コーヒー。パッケージもかわいい。いろいろな会社のものがある

キヌア

スーパーフードとして注目を集めるキヌアの栽培が盛んなペルー。いろいろなタイプのキヌアが売っている

炊き込むとクラントロ（パクチー）風味のキヌア料理が完成

ペルー

Perú

クスコ近郊から聖なる谷を望む

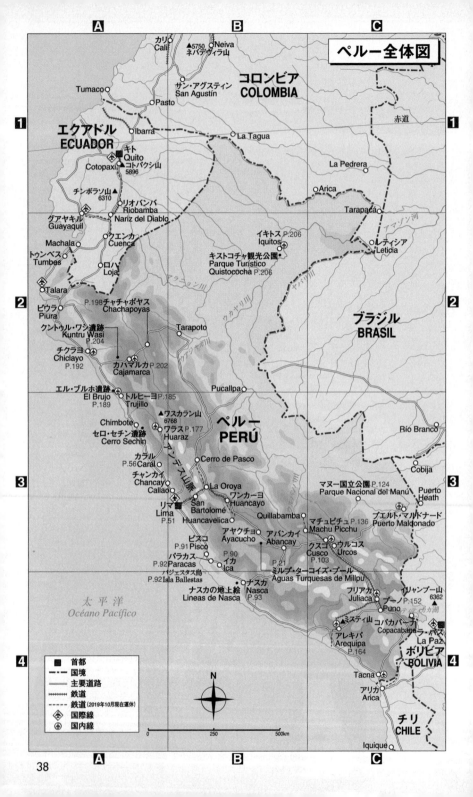

ペルー全体図

コロンビア
COLOMBIA

エクアドル
ECUADOR

ブラジル
BRASIL

ペルー
PERÚ

太平洋
Océano Pacífico

ボリビア
BOLIVIA

チリ
CHILE

カリ Cali
ネバデヴィラ山 ▲5750 Neiva
サン・アグスティン San Agustín
Tumaco
Pasto
赤道
キト Quito
コトパクシ山 Cotopaxi ▲5896
La Tagua
La Pedrera
チンボラソ山 ▲6310
リオバンバ Riobamba
グアヤキル Guayaquil
Nariz del Diablo
Arica
Tarapacá
マチャラ Machala
クエンカ Cuenca
トゥンベス Tumbes
ロハ Loja
イキトス P.206 Iquitos
キストコチャ観光公園 Parque Turístico Quistococha P.206
レティシア Leticia
タラ Talara
ピウラ Piura
P.198チャチャポヤス Chachapoyas
Tarapoto
クントゥル・ワシ遺跡 Kuntru Wasi P.204
チクラヨ Chiclayo P.192
カハマルカ Cajamarca P.202
エル・ブルホ遺跡 El Brujo P.189
トルヒーヨ P.185 Trujillo
Pucallpa
Chimbote
セロ・セチン遺跡 Cerro Sechin
ワスカラン山 ▲6768
ワラス P.177 Huaraz
Río Branco
カラル P.56 Caral
チャンカイ Chancay
Callao
Cerro de Pasco
Cobija
マヌー国立公園 P.124 Parque Nacional del Manú
プエルト・ヘス Puerto Heath
La Oroya
リマ Lima P.51
San Bartolomé
ワンカーヨ Huancayo
Huancavelica
Quillabamba
マチュピチュ P.136 Machu Picchu
プエルト・マルドナード Puerto Maldonado
ビスカイ P.91 Pisco
アヤクチョ Ayacucho
アバンカイ Abancai
クスコ Cusco P.103
ウルコス Urcos
パラカス P.92 Paracas
イカ Ica P.90
バジェスタス島 P.92 Isla Ballestas
ミルプ・ターコイズ・プール Aguas Turquesas de Millpu
ナスカの地上絵 Lineas de Nasca
ナスカ Nasca P.93
イリャンプー山 ▲6362
フリアカ Juliaca
プーノ Puno P.152
コパカバーナ Copacabana
ラパス La Paz
ミスティ山 アレキパ Arequipa P.164
Tacna
アリカ Arica
Iquique

凡例
■ 首都
－・－ 国境
─── 主要道路
┼┼┼┼ 鉄道
－－－ 鉄道(2019年10月現在で運休)
✈ 国際線
✈ 国内線

N

0 250 500km

38

ペルー
イントロダクション

アンデスの山々にこだまするフォルクローレの音楽、鮮やかな民族衣装をまとった先住民（インディヘナ）の人々、神秘的な古代遺跡、アマゾンの秘境——南米といわれて思い浮かべるイメージのすべてがある、南米のダイジェストともいえる魅力が詰まった国ペルー。

国土は日本の約3.4倍、エクアドル、コロンビア、ブラジル、ボリビア、チリと国境を接しており、ほぼ赤道直下から南緯18度にわたる多様な地勢をもつ。そのため、年間を通じてほとんど雨の降らない乾燥した砂漠から、標高6000m級の雄峰が連なるアンデスの高地、ジャングルに覆われたアマゾン河流域の密林地帯まで、変化に富んだ風土と気候がひとつの国に存在して

切り立った山々に囲まれたマチュピチュ

いる。アマゾンといえば真っ先にブラジルを思い浮かべる人も多いが、実はペルーの国土の約60%がアマゾンの熱帯雨林地域に含まれている。あの流域面積世界一を誇るアマゾン河は、ペルーのアンデスを源流としてブラジルへと注いでいるのだ。ひとつの国でこれだけ多彩な自然環境をもっているため、旅する地域によってまったく異なる文化や風習に触れることができる。

また、かつて南米最大の帝国を築いたインカ帝国をはじめ、紀元前から栄えてきた古代文明の数々もペルーの大きな魅力のひとつ。謎の空中都市といわれるマチュピチュ、乾燥した大地に刻まれたナスカの地上絵、ワラス近郊に残るチャビン・デ・ワンタル、チクラヨ近郊のシパン王墓など、いまだに多くの謎に包まれた遺跡が、ペルーにはいくつも残されている。旅をしていると、何千年も昔に造られた建造物が当たり前のように現代の風景になじんでいるのを見ることができるだろう。

人々の活気と喧噪に満ちた南米独自の空気を体感したかと思えば、ときに静寂にたたずむ神秘的な遺跡を眺めて遠い過去を身近に感じることができる、そんな不思議な魅力が、ペルーの旅をさらにおもしろくしている。

インカの礎石の上に立つ、クスコのサント・ドミンゴ教会

ジェネラルインフォメーション

ペルーの基本情報

▶旅のスペイン語
→ P.411

国 旗

一般には左右に赤、中央に白の国旗が使われる。中央に紋章のある国旗はペルーの公的機関で使用されている。紋章はビクーニャ、キーナの木、山羊の角からこぼれる金貨が描かれており、この国の豊かな自然と資源を表している。現在のデザインは、1825年に正式な国旗として定められた。

正式国名

ペルー共和国
República del Perú

国 歌

Himno Nacional del Perú
(ペルー国歌)

面 積

128万5216km² (日本の約3.4倍)

人 口

約3217万人 (2017年)

首 都

リマ Lima

元 首

マルティン・アルベルト・ビスカラ・コルネホ
Martín Alberto Vizcarra Cornejo

(2018年3月就任)

政 体

大統領を元首とする立法、行政、司法からなる三権分立、一院制議会に基づく立憲共和制。大統領の任期は5年で連続再選は1回まで。

民族構成

インディヘナ (先住民) 45%、メスティソ (先住民とスペイン人の混血) 37%、ヨーロッパ系15%、そのほか3%。

宗 教

国民の76%がローマ・カトリック。宗教の選択は自由。ケチュア族の間では、大地の神パチャママなどを崇拝する土着宗教が今も根づいており、場所によってはパチャママと聖母マリアを同一視している。

言 語

スペイン語。全体的にはスペイン語だが、山岳地域のインディヘナはケチュア語、ティティカカ湖周辺はアイマラ語を話す。

飲料水

水道水はうがいをする程度には問題ないが、飲用には適さない。ミネラルウオーターは、スーパーマーケットやキオスクなどで購入できる。炭酸入り (Con Gas)と炭酸なし(Sin Gas)がある。

電話のかけ方

▶電話について
→ P.405

日本からペルーへかける場合　　**例 リマの (01) 123-4567へかける場合**

国際電話会社の番号		国際電話識別番号	ペルーの国番号	市外局番(頭の0は取る)	相手先の電話番号
001 (KDDI) ※1 **0033** (NTTコミュニケーションズ) ※1 **0061** (ソフトバンク) ※1 **005345** (au携帯) ※2 **009130** (NTTドコモ携帯) ※3 **0046** (ソフトバンク携帯) ※4	+	**010**	**51**	**1**	**123-4567**

※1 「マイライン」「マイラインプラス」の国際区分に登録している場合は不要。
　　詳細は、**URL** www.myline.org
※2 auは、005345をダイヤルしなくてもかけられる。
※3 NTTドコモは事前にWORLD WINGに登録が必要。009130をダイヤルしなくてもかけられる。

〈ペルーでの電話のかけ方〉

市内電話のかけ方

　市内電話のかけ方は、リマとカヤオCallaoは7桁、それ以外の町では6桁の相手先の電話番号のみをダイヤルする。公衆電話からかける場合、3分間でS/0.5。

長距離電話のかけ方

　長距離電話のかけ方は、市外局番、相手先の電話番号の順にダイヤルする。通話料は1分間S/1。

現地携帯電話の使い方

　日本と同様、公衆電話は減少傾向にあるため、現地の携帯電話が使えると便利。携帯電話会社はクラロClaro、モビスターMovistar、エンテルEntelなど。各社オフィスでSIMカードを購入し、SIMフリー対応の携帯電話に挿入して利用する。データ量のチャージは各社オフィス、またはキオスクでも可能。クラロのSIMカードはS/5、データパック料金は100M (5日間) S/3、200M (10日間) S/5など。ホルヘ・チャベス国際空港にクラロがあるが、利用できるパックが限られている上に手数料も高いので、リマ市内で購入した方

		年によって異なる移動祝祭日（※印）に注意。
1/1	元日	
4/9 ('20) 4/1 ('21) ※	聖木曜日	
4/10 ('20) 4/2 ('21) ※	聖金曜日	
5/1	メーデー	
6/24	農民の日（クスコのみ）	
6/29	聖ペドロとパブロの日	
7/28、7/29	ペルー独立記念日	
8/30	サンタ・ロサの日	
10/8	アンガモス海戦記念日	
11/1	諸聖人の日	
12/8	聖母受胎の日	
12/25	クリスマス	

祝祭日
（おもな祝祭日）

　日本からペルーへの直行便はなく、アメリカ、またはカナダやヨーロッパの都市で乗り換えて、リマに到着するのが一般的。JAL（JL）またはアメリカン航空American Airlines（AA）、デルタ航空Delta Air Lines（DL）、ANA（NH）またはユナイテッド航空United Airlines（UA）など、同じアライアンスのグループの航空会社を利用するのが最も早い。成田、または羽田空港からのフライトのほとんどは、同日にリマのホルヘ・チャベス国際空港Aeropuerto International Jorge Cháezに到着できる。
①JALまたはアメリカン航空利用の場合、成田発のフライトでダラス、マイアミ経由、

またはロスアンゼルス経由が一般的。所要時間は乗り換え時間も含めて約24時間。アメリカの都市からは同じアライアンスの、ラタム航空LATAM Airlines（LA）利用となるケースが多い。
②デルタ航空利用の場合、アトランタで乗り継いでリマに向かう。所要時間は乗り換え時間も含めて約21時間。
③ANAまたはユナイテッド航空利用の場合、ヒューストンで乗り継ぐ成田発のフライトが最も便利。所要時間は乗り継ぎ時間も含めて約25時間。
　エアーカナダはカナダで1泊となる。ヨーロッパ経由の便も多いが、所要時間は30時間以上かかる。

**日本からの
フライト**

▶航空券の手配
→ P.392

ペルーから日本へかける場合 例 (03)1234-5678 または (090)1234-5678へかける場合

国際電話 識別番号 **00**	+	日本の 国番号 **81**	+	市外局番と携帯電話の 最初の0を除いた番号 **3**または**90**	+	相手先の 電話番号 **1234-5678**

※4　ソフトバンクは0046をダイヤルしなくてもかけられる。
※　携帯3キャリアともに、「0」を長押しして「+」を表示させると国番号からのダイヤルでかけられる。

がいい。
ホテルから日本にかける場合
　中級以上のホテルなら、たいていは部屋の電話からダイレクトで（あるいはホテルのオペレーターを通して）国際電話をかけられる。ダイヤル直通の場合、そのホテルの外線番号（0または9が多い）をはじめに押し、その後「国際電話識別番号00」＋「日本の国番号81」＋「0をとった市外局番」＋「相手先の番号」を押す。
テレホンカード
　モビスター社発行のTarjeta 147があ

る。カードは日本とは異なり、電話機に差し込むタイプではない。カードの裏のスクラッチ部分を削って出てきた12桁の固有番号を電話番号の前にダイヤルする方式。受話器を取ったらそれぞれのカード専用の番号（Tarjeta 147の場合は147）をプッシュしてから、スペイン語の音声ガイドのあとに固有の番号を押す。テレホンカードによっては使える電話機が限られている場合もある。

通貨と
為替レート

S/

▶持っていくお金
について
→ P.384

ペルーの通貨
ヌエボ・ソルからソルへ
　ペルーの通貨名は2015年12月15日に、それまで21年間流通していたヌエボ・ソルNuevo SolからソルSolに変更となった。新しい通貨と紙幣は2016年より順次、流通予定。今までの通貨も使用できる。

　ペルーの通貨はソルSol（複数形の場合はソーレスSoles）。略号はS/。ソルの下にセンティモCentimo(¢)があり、100 Centimos＝S/1。ソル紙幣はS/10、20、50、100、200があり、コインはS/1、2、5と10、20、50 Centimosがある。2019年10月24日現在、US$1＝S/3.3＝108円。

　自国通貨ソルとともに、USドルが流通しており、ホテルなど観光客の利用するところではそのまま使用できるケースが多い。ソルからドルへのレート換算は、端数が切り捨てになるためやや不利。

両替
　両替は両替所（カサ・デ・カンビオCasa de Cambio）か銀行（バンコBanco）、またはホテルでできる。路上での両替も一般的に行われており、銀行より若干レートがいいが、電卓のメモリー機能を操作してごまかされたり、ニセ札を渡されたりするトラブルも多いので、緊急時以外は避けたほうがいいだろう。

　日本から用意していくお金はUSドルの現金がベスト。日本円を扱う銀行や両替所はほぼなく、両替できてもレートが悪い。破れた紙幣は受け取ってもらえないことがあるので注意。店などでの支払いの際、高額紙幣を受け付けてくれないケースもあるので常にS/20以下の紙幣やコインを用意しておきたい。

クレジットカード
　高級ホテルやレストラン、みやげ物店など観光客の利用する場所ではクレジットカードが使える。ただし、最低利用料金が決められている場合もある。安宿、食堂、公共交通機関などでは利用できない。クレジットカードの種類は、ペルー国内ではVISAが最も流通している。

ATM
　ATMはリマなどの都市部なら空港や町なかに多数あり、ソルまたはUSドルの現金を引き出せる。

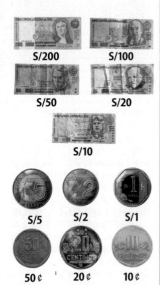

S/200　　S/100

S/50　　S/20

S/10

S/5　　S/2　　S/1

50¢　　20¢　　10¢

気候

　ペルー共和国は南米大陸のほぼ中西部に位置する。南半球にあるため、季節は日本と反対で、日本の夏に当たるのは11～4月。ただし、日本のように四季があるわけではない。南回帰線の内側にあり地図上では熱帯圏に含まれるが、地域によってまったく異なる気候をもつ。

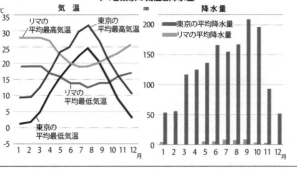

リマと東京の気温と降水量

気温（℃）
リマの平均最高気温
東京の平均最高気温
リマの平均最低気温
東京の平均最低気温

降水量（mm）
■ 東京の平均降水量
■ リマの平均降水量

時差と
サマータイム

　日本より14時間遅れ。日本が12:00のとき、ペルーは前日の22:00。サマータイムは実施していない。

ビザ

観光目的で最大183日までの滞在ならビザは不要。入国時に何日滞在するか聞かれるので、帰国日が決まっていない場合は多めに見積もっておくほうがよい。仕事などで行く場合はビザが必要。

パスポート

パスポートの残存有効期間は、入国時に6ヵ月以上あること。

入出国手続き

入国時に必要だった入出国カードは、リマ国際空港からの入国に関しては、2016年11月に廃止された。したがって、リマ国際空港から入国する場合、入出国カードは機内でも配られず、記入も不要。ただし、地方空港や陸路での入国の場合は、引き続き記入が必要となる。その場合、入国審査後にカードの半券を戻されるが、出国時に提出する必要があるのでなくさないようにしよう（リマから入国し、地方空港から出国する場合は、半券は不要）。

また、税関申告書も、申告するものがある場合のみ提出が必要となった。機内で配られるが、一般的には記入も提出も不要。

到着したら入国審査を受ける。審査官にパスポートを提示すると、滞在期間、滞在目的などを聞かれるので答え

入出国カード
（地方空港から、および、陸路での入国時のみ必要）

られるようにしておこう。入国審査を出るとバゲージクレームに出る。機内預けの荷物をピックアップしたら、税関へと向かうが、申告するものがなければそのまま通過して到着ターミナルに出る。

免税範囲、持ち込めないもの

旅行者個人が使用する衣類、装飾品、ドライヤー、髭剃りなどの日用品は問題ない。カメラ、ビデオカメラ、パソコン、携帯電話などの電子機器は、個人が使用するもので各1個程度であれば、申告する必要はない。常備薬なども同様。CDは10枚まで。たばこは、紙巻きたばこ400本、葉巻50本、刻みたばこ250gまでのいずれか。酒類は3リットルまで。

武器、先の尖ったダーツの矢のようなもの、槍、斧、ハンマー、弓などの危険物は持ち込めない。

持ち出せないもの

レプリカ以外の文化財や美術品は持ち出すことが禁止されている。レプリカであっても、本物に近いものは鑑定書が必要な場合もある。土器はたとえ破片でも持ち出せないので注意。また、コンゴウインコの羽やチョウの羽の装飾品、野生の動植物は、死骸であっても持ち出しは一切禁じられている。

入出国カードの記入例
❶ 姓　❷ 名前　❸ 出生国（日本:JAPAN）
❹ 国籍（日本人:JAPANESE）
❺ 居住国（日本:JAPAN）
❻ ペルーに入る前に入国した国（アメリカ経由:U.S.A）
❼ 身分証明書の種類（パスポート／身分証明書／その他）
❽ 身分証明書の番号
❾ 誕生日（日／月／年の順で記入）
❿ 性別（男性／女性）
⓫ 既婚または独身（独身／既婚／その他）
⓬ 仕事（会社員:Employee、主婦:Housewife、学生:Student、年金受給者:Pensionerなど）
⓭ ペルーでの宿泊先の種類と住所（個人宅／ホテル／ゲストハウス）
⓮ 交通手段（空路／陸路／海路／川路）
⓯ 利用した交通手段の名前（デルタ航空000便の場合:DL000）
⓰ 入国目的（観光／親類や友人を訪ねる／商談／医療関係／仕事／その他）

❶ 姓　❷ 名前　❸ 誕生日（日／月／年）
❹ 国籍　❺ 身分証明書の種類（パスポートにチェック）　❻ パスポートの番号　❼ 記入の必要なし

▶出入国の手続き
→ P.399

出入国

ペルー

ジェネラルインフォメーション

ビジネスアワー

以下は一般的な営業時間の目安。

銀 行

月～金曜9:00～18:00、土曜は一部午前中のみ営業、日曜は休み。リマなどの都市部なら金曜は20:00まで、土曜（9:00～13:00）も開いているところがある。

郵便局

月～土曜8:00～20:00、日曜は休業。都市部では日曜（9:00～13:00）も開いているところがある。

商店

9:00～18:00、日曜は休業するところが多い。地方ではランチタイム（13:00～14:00）に閉店する店もある。

レストラン

ランチは12:30～15:00、ディナーは19:00～23:00頃。観光客相手の店や大きなレストランは土・日曜も営業しているが、小さな食堂や地方の店は週末は休みになるところが多い。

電気＆ビデオ

電圧とプラグ

220ボルト、60ヘルツ。プラグは平ふたつ穴のAタイプ、丸ふたつ穴のCタイプが主流。丸3つのSEタイプも使用されている。日本の電化製品を使う場合、変圧器とプラグアダプターが必要。

DVD方式

ペルーのテレビ・ビデオ方式は日本やアメリカと同じNTSC方式で、現地のビデオテープは一般的な日本国内用デッキで再生可能。

ペルーのDVDのリージョンコードはリージョン4。リージョン2である日本と異なるため、一般的な家庭用DVDデッキでは再生できない。

ペルーのブルーレイのリージョンコードは日本と同じリージョンAであるため、一般的な家庭用のブルーレイ・デッキで再生可能。

iPhoneのドッグがあるホテルも

チップ

ペルーではチップの習慣がある。

レストラン

レストランのランクによるが、サービス料が含まれている場合でも多少のチップを置いていくのが普通だ。チップの目安は総額の5～10%前後。

ホテル

荷物を運んでもらった場合など、ルームサービスやポーターへのチップを支払う。部屋の清掃にはS/2程度、枕元におこう。

タクシー

基本的には必要ない。大きな荷物をトランクに積んでもらったときなどは、気持ちとして渡すのもいい。空港などで荷物を運んでもらったときは、チップを渡す習慣になっている。いずれも金額は50～100円の間で計算すればよい。

観光地

チップ欲しさに押し売りガイドがやってくる場合があるが、必要なければはっきりと断ること。

税金

TAX

ペルーでは商品の代金に18%の一般売上税（IGV）がかかる。ただしホテル代にかかるIGVに関しては、入国後60日以内の外国人短期旅行者は免除される。チェックイン時にパスポートを提出することで認識されるようになっている。

郵便

郵便事情は比較的よく、日本への郵便物は1週間もあれば届く。国営の郵便局（SERPOST）を利用した場合、日本まではがき、封書とも20gまでS/12.40。小包は1kgまでS/136.60、2kgまでS/218.80。

ペルー国内には、SERPOSTのほかにFeDexやDHLなどの国際宅配サービス会社の支店がある。

年齢制限

18歳未満の飲酒、喫煙は不可。購入もできない。

度量衡

日本の度量衡と同じで距離はメートル法、重さはグラム、キロ、液体はリットル。

危険情報

2019年10月現在、外務省より以下の危険情報が発出されている。

【渡航中止勧告】
コロンビアとの国境地帯（ロレト州プトゥマヨ郡）、クスコ州の一部、フニン州の一部、ワンカベリカ州の一部、アヤクチョ州の一部

【不要不急の渡航中止】
アマゾナス州コンドル山脈のエクアドルとの国境地帯

【十分注意】
コロンビアとの国境地帯（ロレト州プトゥマヨ郡を除く）、リマ州（リマ市（首都）及びカヤオ憲法特別市）、フニン州の一部、ワンカベリカ州の一部、アヤクチョ州の一部

犯罪に遭遇しやすい場所

治安の悪い地区や通りがあるのは、ほかの南米諸国と同じ。スラム街、駅周辺、暗い路地、観光客の集まる場所などは、スリやドロボウに出くわす確率が高い代表的な場所。

また、町外れの遺跡など人のいないようなところには暴漢が待ち伏せしていることもある。トラブルに遭わないためには、カメラ、時計、指輪などの金めの物はつけて歩かないこと、ひとり歩きを避けることが絶対原則。

報告されている犯罪

残念ながらペルーは依然として強盗、窃盗の被害が多い。特にリマ市と空港のあるカヤオで、昼夜を問わず犯罪が発生している。空港ホテル間のタクシーでの移動中に多く発生するのが"窓割り強盗"だ。渋滞や信号待ちの車両の窓ガラスを、点火プラグを使って割り、車内の荷物を持ち去るというもの。特に夜間、車内で携帯電話やパソコンを使用していると、外から丸見えのため狙われやすい。膝の上に荷物を置いておくのも危険だ。車内では貴重品は足元に置くこと、携帯電話などは車が走っている間だけ利用するなど注意が必要だ。

歩行者の携帯電話やバッグを狙った路上強盗やひったくりも多い。夜間や人通りの少ない道だけでなく、日中の繁華街でも発生している。交差点で信号を待つ時などは注意しよう。周囲に大勢の人がいるとつい油断するが、一瞬の犯罪で周囲の人が助ける間などほとんどない。特に2人乗りのオートバイが近づいてきたら要注意。拳銃を持っている場合も少なくないので、万が一荷物を取られても決して追いかけないように。

長距離バスの車内で貴重品が盗まれることもある。荷物棚に貴重品は置かないこと。夜行バスで寝る時はかばんを抱えて寝ること。トイレに行く時も貴重品は身に付けたままにしよう。

睡眠薬ドロボウは、「日本語を勉強している」などといって話しかけてきて、市内観光に付き合ってくれたり、とても親切に面倒をみてくれたりする。そのあと、ちょっと食事にでもという話になり、仲間のいるバーに連れていかれる。飲物には睡眠薬が入っていて、目が覚めた時は身の回りの物はすべてなくなり、病院のベッドにいるハメになる。若い女性が男性をターゲットにするケースが多い。

ひとけのないところで襲いかかる"首絞め強盗"は白タクで被害に遭うことも。また、パスポートと所持金の提示を求めるニセ警察には、絶対に見せないこと。日本大使館やホテルで見せると断れば、それ以上はついてこないはずだ。

ペルーが怖い国かというとそうでもなく、安全でのんびりとした地方都市も多い。また、この国には観光ポリスという観光客専門の警官がいて、特に観光客の多い場所で犯罪に目を光らせている。

日本での感覚をそのまま持ち込むのは問題だが、あまり緊張していても旅は楽しめない。地元の人に危ない場所などを聞いて、注意を払いながら行動するようにしたい。

予防接種

予防接種は義務づけられていない。ただし、ペルーは黄熱病のリスク国に指定されている。標高2300m以下のジャングル地域に行く場合は、黄熱病の予防接種を受けていくのが望ましい（クスコとマチュピチュのみの渡航には不要）。また、南米の黄熱病リスク国（アルゼンチン、パラグアイ、ブラジル、ボリビア、コロンビア、エクアドル、フランス領ギアナ、スリナム、ベネズエラ、ガイアナ）から入国する際も2019年10月現在、黄熱予防接種証明書（イエローカード）の提示を求められることはない。しかし、政府の発表は常時変更される可能性があるので、出発前に必ず旅行会社などに確認すること。

▶旅のトラブルと安全対策
→P.407

トルヒーヨ郊外のワンチャコ海岸。トトラ舟で漁をする

イキトス（→P.206）や、マヌー国立公園（→P.124）などアマゾンに行くなら黄熱病予防接種を受けていったほうがいい

警察	**105**
消防	**116**
救急	**116**

人混みではスリに注意しよう

▶ペルー 旅の基礎知識 ────▶ Perú

地理と風土

ペルーの国土は、コスタ（海岸地帯）、シエラ（山岳地帯）、セルバ（森林地帯）と大きく3つの地域に分けることができる。

●コスタ（海岸地帯）

ペルーの太平洋側に面した幅30〜50km、長さ約3000kmの海岸砂漠地域。首都リマはこの海岸に開けている。チャラと呼ばれる気候区分に入り、年間の平均気温は20℃前後。年間を通じてほとんど雨が降らないが、東のアンデス山脈から流れ出す川が大都市を潤す。11〜4月の夏は毎日晴天が続くが、逆に冬はガルーアという霧が立ち込め曇天となる日が多い。

●シエラ（山岳地帯）

標高2500〜3500mのケチュアという気候区分に入るのが、ワラス、クスコ、プーノだ。ケチュアを越えると標高3500〜4500mのスニと呼ばれる不毛地帯になる。標高が高くなるにつれ平地が少なくなり、急な山の斜面に広がる段々畑では、ジャガイモやキヌアなどが栽培される。標高

が高いため、気温は平均して低い。日中は日差しが強いため気温も上がるが、朝晩はとても冷え込むのが特徴である。クスコは11〜3月頃が雨季に当たる。

スニの上にはコルディエラ・ネグラ（＝黒い山脈）があり、さらに一年中雪をかぶったコルディエラ・ブランカ（＝白い山脈）のアンデス山脈へと続く。このふたつの山脈の間はプナ地帯と呼ばれる平地になっていて、リャマやアルパカの放牧が行われている。

3000m以上の高地がシエラ

●セルバ（森林地帯）

アンデス山脈を越えた東側は気候が一変する。ペルーの国土の約60％を占めるアマゾン熱帯雨林地域だ。原生林に覆われ雨が多く、蒸し暑い。平均気温は28℃だが、5〜10月の乾季の日中の気温は40℃を超えることも珍しくない。11〜4月の雨季には毎日まとまった雨が降り、高温多湿となる。

目的別　旅のベストシーズン

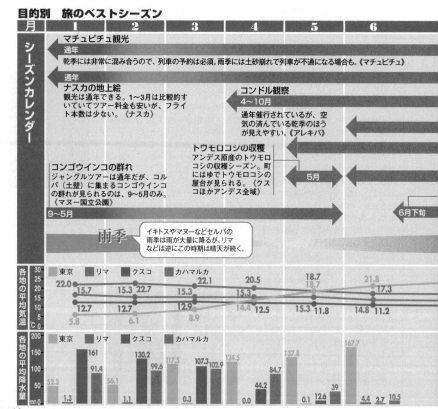

月	1	2	3	4	5	6

シーズンカレンダー

マチュピチュ観光
通年
乾季には非常に混み合うので、列車の予約は必須。雨季には土砂崩れで列車が不通になる場合も。《マチュピチュ》

通年
ナスカの地上絵
観光は通年できる。1〜3月は比較的すいていてツアー料金も安いが、フライト本数は少ない。〈ナスカ〉

コンドル観察
4〜10月
通年催行されているが、空気の済んでいる乾季のほうが見えやすい。《アレキパ》

トウモロコシの収穫
アンデス原産のトウモロコシの収穫シーズン。町にはゆでトウモロコシの屋台が見られる。〈クスコほかアンデス全域〉
5月

コンゴウインコの群れ
ジャングルツアーは通年だが、コルパ（土壁）に集まるコンゴウインコの群れが見られるのは、9〜5月のみ。《マヌー国立公園》

9〜5月

6月下旬

雨季　イキトスやマヌーなどセルバの雨季は雨が大量に降るが、リマなどは逆にこの時期は晴天が続く。

各地の平均気温（℃）

	東京	リマ	クスコ	カハマルカ

	1	2	3	4	5	6
東京	5.8	6.1	8.9	14.4		
リマ	22.0	22.7			18.7	21.8
クスコ	12.7	12.7	12.9	12.5	11.8	11.2
カハマルカ	15.7	15.3	15.3	15.3	15.3	17.3
			22.1	20.5	18.7	14.8

各地の平均降水量

	東京	リマ	クスコ	カハマルカ

	1	2	3	4	5	6
東京	52.3	56.1	117.5	124.5	137.8	167.7
リマ	1.3	1.1	0.3	0.0	0.1	4.4
クスコ	161	130.2	107.3	44.2	12.6	2.7
カハマルカ	91.4	99.6	102.9	84.7	39	10.5

周辺諸国からのアクセス

●飛行機

リマへは、ラ・パス（ボリビア）、ボゴタ（コロンビア）、キト（エクアドル）、ブエノス・アイレス（アルゼンチン）、サンティアゴ（チリ）、リオ・デ・ジャネイロ、サン・パウロ（ブラジル）など南米の主要都市からフライトがある。

周辺諸国からリマへのフライト（直通のみ）

都市名	便数	所要時間（約）
ラ・パス（ボリビア）	1日1～2便	2時間
ボゴタ（コロンビア）	1日10便以上	3時間
キト（エクアドル）	1日3～4便	2時間30分
ブエノス・アイレス（アルゼンチン）	1日5便	5時間
サンティアゴ（チリ）	1日10便以上	3時間30分
リオ・デ・ジャネイロ（ブラジル）	1日2便	5時間40分
サン・パウロ（ブラジル）	1日4便	5時間15分

●国際バス

北はエクアドル経由コロンビア、南はチリやアルゼンチンと国際長距離バスで結ばれている。クルス・デル・スールの場合、リマまでサンティアゴ（チリ）から約54時間、ブエノス・アイレス（アルゼンチン）から約68時間、グアヤキル（エクアドル）から約27時間30分。

クルス・デル・スール Cruz del Sur
☎ (01) 311-5050
URL www.cruzdelsur.com.pe

国内交通

●飛行機

ペルー国内は、リマを起点に主要な都市はほとんどが空路で結ばれている。国内の航空会社は、ラタム航空 LATAM Airlines（LA）、ペルビアン航空 Peruvian Airlines（P9）、スター・ペルー Star Perú（2I）などが運航。このほかに小さな航空会社が地方と地方を結ぶコミューターを運航している。リマやクスコなど主要空港の空港税は航空運賃に含まれているが、地方空港の場合は現地で別途支払う。

各地を結ぶラタム航空

ラタム航空 LATAM Airlines（LA）
URL www.latam.com

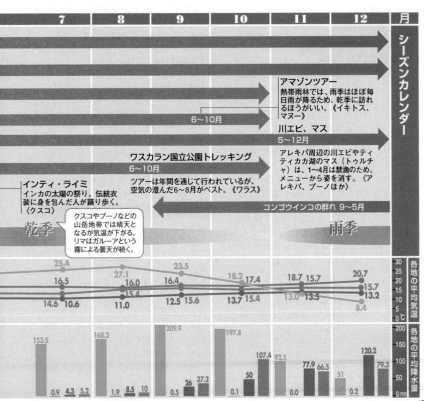

スター・ベルー Star Perú（21）
☎ (01) 705-9000　URL www.starperu.com
ペルビアン航空 Peruvian Airlines（P9）
☎ (01) 716-6000　URL www.peruvian.pe
アビアンカ Avianca（AV）
☎ (01) 511-8222　URL www.avianca.com
LC ペルー LC Perú
☎ (01) 204-1313　URL www.lcperu.pe

リマから国内各地へのフライト（直行便のみ）

都市名	便数	所要時間（約）
アレキパ	1日10便以上	1時間30分
イキトス	1日10便	1時間55分
カハマルカ	1日8便	1時間30分
クスコ	1日35便以上	1時間20分
チクラヨ	1日11便	1時間30分
トルヒーヨ	1日6便	1時間10分
フリアカ	1日3便	1時間40分

● 長距離バス

　鉄道が発達していないペルーでは、長距離バスの果たす役割は非常に大きい。特にリマを中心に各都市へ向かうバス路線は競合する会社も多く、充実している。
　ペルーを代表するバス会社はクルス・デル・

クルス・デル・スール社のバス

スール社 Cruz del Sur、オルトゥルサ社 Oltursa やシバ社 Civa、テプサ Tepsa。これらの会社は180度リクライニングシートや食事サービス、Wi-Fi、トイレ完備のデラックスな新型バスを所有しており、信頼度も高い。ほかにも多くのバス会社がある。同一区間でも運行会社やシートタイプ、運行時間などにより運賃は大きく異なる。走行距離が長く、またパンアメリカン・ハイウエイ以外の道路事情は悪いため、安全をお金で買うつもりで慎重に選ぼう。アンデスが雨季となる11～4月には、崖崩れや道路の水没などの交通トラブルも多い。そんなときは飛行機に切り替える機転が必要だ。

リマから国内各地へのバス

都市名	便数	所要時間（約）
アレキパ	1日15便以上	15～17時間
カハマルカ	1日1～2便	15～16時間
クスコ	1日5～7便	21～22時間
チクラヨ	1日10便以上	14時間
トルヒーヨ	1日10便以上	9～10時間
ナスカ（イカ経由）	1日10便以上	6～7時間
ワラス	1日4～7便	8～9時間

クルス・デル・スール Cruz del Sur
☎ (01) 311-5050　URL www.cruzdelsur.com.pe
シバ Civa
☎ (01) 418-1111　URL www.civa.com.pe
オルトゥルサ Oltusa
☎ (01) 708-5000　URL www.oltursa.pe
テプサ Tepsa
☎ (01) 617-9000　URL www.tepsa.com.pe
バスチケットのブッキングサイト
redbus URL www.redbus.pe

● 鉄道

①クスコ～マチュピチュ

　クスコ近郊のポロイ駅からオリャンタイタンボ駅を経由して、マチュピチュ駅までの間を列車が運行している。列車はポロイ駅、オリャン

ペルーレイルの列車

タイタンボ駅のどちらからも乗ることができるが、オリャンタイタンボ～マチュピチュ間は列車でしか移動できない。現在、ペルーレイル PeruRail 社とインカ・レイル Inca Rail の2社が運行している。運行便数が最も多く、両駅に発着するペルーレイルの列車は、豪華なハイラム・ビンガム、一般的なビスタドーム、エコノミーなエクスペディションの大きく分けて3種類がある。（→ P.139）

②クスコ～プーノ

　豪華寝台列車ベルモンド・アンデアン・エクスプローラーがクスコ～プーノ間を運行している。1泊2日の寝台列車のツアーで、クスコ（ワンチャック駅）発木曜11:00、プーノ（ティティカカ駅）着22:30。列車内で1泊して、翌日の8:00に下車する。全食事付き、列車内で各種エンターテインメントが催される。プーノ発は水曜12:00、クスコ着木曜7:35。クスコ～プーノ～アレキパの2泊3日ツアーもある。

市内交通

● タクシー

　リマやクスコ、アレキパといった都市部では、今やタクシーアプリが主流。料金も明確で安全性が高いとして、流しのタクシーより人気だ。リマで人気なのは Uber、Taxibeat、Cabify などで、クスコでは Easy Taxi など。地方によって多少違ってくる。流しのタクシーにはメーターはなく、事前交渉制。乗る前に行先を告げ、料金を交渉してから乗る。ホテルなどで目安を聞いておくといいだろう。また、おつりでもめないよう、小銭を用意しておこう。

食事事情

ペルーは水産大国であり、特に沿岸の都市では、魚介類を使った料理が多い。山岳地帯ではジャガイモや野菜のスープ系のもの、マス料理などがある。肉は、鶏肉、牛肉がよく食べられているが、近年はアルパカ肉を出すレストランもある。フルーツの種類も豊富にある。

セビーチェ　Cebiche
新鮮な魚介類をレモン汁とトウガラシ、タマネギなどであえたペルーの代表料理。

アンティクーチョ　Anticucho
牛の心臓を香辛料たっぷりのたれに漬け込み、大きな串に刺して網焼きにしたもの。

サンコチャード　Sancochado
肉やジャガイモ、トウモロコシ、キャベツ、ニンジンなどが入ったペルー版ポトフ。

チュペ・デ・カマロネス
Chupe de Camarones
大きな川エビの入った、ミルク仕立てのマイルドなスープ。アレキパ地方でポピュラーな料理。

マサモラ・モラーダ　Mazamorra Morada
紫トウモロコシと果物を煮詰めた液に片栗粉でとろみをつけた、葛湯状のお菓子。

ロモ・サルタード　Lomo Saltado
牛肉の細切りと、タマネギ、トマト、フライドポテトを炒めて醤油で味付けしたもの。

タマレス　Tamales
トウモロコシの粉を練り、そこに鶏肉などを加え、トウモロコシの皮で包んで蒸したもの。場所によってバリエーションがある。

パリウエラ　Palihuela
ムール貝やカニ、魚のアラなど6〜8種類ものシーフードを煮込んだスープ。

カウサ・レジェーナ　Causa Rellena
マッシュポテトと野菜を重ねて型に入れて固めたもの。

チチャ・モラーダ　Chicha Morada
紫色のトウモロコシを果物と煮詰め、レモン汁や砂糖を加えたジュース。ただのチチャ Chicha は、黄色いトウモロコシを発芽させ、かめに入れて発酵させた弱いアルコールのあるビールのような飲み物。インカ時代から儀式や祭りには欠かせないものだった。

甘味とレモン味のチチャ・モラーダ

ピスコ　Pisco
ブドウから作られた蒸留酒のこと。何年も寝かせた上質のものは、ストレートで飲んでもおいしい。このピスコに卵白、ガムシロップ、レモン汁など、各店独自の比率で合わせたカクテルがピスコ・サワー Pisco Sour。

コカ茶　Mate de Coca
プレ・インカの時代から飲まれていたコカ茶は、コカインの原料となるコカの葉のお茶。乾燥させた葉にお湯を注ぐだけの、緑茶のようなもの。おもに高地で一般的に飲まれている。高山病に効くともいわれる。

特産品

ペルーのおみやげといえば、アルパカ製品と銀製品が代表的。アルパカ製品はセーターのほか、マフラーやショール、ポンチョ、手袋、敷物などがある。質のよい物を短時間で選ぶなら、リマやクスコの専門店での購入がおすすめ。値段は安くはないが、品質は保証されており、デザインセンスもいい。アルパカの毛のなかでも、ベビーアルパカが最も質がよく、肌触りがやわらかく、軽くて暖かい。専門店以外のみやげ物屋などだと、ベビーアルパカ100％とうたっていても、そうでないものや、羊毛を混ぜているものなどがあるので注意が必要だ。ほかに、希少なビクーニャの毛糸を使った製品を置いている店もある。ただし、最高級品だけに、値段は10万円はくだらない。

ペルーらしい帽子も人気

また、クスコ郊外のチンチェーロでは草木染で有名。赤や緑、紫といった個性的な色たちが、アンデスの匠の手にかかると見事に調和するのは不思議だ。ただし露店で買う場合は穴が開いた物や糸の始末が悪い物もあるので、よく確かめること。

銀製品は、イヤリングやネックレスなどの装飾品から、カトラリーやお茶のセットまで多種多様。ナスカの地上絵をかたどったペンダントトップや、銀と貴石を組み合わせたブローチなどが人気。銀製品を買うときは、製品の裏に"JP925"と刻印されているものを選ぶこと。銀製品の国際規格で、銀含有量が1000分の925という意味。925以上であれば、純銀製といえる。

そのほか、ケーナやサンポーニャ、チャランゴなどフォルクローレ音楽の楽器やCDは音楽ファンに好評。マテ（ひょうたん）を使った置物も人気だ。食品類ではアンデスの塩やオーガニックチョコレート、コーヒー、マイス（ジャイアントコーン）など枚挙に暇がない。これらはスーパーマーケットに行けばまとめて購入できる。

歴史

今から約3000年前、北部アンデスの山岳地域、現在のワラス付近にチャビン文化が発生し、それまで狩猟漁撈の生活を営んでいたペルー全域に、またたく間に広まった。その後、モチェやナスカ、チムーなど各地にそれぞれの文化が栄えたが、11世紀末、中部アンデス地域にインカ族が姿を現し、新たな文化の華を咲かせることになった。当初は1部族にすぎなかった彼らだが、15世紀末頃には、コロンビアからチリにまたがる約4000kmに

クスコ近郊の遺跡、タンボ・マチャイ

わたる大帝国を形成し、首都クスコを中心に栄華を極めた。

しかし、大きすぎた版図も一因し、1532年、財宝（エル・ドラード）を目指してやってきたスペイン人のフランシスコ・ピサロにより、インカ皇帝アタワルパはペルー北部のカハマルカでつかまり、処刑されてしまう。これにより、インカ帝国の歴史は幕を閉じた。

その後19世紀初頭まで、スペインの植民地として、その圧政に苦しみ続ける。そのため、南米各植民地に独立の気運が高まり、1821年、サン・マルティン将軍のもと、独立派はスペイン王党派を破り、ペルー共和国として独立した。

その後1968年の革命で軍事政権となり、主幹産業の国有化、農地改革などが断行された。性急な改革は弊害を生じ、1980年の総選挙では再び民政となり、前大統領ベラウンデが返り咲いた。1984年、大統領の任期満了に伴う総選挙があり、48歳の大統領アラン・ガルシアが誕生、世界一若い大統領として話題を呼んだ。

1990年6月、アルベルト・フジモリ氏は日系人として初めて大統領に就任。その後しばらくは情勢不安が続き、一時はクーデターによりふたりの大統領が存在するなどの事件も起こった。また、テロによる日本人殺害事件もあったため、日本政府も渡航自粛規制を発令するなど、厳しい処置を取った。しかし、左翼ゲリラ、センデロ・ルミノソ（＝輝ける道）の指導者アビマエル・グスマンの逮捕などテロ対策を徹底し、治安の回復をはかるとともに、財政再建にも力を入れてインフレを抑えたフジモリ大統領は、1995年に新憲法下で再選を果たす。

ペルー大使公邸事件は、1996年12月17日夜、リマの日本大使公邸で天皇誕生祝賀パーティの開催中に起こった。トゥパック・アマル革命運動（MRTA）の武装グループが乱入し、青木盛久大使（当時）以下約700人の人質を取り公邸を占拠。MRTAは仲間の釈放と経済政策の変更、刑務所の改善などをペルー政府に要求。人質は暫時解放され最終的に72人が最後まで残った。翌1997年4月22日午後3時23分、ペルー国軍特殊部隊の武力突入により人質71人を救出。ペルー人の人質1人、兵士2人が死亡。MRTAのメンバー14人全員が死亡した。2000年にはフジモリ第3期政権が発足したが、大統領の側近ウラディミーロ・モンテシノス国家情報局・顧問（＝当時）の野党買収疑惑が浮上する。フジモリ政権の独裁的な強権体質への批判が高まり、ペルー国会ではフジモリ大統領の罷免決議を可決。2001年7月にはアレハンドロ・トレド氏が大統領に就任。2006年7月にはフジモリ元大統領の出馬表明により注目を浴びた大統領選挙が行われたが落選、フジモリ氏はその後、さまざまな容疑で有罪判決を受ける。

2011年と2016年の大統領選では、フジモリ元大統領の長女で、フエルサ党の党首ケイコ・フジモリ氏が出馬。2016年にはペドロ・クチンスキー元首相と首位を争ったが、決選投票で敗れる。ケイコ・フジモリをはじめとする日系移民は10万人を超え、経済成長を続けるペルーに深く関わっている。

2018年3月、クチンスキー大統領辞任にともないマルティン・ビスカラ氏が大統領に就任。

大使館

● **在日ペルー共和国大使館**
住 〒150-0012　東京都渋谷区広尾 2-3-1
☎ (03) 3406-4243

● **在東京ペルー共和国総領事館**
住 〒141-0022
東京都品川区東五反田 1-13-12
いちご五反田ビル6階
☎ (03) 5793-4444/4445

● **在名古屋ペルー共和国総領事館**
住 〒460-0008
愛知県名古屋市中区栄 2-2-23
アーク白川公園ビルディング3階
☎ (052) 209-7851/7852

● **在ペルー日本国大使館** MAP P.54-B3
Embajada del Japón
住 Av.Javier Prado Oeste No.757, Piso 16,
Magdalena del Mar, Lima（2019年10月現在、仮事務所）
☎ (01) 219-9500（代表）
URL www.pe.emb-japan.go.jp

Lima

リマ

リマ★

世界遺産に登録されているリマ旧市街

標高	**154m**
MAP	**P.38-B3**
市外局番▶**01**（電話のかけ方は→P.40）	
US$1=**S/3.3**	

ホルヘ・チャベス国際空港
MAP P.54-A1
🏠 Av. Elmer Faucett s/n,
Callao
☎(01)517-3100
URL www.lima-airport.com

✚おもな航空会社
国際線航空会社
ユナイテッド航空
United Airlines(UA)
🏠Av. Victor Andrés Belaúnde
147 of 101 Edificio Real 5,
San Isidro
☎(01)712-9230
Free 0-800-70030
デルタ航空
Delta Airlines(DL)
🏠Av. Victor Andrés Belaúnde
Of. 701 Edificio Real 3-San
Isidro
☎(01)211-9211
アメリカン航空
American Airlines(AA)
🏠Av. Pardo 392,Miraflores
☎(01)211-7000
エア・カナダ
Air Canada(AC)
🏠Calle Italia 389 of. 101,
Miraflores
Free 0-800-52073
ラタム航空
LATAM Airlines (LA)
🏠Av. José Pardo 513,
Miraflores
☎(01)213-8200
アビアンカ航空
Avianca(AV)
🏠Av. José Pardo 811,
Miraflores
Free 0-800-11936

　南米大陸の太平洋岸の中心となるのが、人口約956万人を擁するペルーの首都リマ。ここは、ブラジルのリオ・デ・ジャネイロやサン・パウロと並ぶ、南米のゲートウエイだ。毎日アメリカやカナダ、ヨーロッパから何十便もの飛行機が、ホルヘ・チャベス国際空港に到着する。

　リマはチャラと呼ばれる海岸砂漠地帯に位置し、年間を通してほとんど雨は降らない。ただし、6～9月の冬の間はガルーアという海霧が空を覆い、わずかながら霧雨が降ることもある。湿度は90％を超え、どんよりとした曇天が続く。

　空港から車で約30分。レンガ造りの家々や露天商の集まる道をすり抜けると、目の前に高層ビルが現れる。目指すは旧市街のリマ区（セントロ）か、新市街のミラフローレスやサン・イシドロ。旧市街のアルマス広場にはスペインのコンキスタドール（征服者）ピサロが定礎を置いたカテドラルがそびえ、周囲には植民地時代に財力を注ぎ込んだ建造物が、数百年の威厳をもって旅行者を見つめる。この古い町並みは、1988年と1991年にユネスコの世界文化遺産に登録された。

　リマには植民地時代の文化と近代文化が融合することなく入り乱れている。伝統を守り続ける心と、新しい物を取り入れようとするパワーとがあふれている町である。

リマの海岸から眺めたサンセット

国内線航空会社

ペルビアン航空
Av. Jose Pardo 495 Mira-
flores
(01)715-6122/716-6000
スター・ペルー
Av. Comandante Espinar
331,Miraflores
(01)705-9000/213-8813

空港〜市内のシャトルバス
シャトルバスのカウンタ
ーは、到着ゲートを出てす
ぐ右手にある。乗合なので
待つこともあるが、安くて
安心。数社ある。
Airport Express Lima
URL www.airportexpresslima.
com
7:00〜24:00まで1時間
ごとに出発し、ミラフロー
レスのホテル7か所に停ま
る大型バス。空港からミラ
フローレスの停留所へは
US$8、ミラフローレスか
ら空港へはUS$15。
Pervian Shuttle
URL www.peruvian-shuttle.com
空港〜ミラフローレス、
サン・イシドロ、セントロ
各地区US$6〜20(ひとり
ならUS$20。最大7人まで
乗れて、その場合はひとり
あたりUS$6)。専用車は
US$25(ふたりまで)。

Wi-Fi完備のAirport Express

**空港内にカウンターのある
リムジンタクシー会社**
CMV Taxi Remisse Ejecutivo
(01)219-0266
ミラフローレスまでS/109、
セントロまでS/95。ミラフ
ローレス・パーク・プラザ
やJW マリオット・ホテル・
リマなど主要ホテルのオフ
ィシャルタクシーなので、
宿泊者割引がある。メルセ
デスなどの高級車を使用。
MITSU Taxi Remisse
(01)261-7788
ミラフローレ、セントロ
ともにS/160

リマへの行き方

✈ 飛行機

国際線は南米のおもな都市から便がある(→P.47)。国内のおも
な都市からは、ラタム航空 LATAM Airlines(LA)、ペルビアン航空
Peruvian Airlines(P9)、スター・ペルー Star Perú(2I)などの便が
結んでいる。通常、空港税は航空券に含まれている。

Let's Go! 空港から市内へ

ホルヘ・チャベス国際空港 Aeropuerto Internacional Jorge Chá-
vez(LIM)はセントロ Centro(旧市街)から約12km、新市街のミラ
フローレス Miraflores から約16km北西のカヤオにある。空港から
市内へはタクシー、またはシャトルバスの利用が便利だ。空港内
にはシャトルバスやタクシー会社のカウンターがあり、シャトル
バスは10〜20分ごとに客が5名程度集
まると出発する。料金は3名乗車で1人
US$8、4〜5名で1人US$7。タクシー、
シャトルバスともに24時間運行。空港
を一歩出ると客引きがすごいので、荷
物を離さないように注意。1泊目の宿
は予約しておきたい。

南米の玄関口でもあるホルヘ・チ
ャベス空港

タクシー　　Taxi

空港から市内へ行くタクシーは3種類ある。ひとつは税関を過
ぎて扉を出て、すぐ左側にカウンターのあるリムジンタクシー。
ふたつ目は同じくカウンターで申し込むタクシー・グリーン。3つ
目はいわゆる一般のタクシーだ。リムジンタクシーは料金も高い
が、高級車を使用していて安心度も高い。オフィシャルのタクシ
ー・グリーンはスーツを着た係員が誘導している。値段が決まって
いるので安心。一般のタクシーは空港ターミナルを出た先で待っ
ており、客引きをしてくる。値段交渉が必要
で、立ち止まったりすると荷物を持って車
へ連れていこうとするので注意。料金はミ
ラフローレスまでリムジンタクシーが
S/109〜、タクシー・グリーンがS/70〜、そ
の他のタクシーはS/50〜。

空港ターミナルを出るとタク
シー運転手が声をかけてくる

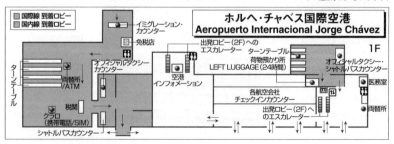

🟥 国際線 到着ロビー
🟦 国内線 到着ロビー

ホルヘ・チャベス国際空港
Aeropuerto Internacional Jorge Chávez

イミグレーション・
カウンター
免税店
出発ロビー(2F)への
エスカレーター　ターンテーブル
荷物預かり所
LEFT LUGGAGE(24時間)
オフィシャルタクシー・
シャトルバスカウンター
1F
オフィシャルタクシー・
カウンター
両替所
/ATM
空港
インフォメーション
医務室
税関
各航空会社
チェックインカウンター
両替所
クラロ
(携帯電話/SIM)
出発ロビー(2F)へ
のエスカレーター
ターンテーブル
シャトルバスカウンター

市内バス
Bus

　空港を出たところの大通りから乗る。ひとさし指を1本立てて手を横に挙げると停まってくれる。空港前からセントロ（5月2日広場 Plaza 2 de Mayo行き）、ミラフローレス方面（Av. Diagonal、Av. Larco行き）ともに出ている。料金はS/2.5程度と非常に安いが、市内の地理がよくわかっていないと難しい。また空港周辺は治安が悪いので、大きな荷物がある場合も避けたほうがいい。

長距離バス

　リマへは国内や近隣諸国の主要都市から、たくさんの長距離バスが出ている（→P.48）。バスの旅にはいくつかの難点がある。パンアメリカン・ハイウエイ以外の道はおしなべて舗装状態がよくないうえに、雨季になると水没する道路が増え、数時間の遅れは当たり前のこととなる。また、夜行便が多い。体調が十分整っていること、日程に余裕があることがまず必須条件となる。

　各社オフィスがターミナルになっており、チケットもそこで購入できる。出発時刻、経由地、車種などにより、適切な会社を選ぼう。バスの運賃は会社によって多少の差がある。ただし、

クルス・デル・スール社のバスターミナル

料金の差イコール、バスの質の差と思っていい。リマ北部郊外のプラザ・ノルテ・ショッピングセンター内には大ターミナルGran Terminal Terrestreがあり、国内主要都市だけでなく地方路線を含めたバスが発着しているが、付近の治安はあまりよくなく観光客向けではない。

バス旅行のアドバイス

　ペルーの長距離バスは、ブラジルのマルコポーロ社製などの2階建ての大型のバスを利用しており快適。通常のタイプでもリクライニングシートが倒れ、ゆったりとバス旅を楽しめる。夜行や長時間のバスでは、スナック菓子のサービスがあることも。Wi-Fiが使えるバスもある。手荷物以外の荷物は行き先を告げ、バスターミナル内の荷物預かり窓口で預けてトランクに入れてもらう。車内はエアコンが利いているが、地方のローカルバスに乗る場合は防寒対策をしたほうがいい。

鉄道

　リマのセントロから、観光列車のアンデス中央鉄道Ferrocarril Central Andinoが運行。区間はリマのデサンパラードス駅Estación Desamparadosからアンデスの街、ワンカヨ駅Estación Huancayoまで。年数回、不定期の運行だが、標高約4800mのティクリオ峠Ticlioを越え、美しいアンデスの風景を楽しみながら旅ができるとあって人気だ。世界で2番目に標高の高いところを走る列車でもある。

ペルー中部

リマ

行き方

CHECK!!! 空港を出たら客引きに注意
空港を出るとタクシーの運転手、旅行会社の客引きがわっと寄ってきて、ときには日本語まじりでいろいろと話しかけてくる。彼らのすべてが法外な値段をふっかけるとは限らないし、なかには本当に親切な人もいる。しかし、早急に決めてしまうのは失敗のもとだ。ほかの旅行会社や宿の人に相場を聞いて検討したうえで、ツアーなどに申し込むほうがいい。必要でなければはっきりと断ること。

おもなバス会社
クルス・デル・スール
Cruz del Sur
MAP P.55-C2
Av. Javier Prado 1109, La Victoria
(01)311-5050
URL www.cruzdelsur.com.pe
ノーマルからVIPクラスまであり、国内ほとんどの都市をカバー。南米主要都市への長距離バスもある。
オルトゥルサ　Oltursa
Av. Aramburú 1160, San Isidro
(01)708-5000
URL www.oltursa.pe
アレキパ、ナスカ、チクラヨ、ピウラ、チンボテ、トルヒーヨ方面へのバスを運行している。車体も新しく評判がいい。車内でWi-Fiも使える。
リネア　Linea
MAP P.61-A4
Av. Paseo de la República 979, La Victoria
(01)424-0836
URL www.linea.pe
シバ　Civa
MAP P.55-C2
Av. Javier Prado Este 1155, La Victoria
(01)418-1111
URL www.civa.com.pe

デサンパラードス駅
MAP P.61-B1
Jr. Ancash 201, Lima
アンデス中央鉄道
(01)226-6363
ワンカヨ行き
大人片道S/500～750
大人往復S/700～1000
所要約12時間。

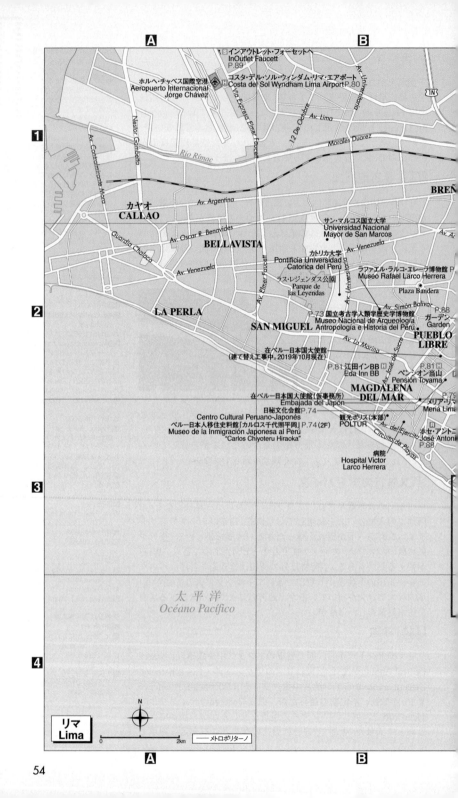

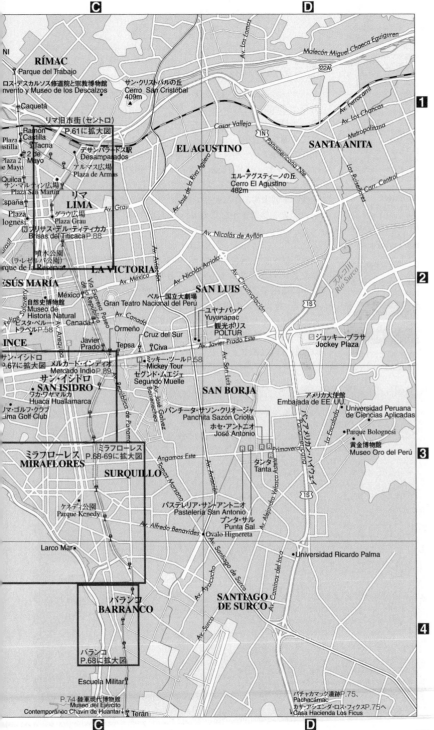

C **D**

NI

RÍMAC
● Parque del Trabajo
ロス・デスカルソス修道院と宗教博物館
nvento y Museo de los Descalzos
●Caquetá

サン・クリストバルの丘
Cerro San Cristóbal
409m▲

22A

Malecón Miguel Chaeca Eguiguren

Av. Los Jardines

Av. Ferrocarril
Av. Los Chancas

リマ旧市街（セントロ）
P.61に拡大図

Casar Vallejo

Metropolitana

1

EL AGUSTINO

SANTA ANITA

Ramón
astilla
●Tacna
2 de
Mayo
Plaza 2
e Mayo
Quilca●
サン・マルティン広場
Plaza San Martín
España●
Plaza
lognesi
N プリサス・デル・ティティカカ
Brisas del Titicaca P.88

デサンパラードス駅
Desamparados
アルマス広場
Plaza de Armas

**リマ
LIMA**
グラウ広場
Plaza Grau

Av. Grau

1N
Panamericana Nte

Av. José de la Riva Agüero

エル・アグスティーノの丘
Cerro El Agustino
482m▲

Los Ruiseñores

Carr. Central

Av. Nicolás de Ayllón

噴水公園
（ラ・レゼルバ公園）
Parque de la Reserva

LA VICTORIA

Av. Arrerión

Av. México

Av. Nicolás Arriola

Av. Circunvalación

リ川・III
Rio Surco

2

ESÚS MARÍA
自然史博物館
México● Museo de
Historia Natural
reeling トラベル P.58
INCE
Arequipa

Via Expresa Paseo
de la República

SAN LUIS
ペルー国立大劇場
Gran Teatro Nacional del Perú

Av. Canadá

ユナナパック
Yuyanapac
観光ポリス
POLTUR

15

ジョッキー・プラザ
Jockey Plaza

Javier
Prado
Tepsa●

Ormeño●
Cruz del Sur●
●Civa

Av. Javier Prado Este

Av. San Luis

サン・イシドロ
P.67に拡大図
メルカード・インディオ
Mercado Indio P.89
**サン・イシドロ
SAN ISIDRO**
ワカ・ワヤマルカ
Huaca Huallamarca
リマ・ゴルフ・クラブ
Lima Golf Club

Canadá●

ミッキー・ツール P.58
Mickey Tour
セグンド・ムエジェ
Segundo Muelle

SAN BORJA
パンチータ・サソン・クリオージャ
Panchita Sazón Criolla
ホセ・アントニオ
José Antonio

アメリカ大使館
Embajada de EE. UU.

Av. José Gálvez
Barranechea

Primavera

Av. Aviación

Universidad Peruana
de Ciencias Aplicadas

● Parque Bolognesi

黄金博物館
Museo Oro del Perú

3

**ミラフローレス
MIRAFLORES**

ミラフローレス
P.68-69に拡大図

SURQUILLO

Angamos Este

Av. Tomás Marsano

Av. Aviación

R R R R R
タンタ
Tanta

ケネディ公園
Parque Kenedy

パステレリア・サン・アントニオ
Pastelería San Antonio
プンタ・サル
Punta Sal

Av. Alfredo Benavides
Ovalo Higuereta●

Larco Mar●

Av. Santiago de Surco

●Universidad Ricardo Palma

15

4

バランコ
BARRANCO

Av. Ayacucho

**SANTIAGO
DE SURCO**

Av. Surca

Camino del Inca

バランコ
P.68に拡大図

Escuela Militar ↑

P.74 陸軍現代博物館
Museo del Ejército
Contemporáneo Chavín de Huantar● Terán

パチャカマック遺跡 P.75、
Pachacámac
カサ・アシエンダ・ロス・フィクス P.75へ
Casa Hacienda Los Ficus

C **D**

リマの通りを覚えよう

　ペルーの道路は大通りをアベニーダAvenidaと呼び、その他を
カジェ Calle、ヒロンJirón、パサヘPasajeなど、道の大きさに
よって呼び分けている。アベニーダはバス通りになっている。す
べての通りは1ブロックごとにクアドラ・ウノCuadra 1、クアドラ・
ドスCuadra 2……というように番号づけされている。起点となるの
は、セントロの広場 Plaza やアベニーダが交わる地点、ヒロンは大
通りと接する地点。番号は交差点の通り名の標識にも明記され、交
通機関を利用する際に便利である。交差する通り名もしくは、通り
名とクアドラ何番かを覚えておけば、目的地に行くことができる。

タクシー　　　　　　　　　　　　　　　／Taxi

　近年はタクシー会社も増え、車体に社名や電話番号などを明記
したきれいなタクシーも増えてきた。しかし依然白タクは多く、
なかには副業として仕事の帰りににわかタクシー運転手になる人
もいる。特に普通乗用車で、車内にTaxiと書いたプラカードを置
いただけのようなタクシーは避けよう。手を挙げてタクシーを停
め、窓越しに交渉する。観光客と見るとふっかけてくる人もいる
ので無理に交渉せず、すぐ別のタクシーに切り替えよう。料金の
目安はセントロ内の移動でS/8〜15、セントロ〜新市街はS/15〜25。

COLUMN　　　　　　　カラル

　リマの北約150km、スーペ川Supeの中流に
見つかった遺跡。現代から約5000年前の紀元
前2800〜2500年頃の遺跡であるといわれ、こ
れは、エジプト、メソポタミア、インダス、黄
河という世界四大文明とほぼ同時期。川の流域
66ヘクタールの敷地内には祭祀目的で造られた
と思われる神殿やピラミッドなど32の建造物が
建ち並ぶ。人々の住んだ住居と思われる建物も
発見されている。建造物は石造で、大きなもの
だと2mを超える巨岩を積み上げて造られてい
る。石造建築物としては北部のチャビン・デ・
ワンタル（→P.181）が最も古いとさ
れていたが、その歴史をくつがえす発
見となった。また、アドベ（日干しレ
ンガ）の遺跡が多い海岸地方で、その
時代に巨大石造建築物が造られていた
のはまさに驚きだ。入口のそば、遺跡
全体の南西に位置している円形半地下
広場Templo del Anfiteatroからは32
本もの骨のフルートや猿をモチーフと
した図柄が刻まれた石などが見つかっ
ている。2009年にユネスコの世界遺産
に登録された。

カラル　Caral　**MAP** P.38-A3
住 Av. Las Lomas de la Molina N° 327 Urb. Las Lomas
de la Molina Vieja　**☎** (01) 205-2500
URL www.zonacaral.gob.pe　**開** 月〜木9:00〜16:00
金〜日・祝9:00〜18:00
休 無休　**料** S/11　ガイドツアーのみ。

行き方
　ツアーに参加するか、タクシーなどで行く。片道3時
間30分〜4時間。最後の1時間は未舗装の砂利道を走
る。ミラフローレス地区のケネディ公園にあるツーリ
ストインフォメーション横から、ミラバスMirabus
（→P.70）のツアーが毎週土曜5:15発で催行している。
英語ガイド付きでS/240（昼食、入場料込み）。早朝5:15
発なので、チケットは前日までに購入すること。

何かの儀式が行われたといわれる円形半地下広場

市内バス　Bus

　大都市リマの旧市街（セントロ）とミラフローレスなどの新市街を、南北に移動するならメトロポリターノが便利。道路の専用レーンを走るので、渋滞に巻き込まれる心配もない。それ以外の場所へは、オムニブスやコンビなどと呼ばれる乗り合いバスを利用することになる。ただし、ある程度、道を把握していないと難しい。また、幹線道路は渋滞が激しいので、時間には余裕を持って移動しよう。

メトロポリターノ

　都市基幹交通システムがメトロポリターノMetropolitano。2両連結のバスで市内を南北に貫く専用レーンを走行する。車内では停車地のアナウンスがある

市民の足になっているメトロポリターノ

ほか、電光掲示板にも表示されるので利用しやすい。料金は区間均一でS/2.5。最寄りのバス停はセントロならJirón de la UniónやTacna、ミラフローレスは28 de Julio、サン・イシドロはCanavaly More-ryaなど。

オムニブス、コンビ、ミクロ

　リマ市内を走る路線バスは、車体の大きさ別にオムニブスÓmnibus（45～50人乗りの大型バス）、ミクロMicro（25～30人乗りの中型バス）、コンビCombi（15人前後のミニバン）の3種類。路線番号はバスの正面に書かれているが分かりにくいので、車体側面に表記されている通り名を参考にしよう。市内主要幹線道路にはバス停が設置されているが、バス停のない一般道の場合は、信号や街角で自由に乗り降りできる。朝夕のラッシュアワーはぎゅぎゅう詰めなうえにスリも多いので、荷物の管理はしっかりと。料金は基本S/1。距離によって加算されるが、明確な基準はない。最近は運賃の値上がりも激しく、コブラドール（車掌）ともめる乗客も多く見かける。

コレドール

　ルートによって車体が赤Rojo、青Azul、黄Amarillo、紫Morado、緑Verdeに分かれている市バス。旅行者が利用しやすいのはアテ～サン・ミゲルを結ぶコレドール・ロホCorredor Rojo（200番台）と、リマック～バランコを結ぶコレドール・アスールCorredor Azul（300番台）。系統によって停車するバス停が異なるので、運転手に確認するか、全バス停に停車する201系統、301系統を利用するといい。料金はコレドール・ロホがS/1.7、コレドール・アスールがS/1.5。チャージ式のリマ・パスLima Passか、メトロポリターノバスのカードで払う。車内でチャージできないので、事前に残高を確認のこと。

青バスことコレドール・アスール

メトロポリターノ
☎(01) 203-9000
URL www.metropolitano.com.pe
　車内は非常に混み合うので荷物の管理には注意が必要。夜間の利用や下車後は周囲の安全を確かめよう。

バス停は大通りにある

最初にバス停にある券売機か窓口でカードS/5を購入して、チャージするシステム

コンビとミクロの乗り方
　以前は街角のどこでも乗降できたが、最近はバス停が整備され、大きな通りは決まった場所しか乗り降りできない。止める時は手を横にかざして合図を送ろう。降りる場合は「バホ（Bajo：降ります）」と言えば、次の角で停まってくれる。また、初めての場所に行く場合は、どこで降りるのか判断しにくい。そんなときは「エン・ラ・エスキーナ・デ・～・イ・～・ポル・ファボール（En la es-quina de～y～, por favor：～通りと～通りの角でお願いします）」と言っておけば、運転手のほうでもわかりやすい。

コンビよりひと回り大きなミクロ

コレドール　Corredor
☎(01) 428-3333
URL www.protransporte.gob.pe
リマ・バス・カード
Tarjeta Lima Pass
URL www.protransporte.gob.pe/tarjeta-lima-pass
　販売およびチャージできるポイントは、上記URLのPuntos de venta y recargaを参照。

❶ 観光案内所

i-Perú

　国内各地にオフィスがあるオフィシャルの観光案内所。リマをはじめ、ペルー各地のガイドやパンフレット類を揃えている。パンフレット類が充実し、宿の紹介もしている。

URL www.peru.travel

空港内

🏛 Aeropuerto Internacional
　Jorge Chávez

☎ FAX (01) 574-8000　圖 24時間　休 無休

サン・イシドロ

MAP P.67-A1　🏛 Jorge Basadre 610, San Isidro

☎ (01) 421-1627/421-1227

圖 9:00〜18:00　休 土・日

ミラフローレス

MAP P.69-C4　🏛 Plaza Gurmet Nivel 1 stand
211,Larcomar　☎ (01) 234-0340

圖 11:00〜21:00　休 無休

Municipalidad de Lima

（旧市街にある観光案内所）

MAP P.61-A1　🏛 Pasaje Nicolás de Ribera 145
　Centro Histórico de Lima　☎ (01) 632-1542

圖 月〜金9:00〜17:45　土・日・祝9:00〜17:45

休 無休

観光ポリス

POLTUR

MAP P.55-C2

🏛 Av.Javier Prado Este 2465, 5° Piso, San Borja

☎ (01) 225-8698/225-8699

日系の旅行会社

ミッキー・ツール Mickey Tour

MAP P.55-C2

🏛 Av. José Gálvez Barrenechea 186, Córpac,
　San Isidro

☎ (01) 224-7633　FAX (01) 224-8472

URL www.mickeytourperu.com

圖 月〜金 9:00〜18:00　土 9:30〜12:30

休 日・祝

　1984年に開業した日本人スタッフ常駐のIATA公認エージェント。津村社長が長年、積み重ねてきた実績が高く評価されている。ペルー国内はもとより、ボリビア・ウユニ塩湖など南米各地のツアーをアレンジ。日本語でていねいに対応してくれるので心強い。

カントゥータ・トラベル

Cantuta Travel

MAP P.67-B1

🏛 Calle Los Gavilanes 318 Urb, Limatambo,
　San Isidro

☎ (01) 422-8418

URL www.cantutatravel.com

圖 10:00〜18:00　休 土・日・祝

　日本語で旅の予約OK。リマ空港到着時には日本語係員による出迎えもあるので心強い。緊急時も24時間日本語対応なので安心。

アンデス・ニッポン・ツーリスト・ペルー

Andes Nippon Tourist Peru

MAP P.67-B1

🏛 Calle Mariano de los Santos 115, Oficina 302,
　San Isidro

☎ (01) 222-2952

圖 9:00〜18:45　休 土・日・祝

URL www.antperu.com

　ペルーのほか、南米広域の手配が可能。日本人スタッフ常駐、問い合わせも日本語でOK。旅行以外の視察・通訳・撮影手配も行っている。

ダイニチ・トラベル Dainichi Travel

MAP P.69-C3

🏛 Psje. San Martin 175, Dpto.706,
　Miraflores

☎ (01) 242-4344　圖 10:00〜18:00

休 土・日・祝

URL www.dainichitravel.com

　個人、小グループに特化したツアーアレンジ力が高い旅行会社。日本語でていねいに対応してくれる。

ビスタ・ペルー・トラベル Vista Peru Travel

MAP P.55-C2

🏛 Jr. Almirante Guisse 1908, Lince

☎ (01) 383-8657

圖 9:00〜18:00

休 土・日・祝

URL www.vistaperutravel.com

　日系人である照屋ナンシーさんの会社。日本語での相談可能。

日本国大使館

Embajada del Japón en el Perú

MAP P.54-B3

🏛 Av.Javier Prado Oeste No.757, Piso 16,
　Magdalena del Mar, Lima（2019年10月現在、大使館建て替えのため仮事務所。領事窓口は16階）

☎ (01) 219-9500

URL www.pe.emb-japan.go.jp

圖 8:30〜12:30、13:45〜17:45
　（査証関係は9:00〜12:00、14:15〜17:15）

休 土・日・祝

クレジットカード紛失時の連絡先（→P.409）

歩き方

旧市街—セントロ Centro

　歴史的建造物がユネスコの世界遺産にも登録されているリマ市のセントロCentro(旧市街)は、ほぼ碁盤の目状に道路が走っている。地図と照らし合わせながら歩けば、町巡りは簡単だ。見応えある建築物や博物館は、セントロの歩いて回れる範囲に集中している。

　南米の諸都市では、町の中心にアルマス広場という広場がある場合が多い。リマにはアルマス広場に加え、もうひとつ中心的な広場、サン・マルティン広場がある。これらの広場と自分の宿の位置関係を覚えよう。

コロニアル様式の建物が連なる町並み

アルマス広場周辺 MAP P.61-B1 / Plaza de Armas

　大統領官邸 Palacio de Gobierno、カテドラル (→P.62)、リマ市役所Palacio Municipal、中央郵便局Correo Centralなどが並ぶリマの官庁街。ペルー政庁では、毎日12:00に衛兵の交代式が行われる。足をピッと伸ばした独特の歩き方で、厳粛に行われるセレモニーである。また、アルマス広場から2〜3ブロック内にはリマで最も古い修道院であるサン・フランシスコ教会・修道院 (→P.64) や、格式を誇るサン・ペドロ教会 (→P.65) などもある。ゆっくりと数百年前の雰囲気を味わいたいエリアだ。

サン・マルティン広場周辺 MAP P.61-A2 / Plaza San Martín

　サン・マルティン広場はどこからか集まってくる人でいつも大にぎわい。ショーやパフォーマンスもあって、特に週末は、1日いても飽きない場所だ。広場の周辺には、さまざまな商店やレストラン、安ホテル、ペンションなどが建ち並んでいるが、あたりは観光客を狙

広場の中央にはペルーの英雄、サン・マルティン将軍の像が立つ

ったひったくりが多いので注意を。なるべくなら宿は、新市街のミラフローレスやサン・イシドロにとったほうがいい。

新市街 Miraflores & San Isidro

　セントロから南へ、海岸まで真っすぐ延びるアレキパ通りに沿うように、オフィスビルや高級商店街の並ぶ新市街が広がっている。急速な発展を続けるこれらの地域は、セントロとはひと味違った新しいリマの中心地となっている。

＊ リマのスペイン語学校
ペルー・北米文化学校
ICPNA (Instituto Cultural Peruano Norte Americano)
🏠Av. Angamos Oeste 160,
☎(01)706-7000
URL www.icpna.edu.pe
　1ヵ月の授業料は初級クラスでS/275、テキスト代込み。初級、中級、上級と3つのレベルがあり、それぞれ6ヵ月かけてプログラムを習得する。授業は月〜金曜、時間はクラスによって違うがいずれも1時間30分の授業となる。
ペルー・カトリカ大学付属語学学校 (サン・ミゲル校)
Instituto de Idiomas Pontificia Universidad Católica del Perú
🏠Av. Universitaria 888, San Miguel
☎(01)626-6500
URL idiomas.pucp.edu.pe
　1ヵ月の授業料はS/390、テキスト代別。初級、中級、上級の3レベル20課程あり、試験でクラスを変更、クラスは1ヵ月単位、申し込んだ月から始まる。授業は月〜金曜の11:00〜13:00。

リマ到着日の宿
　リマへは明るいうちに到着するようスケジュールを組もう。日中でも空港のゲートを出た途端、何人かの人に呼び止められる。大きな荷物を持って、時差ボケの頭をかかえ、慣れない土地に降り立つのである。そういう観光客を狙って法外な金額を要求してくるタクシーやわけのわからない旅行会社の人、それに強盗も多い。なるべくなら1泊目の宿は日本で予約をして、空港までの出迎えも頼んでおきたい。宿の予約は日本の旅行会社ならどこででもできるし、南米旅行を専門に扱う旅行会社なら、なお詳しく安心。

ペルー政庁には衛兵が立つ

夜のラルコ・マールからは
海岸夜景も見られる

ATM
ATMでクレジットカード
のキャッシングや、デビッ
トカードでの引き出しがで
きる。引き出し時に、USドル
ル、ソルが選べる。ATMは
銀行やガソリンスタンド、
ショッピングセンターなど
に多数設置されている。た
だし、外に置いてある機械
が多いので特に現金の引き
出し時は周囲に注意を払お
う。多くのATMが24時間利
用可。

サン・イシドロ　MAP P.67 / San Isidro

新市街のなかでも富裕層の多い地区。特にミラフローレスのオ
バロ・グティエレスから北に延びるコンキスタドーレス通りAv.
Conquistadoresには高級レストランやブティックが建ち並ぶ。

ミラフローレス　MAP P.68 / Miraflores

太平洋に面した、おしゃれな若者などに
人気の地区。オープンテラスのカフェやレ
ストラン、海水浴のできるビーチはもちろ
ん、海辺のショッピングゾーンであるラル
コ・マール（→P.70）には展望台になってい
る公園があり、休日にはたくさんの若者や
親子連れでにぎわう。

ラルコ・マールでショッピングを楽しもう

バランコ　MAP P.68 / Barranco

ミラフローレスの南、海岸に沿って
のびるエリアがバランコ。19世紀のコロ
ニアルな建物が多く残る美しいたたず
まいの住宅地は、アートの町としても知
られている。アーティストのギャラリ
ーやショップ、人気のレストランが集
中していて、そぞろ歩きが楽しい。

レストランが集まるバランコ公園
周辺

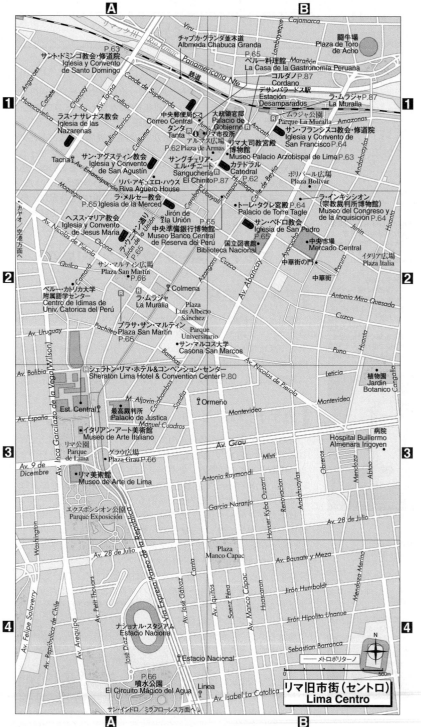

リマ旧市街（セントロ）
Lima Centro

闘牛場
Plaza de Toro de Acho

P.65
ペルー料理館
La Casa de la Gastronomía Peruana

コルダノ P.87
Cordano

デサンパラードス駅
Estación Desamparados

ラ・ムラジャ P.87
La Muralla

ムラジャ公園
Parque La Muralla

P.63
サント・ドミンゴ教会・修道院
Iglesia y Convento de Santo Domingo

チャブカ・グランダ並木道
Almeda Chabuca Granda

ラス・ナサレナス教会
Iglesia de las Nazarenas

中央郵便局
Correo Central

タンタ
Tanta

大統領官邸
Palacio de Gobierno

リマ市役所

アルマス広場
Plaza de Armas P.62

サン・フランシスコ教会・修道院
Iglesia y Convento de San Francisco P.64

サン・アグスティン教会
Iglesia y Convento de San Agustín

サングチェリア・エル・チニート
Sanguchería El Chinito P.87

リマ大司教宮殿博物館
Museo Palacio Arzobispal de Lima P.63

カテドラル
Catedral P.62

ボリバール広場
Plaza Bolívar

リバ・アギュエロ・ハウス
Riva Agüero House

ラ・メルセー教会
P.65 Iglesia de la Merced

ヘスス・マリア教会
Iglesia y Convento de Jesús María

ヒロン・デ・ラ・ウニオン
Jirón de la Unión P.65

中央準備銀行博物館
Museo Banco Central de Reserva del Perú

国立図書館
Biblioteca Nacional

トーレ・タグレ宮殿 P.64
Palacio de Torre Tagle

サン・ペドロ教会
Iglesia de San Pedro P.65

ラ・インキシオン（宗教裁判所博物館）
Museo del Congreso y de la Inquisición P.64

中央市場
Mercado Central

中華街の門

イタリア広場
Plaza Italia

中華街

サン・マルティン広場
Plaza San Martín P.66

ペルー・カトリカ大学附属語学センター
Centro de Idimas de Univ. Catorica del Perú

ラ・ムラジャ
La Muralla

Colmena

Plaza Luis Alberto Sánchez

プラサ・サン・マルティン
Plaza San Martín P.66

Parque Universitario

サン・マルコス大学
Casona San Marcos

シェラトン・リマ・ホテル＆コンベンション・センター
Sheraton Lima Hotel & Convention Center P.80

Est. Central

Ormeño

最高裁判所
Palacio de Justica

イタリアン・アート美術館
Museo de Arte Italiano

リマ公園
Parque de Lima

グラウ広場
Plaza Grau P.66

リマ美術館
Museo de Arte de Lima

エクスポシシオン公園
Parque Exposición

病院
Hospital Buillermo Almenara Irigoyen

植物園
Jardin Botanico

ナショナル・スタジアム
Estacio Naciona

Estacio Nacional

噴水公園
El Circuito Mágico del Agua P.66

Plaza Manco Capac

Av. 28 de Julio

N

メトロポリターノ

500m

アルマス広場～ラ・ウニオン通り周辺への行き方

メトロポリターノの場合、Tacna駅、Jirón de la Unión駅下車などが最寄り。

レストラン情報

リマ市庁舎の裏手、Calle Santa RosaとPasaje Nicolás de Riveraのあたりには、おしゃれなレストランが並んでいる。このあたりは観光ポリスも多く比較的安全。セントロでゆっくりと食事をしたい人におすすめだ。

広場の噴水は17世紀に造られたもの

カテドラル

🏛 Plaza de Armas
☎ (01)427-9647
🕐 月～金　　9:00～17:00
　　土　　　10:00～13:00
　　日　　　13:00～17:00
🚫 無休
💰 S/10
　英語でのガイドツアー無料。所要30～40分。

ピサロの遺骨が納められている棺

旧市街—セントロ　Centro

アルマス広場に立ちカテドラルをじっくり眺めたら、周辺のコロニアル建造物巡りをしよう。大統領官邸、サント・ドミンゴ教会・修道院、サン・フランシスコ教会・修道院、ラ・メルセー教会、サン・ペドロ教会、トーレ・タグレ宮殿など、おもな建物は、ほとんどアルマス広場から数ブロック以内にある。贅を尽くしたファサードの彫刻やすばらしい調度品の数々—そのバックにあるものは、当時の植民地の富（"インカ帝国"の黄金）、教会勢力の強大さだった。そして遠く離れたスペインでは、新大陸からの財力を背景に、気の遠くなるほど豪勢な宮廷生活が送られていた。これらの建物を目にするとき、同時にこんな歴史の流れを振り返ってみたい。

アルマス広場～ラ・ウニオン通り周辺

アルマス広場　Plaza de Armas　MAP P.61-B1

1535年、内陸のハウハから250km離れたリマへ首都を移すと決めたフランシスコ・ピサロ。スペインのイベリア様式にのっとり、アルマス広場を中心に町を築いていった。現在もアルマス広場は旧市街の中心。広場を囲むように古い建物が残っている。北東に大統領官邸が、北西にはリマ市庁舎があるため、周辺の警備は厳重だ。

カテドラル　Catedral　MAP P.61-B1

町の中心アルマス広場の正面にカテドラルが堂々とそびえている風景は、南米のどの都市でも目にする。しかし、リマのカテドラルは南米きっての征服者、フランシスコ・ピサロが自らの手で礎石を置いた、ペルーでも最も古いカテドラルである。その日は1535年1月18日、リマ建都の日でもある。

ピサロがペルーへ上陸したのは、黄金の都と噂される"インカ帝国"を目指してのこと。ほかにも多くの野心家スペイン人たちが、黄金の都（エル・ドラード）を求めて新大陸のあちこちをさまよっていた。彼らはスペイン国王から「キリスト教の布教」という使命を与えられていた。しかし、本当の目的はもちろん"金"である。

ピサロは1532年、ペルー北部のカハマルカで当時のインカ皇帝アタワルパを捕らえる。そして翌年、アタワルパは絞首刑に処せられる。しかもキリスト教に改宗させられ"フランシスコ"の洗礼名を与えられての死だった。次にはインカの首都クスコの占領、その後リマへの帰還、コンキスタ（征

ペルー最古のカテドラルは荘厳なたたずまい

服）とコロニアル（植民）の中心としてのリマ建都に着手したのだ。

　ピサロは1541年6月、仲間割れしたスペイン人アルマグロの息子に暗殺された。現在"ピサロの遺体"とされるミイラが、カテドラルの中にガラスケースに納められて安置されているが、真偽のほどはさだかではない。カテドラルは起工から20年後の1555年に第一段階の完成をみる。その後1585年から、フランシスコ・ゴンサレス・ベルトランの設計により増築が始まる。今あるカテドラルの原形はそのときに造られたものだ。その一部には、スペインのハエンやセビリアのカテドラルの影響もみられる。しかし、1606年、1687年、1746年と相次ぐ大地震に見舞われてしまう。最終的な修復は1755年に行われ、現在にいたっている。カテドラル内には金、銀箔、彫刻の見事な祭壇が16もあるほか、14世紀の宗教画、歴代インカ皇帝の肖像画などが飾られている。

リマ大司教宮殿博物館 Museo Palacio Arzobispal de Lima MAP P.61-B1

　カテドラルの正面左側、アルマス広場の北東の角に位置するのは、植民地時代から大司教宮殿として使われていた建物。2010年より宗教画や装飾品など、16～18世紀の植民地時代の作品を展示する博物館として公開されている。

サント・ドミンゴ教会・修道院 Iglesia y Convento de Santo Domingo MAP P.61-A1

　コロニアル時代の修道院のなかでも、特に保存状態のいい建築物。現在は博物館Museo del Santo Domingoとして公開されている。過去の大地震にも耐え、外観は1549年建立当時からほとんど変わらないといわれている。内側は地震の影響を受けたが、それでもスペイン製の見事な青タイルAzulejosなどが残っており、タイルのなかには、1604年、1606年と古い日付の残るものもある。スペインのセビリアへ特注したもので、当時のドミニコ会は相当な財力をもっていたことがわかる。別の記録によると、17世紀当時は教会内の壁はすべて豪華な絹織物で覆われていたという。1551年には南米最古の大学サン・マルコス大学も創設された。

　また、ここには、植民地時代の初期に活躍した2大聖者、聖女サンタ・ロサとフライ・マルティンというふたりの聖者が眠っている。聖女サンタ・ロサは、1586年リマ生まれの聖女。幼少の彼女の枕元がときどきバラに覆われたこと、37歳の生涯を閉じたあとも信仰のあつい人々に奇跡を与え、その際もバラの花がまかれたことからロサ（バラ）の名が冠された。ペルー警察の守護神になっており、毎年8月30日に祭事が行われる。

　フライ・マルティンの正式名はSan Martín de Porres。1579年スペイン人の父とパナマ生まれの黒人女性との間に生まれた。マルティン修道士もさまざまな奇跡を見せたが、謙虚でひょうきんな性格はリメーニョ（リマっ子）の鑑とされていて、彼に関する逸話は数限りなく伝えられている。

　両者とも植民地時代初期にペルーに生まれたこと、彼らの主導により、インディヘナや黒人奴隷に対する保護の手がさしのべられたことに注目したい。

リマ大司教宮殿博物館
🏠Plaza de Armas
☎(01)427-5790
🕐月～金　　9:00～17:00
　　土　　　9:00～13:00
🚫日
💴S/20
　英語のガイドツアー無料。所要30～45分。フラッシュ撮影禁止。

木造のバルコニーが残る数少ない建物のひとつ

サント・ドミンゴ教会・修道院
🏠Jr. Camaná 170
☎(01)426-5786
🕐7:00～13:00、15:30～21:00
🚫無休
💴無料

博物館
☎(01)426-5521
🕐9:30～18:00
🚫無休
💴S/10
　英語のガイドツアー無料。所要30～40分。

高い塔は18世紀末にアマト副王の指揮の下に造られた

パティオを囲んでタイルが張られている

サン・フランシスコ教会・修道院

サン・フランシスコ教会・修道院
- Plaza de San Francisco（Jr. Ancash y Lampa Lima）
- ☎(01)427-1381
- ⏰10:00～12:00、16:00～19:00
- 休無休
- 料無料

サン・フランシスコ修道院博物館
- ☎(01)426-7377
- ⏰9:00～8:15
- 休無休
- 料S/15

　修道院とカタコンベはガイドツアーでのみ入れる。英語とスペイン語があり、所要時間45分。建物内は撮影が禁止されているが、パティオのみ可能。

豪華で調和の取れた建築美

トーレ・タグレ宮殿
- Jr. Ucayali 363
- ⏰10:00～17:00
- 休月～金
- 料無料

トーレ・タグレ公爵について
　トーレ・タグレ公爵Tagle Portucarrero（1779～1825年）はスペイン系の貴族出身の政治家。副王時代に軍人となり、後にカディス議会のペルー代表、トルヒーヨ県知事に任命された。アルゼンチンのサン・マルティン将軍がペルーに上陸したときにトルヒーヨの独立を宣言、サン・マルティン側についた。爵位はサン・マルティンが贈ったもの。1823年制憲議会の議長となるがボリーバル将軍との政治的不一致がもとでカヤオに引退。植民地時代から独立へのはざまを生きた人である。

ラ・インキシシオン
- Jr. Junin 548
- ☎(01)311-7777
- URLwww.congreso.gob.pe/museo.htm
- ⏰9:00～17:00
- 休無休
- 料無料

　15分おきに英語かスペイン語のガイドツアーがある。写真、ビデオ撮影可。
※2019年8月現在、修復のため閉館中。

サン・フランシスコ教会・修道院　Iglesia y Convento de San Francisco　MAP P.61-B1

　バロックとアンダルシア風の建築様式を取り入れ、1546年から100年以上かけて建てられた。特にファサード（正面装飾）は見応えがある。メインの教会のほか、15のチャペル、カタコンベCatacum-

外装の飾り壁にも注目

bas（地下墓地）、修道院、修道院博物館からなる。過去3回の地震でかなりのダメージを受けたものの、建立当時のままのものも多い。なかでも修道院のパティオ（中庭）を囲む回廊に残された、17世紀前半の美しいセビリアンタイルは有名だ。

　ここを訪れる観光客は、地下にある墓地カタコンベに驚くはずだ。階段を下りていくと、天井の低い暗い地下室に着く。地下室は地下3階まであり、見学できる地下1階の部分だけでも約2万5000体の骨があるという。骨は植民地時代に葬られた一般市民のものだそうだ。

トーレ・タグレ宮殿　Palacio de Torre Tagle　MAP P.61-B2

　ウカヤリ通り沿いにある。リマ、そして南米のなかでも際立ったコロニアル建築のひとつ。1735年、サン・マルティン将軍の指示により、トーレ・タグレ公爵のために建てられた。現在は外務省Ministerio de Relaciones Exterioresの本館として使われている。スペインやパナマ、中南米諸国から輸送された建材を使用。イスラムの影響を受けたムデハル様式の出窓は、とてもエレガントだ。内部への立ち入りは禁止。土・日・祝のみパティオの見学可。

ラ・インキシシオン（宗教裁判所博物館）　Museo del Congreso y de la Inquisición　MAP P.61-B2

　豪華な教会建築に見る植民地時代の教会勢力。それをまた違った角度から見せてくれるのがラ・インキシシオン＝宗教裁判所だ。1570年の開設当時はラ・ウニオン通り沿いにあったが、その後ラ・インキシシオン広場（現在のボリーバル広場Plaza Bolívar）に移り、廃止になる1820年まで異端者への厳しい迫害が続いた。

　1532年にインカ帝国を征服したスペイン人は黄金に目が眩んだ征服者だったのだが、加えてキリスト教の宣教師集団でもあった。植民地時代、キリスト教信仰は絶対であり、異教徒と疑われた者は残酷な拷問を受け、改宗を迫られるか、殺された。館内では、等身大のろう人形を使い、当時の拷問の模様を再現している。

リアルなろう人形が当時を物語る

ペルー料理館

La Casa de la Gastronomía Peruana **MAP** P.61-A1

南米随一の美食の国として知られるペルーの食文化に関する博物館。ジャガイモやトウモロコシなどペルー料理には欠かせない食材やレシピ、伝統的な調理器具などを紹介する。

中央準備銀行博物館

Museo Banco Central de Reserva del Perú **MAP** P.61-B2

黄金製品が集められた興味深い展示室

旧銀行を利用した博物館。1階部分には銀行のブースが残っていて、その中がコインの展示室になっている。ほかにも、ペルー各地の特徴あるアートや発掘品などを展示。メインは地下の考古学展示室。プレ・インカからインカにかけての土器を文化別に多数展示。奥の金庫だった部屋では、黄金の装飾品を見ることができる。2階は絵画の展示室になっている。

ラ・メルセー教会

Iglesia de la Merced **MAP** P.61-A2

壮厳なファサード

アルマス広場から2ブロック南、ラ・ウニオン通り沿い。1532年に建てられた修道院を兼ねた教会。リマで最初のミサが行われたところでもあり、美しいスペイン・バロックの外観、精緻な木彫りの聖職者席などが見どころ。内部にはペルー軍の守りの神、聖女メルセーが祀られている。

ラ・ウニオン通り

Jirón de la Unión **MAP** P.61-A2

治安はよくないので、注意して

セントロのメインストリートといえば、アルマス広場とサン・マルティン広場を結ぶラ・ウニオン通り。カフェ、アイスクリームショップ、ブティックなどが通りの両脇にぎっしりと並ぶ商店街だ。常に人どおりが絶えないにぎやかな通りだが、スリやひったくり、ニセ警官などが出没する頻度の高い場所なので、荷物に注意して歩こう。また、夜は行かないこと。

サン・ペドロ教会

Iglesia de San Pedro **MAP** P.61-B2

トーレ・タグレ宮殿の斜め向かいにある。1625〜38年にかけてイエズス会派により建てられたバロック様式の教会。堅固に造られ過去の大地震でもほとんど崩れなかったという。現在の建物は、1638年のオリジナルほぼそのままの姿である。天井ドームはローマのサン・ピエトロ寺院を模したもの。ドームの小窓から日が差し込み、金色の装飾に反射する様子がとても美しい。

ペルー料理館
🏠 Jr. Conde de Superunda 170
☎ (01)321-5627
🕐 9:00〜17:00
休 月
料 S/3

2011年にオープン

中央準備銀行博物館
🏠 Jr. Ucayali 271, Lima
☎ (01)613-2000
🕐 火・木〜土
　　　　　　9:00〜17:00
　水　　　　9:00〜19:00
休 日・月
料 無料（身分証明証を提示）

見事な銀行建築も見どころ

ラ・メルセー教会
🏠 Jr. de la Unión 621
☎ (01)427-8199
🕐 月〜金　10:00〜13:00、
　　　　　　15:00〜20:00
　土　　　　8:00〜13:00、
　　　　　　14:00〜17:00
　日　　　　7:00〜12:00、
　　　　　　17:00〜20:00
休 無休
料 無料

サン・ペドロ教会
🏠 Jr. Azángaro 451 y
　　Ucayali
☎ (01)428-3017
🕐 10:00〜12:00、
　　16:00〜19:00
休 日
料 無料

サン・マルティン広場～グラウ広場周辺

サン・マルティン広場～グ
ラウ広場周辺への行き方
メトロポリターノの場合、
Colmena駅、Est.Central駅
が最寄り。

読者投稿

**旧市街散歩の
おすすめレストラン**

　サン・マルティン広場の
南側にあるコロニアルな建
物内の1階部分にレストラ
ンが並んでいます。広場と
同じ名前のサン・マルティ
ンというレストランは、ヨー
ロッパのような雰囲気の
店でシーフードがメイン。
本日のセビーチェがS/35
～、アロス・コン・マリス
コスがS/35。ランチは2種類
の料理が選べるCombina
DioがS/35。

（北海道 ハナ '17）['19]
Plaza San Martín
MAP P.61-A2
住Av. Nicolás de Piérora
942
☎(01)426-2332
営月～水
　　　11:30～16:00
　　木～土
　　　12:00～翌2:00
休日
カードAMV

サン・マルティン広場
Plaza San Martín **MAP** P.61-A2

広場周辺の建物は白で統一されている

　リマのセント
ロの、さらに中
心をなすのはア
ルマス広場とも
うひとつ、この
サン・マルティ
ン広場である。
中心にはペルー
の独立運動に大
きな功績を残し
たサン・マルテ
ィン将軍の騎馬像が立つ。広場は市民の憩いの場といった雰囲気
で、昼間は始終人だかりができている。かつては観光案内所、旅行
会社が広場周辺に集中し、旅行者にとって欠かせない場所だった
が、現在はほとんど新市街のサン・イシドロとミラフローレスに
引っ越してしまった。広場の周辺には、今でもホテルやレストラ
ンが建ち並んでいて夜でも人は多いが、夜間のひとり歩きはでき
るだけ避けること。

グラウ広場
Plaza Grau **MAP** P.61-A3

格式を感じる最高裁判所

　セントロの南の端にあ
る広場。すぐそばに建つ
ひときわ目を引く重厚な
建物は、ペルーの最高裁
判所だ。最高裁判所の前
は、大きな通りに挟まれ
た公園になっている。セ
ントロから歩いてくる
と、公園を過ぎたあたりで町はガラリと雰囲気を変える。公園ま
ではにぎやかな繁華街。広場の周辺はリマ美術館やイタリアン・
アート美術館などの美術館が並ぶ閑静な文化地区となっている。

噴水公園
住Av. Petit Thouars, Esquina
　con el Jr. Madre de Dios
URL www.circuitomagico
delagua.com.pe
開15:00～22:30
休月
料S/4
　19:15、20:15、21:30か
らは光と音のショーを開
催。

噴水公園
El Circuito Mágico del Agua **MAP** P.61-A4

どの噴水もスケールが大きい

　グラウ広場を1kmほど
南下したところに位置す
るラ・レゼルバ公園Parque
de la Reservaは、噴水公園
としてリマの人々に大人
気。8haもの敷地に13基の
美しい噴水があり、「公共
の公園内にある、世界最大
の複合噴水施設」としてギネスにも認定されている。夏はびしょび
しょに濡れながら噴水で遊ぶ人たちでいっぱいだ。

新市街

San Isidro&Miraflores

サン・イシドロ

旧市街の南に広がる、古くからのお屋敷街として知られるサン・イシドロ。現在はペルーの大手企業や銀行が集まるビジネス拠点として大いに発達。高級ホテルやレストラン、百貨店が建ち並び、ミラフローレスと並ぶ観光拠点としても注目を集めている。特にメトロポリターノのカナバル・イ・モレイラ駅付近とコンキスタドーレス通りには、おしゃれなブティックや人気レストランが集まっており、夜遅くまでにぎわっている。その一方でリマ・ゴルフ・クラブやエル・オリーバル公園など緑も多く、滞在するにもおすすめのエリアだ。

町なかには古い教会も点在している

サン・イシドロへの行き方
メトロポリターノの場合、Canaval y Morerya駅下車。

ワカ・ワジャマルカ
🏠calle Nicolás de Rivera 201, San Isidro
☎(01)222-4124
🕐9:00～17:00
🚫月
💰S/5

ワカ・ワジャマルカ   Huaca Huallamarca   MAP P.67-A1

遺跡に登って見学できる

リマ文化（紀元200～600年）からイシマ、インカ文明と長きに渡り、墓地として利用されてきた遺跡。もともとは先が丸い円錐形の遺跡だったが、1950年代に考古学的見地を無視した修復がなされ、オリジナルとは全く違う形に。長さ9mのスロープはこの時に造られた。ピラミッドの東側からはインカ時代に使われた壺などが出土している。付属博物館には発掘された土器やミイラが展示されている。

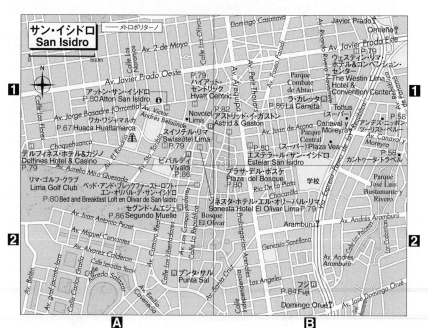

サン・イシドロ
San Isidro
── メトロポリターノ

P.79 ハイアット・セントリック Hyatt Centric
アットン・サン・イシドロ Atton San Isidro P.80
ワカ・ワジャマルカ P.67 Huaca Huallamarca
Novotel Lima P.82
アストリッド・イ・ガストン Astrid & Gastón
スイソテル・リマ Swissôtel Lima P.79
デルフィネス・ホテル&カジノ Delfines Hotel & Casino P.79
ビバルディ Vivaldi P.86
リマ・ゴルフ・クラブ Lima Golf Club
ベッド・アンド・ブレックファースト・ロフト・エン・オリバル・デ・サン・イシドロ P.80 Bed and Breakfast Loft en Olivar de San Isidro
セグンド・ムエジェ P.86 Segundo Muelle
ソネスタ・ホテル・エル・オリーバル・リマ Sonesta Hotel El Olivar Lima P.79
プラサ・デル・ボスケ Plaza del Bosque P.80
プンタ・サル Punta Sal
ウェスティン・リマ・ホテル&コンベンション・センター The Westin Lima Hotel & Convention Center
ラ・カレッタ La Carreta P.86
Tottus（スーパー）
カナバル・イ・モレイラ Canaval y Moreyra
アンデス・ニッポン・ツーリスト・ペルー P.58
プラサ・ベア（スーパー）P.80 Plaza Vea
エステラール・サン・イシドロ Estelar San Isidro
カントゥータ・トラベル P.58
フジ P.84 Fuji

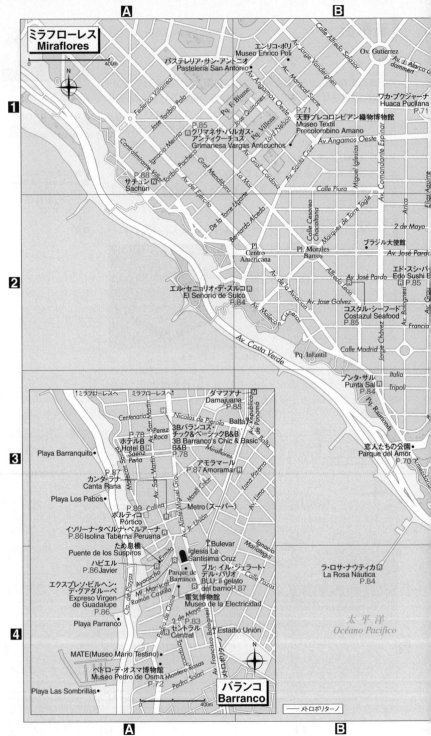

ミラフローレス
Miraflores

0 ——— 400m

エンリコ・ポリ
Museo Enrico Poli

パステレリア・サン・アントニオ
Pastelería San Antonio

P.71
天野ブレコロンビアン織物博物館
Museo Textil
Precolombino Amano

ワカ・ブクジャーナ
Huaca Pucllana
P.71

P.85
グリマネサ・バルガス・
アンティクーチョス
Grimanesa Vargas Anticuchos

P.88
サチュン
Sachún

Pl.
Centro
Americana

Pl. Morales
Barros

ブラジル大使館

Av. José Pardo

エド・スシ・バ
Edo Sushi B
P.85

エル・セニョリオ・デ・スルコ
El Señorio de Sulco
P.84

コスタスル・シーフード
Costazul Seafood
P.85

プンタ・サル
Punta Sal
P.84

恋人たちの公園
Parque del Amor
P.70

ダマフアナ
Damajuana
P.88

3B バランコズ・
チック&ベーシックB&B
3B Barranco's Chic & Basic
B&B
P.78

P.78
ホテルB
Hotel B

アモラマール
P.87 Amoramar

Playa Barranquito

P.87
カンタ・ラナ
Canta Rana

Playa Los Pabos

P.89
ボルティコ
Pórtico

イソリーナ・タベルナ・ベルアーナ
P.86 Isolina Taberna Peruana

ため息橋
Puente de los Suspiros

ハビエル
P.86 Javier

エクスプレソ・ビルヘン・
デ・グアダルーベ
Expreso Virgen
de Guadalupe
P.86

Metro (スーパー)

Iglesia La
Santísima Cruz

ブル・イル・ジェラート・
デル・バリオ
BLU: il gelato
del barrio P.87

電気博物館
Museo de la Electricidad

ラ・ロサ・ナウティカ
La Rosa Náutica
P.84

Playa Parranco

P.83
セントラル
Central

Estadio Unión

太平洋
Océano Pacífico

MATE(Museo Mario Testino)

ベドロ・デ・オスマ博物館
Museo Pedro de Osma
P.72

Playa Las Sombrillas

バランコ
Barranco

0 ——— 400m

——— メトロポリターノ

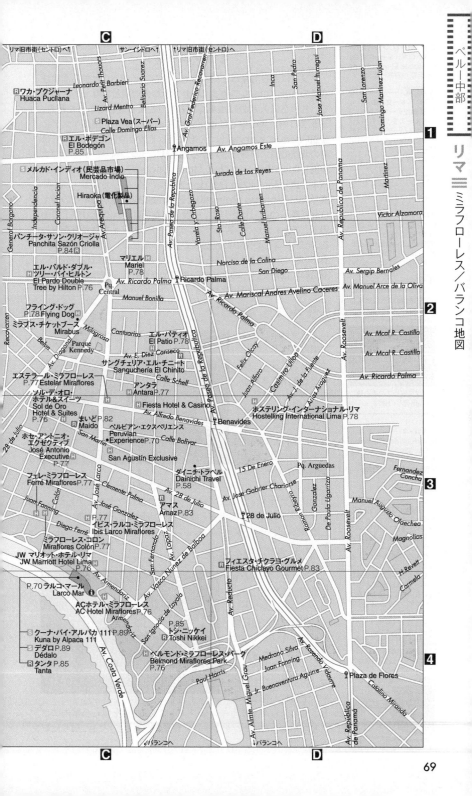

C
D

リマ旧市街(セントロ)へ↑
サン・イシドロへ↑
↑リマ旧市街(セントロ)へ

Leonardo de Barbieri

Av. Gral Frederico Recavarren

Belisario Suarez

San Pedro

Inca

San Lorenzo

Domingo Martinez Luján

José Manuel Iturregui

R ワカ・プクジャーナ
Huaca Pucllana

Lizard Mentro

Av. Peli Thouars

Calle Domingo Elías

S Plaza Vea(スーパー)

R エル・ボデゴン
El Bodegón
P.85

↑Angamos
Av. Angamos Este

Jurado de Los Reyes

Victor Alzamora

José Manuel Iturregui

Av. Republica de Panama

Martinez

1

S メルカド・インディオ(民芸品市場)
Mercado Indio

Hiraoka(電化製品)

Independencia

Coronel Inclán

General Borgoño

Av. Paseo de la Republica

Areguipa

Varela y Orbegozo

Sta. Rosa

Calle Dante

Manuel Iribarren

パンチータ・サソン・クリオージャ
Panchita Sazón Criolla
P.84 R

マリエル
Mariel
P.78

Narciso de la Colina

San Diego

Av. Sergip Bernales

エル・パルド・ダブル・
ツリー・バイ・ヒルトン
El Pardo Double
Tree by Hilton P.76

↑Ricardo Palma

Av. Ricardo Palma

Av. Mariscal Andres Avelino Caceres

Av. Manuel Arce de la Oliva

Pq.
Central

Manuel Bonilla

Av. Ricardo Palma

2

フライング・ドッグ
P.78 Flying Dog H

Milogrosa

Cantuarias

エル・パティオ P.78
El Patio

Av. Mcal R. Castilla

ミラブス・チケットブース
Mirabus

Belén

Parque
Kennedy

Av. E. Diez Canseco

Felix Olcay

Av. Mcal R. Castilla

Av. Diagonal

サングチェリア・エル・チニート
Sanguchería El Chinito

Calle Schell

Juan Alfaro

Casimiro Ulloa

Av. J. de la Fuente

Av. Ricardo Palma

Recavarren

エステラール・ミラフローレス
Estelar Miraflores
P.77

アンタラ
Antara P.77

ソル・デ・オロ・
ホテル&スイーツ
Sol de Oro
Hotel & Suites
P.76

H Fiesta Hotel & Casino

Av. Alfredo Benavides

ホステリング・インターナショナル・リマ
Hostelling International Lima P.78

Arias Araguez

まいど P.82
R Maido

ペルビアン・エクスペリエンス
Peruvian
Experience P.70

↑Benavides

Calle Bolivar

28 de Julio

San Martin

ホセ・アントニオ・
エクゼクティブ
José Antonio
Executive
P.77

San Agustín Exclusive

15 De Enero

Pq. Arguedas

Fernandez
Concha

フェレ・ミラフローレス
Ferré Miraflores P.77

Clemente Palma

ダイーチ・トラベル
Dainichi Travel
P.58

Av. José Gabriel Chariarse

Ramon Ribeyra

Gonzalez

De Paula-Ugarrizo

Manuel Augusto Olaechea

3

Juan Fanning

Colon

Av. José Larco

Av. 28 de Julio

↑28 de Julio

Magnolias

Diego Ferré

San Gonzalez

P.77
アマス
Amaz P.83

イビス・ラルコ・ミラフローレス
Ibis Larco Miraflores P.77

H. Revett

ミラフローレス・コロン
Miraflores Colón P.77

San Fernando

Av. Vasco Nunez de Balboa

フィエスタ・チクラヨ・グルメ
Fiesta Chiclayo Gourmet P.83

Carmela

JW マリオット・ホテル・リマ
JW Marriott Hotel Lima
P.76

Av. Armendariz

P.70 ラルコ・マール
Larco Mar ⓘ

Av. Reducto

Av. Roosevelt

ACホテル・ミラフローレス
AC Hotel Miraflores P.76

Armendariz

San Ignacio de Loyola

4

S クーナ・バイ・アルパカ 111 P.89
Kuna by Alpaca 111

S デダロ P.89
Dédalo

P.85
トシ・ニッケイ
R Toshi Nikkei

Av. Almite Miguel Grau

Medrano Silva

Av. Rosendo Vidaurre

R タンタ P.85
Tanta

ベルモンド・ミラフローレス・パーク
Belmond Miraflores Park
P.76

Juan Fanning

↑Plaza de Flores

Av. Costa Verde

Paul Harris

Jr. Buenaventura Aguirre

Catalina Miranda

Av. Republica
de Panama

↓バランコへ
↓バランコへ

C
D

ミラフローレスへの行き方
メトロポリターノの場合、
Angamos駅〜Plaza de
Flores駅が最寄り。

マメ知識

**ペルー文化の
体験型テーマパーク**
ペルーの食文化に触れ、
観光地をバーチャルで体験
できる施設が2019年5月に
オープン。セビーチェやピ
スコを作って味わえるほ
か、マチュピチュやナスカ
を3Dスクリーンで見るア
トラクションがある。
ペルビアン・エクスペリエンス
Peruvian Experience
MAP P.69-C3
🏠 Calle San Martin 509, Miraflores
☎ (01)682-2375
URL peruvianexperience.com
🕐 火・水　11:50 〜 19:50
　木〜土　11:50 〜 20:30
　日　　　12:00 〜 17:00
🈲 月
🎫 FULL EXPERIENCE (2時間)
USD$105。体験別に購入可
能。日本語での問い合わせは
ミッキー・ツール(→P58)へ。

ミラフローレスの中心地に
ある4階建ての建物

ラルコ・マール
🏠 Malecon de la Reserva
610, Miraflores
☎ (01)625-4343
URL www.larcomar.com

観光バス

リマ市内とその近郊を回
る1日観光バス。新市街、旧
市街を回るものからパチャ
カマック遺跡 (→P.75) やカ
ラル (→.P56) 見学までさ
まざま。チケットはケネ
ディ公園横のディアゴナル通
りにあるインフォメーショ
ンで購入。販売時間は毎日
9:00〜19:00。出発の15分
前くらいまでに購入すれば
いいので、空いた時間を有
効活用できる。スペイン語
と英語ガイド付き。
ミラバスMirabus
MAP P.69-C2
🏠 Av. Diagonal 3
(ケネディ公園前)
☎ (01)242-6699
URL www.mirabusperu.com

ミラフローレス

　セントロから海岸へと向かうと、サン・イシドロと並ぶ高級住宅地のミラフローレスがある。セントロの喧騒とはうって変わって、こちらは人どおりは多くてもずっと落ち着きをもった町だ。ミラフローレスの中心は中央公園Parque Centralとケネディ公園Parque Kennedy。公園に面して教会や区役所が建つ。公園の北端の噴水のある広場から放射状にラルコ通り、ディアゴナル通りAv. Diagonal (Av. Mcal. Oscar Benavides)、ホセ・パルド通りAv. José Pardo、アレキパ通り、リカルド・パルマ通りAv. Ricardo Palmaの大通りが延びる。緑地帯に花の植えられた美しい通りばかりだ。一番の繁華街はラルコ通りやその周辺で、ブティック、レストラン、デパート、カフェなどが軒を連ねる。セントロとの違いに戸惑ってしまうほどおしゃれな雰囲気である。食べ歩きを楽しむならディアゴナル通りから延びる路地へ。道沿いにはたくさんのオープンカフェが並び、夕方から夜にかけて多くの若者たちでにぎわう。

ラルコ・マール　Larco Mar　**MAP** P.69-C4

　ミラフローレスの海岸沿いにある、レストラン、ショップなどが集まる華やかなスポット。ディスコや映画館のほか、オープンカフェなどもあり、晴れた日には太平洋が一望できる最高のロケーショ

ショップやレストランが集まる

ン。遠くには、ローマ法王のペルー訪問に合わせて、1985年に当時の大統領アラン・ガルシアによって建てられた十字架が見える。ミラフローレスの中心からも徒歩10〜15分ほど。町の喧騒から少し離れて、太平洋を眺めるのもいい。

恋人たちの公園　Parque del Amor　**MAP** P.68-B3

　ミラフローレスの海岸公園。恋人たちの公園という名にふさわしく、公園の真ん中に恋人が抱き合ってキスをしている、巨大なモニュメントが置かれている。やっぱりここは南米、発想が大胆だなあ

巨大モニュメントの恋人はライトアップされる

と、感じ入ってしまうモニュメントである。海を望む公園内には花々が植えられ、ひとりぼっちでも安らぐ美しさ。でも、周りは恋人たちでいっぱい。

ワカ・プクジャーナ

Huaca Pucllana MAP P.68-B1

　ミラフローレス、アレキパ通りのCuadra 45から西へ2ブロック入ったところにある、紀元後から600年頃に栄えたリマ文化の遺跡。アドベ（日干しレンガ）を積み上げて造られており、宗教的な場所だったと思われる。遺跡は

遺跡の上に登ってみよう

現在も発掘が続いており、土器やミイラ、織物などが出土している。見学はガイドツアー（所要約45分）でのみ可。出土品の一部は入口にある博物館に展示してある。敷地内には遺跡を見ながら食事ができるレストランもある。

天野プレコロンビアン織物博物館
Museo Textil Precolombino Amano MAP P.68-B1

　1964年の設立以来、リマ名誉市民にも選ばれた故天野芳太郎が集めたおもにチャンカイ文化の土器や織物などを展示してきた博物館。50年目を迎えた2015年5月、ペルー古代文明に特化した織物専門博物館として生まれ変わった。

さまざまな織り方や素材で作られた布や衣類が多数展示されている

　2階展示室には、織物の歴史が詰まっている。約4500年前の素朴な編み物から始まり、チャビン、パラカス、ナスカ、ワリ、チムーなど、インカ帝国以前のプレ・インカを中心とした織物が文化ごとに展示されている。保存状態が良く色鮮やかなため、それぞれの文化の特徴がよくわかる。なかでも、天野芳太郎氏が最も愛したチャンカイ文化の織物は、特別展示室「Sala Yoshitaro Amano（天野芳太郎ホール）」にまとめられている。8000点以上という膨大な所蔵品の中から厳選された貴重な織物はいずれも、その技術の高さには目を見張るものがある。日本語解説も設置されているので、各時代ごとの特徴を比較しながら見てみよう。スペシャルガイドを申し込むと、展示物以外にも、引き出しの中にしまってある収蔵品を見ることができる。チャンカイを中心とした土器も展示している。

独特な色合いとクチミルコと呼ばれるポーズが特徴のチャンカイの土器

ワカ・プクジャーナ
🏠General Borgoño Cuadra 8 s/n, Miraflores
☎(01)617-7138
URL huacapucllanamiraflores.pe
🕐水～月9:00～17:00、水～日19:00～22:00（夜の部）
休火
料S/15（夜の部はS/17）
　見学はガイドツアーのみ（英語・スペイン語は料金に含まれている）。日本語でのツアーを希望の場合は下記へ要予約（ガイド料金S/30）
E-mail huacapucllana@miraflores.gob.pe

発掘された人骨やミイラなどを展示

天野プレコロンビアン織物博物館
🏠Calle Retiro 160（Av. Angamos Oeste Cdra.11）, Miraflores
☎(01)441-2909
URL www.museoamano.org
🕐10:00～18:00（入館～17:00）
休無休
料S/30
　スペイン語と日本語のガイドツアーあり。
①シンプルガイド-館内展示物の詳細な説明S/30。
②スペシャルガイド-①に加え、特別収蔵品の閲覧S/50（1ツアー10人まで。日本語希望の場合は要予約）
行き方
　セントロからはタクシーで約30分、S/12～15。ミラフローレスやサン・イシドロからはタクシーですぐ。

マメ知識
　天野芳太郎氏
生誕120周年記念切手
　2019年2月、天野氏の生誕120周年を記念した切手が発行された。ペルーで日本人が切手に選ばれるのは初めてのことで、功績の大きさがうかがえる。

バランコ

バランコの中心、ため息橋

夜にもぜひ訪れてほしいバランコ区

ミラフローレスからタクシーで南に5分ほど、ラルコ・マール（→P.70）からなら徒歩約20分のところに広がるエリア。コロニアルな建物が町の歴史を感じさせる。昔は一部のヨーロッパ系の人々の別荘地であったが、再開発が進み、その後リマのアーティストが好んで住む地域にもなった。海岸沿いは高級住宅地になっており、夕暮れ時やライトアップされる夜間は特に

町並みを描くアーティスト

美しい。バランコの中心は区役所から放射状に延びたグラウ通りAv. Grauとペドロ・デ・オスマ通りAv. Pedro de Osma。この通りの周辺に歴史的な建物や博物館、ギャラリー、レストランなどが集まっている。また、アヤクーチョAyacucho通りとエルミタErmita通りを結ぶ、ため息橋Puente de Los Suspirosも見どころ。高さ8.5mの場所にかかっており、カラフルな街並みや海が望める。

ペドロ・デ・オスマ博物館 Museo Pedro de Osma MAP P.68-A4

ペドロ・デ・オスマ博物館
住 Av. Pedro de Osma 421, Barranco
☎ (01)467-0063
URL museopedrodeosma.org
営 10:00～18:00
休 月
料 S/30

1906年に建てられた白亜の城のような建物に、ペドロ・デ・オスマ氏のコレクションを公開している。建物もさることながら、ペルー副王時代の16～18世紀に生み出された宗教画から美術品、絵画、彫刻など、名家ならではの歴史的価値の高いお宝の数々を見学できる。

COLUMN アザラシ島クルーズ

リマ外港のカヤオCallaoから43フィートのヨットで海鳥やアザラシのコロニーがある太平洋上の小島へ。

カヤオはペルーを代表する貿易港で、船上からは港周辺のイタリア人居住地区、スペインのフェリペ5世の名を冠した要塞、海軍学校なども望むことができる。さらに目を進行方向に転じると、前方の洋上に裸の丘のようなふたつの島影が見えてくる。右側の細長いほうはペルー最大の島（幅4km）のサン・ロレンソ島。一般人は住んでいないが、海軍が駐屯しており、近づいていくにつれて島の中央付近に3つの建物が並んでいるのに気付く。真ん中の大きな家はペルー歴代大統領の夏の住居、そして右側の小さな家は、あの反体制武装組織センデロ・ルミノソのリーダー、アビマエル・グスマンが2年間収容されていた建物だ。海を隔てて左側の島はフロントン島で、以前はテロリストを収容する監獄があったが、現在は使用されていない。

やがてヨットはフロントン島をぐるりと回り込み、サン・ロレンソ島の後方へ進む。見えてくる島は、海鳥のサンクチュアリ、カビンサス島だ。島全体が真っ白に見えるのは何万羽もの海鳥のフン。続いてパロミノ島へ近づいていくと、水際近くのこげ茶色をしたあたり一帯が、実はすべてアザラシの群れだということがわかる。優に数百頭を超える大コロニーで、あたりに響きわたる咆哮、獣くさい臭いなど、すごい迫力。この近くでゴムボートに乗り換え、できるかぎりアザラシ島に近づくので、シャッターチャンスを逃さないように。夏季なら海水浴の時間も取ってくれるので、水着を忘れずに持っていこう。

アザラシ島ツアー Isla Palomino Tour
リマ市内のホテル～カヤオ港の往復送迎US＄32（2～4名でひとりあたり）。アザラシ島クルーズUS＄49（港使用料別途）。
申し込み Ecocruceros S.A.C.
住 Av. Arequipa 4960 of. 202, Miraflores
☎ FAX (01) 226-8530
URL www.ecocruceros.com
リマ市内のミッキー・ツール（→P.58）でも手配可（料金同じ）。

その他の地区 Ciudad de Lima

国立考古学人類学歴史学博物館
Museo Nacional de Arqueología Antropología e Historia del Perú　MAP P.54-B2

ペルーを代表する博物館で、その規模・収蔵数量はペルー最大。中庭を囲むコロニアル建築の各部屋が展示室になっており、文化ごとに分けられて、図解入りで親切な説明がされている。プレ・インカ時代の展示品が中心で、チャビン、パラカス、ナスカ、ワリ、チャンカイ、アマゾンと、時代および場所別に、充実の展示内容だ。なかでも目を引くのは、パラカスで出土した織物。ミイラに巻いてあったもの、土器の中に入っていたものなどさまざまだが、その緻密さ、色鮮やかな染色などは2000年もの眠りから覚めたとは思えないほど。また、チャビン・デ・ワンタルから出土したジャガー神の彫刻がある石碑ほか、オリジナルが多い。中でつながったもうひとつの建物では、植民地時代から独立までのペルーの歴史を展示。

プレ・インカの歴史を学びたい人は必見の博物館

ラファエル・ラルコ・エレーラ博物館
Museo Rafael Larco Herrera　MAP P.54-B2

ラファエル・ラルコ氏個人の収集した土器をメインに、黄金のマスクやジュエリーなどを公開している博物館。建物は18世紀にスペイン人貴族の邸宅として造られたもの。こんもりとした高台にあるが、実はこれは丘ではなく、下に7世紀のものといわれるプレ・インカのピラミッドがあるためだとか。ラルコ氏はペルーの古代文明の研究に情熱を注ぎ、なかでもモチェ文化（モチーカともいわれる）の土器を徹底的に収集した人物。館内はモチェやチムー、ナスカなど各時代や土器の種類などによって展示室が分けられ、ぐるっと1周すれば時代や種類などがひととおりわかる。土器以外にもシカンやチムー時代の黄金なども展示されている。日本語での説明書きもあり、とてもわかりやすい。また、この博物館の最もおもしろいところは、展示以外の収蔵品の倉庫もすべて公開していることだろう。その数たるや相当なもので、モチェ文化の土器を中心にそのほかの文明を含めて約4万5000点にのぼる。各時代ごとに、リャマなどの動物、穀物、人間の顔など、モチーフ別に分類し、部屋の床から天井まで、ガラスの棚にぎっしり並べられた土器は壮観だ。

この博物館のもうひとつの魅力は、別棟のSala Eróticaに展示されたエロティックな土器。古代ペルー文化に伝わった、性をかたどった土器の集大成である。微に入り細にわたっており、こちらも必見だ。

生け贄を捧げる様子を描いたモチェ文化の土器

国立考古学人類学歴史学博物館
Plaza Bolívar s/n, Pueblo Libre
(01)321-5630
月～土　8:45～17:00（入館～16:30）
無休
S/10
※2019年8月現在、修復のため閉館中。2021年再開予定。
国立人類学考古学歴史学博物館からラファエル・ラルコ・エレーラ博物館へ
両館の間はそれほど離れておらず、徒歩20分ほど。

トウモロコシをかたどったナスカの土器

ラファエル・ラルコ・エレーラ博物館
Av. Bolívar 1515, Pueblo Libre
(01)461-1312/1835
museolarco.org
9:00～22:00
無休　S/30

モチェの土器。鐙型の口はこの時代の特徴のひとつ

コレクションは国内有数

73

日秘文化会館
正 Av. Gregorio Escobedo
803 Res. San Felipe
☎ (01)518-7450
FAX (01)463-5767
URL www.apj.org.pe
開 月～金　8:30～20:30
　　土　　8:30～13:00
休 日
料 無料

ペルー日本人移住史料館
『カルロス千代照平岡』
正 Av. Gregorio Escobedo
803, Res. San Felipe.
Centro Cultural Peruano
Japonés 2° piso.
☎ (01)518-7450
開 月～金　10:00～18:00
　　土　　10:00～13:00
休 日
料 無料
　入館料はないが、運営協力募金箱に寄付がマナー。ガイドが必要な場合は2～3日前に予約が必要。
行き方
　コレドール・ロホ(→P.57)201系統に乗り、グレゴリオ・エスコベド通りAv. Gregorio Escobedo下車。そこからグレゴリオ・エスコベド通りを3ブロック北上、右側にある。

陸軍現代博物館
開 9:00～13:00
休 土・日
　陸軍の施設内にあるため、個人で行くことはできない。見学したい人は、ミッキー・ツール(→P.58)へ問い合わせを。1週間前に予約が必要。

救出作戦が詳しくわかる

日秘文化会館　　Centro Cultural Peruano-Japonés　**MAP** P.54-B2

　リマのヘスス・マリアJesús María、サン・フェリペ団地San Felipeの一角にあるこの施設は、日系社会の未来を託すものとして1967年に開館した。日本語教室、折り紙教室、柔道・剣道教室などがある。また、日本食堂、図書館(もちろん日本語の本もある)、ペルー日本人移住史料館（下記）などもあり、旅行者も利用できる。日本大使館（領事館も併設）もこの近く。日本食堂にはまんじゅうなどの和菓子もあり、手頃な値段で食べられる。

日本とペルーのかけはしでもある

ペルー日本人移住史料館『カルロス千代照平岡』
Museo de la Inmigración Japonesa al Perú "Carlos Chíyoteru Hiraoka"　**MAP** P.54-B2

　日本人移民80周年を記念して1981年にオープンした史料館。移住120周年を迎えた2019年にリニューアルし、日本語解説が充実した。豊富な展示物で詳しく紹介している、日本人の移民史を知る絶好の場所。古代からのペルー史も併

日本人移民の歴史を知ろう

せて解説、日本とペルーの関係の深さを知ることができる。事前に予約すれば日本語ガイドも頼める。

陸軍現代博物館　Museo del Ejército Contemporáneo Chavín de Huantar　**MAP** P.55-C4外

　1996年12月に起きた在ペルー日本大使公邸占拠事件に関する博物館。ペルー陸軍はトンネルを掘るというチャビン・デ・ワンタル作戦により建物内に突入、人質ひとりと軍の特殊部隊ふたりの犠牲を出しながらも残りの人質全員を解放した。このチャビン・デ・ワンタル作戦の訓練場所であったのがこの場所だ。館内には突入の際のトンネルが開いているほか、当時の写真や銃器などが展示されている。

COLUMN　頭蓋変形と脳外科手術

　いつごろから始まったか定かではないが、プレ・インカの時代から、人々は子供が生まれるとその頭の前後を板で挟み、頭蓋骨を細長く変形させていた。いわゆる長頭族である。細長い頭は美しさの象徴でもあったらしい。また、脳外科手術もプレ・インカから広く行わ

れていたもので、四角や丸の穴が開いている頭蓋骨が多く発掘されている。目的は不明だが、頭蓋骨に穴を開けてもちゃんと生きていた証拠に、穴をふさごうと成長した骨の跡が頭蓋骨から見てとれる。

リマ郊外

Afueras de Lima

パチャカマック遺跡

Pachacámac **MAP** P.55-D4外

北と南から続いていた、巡礼の道の一部

リマ近郊で最大の遺跡であるパチャカマックは、紀元200年頃に栄えたリマ文化からインカに至るまでの約1500年にわたり、巡礼地として重要な役割を果たした。ご神体のパチャカマック神は天地の創造者であり、奇跡の神、あるいは地震の神であったともされている。

15世紀にチムー王国を征服したインカは、パチャカマックをも占領する。しかし、パチャカマック信仰を禁止することはなく、新たに太陽の神殿や月の神殿を建設し、パチャカマック神とともに祀った。パチャカマックはインカの海岸地方の主要都市となり、当時は17ものピラミッドがそびえる壮麗な眺めだったとされる。しかし、スペイン人征服後、パチャカマックは火を放たれて破壊され、以来、砂漠の中に眠る廃墟となってしまったのである。

1938年にパチャカマック神だったとされる木製の偶像が見つかり、その後もミイラが発掘されるなど、遺跡の全容が解明されつつある。現時点で総面積300ヘクタールもある遺跡だが、それでもまだほんのわずかな部分だ。高さ約5mの石垣のある巡礼者の道Visitas Especialesは一部が整備され、歩くことができる（有料）。

タウリチュンピの館Palacio Taurichumpi。インカ時代、住民を統治する立場にあったクラカの宮殿

パチャカマック遺跡を巡る道は約3kmにわたり、寺院やピラミッドなど12の見どころがある。広いので車を利用したガイドツアーがおすすめ。

★ **パチャカマック遺跡**

圃 Antigua Carretera Panamericana Sur Km. 31.5 / Distrito de Lurín.
☎ (01)321-5606
URL pachacámac.cultura.pe
圏 火～土　9:00～17:00
　　日　　9:00～16:00
休 月
圏 S/15（巡礼者の道は別途S/20）
ガイドは別途S/25（20名まで同料金）、チケット販売は終了45分前まで。

行き方
ホセ・ラルコ通りAv. Jose Larcoとベナビデス通りAv. Benavidesの交差点からTodo Benavidesと書かれたミクロに乗り、プエンテ・ペナビデスPuente Benavides（Universidad de Ricardo Palma）下車。所要約15分、S/1。橋の手前の階段を下りたところのパナメリカーナ通りPanamericana（1s）からルリンLurinの表示のあるバスに乗ってパチャカマック博物館Museo de Pachacamc下車。約45分、S/2。

太陽の神殿から望むパチャカマック島（通称クジラ島）

パチャカマック遺跡博物館
Museo de Sitio de Pachacámac
遺跡から発掘されたパチャカマック神の偶像や、たくさん見つかったキープ（結び目のある紐で記録に使われたとされる）など、発掘された遺物、さまざまな文化の土器などを展示。

★

COLUMN ペルー伝統の馬術ショー

16世紀にスペインの征服者たちが持ち込んだ馬は、ペルーの地で交配が進み、現在はペルビアン・パソと呼ばれる血統種となった。山や砂漠など過酷な地形に適応してきたことから、なめらかに歩行するのが特徴だ。数頭の馬が並んで美しい歩みを見せるなどの馬術が伝統として受け継がれている。パチャカマック遺跡の近くには、伝統の馬術ショーを見ながら昼食を食べられる施設がある。

Casa Hacienda Los Ficus **MAP** P.55-D4外
カサ・アシエンダ・ロス・フィクス
圃 Parcela la cuya numero 2 Rinconada de Puruhay. Lurin
☎ (01)447-0057　**URL** www.haciendalosficus.com
圏 12:30～16:00
圏 1人US$95（2名以上から催行。ホテルからの送迎、昼食を含む）。日本語での問い合わせはミッキー・ツール（→P.58）へ。

豪華な鞍や衣装も見どころだ

リマのホテル

5つ星の高級ホテルから、さらに上をゆくラグジュアリーなホテル、一方でペンションまで宿泊施設の数は多い。ミラフローレスやサン・イシドロに宿を取り、セントロへは観光のために行くのが一般的。セントロはおもな見どころへ徒歩圏内とロケーションはいいが、治安の心配もあるので、あまり安い宿には泊まらないほうがいい。

ミラフローレス

Belmond Miraflores Park Hotel

ベルモンド・ミラフローレス・パーク [MAP] P.69-C4

最高級ホテル 🛁 📺 ☎ 💻 🍴

全室がジュニアスイート以上のカテゴリーというラグジュアリーなホテル。キングサイズのベッドと、バスルームは大理石製。バスタブはジャクージ付き。客室からは街並みや海が一望できる。

[住]Av. Malecón de la Reserva 1035, Miraflores
☎(01)610-8300(予約) [FAX](01)242-3393
[URL]www.belmond.com/ja/miraflores-park-lima/
[料]ⓈⓌUS$855～ サービス料10%別
[カード][A][D][J][M][V] [室数]81室

JW Marriott Hotel Lima

JWマリオット・ホテル・リマ [MAP] P.69-C3

最高級ホテル 🛁 📺 ☎ 💻 🍴

太平洋を一望する、25階建ての5つ星ホテル。全室オーシャンビュー。屋外プールやサウナ、スパ等施設も充実しており、カジノもある。ビュッフェスタイルの朝食はUS＄28、Wi-Fiは1日US＄22。

[住]Av. Malecón de la Reserva 615, Miraflores
☎(01)217-7000 [FAX](01)217-7100
[URL]www.marriott.com
[料]ⓈⓌUS$361～
サービス料10%別
[カード][A][D][J][M][V] [室数]288室

El Pardo Double Tree by Hilton Hotel

エル・パルド・ダブル・ツリー・バイ・ヒルトン [MAP] P.69-C2

最高級ホテル 🛁 📺 ☎ 💻 🍴

インデペンデンシア通りとホセ・パルド通りの角にある近代的な5つ星ホテル。周辺は高級住宅地で環境もよく静かだ。フロントのサービス、対応ともにとてもいい。部屋は広く、落ち着ける雰囲気。

[住]Jr. Independencia 141, Miraflores
☎(01)617-1000 [FAX](01)444-2171
[URL]doubletree3.hilton.com
[料]ⓈⓌUS$250～ サービス料10%別
[カード][A][D][J][M][V] [室数]151室

AC Hotel Miraflores

ACホテル・ミラフローレス [MAP] P.69-C4

高級ホテル 🛁 📺 ☎ 💻 🍴

2019年4月にオープンした、マリオット系列の5つ星ホテル。海岸に面した立地で、客室の半数がシービュー。室内は落ち着いた色合いのモダンな家具で揃えられている。屋上テラスにレストランあり。ラルコ・マールに近く、ショッピングにも便利。

[住]Av. Malecón de la Reserva 729, Miraflores
☎(01)596-9480 [URL]www.marriott.com/hotels/travel/limac-ac-hotel-lima-miraflores
[料]ⓈⓌUS$699 サービス料10%別
[カード][A][D][M][V] [室数]150室

Sol de Oro Hotel & Suites

ソル・デ・オロ・ホテル&スイーツ [MAP] P.69-C3

高級ホテル 🛁 📺 ☎ 💻 🍴

ミラフローレスの中央公園から徒歩約5分に位置する5つ星のアパートタイプのホテル。プール、サウナ、ジム、ビジネスセンターなどを完備。空港への送迎サービスはUS$35。

[住]Calle San Martín 305, Miraflores
☎(01)610-7000 [FAX](01)610-7020
[URL]www.soldeorohotel.com
[料]ⓈⓌUS$385～ サービス料10%別
[カード][A][D][J][M][V] [室数]123室

 ホテル客室設備：🛁 バスタブあり 📺 テレビあり ☎ 電話あり 💻 インターネット可 🍴 朝食付き

José Antonio Executive

ホセ・アントニオ・エクゼクティブ [MAP]P.69-C3

中級ホテル 🛁📺📞💨🍴

ホテル街に位置し、ラルコ・マールなどへも徒歩10分ほど。ビジネス客の利用が多いが、レストランやプールを備えていて、客室にはミニバーもあり快適に過ごせる。朝食はビュッフェ形式。

[住]Colón 325, Miraflores
☎(01)445-5228/5592
[URL]hotelesjoseantonio.com
[料]ⓈUS$140～ ⓌUS$150～ サービス料10%込み
[カード][A][D][J][M][V] [室数]44室

Miraflores Colón Hotel

ミラフローレス・コロン [MAP]P.69-C3

中級ホテル 🛁📺📞💨🍴

レストランやプール、ジムなど施設の整った4つ星ホテル。ミラフローレスの中心にありながら道を少し入るため静かな環境。全室バスタブ付きで、広々としている。110Vも使用可能。

[住]Jr. Colón 600, Miraflores
☎(01)610-0900 [FAX](01)242-4691
[URL]www.miraflorescolonhotel.com
[料]ⓈUS$110～ ⓌUS$140～
サービス料10%込み
[カード][A][D][J][M][V] [室数]66室

Antara Hotel

アンタラ [MAP]P.69-C2

中級ホテル 🛁📺📞💨🍴

コロニアルスタイルの建物を利用したホテル。ロビーは重厚感があるが、室内は全面改装されており使いやすい。全室ジャクージ付き。隣には24時間営業のスーパーマーケットがあり便利。

[住]Calle Alcanfores 450, Miraflores
☎(01)444-4505 [FAX](01)444-1370
[URL]www.antarahotel.com [料]ⓈUS$290 ⓌUS$340
サービス料別 [カード][A][D][J][M][V] [室数]26室

Estelar Miraflores

エステラール・ミラフローレス [MAP]P.69-C3

中級ホテル 🛁📺📞💨🍴

大通りが交差する繁華街に立つ。ブラウンを基調とした客室は広々としている。最上階のレストランからはリマの市街地を一望でき、屋外プールにはジャクージもある。車の音が気になる人は、通りに面していない部屋を頼もう。

[住]Av. Alfredo Benavides 415, Miraflores
☎(01)630-7777
[URL]en.estelarmiraflores.com [料]ⓈⓌUS$104～
サービス料10%込み [カード][A][D][M][V] [室数]151室

Ibis Larco Miraflores

イビス・ラルコ・ミラフローレス [MAP]P.69-C3

中級ホテル 🛁📺📞💨🍴

ミラフローレスのメイン通りにある世界的なチェーンホテル。ラルコ・マールまで徒歩約3分、浜辺まで10分の好立地。客室はモダンで設備も整い、レストランや24時間オープンのバーも併設。スーパーも近くて便利。

[住]Av. José Larco 1140, Miraflores
☎(01)634-8888
[URL]www.accorhotels.com
[料]ⓈⓌS/288～ サービス料10%別
[カード][A][D][J][M][V] [室数]247室

Hotel Ferré Miraflores

フェレ・ミラフローレス [MAP]P.69-C3

中級ホテル 🛁📺📞💨🍴

ホテルが多く集まる、閑静な一画にある3つ星。ラルコ・マールに2ブロックと便利。7階建てで5～6階は海が望める部屋も。7階にレストランがある。室内に冷蔵庫、一部ジャクージ付きもある。

[住]Calle Diego Ferré 235, Miraflores
☎(01)446-7276 [FAX](01)243-6752
[URL]hotelesferre.com
[料]ⓈⓌUS$85～ ⓉUS$120～ サービス料10%込み
[カード][A][D][J][M][V] [室数]30室

Mariel Hotel

マリエル [MAP]P.69-C2

中級ホテル

エアコンやセーフティボックスなど室内の設備は整っており、割安感がある。バスタブ付き客室、ビジネスセンターあり。キッチン付きのアパートタイプの部屋もある。

[住]General Suarez 240, Miraflores
☎(01)444-2829 [FAX](01)446-8042
[URL]www.mariel-hotel.com
[料]ⓈUS$130～ ⓌUS$150～ サービス料10%込み
[カード][A][D][M][V] [室数]40室

Hostal El Patio

エル・パティオ [MAP]P.69-C2

中級ホテル

ケネディ公園のすぐ近くという抜群の立地ながら緑あふれる中庭があり、小鳥のさえずりも聞こえるかわいらしいオスタル。スタッフの対応もよく、英語も通じる。空港送迎は片道S/65。

[住]Calle Ernesto Diez Canseco 341, Miraflores
☎(01)444-2107/447-5252
[URL]www.hostalelpatio.net
[料]ⓈUS$45 ⓌUS$55
[カード][M][V] [室数]24室

Flying Dog Hostel

フライング・ドッグ [MAP]P.69-C2

エコノミー

ミラフローレスの中心部という抜群のロケーションにあるバックパッカー向けの宿。共同キッチンあり。リマ空港ピックアップはS/60。クスコ、イキトス、アレキパにも同名のホステルチェーンあり。

[住]Av. Martir Olaya 280, Miraflores
☎(01)447-0673
[URL]www.flyingdogperu.com
[料]ドミトリー S/40 ⓈⓌS/140 サービス料込み
[カード][M][V] [室数]20室

Hostelling International Lima

ホステリング・インターナショナル・リマ [MAP]P.69-D3

ホステル

雰囲気のいいユースホステルで、各部屋は小さめだがとても清潔。歩いて行けるところにスーパーマーケットもある。ユースにしては値段は高めだが。庭にあるプールも使える。室内でWi-Fi利用可。

[住]Av. Casimiro Ulloa 328, Miraflores
☎(01)446-5488 [FAX](01)444-8187
[URL]www.limahostell.com.pe
[料]ユース会員：ⓈⓌUS$54 ／非会員：ⓈⓌUS$60
[カード][J][M][V] [室数]20室

バランコ

Hotel B

ホテルB [MAP]P.68-A3

高級ホテル

1900年初期に建築されたベル・エポック風建築の館を最新の保存技術で修復した、ペルー初のアート・ブティックホテル。ティータイムサービスもあり、館内で優雅なひとときを楽しむことができる。

[住]San Martín 301, Barranco
☎(01)206-0800 [URL]www.hotelb.pe
[料]ⓈⓌUS$525～ 税・サービス料10%別
[カード][A][D][J][M][V] [室数]17室

3B Barranco's Chic & Basic B&B

3B バランコズ・チック&ベーシックB&B [MAP]P.68-A3

エコノミー

アートの町バランコにあるB&B。ロビーは吹き抜けになっており、外光を取り入れた館内は明るく開放感がある。共同の冷蔵庫と電子レンジあり。

[住]Jr. Centenario 130, Barranco
☎(01)247-6915/719-3868 [FAX](01)247-6915
[URL]www.3bhostal.com
[料]ⓈUS$66 ⓌUS$77 サービス料10%込み
[カード][A][M][V] [室数]16室

サン・イシドロ

The Westin Lima Hotel & Convention Center
ウェスティン・リマ・ホテル&コンベンション・センター [MAP] P.67-B1

最高級ホテル 🛁 📺 ☎ 🖱 🍴

リマ市内を一望できるペルー随一の高層ホテル。極上の眠りを味わえると評判のウェスティンヘブンリーベッドを使用。屋内プールやスパ、フィットネスセンター完備。室内Wi-Fiは1日US＄12だが、ロビーでは無料。

[住]Calle Las Begonias 450, San Isidro
☎(01) 201-5000 [URL]www.westinlima.com
[料]ⓈⓌUS$989～ サービス料10%別
[カード][A][D][J][M][V] [室数]301室

Hyatt Centric
ハイアット・セントリック [MAP] P.67-A1

高級ホテル 🛁 📺 ☎ 🖱 🍴

2019年7月にオープンした5つ星ホテル。客室はビビットな配色でモダンな印象。バリアフリーの部屋もある。ジムや屋上プールがあり、サン・イシドロの中心にありながらゆったりと過ごせる。

[住]Av. Jorge Basadre 367, San Isidro
☎(01) 611-1234 [URL]www.hyatt.com/es-ES/hotel/peru/hyatt-centric-san-isidro-lima/limct
[料]ⓈⓌUS$300 サービス料10%別
[カード][A][M][V] [室数]254室

Delfines Hotel & Casino
デルフィネス・ホテル＆カジノ [MAP] P.67-A1

最高級ホテル 🛁 📺 ☎ 🖱 🍴

リマの高級住宅街に建つホテル。緑豊かなゴルフ場と市内を一望できる。ベッドリネンの質は素晴らしく、アメニティも充実。プールとサウナ、ジム、カジノを併設。メインレストランは天井が高く開放的で、朝食ビュッフェの種類も多い。

[住]Los Eucaliptos 555, San Isidro
☎(01) 215-7000 [URL]www.losdelfineshotel.com
[料]ⓈⓌUS$450～ サービス料10%別
[カード][A][D][J][M][V] [室数]206室

Sonesta Hotel El Olivar Lima
ソネスタ・ホテル・エル・オリーバル・リマ [MAP] P.67-A1

高級ホテル 🛁 📺 ☎ 🖱 🍴

サン・イシドロの中心にありながら、緑に囲まれるようにして建つ静かなホテル。ペルーを代表する5つ星ホテルのひとつだ。ツインルームのベッドはクイーンサイズで部屋もゆったり。

[住]Pancho Fierro 194, San Isidro
☎(01) 712-6000 [FAX](01) 712-6099
[URL]www.sonestaelolivar.com
[料]ⓈS/330 ⓌS/350～ サービス料10%込み
[カード][A][D][J][M][V] [室数]134室

Swissôtel Lima
スイソテル・リマ [MAP] P.67-A1

最高級ホテル 🛁 📺 ☎ 🖱 🍴

900人収容の会議室やフィットネスクラブ、レストラン、ジャクージ、ショップなど、施設の充実度はリマいちともいえる5つ星ホテル。客室にミニバーなど完備。Wi-Fiは有料。

[住]Vía Central 150 Centro Empresarial Real, San Isidro ☎(01) 421-4400 [FAX](01) 421-4422
[URL]www.swissotel.com
[料]ⓈⓌUS$750～ サービス料10%別
[カード][A][D][J][M][V] [室数]345室

Hotel Meliá Lima
メリア・リマ [MAP] P.54-B3

高級ホテル 🛁 📺 ☎ 🖱 🍴

日秘文化会館のあるヘスス・マリア、空港と新市街地区の中間にあり交通の便がいい。プールのほかサウナやフィットネスセンターなどの施設が揃っている。朝食はビュッフェスタイル。

[住]Av. Salaverry 2599, San Isidro
☎(01) 411-9000 [FAX](01) 411-9022
[URL]www.melia.com
[料]ⓈⓌUS$400～ サービス料10%別
[カード][A][D][J][M][V] [室数]180室

Atton San Isidro

アットン・サン・イシドロ　MAP P.67-A1

高級ホテル　🛁 📺 ☎ 🖱 🍴

サン・イシドロの中心部から2ブロックほどの好立地。ゆったりとした客室にはミニバーを備え、ベッドはキングまたはクイーンサイズと快適。レストランや屋外プールあり。

[住]Av. Jorge Basadre 595 , San Isidro
☎(01) 208-1200
[URL]www.atton.com
[料]ⓈⓌUS＄390～　サービス料10％別
[カード][A][D][J][M][V]　[室数]252室

Estelar San Isidro

エステラール・サン・イシドロ　MAP P.67-B1

高級ホテル　🛁 📺 ☎ 🖱 🍴

2019年9月にオープンした4つ星ホテル。木を用いたナチュラルテイストの客室は明るく清潔。レストランのほか、フィットネスジムやイベントルームを備える。樹齢500年を超えるオリーブの木がある公園、ボスケ・エル・オリバー近く。

[住]Ca. Coronel Odriozola 111, San Isidro
☎(01) 620-2060　[URL]www.hotelesestelar.com/es/hotel/estelar-san-isidro　[料]ⓈⓌUS$300～　サービス料10％別　[カード][A][D][M][V]　[室数]80室

Plaza del Bosque

プラサ・デル・ボスケ　MAP P.67-B1

高級ホテル　🛁 📺 ☎ 🖱 🍴

住宅地とビジネス街に近い、高級ホテルの集中する場所に建つ。全室ジュニアスイート以上のスイートルームという5つ星高級ホテルだ。朝食はビュッフェスタイルで充実。

[住]Av. Paz Soldán190, San Isidro
☎(01) 616-1818　[FAX](01) 421-8582
[URL]www.radissonhotels.com
[料]ⓈⓌUS＄340～　サービス料10％別
[カード][A][D][J][M][V]　[室数]95室

Bed and Breakfast Loft en Olivar de San Isidro

ベッド・アンド・ブレックファースト・ロフト・エン・オリバル・デ・サン・イシドロ　MAP P.67-A2

中級ホテル　🛁 📺 ☎ 🖱 🍴

緑豊かな公園のそばにある個人宅を利用したホテル。バスルームが共有の部屋もあるが、いずれも広く清潔。キッチン、洗濯機、ドライヤー完備。季節のフルーツがたっぷり味わえる朝食も好評だ。

[住]Calle Lizardo Alzamora Este 115, San Isidro
☎980-488-450　[URL]www.loftenolivardesanisidro.com　[料]ⓈⓌUS＄94～　サービス料10％込み
[カード]不可　[室数]3室

旧市街（セントロ）

Sheraton Lima Hotel & Convention Center

シェラトン・リマ・ホテル&コンベンション・センター　MAP P.61-A3

最高級ホテル　🛁 📺 ☎ 🖱 🍴

グラウ広場に面した5つ星ホテル。高層階の客室からはリマ市街が一望できる。ショッピングモールに隣接していて便利。客室内でのWi-Fi利用は有料となっている。

[住]Paseo de la República 170, Lima
☎(01) 315-5000　[FAX](01) 315-5015
[URL]www.marriott.co.jp
[料]ⓈⓌUS$209～　サービス料10％別
[カード][A][D][J][M][V]　[室数]431室

その他の地区

Costa del Sol Wyndham Lima Airport

コスタ・デル・ソル・ウィンダム・リマ・エアポート　MAP P.54-A1

高級ホテル　🛁 📺 ☎ 🖱 🍴

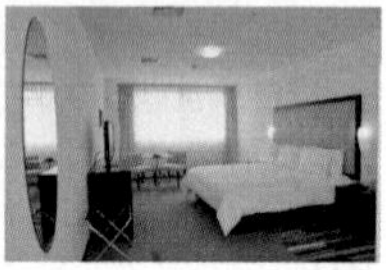

空港の敷地内にある唯一のホテル。空港からカートに荷物を積んだまま行くことができる。深夜到着、翌朝出発の場合は非常に便利。セキュリティも万全。

[住]Av. Elmer Faucett s/n, Aeropuerto Jorge Chávez
☎(01) 711-2000　[FAX](01) 711-2001　[URL]www.costadelsolperu.com　[料]ⓈⓌUS$345～　サービス料10％別　[カード][A][D][J][M][V]　[室数]130室

Pensión Toyama

ペンシオン当山 MAP P.54-B2

エコノミー

沖縄出身の祖父母をもつ日系人ペペ・トウヤマさんがオーナーで、日本語OK。セントロやミラフローレスまでタクシーで15分ほど。全室Wi-Fiを完備しており、日本語対応のパソコンが無料で利用できる。日本語図書、空港送迎サービス（有料）あり。上記料金には朝食と洗濯サービスが含まれる。全室禁煙、喫煙スペースもあり。ナスカやクスコ、マチュピチュのオリジナルツアーあり。

[住] Jr.D.de Almagro 460 (Altura 24 de la Av. Brasil) , Jesús María ☎ (01) 461-6059
[FAX] (01) 462-3166 [URL] www.pepepenshon.com
[料] ⓈUS$29（シャワー・トイレ共同ⓈUS$20）
ⓌUS$46（シャワー・トイレ共同ⓌUS$34）
※新館ⓈUS$40、ⓌUS$56（バス・トイレ付）
[カード] 不可 [室数] 23室

Eda Inn BB

江田インBB MAP P.54-B2

エコノミー

静かな住宅街にある庶民的な日本人宿で、日本式の風呂が自慢。宿泊者は誰でも利用できるので、旅の疲れをゆっくり癒やそう。徒歩圏内に大きなメルカドや安いレストランがあり、長期滞在にも便利。日本語入力のできるパソコン、洗濯機（個室宿泊者は無料、ドミトリー宿泊者はS/5)、キッチンあり。Wi-Fi全館完備。空港送迎は片道ひとりS/60で24時間対応。各種ツアーも催行。

[住] Tacna 1475, Magdalena del Mar
☎[FAX] (01) 461-2682 [URL] edainn.web.fc2.com
[E-mail] eda3jp@yahoo.co.jp
[料] ⓈS/55、ⓌS/100（男女別ドミトリー S/35）
[カード] 不可 [室数] 10室

今、注目のペルー料理店

部門別に世界の観光地が競うワールド・トラベル・アワードで、「最も美食を楽しめる国」に7年連続で選ばれているペルー料理。トップクラスの店が集まるリマで、美食の旅はいかが？

名店 *Astrid & Gastón*
アストリッ・イ・ガストン

ペルーのグルメ界を代表する
アストリッドとガストンの人気店

ペルーをグルメ大国に押し上げたパイオニア、ガストン・アクリオ氏の店。現在のペルー料理の基礎を構成するイタリアやアラブ、中国、日本など、各食文化を意識した新しいペルビアン・フュージョン料理を創作。シーズンごとのテーマを設定し、見た目も印象的なメニューの数々を楽しめる。単品の注文もできる。

右／大ぶりの川エビを炭火でこっと焼いた、カマロン・ア・ラ・ブラサS/99 左／数種類のトウガラシを使った鶏砂肝の煮込み、モジェハス・デ・ポヨ・ギサーダスS/39 下／300年以上の歴史をもつコロニアル建築の邸宅を利用した白亜のレストラン

MAP P.67-A1 住 Av. Paz Soldán 290, San Isidro, Lima
TEL (01)442-2777 URL www.astridygaston.com
営 月～土13:00～15:00、19:00～23:00 日12:30～15:30
休 無休 カード A D M V 予算 15品フルコースS/495、マリアージュS/815 予約 要予約

名店 *Maido*
まいど

ペルーと日本の食文化の融合
「ニッケイ料理」という発想

「ニッケイ料理」を世に広めたミツハル・ツムラ氏の店。日本で学んだ和食のテクニックを活かしつつ、日本やペルーの食材を大胆に掛け合わせた「ニッケイ料理」は、新しい食のジャンルだ。創造性と完成度の高い料理の数々は、内外から高い評価を得ている。単品での注文も可。

右／牛肉の煮付けは特に人気の一品。コース料理で味わえる 下／新鮮なネタを使った創作握り（2個セット）S/35～ 左／ホール席やカウンター、個室もある。中に入ると「まいど!」と元気よく迎えてくれる

MAP P.69-C3 住 Calle San Martín 399, Miraflores, Lima TEL (01)313-5100
URL www.maido.pe 営 月～土12:30～15:45、19:00～22:45
日12:30～17:00 休 無休 カード A D M V 予算 Experiencia Nikkei
S/525(13品) 予約 要予約

名店 *Central*
セントラル

ペルー各地の食材を使った
まるでアートのような料理

　ペルー料理界の貴公子、ヴィルヒリオ・マルティネス氏の店。ペルー各地を回って発掘した希少な食材や、敷地内の菜園で栽培したオーガニック野菜を使用。まるでアートのような盛りつけが特徴。2017年に世界のトップシェフにも選ばれている。メニューはコースのみ。

右／マテガイやホヤ、フジツボを使い海抜マイナス10mの世界を表現したロカス・ロハス　左／アマゾンのエビや干し肉、バナナに薬草茶を添えて　下／2018年にバランコ区へ移転オープン

MAP P.68-A4　**住** Av. Pedro de Osma 301, Barranco
TEL (01) 242-8515　**URL** centralrestaurante.com.pe
営 12:45～13:30、19:45～20:30　**休** 日・祝
カード A D M V　**予算** Alturas Mater S/592(16品)、Ecosistemas Mater S/568(12品)
予約 要予約

話題 *Fiesta Chiclayo Gourmet*
フィエスタ・チクラヨ・グルメ

ノルテ料理のシーフードをワインと共に

　シーフードで有名な北部海岸エリアのノルテ料理を、最も洗練した形で味わえる。チクラヨ生まれのシェフ、ヘクトル・ソイスが腕を振るう最高級のシーフードを心ゆくまで堪能しよう。

右／ホット・セビーチェS/110。白身の高級魚をマリネし炭火でさっと火を通した、フィエスタを代表する一品　左／地鶏卵のオムレツに2種類の食感が楽しめるウニを添えた、トルティージャS/80　下／一軒家を利用したレストラン。2階のワインセラーにはおすすめのワインがずらり

MAP P.69-D3　**住** Av. Reducto 1278, Miraflores
TEL (01)242-9009　**URL** www.restaurantfiestagourmet.com
営 12:30～24:00　**休** 日　**カード** A D M V
予算 US$50～60　**予約** 予約推奨

話題 *ámaZ*
アマス

大自然アマゾンの食材を美食の国ペルーで

　ペルー・アマゾン料理の第一人者、ペドロ・ミゲル・スキアフィーノ氏の店。アマゾンの大自然に育まれた個性豊かな食材を、確かな技と感性でグルメの域に昇華させている。

右／バナナを使った特製セビーチェS/80。チャラピータというアマゾン産トウガラシがアクセント　中／揚げバナナを潰して丸めたタカチョS/90は、ほくほくとした食感が特徴。豚肉のチチャロンやセシーナを添えたアマゾンらしい一品　左／アマゾンから取り寄せた素材を多用。ナチュラルで落ち着いた雰囲気

MAP P.69-C3　**住** Av. La Paz 1079, Miraflores
TEL (01)221-9393　**URL** amaz.com.pe
営 月～木12:30～23:30　金・土12:30～24:00　日12:30～16:30　**休** 無休
カード A M V　**予算** US$50
予約 予約推奨

Restaurant

リマの
レストラン

世界でも話題のペルー料理。リマでは、ペルーの郷土料理から創作料理まで味わえるほか、各国料理のレストランも多い。また、高級店から庶民的な食堂まであり、予算や食べたいもので選べるのがうれしい。海に面したリマで、ぜひ味わってみたいのが、魚介をレモンや香辛料でマリネしたセビーチェ。セビーチェリアという専門店もある。

ミラフローレス

La Rosa Náutica
ラ・ロサ・ナウティカ　MAP P.68-B4

ラルコ・マールの近く、海に突き出した桟橋にあるおしゃれなレストラン。さざ波に耳を傾けながら、洗練されたペルー料理を楽しむことができる。前菜とメインディッシュ、デザートがついたおすすめコースMenú DegustaciónはS/184ほど。

🏠Espigón 4 Circuito de Playas, Miraflores
☎(01)447-0057/445-0149
URL www.larosanautica.com
🕐12:00〜24:00　休無休　カード A D J M V

El Señorío de Sulco
エル・セニョリオ・デ・スルコ　MAP P.68-B2

海沿いにあるリマのグルメ御用達レストラン。本物のチャンカイ文化の土器をはじめとする店内装飾が見事。セビーチェ S/48〜、ロモ・サルタードS/59、ピスコで風味付けした子豚料理Lechoncito horneado al pisco S/95のほか、毎週日曜のビュッフェ S/120も人気。

🏠Av. Malecón Cisneros 1470, Miraflores
☎(01)441-0183/441-0389
URL senoriodesulco.com
🕐月〜土12:30〜23:30　日12:30〜16:30
休無休　カード A D J M V

Panchita Sazón Criolla
パンチータ・サソン・クリオージャ　MAP P.69-C2

ペルーで最も有名な料理家ガストン・アクリオ氏のグリルレストラン。おしゃれな店内で、伝統的な料理にアレンジを加えた創作料理が味わえる。おすすめは7種類の前菜とサルサの盛り合わせPiqueo Doña Panchita S/79、牛ハツのアンティクーチョはS/39。市内に2店舗あり。

🏠Av. 2 De Mayo 298, Miraflores
☎(01)242-5957　URL panchita.pe
🕐月〜土12:00〜24:00　日12:00〜17:00
休無休　カード A D M V

Punta Sal
プンタ・サル　MAP P.68-B3

市内に6店舗展開する人気のセビチェリア。白身魚のセビーチェ S/45、タコのオリーブソース和えPulpo al Olivo S/42、4種類の料理がセットになったPiqueo Cuatro Puertosは2人分でS/70。恋人たちの公園の目の前にある女子ロケーション。

🏠Mlcn. Cisneros Cdra.3 Esq.Calle Tripoli, Miraflores　☎(01)242-4524
URL www.puntasal.com
🕐月〜木11:00〜17:00　金〜日11:00〜18:00
休無休　カード A D J M V

Fuji
フジ　MAP P.67-B2

ペルーで最も古い日本料理店。伝統の味を40年以上守り続けている。旬の魚介類を漁師から直接仕入れるため鮮度は抜群。季節の素材を活かした季節料理のほか、定食メニューやラーメンなど麺類も充実。手ごろなランチ定食はUS＄15〜。

🏠Paseo de la República 4090, Miraflores
☎(01)440-8531　FAX(01)440-2615
URL www.restaurantfujiperu.com
🕐12:00〜15:00、18:00〜23:00
休月　カード A D M V

El Bodegón

エル・ボデゴン　MAP P.69-C1

　昔ながらのタベルナ（居酒屋）を現代風にアレンジした店。砂肝料理Mollejitas Estofado S/24や、ジャガイモに豚肉を添えたAjiaco con Panceta al Cilindro S/29など、手の込んだペルー料理が味わえる。ピスコサワー S/15〜28などアルコールメニューも充実している。プエブロ・リブレに2号店あり。

🏠Av. Tarapacá 197, Miraflores
☎(01)444-4704　URLwww.elbodegon.com.pe
🕐月〜木12:00〜24:00、金12:00〜翌01:00、
　土11:00〜翌01:00、日11:00〜21:00
🈺無休　カードAMV

Costazul Seafood

コスタスル・シーフード　MAP P.68-B2

　美味しくて値段も良心的なセビチェリア。おすすめはタコのオリーブオイルマリネMuchame de Pulpo S/45。何人かでシェアするなら、セビーチェやティラディートなど4つのシーフード料理が楽しめるRonda Fría S/100を。

🏠Jr. Berlin 899 , Miraflores
☎(01)241-7934
URLcostazulseafood.com
🕐月〜土13:00〜20:30　日・祝13:00〜17:00
🈺無休　カードAV

Grimanesa Vargas Anticuchos

グリマネサ・バルガス・アンティクーチョス　MAP P.68-A1

　ペルーで最もおいしいと評判の牛ハツの串焼き、アンティクーチョの店。オーナーのグリマさんはこの道一筋40年以上。秘伝のタレに付け込んだ牛ハツは肉厚で柔らかく、一度食べたら忘れられない味。アンティクーチョ 2本S/24、3本S/36。

🏠Ignacio Merino 466, Miraflores
☎(01)442-1468
🕐17:00〜23:00
🈺日　カードV

Tanta

タンタ　MAP P.69-C4

　ラルコマールにあるペルー創作料理店。オススメはロモ・サルタードS/45、オーガニックキヌアと鶏肉入りオムライスAeropuerto de quinua S/32など。ポジート・ニッケイPollito Nikkei S/34は鶏の照り焼きだ。サンドイッチやスイーツ類も充実。ホルへ・チャベス空港店を含め市内に9店舗あり。

🏠Malecón de la Reserva 610, Miraflores
☎(01)446-9357
URLtantaperu.com
🕐9:00〜24:00　🈺無休　カードADMV

Edo Sushi Bar

エド・スシ・バー　MAP P.68-B2

　ペルー風創作巻き（巻き寿司）で有名なニッケイ料理店。セビーチェ風味のソースをかけたMaki Acevichadoなど常時25 〜 30種類あり、5個S/19、10個S/35。巻き40個入りのPaquete S/125、ロコトとトビコをトッピングした薄造りUzugoro S/39もおすすめ。

🏠Calle Berlín 601, Miraflores
☎(01)243-2448　URLedosushibar.com
🕐月〜土12:30〜15:30、19:00〜23:00
　日13:00〜16:00　🈺無休　カードADMV

Toshi Nikkei Restaurante

トシ・ニッケイ　MAP P.69-C4

　ペルーを代表する料理人、故・小西紀郎氏の意志を受け継ぐニッケイ料理の店。インカ巻きなど各種創作巻きが10個S/39。炙りサーモンの握りSalmón Barriga Aburi 1カン S/10。ペルー北部の伝統料理をアレンジしたArroz con Pato Nikkei S/55など、いずれも素材の質と鮮度にこだわり続けた小西氏らしい創作料理を味わうことができる。

🏠Av. Armendáriz 480, Miraflores
☎(01)444-2634　URLtoshinikkei.com
🕐月〜土12:30〜15:30、19:00〜23:00
　日12:30 〜 18:00　🈺無休
カードADMV

Segundo Muelle

セグンド・ムエジェ　**MAP** P.67-A2

市内に7店舗あるセビチェリア。セビーチェやペルー風刺身ティラディートS/45～の種類が豊富。カニのリゾットRiso-tto de Cangrejo S/48や、タコの炭火焼Pulpo al Carbón S/51～もオススメ。創作巻きもある。

📍Av. Conquistadores 490, San Isidro
☎(01)635-5555
URL www.segundomuelle.com
🕐12:00～17:00
休無休　カード A D J M V

La Carreta

ラ・カレッタ　**MAP** P.67-B1

サーロインBife de Chorizo やリブリースbaby BeefはS/85前後。アンティクーチョや内臓系など各種パリジャーダS/35～も人気。ペルー料理やパスタもあるが、牛肉を食べるなら予算は最低S/100はかかる。

📍Av. R. Rivera Navarrete 740,San Isidro
☎(01)442-2690
🕐12:00～24:00
休無休　カード A D J M V

Vivaldi

ビバルディ　**MAP** P.67-A1

100種類以上もの豊富なメニューを持つペルー料理店で、ピアノの生演奏もある。月～金曜のランチメニューEjecutivoはデザート付きでS/25.9。おすすめは ワインが1本セットになったParrilla Vivaldi Con Vino Intipalka S/190～。数種類の肉、または魚料理が味わえ、2人でシェアすればお得。

📍Av. Camino Real 415, San Isidro
☎(01)221-3418/628-7200　URL vivaldi.com.pe
🕐月～木8:00～24:00　金・土8:00～翌2:00
日8:00～22:00　休無休　カード A D M V

Isolina Taberna Peruana

イソリーナ・タベルナ・ベルアーナ　**MAP** P.68-A3

古い建物を改装した一軒屋のペルー料理レストラン。大きな皿に出てくるメニューはどれもボリューム満点。セビーチェとタコフライの盛り合わせCebiche con Chicharón de Pulpo S/60、ロモ・サルタードS/55、カツオをあっさり煮たEscabeche de BonitoS/30など。

📍Av. San Martín Prolongacion 101, Barranco
☎(01)247-5075　URL isolina.pe　🕐月・火12:00～22:00　水～金12:00～23:00　土9:00～23:00
日9:00～17:00　休無休　カード A M V

Restaurante Javier

ハビエル　**MAP** P.68-A4

ため息橋の下の坂道にある眺望抜群のペルー料理レストラン。道の両側に2店あるが内容は同じ。セビーチェS/26 ～、アンティークーチョ S/28、鶏や魚介類のから揚げChicharrón S/30 ～など。ペルー風ドーナツPicarones S/6もおすすめ。

📍Bajada de los baños 403-B/408, Barranco
☎(01)477-5339/477-1320
URL www.restaurantejavier.pe
🕐日～木11:00～翌1:00　金・土11:00～翌3:00
休無休　カード A D M V

Expreso Virgen de Guadalupe

エクスプレソ・ビルヘン・デ・グアダルーベ　**MAP** P.68-A4

1920年代まで使われていた列車の車両を利用した、ノスタルジックな雰囲気のレストラン。ピザやパスタはS/18 ～とお手頃。昼のベジタリアン・ビュッフェ平日S/21、土・日・祝日S/23も人気。毎日21:00～翌3:00まではライブミュージックも。

📍Av. Prolongación San Martín15 A, Barranco
☎(01)252-8907
🕐9:00～翌3:00
休無休
カード A J M V

Amoramar

アモラマール　MAP P.68-B3

　コロニアルな建物とそのパティオを利用した、木々が茂る隠れ家的な店。魚介やアンデスの食材にアジアのエッセンスを加えた創作料理が中心。セビーチェS/57～、メインの魚料理はS/59～。魚フライを蒸しパンで挟んだHamburguesa de Mariscos S/33（2個）もおすすめ。

🏠Jr. García y García 175,Barranco
☎(01)619-9595　URLwww.amoramar.com
🕐月～金12:30～16:00、20:00～23:00　土・日
　12:30～16:30、20:00～24:00
🈺無休　カードADJMV

Canta Rana

カンタ・ラナ　MAP P.68-A3

　店内にはアルゼンチンほか世界各国の旗や、サッカーのユニフォームなどが飾られている。おすすめはConchas Negras S/40やウニErizo S/50のセビーチェ。Arroz con Mariscos S/45。

🏠Pasaje Génova 101, Barranco
☎(01) 247-7274
🕐火～土11:00～22:00　日・月11:00～17:00
🈺無休　カードADMV

BLU : il gelato del barrio

ブル:イル・ジェラート・デル・バリオ　MAP P.68-A4

　リマで一番人気のイタリアン・ジェラート店。チリモヤ、マラクヤ＆マンゴー、ペルー産オーガニックチョコレートなど、ペルーならではの素材を使用。旬の果物のみを使うため、メニューは定期的に変わる。1スクープS/7、2スクープS/10。温かい飲み物もあり。

🏠Jirón 28 de julio 202, Barranco
☎(01) 247-3791
URLwww.blugelateria.com
🕐11:00～22:00　🈺無休
カードADMV

旧市街（セントロ）

Sanguchería El Chinito

サングチェリア・エル・チニート　MAP P.61-B1

　1960年に創業した、市内に9店舗展開する人気サンドイッチ店。豚肉の素揚げチチャロンやペルー産ハム、ロモ・アウマード（牛肉製の厚切りハム）などのサンドイッチ類はS/16.90で食べ応えあり。スペアリブCostillitas del Chinito S/24.90も欠かせない。朝食にも利用できる。

🏠Jirón Chancay 894, Lima
☎(01) 4232197　URLelchinito.com.pe
🕐月～土8:00～23:00　日8:00～22:00
🈺無休　カードMV

La Muralla

ラ・ムラジャ　MAP P.61-B1

　ムラジャ公園Parque de la Muralla内にあるペルー料理レストラン。人気のロモ・サルタードS/39のほか、セビーチェは素材によってS/32～。木・金曜のビュッフェはS/40。品数も多くお得だ。サン・マルティン広場近くに2号店あり。

🏠Jr Amazonas S/N, Interior del Parque La Muralla　☎983-479-615
URLlamurallarestaurante.com　🕐8:00～21:00
🈺無休　カードADMV

Restaurante Bar Cordano

コルダノ　MAP P.61-B1

　創業1905年、古き良きリマ風ペルー料理が味わえる店。1番人気はロモ・サルタードにタクタクが添えられたLomo Saltado con Tacu Tacu S/57。ほかにも牛タンの煮込みLengua en salsa con arroz S/32など。牛の腎臓riñon、レバー Higadoなど内臓料理も充実。

🏠Jr. Ancash 202, Lima　☎(01) 427-0181
URLrestaurantecordano.com
🕐8:00～20:00　🈺無休　カードADMV

José Antonio

ホセ・アントニオ MAP P.54-B3

老舗レストラン。アレンジされていない伝統的なペルー料理を楽しめると評判。定番のロモ・サルタードS/53、アンティクーチョなど温かい前菜の盛り合わせPoqueo Especial S/135、セビーチェなど冷たい前菜の盛り合わせPiqueo de Mariscos Fríos S/120も人気。いずれも2人前の量。

🏠 Jr. Bernardo Monteagudo 200 Orrantia del Mar, San Isidro ☎(01)264-0188/264-3284
URL www.joseantonio.com.pe ⏰12:30〜24:00
休無休 カード ADMV

Restaurante Cafetería Garden

ガーデン MAP P.54-B2

日秘文化会館(→P.74)のすぐ裏、サン・フェリペ団地内にある同名のカジノに併設されたカジュアルなレストラン。ペルー料理と和食が手ごろな値段で味わえる。ロモ・サルタードS/25、ソパ・クリオージャ S/18、豚肉入りチャーハンS/22。沖縄ソパやラーメン各S/20もある。

🏠 Residencial San Felipe. Paseo Belaunde Terry 23, Jesús María ☎(01)261-0635
⏰日〜木12:00〜23:45 金・土12:00〜翌0:45
休無休 カード ADMV

リマの エンターテインメント

リマにはクスコやアレキパのように、フォルクローレを聞かせてくれるライブハウス、ペーニャ Peñaは少ない。しかし、本格的なステージが楽しめるナイトクラブのサチュンがあり、音楽や踊りを楽しめる。ショーは夜なので、送迎付きのツアーかタクシーを利用しよう。

Sachún

サチュン MAP P.68-A1

38年以上の歴史を誇るナイトクラブ。生バンドの演奏をバックに、店内中央のステージで民族衣装などを着たダンサーがペルー各地の踊りを披露する。ショーの内容は曜日により異なる。

🏠 Av. Del Ejército 657, Miraflores
☎(01)441-4465 ⏰水20:00〜翌01:00
木20:30〜翌01:00 金・土20:30〜翌03:00
休日〜火 入場+ショー見学 水・木S/25、金・土S/35(食事・飲み物別) カード AJMV

Brisas del Titicaca

ブリサス・デル・ティティカカ MAP P.55-C2

老舗ペーニャで50年以上の歴史がある。プーノの民族舞踊を中心とするペルー各地の踊りを楽しめるだけでなく、観客もステージで踊れる時間がある。料理はアラカルトで種類も豊富。料理にワンドリンクがつくセットS/55 〜(座席による)もある。いい座席は予約したほうがいい。

🏠 Jr. Héroes de Tarapacá 168, Lima
☎(01)715-6960 URL brisasdeltiticaca.com
⏰金・土13:00〜17:30、22:00〜翌2:30
火・水21:00〜翌0:30 木21:45〜翌1:30
休月・日 昼S/35〜45、夜S/39〜79(曜日と座席によって異なる) カード ADMV

Damajuana

ダマフアナ MAP P.68-B3

バランコにある人気ペーニャ。ペルー料理をビュッフェスタイルで味わいながら、ペルー各地の踊りを見ることができる。20:30 〜 22:00がショータイム。館内の照明がとても暗いので、ショーをじっくり見たい場合は座席を予約したほうがいい。

🏠 Av. República de Panamá 240, Barranco
☎(01)248-7547 URL www.ladamajuana.com.pe
⏰19:30 〜 23:00 休無休
S/120(食事込み)、日曜の昼はS/60 カード AMV

Shopping

リマの ショップ

大都市、リマはショップも充実。質のいいアルパカやシルバー製品が欲しいなら、まずはミラフローレスに足を運んでみよう。おしゃれなショッピングストリートには若者向けのショップやブランド品の店などが並んでいる。セントロにはみやげ物屋や露店が多い。格安のアイテムが多いが、質はそれなりだ。空港近くに規模の大きなアウトレットモールもある。

Dédalo
デダロ MAP P.69-C4

ラルコ・マールの1階にある、ペルー各地のアーティストの作品を集めたアート＆ギフトショップ。さまざまな作品があるので、眺めていても楽しい。沖縄のシーサーに似たアンデスの家の守り神Torito de Pucará S/36.5〜はサイズもいろいろ。

住Larco Mar Tda. 210, Miraflores
☎(01) 447-1856
URL dedaloarte.blogspot.jp
営10:00〜22:00
休無休 カード A D J M V

Kuna by Alpaca 111
クーナ・バイ・アルパカ 111 MAP P.69-C4

鮮やかな色使いと洗練されたデザインが人気。肌触りのいいベビー・アルパカのマフラーはUS$54〜、「アンデスの黄金」と呼ばれるビクーニャのセーターはUS$2400ほど。また国内唯一のグアナコ毛取扱店であり、最高級のグアナコのショールはUS$1200ほど。空港など支店多数あり。

住Larco Mar, Miraflores ☎(01) 241-3484
URL kunastores.com
営10:00〜22:00
休無休 カード A D J M V

Pórtico
ポルティコ MAP P.68-A3

日本人経営のみやげ物店。店内にはオーガニックチョコやアンデスの塩、ピスコ、マカなどのペルー名産をはじめ、ベビーアルパカのセーターやカーディガンなどこだわりの品々が揃う。自社で生産、海外へも輸出しており品質は保証済み。マフラーS/70〜、ポンチョ S/190〜など。

住Jr. Junín 358, Barranco ☎(01) 249-4012
URL www.galeriaportico.com
営月〜土 10:00〜20:00 日 11:00〜19:00
休無休 カード A M V

InOutlet Faucett
インアウトレット・フォーセット MAP P.54-A1外

2011年にオープンしたペルー初のアウトレットモール。ペルーやヨーロッパのブランドが半額以下とお買い得。ホルヘ・チャベス空港からわずか100mという好立地で、敷地奥の出口から歩いて空港に移動できる。レストランやカフェもあり、帰国最終日の買い物や時間つぶしにも便利。

住Av. Elmer Faucett 3443 ☎なし
URL www.inoutlet.pe
営10:00〜21:00
休無休 カード A D M V（店舗により異なる）

Mercado Indio
メルカード・インディオ MAP P.55-C2

リマ中部にある大きな民芸品マーケット。小さな店がぎっしりと並んでいて、セーター、織物、陶器製の人形、Tシャツなど、ありとあらゆるペルーみやげが集結している。クスコやマチュピチュで買い忘れた物も、ここにくれば見つかりそうだ。ただし、粗悪品もあるので品定めはじっくりと。

住Av.Petit Thouars 2249, Miraflores
☎店舗により異なる
営11:00〜20:00頃
休店舗により異なる カード店舗により可

イカ

リマ●
イカ★

標高 ▶ **406m**	
MAP ▶ **P.38-B3**	
市外局番 ▶ **056** (電話のかけ方は→P.40)	
US$1＝S/.3.3	

イカのおもなツアー
ワカチナ砂漠、バギー＆
サンドボード・ツアー
圏S/.100
バジェスタス島
圏S/.85
パラカス国立自然保護区
圏S/.85
ナスカ遺跡巡り
圏S/.300
ナスカの地上絵フライト
圏US$800

イカの中心地アルマス広場

📨 **読者投稿**
ボデガ・マトゥテ
　イカのアルマス広場に面
したボデガ。ピスコやイカ
近郊のワイナリーから集め
た30種以上のワインや、ペ
ルー各地の地酒が揃う。1
階奥と2階のテラスはワイ
ンや自家製カクテルを楽し
めるバー。気持ちいい風を
感じながら飲むマラクヤサ
ワーは最高でした！
　(東京都 Urara '14) ['19]
Bodega Matute
MAP P.91
🏠Plaza de Armas,
　Calle Lima 143
☎(056)22-3753
🕐11:00～24:00
休無休 📋DMV

ワカチナへ
　イカの町からタクシーで
約10分、S/.5。

不思議な砂漠のリゾート地、ワカチナ

　リマからパンアメリカン・ハイウエイを南に約308km。どこ
までも続く荒涼とした砂漠のなかに忽然と現れるのがイカの町
だ。人口約23万人、1563年に建設されたイカ州の州都である。
イカはイカ川の川畔に発展した。乾燥した気候とイカ川の水を利
用して作るブドウが有名で、そのブドウからできるワインやピス
コが名産となっている。アルマス広場に面したカテドラルや聖フ
ランシスコ教会をはじめとするコロニアルな町並みが見どころの
ひとつだ。

イカへの行き方

　リマからのバスがパラカス経由でイカへ。クルス・デル・スー
ルなど複数のバス会社が運行しているが、最も便数が多いのはペ
ルー・ブスPerú Busで、1時間に1～2便の運行。所要約4時間30分、
S/.40～。パラカスからイカへは所要約1時間20分、S/.12～。ナスカ
からイカへは所要約2時間、S/.35～。

おもな見どころ

ワカチナ
Huacachina MAP P.91外

　イカ市内の南西2.5kmほどにあるオアシスの村。砂漠のなかに
こんこんと泉が湧き、湖を作っている。湖ではボートに乗ったり
水遊びが、周辺に広がる砂漠ではバギーやサンドボードが楽しめ
る。湖畔にはリゾートホテルがいくつかある。

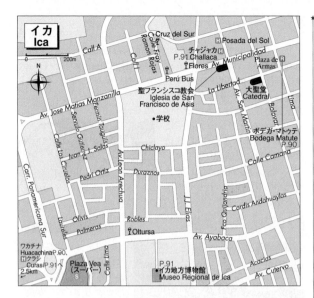

イカ
Ica

Cruz del Sur
Posada del Sol
チャジャカ
P.91 Challaca
Flores Av. Municipalidad
Plaza de Armas
Perú Bus
La Libertad
大聖堂
聖フランシスコ教会
Iglesia de San
Francisco de Asis
Catedral
学校
ボデガ・マトゥテ
Bodega Matute
P.90
Chiclayo
Calle Camana
Durazmos
Oltursa
Av. Ayabaca
ワカチナ
Huacachina P.90,
クラシ
Curasí P.91へ
2.5km
Plaza Vea
(スーパー)
P.91
イカ地方博物館
Museo Regional de Ica
Av. Cutervo

**イカ地方博物館
"アドルフォ・ベルムデス・ジェンキンス"
Museo Regional de Ica
"Adolfo Bermúdez
Jenkins"**
この地域で栄えた文明を紹介する博物館。展示はパラカス、ナスカ文化と年代順に各時代ごとの特徴的な出土品。自然人類学展示室Sala de Bioantropologiaにある、「パラカスの頭蓋骨」は必見。縦方向に大きく引き伸ばされた多数の頭蓋骨は頭蓋変形(→P.74)されたものだ。10体近いミイラも保存されている。
MAP P.91
住Av. Ayabaca N°895
8 s/n, Urb. San Isidro
開火~金 8:00~19:00
土・日・祝 8:30~18:30
休月
料S/7.5
※写真撮影不可

ピスコへ
リマからクルス・デル・スールなどのイカやナスカ行きに乗り、途中下車する。所要約3時間30分、S/20~。ナスカからは約3時間30分、S/14~。

近郊の町と見どころ

ピスコ

Pisco MAP P.92

リマから海岸沿いを南へ約237km。ピスコ川の河口にある人口約11万人の町。カヤオ港などと並ぶ大きな港があることで有名で、ここで水揚げされたイワシは近郊の工場で魚油となる。紀元前400年頃~紀元前後にかけて、ピスコの北の海岸砂漠に花開いたパラカス文化は美しい色使いの土器や大きな織物を生産し、その技術は後のナスカへと伝わってゆく。町から約45kmのところにプレ・インカの遺跡タンボ・コロラードTambo Coloradoがある。

イカのホテル

Hotel Challaca
チャジャカ MAP P.91

アルマス広場の1ブロック北にある3つ星ホテルで、バスターミナルからも徒歩圏内。ガラス張りの外観が印象的だ。客室は、機能的ですっきりとまとまっている。

住Calle Loreto 177 ☎(056) 23-7738
料S/70~ WS/80~
カードMV 室数107室

Hostal Curasí
クラシ MAP P.91外

ワカチナの湖畔にあるホテル。客室数は少ないが、レストランとプールを完備しており、リゾート滞在にぴったり。バギーとサンドボードを楽しむ砂漠ツアーも催行している。

住Balneario de Huachachina 197 ☎(056) 21-6989 URLwww.huacachinacurasi.com
料S/160~ WS/190~ カードAMV 室数15室

パラカスへ
　クルス・デル・スールなどのリマ～ナスカのバスがパラカスとイカに停車する。リマ～パラカスは所要約3時間30分、S/58～。パラカス～イカは所要約1時間30分、S/20～。パラカス～ナスカは所要約3時間50分、S/35～。チャコ海岸までタクシーで3分、S/5。

**ピスコ空港から
ナスカへのフライト**
アエロディアナ Aerodiana
☎(01)447-6824(予約:リマ)
URL aerodiana.com.pe
　ピスコ空港からナスカへの遊覧飛行は上記に電話かネットで直接予約を入れるか、リマのミッキー・ツール(→P.58、1名US$260)でも受け付けている。

パラカスのリゾートホテル
🏨La Hacienda
　Bahía Paracas
🏠Urb. Santo Domingo
　Lote 25, Paracas
☎(056)58-1370
URL hoteleslahacienda.com
🏨Double Tree
　Resort by Hilton
　Hotel Paracas
🏠Urb. Santo Domingo
　Lote 30-34, Paracas
☎(056)58-1919
URL www.hilton.com/doubletree
🏨Aranwa Paracas
　Resort & spa
🏠El Chaco,La Puntilla
　Lote C, Paracas
☎(056)58-0600
URL www.aranwahotels.com

バジェスタス島へ
　バジェスタス島へはチャコ海岸から遊覧船で行く。チャコ海岸にはバジェスタス島ツアーを扱う旅行会社があり、料金はUS$20前後。出発は8:00頃で、所要約2時間。上陸はしないので船酔いしやすい人は対策を。

パラカス

Paracas **MAP** P.92

　ピスコの南約10kmのパラカス半島の付け根に位置し、目の前には海が広がる。町の中心のチャコ海岸Playa Chacoからはバジェスタス島行きの船が出るほか、レストランやショップが軒を連ねてにぎやかだ。チャコ海岸から南に3kmほど行ったところには、プールのあるラグジュアリーなリゾート型ホテルが並ぶ。北に5kmほど行った漁村サン・アンドレスSan Andoresにはピスコ空港があり、ナスカ行きのフライトを行っている。

レストランやショップが並ぶチャコ海岸

バジェスタス島

Islas Ballestas **MAP** P.92

動物の楽園バジェスタス島

　バジェスタス島は荒波に削られたいくつかの岩からなり、ここでの主役はオタリア(アシカ類)、海鳥、ペンギンだ。とにかく島が黒く染まるほどの鳥や動物の数には圧倒されてしまう。船が近づくとオタリアはいっせいに吠え、鳥は鳴きながら飛び回り、大変な騒ぎとなる。暑いペルーの海岸にフンボルトペンギンが生息するのは、冷たいフンボルト海流のためだという。まさにリトル・ガラパゴスの別名にふさわしい、動物たちの楽園だ。

カンデラブロ

Candelabro **MAP** P.92

　パラカス半島のペヘレイ岬にある不思議な地上絵"カンデラブロ=燭台"がある。全長約189m、幅約70m、線の深さ約1m、線の幅約4mに掘られた地上絵は、塩分の濃い霧によって固められたため消えることなく残ったものだ。絵は天気がよければ20km先からも見えるといい、漁に出た船の目印にした可能性が高い。スペイン人が描いたという説と、ナスカ同様プレ・インカの時代に描かれたという説がある。バジェスタス島へ行く途中で見ることができる。

[地図: パラカス Paracas]
チンチャ島 Islas Chincha
リマへ
ブランカ島 Isla Blanca
バジェスタス島 P.92 Islas Ballestas
太平洋 Océano Pacífico
P.91 ピスコ Pisco
San Clemente
San Andres
ピスコ空港
カンデラブロ P.92 Candelabro
Pto.San Martín
サン・ガジャン島 Isla San Gallán
チャコ海岸 Playa Chaco
パラカス P.92 Paracas
Paracas a Luxury Collection Resort
パラカス半島 Península de Paracas
La Hacienda Bahía Paracas
イカへ P.90
N
0　10km

大地に描かれた不思議な地上絵

Nasca

ナスカ

長くデフォルメされたくちばしが特徴のハチドリ

標高　約**588m**

MAP P.38-B4

市外局番▶**056**
（電話のかけ方は→P.40）

US$1=**S/3.3**

紀元前後～800年ごろにかけて、海岸から80kmほどの乾燥地帯にひとつの文化が栄えていた。謎の地上絵で知られるナスカ文化である。ナスカの人々は、広大な大平原（パンパ・インヘニオ）に何を思ってか数百にもわたる直線を引き、三角形の図形、動物、魚、植物などの絵を描いた。それも空中からしかわからないほどの巨大な大きさで。いったいこれらは、何を意味しているのだろうか。多くの人々がその謎にとらわれ、多くの仮説が立てられた。

しかしながら確実にわかったのは、絵はパンパを覆った黒い石や砂をどけて白っぽい地面を出すことによって描かれているということ。そして年間を通してほとんど雨が降らない気候が、地上絵を現在にまで残したということぐらい。絵の大きさは約10mから大きなものでは約300mにも及び、その数およそ30個。多くの謎を秘めたまま、大地という巨大なカンバスに今なお刻まれている。

ナスカ周辺 Nasca

イカへ
バルパ Palpa
バルパの地上絵 P.100 Líneas de Palpa
マリア・ライヘ博物館 P.97 Casa Museo María Reiche
ミラドール Mirador
ナスカの地上絵 P.98 Líneas de Nasca
エスタケリア Estaquería P.97 カワチ遺跡 Cahuachi
パレドネス遺跡とカンターヨ送水路 Los Paredones/ Los Acueductos de Cantalloc P.96
ナスカ Nasca
ナスカ空港
セロ・ブランコ Cerro Blanco
チャウチージャ墓地 Cementerio de Chauchilla P.96

20km
N

ツアーの客引きに注意
　バスを降りると、ツアーやホテルの客引きがどっと集まってくる。なかには日本語を少しだけ話す自称フリーガイドというのがいて、「日本人はアミーゴだから安くする」と決まって言うものの、その言葉にだまされてはいけない。また、日系の旅行会社名を出し、安心させようとする客引きにも要注意。ツアーの契約は直接、ホテルのフロントか旅行会社でしよう。

おもな旅行会社
　ツアー会社はたくさんあり、内容はほぼ同じだが、料金は会社によりシーズンにより変わる。いくつか当たってみるのが望ましい。
Alegría Tours Perú
MAP P.94-A2
住 Jr. Lima 168
☎(056)52-2497
URL www.alegriatoursperu.com
圏6:30～22:45
𝈦無休

ナスカへの行き方

🚌 長距離バス

リマからはクルス・デル・スールCruz del Sur、オルメーニョOrmeño、シバCivaなどが1日数便運行。所要6時間30分～7時間50分、料金はS/30～105。ナスカ行きのバスはパラカス（ピスコ）、イカを経由する。パラカス～ナスカは所要約4時間、イカ～ナスカは所要約2時間。クスコとナスカをつなぐバスもあり、所要約14時間、S/65～150。アレキパ～ナスカは所要約9時間30分の夜行でS/40～130。時期により運行されないこともある。

歩き方

町の中央にアルマス広場 Plaza de Armas があり、メイン通りの**ボログネシ通りJr. Bolognesi**が広場から延びている。町自体は小さく、中心部の見どころは**アントニーニ博物館**ぐらいのものだ。

旅行者のここでの目当ては、なんといっても地上絵であろう。長距離バスは、リマ通りCalle Lima沿いにあるバス会社の前に到着する。バスを降りるとホテルの客引きや、ナスカの地上絵への遊覧飛行の案内人が声をかけてくる。もし午前中に到着して、その日のうちに地上絵を見て、夜行で別の町へ移動するのなら勧誘の人と交渉して、バス会社に荷物を預けて遊覧飛行に参加してもいいだろう。ただし、人やシーズンによって料金が違ってくるので、できれば旅行会社を当たってみてから決めたい。ほとんどの宿やレストラン、旅行会社は、バス停からアルマス広場までの5～6ブロック間に集まっている。また、時間があれば郊外にあるナスカ文化の遺跡に足を延ばしてみよう。

ナスカへのフライト

ナスカ空港は、地上絵を遊覧するセスナのみが利用するため、各地とを結ぶフライトはない。

リマでナスカのフライトを申し込む

リマにある日本人経営の旅行会社ミッキー・ツール（→P.58）で、地上絵見学のフライトが申し込める。ナスカ発のフライト料金はUS$125、イカ空港発はUS$200、ピスコ空港（パラカス）発はUS$260（すべて税込み、空港使用料は別途現地払い）。現地出発前にリマで、しかも日本語で申し込めるので安心だ。

「地球の歩き方」GEMシリーズ
『世界遺産 ナスカの地上絵 完全ガイド』

有名な地上絵から新発見の地上絵まで、美しい写真とともに完全ガイドで紹介。

（ダイヤモンド・ビッグ社刊／1600円税別）

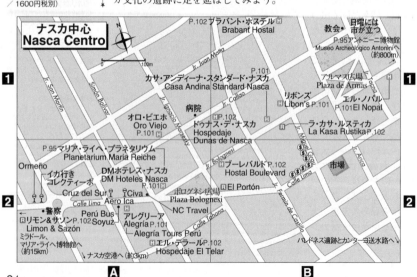

ナスカ中心 Nasca Centro

おもな見どころ

アントニーニ博物館 Museo Arqueológico Antonini MAP P.94-B1外

　1982年からナスカで発掘を続けているイタリアの発掘チームが運営する博物館。館内には、チームの発掘の様子がパネルや写真で紹介してあり、発掘されたナスカ文化の土器や織物、楽器などが展示されている。カワチで出土した土器は、そのユーモラスな絵柄に注目。織物に使われたというサボテンの棘を利用した針など珍しい展示物もある。中庭にはナスカの水路や墓のレプリカがある。

土器が充実している

カワチ遺跡から出土した頭蓋骨なども展示

アントニーニ博物館
🏠 Av. de la Cultura 600
☎ (056)52-3444
🕘 9:00〜19:00
休 無休
料 S/15
　撮影S/5（フラッシュ撮影は禁止）
行き方
　セントロから徒歩20分ほど。入口でベルを鳴らして開けてもらう。

マリア・ライへ・プラネタリウム Planetarium Maria Reiche MAP P.94-A2

　マリア・ライへ女史が地上絵研究のために25年間滞在した**H** DMホテレス・ナスカ（→P.101）の敷地内にあるプラネタリウム。女史の理論に基づき、地上絵の意味を天体の動きや星座との関わりから解説してくれる。上映時間は約1時間。好天の日は星空を望遠鏡で眺める天体観測も実施。申し込みはホテルのフロントで。

マリア・ライへ・プラネタリウム
🏠 Jr. Bolognesi 147
　（Hotel Nazca Lines）
☎ (056)52-3050
🕘 19:00（英語）
休 無休
料 S/20

COLUMN　地上絵の謎　誰が何のために……

　ナスカ地方には、紀元前900年ぐらいから紀元後900年ぐらいにかけて、さまざまな文化が開化した。6世紀頃までにはパンパ・インヘニオの砂漠に、何百mも真っすぐに延びる絵や巨大な動植物の模様が刻み込まれた。動植物の絵は30個と多く、不可解な線は300本を超える。絵の端には小石の山があり、その中に木杭が打ち込まれ正確な測量をした跡もうかがえる。

　線となる浅い溝は黒い地表の小石を取り除いて明るい地肌を露出させたものだ。それにしても溝は深さ10cm、幅20cmほどで、近くで見ると車のわだちのようにしか見えない。そこから巨大な絵をイメージするのは不可能というものだ。

　雨がほとんど降らないナスカでも、ナスカ川とその支流はたびたび氾濫した。洪水や渇水、種まきや収穫は農耕文化最大の関心事で、神官たちが暦づくりや予言のためにこのように大がかりな地上絵を準備したとしても不思議ではない。しかし神官優位の時代は終わり、やがて軍人優位の時代が到来した。地上絵利用がいつまで続いたのかはわからない。

　地表に描かれた動物のうち、シャチ、クモ、オウムの解釈については、農耕に関する特定の時期を示したものとする説や、プレ・インカ時代に共通する呪術的文様の一種とみなす説などもある。また、ナスカ時代に作られた土器には、地上絵に描かれた動物すべてが文様として用いられている。これにも、定説は存在しないといってよい。

　ナスカの地上絵の謎を解こうとする研究家の数は多く、学説はどれも興味深い。焼けた土器片が散らばっている事実から熱気球利用説が発表されたし、パラカスの土器の文様や奇異なミイラからヒントを得た鳥人説、宇宙飛行士説なども出現している。地上絵を世界的に有名にしたポール・コソック氏Paul Kosokの研究を継ぎ、ナスカに半生を捧げたマリア・ライへ女史Maria Reicheは、地上絵はナスカ人のカレンダーであったと説いた。線は太陽、月、星の軌道、絵はナスカ文化の神だった星座を意味しているという説だ。

　それにしても滑走路状に延びた線条の数はあまりにも多く、何のために刻まれたのか、納得いく解釈はないのが現状だ。それらの先端はパンパ東部の一点に集中しているというが……。

近郊の町と見どころ

パレドネス遺跡とカンターヨ送水路
Los Paredones/Los Acueductos de Cantalloc MAP P.93

　パレドネス遺跡はナスカから車で約10分のところにある、アドベ（日干しレンガ）で造られたインカ時代の遺跡。クスコへ向かうチャスキ（飛脚）の宿だったといわれているが、多くは地震によって倒壊してしまった。この先、木綿畑の中を進むと、螺旋状に掘り下げられた井戸のようなものが並んでいる。これはカンターヨ送水路Acueductos de Cantallocと呼ばれる、ナスカ時代に造られた送水路。アンデスに降った雨が地中にしみこんでできる地下水脈に沿って造られており、井戸と井戸の間は地下水路で結ばれている。水の蒸発を防ぐため、水

の汲みだし口は地上から数m下がったところに造られ、螺旋状の坂を上り下りして水を汲んだ。今でもこの送水路は、ナスカ地方の農業に欠かせない貴重な水源となっている。

水路の底には現在でもきれいな水が流れている

チャウチージャ墓地
Cementerio de Chauchilla MAP P.93

　ナスカの南約28kmにあるナスカ時代後期の墓地跡。ナスカにはナスカ時代、あるいはそれ以前のパラカス時代の墓地が多数ある。しかし、多くの墓地は掘り返され、強い日差しにさらされた白骨が累々と散らばっている。これはワッケーロと呼ばれる盗掘者の仕業。ナスカの土器や織物はとても美しくコレクターに高値で売買されることから、墓地から欲しいものだけ取り出し、ミイラを放置していくためだ。ナスカ時代の墓地のひとつであるチャウチージャは、約2km×400mもの広さがあり、掘り返された穴がどこまでも続いている。14の墓穴を巡る周遊路が設けられ、それぞれの墓穴にはナスカの

人々の骨が並べられている。ナスカ地方の乾燥した気候のおかげで保存状態はとてもよく、なかには髪の毛が付いたままの頭蓋骨もある。虚空をみつめる目は1000年以上の時を経て何かを訴えているようだ。

身ぐるみはがされ骨のみが残る

ナスカ周辺の見どころへ
　公共の交通手段がないため、タクシーをチャーターするか、ツアーに参加することになる。ナスカでは立派なツアー用のバスというものがないため、タクシーだろうがツアーだろうが、車も運転手も同じだったりする。

おもなツアー
①マリア・ライヘ博物館～ミラドール～ナチュラル・ミラドール／所要約3時間、US＄40
②カンターヨ送水路～パレドネス遺跡～ラス・アグハス／所要約2時間、US＄30
③チャウチージャ墓地～土器と金の生産・採掘工程見学／所要約3時間、US＄30
④カワチ遺跡～エスタケリア～オコンガジャ水路／所要約3時間30分、US＄40
※すべて各遺跡、訪問先の入場料と見学料は別。料金は参加者が2名以上の場合のひとり分。一般的には午前と午後に出発する。人数が集まらない場合はプライベートツアーとなり、料金が割り増しとなることもある。交渉が必要。

パレドネス遺跡とカンターヨ送水路
圏8:00～18:00
休無休
料S/10（パレドネス遺跡とカンターヨ送水路共通）
行き方
　ツアーかタクシーで行くのが一般的。ツアーではパレドネス遺跡や水路のほかに、地上絵の一部と思われるラス・アグハスLas Agujasを巡る。

風化の進むパレドネス遺跡

チャウチージャ墓地
圏8:00～16:00
料S/8
行き方
　ツアーかタクシーで行く。ツアーの場合は、土器と金の生産・採掘工程見学がセットになっている。

カワチ遺跡 Cahuachi MAP P.93

地上絵があるパンパの南、ナスカ川近くの高台で発見されたナスカ時代の祭祀センター跡。祭祀の中心として約2000年前に興隆し、6世紀前後に衰亡したと考えられている。日干しレンガで築かれた高さ20m余りのピラミッドや神殿など4つの大きな区画からなるというが、その全容は明らかになっていない。カワチ遺跡から北西へ車で約10分の砂漠地帯にあるエスタケリアEstaqueríaも儀礼の場のひとつとされ、林立する木の杭などが残されている。カワチはナスカから未舗装道を行かなければならず、時間がかかるうえ、ピラミッドを外側から眺めることしかできない。また、エスタケリアへは道の状況が悪く行けないこともある。

7層からなるカワチの祭祀センター

カワチ遺跡
圏無料
イタリアの考古学チームが持ち帰った遺跡の発掘品がアントニーニ博物館（→P.95）に展示されているので、あわせて見ておきたい。
行き方
ツアーかタクシーで行く。道が悪いためタクシーで往復約3時間。

アドベレンガで造られているのがわかる

マリア・ライヘ博物館 Casa Museo Maria Reiche MAP P.93

地上絵の解明、保存に大きく貢献したマリア・ライヘ女史の研究所を利用した博物館。館内は大きく3つの部屋に分かれており、入口を入って一番手前がナスカ文化の遺跡に関する部屋で、土器のほか、墓地で発見されたミイラなどを展示。その奥は地上絵に関する部屋。マリア・ライヘ女史の研究や保存運動の様子を写真や文章で知ることができる。ほうきを持って地上絵を掃くマリア・ライヘ女史の写真が印象的だ。一番奥の部屋には、マリア・ライヘ女史の研究室が再現されている。また、庭にはマリア・ライヘ女史と妹のレナーテさんの眠る墓がある。

研究室を模した部屋

マリア・ライヘ博物館
☎(056)52-1372
圏8:00～18:00
圏無休
圏S/5
行き方
ツアーかタクシーで行く。ナスカから約17km。

マメ知識
世界最大級の砂山
水路から車で15分ほど行ったところにあるセロ・ブランコCerro Blancoは、すべてが砂でできた「砂の山」。標高は2070mで、世界で最も高い砂山といわれている。頂上までトレッキングすることもでき、往復約4時間ほど。専用のボードで斜面を滑降するサンドボーディングも楽しめる。

地上絵フライトについて
ナスカ市街から車で3分ほどのところにあるナスカ空港は、遊覧飛行専用の飛行場。10社ほどの航空会社のカウンターがある。目当ての航空会社カウンターで直接、遊覧飛行を申し込むことも可能だが、人数が集まらないとフライトしないため、何時間も待たされる可能性がある。ツアー会社で申し込むと、たいていは朝8時ごろに空港へ向かう。航空会社の指定はできない。空港までの送迎は料金に含まれている。

5〜7人乗りの小さなセスナで飛ぶ

ナスカ空港の空港税
S/30（プラス環境税S/15）

航空会社のカウンターが並ぶナスカ空港

おもな地上絵フライトの会社
Aero Paracas
URL www.aeroparacas.com
Aerodiana
URL aerodiana.com.pe
Alas Peruanas
URL www.alasperuanas.com
アラス・ペルアーナス
Alas Peruanasでは、ナスカの地上絵20ヵ所コース（所要約45分、US$100）のほか、複数のコースを運航。

地上絵は地表の砂を取り除くことによって描かれている

地上絵を見るには、バスで片道8時間かけてナスカまで行くか、リマに近いイカやピスコの空港を利用するかの二択。ナスカ発のフライトのメリットは、なんといっても料金が安いこと。また、小型の機体が多く比較的低空を飛ぶため、地上絵をより間近で見ることができる。一方、滞在時間が短い人にとって、リマから日帰り可能なイカやピスコ発のフライトは、それだけで十分魅力的だ。目的を明確にし、自分にあったプランを選ぼう。

その1 ナスカからのフライト

ナスカに着くと、あちらこちらから地上絵遊覧飛行の案内人がやって来る。現地で手配する場合、フライト料金はシーズンや旅行会社によって多少前後するが、ひとりUS＄80〜100程度、フライト時間は30分ほど。

くるくると尻尾が巻かれたサルは93mもの大きさ

重要なのは、ナスカの地上絵の見やすさはその日の天候や時間帯によって左右されるということ。地面の小石や砂を払いのけることで描かれている地上絵は、基本的にとても平坦な作りだ。そのため真上からの日差しでは影ができにくく、地上絵によってはくっきりと浮かび上がって見えないものもある。おすすめの時間帯は朝と夕方。フライト状況は常に変更するため搭乗時間や機体を選ぶことはできないが、予約時に希望だけでも伝えておくといいだろう。その点ではリマよりもナスカにいたほうが融通が利く。地上絵がよりはっきり見えるのは、斜光となる朝と夕方。

遊覧飛行の機体は乗客2人の小型機から12人乗りの中型機まであり、ナスカ発の場合は4〜6人乗りが主流。小型機は小回りが利く分、旋回で飛行機酔いする場合があるので、心配な人は酔い止めを飲んでおこう。基本コースでは12〜14ヵ所の地上絵を見学するが、ほかにも20ヵ所を回るコースやナスカとパルパの地上絵を見学するコース、地上絵だけでなく上空からカワチ遺跡を眺めるコースなどさまざまだ。

その2 イカやピスコから一気にフライトする

ナスカまで移動する時間のない人に人気なのが、ナスカよりもリマに近いピスコやイカから出発するフライト。リマからピスコまでバスで約3時間30分（→P.91）、イカまでは約4時間30分（→P.90）。どちらの空港からもアエロディアナAerodianaが運行している。12の地上絵を見る1時間30分のコースから、ナスカとパルパの地上絵のセットフライトもある。12人乗りの中型セスナで料金はひとりUS＄200〜。料金は出発地点や季節により異なる。

その3 砂漠に立つミラドールから地上絵ウオッチング

　地上絵の研究家であるマリア・ライヘ女史が建造した観察やぐら、ミラドールMirador。地上絵のほぼ中心に立ち、"手"と"木"の一部を眼下に眺めることができる。しかし老朽化が進んでおり、道路を隔てた向かい側に日本の援助による新しいミラドールが建設された。2019年10月現在、オープン時期は未定だが、高さが18mありこれまでのミラドールより遠くまで見渡せることになる。世界で唯一、現地での立ち入り調査を認められている山形大学ナスカ研究所の観測塔も兼ねるそうだ。すぐそばにはナチュラル・ミラドールと呼ばれる小高い丘があり、放射線状にまっすぐ延びる線を見ることができる。

マリア・ライヘへの
ミラドール

ナチュラル・ミラドールは
自由に登ることができる

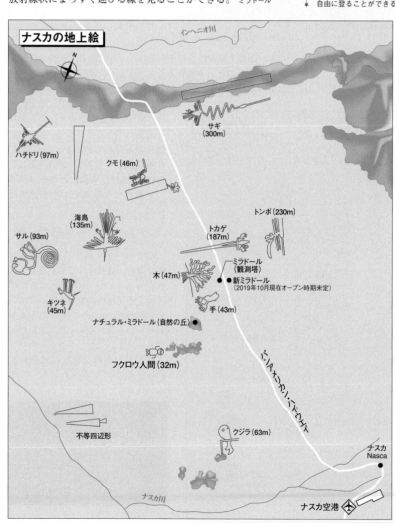

ナスカの地上絵

インヘニオ川

サギ
(300m)

ハチドリ (97m)

クモ (46m)

海鳥
(135m)

サル (93m)

トンボ (230m)

トカゲ
(187m)

木 (47m)

ミラドール
（観測塔）
新ミラドール
（2019年10月現在オープン時期未定）

手 (43m)

キツネ
(45m)

ナチュラル・ミラドール (自然の丘)

フクロウ人間 (32m)

パン・アメリカン・ハイウエイ

不等四辺形

クジラ (63m)

ナスカ
Nasca

ナスカ川

ナスカ空港

パルパの地上絵

地上絵というとナスカばかりが有名だが、ペルーの南海岸部にはほかにも多くの地上絵がある。近年、ナスカの地上絵の北、インヘニオ川を越えたあたりにあるパルパという町の周辺約150km²にわたる範囲に、新たな地上絵が発見された。この地上絵はパルパの地上絵と呼ばれ、ナスカ以前にこの地方に発達したパラカス文化特有の絵柄が多く描かれていることから、ナスカの地上絵よりもさらに古いものではないかと推測されている。パルパの地上絵遊覧は、ナスカのオプションとして行われている。

パルパにあるもうひとつのハチドリ

パルパの地上絵フライト

パルパの地上絵だけを見学するフライトはなく、ナスカの地上絵フライトとのセット遊覧となる。ナスカの地上絵を見学後、北上してパルパの地上絵の一部であるスターやハチドリ、ペリカンと、建造物の遺構を見学、最後にナスカ時代の水路（プキオ）の上をフライトしてナスカに戻る。どの航空会社でも行っているが、料金はUS＄200程度、所要時間は約1時間というのが一般的。事前にどこをフライトするかなど詳細をよく確認すること。

ミラドールから見る地上絵

パルパの地上絵のなかには飛行機でなく、地上からでしか見えないものもある。4人のシャーマンと呼ばれる下記写真の地上絵は、ナスカから北へ16kmのところにあるミラドールから見たもの。ナスカからのツアーはないので、タクシーやツアーガイドに別料金を払って連れていってもらう。

パルパの地上絵

Orange

日時計

パルパ川
Río Palpa

ビスカス川
Río Viscas

パルパ
Palpa

台形

男性

パラカス・ネクロポリス様式の人物

女性

旅人

鳥（発見者：ポール・コソック）

スター

ハチドリ

海鳥

パンアメリカン・ハイウェイ

インヘニオ川
Río Ingenio

4人のシャーマンが描かれている

ナスカのホテル

DM Hoteles Nasca

DMホテレス・ナスカ [MAP]P.94-A2

🛁 📺 📞 🌐 🍴

旧ホテル・ナスカ・ラインズ。パティオにはプールがあり、プールサイドには季節の花が彩りを添え、リゾートの雰囲気満点。マリア・ライヘ女史が住んでいた130号室にはプレートが掲げられている。

[住]Jr. Bolognesi 147 ☎(056)52-2293
[FAX](056)52-2112 [URL]dmhoteles.pe
[料]ⓈUS$143 ⓌUS$153 サービス料別
[カード][A][D][J][M][V] [室数]78室

Hotel Alegría

アレグリーア [MAP]P.94-A2

🛁 📺 📞 🌐 🍴

バスターミナルの近くにある、欧米人に人気の宿。広々とした部屋はエアコン付きで、温水シャワーは24時間利用可能。ホテル隣接のツアー会社では、フライト、ツアーの申し込みができる。

[住]Calle Lima 166 ☎[FAX](056)52-2702
[URL]www.hotelalegria.net
[料]ⓈUS$70～ ⓌUS$80～ ⓉUS$90～
サービス料込み [カード][V] [室数]51室

Hotel Oro Viejo

オロ・ビエホ [MAP]P.94-A1

🛁 📺 📞 🌐 🍴

コロニアルな雰囲気の3つ星ホテル。プールのある緑豊かな庭を囲んで客室が並ぶ。レストランやみやげ物店もあり、施設は充実している。ジャクージ付きのスイートルームも人気。

[住]Jr. Callao 483
☎(056)52-3332 [FAX](056)52-2284
[料]ⓈS/150 ⓌS/200 サービス料別
[カード][A][D][J][M][V] [室数]37室

Libon's Hotel

リボンズ [MAP]P.94-B1

🛁 📺 📞 🌐 🍴

アルマス広場から1ブロックにある3つ星ホテル。1階はカジノでレセプションは2階にある。白と緑を基調にした館内は清潔。公式サイトから予約すると割引がある。カード払いは5%増し。

[住]Jr. Grau 351 ☎[FAX](056)31-1402
[URL]libonshotel.com
[料]ⓈS/70～ ⓌS/110～ サービス料込み
[カード][V] [室数]31室

Casa Andina Standard Nasca

カサ・アンディーナ・スタンダード・ナスカ [MAP]P.94-B1

🛁 📺 📞 🌐 🍴

ボログネシ通り沿い、アルマス広場へも徒歩すぐというロケーション。館内は中庭を挟んで3階建て。1階にプールやレストラン、ショップなどがある。

[住]Jr. Bolognesi 367
☎(056)52-3563
[URL]www.casa-andina.com
[料]ⓈⓌUS$81～ サービス料別
[カード][A][D][J][M][V] [室数]61室

El Nopal

エル・ノパル [MAP]P.94-B1

🛁 📺 📞 🌐 🍴

アルマス広場から1ブロックの2つ星ホテル。チェックアウト後の荷物を無料で預かってくれるほか、シャワーを使わせてくれるため、近郊のツアーやフライトに参加した後も便利。朝食も好評。

[住]Jr. Bolognesi 684
☎926-359-308
[料]ⓈUS$22～、ⓌUS$28～、ⓉUS$36 ～
サービス料込み [カード][A][D][M][V] [室数]22室

ホテル客室設備：🛁 バスタブあり 📺 テレビあり 📞 電話あり 🌐 インターネット可 🍴 朝食付き

Hostal Boulevard
ブーレバルド　　　　　MAP P.94-B2

🛏️📷🔌🏷️📲

　メインストリート、ボログネシ通りにある便利な立地のエコノミーなホステル。小さいながらもキッチンがあり、屋上には明るいテラスも。カード払いは6%増し。

🏠Jr. Bolognesi 254　☎(056) 38-8784
💰Ⓢ S/50～、Ⓦ S/70～、Ⓣ S/90～
サービス料込み　カードⓋ　客室数13室

Hospedaje Dunas de Nasca
ドゥナス・デ・ナスカ　　MAP P.94-B1

🛏️📷🔌🏷️📲

　ホテルが集まるカヤオ通りにあるホステル。部屋は少し狭めだが清潔で、必要なものは一通りそろっている。フロントの対応も親切と評判だ。

🏠Jr. Callao 582
☎(056) 31-1270
💰Ⓢ S/70～、Ⓦ S/80～　サービス料込み
カードⓂⓋ　客室数16室

Hospedaje El Telar
エル・テラール　　　　MAP P.94-A2

🛏️📷🔌🏷️📲

　2018年開業の新しいホテル。客室はシンプルながら清潔で、スタッフは親切。事前に到着時間を伝えておけば、バス停まで迎えに来てくれる。ナスカフライトの予約も可能。Wi-Fiは客室でもつながる。

🏠Calle Tahona 243
☎(056) 52-3629
💰Ⓢ US$12～、Ⓦ US$22～、Ⓣ US$33～　サービス料込み　カード不可　客室数10室

Brabant Hostal
ブラバント・ホステル　　MAP P.94-B1

🛏️📷🔌🏷️📲

　アルマス広場近くの手頃な宿。屋上テラスにはリラックスチェアがありくつろげる。ツアーの相談にものってくれて、チェックアウト後の荷物の預かりは無料。アメリカンスタイルの朝食はS/8。

🏠Calle Juan Matta 878　☎(056) 52-4127
URL brabanthostal.com/ja-jp
💰Ⓢ Ⓦ US$15～（バス・トイレ共同Ⓢ Ⓦ US$12～）
サービス料込み　カード不可　客室数6室

ナスカのレストラン

Limon & Sazón
リモン＆サソン　　　　MAP P.94-A2外

　シーフードとペルー料理を味わえる店。ナスカ郊外のマルコナ港から、毎日新鮮な魚介類を仕入れている。ウニがたっぷり入ったセビーチェはS/45、数種類の料理を少しずつ味わえるコンボはS42～。市街地の西側、国道沿いにある。アルマス広場からは歩いて10分ほど。

🏠Av. los Incas 202　☎(056) 40-2718
🕐8:30～17:30
休無休　カードⒶⓂⓋ

La Kasa Rustika
ラ・カサ・ルスティカ　　MAP P.94-B1

　アンティーク風な内装が落ち着ける一軒家のカフェ＆レストラン。あらゆるペルー料理が揃い、盛り付けもきれい。ほかにピザやパスタもある。ポジョ・アラ・バリージャ S/22、ロモ・サルタードS/28。魚介ならアロス・コン・マリスコスS/38など。カフェはもちろん、バーとしても利用できる。

🏠Calle Bolognesi 372　☎(056) 32-4463
🕐8:00～23:00
休無休　カードⒶⓂⓋ

Cusco

クスコ

ペルー南部

リマ●　　クスコ
★

標高	**3399m**
MAP	**P.38-C3**
市外局番 ▶ **084** (電話のかけ方は→P.40)	
US$1=	**S/3.3**

サクサイワマン遺跡付近から見下ろしたクスコの町並み

　インカの都、クスコ。昔ここはインカ帝国の首都だった。「クスコ」とはケチュア語で"ヘソ"を意味する。太陽神を崇拝し、大インカ帝国を築いた人々にとってのクスコは、世界の、そして彼らの宇宙観の中心でもあったのだ。

　16世紀、スペイン人の征服者たちにより、インカは山奥へと追いやられた。かわってスペイン人たちの造ったものは、インカの礎石の上に建つ教会や邸宅だった。この不思議なコントラストが、クスコを特別な町にし、建築様式を含む文化的価値が認められ、1983年にユネスコの世界遺産に登録された。

　マチュピチュをはじめ、クスコ郊外にはインカ時代の建造物が数多く残る。まずはインカの石組み。あの、カミソリの刃1枚通さない精密な石組みである。インカ時代の道もある。カパックニャンCapaqñanと呼ばれ、インカの支配していた地域とクスコとを結んでいた。現在の道路もインカ道をもとに造られた部分が多く、当時の橋やトンネル、灌漑用水路などが、近郊の村では今もそのまま使われている。アンデネスと呼ばれる段々畑も、今なお人々の生活の糧を生み出す大切なものだ。

　とうの昔に滅び去ったと思われるインカも、人々の生活のなかに息づいている。毎年6月には南米三大祭りのひとつであり、インカ時代の儀式を再現した"インティ・ライミ=太陽の祭り"がサクサイワマン遺跡で開かれ、住民はありし日のインカの民となり、神聖な儀式に参加する。

　標高約3399mのクスコに着くと、多少なりとも空気の薄さを感じる。初日は無理せずに、体を慣らしてから動き始めよう。

細い石畳の道がのびるクスコ中心部

アレハンドロ・ベラスコ・アステテ空港
MAP P.107-D4外
住 Av. Velasco Astete s/n
☎ (084)22-2611

✈おもな航空会社
ラタム航空
LATAM Airlines (LA)
MAP P.107-C3
☎ (01)213-8200
アビアンカ航空
Avianca (AV)
MAP P.107-C3
☎ (511)511-8222
アマゾナス航空
Amaszonas (Z8)
MAP P.107-C3
☎ (084)26-6565
スター・ペルー
Star Perú (2I)
MAP P.107-C3
☎ (084)26-2768
☎ (511)705-9000
ペルビアン航空
Peruvian Airlines (P9)
MAP P.107-C3
☎ (084)25-4890

クスコの治安
　クスコは中心部を離れると、とたんにひっそりと静まり、道幅も細くなる。そのようなひとけのない場所で「首絞め強盗」の被害が報告されている。夜は中心部以外歩かない、移動にはタクシーを利用するなど注意が必要だ。首から下げるタイプの貴重品入れは狙われやすいので気をつけよう。

両替
銀行、ホテルで可能。ア
ルマス広場周辺からエル・
ソル通りAv.El Solにかけて
両替商がたくさん並んでい
て、銀行やホテルより若干
レートがよい。

空港にある両替所

バスターミナル
バスターミナルは町の
南、空港の近くにあり、テ
ルミナル・テレストレTer-
minal Terrestreといわれて
いる。乗車時にはターミナ
ル使用料S/1.3を払う。

おもなバス会社
クルス・デル・スール
Cruz del Sur
バスターミナルの近くに
専用のターミナルがある。
バスターミナルからも発着
する。
MAP P.107-D4外
Av. Industrial 121
Urb. Bancopata
☎(084)48-0010
シバ　Civa
バスターミナルから発着。
☎(084)24-9762

**バスターミナル、
鉄道駅から市内へ**
長距離バスターミナルか
ら中心部へはタクシーで約
5分、料金はS/7〜9。ワン
チャック駅から中心街へは
タクシーでS/7、徒歩だと
約15分。サン・ペドロ駅か
らはタクシーでS/7、徒歩
約10分。

インカ・エクスプレス
MAP P.107-D4外
Av. Alameda Pachacutek
499-A
☎(084)28-6804
URL www.inkaexpress.com
US$50（バス料金、ラン
チ、観光地の入場料、ガイ
ド代込み）
月〜金　　8:00〜19:00
土　　　　9:00〜13:00
　　　　 16:00〜19:00
日
バス乗り場（オフィス）
はワンチャック駅そばのア
ラメダ・パチャクテク通り
沿い。チケットは席があれ
ば当日でも購入できるが、
事前予約がおすすめ。予約
はクスコの旅行会社や、ウ
ェブサイトからもできる。

クスコへの行き方

✈ 飛行機

リマからのフライト（→
P.48）。有視界飛行のため、
出発時間は5:00〜13:00ぐ
らいに集中している。また、
山岳地帯のため天候により
フライトのキャンセルや遅
れが多いので、スケジュー
ルは余裕をもって立てよ

クスコのアレハンドロ・ベラスコ・アステテ空港

う。リマ以外の国内線はラタム航空、ペルビアンがアレキパから、
プエルト・マルドナードからはラタム航空とスター・ペルーが、
フリアカからもラタム航空がフライト。ボリビアのラ・パス間は
ラタム航空とアマソナス航空が結んでいる。いずれも1日1便で所
要約1時間。

空港から市内へ

クスコのアレハンドロ・ベラスコ・アステテ空港Aeropuerto
Internacional Alejandro Velazco Astete（CUZ）はセントロから約
4km南にある。空港からセントロまではタクシーで約15分。料金
は空港内で待機している高級な車のレミースだとS/30、ターミナ
ルを出たところで待機しているタクシーでS/25、敷地の外で拾う
流しの場合はS/15。荷物が多く、上げ下ろしを手伝ってもらった
場合はチップをS/1〜2程度わたそう。ただし、深夜や早朝は流し
のタクシーが少なくなるうえに、タクシー強盗もいるので注意。
空港そばのバス停から出るバスはエル・ソル通りEl Solの1本西の
サン・アンドレスSan Andorésを走るので、アヤクチョ通り
Ayacuchoの角かマルケス通りMarquesの角あたりで降りれば、ア
ルマス広場へ歩いてすぐ。所要約25分、S/1。大きな荷物がある場
合はタクシー利用が無難。

🚌 長距離バス

最も一般的なバス路線は、リマからイカ、ナスカ、アバンカイを
経由してクスコに至るルート。所要約21時間30分、S/80〜185。毎
日シバ社が5便、クルス・デル・スールが2便あり、いずれも午後出発。
直行便ではないが、リマからアレキパに行き、アレキパからク
スコへ行くこともできる。リマからアレキパへは所要15時間30分
〜18時間、S/49〜185。アレキパからクスコへは所要10時間〜11時
間30分、S/29〜140。プーノ〜クスコは所
要6時間30分、S/40〜130。
クスコ〜プーノ間を観光しながら移動
できるバス、インカ・エクスプレスInka
Expressもある。クスコ、プーノともに出
発は6:40、到着は17:00。

バス会社のカウンターが連な
るバスターミナル

🚃 鉄道

　クスコ～プーノ、クスコ～マチュピチュ間を列車が運行している。クスコとマチュピチュを結ぶ列車は、クスコ近郊のポロイ駅Estación Poroyを発着。ペルーレイルが毎日4便、インカ・レイルが1便ある（→P.139）。ポロイ駅までは、クスコから車で15分ほど。タクシーならS/20程度。ツアーでマチュピチュへ行く場合は駅までの送迎は含まれている。マチュピチュ行きのチケットについては→P.138参照。

　クスコ～プーノ間はペルー・レイルが所有する高級寝台列車、ベルモンド・アンデアン・エクスプローラー Belmond Andean Explorerが運行している。クスコ～プーノを1泊2日で楽しむ列車旅で、さらに2泊3日でアレキパまで行くプランもある。詳しくは→P.154コラム参照。チケットはペルー・レイルのウェブサイトほか、ワンチャック駅でも購入できる。

ブルーの車体のペルー・レイル

★ 鉄道駅
ワンチャック駅
MAP P.107-C・D4
☎ (084)23-8722
圓月～金　7:00～17:00
　土・日　7:00～12:00
休無休

駅周辺の治安
　鉄道駅周辺は治安が悪いので、なるべく歩いて行かないこと。アルマス広場までタクシーでS/7。

ワンチャック駅

INFORMATION

ℹ 観光案内所　i-Perú
空港内
🏠 空港内到着口のメインロビーにある
☎ (084)23-7364
圓6:00～17:00
休無休

アルマス広場
MAP P.109-C3
🏠 Capilla Loreto, Plaza de Armas, Al costado de la Iglesia de la Compañía de Jesús
☎ (084)21-6680
圓月～土 9:00～13:00、14:00～18:00
　日　　10:00～14:00
休無休
URL www.peru.travel
　ラ・コンパニーア・デ・ヘスス教会の脇にある。

中央郵便局
Serpost Central
MAP P.107-C3
🏠 Av.El Sol 800
☎ (084)22-5232
圓月～土 7:30～19:30
　日　　7:30～14:00
休無休

観光ポリス
POLTUR
MAP P.108-A1
🏠 Calle Saphy N°510
☎ (084)24-9654

病院
Clinica Pardo
🏠 Av.de la Cultura 710,Wanchaq
☎ (084) 23-1718/989-431-050 (24時間)
URL www.clinicapardo.com.pe

日本語が通じる旅行会社
ミッキー・ツール・クスコ
Mickey Tour Cusco
MAP P.106-A4外
🏠 Construccion civil B7, Santiago
☎ (084) 24-2565
FAX [緊急連絡先] 982-726-263 (日本語対応)
URL www.mickeytourperu.com
営月～金 9:00～13:00、15:00～18:00
　土　　9:00～13:00、14:00～17:00
休日

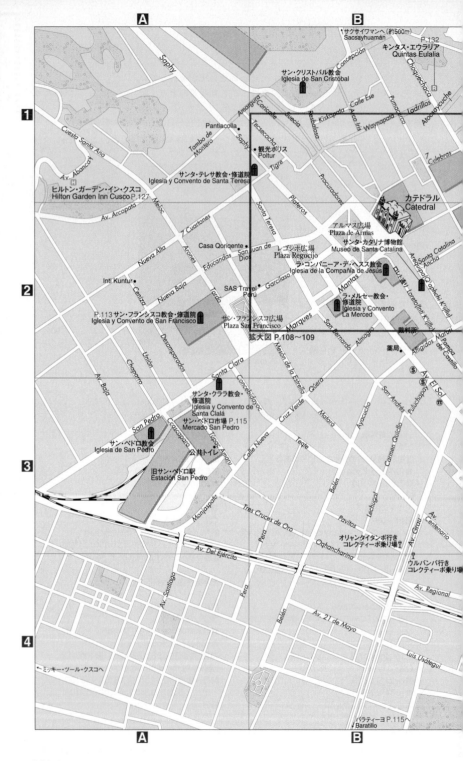

サクサイワマンへ（約500m）
Sacsayhuamán

P.132
キンタス・エウラリア
Quintas Eulalia

サン・クリストバル教会
Iglesia de San Cristóbal

Pantiacolla.

観光ポリス
Poltur

サンタ・テレサ教会・修道院
Iglesia y Convento de Santa Teresa

ヒルトン・ガーデン・イン・クスコ P.127
Hilton Garden Inn Cusco

カテドラル
Catedral

アルマス広場
Plaza de Armas

サンタ・カタリナ博物館
Museo de Santa Catalina

Casa Qoriqente

レゴシホ広場
Plaza Regocijo

ラ・コンパニーア・デ・ヘスス教会
Iglesia de la Compañía de Jesús

Inti Kuntur.

SAS Travel
Perú

ラ・メルセー教会・
修道院
Iglesia y Convento
La Merced

P.113 サン・フランシスコ教会・修道院
Iglesia y Convento de San Francisco

サン・フランシスコ広場
Plaza San Francisco

拡大図 P.108〜109

裁判所

薬局.

サンタ・クララ教会・
修道院
Iglesia y Convento de
Santa Clalá

サン・ペドロ市場 P.115
Mercado San Pedro

サン・ペドロ教会
Iglesia de San Pedro

公共トイレ

旧サン・ペドロ駅
Estación San Pedro

オリャンタイタンボ行き
コレクティーボ乗り場

ウルバンバ行き
コレクティーボ乗り場

Av. Del Ejército

←ミッキー・ツール・クスコへ

パラティーヨ P.115へ
Baratillo

106

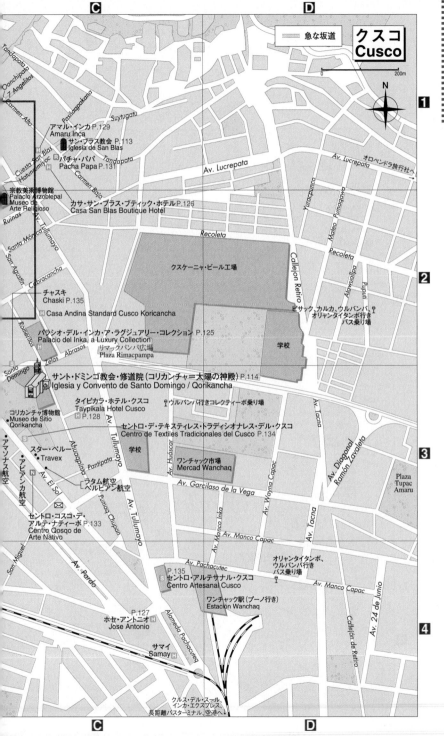

クスコ
Cusco

急な坂道

N

200m

アマル・インカ P.129
Amaru Inca

サン・ブラス教会 P.113
Iglesia de San Blas

パチャ・パパ P.131
Pacha Papa P.131

宗教美術博物館
Palacio Arzoblepal
Museo de
Arte Religioso

カサ・サン・ブラス・ブティック・ホテル P.126
Casa San Blas Boutique Hotel

Av. Lucrepata

オロベンダ旅行社へ

チャスキ
Chaski P.135

クスケーニャ・ビール工場

Casa Andina Standard Cusco Koricancha

ピサック、カルカ、ウルバンバ、
オリャンタイタンボ行き
バス乗り場

パラシオ・デル・インカ・ア・ラグジュアリー・コレクション P.125
Palacio del Inka, a Luxury Collection

リマックパンパ広場
Plaza Rimacpampa

学校

サント・ドミンゴ教会・修道院（コリカンチャ＝太陽の神殿）P.114
Iglesia y Convento de Santo Domingo / Qorikancha

コリカンチャ博物館
Museo de Sitio
Qorikancha

タイピカラ・ホテル・クスコ
Taypikala Hotel Cusco
P.128

ウルバンバ行きコレクティーボ乗り場

スター・ペルー
Travex

セントロ・デ・テキスティレス・トラディシオナレス・デル・クスコ
Centro de Textiles Tradicionales del Cusco P.134

学校

ワンチャック市場
Mercad Wanchaq

ラタム航空
ペルビアン航空

Av. Garcilaso de la Vega

セントロ・コスコ・デ・
アルテ ナティーボ P.133
Centro Qosqo de
Arte Nativo

Plaza
Tupac
Amaru

オリャンタイタンボ、
ウルバンバ行き
バス乗り場

Av. Manco Capac

P.135
セントロ・アルテサナル・クスコ
Centro Artesanal Cusco

ワンチャック駅（プーノ行き）
Estación Wanchaq

P.127
ホセ・アントニオ
Jose Antonio

サマイ
Samay

クルス・デル・スール、
インカ・エクスプレスへ
長距離バスターミナル、空港へ

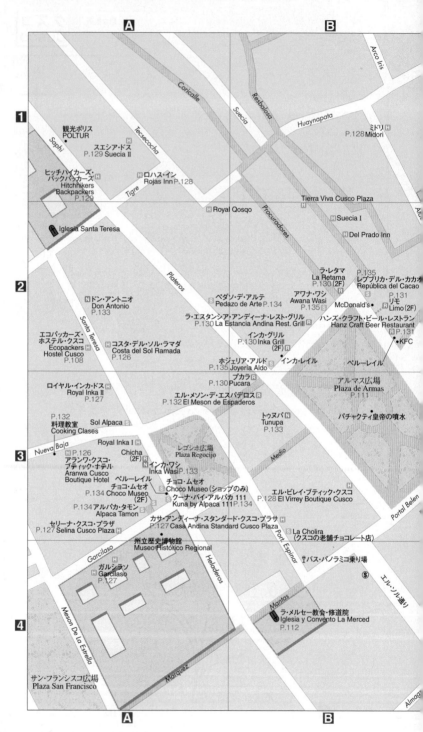

A

B

1

観光ポリス
POLTUR

スエシア・ドス
P.129 Suecia II

ヒッチハイカーズ・
バックパッカーズ
Hitchhikers
Backpackers
P.129

ロハス・イン
Rojas Inn P.128

ミドリ
P.128 Midori

Royal Qosqo

Tierra Viva Cusco Plaza

Suecia I

Iglesia Santa Teresa

Del Prado Inn

2

ドン・アントニオ
Don Antonio
P.133

ペダソ・デ・アルテ
Pedazo de Arte P.134

アワナ・ワシ
Awana Wasi
P.135

ラ・レタマ
La Retama
P.130 (2F)

P.135
レプブリカ・デル・カカオ
República del Cacao

エコパッカーズ・
ホステル・クスコ
Ecopackers
Hostel Cusco
P.108

コスタ・デル・ソル・ラマダ
Costa del Sol Ramada
P.126

ラ・エスタンシア・アンディーナ・レスト・グリル
P.130 La Estancia Andina Rest. Grill

McDonald's

P.131
リモ
Limo (2F)

インカ・グリル
P.130 Inka Grill
(2F)

ハンズ・クラフト・ビール・レストラン
Hanz Craft Beer Restaurant
P.131

ホジェリア・アルド
Joyeria Aldo P.135

インカ・レイル
Inka Rail

KFC

ペルーレイル

3

ロイヤル・インカ・ドス
Royal Inka II
P.127

プカラ
Pucara P.130

エル・メソン・デ・エスパデロス
P.132 El Meson de Espaderos

アルマス広場
Plaza de Armas
P.111

パチャクティ皇帝の噴水

P.132
料理教室
Cooking Clases

Sol Alpaca

トゥヌパ
Tunupa
P.133

Royal Inka I
P.126

Chicha
(2F)

レゴシホ広場
Plaza Regocijo

アランワ・クスコ・
ブティック・ホテル
Aranwa Cusco
Boutique Hotel

インカ・ワシ
Inka Wasi P.133

ペルーレイル
チョコ・ムセオ
P.134 Choco Museo

チョコ・ムセオ
Choco Museo (ショップのみ)

クーナ・バイ・アルパカ 111
Kuna by Alpaca 111 P.134

エル・ビレイ・ブティック・クスコ
P.128 El Virrey Boutique Cusco

P.134 アルパカ・タモン
Alpaca Tamon

セリーナ・クスコ・プラザ
P.127 Selina Cusco Plaza

カサ・アンディーナ・スタンダード・クスコ・プラザ
P.127 Casa Andina Standard Cusco Plaza

La Cholira
(クスコの老舗チョコレート店)

州立歴史博物館
Museo Histórico Regional

バス・パノラミコ乗り場

4

ガルシラソ
Garcilaso
P.127

ラ・メルセー教会・修道院
Iglesia y Convento La Merced
P.112

サン・フランシスコ広場
Plaza San Francisco

A

B

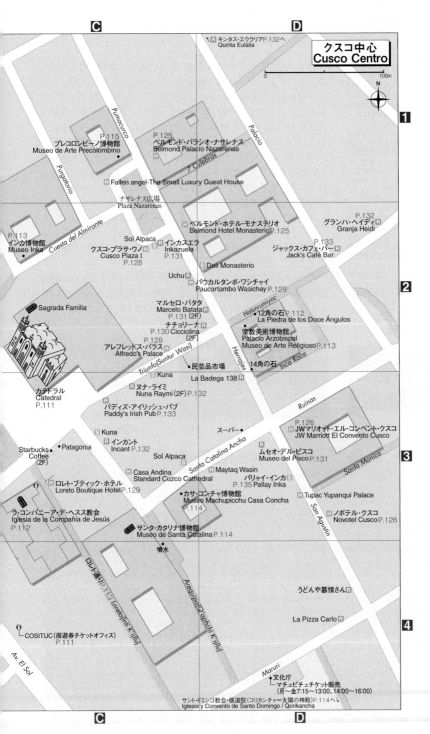

クスコ中心
Cusco Centro

0　　　　　　　100m
N

C

↖ キンタス・エウラリアP.132へ
Quinta Eulalia

プレコロンビーノ博物館 P.115
Museo de Arte Precolombino

P.125
ベルモンド・パラシオ・ナサレナス
Belmond Palacio Nazarenas

H Fallen angel-The Small Luxury Guest House

ナサレナス広場
Plaza Nazarenas

P.113
インカ博物館
Museo Inka

ベルモンド・ホテル・モナステリオ
Belmond Hotel Monasterio P.125

P.132
グランハ・ヘイディ
Granja Heidi

Sol Alpaca

クスコ・プラザ・ウノ H インカスエラ
Cusco Plaza 1　　Inkazuela
P.128　　　　　P.131

P.133
ジャックス・カフェ・バー
Jack's Café Bar

S Deli Monasterio

Uchu

バウカルタンボ・ワシチャイ
Paucartambo Wasichay P.129

マルセロ・バタタ
Marcelo Batata
P.131 (2F)

12角の石 P.112
La Piedra de los Doce Ángulos

チチョリーナ
P.130 Cicciolina
(2F)

宗教美術博物館
Palacio Arzobispal
Museo de Arte Religioso P.113

Sagrada Familia

アルフレッズ・パラス
Alfredo's Palace

Triunfo(Suntur Wasi)

14角の石

S Kuna
La Badega 138

カテドラル
Catedral
P.111

ヌナ・ライミ(2F)P.132
Nuna Raymi

パディズ・アイリッシュ・パブ
Paddy's Irish Pub P.133

P.126
JWマリオット・エル・コンベント・クスコ
JW Marriott El Convento Cusco

S Kuna

スーパー●

Starbucks
Coffee
(2F)

● Patagonia

インカント
Incant P.132

Sol Alpaca

ムセオ・デル・ピスコ
Museo del Pisco P.131

Casa Andina
Standard Cuzco Cathedral

Maytaq Wasin

パリャイ・インカ
P.135 Pallay Inka

ロレト・ブティック・ホテル
Loreto Boutique Hotel P.129

カサ・コンチャ博物館
Museo Machupicchu Casa Concha
P.114

Tupac Yupanqui Palace

ラ・コンパニーア・デ・ヘスス教会
Iglesia de la Compañía de Jesús
P.112

サンタ・カタリナ博物館
Museo de Santa Catalina P.114

ノボテル・クスコ
Novotel Cusco P.126

噴水

うどんや慕情さん

COSITUC(周遊券チケットオフィス)
P.111

La Pizza Carlo

文化庁
マチュピチュチケット販売
(月～金7:15～13:00、14:00～16:00)

サント・ドミンゴ教会・修道院(コリカンチャ=太陽の神殿)P.114へ
Iglesia y Convento de Santo Domingo / Qorikancha

C　　　　　　　　　　　**D**

クスコの市内交通

おもな観光スポットやホテル、レストランなどのほとんどは、アルマス広場周辺に集中しているので、市内散策だけなら乗り物を使う必要はない。ただ、標高が高く、坂道も多いので疲れる。アルマス広場から少し離れた場所や夜間の移動には、タクシーが便利だ。

タクシー

流しのタクシーは町なかですぐにつかまるが、夜間はできるだけ車体の屋根にナンバープレートが付いたラジオタクシー（無線タクシー）を利用しよう。料金は町なかの移動ならS/3～5、22:00～翌6:00はS/1アップする。ラジオタクシーを電話で呼んだ場合は上記の料金に各プラスS/1となる。

ローカルバス、コレクティーボ

近郊の町の見どころを個人で回る場合の交通手段としてはローカルバス、乗合タクシーのコレクティーボがある。コレクティーボは5～6人の客が集まれば目的地へ出発する。前に3人、後部座席に3～4人とぎゅうぎゅう詰めで走るので、荷物は最小限に。

クスコの人々の足であるローカルバス

クスコの中心は**アルマス広場**。広場に面して**カテドラル**や**ラ・コンパニーア・デ・ヘスス教会**などの重厚な教会がそびえる。教会や博物館などの見どころのほか高級ホテルの多くはアルマス広場から3～4ブロックの範囲に集中している。この範囲内の移動なら徒歩で十分。広場を囲んで多くのレストランやショップが軒を並べ、1日中多くの観光客でにぎわうため夜でも比較的安全だが、23:00を過ぎレストランなどが閉店すると一気に人どおりが減るため用心すること。広場からトリウンフォ通りTriunfoを東へ進み12角の石を過ぎたあたりから**サン・ブラス教会**へ続く一帯は、民芸品店に交じって話題のレストランやカフェが点在する。

アルマス広場から南東へ延びる**エル・ソル通り**が町のメインストリート。**サント・ドミンゴ教会（コリカンチャ）**もこの通り沿いにある。エル・ソル通りの東端にはプーノ行きの列車が発着するワンチャック駅がある。

町の北は丘になっている。高台に建つ**サン・クリストバル教会 Iglesia San Cristóbal**からは、クスコの町並みが一望できる。ここからさらに北へ向かうと、**サクサイワマン**や**ケンコー**、**プカ・**

エル・ソル通りから見たサント・ドミンゴ教会

プカラといったインカの遺跡にたどり着く。

クスコの治安は近年よくなってきてはいるが、人どおりの少ない路地を歩くときは、昼間でもくれぐれも気をつけて。夜遅くの移動などはタクシーを利用しよう。

COLUMN クスコの歴史

インカ帝国の首都としてクスコが機能し始めたのは15世紀前半、9代皇帝パチャクティの時代である。町なかには神殿や歴代インカ皇帝の宮殿が建てられた。建物は"カミソリの刃も通さない"と形容されるインカの石組みによる重厚なもので、内部は黄金像や宝石でまばゆいばかりに飾られていたという。しかし、メキシコから南下したスペイン人のコンキスタドール（征服者）たちは、1533年にカハマルカでインカ13代皇帝アタワルパを殺害すると、インカ帝国は事実上滅亡した。その後コンキスタドールたちはさらに南下し、1533年11月15日にクスコに到着する。王であり、神の子だった皇帝を失ったインカの人々は、征服者がクスコの金銀を欲しいままにするのをただじっと見ているしかなかった。スペイン人たちは神殿や宮殿にある金の像を手当たり次第略奪し、金の延べ棒に変えてスペイン本

国へと送った。そして目ぼしいものがなくなると、今度は神殿を破壊し、カトリックの教会に改築していった。太陽の神殿（コリカンチャ）はサント・ドミンゴ教会・修道院に、太陽の処女の館はサンタ・カタリナ修道院に、ワイナ・カパック宮殿はラ・コンパニーア・デ・ヘスス教会といった具合だ。その際スペイン人たちは、耐震性に優れたインカの石組みをすべて破壊することはせず、その一部を土台として利用しながらスペイン風の建造物を造らせたという。

1650年、1950年、1986年とクスコ地方を襲った大地震は、あとからスペイン人が建てた教会などに大きなダメージを与えた。ところが皮肉なことに、インカの石組みはびくともしなかった。今でもクスコの町のあちこちで見ることができるインカの石組みは、すべてがインカ帝国隆盛当時のまま残され、クスコの町並みをよりいっそう魅力的に見せてくれている。

おもな見どころ

アルマス広場　Plaza de Armas　MAP　P.108-B2・3

　スペイン式の町造りは、まず中心にアルマス広場を配置することから始まった。しかし偶然にも、インカ帝国の町造りも広場が中心だった。このアルマス広場もインカ帝国時代は聖なる広場として、ワカイパタHuacaypata、ハウカイパタHaucaypataと呼ばれるふたつの広場があり、広場の神聖な土はインカが征服した町に印としてまかれ、代わりに300km以上も離れた海岸の砂がここに敷きつめられていたという。さらに広場には、金銀でできた像がいくつも立っていた。

　現在のアルマス広場はカテドラル、レストラン、旅行会社、民芸品店に囲まれた観光の拠点。ここから見上げるクスコの家並みも美しい。

アルマス広場とインカ第9代パチャクティ皇帝の噴水

カテドラル　Catedral　MAP　P.109-C2・3

　アルマス広場に面して建つカテドラルは、インカ時代のビラコチャ神殿の跡に建てられたもの。1550年から建設が始まって、完成したのは100年後というから、いかに凝っているかがわかるだろう。なかでもポトシの銀300トンを使ったメインの祭壇は一見の価値がある。

　約400ある宗教画のなかでは、メスティソの画家マルコス・サパタMarcos Zapataが描いた"最後の晩餐"が興味深い。描かれているごちそうはクスコ名物のクイ（テンジクネズミ）だ。

　屋根には1659年に付けられた南米でいちばん大きな鐘があり、その深い響きは、遠く40km先まで届くという。過去に何度か起こった地震はペルー全土に大きな被害を及ぼした。カテドラルに祭られる褐色の肌のキリスト像 El Señor de las Temblores は地震の神として崇拝されている。

クスコのシンボル的な存在

　両側の小さな教会は向かって左がヘスス・マリア教会 Jesús Maria、右がエル・トリウンフォ教会 El Triunfo。この教会は1536年の建立で、クスコで最初の教会だ。

＊ クスコ周遊入場券
　Boleto Turístico del Cusco（BTC）
　クスコ市内と近郊の16の観光施設の共通チケットBoletos Turístico del Cusco Integral（BTCL）と、それをクスコ近郊の4つの遺跡（周遊券1）、南の谷の遺跡とコリカンチャなど（周遊券2）、オリャンタイタンボやピサックなど郊外の4つの遺跡（周遊券3）、に分割した4種類のチケットがある。分割したチケットを2枚購入すると周遊券より高くなるのと、有効期限が短いので、通常は周遊券（BTCI）を購入する方がお得。
　周遊券（BTCL）
　　S/130（学生S/70）
　　10日間有効
　　周遊券1（Circuito I）
　　S/70　当日のみ
　　周遊券2（Circuito II）
　　S/70　2日間有効
　　周遊券3（Circuito III）
　　S/70　2日間有効

チケットオフィス
COSITUC
MAP P.109-C4
Av.El Sol 103 of.101
☎ (084)26-1465
URL www.cosituc.gob.pe
8:00～18:00
無休
　チケットはチケット売り場や観光案内所のほかに、最初に観光する各遺跡や施設でも購入できる。

宗教施設周遊券
Circuito Religioso Arzobispal（CRA）
　カテドラル、宗教美術博物館、サン・ブラス教会、サン・クリストバル教会がセットになった周遊券。カテドラル、宗教美術博物館で購入可。
　S/30（学生S/15）
　※2019年8月現在、宗教美術博物館は臨時閉館中。

カテドラル
Plaza de Armas
10:00～18:00
無休
S/25（または宗教施設周遊券利用）
※館内写真撮影禁止。

ラ・コンパニーア・デ・
ヘスス教会
住 Plaza de Armas
開 月～土　　9:00～17:30
　　日　　　9:00～11:30
　　　　　　13:00～17:30
休 無休
料 S/10
※館内は撮影禁止。毎日朝と
昼、夕方にミサが行われる。

ラ・メルセー教会・修道院
住 Ca.Mantas 121
☎ (084)23-1821
開 月～土　　8:00～17:30
休 日
料 S/10

パティオの回廊には宗教画
が描かれている

観光バス
バス・パノラミコ
Bus Panorámico
MAP P.108-B4
住 Calle Portal Espinar 114
URL cuscoopentour.com
料 US$15
　2階がオープンになった
観光バス。レシゴホ広場沿
いのエスピナール通りか
ら、クスコの中心部を巡り、
クスコ市街の眺めがいいキ
リスト像の立つ丘で10分
ほどストップ。その後、サ
クサイワマン、サン・クリ
ストバル教会などを巡って
戻る。英語とスペイン語の
ガイド案内付き。所要約2
時間30分。数社が同じよう
なバスを運行している。

12角の石があるハトゥン
ルミヨク通り

ラ・コンパニーア・デ・ヘスス教会
Iglesia de la Compañía de Jesús　　MAP P.109-C3

　アルマス広場に面し、かつてインカの第11代皇帝ワイナ・カパックの宮殿があった場所に建てられた。今ある教会は1650年の地震のあとに再建されたもの。カテドラルの絵を手がけた画家、マルコス・サパタによる見事な壁画や祭壇は一見に値する。

ラ・メルセー教会・修道院
Iglesia y Convento La Merced　　MAP P.108-B4

　ドーム型の屋根をもつ塔が目を引く教会。1534年に建てられたが地震で壊れ、今あるのは17世紀に建て直されたもの。左側の入口をくぐると24本の柱とアーチに囲まれた美しい修道院が現れる。

レンガ造りの大きな塔が目を引くラ・メルセー教会

　最大の見どころは、奥の宝蔵館にある黄金のクストディアCustodia（聖体顕示台）。純金22kg、高さ約1.2mの台の上に2個の巨大な真珠、615粒の真珠、1517個のダイヤモンド、そのほかルビー、トパーズなどが飾られている。

　1946年に発見された教会の墓地からは、ピサロと権力を二分したスペイン征服者アルマグロとその息子（アルマグロはピサロに処刑され、ピサロはアルマグロの息子に暗殺された）、ピサロの弟ゴンサロ・ピサロの遺体が見つかった。

12角の石　　La Piedra de los Doce Ángulos　MAP P.109-D2

　「カミソリの刃1枚すら通さない」と多くの人に知られるインカの石材建築。クスコの町で、この精巧な石壁に囲まれた道を歩くと、息がつまるような気がする。それほどピッタリと寸分の隙もなく積み上げられているのだ。

　精緻に切り出された四角形の石は、微妙にズレながらきれいなアミダ模様を造りあげ、スペインのコロニアル建築を支えている。ところが、宗教美術博物館を支えるインカの礎石のなかには「12角の石」があるのだ。すべて四角で済ませられるものを、あえて12角の複雑さに挑み、やはりピッタリと接合させている。

　この石の意味についてはさまざまな推測がなされている。一説にはここにインカ・ロカの宮殿が建っていたことから、王の一族（12人の家族）を象徴しているのだという。1年の各月を表しているという説もある。ともかく、十数キロも離れたところから石を運んできて、12角の幾何学的複雑さに挑戦したこと、これこそがインカ流の美意識だったのではないだろうか。そう考えると、単調な石組みも何か強烈なメッセージをもって迫ってくる。

　「12角の石」は、ハトゥンルミヨク通りHatunrumiyoc沿いにある。10角ぐらいのがいくつかあるので探すのがたい

写真の12角の石を探しあててみよう

へんだ。壁の真ん中あたり、ほかの石と比べるとひと回り大きいことを頭において探してみよう。なお、このあたりの石壁に触れるのは禁止されている。うっかり触ると、インカ皇帝の格好をした職員に注意される。

宗教美術博物館
Palacio Arzobispal
Museo de Arte Religioso MAP P.109-D2

館内にある金箔の祭壇

「12角の石」がはめ込まれたインカの石壁を土台として建てられた旧大司教庁。かつては第6代皇帝インカ・ロカの宮殿だった。スペイン人たちは宮殿を壊し邸宅を建てたが、あとから建てた建築物は1590年の大地震で崩れてしまった。大司教庁はその後建てられたもの。入口のレリーフ、中庭、柱の配置などクスコ市内に残るコロニアル建築のなかでも一級品である。なかでも中庭中央にある噴水は、精巧なレリーフで飾られた優美なもの。館内には300年以上も昔に使われていた家具などが当時のままの状態で置かれているほか、彫刻の扉や金箔の祭壇など見応えがある。

インカ博物館
Museo Inka MAP P.109-C2

カテドラルの左を少し上ったところ。17世紀の初めに建てられたコロニアルな建物で、かつての海軍提督ドン・アルドレッテ・マルドナルドの邸宅であった。クスコ市内に数ある大邸宅のなかで最も格式のある屋敷で、出窓に3つ折の戸がついているスペイン・モーロ型の建築である。館内は部屋ごとにプレ・インカ、インカ、植民地時代と、年代を追って陶器や織物などさまざまなものが展示されている。インカ時代のケロQero（木のコップ）の種類が豊富。クスコ周辺で発掘されたミイラやマチュピチュのジオラマなどもある。

サン・ブラス教会
Iglesia de San Blas MAP P.107-C1

教会に隣接して鐘塔が建っている

12角の石のある通りを上りきったところに建つ。教会までの道の両脇には宗教画やろうそくを売る店が並び、宗教色の濃い一画を造り出している。教会の内部はあまり広くはないが、その祭壇や装飾は見事だ。特に左側に位置する天上界、人間界、地獄界を表現した説教檀Púlpitoの彫りはすばらしい。クスコが世界に誇る芸術作品だ。彫刻は3層に分かれ、下から地獄界、人間界、天上界を表している。

サン・フランシスコ教会・修道院
Iglesia y Convento de San Francisco MAP P.106-A2

アルマス広場から西へ5ブロック。サン・フランシスコ広場に面して建つ教会。修道院でもあり、その戒律は厳しいことで知られている。薄暗い室内にはフランシスコ修道士たちを描いた12m×9mの巨大な絵が浮かび上がり、地下の祭壇には人骨で造った燭台がある。

宗教美術博物館
開8:00～18:00
休無休
料S/10（または宗教施設周遊券利用）
※2019年8月現在、臨時閉館中。

宗教美術博物館の南西側の壁には14角の石がある

ロレト通り Loreto
MAP P.109-C3・4

アルマス広場からラ・コンパニーア・デ・ヘスス教会の横を入る細い通り。インカの石組みが残る通りのひとつで、距離は200mほどだが、クスコの石組みのなかでは最も長い。左側はかつての「太陽の処女の館」の跡で、今はサンタ・カタリナ修道院が建っている。右側は、ワイナ・カパック宮殿だったところ。通りの終わり近く、右側の門の上に2匹の蛇を彫った不思議な石が残っている。

インカ博物館
住Ca.cóldoba del Tucumán103
☎(084)23-7380
開月～金　8:00～18:00
　　土・祝　9:00～16:00
休日
料S/10
※館内写真撮影禁止

サン・ブラス教会
住Plaza San Blas
開8:00～18:00
休無休
料S/10（宗教施設周遊券で入場可）
※教会周辺はスリが多発しているので、昼間の明るいうちに行こう。毎週土曜の8:00～18:00頃には教会前の広場で市が開かれる。

サン・フランシスコ教会・修道院
住Plaza San Francisco
☎(084)43-1764
開9:00～18:00
休無休
料S/15

厳格な雰囲気が漂うサン・フランシスコ教会

☎(084)24-9176

圏月～土　8:30～17:30
　　日　　14:00～17:00
🈺無休
💰S/15

コリカンチャ博物館
圏9:00～17:45
🈺無休
💰クスコ周遊入場券（または周遊券2）で入場可

教会内に残るコリカンチャの石組みの跡。写真は王の椅子だったといわれている

サンタ・カタリナ博物館
Museo de Santa
Catalina

　ロレト通りと並行するアレキパ通りArequipa沿いのサンタ・カタリナ修道院内にある宗教画の博物館。館内はキリストや聖母マリアのぼんやりとしたタッチの宗教画で埋め尽くされている。かつては太陽の処女の館アクリャワシだったところ。今でも土台にインカの石組みが残っている。
MAP P.109-C3
🏠Calle Santa Catalina
　　Angosta 401
圏月～土　8:30～17:30
　　日　　14:00～17:00
🈺無休
💰S/8

カサ・コンチャ博物館
🏠Ca.Santa Catalina Ancha 320
☎(084)25-5535
圏9:00～17:00
🈺日
💰S/20

みごとなテラスが印象的な建物

サント・ドミンゴ教会・修道院（コリカンチャ＝太陽の神殿）
Iglesia y Convento de Santo Domingo/Qorikancha　　MAP P.107-C3

　スペインから来た征服者はクスコのコリカンチャを見て、アッと息を飲んだ。神殿を囲む石組みのすばらしさもさることながら、壁には幅20cm以上の金の帯がつけられていたのである。胸をときめかせながら中に入ると、そこには夢のような世界が広がっていた。広場の金の泉からは水がサラサラと流れ、金のトウモロコシ畑が広がっていた。さらに等身大の金のリャマを連れた人間像もあった。また、金で覆われた太陽の祭壇があり、そこにはぶ厚い金の太陽像が日の光を受けて、きらびやかに輝いていたのである。

　現在サント・ドミンゴ教会となっているこの場所は、インカ帝国時代にはコリカンチャ Qorikanchaと呼ばれる太陽の神殿だった。スペイン人は黄金でいっぱいだった神殿から欲しいものをすべて取り除いてしまうと、上部を壊し、残った土台の上にチュリゲレス様式の教会を建てた。しかしその後、クスコに大地震があった際、このサント・ドミンゴ教会は無残に崩れ落ちたが、土台の石組みだけはひずみひとつ起こさなかった、というのは有名な話だ。インカの石組みの精巧さを示す証拠として語り継がれている。

　Qorikancha（コリカンチャ）とはインカ帝国時代のこの宮殿の呼び名で、Qori（コリ）とは黄金を、kancha（カンチャ）とは居どころを表す。神殿内は広場を囲む月、太陽、稲妻、虹、星などの部屋からなっており、部屋は美しい石組みで囲まれ、壁には台形の壁がん（壁のへこみ）が並んでいる。そのへこみには金や銀の像が飾られていたという。16世紀、スペイン人がインカ帝国を滅ぼした際、この宮殿にあった黄金はすべて鋳つぶして本国に持ち去ってしまった。一方、ヨーロッパではあまりに大量の金が一時期に流れ込んだため、インフレになったと記録されている。

　黄金がなくなった今も、美しい石組みを見ることができる。教会の裏手には1960年から復元が始まった、見事な曲線を描く神殿の石組みが見られ、現在もさらに発掘、復元が続いている。

かつてはインカの太陽の神殿だった

　また、サント・ドミンゴ教会前（エル・ソル通り側）にはコリカンチャ博物館Museo de Sitio Qorikanchaがあり、インカ時代とプレ・インカ時代の出土品が展示されている。実物大の銀のトウモロコシは必見だ。

カサ・コンチャ博物館
Museo Machupicchu
Casa Concha　MAP P.109-C3

　カサ・コンチャ（コンチャ邸）は、マチュピチュ遺跡を建造したインカ皇帝パチャクティの息子、トゥパック・インカ・ユパンキの宮殿があった場所。1911年にハイラム・ビンガムが"発見"し、アメリカに持ち帰ったマチュピチュ遺跡の出土品のうち、ペルーに返還された一部を展示。陶器や織物、日用品など、かの地に暮らした人々の生活風景を彷彿とさせる貴重な品々が並んでいる。またビデオや模型を使った解説もわかりやすい。

プレコロンビーノ博物館 Museo de Arte Precolombino MAP P.109-C1

プレ・インカの土器が充実している

　ペルーのコンチネンタル銀行が運営・所蔵する博物館。インカ文化や、それ以前のプレ・インカ時代の土器や装飾品のコレクションが中心で、スペイン人入植以前の歴史の集大成をここで見学することができる。館内は2階建てで、2階には、プレ・インカ時代に各地で興ったナスカ、モチェ、ワリ、チャンカイ、チムー文化などの装飾品や土器などを中心に展示しており、各時代や地域ごとの特色が見られ興味深い。そのほか、紀元前の土器などもある。1階はプレ・インカとインカ時代の金銀の宝飾品や器、また貝や珊瑚の装飾品などの展示が中心となっている。プレ・インカの土器や陶器、マスク、槍、彫刻、動物や幾何学模様を描いた壺など、展示数は限られているが、見る価値は十分にある。小粒ながら、クスコ周辺の古代ペルー文化を伝える貴重な博物館であり、地元アーティストの評判も高い。

サン・ペドロ市場 Mercado San Pedro MAP P.106-A3

　たいていの住民はこの中央市場に買い物に行くので、朝早くから活気にあふれている。市場もかなり大きいが、それをとりまく露店が無数といってよいほど出ている。針1本から牛の頭まるごと1個まで、何でも売っている。また市場内には食べ物、飲み物のコーナーもあり、店のおばさんたちが威勢よく呼び込みをしている。値段は安く、ボリュームもかなりのもの。市場周辺は常に混んでいるうえ、スリも多いので、カメラなどの貴重品には十分注意しよう。

大きな建物内に店が集まる中央市場

クスコ近郊の4つの遺跡 Ciudad de Cusco

サクサイワマン Sacsayhuamán MAP P.116

　クスコの北西にある巨石建造物。1536年5月、スペイン人に反旗を翻したマンコ・インカは2万の兵士とともにここに籠城した。しかし、夜は戦わないインカ兵はそのスキを突かれ、作戦は失敗に終わり、約20mあった城壁もその上にそびえていた円塔も大部分が壊されてしまった。

ヘビの模様のように見える石組み

　そのサクサイワマンの遺跡は3層の巨石が22回のジグザグを描きながら、360mにわたって続く。使用された石は郊外からだけではなく、遠くはオリャンタイタンボからも運ばれ、一説によると、

★ プレコロンビーノ博物館
🏠 Plaza de las Nazarenas 231
☎ (084)59-5092
🕐 8:00〜22:00
🈵 無休　💲 S/20

マメ知識
バラティーヨ Baratillo

　泥棒市と呼ばれる市場が毎週土曜に開かれる。名前はバラティーヨ。場所はサンティアゴSantiagoの広場とプエルト・ベレンPuerto Belénの付近一帯だ。早朝に始まり、16:00頃には露天商なども帰り始める。あらゆるガラクタ、洋服、家具、雑貨が路上に並ぶ。ここには盗まれた品も並ぶので、泥棒に遭った場合はこの市場をチェックすると見つかることもあるとか。地元の買い物客で大混雑するので、スリや泥棒に気をつけること。バッグは持ち歩かないほうが賢明だ。
MAP P.106-B4外

何でも売っているバラティーヨのマーケット

クスコ近郊の遺跡へ

　サクサイワマンへはアルマス広場から坂をのぼって約20分。さらにケンコー、プカ・プカラ、タンボ・マチャイの遺跡を徒歩で回ると片道約2時間かかる。遺跡見物の時間を含めると1日がかりだ。クスコより標高が高く、行きは登りばかり。クスコで十分に体を慣らしてからでないと、苦しい思いをすることになる。また、歩いても行けるが、治安が悪いのでひとりでは行かないこと。遺跡行きのバスなどはなく、ピサック行きかウルバンバ行きのバスに乗り、途中下車することも可能だが、慣れない旅行者には至難の業。

　いちばん効率がいいのは、市内の旅行会社で行っているシティツアーに参加すること。ツアーは、サント・ドミンゴ教会（コリカンチャ）、カテドラル、サクサイワマン、ケンコー、プカ・プカラ、タンボ・マチャイを回る。他の観光客と一緒に巡る乗合ツアーで、英語ガイド付き。ツアーは午後に行われ、13:30頃出発、所要約5時間。料金はUS$14くらいが相場。各施設の入場券は別。

近郊の遺跡の周遊入場券
　クスコ周遊入場券（→P.111）にサクサイワマン、ケンコー、プカ・プカラ、タンボ・マチャイの4つの遺跡が含まれている。4つの遺跡、あるいは4つの遺跡のいくつかのみを巡るなら、周遊券1でも可。

乗馬ツアー
　馬に乗ってサクサイワマン、プカ・プカラなどクスコ近郊の見どころを巡る半日ツアー。料金はUS$65前後。申し込みは市内の旅行会社へ。

サクサイワマン
■7:00～18:00
休無休
料クスコ周遊入場券（または周遊券1）利用

ケンコー
■7:00～18:00
休無休
料クスコ周遊入場券（または周遊券1）利用

インカ時代の祭礼場と考えられているケンコー

プカ・プカラ
■7:00～18:00
休無休
料クスコ周遊入場券（または周遊券1）利用

インカの要塞だったといわれるプカ・プカラ

完成までに1日2万人を動員して約80年かかったという。

　石組みの技術はインカのそれらしくぴったりとかみ合い、特に内側は高さ約7m、約120トンもある巨石が使われている場所もある。

近づくと石の大きさに圧倒させられる

　サクサイワマンの建築は第9代皇帝パチャクティの時代に始まったといわれている。宗教的なものなのか、要塞なのかははっきりとわかっていないが、クスコは町全体がピューマの形をしていて、サクサイワマンはその頭の部分に当たるため、クスコの管理事務所的な役割もあったと思われる。裏付けとして、サクサイワマンはクスコの町が一望できる好立地にある。広場では、毎年6月24日に"太陽の祭りインティ・ライミ"（→P.117）が行われ、インカの儀式がそのままに復活する。

ケンコー
Qenqo　**MAP** P.116

　サクサイワマンから徒歩で約15分。石を組み合わせたのではなく、岩を削って造られている。"Qenqo"とはケチュア語でジグザグというような意味。インカ帝国の祭礼場であったといわれ、ピューマが浮き彫りにされた約6mの巨石を中心に、座席の役を果たす壁が半円状に広がる。岩の上部には、ジグザグのくぼみが掘られ、岩全体がモニュメントのようになっている。裏側は半洞窟になっていて、皇帝の座った玉座や生けにえの台も残る。

プカ・プカラ
Puka Pucara　**MAP** P.116

　タンボ・マチャイの近くに残る遺跡。"Puka"とはケチュア語で「赤い」という意味。現在も石にわずかながら赤い色が残っており、「赤い要塞」とも呼ばれている。見晴らしのよい場所に築かれており、ここからクスコへ出入りする者を見張ると同時に、タンボ・マチャイで沐浴するインカ王に近づく危険人物がいないか、目を光らせていたという説も。なぜなら、ここからタンボ・マチャイの正面にある見張り所がとてもよく見えるからである。サクサイワマンから歩いて45分～1時間。ケンコーからは1本道で車で5分ほど。

クスコ近郊（インカの聖なる谷）

マチュピチュP.136へ
オリャンタイタンボ Ollantaytambo P.120 (2750m)
マラスの塩田 Salineras de Maras
ウルバンバ Urubamba (2871m) P.122
カルカ P.119 (2928m) Calca
ユカイ Yucay (2854m) P.121
ラマイ Ramay
コヤ Qoya
ピサック Pisaq P.118
ピサック Pisaq (2850m) P.118
モライ Moray P.122
マラス Maras (3352m)
チンチェーロ Chinchero (3762m)
チンチェーロ Chinchero P.121
タンボ・マチャイ Tambo Machay P.117
サン・サルバドル San Salvador
ピキリャクタ Piquillacta P.123
ラクチ Raqchi P.123へ
プカ・プカラ Puka Pucara P.116
ケンコー Qenqo P.116
イスクチカ Izcuchaca
ポロイ Poroy
スリテ Zurite
アンタ Anta P.115
サクサイワマン Sacsayhuamán 拡大図 P.106～107
クスコ Cusco (3399m)
サン・ヘロニモ San Jerónimo
アンダワイリーリャス Andahuaylillas
ティポン Tipón P.123
ウルコス Urcos
ティティカカ湖
ピウライ湖 Lago Piuray
ワイポ湖 Lago Huaypo
0 6km

タンボ・マチャイ

Tambo Machay **MAP** P.116

★ タンボ・マチャイ
圃7:00〜18:00
休無休
圏クスコ周遊入場券（また
は周遊券1)利用

　聖なる泉と呼ばれ、雨季・乾季を通して常に同じ量の水が湧き出ている。水を拝めるための場所だったとされているが、どこからこの水が流れてくるのかはわかっていない。かつてその源を探ろうといろいろな川や池に色素を流したらしいが、結局わからずじまいだったという。サイフォンの原理を巧みに利用して、遠くからはるばる水を引いてきているというのが有力説。プカ・プカラから徒歩約10分の所。標高が3800m以上あるので体調を考慮して訪れよう。

遺跡には今も水が流れている

COLUMN　太陽の祭りインティ・ライミ

インカがよみがえる祭り、インティ・ライミ

　毎年6月24日に行われるアンデス地帯で最も盛大な祭り。リオ・デ・ジャネイロ（ブラジル）とオルーロ（ボリビア）のカルナバルと並ぶ南米三大祭りのひとつである。インティとは「太陽」の意味で、その年に収穫されたトウモロコシ（Choclo）から作った酒「チチャ」を黄金の瓶に入れて太陽に捧げる。インカ帝国では、その年の収穫は皇帝の責任であり、この祭りも皇帝が直接に司宰した。彼は7日間断食をして身を清め、その後ワカ（神聖な神殿）の中心ワカイパタ(よろこびの広場：現在のアルマス広場）で盛大な行事を行った。この太陽の祭りの月は、インカ時代には休息の月で、農民は1年の疲れを癒やし、飲んだり踊ったりして毎日を送ったという。

　太陽の祭りがワカで行われた習慣にのっとり、現在はクスコ近郊の要塞跡サクサイワンが舞台。

　クスコ市内はこの祭りのために6月半ば頃から準備にかかる。準備が進み、祭りが1日1日と近づくにつれて人々の情熱も盛りあがり、前日の前夜祭で最高潮に達する。

　昼の時間帯、各学校の生徒たち（多くは小学1年生から3年生ぐらい）が、赤、黄、紫など鮮やかな色とりどりの民族衣装を身にまとい、音楽に合わせてプラサを踊り歩く。

　また、各学校、地区、友人同士などが思い思いのグループを作り、日頃の練習の成果を見せるかのように夕方から明け方までエル・ソル通りAv.El Solからプラサへと踊り進む。この間、町の中心部、特にエル・ソル通り、プラサ一帯は日本の朝の通勤ラッシュなみの混雑となる。

　太陽の祭りの当日は、午前中、プラサで祭り開始の儀式が厳かに執り行われる。プラサ中央の噴水もこの日は張りボテの石台に早変わり。この台上で現クスコ市長は、市民から選ばれたインカの皇帝から説教とともに皇帝の杖を下賜される。

　この日1日は、クスコはインカ帝国であり、人々は帝国の民となる。プラサ中央のポールには7色のクスコ市の旗がゆらめいている。

　儀式のあとアルマス広場でパレードがあり、午後からは小高い丘の上の要塞跡サクサイワンで太陽の祭りが行われる。しかし、ここでの祭りはまったくの観光向けのせいか、何となく中学校の学芸会を見ている感じがする。ただ、あれほどの広大な要塞跡が、このときばかりは人、人、人……で埋めつくされ、いったいどこにこれだけの人がいたのか、と不思議に思えてしまうほどだ。

　夕方、日が西へ傾く頃、皇帝はこの日のために厳選された生けにえのリャマの心臓をトゥミ（Tumi＝インカのメス）でえぐり出す。彼はえぐり出した心臓を太陽にさらし、浮き出ている血管で翌年の収穫を占って太陽の祭りは幕を閉じる。

　日頃、どことなく寂しげに見えるインディヘナがこの期間ばかりは光り輝き、誇り高き人々に見えるのである。

※当日、サクサイワンには観覧用の桟敷席が用意される。写真を撮る人、出演者の表情を見たい人は桟敷席へ。席はゾーンによって異なり、US＄199〜259。一方、全体の様子を見たい人は遺跡の上へ。どれだけの人が集まっているかがよくわかり、踊り全体の動きもわかる。こちらは無料。

インカの宗教的な踊りや儀式は一見の価値がある

インカの聖なる谷巡りは
ツアー参加がベスト
インカの聖なる谷巡り
は、ツアー利用が便利。ツ
アーは9:00頃に出発し、戻
るのは19:00頃。コースは
ピサックの市を見学してか
らカルカ、ウルバンバ、オ
リャンタイタンボ、チンチ
ェーロを巡る。料金は
S/.100。英語ガイド、ランチ
付き。マラスの塩田やモラ
イへも立ち寄るツアーは
7:00発、S/.150。

インカの聖なる谷の
周遊入場券
クスコ周遊入場券（→P.
111）の周遊券3でピサッ
ク、オリャンタイタンボ、
チンチェーロ、モライの4
つの遺跡に入場できる。

ピサック、カルカ、
ウルバンバ方面へのバス
クスコ～ピサックが約
45分、ピサック～カルカが
約30分、クスコ～ウルバン
バが約1時間45分。人数が
集まらないと出発しないう
えに、バス乗り場が頻繁に
変更されるので現地で確認
しよう。

ピサックの遺跡
圏7:00～18:00
困無休
圏クスコ周遊入場券（また
は周遊券3）
村から頂上にある遺跡ま
でタクシーでアクセス可
能。S/.20程度。また、絶壁
のような階段を上って行く
こともでき、所要約30分。
遺跡内は広いので時間に余
裕を持って行動しよう。

CHECK
!!!
クスコから行く
新名所
ウマンタイ湖
雪山の麓で鮮やかな
青い水をたたえる静か
な湖が、近年話題とな
っているウマンタイ
Humantay湖。レインボ
ー・マウンテンに続く
ペルーの新名所だ。クス
コからツアーが催行さ
れている。4:30にクス
コを出発し、車で2時間、ソ
ライパンパSoraypampa
で昼食をとったらウマ
ンタイ湖へ向けて1時
間30分歩く。昼食の後
はビューポイントに寄
りながらクスコを目指
し、到着は18:00。ガイ
ド、食事込みでUS $40
程度。トレッキングシ
ューズやポールなど、
登山の装備を整えて向
かおう。
MAP P.151

インカの聖なる谷巡り　Valle Sagrado de Los Incas

周囲の風景も美しい

5000m級の山々に囲まれ
たインカの聖なる谷Valle Sa-
grado de Los Incas（ウル
バンバの谷Valle Urubamba
とも呼ばれる）。その名のとお
り、ここにはクスコをはじめと
する、インカ帝国の中枢をなし
た遺跡や村々が残されている。ピサックの遺跡やマーケット、謎
の巨石が残るオリャンタイタンボ、やはり大きな市が立つチンチ
ェーロなど見どころは多い。この谷には、アンデスの今を昔と変
わらぬテンポで生きている人たちがいる。

また、ウルバンバからオリャンタイタンボにかけては、施設の
整った高級ホテルが点在している。標高2800m前後とクスコよ
りも標高が低いため、マチュピチュを訪れる際の高山病対策とし
て、これらのホテルを利用するツアーが多い。

ピサック　Pisaq　MAP P.116

クスコから北へ約30km。
小さな村だが、見逃せない
ものがふたつある。まずは
日曜に行われる民芸品市。
アンデスの美しい織物やア
ルパカの毛のニット類、バ
ッグ、小物といった民芸品
を扱う屋台がぎっしりと並
んでいる。今では観光客目

山の上に造られたピサックの遺跡

当ての商品がメインとなってしまったが、かつては人々が各地方
から地元の特産品を持ちより、物々交換するための場所だった。
山村の人はジャガイモを、ジャングル地方の人は果物をというよ
うに、自分たちの土地で手に入らないものを互いに交換していた
のだ。その名残か、現在でも食料品を売る屋台が市の隅に少しだ
け残っている。また火曜と木曜にも規模の小さな市が立つ。

地元の人たちの市場とみやげ物市
場に分かれている

もうひとつの見どころとなる遺跡は、
村を見下ろす丘の上にある。マチュピチ
ュほどではないが、遺跡の規模は大き
く造りも見事だ。わずかな山頂の平地
を、斜面とともに効率よく利用している。
太陽を利用したカレンダー、セメンテ
リオ（墓）、段々畑、見張り台などのほ
か、太陽の神殿もあり、ミニ・マチュピ
チュといった感じだ。急な丘の上にあ
るので、村からはどこに遺跡があるの
かわからないほど。頂上からは、ウル
バンバ川Rio Urubambaの流れとともに
インカの聖なる谷の眺めがすばらしい。

カルカ

Calca **MAP** P.116

ビサックからウルバンバ川に沿って約18km。聖なる谷を巡るツアーではストップしないが、やはり日曜市でにぎわう村。ピサックと違い、みやげ物が少ない代わりに、庶民の市場らしい雰囲気がある。

カルカ付近からアンデスの山々を望む

町からウルバンバ川を挟んだ対岸の山中には、インカの遺跡ウチュイ・クスコHuchuy Cuzco（＝小さいクスコ）が残る。第8代皇帝インカ・ビラコチャの時代に建てられたものとされ、石とアドベを組み合わせた珍しい造りの遺跡だ。

ウルバンバ

Urubamba **MAP** P.116

クスコから約80km。コレクティーボで約1時間30分弱。クスコに比べ標高が低く（2871m）、年間を通して穏やかな気候。果物が栽培され、特に雨季の終わり頃には色とりどりの花が咲き乱れる。

クスコ市民にとってここウルバンバは保養地であり、バケーションには家族連れの姿も見られる。テニスコート、サッカー場などを備えたTambo del Inkaをはじめ、プール付きペンションなど宿泊施設もある。また、キンタ・レストランといって、地元の料理をビュッフェ形式で味わえるオープンエアのレストランが何軒かある。マチュピチュのツアーでは、ウルバンバや周辺のホテルに宿泊するケースが多い。

カルカへの行き方
（→P.118）
ウルバンバへの行き方
（→P.118）

ウルバンバのホテル
🏨Casa Andina Premium Valle Sagrado Hotel&Villas
☎984-765-501
URL www.casa-andina.com/en/destinations/valle-sagrado
💰Ⓢ⑩US$116〜
朝食付き、サービス料込み

🏨Aranwa Sacred Valley Hotel & Wellness
☎(084)58-1900
URL aranwahotels.com/en/hotels/aranwa-sacred-valley-hotel-wellness
💰Ⓢ⑩US$160〜
朝食付き、サービス料別

🏨Tambo del Inka, a Luxury Collection Resort & Spa, Valle Sagrado
☎(084)58-1777
URL www.marriott.com/hotels/travel/cuztl-tambo-del-inka-a-luxury-collection-resort-and-spa-valle-sagrado
💰Ⓢ⑩US$335〜
朝食付き、サービス料別

COLUMN　高山病について

高山病とは

スペイン語でソロチェ Solocheと呼ばれる高山病は、短時間に低地から高地に移動した際に、低気圧、低酸素に体が順応できずに起こる症状。標高150mほどのリマから、約3400mのクスコに飛行機で移動するというパターンは、高山病になって当然といっても過言ではない。しかし、症状には個人差があり、まったく変化を感じない人もいれば、重症化する人もいる。

高山病の症状

高山病の症状は、息切れ、心臓がドキドキする、軽い頭痛や倦怠感から、耳鳴り、吐き気、腹部膨張感など人によりまちまち。頭痛を感じる人は多く、特に起床時に強く、次第に弱まる傾向がある。睡眠中に具合が悪くなる、または眠れないこともあり、重症化すると肺に水が溜まる高地肺水腫や、脳がむくむ脳浮腫になることもある。そういった場合は急いで酸素濃度の濃い低地に下りないと、死に至ることもある。

高山病の予防

高山病は到着直後には発症しないことが多く、安心して動き回ると夜になり発症することがある。高地では以下の注意が必要だ。

①体が順応する1週間程度は、過度な運動は避けること。到着直後は、深呼吸をしながらゆっくりと歩くことを心がけたい。

②アルコールの摂取、喫煙は避ける。アルコールは平地で飲むよりも酔いが早く回るので、順応してからも少量ずつ飲むようにしたい。また、就寝時の呼吸を抑制する睡眠薬の服用も避けたほうがいい。

③低酸素の場所では消化機能が低下するため、食べ過ぎに注意。また、食べる際には脂分の多い物を避け、すぐにエネルギーになる炭水化物を摂取するように心がけよう。食欲がなければ飴をなめるのもいい。炭酸飲料は腹部の膨張感が増すので避け、コカ茶などをたくさん飲むようにしたい。

こんな予防方法も

中級以上のホテルでは酸素ボンベを常備しており、緊急事態の場合は酸素吸引をさせてくれる。ただし、吸い続けるのはよくない。

高山病を予防する内服薬もある。日本では医師の処方箋が必要な薬をペルーでは薬局で買えることもあるが、服用するタイミングを誤るとかえって症状が悪化するケースも報告されているので要注意。

階段を登ってオリャンタイタンボの広場に出てみよう

オリャンタイタンボの遺跡
⏰7:00～18:00
休無休
💴クスコ周遊入場券（または周遊券3）

オリャンタイタンボ、チンチェーロ方面への行き方
クスコからオリャンタイタンボまでタクシーで1時間45分、S/85。コレクティーボはパビトスPavitos通り（MAP P.106-B3）から、人数が集まると出発する。ひとりS/10。

マチュピチュへのツアー
マチュピチュ行きツアーではオリャンタイタンボ駅から列車に乗車することが多く、行きか帰りにオリャンタイタンボ遺跡の見学が含まれていることもある。

クスコから約70km、車で約1時間45分、コレクティーボでは2時間強。聖なる谷のほぼ中心にあるのがオリャンタイタンボの大遺跡だ。インカ時代の宿とも要塞跡ともいわれている。タンボとはケチュア語（インカの公用語）で旅籠の意味。記録によると1536年、スペインから来た征服者に反旗を翻したマンコ・インカは、率いるインカ軍とともにオリャンタイタンボに潜み、やがてやってきたスペイン人たちを容易に撃退した。それなのに、彼らはオリャンタイタンボをあとに、さらに奥のビルカバンバへと身を潜めてしまったのである。

オリャンタイタンボの遺跡は、同名の村の背後にある。斜度45度はありそうな斜面に段々畑が作られ、畑の脇の階段を300段（150m）登りつめると広場に出る。広場の周辺にはあの美しいインカの石組みが続く。

広場には6個の巨石を並べた不思議な建造物が残っている。高さ4m、幅全部で10m、奥行き1m。太陽の神殿の造りかけだとか、鏡だとかいわれているが実際のところはわかっていない。巨石と巨石の接合部分には細い石が使われ、クスコの石と石とを直接積み重ねる手法との違いが興味深い。また、そのなかの1枚に描かれているジグザグの菱形は、ティティカカ湖畔のティワナク遺跡（→P.236）に見られる模様と同じである。この謎の巨石は対岸の石切り場からはるばる運ばれてきたというが、この斜面をどうやって持ち上げたのだろうか。考えれば考えるほど不思議は深まる。

広場には6個の巨石が並ぶ

ᏟOLUMN　レインボー・マウンテン
MAP P.151

赤・茶・青・白の地表がむき出しになった山、レインボー・マウンテンRainbow Mountain。鮮やかな配色が筋状に連なる光景が話題となり、近年一気に知名度が上がった。クスコからツアーが出ており、プーノ方面へ約100kmのチャカクペChecacupe村を経由し、ケシウノQuesiunoという集落で車を降りる。ここまで所要約3時間。レインボー・マウンテンが見下ろせる標高5029mのビニクンカVinicuncaまでは片道1時間30分の登山となる。ツアーはクスコを5:00発、戻りは19:30。ガイド、朝・昼食込みでUS＄40程度。

標高が高いので無理は禁物

チンチェーロ

Chinchero **MAP** P.116

クスコから約32km、車で約1時間。アンデス高山のひんやりとした空気のなかにチンチェーロ村がある。白壁の教会の前にささやかな広場があり、毎週日曜になると、観光客向けの民芸品市が開かれる。赤レンガ色のカーディガンに黒いスカートをはいた村の女性たちが丹精込めて織った織物は、どれも見事で美しい。また教会近くにあるバス専用駐車場のそばにも市が立つが、日用品が多く、地元住民向けといった感じ。村人がケチュア語でやり取りする様子も興味深い。

土台を残してほとんど破壊されている

教会の裏側はチンチェーロ遺跡である。かつてインカ帝国の重要な要塞があったが、基底部だけを残して、今は教会が建っている。谷間には自然石を巧みに積み重ねた段々畑が築かれている。チンチェーロの町の道には今でもインカ時代の水路があり、村の大切な水場だ。家々はアドベ造り。スペイン風の瓦屋根が印象的。周辺は田園風景もすばらしい。

チンチェーロ遺跡
🕐 7:00〜18:00
🚫 無休
🎫 クスコ周遊入場券（または周遊券3）
チンチェーロへの行き方
（→P.120）

チンチェーロの織物
　チンチェーロはテヒドと呼ばれる織物で知られる町。町なかにある織物工房では、ヒツジやリャマの毛を紡いで、天然染料で色を付け、1本ずつ手作業で織り込んでいく行程を見学できる。敷地内では織物やニット製品などのみやげも販売。ツアーではたいてい立ち寄る。

毛糸を草木染めで色とりどりに染め上げる

COLUMN　アンデス地帯の建造物

　プレ・インカ時代からインカ時代を通して、アンデス地帯の建築様式は地理条件によりふたつの型に分類することができる。パチャカマに代表される雨の降らない（非常に少ない）砂漠の海岸では、日干しレンガのアドベが重要な建築資材であった。一方、雨季には大雨が降り、海岸よりも寒いアンデスの山岳地帯では、石がおもな建築資材であった。一般の建築（個人の住宅、墓）にはアドベまたは石片を泥のモルタルで固めたものが使用されたが、公共あるいは宗教的な建造物には、石材が驚くほど精緻な技術で用いられていた。

　石と石との間に接着剤を使用することなく、石面をじかに密着させて積み上げている。しかも単に石を積み上げただけでなく、石と石との密着する面積を多くとり、両隣の石と段差をつけることによって風雨、寒気を防ぎ、地震による建造物の歪みを最小限にくい止めている。大小に関係なく石を細工したこの技術は「当時としては」という基準ではなく現在でも立派に通用する非常に精巧なもので、インカ建築の粋といえる。

　インカ文明は最後まで紙と文字を発明することがなかったという。したがって建築に関してもその手段・方法などについてほとんど推測の域を出ていないのが現状である。確実にわかっているのは、錘を利用し水平面、角度さらには距離を計ったこと、巨石の移動にはテコの原理を応用したことである。しかし、なんといっても重要だったのは時間と汗であったろう。サクサイワマンの城塞ひとつをとっても、たとえ現代でも、あれほど巨大かつ精巧な建築物を造り上げられるかどうかは疑問だ。伝説の語るとおり、一夜にして神が造りあげた、という説のほうが説得力があるように感じられる。

　文字をもたなかったインカには、当時の記録はない。当時の社会、生活を記した資料はほとんどスペイン侵略後、スペイン人の手で書かれたものである。しかし、インカの人々が伝え残したちょっとした絵模様や建築方法は、どれをとっても、みな抽象画や抽象的な方法である。

　インカ建築の特徴はマチュピチュに凝縮されている。太陽の神殿、王女の宮殿など公共の建築物は石を加工し、一方、住宅と考えられている建物は石片や自然石を積み上げ、アドベで目ばりをしている。しかも、貴族、技術者、庶民など、階層ごとに整然と居住区が分けられていた。マチュピチュは、ここ1ヵ所でひとつの社会を形成し、すべての機能を備えた都市であったと考えられる。建築技術のすばらしさもさることながら、彼らの日常生活についても、いかに公共性を大切にしたかを想像するのは難しいことではない。

マラスの塩田
時5:00～17:00
休無休
料S/10

駐車場から塩田にかけての
通路には塩を売る店はズラリ

モライ
時9:00～16:00
休無休
料クスコ周遊入場券（また
は周遊券3）

遺跡の近くまで降りられる
が、中には入ることはできな
い

**マラスの塩田、
モライへの行き方**
クスコからコレクティーボ
でマラスの塩田とモライの
両方を回ることも可能（ひ
とりあたりS/60）だが、よ
ほど時間に余裕がないと難
しい。クスコの旅行会社で
は、マラスとモライを巡る
ツアーを催行している。

マラスの塩田

Salineras de Maras **MAP** P.116

　クスコの北西約58kmにある町マラスから車で15分ほど進むと、山間にあるプレ・インカの時代から続くマラスの塩田が姿を表す。なぜ、標高約3000mもの高地に塩田があるのか。それは、付近で湧いている塩分濃度が20%以上にもなる鉱泉による。この鉱泉を棚田にため、天日干しして水分を蒸発させると、あとに塩が残るのだ。谷の斜面を数キロにわたり埋める棚田の数はおよそ2350枚。

　白く輝く棚田が魚鱗のように連なる塩田が、眼下に広がる。ミネラル豊富な天然塩は、売店で購入可能。見学は通年できるが、真っ白な塩田が見られるのは4～9月の乾季のみ。塩田に立ち入ることはできない。

山間に白く光る塩田

モライ

Moray **MAP** P.116

　マラスの町から未舗装道路を7kmほど進んだ場所には、モライというインカ時代の円形の遺跡がある。モライとはケチュア語で「丸くへこんだ所」という意味だ。段々畑を作りながら、円形に掘り下げられたこの遺跡は、ヨーロッパの円形闘技場を連想させる。大小4つの遺跡が発見されており、最大のものだと円の直径約100m、深さは100mもあるという。最上層と最下層との温度差は5～10℃もあり、インカ人たちはこの温度差を利用して異なる環境で育つ植物を植えて研究していたといわれている。

農業試験場に利用されたのだろうか

COLUMN インカー車輪のない文明

　高度に発達したインカの文明のなかに、ポッカリと穴をあけたように欠落したものがある。これは実に不思議なことなのだが、インカには車輪という概念がなかった。

　これにはもちろん諸説があるが、とにかく事実としてなかった。鉄（硬い金属）がなく、そのため、要となるところに応用が効かなかったという人もいるが、木だけでも作れたろうし、もちろん油もあり、金、銀はいうまでもないこの帝国に、なぜ車輪がなかったのか。

　車輪は、物資の大量かつ迅速な輸送手段として欠かすことのできないものである。そして、車輪があることによって、道の形態が決定され、道路というものが平坦に作られたのがほとんどの文明であった。しかるにインカの道は、人間の道であり、決して車輪の道で

はなかった。物は人や牛馬が歩いて運ぶものと決めてかかっていた。車輪がないにも関わらず、何トンもの巨石を運ぶことができたことも、未だに謎に包まれている。ではもし車輪があったなら、さらにどんなすごいことができたのか、想像するのもおもしろい。

　スペイン侵略後も、インカ軍はスペイン軍に対し気力・活力に勝っていた。しかし、種まき、刈り入れという農業の自然の法則を無視できず、そのたびごとに戦線を離脱しなければならなかった。そのため、わずかの数のスペイン軍との戦いに敗れてしまうという、悲惨な運命をたどることになった。24時間戦闘体制に入っているスペイン軍と、農耕兼業の戦士との差をつゆほども疑わなかったインカの民というのは、とても興味深い民族なのである。

南の谷巡り

Valle Sur

　インカ文明の中心地だったクスコ以南には、インカのほか、ワルパ文明やワリ文明などインカ以前のプレ・インカの遺跡が点在している。

ティポン

Tipón **MAP** P.116

　クスコから南へ車で約1時間、ティポンという村から車で15分ほど上がった場所に造られたインカ時代の農業施設の遺跡。標高約3400mの高地に段々畑（アンデネス）が広がり、現在でも水が流れる灌漑設備が整備されている。また、ティポン村はクイ料理が名物。クイジュリア（クイ料理の専門店）が数十軒ある。

水の流れる音が聞こえる大きな遺跡

ピキリャクタ遺跡

Piquillacta **MAP** P.116

区画整備されており、建物の間に道があった

　クスコ市内より東へ約30km、バスで約40分のところに、プレ・インカ時代の遺跡ピキリャクタが残る。訪れる人は少ないが、規模は大きい。

　ピキリャクタはワリ文化（500～900年頃）の大規模都市遺構。ワリはのちのインカに大きな影響を与えた文化として知られている。石を積んだ壁で囲まれた都市のなかには、住居、神殿、広場、畑などの跡が残っている。広場を囲んで建ち並ぶ住居には2～3階建てがあり、集合住宅だったことがわかる。人口は1万人ぐらいだったといわれている。広いのでガイドと一緒に回るのが好ましい。

　ピキリャクタから5kmほどの所には、アンダワイリーリャスAndahuaylillasという名の小さな村がある。バロック様式の教会は、インカ時代にこの地区の首長の住居があった場所に建てられたもので、教会内には16世紀のフレスコ画や壁画が当時のまま残っている。また、パチャママ神の代わりとしてスペイン人が作った、牛を連れた農民の神の像がある。

ラクチ遺跡

Raqchi **MAP** P.151

　クスコからプーノ方面へ約110km、標高約3500mの所にあるインカ時代の遺跡。特徴的なのは石積みの上にアドベを積み重ねて造った高い壁。ウィラコチャ神殿の一部とされ、かつては大きな建造物だった。そのため、クスコを結ぶ重要な拠点だったと思われている。敷地内にはさまざまなタイプの建物があり、何かの倉庫だった

長さ約90m、高さ15mのウィラコチャ神殿の壁

と思われる200を超える円形の建物や、規則的に並ぶ集合住宅のようなものも。また、プールのような池もあり、宗教的な場所としても機能していたとも想像できる。

南の谷巡りは
ツアー参加が効率的
　インカの聖なる谷巡りと同様に、南の谷へもツアーで訪れるのがベスト。ティポンとピキリャクタに行くツアーでUS＄20前後。ラクチ遺跡は離れているため、通常はプライベートツアーとなる。または、プーノへ行くツアーバス（→P.153）がラクチに立ち寄る。
　クスコからサイリャ～ティポン～オロペサ～アンダワイリーリャスと村をつなぐ乗り合いバスもある。ただし、遺跡は村から離れている。

ティポン
圖7:00～18:00
休無休
圆クスコ周遊入場券（または周遊券2）

今も水が流れ続ける

ピキリャクタ遺跡
圖7:00～18:00
休無休
圆クスコ周遊入場券（または周遊券2）

アンダワイリーリャス教会
（サン・ペドロ・アポストル・デ・アンダワイリーリャス）
San Pedro Apóstol de
Andahuaylillas
圖月～土　　8:00～17:00
　　日　　10:30～17:00
休無休
圆S/15

壁画や祭壇が美しい

ラクチ遺跡
住San Pedro, Canchis
圖8:00～17:00
休無休
圆S/10

貯蔵庫だったとされる円形の建物の復元

マヌー国立公園
Parque Nacional del Manú　MAP P.38-C3

　ペルーを南北に走るアンデス山脈の東側は、標高が下がるにつれセルバと呼ばれる森林地帯となる。ペルーの国土の約60%はこのセルバに属し、川の周辺には熱帯雨林のジャングルが広がる。蛇行して流れるマドレ・デ・ディオス川Río Madre de Dios流域のマヌー国立公園もそのひとつ。標高約4200mの高地にかけて広がる面積約1万5300km²の、ペルー最大の国立公園だ。世界でも類をみない生物の多様性から、1987年にユネスコの世界自然遺産に登録された。約850種類の鳥類を始め、絶滅危惧種のオオカワウソやジャガー、10種類を超えるサル、バクなどが生息する。

　特に注目なのが、粘土を食べに集まるコンゴウインコ。マッカウ・クレイ・リックMacaw Cray Lickと呼ばれ、粘土に含まれるアルカリ性の成分の補給と、解毒作用のためだとされている。粘土はサラオと呼ばれ、コンゴウインコ以外にも、インコ、オウム、バク、サルなどが食べにやってくる。

　マドレ・デ・ディオス川の支流であるタンボパタ川Río Tambopataの周囲にはタンボパタ国立保護区Reserva Nacional Tambopataがあり、こちらも同じような自然環境。土を食べるインコやさまざまな鳥、サル、カピバラなどの生き物を見ることができる。

河原に出てきたジャガー

マヌーへの行き方
　マヌーの拠点となる町は、マドレ・デ・ディオス川の河畔にあるプエルト・マルドナードPuerto Mardonado。ここからマヌー国立公園やタンボパタ国立保護区内にあるロッジへ、ボート、あるいは車とボートを乗り継いで向かう。とはいえツアー参加が基本。プエルト・マルドナードの旅行会社で申し込むこともできるが、クスコやリマ発のツアーが一般的。

マヌーへのツアー
　クスコからのツアーは2泊3日～7泊8日。土を食べるコンゴウインコが見られる場所、オオカワウソが見られる場所などはそれぞれ違うので、見たいものとツアーの内容をよく検証しよう。また、

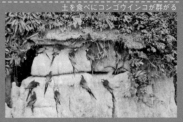
土を食べにコンゴウインコが群がる

クスコから陸路で行くツアーと、プエルト・マルドナードまで飛行機を利用するツアーがある。

クスコから空路で行くツアー
　空路の場合は、クスコからプエルト・マルドナードまで約45分。空港からツアー会社の車でマドレ・デ・ディオス川沿いの船着き場に行き、そこからボートでジャングル内のロッジへ。ロッジを拠点にバードウォッチングやジャングルウォーク、キャノピータワーからの眺めなどを楽しむ。各旅行会社がロッジを所有しており、マヌー国立公園とタンボパタ国立保護区内に約20のロッジがある。ロッジの場所にもよるが、マヌー国立公園の中心部へはプエルト・マルドナードから所要約7時間。

クスコから陸路で行くツアー
　クスコから4000m級の山を越え、ジャングルへと降りて行く。1泊すつ違うロッジに泊まりながら移動する。距離が長いので最低でも4泊5日は必要。植生の変化や高地の鳥を含む多くの生き物が見られるという点では陸路が魅力。ただし悪路が多いのと、乾期（4～10月）のみの開催。

マヌーの観光シーズン
　4～10月の乾期がベスト。乾期でもスコールはある。7～8月は川の水量が減り、ボートの運航に時間がかかる場合がある。雨期は時として激しい雨が降り、ジャングルウォークが困難になることがあるほか、見られる生き物も少なくなる。ただし2月は動物たちの出産時期にあたり、それらを見に訪れる観光客もいる。

マヌーへのおもなツアー

　快適なエコ・ロッジに宿泊し、巨大カワウソとコンゴウインコを見学するなど、さまざまなツアーを催行している。
EXPLORER'S INN
URL www.explorersinn.com/en
料3泊4日US＄569～（2名で1部屋利用の1人の料金。プエルト・マルドナードからの送迎、宿泊、食事、ガイドを含む）。日本語での問い合わせはミッキー・ツール（→P.58）へ。

ジャングルの中のロッジ

一度は泊まってみたい

クスコのラグジュアリーなコロニアルホテル

クスコにはスパニッシュコロニアルな建物を利用した、ラグジュアリーなホテルが多数。
世界遺産の町で優雅なステイを楽しんでみてはいかが。

教会が併設された修道院ホテル

Belmond Hotel Monasterio

ベルモンド・ホテル・モナステリオ

🛁 📺 ☎ 🌐 🍴

1965年創業の最高級ホテル。もとは16世紀の神学校を改築した修道院だった。バロック調の音楽が響き渡る館内は厳かな雰囲気。館内や室内に置かれた調度品もすばらしく、まるで歴史博物館のようだ。中庭の大木は樹齢350年を超すクスコ州最古のもの。酸素コントロール部屋あり。

[MAP] P.109-C2 [住] Calle Palacio 337, Plazoleta Nazarenas
[TEL] (084)60-4000／0800-6000-430(日本語対応可)
[URL] www.belmond.com/ja/hotel-monasterio-cusco/
[料] ⓈⓌUS$345～　サービス料10%別
[カード] [A][D][M][V]　[室数] 122室

アンティークな家具が落ち着けるロビー&バー

大木が影を落とす中庭で朝食も

部屋は温かみのある雰囲気

ホテル併設の黄金の教会

コロニアルと高級の融合した

Belmond Palacío Nazarenas

ベルモンド・パラシオ・ナサレナス

🛁 📺 ☎ 🌐 🍴

歴史のある宮殿を改装した最高級ホテル。全室スイートで専属バトラーが24時間対応。酸素コントロール、プライベートバー、床暖房付きのバスルームなど室内設備もクスコNo.1。レストランでオーガニック食材のみを使用したメニューが楽しめる。温水プールもある。

[MAP] P.109-C1 [住] Plaza Nazarenas 223
[TEL] (084)58-2222／0800-6000-430(日本語対応可)
[URL] www.belmond.com/ja/palacio-nazarenas-cusco/
[料] ⓈⓌUS$1273～　サービス料10%別
[カード] [A][D][M][V]　[室数] 55室

広場に面して建ち、外壁はインカの石組みが残る。客室はゆったりとした広さ

インカの石組みが随所に残る

Palacio del Inka, a Luxury Collection Hotel

パラシオ・デル・インカ・ア・ラグジュアリー・コレクション

🛁 📺 ☎ 🌐 🍴

太陽の神殿＝コリカンチャの一部だった建物を改装したラグジュアリーホテル。アトリウムになっている広々としたロビーがあり、石畳の中庭や壁にインカの面影が残る。コロニアルな内装の客室は快適で、オレンジ色の屋根を望む部屋も。スパもおすすめ。

[MAP] P.107-C2 [住] Plazoleta Santo Domingo 259
[TEL] (084)23-1961
[URL] www.palaciodelinkahotel.com
[料] ⓈⓌUS$750～　サービス料10%別
[カード] [A][D][J][M][V]　[室数] 203室

客室内もアンティーク

美術館のようなロビー。回廊にはインカの石組みが見られる

ジャクージ付きのスパ

ホテル客室設備：🛁 バスタブあり　📺 テレビあり　☎ 電話あり　🌐 インターネット可　🍴 朝食付き

Hotel

クスコの
ホテル

5つ星からエコノミーまでホテルは幅広くあり、近年は1泊500ドル以上するラグジュアリーなホテルも。歴史地区には古い建築を改装した、中庭を囲むコロニアルな造りの宿が多い。ほとんどのホテルはアルマス広場から歩いて行ける。夏と冬のハイシーズンは混み合い、特に6月下旬のインティ・ライミの時期に訪れるなら、早めの予約が必要だ。

Casa San Blas Boutique Hotel

カサ・サン・ブラス・ブティック・ホテル MAP P.107-C1

サン・ブラス教会への坂を上ったところにある、18世紀の邸宅を改装したブティックホテル。ファブリックや壁に描かれた絵などアンデスの雰囲気満点。ペルーの家庭料理を味わえるレストランTikaを併設している。

Calle Tocuyeros 566, San Blas
(084) 23-7900 URL www.casasanblas.com
SWUS＄148〜　サービス料込み
カード ADJMV 客室 18室

Aranwa Cusco Boutique Hotel

アランワ・クスコ・ブティック・ホテル MAP P.108-A3

16世紀の建物を改装したコロニアルでモダンな雰囲気の高級ホテル。廊下には古い家具などが置かれ博物館のよう。シャンデリアの付いた客室は床暖房、酸素コントロールがあり、バスタブはジャクージ付き。中庭を眺めながらの朝食も素敵。

San Juan de Dios 255 (084) 60-4444
URL www.aranwahotels.com
SWUS＄160〜　サービス料10％別
カード ADMV 客室 43室

Costa del Sol Ramada

コスタ・デル・ソル・ラマダ MAP P.108-A2

17世紀の邸宅を改装したホテル。中庭を囲んで回廊があり、2階に部屋が並ぶ。客室はシンプルで窓が小さめだが、全室バスタブ付き。落ち着いた雰囲気のレストランEl Marquésがあり、ランチとディナーはペルー料理、朝食はビュッフェスタイル。

Calle Santa Teresa 344 (084) 25-2330
URL www.costadelsolperu.com
SWUS＄139〜　サービス料10％別
カード ADJMV 客室 90室

Novotel Cusco

ノボテル・クスコ MAP P.109-D3

16世紀の邸宅を改装した4つ星ホテル。客室はコロニアルな雰囲気のスーペリオールと、シンプルでモダンなスタンダードがある。ロビーの天井はガラス張りになっており、クスコの空が見える造り。朝食4:30〜、チェックアウト11:00。

Calle San Agustin 239 (084) 58-1033
(084) 58-1044 URL www.novotel.com
SWUS＄133〜　サービス料10％別
カード ADJMV 客室 99室

JW Marriott El Convento Cusco

JWマリオット・エル・コンベント・クスコ MAP P.109-D3

好立地にある、16世紀の修道院を改装した5つ星ホテル。荘厳な雰囲気のロビー、モダンなバーやレストランは高級感がある。1階の客室には窓の外にインカの壁が見える部屋も。バスルームは大理石で、シャワーとバスタブが別々の造り。

Esquina de la Calle Ruinas 432 y San Agustin
(084) 58-2200 URL www.marriott.com
SWUS＄199〜　サービス料込み
カード ADMV 客室 153室

Casa Andina Standard Cusco Plaza
カサ・アンディーナ・スタンダード・クスコ・プラサ MAP P.108-B3

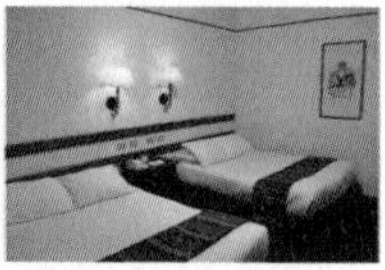

アルマス広場から1ブロックのコロニアルな3つ星ホテル。クスコ市内に同グループの5つのホテルがある。客室はゆったりおり快適。ロビーには暖炉があり、優雅な雰囲気。コカ茶の無料サービスもある。インターネットのできるパソコンがある。

[住]Portal Espinar 142 ☎(084) 23-1733
[URL]casa-andina.com
[料]ⓈⓌUS＄108～ サービス料込み
[カード][A][D][J][M][V] [室数]70室

Hilton Garden Inn Cusco
ヒルトン・ガーデン・イン・クスコ MAP P.106-A1

アルマス広場から徒歩15分、クスコの町並みを見渡せる高台に立つ。広々とした客室内は清潔で快適。レストランとバーのほか、ビジネスルームもある。酸素は無料で、ロビーにコカ茶のサービスも。12時からチェックイン可。

[住]Santa Ana, Av. Abancay 207 ☎(084) 58-0130
[URL]hiltongardeninncusco.com
[料]ⓈⓌUS＄130～ サービス料込み
[カード][A][D][J][M][V] [室数]137室

Jose Antonio
ホセ・アントニオ MAP P.107-C4

[S]セントロ・アルテサナル・クスコ（→P.135）の斜め前に位置し、ワンチャック駅にも近い大型の4つ星ホテル。室内は、白を基調としたモダンな造り。1階に暖炉の置かれた大きなレストラン、落ち着いたバーがあるなど施設も充実。

[住]Av. Pardo 1080 ☎(084) 23-9030
[URL]hotelesjoseantonio.com
[料]ⓈⓌUS＄130～ サービス料込み
[カード][A][D][J][M][V] [室数]126室

Hotel Royal Inka Ⅱ
ロイヤル・インカ・ドス MAP P.108-A3

レゴシホ広場に近い3つ星ホテル。植民地時代の建物をホテルに改装したもので、パティオを囲んで部屋が並び、家具類はアンティークでまとめられている。なかには暗い部屋もあるので見せてもらってから決めよう。

[住]Calle Santa Teresa 335 ☎(084) 22-2284
[FAX](084) 23-4221 [URL]www.ximahotels.com
[料]ⓈUS＄102～ ⓌUS＄127～ サービス料込み
[カード][A][D][J][M][V] [室数]45室

Selina Cusco Plaza
セリーナ・クスコ・プラザ MAP P.108-A3

ガラス張りの天井で明るいパティオに、アーティスティックなペイントやインテリアが魅力。客室はパティオを囲んだ部屋と、コテージタイプも。ドミトリーは4～6人部屋でランドリーサービスやキッチンも備えており、長期滞在にも適している。

[住]Calle Garcilaso 150 ☎935-952-554
[料]ⓈⓌUS＄46～ ドミトリー US＄11～
サービス料込み
[カード][A][D][J][M][V] [室数]48室

Hotel Garcilaso
ガルシラソ MAP P.108-A4

ガルシラソ通り沿いに2軒ある。本館と別館は入口が違うので注意。400年前のコロニアルな建物を利用しており、古いが中庭があり、部屋もきれい。館内にはカフェテリアやバーもある。

[住]Calle Garcilaso 233-285
☎(084) 23-3031 ／ 22-7951
[URL]www.hotelesgarcilaso.com
[料]ⓈUS＄65～ ⓌUS＄70～ サービス料込み
[カード][A][D][J][M][V] [室数]本館29室、別館27室

Hostal Cusco Plaza Ⅰ

クスコ・プラサ・ウノ [MAP]P.109-C2

🛁📺☎🖱🍴

ナサレナス広場の角にあるコロニアル調の3つ星オスタル。陽射しの差し込むパティオは明るく居心地がいい。酸素無料、シャワー24時間、客室内でもWi-Fiがつながる。Ca. Shapy 486に同系列のHotel Cusco Plaza Ⅱがある。

[住]Plaza Nazarenas 181 ☎(084) 24-6161
[URL]www.cuscoplazahotels.com
[料]ⓈUS＄60～ ⓌUS＄70～ ⓉUS＄80～
サービス料込み [カード][A][D][J][M][V] [室数]24室

Hotel Midori

ミドリ [MAP]P.108-B1

🛁📺☎🖱🍴

日本人のオーナーが経営するホテル。古い民家を改装しており、客室も当時の雰囲気を醸し出している。全室ヒーターを完備。天蓋付きベッドのスイートや、ジャクージールームも。オーナーは常駐していないが、連絡は取れる。

[住]Calle Ataúd 204 ☎(084) 24-8144
[URL]www.midori-cusco.com
[料]ⓈUS＄90 ⓌUS＄110 サービス料別
[カード][A][M][V] [室数]24室

Taypikala Hotel Cusco

タイピカラ・ホテル・クスコ [MAP]P.107-C3

🛁📺☎🖱🍴

サント・ドミンゴ教会まで徒歩2分、アルマス広場まで10分と、見どころに近く便利な立地。客室は明るく清潔で、全室にヒーター、ドライヤーを完備している。ジュニアスイートルームはジャクージ付き。日曜以外、日本語可能なスタッフがおり、旅に役立つ情報を教えてくれる。

[住]Calle Intikawarina 620 ☎(084) 234-911
[URL]www.taypikala.com
[料]ⓈUS$55～ ⓌUS$59～ サービス料込み
[カード][A][D][M][V] [室数]58室

El Virrey Boutique Cusco

エル・ビレイ・ブティック・クスコ [MAP]P.108-B3

🛁📺☎🖱🍴

アルマス広場に面し、カテドラルの真向かいに位置するためバルコニーからの眺めもいい。ただ、夜は広場の騒ぎがよく聞こえるので、気になる人は広場に面していない側の客室をリクエストするのがおすすめ。客室はやや狭いが快適。

[住]Portal Comercio 165 ☎(084) 22-1771
[URL]www.elvirreyhostal.com
[料]ⓈUS＄90～ ⓌUS＄100～ サービス料別
[カード][A][D][J][M][V] [室数]12室

Hostal Alfredo's Palace

アレフレッドス・パラス [MAP]P.109-C2

🛁📺☎🖱🍴

アルマス広場から半ブロックの場所にある3つ星オスタル。12角の石まで徒歩1分ほど。ほとんどの部屋は2階にある。客室は窓がなく、やや狭いが、清潔。テレビもある。お湯は、24時間使用可能。

[住]Calle Triunfo 373
☎[FAX](084) 25-2328
[料]ⓈUS＄35 ⓌUS＄45 ⓉUS＄55
サービス料込み [カード][A][D][M][V] [室数]10室

Hotel Rojas Inn

ロハス・イン [MAP]P.108-A1

🛁📺☎🖱🍴

18世紀の貴族の館を改装したコロニアル建築の2つ星ホテル。ドライヤー、暖房器具など設備もひととおり揃っており、スタッフも親切だ。朝食はビュッフェスタイル。ランドリーサービスあり。斜め向かいに同系列のホステルCasa Hostal Rojasあり。シングルUS＄16～。

[住]Calle Tigre 129 ☎(084) 22-8184
[料]ⓈUS＄65 ⓌUS＄90 ⓉUS＄110
サービス料込み [カード][A][D][M][V] [室数]20室

Loreto Boutique Hotel
ロレト・ブティック・ホテル　MAP P.109-C3

🛁 📺 ☎ 🖱 🍴

アルマス広場に面するラ・コンパニーア・デ・ヘスス教会からロレト通りに入って左側にあるブティックホテル。壁にインカ時代の石組みがそのまま使われている部屋が3室ある。

[住]Calle Loreto 115　☎(084) 22-6352
[URL]www.loretoboutiquehotel.com
[料]ⓈUS＄40 ⓌUS＄55 ⓉUS＄70
サービス料別
[カード][A][M][V]　[室数]12室

Amaru Inca
アマル・インカ　MAP P.107-C1

🛁 📺 ☎ 🖱 🍴

サン・ブラス通りにある手頃で清潔なオスタル。コロニアル風の建物で、多くの花に彩られた中庭を取り囲んで客室がある。急勾配の坂道にあるので、行き帰りはやや辛いが、客室からの眺めはいい。ヒーターあり。

[住]Cuesta de San Blas 541　☎[FAX](084) 22-5933
[URL]www.amarucolonial.com
[料]ⓈUS＄55 ⓌUS＄70　サービス料込み
[カード][A][D][M][V]　[室数]24室

Paucartambo Wasichay
パウカルタンボ・ワシチャイ　MAP P.109-C2

🛁 📺 ☎ 🖱 🍴

便利な場所にあるエコノミーな宿。建物内は壁の色とペイントがかわいらしい。共同で使えるキッチン、ランドリーサービスあり。客室はシンプルだが清潔。近くにさらにリーズナブルなⅡがある。

[住]Calle Palacios N° 135
☎(084) 26-1634
[料]ⓈUS＄30 ⓌUS＄40　サービス料込み
[カード][A][D][J][M][V]
[室数]7室

Hostal Suecia Ⅱ
スエシア・ドス　MAP P.108-A1

🛁 📺 ☎ 🖱 🍴

坂道の途中にあり、入口はわかりにくい。ベルを押して扉を開けてもらう。設備はシンプルだが、清潔さが自慢のホステルでシャワーは24時間お湯が出る。

[住]Calle Tecsecocha 465　☎(084) 23-9757
[URL]www.hostalsuecia2cusco.com
[料]ⓈS/90(バス・トイレ共同S/70)
ⓌS/100(バス・トイレ共同S/80)
ⓉS/140(バス・トイレ共同S/100)
サービス料込み　[カード][V]　[室数]15室

Hitchhikers Backpackers Hostels
ヒッチハイカーズ・バックパッカーズ　MAP P.108-A1

🛁 📺 ☎ 🖱 🍴

コロニアル建築の古い邸宅を利用した欧米人に人気の安宿。8人と6人部屋のドミトリーがそれぞれ1室ずつありひとりS/35(男女混)。キッチンも自由に使える。個室の4室はバスタブあり。24時間お湯が出る。客室内でWi-Fi利用可。

[住]Calle Saphy 440　☎(084) 26-0079
[URL]www.hhikersperu.com
[料]ⓈⓌS/115 ⓉS/173　サービス料込み
[カード][M][V]　[室数]14室

Ecopackers Hostel Cusco
エコパッカーズ・ホステル・クスコ　MAP P.108-A2

🛁 📺 ☎ 🖱 🍴

ベッド数132台の規模の大きなホステル。便利な立地だが夜は静か。ホットシャワーは24時間使用でき、共用キッチンやプレイルームを備える。ATMが設置されているほか、自転車レンタルなど便利なサービスも。女性専用ドミトリーあり。

[住]Calle Santa Teresa 375　☎(084) 22-6503
[URL]www.ecopackersperu.com/hostel-cusco
[料]ドミトリー 1人S/35　サービス料込み
[カード][A][D][M][V]　[室数]10室

Restaurant

クスコの
レストラン

レストランはアルマス広場周辺に集まっている。一大観光地であるクスコでは、ペルー料理のほかにパスタやピザ、アジア料理と、インターナショナルな店が充実。アンデス地方の名物料理、クイ（→P.27）はクスコの名物料理なので、ぜひ味わってみたい。夜はフォルクローレの演奏や踊りが観られる店も多く、深夜までにぎわう。

Inka Grill
インカ・グリル　　MAP P.108-B2

アルマス広場に面した130人収容のレストラン。ライトアップした教会を眺めながらのディナーが楽しい。アンデスの食材を上品に料理しており、アヒ・デ・ガジーナS/39やロモ・サルタードS/55、アルパカステーキS/50などをぜひ。夜は日により静かなアンデス音楽のライブが楽しめる。

Portal de Panes 115, Plaza de Armas
☎(084) 26-2992　📠(084) 22-6989
🕚11:30～23:00　🈂無休
カード A D J M V

Pucara
プカラ　　MAP P.108-B3

日本人経営の本格派ペルー料理店。素材にこだわった伝統の味を、良心的な値段で提供。ペルーの定番料理から創作料理まで揃い、ボリュームも満点。おすすめはチキンのハーブ煮込みS/24や、クイとアルパカを一度に味わえるアンデス料理盛り合わせS/39.5、川エビのスパイシークリームソースS/38。名物のクイの丸焼きはS/68。うどんもある。

Calle Plateros 309
☎📠(084) 22-2027
🕚12:00～22:00　🈂無休　カード A D J M V

Cicciolina
チチョリーナ　　MAP P.109-D2

クスコで人気の創作イタリアンが味わえる店。おつまみ（タパス）が充実。ミックスタパスなどS/27～、アルパカのカルパッチョなどS/28～、トゥルーチャのセビーチェなどS/45～、フンギ（オンゴス）のリゾットS/48。パスタは自家製だ。メインはS/45前後。また、予約で奥のサロン席も利用できる。

Calle Triunfo 393, 2° piso
☎(084) 23-9510
🕚8:00～11:00、12:00～15:00、18:00～22:00
🈂無休　カード A D M V

La Estancia Andina Rest. Grill
ラ・エスタンシア・アンディーナ・レスト・グリル　MAP P.108-B2

アルマス広場に面した建物の2階にあるレストラン。独自のアイデアを生かした代表的なペルー料理に加え、クイやアルパカ、キヌアなど、クスコならではの食材を使った料理が楽しめる。おすすめはアルパカのアンデアンソースS/38やインカスープS/20など。肉の盛り合わせパリジャーアンディーナS/65は2人前。

Portal de Panes 147, 2° piso Plaza de Armas
☎(084) 21-5641
🕚10:00～23:00　🈂無休　カード A D J M V

La Retama
ラ・レタマ　　MAP P.108-B2

アルマス広場を望む眺めのいいゆったりとした店内。スープS/29～、アルパカ肉のステーキS/42、ペヘレイやマス料理S/42～、クイS/65などメニューは豊富で、ディナーはビュッフェ S/60も開催。また、毎日19：45から1時間、日替わりでライブショーがある。

Calle Procuradores N° 320, Plaza de Armas
☎(084) 24-2620
🕚11:00～23:00　🈂無休
カード A D J M V

Limo
リモ　MAP P.108-B2

アルマス広場に面したおしゃれな店内で、ペルー伝統料理に現代風のテイストを加えた日系フュージョン料理を楽しめる。セビーチェなどの魚介料理はもちろん、手巻きや握りなどの寿司S/8〜も。サワーやカクテルも充実している。入口はやや奥まったところにあるので、看板を目印にして。

🏠Portal de Carnes 236, 2° Piso
☎(084) 24-0668
🕐11:00〜23:00　休無休
カード A D M V

Hanz Craft Beer Restaurant
ハンズ・クラフト・ビール・レストラン　MAP P.108-B2

日本人が経営する、クラフトビールを豊富に揃えるペルー料理店。4種のビール、食後にスイーツのサービスも。接客はていねいできめ細やか。おすすめはクイのグリルS/42、サーモンのグリルとアスパラのリゾットS/43など。アルマス広場を一望できる窓際席は予約しよう。

🏠Portal de Carnes 216, 2do Nivel
☎(084) 50-0194　🕐11:00〜23:00
休無休　カード A D J M V

Museo del Pisco
ムセオ・デル・ピスコ　MAP P.109-D3

「ピスコ博物館」という店名のとおり、ペルーを始めとする各地のピスコと、ピスコを使ったカクテルが楽しめる店。グラスでS/18〜38。ジンジャエールなどの炭酸で割ったチルカーノはS/26〜、ピスコサワーはS/26〜。テイスティングと好みのピスコでのチルカーノが味わえるセットS/37。

🏠Santa Catalina Ancha 398
☎(084) 24-6907
URL www.museodelpisco.org
🕐12:00〜翌1:00　休無休
カード A D M V

Marcelo Batata
マルセロ・バタタ　MAP P.109-D2

コロニアルな建物の細い階段を上ったところにある欧米人に人気のレストラン。1階はアルパカセーターの店だ。店内からさらに階段を上った屋上のテラス席もある。メニューはペルー料理のフュージョンで、アルパカステーキS/47〜、アヒ・デ・ガジーナS/47(写真)、ロモ・サルタードS/53など。料理教室も開催している。

🏠Calle Palacio 121
☎(084) 22-2424
URL www.cuscodining.com
🕐12:30〜22:00　休無休　カード A D J M V

Inkazuela
インカスエラ　MAP P.109-C2

ナサレナス広場に面したコロニアルな建物の2階にある。カスウエラという土鍋に入ったスープがメイン。スパイシーな鶏肉のココナッツミルク煮S/39、アルパカ肉の赤ワイン煮S/45など、全部で13種類あり、パンが付く。ほかにセビーチェやロモ・サルタード、キヌア料理なども。

🏠Plazoleta Nazarenas 167
☎(084) 23-4924
🕐月17:00〜22:00　火〜日12:00〜22:00
休無休　カード V

Pacha Papa
パチャ・パパ　MAP P.107-C1

サン・ブラス教会の向かいにある人気レストラン。おすすめのパチャパパS/48は、アルパカ肉の串焼きとロコト・レジェーノ、タマル、ジャガイモと、クスコ名物の盛り合わせ。また、店の中央にある立派な窯で焼き上げるアツアツの6種あるピザS/38も人気だ。

🏠Plaza San Blas 120, San Blas
☎(084) 24-1318
🕐11:30〜23:00　休無休
カード A D J M V

Nuna Raymi

ヌナ・ライミ　　　MAP P.109-C3

　12角の石の近く、2階にあるカフェレストラン。定番のロモ・サルタードはS/42。おすすめはハーブやチリでアルパカを柔らかく煮込んだアルパカ・エン・エル・ウクパチャ S/39で、キヌアを使ったヘルシーなメニューも人気。入口ではフルーツやジャムなどを販売している。

🏠 Calle Triunfo 356
☎ (084) 22-4644
URL www.nunaraymicusco.com
🕐 8:30〜22:00　　休無休　カード A D M V

Incanto

インカント　　　MAP P.109-C3

　太陽の神に仕えた女性たちが住んでいた、アクリャワシの立派な壁が残るイタリアンレストラン。ホームメイドパスタS/32〜51、釜焼きピザS/39が自慢。メインはS/48〜。ティラミスなどのデザートも充実している。また、こだわりのワインが豊富に揃い、バーカウンターもある。

🏠 Calle Santa Cantalina Angosta 135
☎ (084) 25-4753
🕐 11:00〜22:30　　休無休
カード A D J M V

El Meson de Espaderos

エル・メソン・デ・エスパデロス　　　MAP P.108-B3

　パリジャーダの専門店。炭火でじっくり焼いた串刺しの肉はなんともいえないおいしさ。肉のバリエーションが豊富で、ビーフのほか、チキン、ポーク、アルパカなどがある。パリジャーダはS/59〜、クイのパリジャーダはS/65、いずれも2人前。メインを頼むとサラダバーが付く。

🏠 Calle Espaderos　105, 2° Piso
☎ (084) 23-5307
🕐 11:00〜24:00
休無休　カード A D J M V

Granja Heidi

グランハ・ヘイディ　　　MAP P.109-D2

　ドイツ人が経営するアットホームなレストラン＆カフェ。自家製ミルクを使用して作るクレープS/17〜22やホームメイドケーキS/10が地元でも好評。日替わりランチは前菜、スープ、メインにデザートなどが付いてS/28。夜はサイコロ牛肉のステーキS/48やアンデスの伝統料理を味わえる。日本語メニューあり。

🏠 Cuesta San Blas 525, 2° Piso
☎ (084) 23-8383
URL www.granjaheidicusco.com
🕐 11:30〜21:30　　休日　カード不可

Quintas Eulalia

キンタス・エウラリア　　　MAP P.106-B1

　1941年創業、3代にわたって地元の味を守って来たクスコ料理の老舗。おすすめは子豚の炭火焼レチョンLechón S/35やクイS/45、具だくさんのスープ、チャイロS/12など。料理にはロコト・レジェーノやジャガイモなどが付いてくる。

🏠 Calle Choquechaca 384
☎ (084) 23-4495
🕐 12:00〜17:00　　休月　カード不可

ペルー料理にチャレンジ！

　ペルー料理に興味を持ったらクッキング教室に参加してみては。ペルーの国民食でもあるロモ・サルタードを始め、ロコト・レジェーノ、アヒ・デ・ガジーナ、カウサなどの作り方を学べる。クラシック教室ではシェフと一緒に市場で買い物をして料理を習い、作った料理はその場で味わえる。5種のコースがあり、所要1時間30分または3時間。事前予約がおすすめ。

料理教室
Cooking Clases
MAP P.108-A3
🏠 Calle San Juan de Dios 283
☎ (084) 25-6028
🕐 S/140

Jack's Café Bar

ジャックス・カフェ・バー　MAP P.109-D2

　ボリューム満点のサンドイッチが人気のカフェ。朝食セットCombo Flaco S/22.5やパンケーキS/18～、フレンチトーストもおいしい。おすすめはチキンサンドイッチS/23.5やトルティージャ S/25など。スタッフも明るく感じがいい。

🏠Calle Choquechaka 509
☎(084) 25-4606　URL jackscafecusco.com
🕐7:30～23:30　休無休　カード不可

Paddy's Irish Pub

パディズ・アイリッシュ・パブ　MAP P.109-C3

　世界最高所にあるアイリッシュ・パブで有名。アルマス広場からすぐの建物の2階にあり、店内はパブらしいアンティークな雰囲気。ビールを始めとするドリンク類S/10～。サンドイッチS/19.5～、ピザS/25など食事も自慢。朝食S/21も出している。

🏠Triunfo 124　☎(084) 26-0255
🕐10:00～翌0:30　休無休　カード不可

クスコのエンターテインメント

ペーニャ

Don Antonio Restaurante

ドン・アントニオ　MAP P.108-A2

　座席数250のレストラン。食事はビュッフェスタイルでランチS/50、ディナー S/75（ドリンク代別）。ショーは毎晩20:00～22:00の間に2～3組のグループが出演する。事前に予約をしたほうがいい。

🏠Calle Santa Teresa 356　☎FAX(084) 22-1318
🕐12:00～15:00、19:30～23:00
休無休　カード不可

Inka Wasi Restaurante

インカ・ワシ　MAP P.108-A3

　コロニアルな建物を改装した、まるで美術館のようなレストラン。2階は同名のブティックホテルになっている。食事はペルー料理が中心で、牛肉、アルパカ、マス料理などがS/40前後。フォルクローレショーは日曜を除く毎日20:00～21:00。カバーチャージS/8。

🏠Plaza Regocijo 261　☎(084) 63-2533
🕐11:00～22:00
休無休　カードADJMV

Tunupa Restaurante

トゥヌパ　MAP P.108-B3

　アルマス広場が見下ろせる150名収容のレストラン。昼も夜もビュッフェ形式S/85。毎日19:30～21:30にはフォルクローレショーがあり、民族舞踊などが見られる。ショーが見られる席を希望の場合は早目に予約を。

🏠Portal Confituria 233, 2°piso, Plaza de Armas
☎(084) 25-2936
🕐12:00～22:30
休無休　カードADJMV

Centro Qosqo de Arte Nativo

セントロ・コスコ・デ・アルテ・ナティーボ　MAP P.107-C3

　1924年創業。本格的なフォルクローレ音楽と伝統舞踊を上演する団体としては、ペルーで最も古い。食事はできないが、Carnaval de TintaやSonconac-uyなど、クスコ各地の踊りが見学できる。色鮮やかな民族衣装は一見の価値あり。入場料はS/30。クスコ周遊券2でも入場可。

🏠Av. El Sol 604　☎(084) 22-7901
URL centroqosqodeartenativo.com
🕐18:30～20:00(19:00開演)　休無休　カードV

Shopping

クスコの ショップ

ショッピングはクスコの楽しみのひとつ。民芸品やセーターなどを売る店は、アルマス広場周辺に集まっている。また、レゴシホ広場の前には露店の民芸品屋がズラリ。売っているものはどこもほとんど同じ。露店で買い物をするなら、値段はすべて交渉。質のよいアルパカセーターを求めるなら、きちんとした店で、値段もそれなりのものを選んだほうが無難だ。

Centro de Textiles Tradicionales del Cusco
セントロ・デ・テキスタイレス・トラディシオナレス・デル・クスコ　MAP P.107-C3

アンデス伝統の織物技術を守り、地元住民の生活を支援するために創られたNGO。現在クスコ周辺の10の共同体が参加している。アルパカや羊毛の染色は、100％天然染料。店内では織物の実演をしている。また本格的な織物や染物の博物館も併設。見学無料、写真撮影不可。

📍Av. El Sol 603　☎(084) 22-8117/23-6880
URL www.textilescusco.org
🕐月〜日7:30〜20:00
休無休　カード A D J M V

Choco Museo
チョコ・ムセオ　MAP P.108-A3

ショップ、カフェ、ミニ博物館、教室が揃うチョコの専門店。ペルー産カカオで作ったチョコレートはカカオ70％のほか、コカや食用ほおずき入りなど約30種類あり、板チョコ1枚S/22、ボンボン8個S/18。カカオのお茶、チョコのお酒、化粧品なども。カフェではチョコレートドリンクが飲める。

📍Calle Garcilaso 210, 2° piso
☎(084) 24-4765
URL www.chocomuseo.com
🕐9:00〜19:30　休無休　カード A D J M V

Alpaca Tamon
アルパカ・タモン　MAP P.108-A3

ガルシラシ通り沿いの建物の中庭に面したアルパカセーターの店。メンズ、レディス、マフラーや小物までアルパカ製品がいろいろ。セーターはベビーアルパカを使ったオリジナルデザイン。セーターUS＄100〜。支払いは日本円でもOK、現金払いで5％のディスカウント。

📍Calle Garcilaso 210 Int. 105
☎(084) 20-0652
🕐月〜日10:00〜20:00
休無休　カード A D J M V

Pedazo de Arte
ペダソ・デ・アルテ　MAP P.108-A2

アルマス広場近くの老舗雑貨店。民芸品やリサイクル品など多岐にわたる商品の一部は、店のオリジナル。自社デザインのアルパカセーターはUS＄189〜、US＄1以下の小物も多く、バラマキみやげ探しにも便利。クスコの最新イラストマップももらえる。

📍Calle Plateros 334-B　☎(084) 24-2967
URL www.pedazodearte.com
🕐月〜金10:00〜21:30 土日12:00〜21:00
休無休　カード V

Kuna by Alpaca 111
クーナ・バイ・アルパカ・111　MAP P.108-A3

ペルーの高級アルパカ製品のブランドショップ。欧米でもデザインや品質は高い評価を得ており、特に最高級のビクーニャ製品はペルー政府から唯一、その生産を許可されている。人気のベビーアルパカ100％のショールはS/399〜。空港を含めクスコに7店舗あり。

📍Plaza Regocijo 202　☎(084) 24-3233
URL kunastores.com
🕐7:00〜22:00(店舗により異なる)
休無休　カード A D J M V

República del Cacao
レプブリカ・デル・カカオ MAP P.108-B2

マチュピチュの北にあるフルーツの産地として知られる、キリヤバンバのカカオを使ったチョコレートを販売。マラスの塩、コカなどを加えたペルーらしい板チョコは各S/32。値段は高めだが、パッケージがかわいくておみやげに最適。板チョコ7枚が木製のケースに入ったものはS/310。

🏠 Plaza de Armas, Portal de Carnes 260
☎ (084) 26-0302
🕐 9:30〜21:30
休 無休 カード A D J M V

Awana Wasi
アワナ・ワシ MAP P.108-B2

クスコ郊外にある織物の城「Awana Kancha」の店舗。商品はすべてベビーアルパカ100%。天然染料を使って織り上げられたマントやチューヨ（アンデスの帽子）は見事だ。ベビーアルパカの毛を使ったバッグやぬいぐるみもある。織物はS/298〜。平均価格帯はS/600〜700。

🏠 Portal de Panes 167, Plaza de Armas
☎ (084) 22-1206
🕐 8:00〜21:00
休 無休 カード A D J M V

Chaski
チャスキ MAP P.107-C2

コリカンチャの入口そばにある、オリジナルシューズをオーダーできる店。採寸してもらい、シューズの形、革と生地を選ぶ。ショートブーツはS/160〜、ロングはS/190で、カラーブロックのデザインもある。1〜2日でできあがるが、多少遅れる可能性もあるので、余裕をもって注文しよう。オーナーのホセさんはスペイン語のみOK。

🏠 Santo Domingo 250
☎ 984-651-193
🕐 8:00〜20:00 休 日 カード M V

Centro Artesanal Cusco
セントロ・アルテサナル・クスコ MAP P.107-C4

ワンチャック駅の隣にある小さな民芸品店の集合体。セーター、帽子、楽器、Tシャツ、タペストリーなど民俗色あふれるアイテムであふれかえっている。売っているものはアルマス広場周辺の露店とあまり変わらないが、眺めて歩くのも楽しい。明確な値段表示がない店が多いので、購入する際は値段交渉が必要。

🏠 Av. El Sol y Av. Tullumayo
☎ なし 営休カード 店舗により異なる

Joyería Aldo
ホジェリア・アルド MAP P.108-B2

クスコ市内に2店舗、リマに本店をもつ高級ジュエリーショップ。インカやプレ・インカをモチーフとした金銀の宝飾品のデザインに定評がある。ラピスラズリ、ダイヤモンドなどの宝石を使った高級品から、金の小物まで。18KのペンダントヘッドUS$190〜。

🏠 Portal Panes 101, Plaza de Armas
☎ (084) 23-9044 URL www.joyeria-aldo.com
🕐 9:00〜22:00
休 無休 カード A D J M V

読者投稿

アンデスの織物を使ったシューズやバッグがずらりと並ぶ革製品のお店。職人のお父さんと息子さんが作り、生地は息子さんの奥さんの実家で作っているそう。1〜2日でオーダーもでき、ロングブーツはS/150〜、ミディアム丈はS/130〜。レースアップやジッパー付きもあって、かわいいフリンジブーツはS/180でした。 （東京 麻衣子 '19）

Pallay Inka
パリャイ・インカ MAP P.109-D3

🏠 Calle San Agustin 220 ☎ 953-093-838
🕐 8:00〜22:00 休 無休 カード A D J M V

Machu Picchu

マチュピチュ

リマ●
★
マチュピチュ

標高 **2400m**

MAP P.38-B3

市外局番 ▶ **084**
（電話のかけ方は→P.40）

US$1=**S/.3.3**

※本誌の巻頭に詳細な「マチュピチュ別冊マップ」あり。

INFORMATION

🛈 観光案内所
i-Perú
MAP P.147
🏠 Av.Inka Pachacutec Cua
dra 1 s/n,oficina4
☎ (084)21-1104
URL www.peru.info
🕐 9:00～18:00
休 無休
　アルマス広場のすぐ
そば、文化庁と同じ建
物内にある。マチュピ
チュをはじめ、インカ
の聖なる谷、クスコの
情報も手に入る。

マメ知識
さすが太陽の国、
マチュピチュの
日差しは強烈
　マチュピチュはクスコよ
りも標高が低い。だからた
とえクスコの朝が寒くて
も、マチュピチュに着くと
かなりの暑さだ。紫外線も
強く、遺跡内は日陰もほと
んどないので帽子は必携。
日焼け止めも持っていこ
う。また、日焼け防止と虫
除けのために、暑くても長
袖シャツを着用することを
おすすめする。

山上に浮かび上がる石造りの都市マチュピチュ

　くねくねとした山道を登りつめると、目の前に突然、石造りの都市が現れる。"空中都市"あるいは"失われた都市"と呼ばれるマチュピチュだ。16世紀前半、スペインによりインカ帝国が征服されると、スペイン軍はインカの都市をことごとく破壊し尽くした。しかし、標高約2400mに造られたマチュピチュは見つかることなく、ほぼ無傷のまま残された。インカ帝国の滅亡から400年近くを経過した1911年、ハイラム・ビンガムによって発見されたときには、マチュピチュは草に埋もれた廃墟となっていた。

　マチュピチュはクスコからウルバンバ川に沿って約114km進んだ奥深いジャングルの中にある。遺跡は、標高3061のマチュピチュ山（ケチュア語で"老いた峰"の意）と2690mのワイナピチュ山（同じく"若い峰"）を結ぶ尾根にあり、麓からは約400mの標高差がある。断崖ととがった山々に囲まれ、はるか下を流れるウルバンバ川流域は密林に覆われたジャングル。麓からその姿を確認することはできず、空中からしか存在を確認できないことが"空中都市"と呼ばれるゆえんだ。

　マチュピチュは1450年頃、インカ第9代皇帝パチャクティの時代に造られたといわれている。尾根に広がる都市部分だけでも5km²あるが、実際は倍以上の広さがあるとされ、現在も調査が進められている。斜面には段々畑が造られ、マチュピチュの住民の食料となるジャガイモやトウモロコシが栽培された。マチュピチュの都市部は高さ5mにもおよぶ壁に囲まれ、市街は広場を中心に神聖なエリアや神殿、居住区とからなっている。このことからも、クスコと同じような機能をもった、王が滞在する都市のひとつだったことが想像される。また、マチュピチュはアマゾン熱帯雨林の入口に当たることから、部族の制圧や物流に関して重要な意味があったという説もある。

インカ帝国の滅亡

インカ帝国はスペインが到着した1530年頃に全盛期を迎えていた。領土は現在のコロンビア南部からチリ北部まで南北約4000kmに及び、まさに南米最大の大帝国が誕生していたのである。ところが1532年、フランシスコ・ピサロ率いる200人にも満たないスペイン人征服者（コンキスタドール）によって、第13代王アタワルパが捕らえられ、インカ帝国はもろくも崩壊してしまう。インカの首都クスコはスペイン人の手に渡り、町は破壊されてしまった。クスコを逃れたインカ軍は、スペイン人たちの手が届かないジャングルの奥地に秘密基地ビルカバンバを造り、細々とではあるが抵抗を続けていた。

マチュピチュの発見

その後に起こったインカ軍の反乱も制圧され、結局ビルカバンバは見つかることなく、いつしか「伝説の都」と呼ばれるようになる。ビルカバンバはいったいどこにあるのか？　ビルカバンバに関する古い記

ワイナピチュからはマチュピチュを一望できる

録—非常に高い山の頂にあり、精巧な技術で建造された壮大な建物がそびえたつ—その数行の文にヒントを得たアメリカの歴史学者ハイラム・ビンガムHiram Binghamは、1911年7月24日、草に覆われた段々畑をよじ登り、山の上にるいるいと広がる遺跡を発見した。インカ帝国の滅亡からおよそ400年。こうしてマチュピチュは長い眠りから目覚めたのである。

マチュピチュの発見は、インカの謎の都市ビルカバンバの発見だと思われたのだが、インカ帝国の人々が持ち出して隠したとされる黄金などが発見されないことから、どうやらビルカバンバはさらに奥地にあったことがわかっている（現在は、マチュピチュの西約80kmにあるエスピリトゥパンパこそがビルカバンバであるというのが定説になっている）。しかし、マチュピチュの考古学

周辺にある岩を切り出して都市を建設した

的価値が下がることはなかった。スペイン軍により徹底的に破壊されたインカの都市が、ほぼ完全な状態で残されているのはまさに奇跡と呼ぶにふさわしかったからだ。

失われたインカの都市造りを今に伝える遺跡と、その周辺に広がる手つかずの自然はマチュピチュ国立公園に指定されるとともに、ユネスコの文化・自然双方からなる複合遺産に登録されている。

マチュピチュで最も高い場所に位置する神聖な広場からインティワタナ（日時計）へ

マチュピチュへの行き方

マチュピチュには空港がないため、最寄りのクスコまで飛行機で行き、そこから車と列車を乗り継いでマチュピチュ下のマチュピチュ駅へ、さらに専用バスでハイラム・ビンガム・ロードのつづら折りの坂を25分ほど上ってマチュピチュ遺跡入口に到着する。

オリャンタイタンボ駅に停車中のペルーレイル

マチュピチュへの列車

マチュピチュ行きの列車を運行しているのはペルーレイルPerurail、インカ・レイルInca Railの2社。乗車駅はクスコ近郊のポロイPoroy駅と、オリャンタイタンボ（→P.120）にあるオリャンタイタンボOllantaytambo駅。2社ともオリャンタイタンボ駅からの運行便数のほうが多くて利用しやすい。オリャンタイタンボまでバスか車で行き、そこから列車に乗る方法が一般的だ。ペルーレイルには、ウルバンバとマチュピチュを一日一往復する路線もある。

チケットは事前購入がおすすめ

チケットは事前購入がおすすめだ。各社のウェブサイトから購入できる。現地では、リマの空港、クスコの空港とアルマス広場にあるオフィス、ワンチャック駅、オリャンタイタンボ駅などで購入できる。旅行会社でも手配が可能。ハイシーズンは非常に込み合うので、早めの予約がおすすめ。

なお、旅行会社に依頼した場合、クスコ市街からポロイ駅までの送迎、クスコ～オリャンタイタンボ間の移動なども含まれたものが一般的で便利。ただし、クスコの旅行会社は日曜が休みのところが多いので、時間がない人は日本からウェブサイトや旅行会社を通して予約をしていったほうがいい。

乗車の際は、パスポートなどの身分証明書が必要。列車はほぼ定時に出発する。30分前までに駅に到着するようにしよう。

列車内に持ち込める荷物は、手荷物のバッグやウエストポーチなどのほかに、ひとり1個まで。大きさは縦・横・高さの合計が157cm以下で重さは5kgまでとなっているが、マチュピチュ村に宿泊する人も多く、スーツケースなども専用スペースに置いてくれる。

■クスコ～マチュピチュの移動方法と所要時間

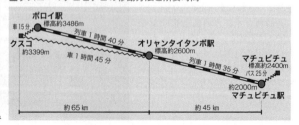

クスコからのツアーでマチュピチュへ

クスコの旅行会社では、チケットの販売のほかガイド付きのツアーも催行している。英語ガイドのほか、日本語ガイドでのツアーを頼むこともできる。一般的なツアーは、ピサックの市場を見学後、オリャンタイタンボに行き、遺跡を見学してから列車に乗ってマチュピチュへ行くもの。同じツアーでもランチ付きや送迎ありなどで料金が変わるので、まずは各旅行会社に相談してみよう。

マチュピチュ行き列車
ペルーレイル
Perurail
☎(084)58-1414
（コールセンター）
URL www.perurail.com
※詳細は右ページ参照。
インカ・レイル
Inca Rail
☎(084)58-1860（クスコ）
URL www.incarail.com
プライベート、ファースト、360°、ボイジャーの4つのクラスがある。プライベートクラスとファーストクラスは食事やアルコール類のサービスが含まれている。
オリャンタイタンボ～マチュピチュ
🚂片道
ファーストクラス
S/209～
ボイジャークラス
S/70～

インカ・レイルの列車

ポロイ駅、オリャンタイタンボ駅までのアクセス

クスコからポロイ駅までタクシーで約15分、S/20程度。オリャンタイタンボ駅までは1時間30分ほど、S/75程度。オリャンタイタンボ駅までコレクティーボを利用することもできる、S/10（→P.120）。ただし、タクシーやコレクティーボはスピードを出しすぎて事故も多いため、旅行会社の送迎を利用するほうが無難だ。

クスコ近郊のポロイ駅

138

ペルーレイルが運行する3種類の列車

便数が最も多く利用しやすいのがペルーレイル。運行している列車は以下の3種類。料金の違い＝サービスの違いとなる。いずれも全席指定でコンピューターに自動で座席が振り分けられる。

ハイラム・ビンガム　　　Hiram Bingham

ポロイ駅とマチュピチュ駅を結ぶ豪華列車。列車内でのブランチ（行き）とカクテルディナー（帰り）、Ⓗベルモンド・サンクチュアリ・ロッジ（→P.148）でのアフタヌーンティー、マチュピチュの入場料、マチュピチュ駅〜マチュピチュ間のシャトルバス

動く豪華レストランのようなハイラム・ビンガムの車内

往復乗車券、列車内での英語ガイド料金が含まれている。

ビスタドーム　　　Vistadome

最も一般的で、観光客に人気が高い列車がビスタドームだ。各車両の上部がガラス張りになっているため、あたりの風景がパノラマで眺められる。往路、復路ともに軽食とドリンクが付き、車内販売や、マチュピチュ発の復路ではアルパカ製品のファッションショーおよび販売も行われる。ポロイ駅からの列車は編成が長く、先頭に牽引車が付くが、オリャンタイタンボ駅からの列車は2〜3両編成と短く、先頭車両の運転手横にも客席がある。

エクスペディション　　　Expedition

3つのクラスのなかで最もリーズナブル。車両はとてもシンプル。飲み物とスナック菓子のサービス、車内販売も行われる。

＊ ハイラム・ビンガム
🚆往復US$963〜1031
　片道
　ポロイ→マチュピチュ
　US$585〜
　マチュピチュ→ポロイ
　US$560〜

ビスタドーム
🚆片道
　ポロイ〜マチュピチュ
　US$95〜115
　オリャンタイタンボ〜
　マチュピチュUS$85〜125

エクスペディション
🚆片道
　ポロイ〜マチュピチュ
　US$75〜90
　オリャンタイタンボ〜
　マチュピチュ US$60〜105
※いずれも時期・時間帯により料金変動

ビスタドームの食事

パノラマの景色とサービスを満喫できるビスタドーム

■ペルーレイル列車時刻表（2019年10月現在）

駅名／列車名	クスコ発	オリャンタイタンボ発	マチュピチュ着	駅名／列車名	マチュピチュ発	オリャンタイタンボ着	クスコ着
Ex		5:05	6:35	Vi	5:35	7:44	
Ex		6:10	7:40	Ex	8:53	10:52	
Ex	6:40	−	9:54	Vi	10:55	12:32	
Vi		7:05	8:27	Vi	12:46	14:19	
Vi	7:35	−	10:52	Vi	13:37	15:04	
Ex		7:45	9:15	Ex	14:55	16:31	
Vi		8:00	9:25	Ex	15:20	17:08	19:05
Ex		8:29	9:54	Vi	15:48	17:29	
Vi	8:25	−	12:11	Vi/Ex	16:22	18:10	
Vi		8:53	10:29	Vi	16:22	18:10	
Hi	9:05	−	12:24	Vi	16:43	18:31	20:23
Vi		9:15	10:52	Vi	17:23	19:02	20:52
Vi		10:32	12:11	Hi	17:50	−	21:16
Ex		12:55	14:25	Vi	18:10	19:51	
Vi		13:27	14:50	Vi	18:20	20:05	
Vi		15:37	17:02	Ex	20:50	22:20	
Ex		19:04	20:45	Ex	21:50	23:35	
Ex		21:00	22:45				

Hi ／ハイラム・ビンガム、Vi ／ビスタドーム、Ex ／エクスペディション
※上記の他に Perurail Scred Valley があり、ウルバンバ Urubamba とマチュピチュを一日一便往復している。

マチュピチュ駅から
マチュピチュへのバス

マチュピチュ行きのバスの始発は5:20。以後、乗客がいるかぎりマチュピチュ間をピストン輸送する。ハイシーズンは4:30ごろからバス待ちの列ができ始め、乗車まで1時間ぐらい並ばなければならないこともある。バスチケットは当日でも購入できるが、日本からのツアーや現地でのツアー参加の場合は、事前に発券される。

片道US$12

マチュピチュの入場時間と
料金
マチュピチュ遺跡のみ
6:00〜16:30
大人S/152
学生S/77
マチュピチュ遺跡とマチュピチュ山
7:00〜8:00入場
9:00〜10:00入場
大人S/200
学生S/125
マチュピチュ遺跡とワイナピチュ
7:00〜8:00入場
10:00〜11:00入場
大人S/200
学生S/125
※学生は国際学生証の提示が必要。子供（8〜17歳）は学生と同じ値段。

マチュピチュの入場券の購入方法
入場券はマチュピチュ遺跡の入口では購入できないため、事前に入手する必要がある。日本出発前に購入する場合は、各自で以下のサイトから手続きをするのが早い。クレジットカードで支払を済ませるとチケットが発券される。プリントを忘れないよう持参しよう。

URL www.machupicchu.gob.pe

※マチュピチュのチケット発券を代行する似たようなページに注意。

マチュピチュ村では、観光案内所（MAP P.147）と同じ建物内にある文化庁（INC）の窓口にて購入できる。当日でもマチュピチュ遺跡のみはたいてい購入できるが、ワイナピチュとのセット券は数日先まで売り切れの場合が多い。クスコの文化庁（MAP P.109-D4）や旅行会社（別途手数料）でも購入可。

マチュピチュ駅からマチュピチュへ

マチュピチュ駅に到着し、駅舎を出ると大きな民芸品市場に入る。ここを通って外に出るとアグアス・カリエンテス川沿いの道に出る。マチュピチュ駅行きのバスは橋を渡ったところにある。たいてい長い行列ができていて、バスが何台も停まっているからすぐ分かるだろう。マチュピチュ行きのバスのチケットを持っていない場合は、バス停横にある小さなオフィスでチケットを購入する。なお、マチュピチュの入場券を持っていないとバスには乗れない。

バスは乗客が集まると出発する

歩き方

マチュピチュ駅の標高は約2000m。クスコより約1400m低いこともあって空気が暖かく感じられ、高山病に悩まされていた人も元気を取り戻す。

マチュピチュ駅からは標高差400mの斜面を登りつめることになる。シャトルバスを利用しない場合、上まで歩くと2時間はかかる。このくねくねした坂のことを発見者の名にちなんでハイラム・ビンガム・ロードと呼んでいる。ジグザグを13回折り返すと、Hベルモンド・サンクチュアリ・ロッジ（→P.148）が建つマチュピチュの入口に着く。

マチュピチュ遺跡のみの見学はクスコからの日帰りも可能。ガイドの案内でぐるりと回って、所要3時間20分ほどだ。マチュピチュには入場制限があり、1日3000人までと決まっている。チケットは当日でも購入可能だが（欄外参照）、事前購入がおすすめ。かつては1度入場すると何時間でもいられたが、2019年9月現在、滞在時間は最大4時間となった。午前の部と午後の部に分かれているが、1時間きざみでチケットを販売しているため、正午をまたいで滞在することも可能。

また、ワイナピチュやマチュピチュ山に登るなら、事前予約は必須。ワイナピチュは1日400人、マチュピチュ山は800人の入山規制があるためだ。特にワイナピチュは、数ヵ月も前から予約で埋ってし

まう。いずれも入山時間が決められているため、前日にマチュピチュ村や、Hベルモンド・サンクチュアリ・ロッジに宿泊することになる。

入口からしばらく行くとマチュピチュとワイナピチュへの分岐がある

おもな見どころ

見張り小屋

Racinto del Gurdián **MAP** P.141

　マチュピチュは歩くルートが決められている。遺跡入口から崖に沿った道を200mほど行くと、最初の建物群が現れる。草を葺いて復元されたこれらの建物は、コルカと呼ばれる貯蔵庫。この場所からは見えないが、コルカの向こうには段々畑（アンデネス）が遺跡まで300mほど続いている。畑で取れた作物は、風通しのいいコルカで保管された。コルカの手前を左へ、急坂を上る途中に水路がある。さらに、森の中の道をジグザグに上る。ちょっとした登山だ。やがて、目の前が突然開け、マチュピチュが姿を現す。小高い場所にあるのは復元された見張り小屋で、ここからの眺めは、眼下にマチュピチュ全景、その向こうにワイナピチュ、周囲にはプトゥクシ、ヤナンティン、サン・ミゲールといった、4000〜6000m級の高峰がそびえ立つ。しばし時間を忘れて、展望を楽しもう。

段々畑の最上段に建ちマチュピチュを一望できる

葬儀の石

La Roca Funeraria **MAP** P.141

　葬儀の石と呼ばれているが、宗教儀式などが行われたであろう、ステップが彫り込まれた大きな石。背後には墓地があり、葬儀と何かつながりがあるのではないかと考えられている。

CHECK マチュピチュ見学のガイドについて

　2019年9月現在、マチュピチュ遺跡への入場は、ガイドの同行が義務づけられている。しかし、実際にはガイドなしでも入場でき、旅行者のみで歩いていて注意されることもない。日本からのツアーやクスコなどからのツアーにも現地語ガイドも含まれている。個人ガイドを頼む場合は遺跡の入口前で申し込む。4人グループで1人S/60、またはUS$20ほど。1人ではS/200、またはUS $60ほど。

　マチュピチュ山やワイナピチュへ登る場合は、下山後に遺跡入口でガイドと合流し、遺跡内を巡ることとなる。

マチュピチュ見学の注意事項
別冊P.5参照。

巧みに加工された石が意味するものは（葬儀の石）

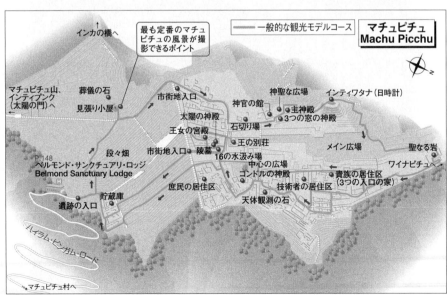

最も定番のマチュピチュの風景が撮影できるポイント

━━━ 一般的な観光モデルコース

マチュピチュ
Machu Picchu

インカの橋へ

マチュピチュ山、インティプンク（太陽の門）へ

葬儀の石
見張り小屋

市街地入口

神聖な広場
神官の館
主神殿
3つの窓の神殿
インティワタナ（日時計）

太陽の神殿
石切り場

王女の宮殿

P.148
ベルモンド・サンクチュアリ・ロッジ
Belmond Sanctuary Lodge

段々畑

市街地入口
陵墓
王の別荘
16の水汲み場
中心の広場
コンドルの神殿

メイン広場
聖なる岩
ワイナピチュへ

貯蔵庫
遺跡の入口

庶民の居住区
技術者の居住区
貴族の居住区（3つの入口の家）

天体観測の石

ハイラム・ビンガム・ロード

マチュピチュ村へ

※本誌の巻頭に詳細な解説がついた「マチュピチュ別冊マップ」あり

マチュピチュの入口のトイレ
マチュピチュの遺跡の中にはトイレがないので、有料トイレ（S/2）で済ませておきたい。見学中にトイレに行きたくなった場合は再入場できるので、入口まで戻る。シャワーもある。また、入口の赤十字診療所を利用することができ、簡単な処置や薬などを買うことができる。

段々畑 {#dandanbatake}

Andenes **MAP** P.141

段々畑（アンデネス）の見渡す限りのスケールの大きさには、圧倒されるばかりである。何百もの人が畑で農作業にいそしむ光景はさぞ壮観だったろう。インカは段々畑を作るにかけて天才的な能力を発揮した。いや、発揮せざるをえなかった事情があった。マチュピチュには300〜1000人が生活していたと考えられ、住民の生活の糧を得るために、畑ではジャガイモやトウモロコシ、コカ

の葉などが生産された。作った作物は通年食べられるよう乾燥させて、コルカ（貯蔵庫）で保管した。また、段々畑にはさまざまな用途があり、東側の太陽の当たる畑では作物が作られたが、西側の太陽の沈む側の畑は神への感謝の捧げ物を置いた場所であり、急斜面の段々畑は山崩れを防ぐ目的で作られた。近年、ビルカノタ川（ウルバンバ川）近くにも段々畑が見つかり、調査・修復が行われている。

雨季には段々畑の緑がより青々として美しい

市街地入口 {#shigaichiiriguchi}

Puerta de Acceso a la Ciudad **MAP** P.141

マチュピチュを見下ろす高台から階段を下っていくと、高さ2m20cmの本来マチュピチュの正門だった入口に着く。内側から眺めると、上に丸い出っ張りと両脇に石棒の挟まった凹みがある。ここには木の扉が付けられていたと考えられ、岩の凹みや出っ張りの穴を利用して横棒と縦棒を通し、扉が開かないようにしていた。王女の宮殿の通路にも同じような構造の門が見られる。

内側から見た市街地への入口の門

COLUMN　インカ帝国—その発祥と衰退

インカ族の発生にはふたつの伝説がある。ひとつは、インカ王国を最初に開いたマンコ・カパックがティティカカ湖から現れ、太陽の神の子として周辺の民を指導しながらクスコ盆地にやってきたとする伝説。もうひとつは、創造神ビラコチャの命令を受けた8人の兄弟姉妹がクスコ付近の洞窟を出てクスコに住みついたという伝説である。8人のうち最後に残ったのがマンコ・カパックである点は最初の伝説と一致する。インカ帝国は13代続いたが、初代から7代までは実在しないとされている。そこで王国発生は13世紀末、すなわちスペイン人到来の200年ほど前となる。

最初はクスコ盆地の1部族だったインカ族は、15世紀後半の約50年間に北はコロンビア、南はアルゼンチン、チリにいたる広大な版図を手中に収めることとなった。その卓抜した軍事力の根源は十分に解明されていないが、軍事力を支えるための農業生産と社会組織に革命的な方式が導入されたことが要因となったと思われる。段々畑による穀類の生産、反乱

防止のための人口移動、キープという縄による統計管理、発達した道路網、集団労働など、いずれも完成度が高かった。とりわけ石造建築や頭がい骨切開などの外科手術についてはあらためて述べるまでもない。

一枚岩のように強固な帝国も16世紀に入るとひび割れを生じ始めた。発展が急であったため皇位継承法が確立しておらず、12代の皇帝争いはキト（アタワルパ）とクスコ（ワスカル）とで対立した。ふたりの対立が争いとなった1532年、南米へと歩を進めていたスペイン人にこうした弱点を突かれたインカ帝国は、もろくも壊滅してしまう。

インカ征服史中、アタワルパ王に対するスペイン人の残忍で屈辱的な扱いはその後の西洋不信、インディヘナ文明賛美の感情をつのらせた。ペルーのフォルクローレ『コンドルは飛んで行く』もハイラム・ビンガムと同じアメリカ人の手で世界中に紹介された。インディヘナ文明の再評価は、壮大なマチュピチュの遺跡を通じて決定的になったといっても過言ではないだろう。

太陽の神殿と陵墓 Templo del Sol (Torreón) y La Tumba Real MAP P.141

太陽の神殿と呼ばれる巨大な建物の下に、巨大な岩石に斜め半分をさえぎられた三角形の石室があり、ほぼ中央に石の突起物が墓石のように出ている。これをハイラム・ビンガムはミイラを収めた陵墓と考えたが、実際にミイラが見つかることはなく、詳細はわかっていない。発掘品から、大地の神パチャママの神殿だったという一説がある。

ミイラが安置されていたのか

冬至と夏至に窓から太陽の光が入り、黄金の像を照らしたという

陵墓の上の太陽の神殿にある土台はクスコにあった太陽の神殿とよく似た造りになっている。自然石の上に建てられた見事な石積み技術は、マチュピチュ随一で、美しいカーブを描いている。神殿を見上げると東に向いたふたつの窓があり、ひとつの窓は冬至に、もうひとつの窓は夏至に太陽の光が入る設計になっている。

下が陵墓、上が太陽の神殿になっている

入口の下方に丸い穴が数個開いており、石の中を曲がりくねって内側にぬけている。ビンガムはこれを"毒蛇の通路Ventana de las Serpientes"と呼んだ。不思議なことに、穴は石の中で鋭角に屈折して、反対側へ抜けているという。

王女の宮殿 Aposento de la Ñusta MAP P.141

太陽の神殿の隣にあり、ビンガムによれば、王女か貴族、または太陽の神殿を守る者が住んでいたという。インカ皇帝はコヤと呼ばれるひとりの正妻のほか、アクリャコナと呼ばれる選ばれた女性集団のなかから多くの側室を取ったという。マチュピチュでも同じ生活が営まれていたとしたら、ここはインカの正妻の部屋ということなのか。いずれにせよレベルの高い石積みで造られていることから、神聖な場所もしくは高貴な人が使用していたことには間違いないようだ。階段が外側に付けられ、内部は石の針に木の板をわたした、2階建てだったことが分かっている。

石積みが美しい王女の宮殿

16の水汲み場 Las Fontanas MAP P.141

太陽の神殿と陵墓の脇の、急斜面を流れ落ちる水路。水路にはところどころに水汲み場が設けられ、住民がこの水を使っていたことが想像できる。第1〜4の水汲み場は太陽の神殿エリアにあり、第5〜16の水汲み場は市街地を上から下へと流れている。

美しい石積みの1番目の水汲み場

インカが大帝国へと発展する過程には、灌漑用水路の整備拡大と徹底した水の管理があった。水路そのものはインカ以前のプレ・インカのものらしいが、インカはこれをさらに広げ、網の目のように張り巡らした。インカはサイフォンの原理を知っていたといわれ、水を引く方法も石に溝を刻んだ地下用水路を造ったり、木をくり抜いて水管を作ったりと技術の極みを見せている。

マメ知識
ビルカバンバ山群
クスコの西方、100kmにわたってそびえる山塊で、アンデス5大山脈のひとつ、サルカンタイ（6271m）を最高峰にプマンジョ（6070m)など6000m級の高峰が5座、ほかにも一年中雪をかぶった高い山々が連なる。この山塊はビルカノタ川（ウルバンバ川）の水源でもあり、川はアマゾンに流れ込んでいる。

王の別荘と呼ばれる建物の広場には石臼のようなふたつの石がある

テラスの反対側から見た技術者の居住区

144

王の別荘
Recinto Principal **MAP** P.141

　マチュピチュを建設したパチャクティ皇帝が滞在していた場所だとされ、一説によると、皇帝はクスコの寒さを逃れ、マチュピチュにやってきたという。入口左手に出っ張りのある大きな石があり、その先の部屋は石臼のようなものがあることから台所とされている。王の部屋は比較的小さく、脇の細い通路で1畳ほどの小部屋とつながっている。水路が外に通じていることから水洗トイレとも言われるが、祈りを捧げる場だったという説もある。

神聖な広場と3つの窓の神殿
La Plaza Sagada / Templo de Las Tres Ventanas **MAP** P.141

　市街地入口から真っ直ぐ行くと、大石が転がる石切り場がある。ここから前方の峰ワイナピチュに向かって歩くと、一段高い場所に3つの窓の神殿、神官の館、主神殿の3つの石の館に囲まれた神聖な広場がある。東にあるのが3つの窓の神殿。北側の主神殿は3つの窓の神殿と同じく、巨石を見事に組み合わせて造られた神殿。幅8mで、3方を壁に囲まれている。壁には合計17個もの壁がん（くぼみ）が並び、地面には4.5mの大石がある。神殿の裏には声がエコーする不思議な部屋がある。

この窓から初代皇帝が生まれたという伝説がある

インティワタナ（日時計）
Intihuatana **MAP** P.141

　神殿の前方をさらに進むと、マチュピチュの最高点に立つ。ここには高さ1.8mの日時計＝インティワタナがある。大石を削って造られていて、突き出た角柱は高い所で約65cm、低い所で約50cmある。日時計である根拠は、石の角柱の稜を結ぶ対角線を冬至に太陽が通過するということで、正確な実証はない。つまり、角柱の各角は東西南北を指している。ここから快晴なら東西両コルディエラの高峰を一望できる。眼下には糸のように細いウルバンバ川と、めまいを起こしそうな絶壁が見下ろせる。左側の急斜面に若干の段々畑があるが、実はビンガムは1911年、この斜面を上ってきたのである。

手をかざして石のパワーを感じてみよう

居住区と天体観測の石
Distrito de los Comunes / La Piedra de la Observacion **MAP** P.141

　インティワタナ（日時計）から市街地を見下ろすと、広場を挟んで左から貴族、技術者、庶民の居住区が並ぶ。貴族の住居が、大きな石を隙間なく積み上げているのに対して、庶民の住居は不揃い

の小さな石を積み重ねてある。身分が低い者の住居ほど石の積み方が雑になっているのがおもしろい。技術者の居住区に入ると、直径60cmほどの丸い石がふたつ並んでいるのを見つける。ハイラム・ビンガムがマチュピチュを発見した際に連れていたガイドの少年がこれを石臼として利用したことから、今でも石臼といわれているが、水を張って月や星の軌道を観測した、天体観測の跡とされている。

建物には屋根がなく、水に太陽や月が映った

コンドルの神殿　Templo del Condor　MAP P.141

コンドルが羽を広げているような形

コンドルの顔のような石と、コンドルが羽を広げたような石積みからなる不思議な建造物。半地下になっており、一説には牢獄だったといわれているが、確かなことはわかっていない。インカ帝国ではアマスア（盗まない）、アマユア（だまさない）、アマケア（怠けない）の掟を破った者に対して重い刑が下されたというので、マチュピチュに牢獄があったとしてもおかしくない。上部には自然石を加工した椅子状の凹みや穴がある。インカ時代に地上と空を結ぶ神のひとつ、コンドルをモチーフにしていることなどから、太陽神に捧げ物をした場所ではないかといわれている。また、コンドルの顔の形をした石は、リャマが生けにえにされた儀式の石とされている。

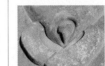
儀式に使われたというコンドルの石

ワイナピチュ　Huayna Picchu　MAP P.141外

マチュピチュの背後にそびえるワイナピチュの頂上から望むマチュピチュは、まさに絶景！　マチュピチュとの標高差は約300mあり、山は断崖絶壁で道はかなりの急勾配。無理をせず、足元に注意してゆっくり登ろう。登山道や石段を使って上ること約1時間、こんな場所に、と思うような急斜面に段々畑（あるいは土留め用の段々）が現れ、さらにコルカ（貯蔵庫）などもある。マチュピチュが一望できる広場に出ると、その上に大きな石が積み重なっている。ハシゴと両手両足で岩を登り切ったところが頂上。眼下にマチュピチュの全体と、斜面に付けられたハイラムビンガム・ロード、周囲を取り巻く山々の360度の大展望を満喫しよう。

ワイナピチュとマチュピチュ山登山
　ワイナピチュとマチュピチュ山は入山規制があり、事前予約が必要（→P.140欄外）。それぞれ登山道の入口でチケットを見せ、入山時間と名前を記入、下山時も時刻を記入する。ワイナピチュは往復約2時間、マチュピチュ山は約3時間かかる。

ワイナピチュからの眺め。遺跡が尾根にあるのがよくわかる

マチュピチュ山　Montaña Machu Picchu　MAP P.141外

マチュピチュを挟んでワイナピチュと対峙するのが、標高3061mのマチュピチュ遺跡の語源となったマチュピチュ山だ。見張り小屋から道標に従い、石段をひたすら上ること約1時間30分、山頂に到着する。山頂からはマチュピチュとワイナピチュ、ウルバンバ川が一望でき、取り巻く山々の展望も素晴らしい。

マチュピチュ山への途中から見たマチュピチュとワイナピチュ

145

マチュピチュ博物館
Museo de Sitio Manuel
Chávez Ballón
圏9:00～16:00
休無休
料S/22

　マチュピチュ村からマチュピチュ方面へ30分ほど歩き、橋を渡った所にある博物館。ハイラム・ビンガムによるマチュピチュ発見からマチュピチュ国立公園内に点在する遺跡、マチュピチュ遺跡の発掘品などを展示。当時の生活の様子も知ることができる。ランをはじめマチュピチュ国立公園の植物が見られる植物園も併設している。

展示物はそれほど多くないが、マチュピチュからの出土品などが見られる

〰〰〰〰〰〰〰〰〰〰
CHECK!!! マチュピチュでの食事について
　マチュピチュ遺跡での食事は、遺跡内にある唯一のホテル、ベルモンド・サンクチュアリ・ロッジ(→P.148)のビュッフェ US$40(11:00～15:30)か、イートインスタイルのカフェのみ。マチュピチュ遺跡内への食べ物の持ち込みは禁止なので注意。フルーツやお菓子などのおやつは、入口付近で食べるしかない。一方、マチュピチュ村では、メインストリートのインカ・パチャクティク通りと線路沿いに、ずらりとレストランが並んでいる。ただし、どの店もほとんど同じメニュー内容と料金。
〰〰〰〰〰〰〰〰〰〰

マチュピチュ村の温泉
Baños Termales
MAPP.147
圏5:00～20:30(入場は19:30まで)
休無休
料S/20

　入口から10分ほど歩くと荷物預かり所、脱衣所がある。18:00以降は混み合うので、ゆっくりしたい人は時間をずらしたほうがいい。温泉への入口付近に水着のレンタル屋があり、タオルS/5、水着S/5。

インカの橋
Puente del Inca **MAP** P.141外

　見張り小屋から墓地手前の右側の道を、山の斜面に付けられたインカ道を行く。左側はそそり立つ壁、右側はストーンと切れ落ちた断崖だ。そんなところを20分ほど歩くと、正面にインカの橋が現れる。橋はジャ

橋のそばまで行くことはできない

ングルからそそり立つ石積みに3本の丸太をかけたもので、敵が侵入してきたら丸太を落とす仕組み。道はここまでで行き止まりになっている。

インティプンク(太陽の門) Intipunku(Sun Gate) **MAP** P.141外

　時間があれば、マチュピチュからインカ道をとおって、インティプンク(太陽の門)へと足を延ばしてみたい。可憐な花に彩られた細い道を行くと、次第にマチュピチュの全容が望めるようになる。

　やがて石の門(太陽の門)が現れ、さらにゆるやかに登っていくとインティプンクの遺跡に着く。インカ道はさらに奥へと続いている。ここまではおよそ1時間。インカ道トレッキングでは最終日にインティプンクにたどり着いて、はじめてマチュピチュの全容が眺められる。

近郊の町と見どころ

マチュピチュ村(旧アグアス・カリエンテス)
Pueblo de Machu Picchu(Aguas Calientes)
MAP P.147

プール感覚の温泉

　マチュピチュに最も近い村が、かつてはアグアス・カリエンテス(スペイン語で「お湯」または「温泉」の意味)と呼ばれていたマチュピチュ村だ。名前の由来はこの地に温泉が湧くことで、今も村はずれに温泉プールがある。マチュピチュ村は渓谷に細長くのびる人口6000人ほどの小さな村で、住民のほとんどはマチュピチュ観光に携わっている。ホテル、レストラン、ショップの多くはアグアス・カリエンテス川Río Aguas Calientes沿いのメインストリート、インカ・パチャクティ通りと、マチュピチュ駅のある線路沿いに集まっている。マチュピチュ方面に行ったビリカノタ川Río Vilcanota沿いには高級ホテルが並んでいる。見どころとしては、マチュピチュ駅周辺の民芸品市場、アルマス広場近くにある市場、7つのプールがある温泉Baños Termalesぐらいだ。

マチュピチュ村の中心、アルマス広場

COLUMN インカ道トレッキング

「カパック・ニャンQhapaq Ñan」として、2014年にユネスコの世界文化遺産に登録されたアンデスのインカ道。インカ帝国時代に整備された道で、ペルー、ボリビア、エクアドル、チリなど6ヵ国にもまたがり、総延長は3万kmにおよぶ。そのインカ道の一部を歩いてマチュピチュへと向かう、インカ道トレッキングが人気だ。ツアーはクスコ市内の旅行会社で扱っているが、1日500人の入場制限があるため、当日や翌日の予約が取れるとは限らない。むしろシーズン中は、数ヵ月先まで予約でいっぱいのこともある。ルートはオリャンタイ

タンボとマチュピチュの間の82km地点あるいは88km地点から3泊4日でマチュピチュに到着するルートと、マチュピチュの手前の104km地点から6時間ほど歩いてマチュピチュに到着するルートがある。いずれもルート上にインカ時代の遺跡を見ることができる。ベストシーズンは4～10月の乾季。3泊4日のコースは4200mの高山を越えるのと、1日7時間ほど歩くことになるので、体力に自信のある人向き。もちろん万全の装備が必要だ。ただし、テントやシュラフ、食事などはすべて用意してくれる。

インカ道トレッキングツアー

インカ道トレッキングは公認ガイドを付けることが義務づけられている。個人で雇うのも可能だが、高額なので、ツアーで行くことをおすすめする。通常、料金にはマチュピチュの入場料、

交通費、テント、ガイド料が含まれている。

人気が高く、特にハイシーズンには予約が非常に困難。ハイシーズンなら3ヵ月前、オフシーズンでも1ヵ月前にはツアーを手配しよう。

マチュピチュ村（旧アグアス・カリエンテス）
Pueblo de Machu Picchu(Aguas Calientes)

マチュピチュ

Belmond Sanctuary Lodge
ベルモンド・サンクチュアリ・ロッジ　**MAP** P.141

　遺跡の入口にある唯一のホテル。マチュピチュへのアクセスが便利で、めいっぱい観光できる最高のロケーション。料金には3食とアルコール飲料が含まれている。ワイナピチュを望むスパもある。

📍Carretera Hiram Bingham Km 7.5　☎984-816-956／(01)610-8300(リマ)/0800-6000-430(日本語対応可)　URL www.belmond.com　料⑤⑩US$605〜　税・サービス料込み　カードADMV　室数31室

マチュピチュ村

Inkaterra Machu Picchu Pueblo Hotel
インカテーラ・マチュピチュ・プエブロ　**MAP** P.147外

　広大な敷地にコテージタイプの客室が並ぶナチュラルリゾートタイプの宿。トロピカルなガーデンには野生のランが咲く。レストラン併設。

📍Av. Inca Pachacutiq s/n　☎(084)21-1122/(01)610-0400(リマ)　URL www.inkaterra.com　料⑤US$434〜⑩US$548〜　税別・サービス料込み　カードADJMV　室数85室

SUMAQ Machu Picchu Hotel
スマック・マチュピチュ　**MAP** P.147外

　マチュピチュ村の外れ、ビルカノタ川沿いの5つ星ホテル。アンデス文明のエッセンスを取り入れた、高級感のあるデザインホテル。部屋も広くて設備も快適だ。料金には朝食ビュッフェ、ティータイム、コースディナーなどが含まれる。

📍Av. Hermanos Ayar Mz 1 Lote 3　☎(084)21-1059　FAX(084)21-1114　URL www.machupicchuhotels-sumaq.com　料⑤⑩US$350〜　サービス料込み　カードADMV　室数61室

Tierra Viva Cusco Machu Picchu Hotel
ティエラ・ビバ・クスコ・マチュピチュ　**MAP** P.147

　ビルカノタ川沿いにある高級ホテルのひとつ。市街からも近くて静か。吹き抜けのロビーを囲むように配置されている客室は、温かみのあるデザインでゆったりとした広さ。

📍Av. Hermanos Ayar 401　☎(084)21-1201　URL tierravivahoteles.com/tierra-viva-cusco-machu-picchu/　料⑤⑩US$103〜　サービス料別　カードADJMV　室数43室

COLUMN　**チャスキ─インカ時代の飛脚**

　インカ時代、北はエクアドルから南はチリにいたるまで、1万km²に及ぶ大帝国内の情報伝達手段としてチャスキという飛脚が働いていた。首都クスコから発せられる情報を各都市へ、各都市から出る報告をクスコへ、このチャスキが運んでいたのである。しかも、クスコからエクアドルまで7日間で走ったと伝えられる。もちろん何人ものチャスキがリレー方式で運んだのであろうが、途中に6000mを超える山並みがひかえている。

　広大な地域を支配していたインカ帝国の占領政策は非常に合理的であったといわれる。文字をもたなかった彼らだが、各都市ごとに人口、産業の実態をキープと呼ばれる結縄(縄の結び目を使った伝達手段)に記録し、地形を粘土に描いて首都クスコに送り、それに基づいて専門家が政策を立てた。この正確な情報収集があったからこそ、あの大帝国を築き上げることができたのであろう。なかでも最も重要な任務を陰で果たしていたのが、チャスキだったのである。

El Mapi Hotel
エル・マピ [MAP] P.147

🛁 📺 ☎ 💨 🍴

木を使ったモダンな外観で、2～4階建ての5棟の建物からなる。客室は明るくシンプル。客室内には日本語表記があり、ヒーターやドライヤーなど完備。朝食はビュッフェスタイルで朝4:00～。レストラン、サウナやジャクージ付きのスパがある。

[住]Av. Inka Pachacuteq 109 ☎[FAX](084) 21-1011 [URL] www.inkaterra.com/byinkaterra/el-mapi-hotel [料]ⓈⓌUS$220～ サービス料込み [カード][A][D][J][M][V] [室数]130室

Hatun Inti Classic
ハトゥン・インティ・クラシック [MAP] P.147

🛁 📺 ☎ 💨 🍴

メインストリート沿い。白い壁と木の梁がスイスの山小屋のような雰囲気。テラコッタの床の部屋、眺めのいい明るい部屋など、各部屋デザインが異なる。7階建てで、最上階にあるレストランからは山や町が見渡せる。エレベーターあり。

[住]Av. Pachacuteq s/n Edificio Santa Lucia Dpto 303 ☎(084) 23-4312 [URL] hatuninti.com/hotel/hatun-inti-classic [料]ⓈⓌUS＄147～ サービス料込み [カード][A][D][M][V] [室数]44室

Waman Inn&Hotels
ワマン・イン＆ホテルズ [MAP] P.147

🛁 📺 ☎ 💨 🍴

メインストリートにある6階建てのホテル。部屋は向きやタイプにより雰囲気が変わるが清潔感があり、ヒーター、ドライヤー、14室はバスタブ付き。タオルアートのサービス。最上階にガラス張りのレストランがあり、明るく眺めがいい。

[住]Calle Wiracocha 202 ☎(084) 22-3533 [URL]www.wamanhotels.com [料]ⓈUS＄130 ⓌUS＄140 ⓉUS$160 サービス料込み [カード][A][D][J][M][V] [室数]27室

La Cabaña
ラ・カバーニャ [MAP] P.147

🛁 📺 ☎ 💨 🍴

メインストリートを上りきったあたりにある、ウッディな内装がかわいらしい3つ星のホテル。客室は非常に清潔で、女性やカップルにも人気がある。ジャクージ付きの部屋もあり、温水シャワーは24時間使用OK。ビュッフェスタイルの朝食付き。

[住]Av. Inka Pachacuteq 805 ☎[FAX](084) 21-1048 [URL]lacabanamachupicchu.com [料]ⓈⓌUS$130～ ⓉUS$150～ サービス料込み [カード][A][D][J][M][V] [室数]21室

Casa del Sol Machupicchu
カサ・デル・ソル・マチュピチュ [MAP] P.147

🛁 📺 ☎ 💨 🍴

マチュピチュ駅から線路を渡ってすぐ、ビルカノタ川沿いに建つブティック・ホテル。ウッディな雰囲気で、部屋からは川が眺められて落ち着ける。1階に創作料理が自慢のレストラン、地下にスパを併設。スパや夕食付きのパッケージもある。

[住] Av. Imperio de los Incas 608 ☎951-298-695 [URL] www.casadelsolhotels.com [料]ⓈⓌUS＄222.75～ サービス料込み [カード][A][D][J][M][V] [室数]35室

Terraza de Luna
テラサ・デ・ルナ [MAP] P.147

🛁 📺 ☎ 💨 🍴

メインストリートから少し入ったところにある3つ星ホテル。木材をふんだんに使い、温かみのある客室。全室バスタブ付きでベッドはこだわりのマットを使用。屋上のテラスには村を一望できるテラスバーがある。

[住]Calle Wiracocha 204 ☎(084) 21-1110 [URL]hotelterrazadeluna.wixsite.com/machupicchu [料]ⓈUS＄100 ⓌUS＄120 サービス料込み [カード][A][D][J][M][V] [室数]25室

日本からペルーへの電話のかけ方→P.40

Indio Feliz

インディオ・フェリス　　MAP P.147

マチュピチュで一番人気の店で、何度もマチュピチュ村のベストレストラン賞を受賞。フランス人のオーナーが、地場食材をフランス風にアレンジして提供している。地元のマスを使った料理をメインに、肉料理もいろいろ。どれも野菜がたっぷりでボリューム満点だ。前菜、メイン、デザートのセットがS/77.5。夜は予約を入れたほうが無難。日本語のメニューもある。

🏠Calle Lloque Yupanqui 103
☎(084) 21-1090　🕐11:30〜22:00　休無休
カード A D J M V

La Boulangerie de Paris

ラ・ブーランジェリー・デ・パリ　　MAP P.147

シンチ・ロカ橋のたもとにある、焼きたてパンと手作りケーキが人気のカフェ。大きなサンドイッチS/7やピザトーストS/12などはテイクアウトしてもいいし、店内でペルー産のコーヒー S/7〜と一緒に食べるのも。コーヒーとピスコのカクテルS/18などアルコール類もある。

🏠Puente Sinhi Roca　☎(084) 21-2113
🕐4:00〜22:00　休無休　カード不可

Toto's House

トトズ・ハウス　　MAP P.147

ログハウス調の外観のレストラン。席数は250席。ウルバンバ川を見下ろしながら食事をすることができる。ランチはビュッフェ形式でS/72。窯焼きのピザS/38〜がおいしいと評判。19:00〜20:00頃にはアンデス音楽のライブも行っている。単品はパスタS/29〜。

🏠Av. Imperio de los Inkas s/n
☎FAX(084) 21-1020　🕐12:00〜21:30
休無休　カード A D J M V

Alpaca Tamon Machu Picchu

アルパカ・タモン・マチュピチュ　　MAP P.147

クスコの S アルパカ・タモン（→P.134）の支店。クスコよりも店舗が広く、品揃えも豊富。値段はクスコと同じだ。ベビーアルパカ100％のオリジナル商品は柔らかな肌触りで暖かい。セーター、帽子や手袋、ショールなどいろいろ。ばらまきみやげにいいキーホルダーなどもある。

🏠Capaq Yupanqui, Mazana L2　☎(084)21-2020　🕐9:30〜21:30　休無休　カード A D J M V

Mercado Artesanal

民芸品市場　　MAP P.147

マチュピチュ駅の駅前は大きな民芸品市場になっていて、駅から道に出るにはこの民芸品市場の細い通路を行く。セーター、Tシャツ、陶器、アルパカの人形など、売っている物はどの店もほとんど同じ。値段はクスコやリマより高い場合がある。買う際には要交渉。

🏠Aguas Callentes　☎なし
🕐店舗によるが10:00 〜 22:00頃　休店舗による
カード M V（一部店舗のみ）

インカ・マッサージはいかが？

インカ・パチャクティ通りを歩いていると、あちこちからマッサージの声がかかる。レストランに混ざって、マッサージ店も多く、足裏マッサージ、全身マッサージなど気軽に受けられる。料金は1時間US＄50〜60。近年はスパも増えており、メニューではインカ・マッサージが人気。ホット・ストーンと地元のハーブを使い、血行をよくしてリラックスできるというものだ。内容や料金は店によって違うので、よくチェックして選びたい。

Vida Spa Massageのインカ・マッサージは、ホット・ストーンほか4種類のマッサージのセット

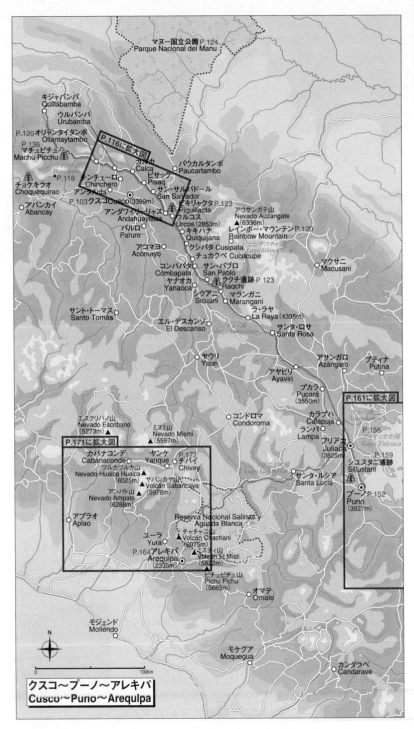

マヌー国立公園 P.124
Parque Nacional del Manu

キジャバンバ
Quillabamba

ウルバンバ
Urubamba

P.120 オリャンタイタンボ
Ollantaytambo

P.136
マチュピチュ
Machu Picchu

カルカ
Calca

パウカルタンボ
Paucartambo

チョケキラオ
Choquequirao

チンチェーロ
Chinchero

アンタ
Anta

ピサック
Pisaq

サン・サルバドール
San Salvador

アバンカイ
Abancay

P.103 クスコ Cusco (3399m)

アンダワイリャス
Andahuaylillas

ピキリャクタ P.123
Piquillacta

ワルコス
Urcos (2853m)

アウサンガテ山
Nevado Auzangate
▲(6336m)

パルロ
Paruro

キキハナ
Quiquijana

レインボー・マウンテン P.120
Rainbow Mountain

アコマヨ
Acomayo

クシパタ
Cusipata

マクサニ
Macusani

チュカクペ
Cucacupe

コンバパタ
Combapata

サン・パブロ
San Pablo

ヤナオカ
Yanaoca

ラクチ遺跡 P.123
Raqchi

サント・トマス
Santo Tomás

シクアニ
Sicuani

マランガニ
Marangani

ラ・ラヤ (4335m)
La Raya

エル・デスカンソ
El Descanso

サンタ・ロサ
Santa Rosa

ヤウリ
Yauri

アサンガロ
Azángaro

プティナ
Putina

アヤビリ
Ayaviri

プカラ
Pucará
(3550m)

コンドロマ
Condoroma

カラプハ
Calapuja

ランパ
Lampa

エスクリバノ山
Nevado Escribano
(5273m) ▲

ミスミ山
Nevado Mismi
▲ (5597m)

P.171に拡大図

フリアカ
Juliaca
(3825m)

P.156

カバナコンデ
Cabanaconde

ヤンケ
Yanque

P.172
チバイ
Chivay

P.159
シユスタニ遺跡
Sillustani

ワルカワルカ山
Nevado Hualca Hualca
(6025m) ▲

サバンカヤ山
Volcán Sabancaya
(5976m) ▲

サンタ・ルシア
Santa Lucia

アンパト山
Nevado Ampato
(6288m) ▲

プーノ P.152
Puno
(3827m)

アプラオ
Aplao

ユーラ
Yura

Reserva Nacional Salinas y
Aguada Blanca

チャチャニ山
▲ Volcán Chachani
(6075m)

P.164 アレキパ
Arequipa
(2335m)

ミスティ山
▲ Volcán El Misti
(5822m)

ピチュピチュ山
Pichu Pichu
(5665m)

オマテ
Omate

モジェンド
Mollendo

モケグア
Moquegua

カンダラベ
Candarave

N

0 50 100km

クスコ～プーノ～アレキパ
Cusco～Puno～Arequipa

プーノ

標高 ▶ 約**3827m**

MAP ▶ P.38-C4

市外局番 ▶**051**
（電話のかけ方は→P.40）

US$1=**S/3.3**

アルマス広場に立つボログネシ大佐像と大聖堂

時差に注意
ペルーとボリビアは時差が1時間ある。ボリビア側が1時間進んでいるので注意しよう。

INFORMATION

🅸**観光案内所**
i-Perú
MAP P.155-A2
🏠 Jr. Lima esq. Jr. Deustua
☎(051)36-5088
URL www.peru.info
圏月～土　9:00～18:00
　　日　　9:00～13:00
🈺無休

観光ポリス
POLTUR
MAP P.155-A2
🏠 Jr. Deustua 530
☎(051)35-2303
圏24時間　🈺無休

郵便局
Correos
MAP P.155-A2
🏠 Jr. Moquegua 269
圏月～金　8:00～19:30
🈺土・日

**入出国管理事務所
（プーノ）**
Oficina de Migraciones
☎(051)35-7103

ボリビア領事館
Consulado de Bolivia
MAP P.155-A2
🏠 Jr. Cajamarca 664
☎(051)20-5400
圏8:00～16:00
🈺土・日

　ティティカカ湖畔の町プーノに滞在したら、早起きをしてみよう。明け方、湖面にさざ波がきらめく頃、帆を張った葦舟が一艘、また一艘と現れ、かすかな風を受けながら音もなくすべり出す。こんなインディヘナたちの出漁風景が、毎朝、何百年と変わらぬ姿で繰り返されているのである。

　プーノはペルー南部、アンデス山脈のほぼ中央に位置する標高3827mの小さな町である。汽船の航行する湖では世界最高地にあるティティカカ湖に接し、山に挟まれた土地に広がっている。インカの創始者マンコ・カパックが降臨したという伝説でも知られるように、インカ帝国時代のプーノは、天神降臨の地のひとつとして重要な役割を果たしていた。しかしスペイン軍による占領の後は、すべてが忘れ去られたかのように、先住民たちはプーノの町から追いやられることになる。ある者は山奥へ、またある者は湖上の葦の浮き島へ移り住み、そして自分たちの故郷をはるか彼方に見ながら、静かに代を重ねてきた。

　もちろん彼らはこの町に戻ってきた。いまやプーノはインディヘナ人口の占める割合が大きく、いたるところで色鮮やかな民族衣装に身を包んだ人々の姿を目にする。周辺との交流が少なかったため、フォルクローレは変化することなく残っており、特に祭りの踊りなどは、古くから受け継がれたプーノ独特のものを見ることができる。

　現在プーノは、クスコ、アレキパとボリビアのラ・パスを結ぶ中継点となっている。そして、もちろんティティカカ湖上に浮かぶ島々への拠点となる町でもある。

観光用の船もトトラで作られている

プーノへの行き方

飛行機

リマからフリアカへのフライト（→P.48）。最寄りの空港はプーノから47km北にあるフリアカのフリアカ空港Aeropuerto Juliaca（JUL）。クスコからもラタム航空LATAM Airlines（LA）が1日1便運航、所要約55分。

Let's Go! 空港から市内へ

フリアカ空港はプーノから47kmの場所にある。空港からプーノ市内へは乗り合いのツーリストバスでS/15、タクシーならS/80～120。所要約1時間。市内から空港へのツーリストバスはロシー・ツアーズRossy Toursが運行しており、事前予約することでホテルに迎えに来てくれる。ホテルを巡回したあとロシー社に行き、料金を支払ってから空港へ向かう。市内のホテルからはひとりS/15。

鉄道

クスコからプーノへ、豪華寝台列車アンデアン・エクスプローラーが運行している（→P.154）。移動にも利用できるが、全食事付き、列車内で寝泊まりするツアーだ。クスコ～プーノ間は標高4000m級の山を越え、最高地点のラ・ラヤLa Rayaは標高4335m。列車はここでサンセットを眺める。駅から町の中心へ徒歩すぐ。

長距離バス

クスコからは所要5～8時間、S/30～。1時間に1便程度あるが、設備のあまりよくない便が多い。クルス・デル・スールなど大手で設備の整った便は、早朝と深夜発がほとんど。インカ・エクスプレスの運行する観光バスは、US$50で昼食、英語ガイド付き。毎朝6:40にクスコのオフィス前を発車し、所要約10時間。アンダワイリーリャスの教会やラクチ遺跡Raqchi（→P.123）、プカラ文明ゆかりの村プカラPucaráなど5ヵ所の見どころを回っていく。アレキパからは所要約6時間。午前中出発や夜行の便が中心だが、数多くのバス会社が運行しており、少ないながらも午後発の便もある。S/30～。バスターミナル使用料はS/1.5。

Let's Go! バスターミナルから市内へ

長距離バスターミナルは、セントロの南東、ティティカカ湖に面しており、町の中心までタクシーで約5分、約S/6～7。

ラ・パス（ボリビア）からプーノへ

バス＋ボート（コパカバーナ経由）

ラ・パスからは、コパカバーナを経由してプーノに入るコースが最も一般的。ラ・パスからコパカバーナまでは約3時間30分。コパカバーナからプーノまでは約4時間。出入国手続きやランチの

✈おもな航空会社
ラタム航空
MAP P.155-A2
🏠 Jr. Tacna 299
☎(01)213-8200

ツーリストバス会社
ロシー・ツアーズ
Rossy Tours
MAP P.155-A2
🏠 Jr. Tacna 308
☎(051)36-6709

鉄道
ペルーレイル
MAP P.155-A1
🏠 Av. La Torre 224
☎(051)36-9179
URL www.perurail.com

ボリビア国境での注意
2019年10月現在、日本人のボリビア入国には発行後10日以上が経過した黄熱病予防接種証明書（イエローカード）の提示が必要な場合がある。訪問する地域によって異なるので、事前に確認しよう（→P.213）。

おもなバス会社
（バスターミナル内）
クルス・デル・スール
Cruz del Sur
☎(051)35-3542
インカ・エクスプレス
Inka Express
☎(051)36-5654

おもな旅行会社
エドガー・アドベンチャーズ
Edgar Adventures
MAP P.155-A2
🏠 Jr. Lima 328
☎(051)35-3444
URL www.edgaradventures.com
ティティカカ湖の島のほか、クスコへのツアーなどの手配ができる。
ミステリオス・デル・ティティカカ
Misterios del Titicaca
MAP P.155-A1
🏠 Jr. Teodoro Valcárcel 119-135
☎(051)35-2141
URL www.travelagencypuno.com
🏠ロス・ウロス（→P.163）が経営する旅行会社。ウロス島半日ツアー、ウロス＆タキーレ島ツアー、シユスタニ遺跡ツアーなどの手配が可能。

休憩時間を含め、ラ・パスからプーノまでは所要8時間〜10時間だ。ラ・パスから2時間ほど行った町ティキナTiquinaでボート（乗船料Bs.2）に乗り、10分ほどかけて湖を渡る。その後、バスを乗り換えるためにコパカバーナで1時間ほど休憩を取る。コパカバーナから30分ほど行った所が国境。出国審査を済ませたら歩いて国境を越える。入国審査を受け、再びバスに乗る。国境からプーノへは約3時間。ラ・パスからプーノへの料金はBs.67〜。

バス（デサグアデーロ経由）

ラ・パスから陸路で国境の町デサグアデーロDesaguaderoを経由してプーノへ入るバスもあり、所要約5時間。こちらもティティカカ湖に沿った道路を走るので景色はいい。料金はBs.75〜。

クルーズ船とバスを利用するツアー

ラ・パスからティキナまでバスで行き、カタマラン船でティティカカ湖をクルーズ。太陽の島を観光したあと、コパカバーナ経由でプーノに入る。所要約12時間、US＄335。昼食とガイド付き。

COLUMN クスコ〜プーノ〜アレキパ豪華寝台列車の旅

2017年5月にラグジュアリーな寝台列車、ベルモンド・アンデアン・エクスプローラーBelmond Andean Explorerが運行を開始。列車内で寝泊まりするツアー型のプランだ。寝台キャビンは4カテゴリーあり、最大乗客48名。ほかにダイニング車両やラウンジ車両、スパ車両がある。料金には飲食も含まれる。

料 クスコ〜プーノ
1人US＄990〜　2人1室US＄1130〜
クスコ〜アレキパ
1人US＄2520〜　2人1室US＄2880〜
URL www.pcrurail.com

クスコ発、プーノ行き片道のスケジュール
■1日目　火曜
11:00　ワンチャック駅(クスコ)発
12:30　ランチ
13:55　ラクチ遺跡ツアー
15:30　アクタヌーンティー
17:45　ラ・ラヤ駅でサンセットビュー
19:00　ディナー前のカクテル
19:30　ディナー
22:30　ティティカカ駅（プーノ）着（下車はしない）
■2日目　水曜
6:00　朝食
8:00　ティティカカ湖駅着

※プーノのティティカカ駅発は水曜12:00、クスコのワンチャック駅着は木曜7:35。

クスコ発、アレキパ行き片道のスケジュール
■1日目　木曜
プーノ行きと同じ
■2日目　金曜
6:00　朝食
8:30　ティティカカ湖のウロス島とタキーレ島へ
12:30　伝統舞踊のショー。タキーレ島でランチ
15:45　ティティカカ湖駅に戻る
16:00　アフタヌーンティー
17:00　アレキパへ出発
19:00　ディナー前のカクテル
19:30　ディナー
■3日目　土曜
6:00　朝食
9:40　サンベイ洞窟ツアー
11:30　コルカ渓谷観光（オプション）
12:30　ランチ
15:30　アレキパ駅着（空港への送迎あり）
※アレキパ発は土曜20:00、クスコのワンチャック駅着は月曜12:58。

豪華なインテリアの、ホテルのような寝台列車

歩 き 方

アルマス広場が町の中心

プーノの標高は3827m。これはクスコやラ・パスよりも高い。しかし、目の前にティティカカ湖、遠くに山々を望むプーノにいると、ここが富士山よりも高いところとは思えない。

気候は雨季と乾季に分けられ、10～4月ぐらいの間が雨季。この時期は道が水没したりして、旅行者も被害を被ることがある。標高が高いだけに温度差は極端だ。特に6～8月の乾季には、日中は日焼け止めが必要になるほど日差しが強いのに、夜になると急に冷え込み、厚手のセーターが必要となる。プーノへはそれなりの装備を用意していこう。

長距離バスターミナルは中心部の南東、ティティカカ湖に面している。町の中心まで車で約5分ほど。鉄道駅から市内の中心、アルマス広場Plaza de Armasまでは歩いて15分。

市内交通
　プーノの町はこぢんまりとしているので、市内散策に乗り物は不要。ちょっとした移動にはタクシーや三輪タクシーを利用するといい。市内の移動ならタクシーS/3～5、三輪タクシーS/2。三輪自転車（トリシクレタTricicleta）もあってS/2～2.5だが、夜間の利用はやめたほうがいい。

三輪タクシーも多い

ローカルバスターミナル
　長距離バスターミナルの南7ブロックにある。フリアカ行き（S/3.5）が頻発。国境の町ユングーヨYunguyo行き（S/10）、デサグアデーロ行き（S/10～12）も5:00～17:00の15～30分おきに出ており、17:00以降はバスが満席になり次第出発。

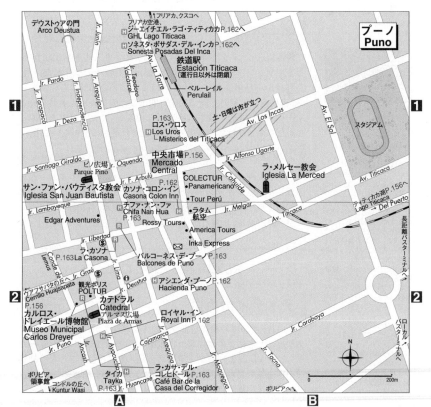

デウストゥアの門 Arco Deustua
フリアカ空港 フリアカ、クスコへ
ジー・エイチエル・ラゴ・ティティカカ P.162へ GHL Lago Titicaca
ソネスタ・ポサダス・デル・インカ P.162へ Sonesta Posadas Del Inca
鉄道駅 Estación Titicaca （運行日以外は閉鎖）
ペルーレイル Perurail
ロス・ウロス P.163 Los Uros Misterios del Titicaca
土・日曜は市が立つ
中央市場 P.156 Mercado Central
ラ・メルセー教会 Iglesia La Merced
スタジアム
ピノ広場 Parque Pino
サン・ファン・バウティスタ教会 Iglesia San Juan Bautista
カサナ・コロン・イン P.162 Casona Colon Inn
COLECTUR
Panamericano
Tour Perú
チファ・ナン・ファ Chifa Nan Hua
ラタム航空
ティティカカ湖 P.156へ Lago Titicaca
Del Puerto
Edgar Adventures
Rossy Tours
America Tours
Inka Express
ラ・カソナ P.163 La Casona
バルコーネス・デ・プーノ P.163 Balcones de Puno
長距離バスターミナルへ
ウアサパタの丘へ Cerrillo Huajsapata P.156
観光ポリス POLTUR
カテドラル Catedral
アシエンダ・プーノ P.162 Hacienda Puno
カルロス・ドレイエール博物館 Museo Municipal Carlos Dreyer
アルマス広場 Plaza de Armas
ロイヤル・イン Royal Inn P.162
ボリビア領事館
コンドルの丘へ Kuntur Wasi
タイカ Tayka P.163
ラ・カサ・デル・コレヒドール P.163 Café Bar de la Casa del Corregidor
ボリビアへ
N
200m

プーノ Puno

155

見どころはアルマス広場に面して建つ**カテドラル Catedral**と**考古学博物館、中央市場**など。1757年に建てられたこのカテドラル以外にもいくつかのコロニアルな建物があるが、それほど多くはない。商店、銀行、レストランはアルマス広場と、これに接するリマ通りJr. Limaに集中している。タクナ通りJr. Tacnaの**ロ ソナ・コロン・イン**（→P.162）から中央市場にかけては旅行会社がずらりと並ぶ。もうひとつの中心、ピノ広場Parque Pinoには、広場に面してサン・ファン・バウティスタ教会 Iglesia San Juan Bautistaが建ち、ここを舞台に2月の第2週より2週間にわたって行われる"カンデラリアの聖母祭"はプーノの有名な祭りだ。

見どころは町なかよりも、むしろ**ティティカカ湖に浮かぶウロス島やタキーレ島、アマンタニ島**だろう。湖上は午後になると風が出てくるため、船は通常7:00～9:00頃に出発する。

アルマス広場に次ぐ町の中心、ピノ広場

カルロス・ドレイレール博物館
Jr. Conde de Lemos 289
9:00～19:00
日
S/15

小さいながらも充実した展示の博物館

ティティカカ湖を見渡すビューポイント
市内にはいくつかのビューポイントがある。まずは、コンドルの丘Kuntur Wasi（MAP P.155-A2外）。丘の頂上にはコンドルの像があり、市内で最も高い場所にあるため、眺望は抜群。町なかからはタクシーで5分。また、インカ帝国初代皇帝、マンコ・カパックの像が立つウアフサパタの丘Cerrillo Huajsapata（MAP P.155-A2外）からの眺めも見事。どちらも周辺は治安が悪いので、タクシーで行って、待っていてもらうこと。
そのほか、リマ通りを北へ進み、ピノ広場を越え、さらにインデペンデンシア通りJr. Independenciaを4ブロックほど進んだアーチ状のデウストゥアの門Arco Deustua（MAP P.155-A1）からも眺望がいい。

おもな見どころ

中央市場
Mercado Central MAP P.155-A1

鉄道駅近く、タクナ通り沿い、ロス・インカス通りAv. Los Incasとアルフォンソ・ウガルテ通りJr. Alfonso Ugarteに挟まれた一画。食料品から日用品など日常生活に必要なものは何でも売っている。市場内にはセーターや帽子、靴下などのアルパカ製品を売るマーケットもあり、クスコやリマより安い。ただし日本人とみるとかなりふっかけてくるので、言い値では絶対に買わないこと。

カルロス・ドレイエール博物館
Museo Municipal Carlos Dreyer MAP P.155-A2

ドイツ人画家でコレクターでもあるカルロス・ドレイエール氏のコレクションが展示されている。インカ以前からの陶器や石器などのほか、プーノの芸術家による作品が並ぶ。英語ガイドのツアーが可能がある。無料だが、S/5程度のチップを渡すのが望ましい。

近郊の町と見どころ

ティティカカ湖
Lago Titicaca MAP P.161

その昔、インカの初代皇帝マンコ・カパックが、その妹ママ・オクリョとともにこの湖に現れ、太陽の島（→P.161）に降り立った――という伝説の残るティティカカ湖。現在でもどことなく神秘的な雰囲気を漂わせ、訪れる者をロマンの世界へ引き込む。

アンデス山脈のほぼ中央、海抜3890mに位置し、面積は琵琶湖

の約12倍（8300km²）、最大水深は約281mだ。湖はペルーとボリビアの国境にまたがっており、60%がペルー、40%がボリビアに位置している。標高3890mは、汽船の航行する世界最高地点でもある。付近のアンデス山脈からの雪どけ水が20以上もの川となってティティカカ湖に流れ込み、1本のデサグアデーロ川を形成してボリビアのウル・ウル湖、ポーポ湖へも流れ出す。水温は低いが魚類は多く生息し、なかでもトゥルチャ Trucha（マス）は、湖畔住民の重要な生活の糧となっている。

古代から神秘の湖、聖なる湖とあがめられていたティティカカ湖周辺には、ティワナク遺跡（→P.236）、シユスタニ遺跡（→P.159）などのプレ・インカ文明の遺跡が残されている。

ウロス島

Isla de Los Uros **MAP** P.161

プーノの桟橋よりモーターボートで約40分。心地よい風を受けながら沖へ進むと、ウロス島に着く。島といってもここは普通の島ではない。トトラと呼ばれる水生植物を積み重ねた"浮き島"なのである。群生するトトラのなかに、大小合わせて40ほどの島が浮いている。島を造るのは簡単で、まずトトラの根をまとめ、縄で縛って土台を作る。その上にトトラの葉を切って3mほど積むだけ。水につかっている部分が腐ってくればまた新しいトトラを重ね……そうしているうちに、何百人も生活できる島ができあがってしまうのである。

島は6畳ほどの大きさのものから350人が生活するものまでいろいろだ。合わせて約700人が生活し、大きな島には学校や教会もある。島民はウル族と呼ばれ、ペヘレイ、カラチ、トゥルチャなどティティカカ湖に生息する魚や水鳥を取り、畑で野菜

島も家もすべてトトラで造られている

マメ知識
ティティカカ湖の語源
ケチュア語の「ティティ」はインカの神聖な動物ピューマの意味、「カカ」は石を意味するそうだ。一方、アイマラ語で「ティティ」はブロンズ、「カカ」は石。つまり「ピューマの石」とか「輝く石」という意味らしい。なお、プレ・インカの時代は「パカリナ」と呼ばれていた。意味は「すべてが生まれた場所」。プーノの人々にとってのティティカカ湖は、母なるパチャママの湖。今なお神聖な響きをもって、心のよりどころとされている。

ウロス島へ
プーノ市内の旅行会社がウロス島ツアーを扱っている。プーノの桟橋を9:00頃に出発し、2～3島を巡って戻る。所要約3時間、US$15。午後発のツアーもある。
桟橋で直接交渉して乗せてもらったり、または何人かで船を1隻チャーターする方法もある。ウロス島へ行く乗合ボートは7:30頃出発する。S/25。桟橋まではアルマス広場から歩いて約20分。

トトラは食料にもなる

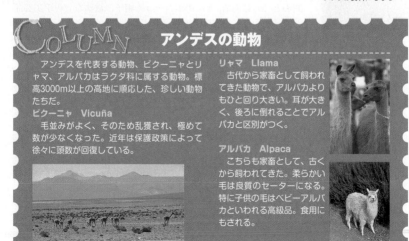

COLUMN　アンデスの動物

アンデスを代表する動物、ビクーニャとリャマ、アルパカはラクダ科に属する動物。標高3000m以上の高地に順応した、珍しい動物たちだ。

ビクーニャ　Vicuña
毛並みがよく、そのため乱獲され、極めて数が少なくなった。近年は保護政策によって徐々に頭数が回復している。

リャマ　Llama
古代から家畜として飼われてきた動物で、アルパカよりもひと回り大きい。耳が大きく、後ろに倒れることでアルパカと区別がつく。

アルパカ　Alpaca
こちらも家畜として、古くから飼われてきた。柔らかい毛は良質のセーターになる。特に子供の毛はベビーアルパカといわれる高級品。食用にもされる。

トトラ製の舟、バルサは湖
での大事な交通手段

現在のウロス島は観光が主
要な収入源となっている

を作って生活をしている。トトラと島の人々とは切っても切れない関係にあって、家はもちろん、畑、火種のほか家畜の餌にもトトラが使われる。

そればかりか、島と島、島と湖畔の町を結ぶ唯一の足となる舟もトトラ製。この舟はバルサと呼ばれ、およそひと抱えのトトラをヒモで縛り、これをいくつも束ねて作る。実際に乗ってみると、見た目よりもしっかりした舟で、大きなものは大人が16人乗っても沈まない。ツアーではだいたい2～3の島に立ち寄るが、島間の移動にはこのバルサが使われる。バルサはツアー料金に含まれていない場合もあるので注意しよう。

ツアーのボートが島に着岸すると、島の子供たちが集まってくる。観光客に民芸品を売ることも彼らの収入源のひとつだからだ。バルサのミニチュア、刺繍のタペストリーなどを手にスペイン語やケチュア語で話しかけてくるが、みんな恥ずかしがり屋だ。島をひと巡りしたら、展望台に上がってみよう。ティティカカ湖とトトラの森、そしてそこに浮くウロス島が望める。

ウル族の歴史

ウル族はティティカカ湖畔で最も古い民族といわれているが、記録がなく確かなことはわからない。インカ時代に賤民として追われた人々だとか、コパカバーナにいたのがスペイン人に追われてここで生活するようになったとかいわれている。彼らはウルキージャ語を話し、自分たちのことをウロウロと呼んだことから、ウロス島の名前がついたという。純血のウル族は1957年に絶え、現在島に住んでいる人々はケチュア族とアイマラ族の混血だ。いずれにせよ、彼らは彼ら自身の生活形態を守りながら、何代にもわたって、この島で暮らしているのである。

タキーレ島　　　Isla Taquile MAP P.161

プーノからティティカカ湖を約45km、モーターボートで約3時間のところにある。毛糸のポンチョや帽子、織物などの手工芸品と農業を中心に約1600人が生活をする。湖畔の町がどんどん開発されていくなかで、いまだに昔のままの生活を続ける純粋なケチュア民族の島だ。

島内には電気も水道もなく、自給自足、物々交換の世界である。近代に入ってからは政治犯の島流しの地となり、約50年前に解放されたという。島はインカ時代から残るアイユという文化があり、男女

インカの名残からか段々畑が横たわる

それぞれの服を異性が編むことや、島のレストランで出される料理はどの店も同じ料金であるなど、共生の意識が高い。ほかに、シルビナクイと呼ばれる農耕システムや、公共事業を平等に行うミタというシステムなど、いたるところにインカ時代の名残が見られる。

島へ上陸すると、岸に張りついたような急な階段を約600段、30分ほど上りつめる。頂上から反対側の斜面にかけて、島民の家々が畑とともに広がっている。入口に登録所Registraciónがあり、サインをして入島料S/8を支払う。家はアドベ（日干しレンガ）でできた簡素なもの。島そのものが見どころであるが、プレ・インカの遺跡、インカ道のなごりなどを訪れる楽しみもある。

この島の特徴といえるのは、島の人々が織る織物のすばらしさ。すべて手織りでその緻密さと、柄、色合いは、世界の織物のなかでも屈指のものと思われる美しさだ。「タキーレの織物技術」として、ユネスコの無形文化遺産にも登録されている。

島では毎年6月7日と7月25日〜8月5日に祭りが行われるので、その日に合わせて出かければ、なおすばらしい思い出となるだろう。

アマンタニ島
Isla Amantaní **MAP** P.161

プーノからモーターボートで約4時間。タキーレ島と同じく織物や農業、漁業などで細々と生計を立てている。

島には8つの集落があり、人口約4000人。紀元前から人が住んでいたとされ、山の上にはプレ・インカの遺跡がふたつある。そこは今でも神聖な場所としてあがめられており、年に一度の祭りの日以外は、遺跡の内部に入ることは許されない。島へ観光客が訪れるようになったのは近年のことで、正式なホテルなどはない。旅行会社のツアーでは、契約している民家に泊めてもらう。そこでは家の人たちが畑から取ってきたマメやジャガイモを使い、質素ながら心のこもった料理を作ってくれるはずだ。セントロに小さな売店があるほかに店はなく、水とちょっとした食料は持参したほうがいいだろう。地元の人たちが自作の織物を持ち寄ったみやげ物屋が1軒あり、タキーレ同様、一つひとつ意味のある文様の織り込まれた帯などが売られている。プーノで買うよりかなり安い。

シユスタニ遺跡
Sillustani **MAP** P.161

プーノ近郊に残るプレ・インカ時代後半からインカ時代にかけて造られてきたチュルパChulpaと呼ばれる石塔の墓。ほかにも石の住居と段々畑が見つかっている。不思議な塔型の墓チュルパは、

★ **タキーレ島へ**
ウロス島とタキーレ島がセットになったツアーに参加する。料金US＄30（入島料含む）。2島のツアーはホテルを6:30頃出発して、戻りは17:00頃。また、タキーレ島とプーノ間（途中ウロス島を経由する）を往復する船に乗る方法もある。そのほかアマンタニ島を組み合わせたツアーもある。

タキーレ島の滞在について
プーノから片道3時間強と離れているため、日帰りでの訪問もできないことはないが、全長6kmの島を巡るとなると、やはり1泊は予定したい。ひとり1泊S/50〜。島には小さなレストランもあるが、食べ物もやはりある程度持っていったほうがいいだろう。

タキーレの織物はカラフル

アマンタニ島への行き方
ツアーはウロス島、タキーレ島、アマンタニ島の3島をセットにした1泊2日。アマンタニ島の民家に宿泊する。朝7:30〜8:00にプーノの港を出発し、翌日16:00頃プーノに戻る。料金はUS＄35〜。

プーノのフェリー乗り場

159

静寂が支配する墳墓群 ★

シュスタニ遺跡へ
　プーノから32km。ツアーに参加して行くのが一般的。料金はUS＄13〜、所要3〜4時間、14：00頃発。ツアー料金には遺跡入場料S/10が含まれる。

あるものは磨きあげた巨石を積み上げて造られ、あるものは丸石を使い、またあるものは石塔の外側に白い粘土が塗り付けられている。ひとつだけ統一されているのは、東側に小さな窓があり、6月21日の冬至になると窓にきっちりと太陽が差し込むようにできているということだ。

　太陽が差し込むことによって、生命がよみがえると信じられていたらしい。雨が多い地域のため100基はあったと思われるチュルパも、現在、完全に近い形で残っているものは少ない。

　考古学的に調査された結果、このような墳墓は、北はカハマルカ、南は北部チリの山岳地帯、東はボリビアのオルーロまで分布しているという。大都市形成期からインカ時代にかけて、高原地帯で行われた埋葬方法のひとつだと思われている。なかでもインカ時代のものは、鋭角に切り出された石が見事曲線を描き、ひときわ美しい。最も大きなものはインカ時代のもので高さ12m、円周7.2mある。

　シュスタニの用途は墳墓だったため、近くに神殿や住居の跡はない。墳墓群の中に立ちあたりを見回すと、遺跡の裏には鏡のようなウマヨ湖Lago Umayoが水をたたえている。音のまったくしない標高4000mの静けさだけが支配する世界。この高地に建てられた墳墓は、アンデス高原を見守るかのようである。静かで見晴らしのよい場所に墓を建てるという発想は古今東西、宗教に関係なく、人間の心の奥にひそんでいるようだ。

墓守りの彫刻か

Ꮯᴏʟᴜᴍɴ　湖周辺はフォルクローレの世界

　ティティカカ湖には、昔をしのぶ遺跡もさることながら、インディヘナたちが織りなすフォルクローレの世界が色濃く残っている。
　特にプーノは民族舞踊の宝庫である。このあたりのおもな民族であるアイマラ族は、漁労、農耕、牧畜、狩猟など彼らの日常生活をモチーフに、すばらしい踊りを生み出している。
　踊りが見られるのは、年に何度かのお祭りのとき。最も大きな祭りは"カンデラリアの聖母祭" Fiesta de la Virgen de Candelariaで、毎年2月の第2週より2週間にわたって行われる。このとき踊られるのが"ディアブラーダDiablada（悪魔の踊り）"で、大きな仮面をつけた扮装がユニークだ。

　このほか、毎年のカルナバル（3月頃、年により変動）でも踊り手たちが主役である。また、プーノ以外の周辺の村々でも祭りは多い。月に1〜2度の祭りは期待できる。
　これらの祭りは、スペイン人による征服のあと、インディヘナたちがカトリックの祭日を吸収して自分たちのスタイルに昇華していったものがほとんど。そんななかで、征服以前の純インディヘナの祭りを保っているのがコパカバーナ（ボリビア）の町である。
　遺跡巡りの旅に疲れたら、少し視点を変えてフォルクローレの世界を見つめてみるのもいい。そこに生きている人々こそがすてきなのだから。

ボリビア側の見どころ

コパカバーナ、太陽の島　Copacabana/ Isla del Sol **MAP** P.161

　プーノ～ラ・パスの中間に位置する町コパカバーナは、ティティカカ湖に突き出した半島に位置する町。このコパカバーナを起点に、ティティカカ湖に浮かぶ"太陽の島"へ足を延ばすこともできる。→P.233も参照。

太陽の島の斜面には段々畑が広がる

＊　ペルー側から
　コパカバーナへ
　ラ・パスまで行くバスを利用し、コパカバーナに停車する際に下車すればよい。コパカバーナまでは所要約4時間、S/20～。途中、国境の町ユングーヨでペルーの出国審査とボリビアの入国審査を受ける。プーノ～ラ・パスの国境越えルートについては→P.233も参照。

多くの旅行者でにぎわうコパカバーナ

ティティカカ湖を行くツアーボート

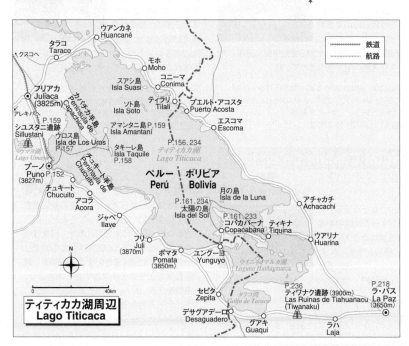

	鉄道
	航路

ウアンカネ Huancané
タラコ Taraco
クスコへ
フリアカ Juliaca (3825m)
アレキパへ
P.159
シュスタニ遺跡 Sillustani
ウマヨ湖 Lago Umayo
プーノ Puno (3827m) P.152
チュキート Chucuito
アコラ Acora
ジャベ Ilave
フリ Juli (3870m)
ポマタ Pomata (3850m)
モホ Moho
スアシ島 Isla Suasi
ソト島 Isla Soto
ティラリ Tilali
コニーマ Conima
プエルト・アコスタ Puerto Acosta
エスコマ Escoma
アマンタニ島 P.159 Isla Amantaní
ウロス島 Isla de Los Uros P.157
タキーレ島 Isla Taquile P.158
P.156、234
ティティカカ湖 Lago Titicaca
ペルー Perú
ボリビア Bolivia
月の島 Isla de la Luna
P.161、234
太陽の島 Isla del Sol
P.161、233
コパカバーナ Copacabana
ティキナ Tiquina
アチャカチ Achacachi
ウアリナ Huarina
ユングーヨ Yunguyo
ウイニャイマルカ湖 Laguna Huiñaymarca
セピタ Zepita
タラカ湖 Golfo de Taraca
デサグアデーロ Desaguadero
グアキ Guaqui
ティワナク遺跡 (3900m) Las Ruinas de Tiahuanacu (Tiwanaku) P.236
ラ・パス La Paz (3650m) P.218
ラハ Laja

N
0　40km

ティティカカ湖周辺
Lago Titicaca

カパチカ半島 Peninsula de Capachica
チュクイト半島 Peninsula de Chucuito

プーノのホテル

GHL Hotel Lago Titicaca

ジーエイチエル・ラゴ・ティティカカ [MAP]P.155-A1外

🛁 📺 ☎ 🌐 🍴

ティティカカ湖上の小島、エステベス島に建ち、どの部屋からも湖を望める。明け方、ベッドに入ったまま神秘の湖の日の出を眺められるのはこのホテルに泊まる人だけの贅沢。サウナやジャクージ、フィットネスセンターなど施設も充実。

[住]Isla Esteves s/n-Lago Titicaca, 51
☎(051)36-7780 [FAX](051)36-7879
[料]ⓈⓌUS$189～ サービス料別
[カード][A][D][J][M][V] [室数]123室

Royal Inn

ロイヤル・イン [MAP]P.155-A2

🛁 📺 ☎ 🌐 🍴

アルマス広場から1ブロックと申し分のない立地に建つ4つ星ホテル。客室はゆったりしており、リラックスした滞在ができる。併設するレストランはペルー料理とインターナショナル料理があり、いずれの評価も高い。バーも併設しており、ルームサービスは24時間。

[住]Jr. Ayacucho 438 ☎(051)36-4574
[URL]www.royalinnhoteles.com
[料]ⓈUS$105 ⓌUS$110 [カード][A][D][J][M][V] [室数]55室

Sonesta Posadas Del Inca

ソネスタ・ポサダス・デル・インカ [MAP]P.155-A1外

🛁 📺 ☎ 🌐 🍴

プーノ市街からタクシーで5分ほど。客室からはティティカカ湖、または周辺の山々が見渡せる。ホテルの隣にはMNヤヴァリ号という19世紀中盤に活躍したイギリス製の船が展示されている。

[住]Sesqui Centenario 610 ☎(051)36-4111
[FAX](051)36-3672 [URL]www.sonesta.com
[料]ⓈⓌUS$93～ サービス料別
[カード][A][D][J][M][V] [室数]70室

Hotel Hacienda Puno

アシエンダ・プーノ [MAP]P.155-A2

🛁 📺 ☎ 🌐 🍴

アルマス広場から2ブロック先にある3つ星ホテル。中心部にあるホテルでは設備が整っているほうだ。最上階にあるレストランからの眺めはすばらしく、天候がよければティティカカ湖も見える。

[住]Jr. Deustua 297 ☎(051)35-6109
[URL]www.hotelhaciendapuno.com.pe
[料]ⓈⓌUS$50～ サービス料込み
[カード][A][D][J][M][V] [室数]64室

Hotel Casona Colon Inn

カソナ・コロン・イン [MAP]P.155-A2

🛁 📺 ☎ 🌐 🍴

古い家を改装し、アンティークな照明や絵画を置いた3つ星ホテル。便利な場所にあり、クラシックが流れる館内は4階建て。温水シャワーは24時間使用可能。

[住]Jr. Tacna 290 ☎(051)35-1432
[URL]www.coloninn.com
[料]ⓈUS$40 ⓌUS$48 ⓉUS$60 サービス料込み
[カード][A][D][J][M][V] [室数]23室

CHECK!!!

プーノのホテル事情

宿は鉄道駅からアルマス広場の間に点在している。クスコからやってくると、ローカルな宿が多い印象を受けるが、料金はほかの町に比べて安め。朝晩は冷えるのでリーズナブルな宿は温水の使える時間帯、暖房設備などをチェックしてから決めよう。高級ホテル、リゾート・ホテルは、町の郊外、ティティカカ湖沿いに点在しており、湖や周囲の山々の眺望が美しい。

 ホテル客室設備：🛁 バスタブあり 📺 テレビあり ☎ 電話あり 🌐 インターネット可 🍴 朝食付き

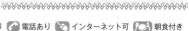

Hostal Los Uros
ロス・ウロス [MAP] P.155-A1

🛁 📺 📞 🖱 🍴

比較的清潔な2つ星クラスのオスタル。温水シャワーは24時間使用できる。旅行会社ミステリオス・デル・ティティカカを併設している。

[住] Jr. Theodoro Valcárcel 135
☎ (051) 35-2141 [FAX] (051) 36-7016
[URL] www.hostaluros.net
[料] ⓈS/40（バス・トイレ共同S/30） ⓌS/50（バス・トイレ共同S/40） ⓉS/75（バス・トイレ共同S/60） サービス料込み [カード] 不可 [室数] 22室

Tayka Hostel
タイカ [MAP] P.155-A2

🛁 📺 📞 🖱 🍴

大通りから少し離れた静かな場所に建つ。ドミトリーはふたつあり、いずれもベッド数4つで男女混合。近郊へのツアーも催行している。朝食はビュッフェ形式。ランドリーサービスも行っており、1kgにつきS/6。

[住] Jr. Ayacucho 515 ☎ (051) 20-9450
[URL] taykahostel.com
[料] ⓈS/70 ⓌS/80 ⓉS/120 ドミトリー S/35 サービス料込み [カード] [A][V] [室数] 13室

プーノのレストラン

La Casona
ラ・カソナ [MAP] P.155-A2

木の温もりを感じる店内で、ティティカカ湖で取れたトゥルチャを使った料理S/30～やアルパカ料理S/28～34など地元の味を楽しめる。メイン、スープとデザートがセットになったランチのセットメニュー S/20がお得。

[住] Jr. Lima 423 ☎ (051) 35-1108
[URL] lacasona-restaurant.com
[営] 12:00～21:30 [休] 無休 [カード] [A][J][M][V]

Chifa Nan Hua
チファ・ナン・ファ [MAP] P.155-A2

プーノでは珍しい中華料理のレストラン。2階席まである広々した店内は、家族連れでにぎわっている。スープから肉料理、魚介料理にいたるまでメニューは豊富。チャーハンは19種ありS/8～15、小エビ入りチャーハンはS/13。トゥルチャを使った料理S/17～25もおすすめ。

[住] Jr. Arequipa 378 ☎ (051) 36-5070
[営] 12:00～22:30 [休] 無休 [カード] 不可

Café Bar de la Casa del Corregidor
ラ・カサ・デル・コレヒドール [MAP] P.155-A2

地元の人おすすめのコーヒー店。プーノで収穫されたオーガニック豆を使ったコーヒーはS/6.5～、ケーキはS/10前後。店内にはモノポリーやウノなどがあり、ゲームに興じる人も多い。中庭を利用したテラス席もある。

[住] Jr. Deustua 576
☎ (051) 35-1921
[URL] cafebar.casadelcorregidor.pe
[営] 9:00～21:00 [休] 日 [カード] [V]

Balcones de Puno
バルコーネス・デ・プーノ [MAP] P.155-A2

フォルクローレのショーを見ながら食事のできるレストラン。ショーは毎晩19:30～21:00。食事はアルパカ、クイ、トゥルチャなど名物料理S/28～40のほか、ピザやパスタ、サンドイッチなど幅広い。隣にあるオスカー Oscarも同じ経営。

[住] Jr. Libertad 354
☎ (051) 36-5300
[営] 10:00～22:00 [休] 無休
[カード] [A][D][J][M][V]

アレキパ

アレキパの中心アルマス広場。奥にはカテドラルのふたつの鐘楼が見える

標高 **2335m**

MAP **P.38-C4**

市外局番 ▶ **054**
（電話のかけ方は→P.40）

US$1=**S/3.3**

CHECK!!! アレキパのベストシーズン
標高2335mのアレキパは、年間を通して雨が少なく気候も温暖だ。したがっていつ訪れても快適といえるのだが、ここはぜひ、町を見下ろすミスティ山やチャチャニ山の展望がすばらしい6〜9月の冬に出かけたい。12、1月は上空を霧が覆い、晴れていても山はうっすらとしか望めない日が多い。大渓谷カニオン・デル・コルカを望むにも、空気の澄んだ冬がベストだ。

アレキパの別名は「シウダー・ブランカCiudad Blanca＝白い町」。建物がみな近郊で採れる白い火山岩で造られていることから、そう呼ばれている。そのため、町に降り注ぐ太陽の照り返しがいっそうまぶしく、町全体が明るい雰囲気に包まれている。地元では「地球からちぎれて月が生まれたとき、アレキパを置き忘れた」と語られているそうだ。

アレキパはインカの第4代皇帝マイタ・カパック時代に建設されたといわれている。皇帝はできあがった美しい町を見て周辺の人々に、アリ・ケパイAri Quepay（ここへ住みなさい）とケチュア語で言ったという。これがアレキパの語源だ。そんなインカの町並みも1540年8月15日には、フランシスコ・ピサロによって征服されてしまう。

リマから約1030km、標高2335m。人口約138万人、リマに次ぐペルー第2の都市だ。鉱物、セメント、ビール、製糸などの産業が盛んで、年間を通して雨が少なく温暖な気候に恵まれて、フルーツの栽培も盛んだ。ペルーの大地主たちが好んでアレキパに住むため、町には立派な建物が多く、また、古い町だけにスペイン風のコロニアルな建物、見事な教会などが残され、中心部はアレキパ歴史地区としてユネスコの世界文化遺産に登録されている。

町のいたるところから望めるミスティ山（5822m）やチャチャニ山（6075m）は、特に空気が澄んだ冬には、山上に真っ白な雪をいただいた神秘的なまでに美しい姿を見せてくれる。近郊には、大渓谷のカニオン・デル・コルカ、ユーラ温泉など自然のなかの見どころも多い。

アンガモス海戦記念日に行われるパレード

アレキパへの行き方

✈ 飛行機

リマからのフライト（→P.48）は、ラタム航空LATAM Airlines（LA）が運航。クスコからはラタム航空が毎日1〜2便（経由便は多数）運航、所要約1時間。

ロドリゲス・バジョン空港

Let's Go! 空港から市内へ

アレキパのロドリゲス・バジョン空港Aeropuerto Rodrígues Ballón（AQP）は、市内の西約7kmのところにある。空港から市内へのバスに乗るには空港ターミナルを出て200〜300m歩かなくてはならない。タクシーの場合は市内まで約15分、S/15前後。

🚌 長距離バス

リマ、クスコ、プーノなどペルー各都市から便がある。約1018km離れたリマからはクルス・デル・スールCruz del Sur、オルトゥルサOltursa、シバCivaなど各社のバスが毎日運行している。アレキパからリマへのバスは、テルミナル・テレストレTerminal Terrestreから13:30〜22:00の間に運行。所要15時間30分〜18時間、S/49〜185。ナスカからはクルス・デル・スールとオルトゥルサが毎日数便運行、所要約9〜10時間、料金はS/29〜130。クスコからは、クルス・デル・スール、テプサTepsaなどが毎日数便運行、所要10時間〜11時間30分、料金はS/29〜140。プーノからは約309km、所要5時間〜6時間30分、S/19〜90。

数多くのバスが発着するバスターミナル

ペルー南部

アレキパ

✙おもな航空会社
ラタム航空
MAP P.166-A2
🏠 Santa Catalina 118-C
☎080-111-234
URL www.lan.com
🕐月〜金　8:45〜19:00
　　土　　9:00〜14:00
休日

空港税
🎫 国内線US$5.72
　　国際線US$15.86

バスターミナル
MAP P.166-A3外
バスターミナルは、テルミナル・テレストレTerminal TerrestreとテラプエルトTerrapuertoのふたつがあり、ふたつのターミナルは隣り合っている。長距離バスのほとんどはテルミナル・テレストレに停車するが、念のためあらかじめチケットオフィスで発車するターミナルを確認しておくこと。テラプエルトには、アレキパ周辺の町へ行くバスが発着する。なお、バスターミナルでは出発前にターミナル使用料S/3を支払う。
テルミナル・テレストレ
🏠 Calle Arturo Ibañez
☎(054) 42-7792
テラプエルト
🏠 Av. Arturo Ibáñez
☎(054) 34-8810

INFORMATION

ⓘ 観光案内所
i-Perú
MAP P.166-A3　🏠 Portal de la Municipalidad 110
☎(054) 22-3265
URL www.peru.travel
🕐月〜土9:00〜18:00　日9:00〜13:00
休無休
アルマス広場に面した建物内にある。情報量が豊富で、スタッフも親切だ。空港にもオフィスがあり、こちらは飛行機の到着に合わせてオープンする。

観光ポリス
POLTUR
MAP P.166-B2　🏠 Jerusalén 315-A

☎(054) 23-9888　🕐24時間
ヘルサレン通りJerusalén沿い。

郵便局
Serpost
MAP P.166-B2　🏠 Moral 118
☎(054) 255-246
🕐月〜土 8:00〜20:00　日9:00〜13:00
休無休

病院
Hospital Regional Honorio Delgado Espinoza
🏠 Av. Daniel Alcides Carrión 505
☎(054) 23-4597
URL www.hrhdaqp.gob.pe

アレキパのタクシーは黄色の車体が多い

ベルモンド・アンデアン・エクスプローラー

Belmond Andean Explorer

URL www.perurail.com

料 2泊3日1キャビン
1人US＄2835～、2人US＄3240

Let's Go! ## バスターミナルから市内へ

　バスターミナルは市の外れにあり、セントロまでは約5km。タクシーでS/8～10。コレクティーボはS/0.8。ただし、アルマス広場は通らず、2本西のクルス・ベルデ通りを通るので注意。

🚃鉄道

　ペルー・レイルの豪華列車ベルモンド・アンデアン・エクスプローラーの、クスコ～プーノ～アレキパの2泊3日のツアーがある。クスコ発木曜、アレキパ発土曜。

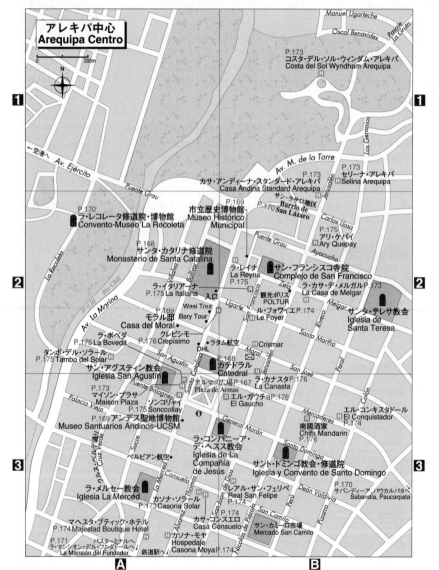

アレキパ中心
Arequipa Centro

0　　　200m

P.173
コスタ・デル・ソル・ウィンダム・アレキパ
Costa del Sol Wyndham Arequipa

Av. M. de la Torre

P.173
カサ・アンディーナ・スタンダード・アレキパ
Casa Andina Standard Arequipa

P.173
セリーナ・アレキパ
Selina Arequipa

空港へ Av. Ejército

Puente Grau

P.170
ラ・レコレータ修道院・博物館
Convento-Museo La Recoleta

P.169
市立歴史博物館
Museo Histórico Municipal

P.170
サン・ラサロ地区
Barrio de San Lázaro

Puente Grau

P.175
アリ・ケパイ
Ary Quepay

P.168
サンタ・カタリナ修道院
Monasterio de Santa Catalina

ラ・レイナ
La Reyna
P.175

サン・フランシスコ寺院
Complejo de San Francisco

ラ・カサ・デ・メルガルP.173
La Casa de Melgar

ラ・イタリアーナ
P.175 La Italiana

入口

Wasi Tour
Illary Tour
モラル邸
P.169
Casa del Moral

観光ポリス
POLTUR

ル・フォワイエP.174
Le Foyer

サンタ・テレサ教会
Iglesia de Santa Teresa

ラ・ボベダ
P.175 La Boveda

クレピシモ
P.176 Crepisimo

ラタム航空
DHL

Crismar

P.168
カテドラル
Catedral

サン・アグスティン教会
Iglesia San Agustín

タンボ・デル・ソラールP.175 Tambo del Solar

P.173
マイソン・プラサ
Maison Plaza

P.175 Sonccollay

アルマス広場P.167
Plaza de Armas

ラ・カナスタP.176
La Canasta

エル・ガウチョP.176
El Gaucho

エル・コンキスタドール
El Conquistador
P.174

P.169 アンデス聖地博物館
Museo Santuarios Andinos-UCSM

ペルビアン航空

南風酒家
Chifa Mandarin
P.176

ラ・コンパニーア・デ・ヘスス教会
Iglesia de La Compañía de Jesús

サント・ドミンゴ教会・修道院
Iglesia y Convento de Santo Domingo

P.170
サバンディーア、パウカルパタへ
Sabandía, Paucarpata

ラ・メルセー教会
Iglesia La Merced

カソナ・ソラール
P.173 Casona Solar

レアル・サン・フェリペ
Real San Felipe
P.174

P.174
マヘスタ・ブティック・ホテル
P.174 Majestad Boutique Hotel

カサ・コンスエロ
Casa Consuelo
P.174

サン・カミーロ市場
Mercado San Camilo

P.171
ラ・マンシオン・デル・フンダドールへ
La Mansión del Fundador

バスターミナルへ
鉄道駅へ

カソナ・モヤ
Hospedaje
Casona Moya P.174

歩き方

　町の中心は**アルマス広場**。コロニアルな建物のアーチに囲まれ、何本ものヤシが揺れるとても美しい広場だ。広場を囲むように、レストランやチケットオフィスが軒を連ね、北側には立派かつ清楚な白い**カテドラル**が建つ。正面から見るとその大きさにも驚かされるが、背後にそびえるミスティ山Volcán Mistiやチャチャニ山Volcán Chachaniの高さにも圧倒されてしまう。

アンデス・バロック様式の傑作、ラ・コンパニーア・デ・ヘスス教会

　町はアルマス広場を中心に碁盤の目状に広がっている。いわゆるセントロは広場を中心にした数ブロック内。見どころやホテル、銀行、レストランなどはセントロに集中している。市内で最大の見どころは**サンタ・カタリナ修道院**と**アンデス聖地博物館**だ。白い壁に囲まれたコロニアル建築のサンタ・カタリナ修道院は、4世紀にもわたって多くの修道女が暮らしてきた。**アンデス聖地博物館**には、1995年にアンパト山で発見されたミイラ、フアニータが展示されている。そのほかサン・フランシスコ寺院 Complejo de San Francisco、サント・ドミンゴ教会・修道院 Iglesia y Convento de Santo Domingo、ラ・コンパニーア・デ・ヘスス教会Iglesia de La Compañía de Jesús、など見応えのある建造物も多い。アレキパは地震が多いため高いビルがなく、そのためカテドラルや教会の存在がより大きく感じられる。

　ミスティ山がよく見えるポイントは、町をふたつに分けるチリ川Río Chili沿いか、町の北側にある高台セルバ・アレグレSelva Alegre。チリ川に架かる橋の上から眺めるミスティ山もまたすばらしい。

おもな見どころ

アルマス広場

Plaza de Armas **MAP** P.166-A3

　アルマス広場は、1540年にアレキパを征服したスペイン軍により町の中心に据えられて以来、450年以上にわたってにぎわいを見せている。ヤシの木や花が植えられた広場を囲んでコロニアル建築の建物が並ぶ様子は、スペイン南部の都市を思わせる。周囲の建物はすべて火山岩で、"白い町"のイメージにもぴったりだ。建物はほとんどがレストランになっており、夜には多くの観光客が集まる。

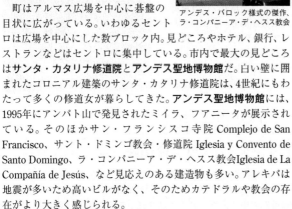
コロニアルな雰囲気の美しいアルマス広場

CHECK!! スリ、置き引きに気をつけて！
バスターミナル周辺、市場周辺はスリ、置き引きが多いことで知られる。高度な技術をもつプロたちが、いつもどこかで目を光らせている。明るい町の開放感に浸る前に、まずは気持ちをひきしめて、無事に宿までたどり着こう。

おもな旅行会社
　旅行会社はサンタ・カタリナ通りSanta Catalinaに集中している。ツアーを申し込む際は、いくつかの旅行会社を回ってみよう。
ワシ・ツール
Wasi Tour
MAP .166-A2
🏠Santa Catalina 207A
☎(054)20-0294
🕐8:00～20:00
🈵無休
イリャリー・ツール
Illary Tour
MAP P.166-A2
🏠Santa Catalina 205
☎(054)22-0844
🕐月～土　8:00～20:00
　日　　8:00～14:00
🈵無休

ワシ・ツール

近郊を巡るツアーバス
　アレキパ市内から観光バスに乗って、サバンディーア、サチャカSachacaなどの小さな町や村を巡るツアーがある。ミスティ山、チャチャニ山の展望と、広がりのある田園風景が楽しめる。ルートによってはアレキパの創設者ガルシ・マヌエル・デ・カルバハルの館であるラ・マンシオン・デル・フンダドール(→P.171)にも立ち寄る。毎日9:00、14:00発で、2時間30分コースがS/.35、4時間コースがS/.45。ガイド付き。申し込みは市内の旅行会社か、アルマス広場にあるオフィスで。

2階建てのツアーバス

教会の見学
　ほとんどの教会は土曜の夜と日曜の朝、礼拝のために開かれている。出入りは自由。

カテドラル
🏛 Plaza de Armas
☎ (054)23-2635
🕐 6:00〜10:00、
　17:00〜19:00
🈚 無休
💰 無料

カテドラル博物館
Museo de la Catedral de Arequipa
☎ (054)21-3149
URL museocatedralarequipa.org.pe
🕐 10:00〜17:00
🈚 日
💰 S/10

カテドラル

Catedral **MAP** P.166-A2

堂々とそびえるカテドラル

　近郊で採れる火山岩で造られた白く美しい教会。1612年に建てられ19世紀に入って修復、増築されたが、その後の幾度かの地震で大きなダメージを受けている。近年では2001年にアレキパ地方を襲った地震が記憶に新しい。カテドラルの内部は案外シンプルでステンドグラスやきらびやかな装飾はないが、広々としていて明るく、大きなパイプオルガンは目を見張るものがある。なお、アルマス広場を囲む建物は、植民地時代の回廊建築。カテドラルも含め、17世紀に舞い戻ったような気分にさせられるところだ。カテドラルの西側はカテドラル博物館になっており、400年にも渡って集められてきた貴重な宗教美術品を展示している。

サンタ・カタリナ修道院

Monasterio de Santa Catalina **MAP** P.166-A2

サンタ・カタリナ修道院
🏛 Santa Catalina 301
☎ (054)22-1213
URL www.santacatalina.org.pe
🕐 月・水・金〜日
　　　　9:00〜17:00
　火・木　9:00〜20:00
🈚 無休
💰 S/40
※ツアーに参加する場合はガイドへのチップが必要

　1580年に建てられ、1970年まで実際に修道生活が営まれていた。つまり、400年もの間、外界との接触を断ち、ひとつの町のような修道院の中で閉ざされた生活を送ってきた人々がいた。しかも、つい45年ほど前までである。

　外部は白い壁でぐるりと囲まれ、内部は迷路のような回廊が巡らされている。ところどころに小さなパティオがあり、そのパティオごとに回廊の壁色が変化していく様子が美しい。見上げれば壁のあちらこちらに花や鳥の絵が描かれている。孤独な修行を積む人々には、この絵も心安まるものだったにちがいない。当時の家具やカマド、台所用品、また修道女が使っていた部屋や幾世紀にもわたって蒐集された美術品を展示する部屋もある。修道院はたいへん規模

花で彩られたパティオ

回廊には宗教画が描かれている

が大きく、ゆっくり回るならゆうに2時間はかかってしまう。とにかく、この静かな冥想の場にいると、外の町の喧騒が信じられないほど。少しずつ心が鎮まっていくのを感じる。

　見学順路の矢印はあるがとにかく広いので、入口でもらった地図をチェックしながら回るといい。ガイド（英・仏・スペイン語など6ヵ国語）のツアーに参加すれば、修道院の歴史や生活をより詳しく知ることができる。

アンデス聖地博物館 Museo Santuarios Andinos-UCSM **MAP** P.166-A3

1995年9月アレキパ北部にそびえる標高6310mのアンパト山の山頂近くで、人類学者ヨハン・ラインハルト氏により凍結した1体のミイラが発見された。その後の調べにより、このミイラは約500年前に埋葬された年齢12〜14歳くらいで身長147cmの少女であることが判明。「フアニータJuanita」と名づけられたこの少女は、インカ時代、山々の噴火を鎮めるため、神への生けにえとして捧げられたのではないかと考えられている。乾燥した土壌の中で凍結したまま長い年月を経たため、保存状態は驚くほどによい。このフアニータのミイラのほか、土器や織物、装飾品など副葬品の数々が展示されている。ガイドの説明を聞きながら約45分かけて館内を見学する。

コロニアルな雰囲気が漂う外観

アンデス聖地博物館
🏠Calle La Merced 110
☎(054)28-6613
🕐月〜土　9:00〜18:00
　　日　　9:00〜15:00
🈁12月25日〜1月1日
💰S/20
※館内撮影禁止。
URL ucsm.edu.pe/museo-santuarios-andinos

モラル邸 Casa del Moral **MAP** P.166-A2

1733年に建てられたバロックとシジャール様式の建物で、アレキパに残るコロニアル建築の最高傑作といわれる。1868年にアレキパ地方を襲った地震により大部分が倒壊したが、1942年にイタリア人のウィリアム氏により復元された。繊細な彫刻の施された正面入口にまず目を奪われる。内部は、パティオを囲んでペイントされた建物が並ぶ。壁面の上部に取り付けられた彫刻は、ピューマやペルーの国花カントゥータ。建物の内部には、ウィリアム氏の集めた絵画やアンティーク家具が置かれ、優雅な雰囲気を醸し出している。

精緻な彫刻が施された正面入口

モラル邸
🏠Moral 318
☎(054)21-0084
🕐9:00〜17:00
🈁日
💰S/5

優雅なコレクションは目を奪われる逸品ばかりだ

市立歴史博物館 Museo Histórico Municipal **MAP** P.166-B2

サン・フランシスコ寺院の隣にある博物館。建物は19世紀初頭のコロニアル建築。展示は9つの部屋に分かれて行われており、紀元前からインカ時代までの発掘品、植民地時代以降の戦争の歴史に関する資料などを収めている。1868〜2001年まで、たびたび町を襲った大地震の被害状況を記録した写真も興味深い。ペルーの歴史を彩った数多くの英雄の肖像画や、地元アーティストの絵画なども展示されている。

アレキパを含めペルーにまつわるさまざまな資料が展示されている

市立歴史博物館
🏠Plaza San Francisco 407
☎(054)20-4801
🕐8:00〜18:00
🈁土・日
💰S/10
URL muniarequipa.gob.pe/museo

サン・フランシスコ広場に建つ博物館

サン・ラサロ地区 Barrio de San Lázaro MAP P.166-B2

アレキパで最も古く美しい場所として知られる地区。1540年のアレキパ市設立の際には、礎石が置かれた場所でもある。車1台通るのがやっとというくらい狭い道の両側には、火山岩で造られた建物が並ぶ。よく晴れた日の昼間にゆっくりと歩いてみよう。陽

の光を浴びて輝く"白い町"は、息をのむほどに美しい。窓辺には色とりどりの花が並び、ピンクや青のペイントがよりいっそうの趣をあたえている。

石畳と白壁の家が約150mにわたって続く

陽を浴びて美しく輝く歩道

ラ・レコレータ修道院・博物館 Convento-Museo La Recoleta MAP P.166-A2

ラ・レコレータ修道院・博物館
住 Calle La Recoleta 117
☎ (054)27-0966
圓 9:00～12:00、15:00～17:00
休 日
圏 S/10

セントロからチリ川を渡った先にあるラ・レコレータ修道院 Iglesia y Convento La Recoleta 内にある博物館。内部は、先コロンブス期の美術品を集めた部屋、宗教美術の部屋などいくつかに分かれており、先住民族の生活を知ることができる手工芸品や植民地時代の宗教関係の資料、プレ・インカ時代の土器、動物の剥製など、さまざまな展示物がある。

町を見下ろす高台にある修道院

プレ・インカの土器が展示されている部屋もある

近郊の町と見どころ

サバンディーア Sabandía MAP P.166-B3外

製粉工場
住 Camino al Molino S/N, Sabandía
☎ 959-839-545
URL www.elmolinodesa bandia.com
圓 9:00～18:00
休 無休
圏 S/10
行き方
アレキパから製粉工場までのバスの便はないが、観光バス(→P.167)のルートに組み込まれている。

市内から約8km。田園風景の広がるなかにポツンとある、スペイン植民地時代の建築様式をそのままに伝える小さな町。17世紀から使用されてきた古い製粉工場Molino de Sabandíaが博物館のようになっていて見学できる。建物の中には水の流れを利用した

臼が備えつけてあり、現在でもゴロゴロと粉をひいている。ほかに農機具、調度品などの展示物もある。建物の裏にはアルパカが数頭、放し飼いにされている。

要塞のような外観の製粉工場

館内にある臼は常にゴロゴロと動いている

ラ・マンシオン・デル・フンダドール
La Mansión del Fundador **MAP** P.166-A3外

　市内から約8km。16世紀にアレキパの創設者ガルシ・マヌエル・デ・カルバハルの館として建てられ、館内には一級のアンティーク家具が揃う。教会も隣接している。

ユーラ
Yura **MAP** P.171

　市内から約29km、バスで約1時間30分のところにある温泉の出る村。チャチャニ山の西側の山麓に当たる。観光客はあまり訪れず、もっぱら地元の人々の保養地だ。村には村営の療養温泉があり、中はいくつかのプールに分かれていて、各々泉質が異なり効能も違う。地球の裏側でも日本とよく似た習慣があることにしみじみ感心してしまう。ユーラにはいくつかの宿泊施設もある。

カニョン・デル・コルカ
Cañon del Colca **MAP** P.171

　アメリカのグランドキャニオンよりも深い渓谷といわれるカニョン・デル・コルカ（コルカ渓谷）は、まさに絶景。展望場所から見渡す限りの断崖と山脈が広がっている。はるか下方にはコルカ川が流れているが、川べりまでは石段を下って1～2時間はかかる。また、ここカニョン・デル・コルカには、ペルーを代表する鳥コンドルが眼下を飛んでいる。果てしなく続く渓谷に、音もなくゆったりと舞うコンドルを眺めていると、どこからともなく、あの名曲『コンドルは飛んで行く El Condor Pasa』のメロディが聞こえてくるようだ。

　起点となるチバイやカバナコンデ Cabanaconde には数軒の宿がある。カニョン・デル・コルカの渓谷美と優雅に舞うコンドルの姿が見られる展望場所はクルス・デル・コンドル Cruz del Condor という場所にある。

* ラ・マンシオン・デル・フンダドール
🏠San Juan de Dios 206-A | Carretera Paisajista s/n Huasacache, Hunter
☎982-311-988
URL www.lamansiondelfundador.com
🕐9：00～17：00
🚫無休
💰S/15

行き方
　アレキパからのバスの便はないが、ツアーバス（→P.167）のルートに組み込まれている。

ユーラへ
　アルマス広場からアルバレス・トマス通り Alvarez Thomas を1kmほど南下した所にある鉄道駅前から、ユーラ行きのコレクティーボが5：00から30分～1時間に1本ぐらいの割合で出発しており、S/2。ユーラまで約1時間10分。温泉といっても水着持参のこと。

カニョン・デル・コルカ、チバイへ
　個人で行く場合は、バスターミナルからカバナコンデ Cabanaconde 行きのバスに乗る。Andalucía S.R.L.社、Reyna社など数社が運行していて、朝と昼頃に便がある。チバイまで3時間～3時間30分。ここで約1時間休憩し、カバナコンデまではさらに2時間ほどかかる。料金はチバイまで約S/13、カバナコンデまで約S/17。カバナコンデからコンドルの見られる展望場所までは歩いて約1時間かかる。

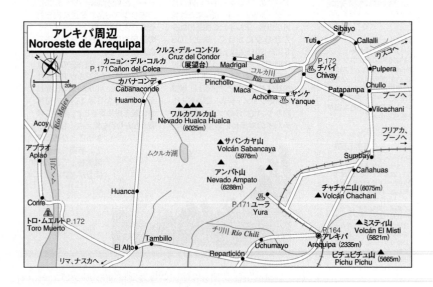

アレキパ周辺 Noroeste de Arequipa

Sibayo
Tuti
Callalli
クスコへ
クルス・デル・コンドル Cruz del Condor（展望台）
Lari
Madrigal
P.172 チバイ Chivay
Pulpera
カニョン・デル・コルカ P.171 Cañon del Colca
コルカ川 Río Colca
Chullo
プーノへ
カバナコンデ Cabanaconde
Pinchollo
Maca
Achoma
ヤンケ Yanque
Patapampa
Huambo
ワルカワルカ山 Nevado Hualca Hualca（6025m）
Vilcachani
Acoy
Río Majes
サバンカヤ山 Volcán Sabancaya（5976m）
フリアカ、プーノへ
アプラオ Aplao
ムクルカ湖
アンパト山 Nevado Ampato（6288m）
Sumbay
Cañahuas
Huanca
チャチャニ山（6075m）Volcán Chachani
Corire
P.171 ユーラ Yura
トロ・ムエルト P.172 Toro Muerto
チリ川 Río Chili
ミスティ山 Volcán El Misti（5821m）
Tambillo
P.164 アレキパ Arequipa（2335m）
El Alto
Uchumayo
Repartición
ピチュピチュ山 Pichu Pichu（5665m）
リマ、ナスカへ

カニョン・デル・コルカ付近のホテル

チバイ Chivay

カサ・アンディーナ・スタンダード・コルカ

[H] Casa Andina Standard Colca

[住]Huayna Capac s/n

☎(054)53-1020

[URL] www.casa-andina.com

[料]ⓈⓌUS$71～

チバイの中央広場から4ブロックのところにある3つ星ホテル。

ヤンケ Yanque

コルカ・ロッジ

[H] Colca Lodge

[住]Fundo Puye, Yanque, Caylloma

☎(054)28-2177

[URL] colca-lodge.com

[料]ⓈⓌUS＄184～

チバイ近郊のコパラケ村にあり、数あるロッジのなかでは唯一敷地内に温泉を有する（水着着用）。

コンドル観察は午前中がベスト

コンドルが活発に活動するのは午前中で、午後になるとあまり姿が見られない。したがって、コンドルが見たい人は日帰りのツアーより1泊のツアーに参加するか、バスを使って行き、チバイかカバナコンデに1泊して、翌日早めに出かけるのがいい。

数多くのコンドルが見られるクルス・デル・コンドル

トロ・ムエルトへ

バスターミナルからバスで約2時間30分、コリーレCorire下車、S/13。バスは4:30～19:00の間に1～2時間に1便程度。コリーレからはタクシーを利用する。コリーレの町には小さな宿が数軒あるのみ。

読者投稿

トロ・ムエルトへ

コリーレのバス停からトロ・ムエルトのある山までタクシーで片道20分かかりました。バス通りを除くとダートなので時速20～30kmで結構な距離です。タクシー代は1時間の待ちを含め往復S/40でした。売店などはありませんので、あらかじめコリーレなどで購入しておいてください。
（長崎県　とうきち　'14）['19]

チバイ

Chivay MAP P.171

カニョン・デル・コルカ行きのバスは、この町でしばらく休憩する。レストランや市場、ホテルもあって、このあたりでは大きな町だ。標高3600m、人口約5770人。インディヘナの女性は刺繍の入った長いスカートをはいている。町から3kmほどのところに、バニョス・テルマレス・ラ・カレラBaños Termales La Caleraと呼ばれる温泉がある。85℃の硫黄臭い源泉から、温度の違う3つの温泉プールに引かれていて、地元や近郊から来る人々でにぎわう。源泉では温泉卵ができるという。

カニョン・デル・コルカの起点の町チバイの市場

トロ・ムエルト

Toro Muerto MAP P.171

今からおよそ1200年前の、ワリ文化のものと思われる岩絵。2km²の平原に不思議な絵の描かれた岩が点在している。

Tour Info カニョン・デル・コルカへのツアー

カニョン・デル・コルカへは、日帰りで行けないことはないが、ハードスケジュールになるため、1泊2日のツアーに参加するのがおすすめ。アレキパ発の日帰りパッケージツアーは、夜中または朝方に出発、アレキパに戻るのは夕方から夜にかけて。ひとりUS＄25～30(5人以上の場合)、食事代別（旅行会社によっては食事付きの場合もある）。アレキパから3時間ほどのチバイで休憩し、展望場所のクルス・デル・コンドルへ向かう。1泊2日のツアーの場合、チバイのホテルに宿泊するのが一般的。ツアー料金は宿泊するホテルのランクによって異なり、ひとりUS＄30～120（食事代別。ホテルによっては朝食付きのところも）。出発時間は8:00～8:30と日帰りツアーよりも遅く出られるので体力的にもラクだ。チバイの温泉や周辺の村にも立ち寄ることができる。

このほかにも、2泊3日のトレッキングツアーや2泊のツアーなどがある。また、4000m級の山を越えるためかなり冷え込むので暖かい服を持参すること。雨季には霧がかかり何も見えなくなってしまうことがあるので、事前に天候の確認をしておいたほうがよい。

クルス・デル・コンドルの展望台

アレキパのホテル

Costa del Sol Wyndham Arequipa

コスタ・デル・ソル・ウィンダム・アレキパ　[MAP]P.166-B1

🛁 📺 📞 🖱 🍴

2018年11月にリニュアルオープン。4.5ヘクタールの広大な敷地は緑に包まれ、庭やプールからはアレキパの山々を望む。レストランやジム、スパなど施設も充実。

[住]Plaza Bolívar s/n, Selva Alegre　☎(054)21-5110
[URL]www.costadelsolperu.com
[料]ⓈⓌUS$144～　サービス料別
[カード][A][D][M][V]　[室数]88室

Selina Arequipa

セリーナ・アレキパ　[MAP]P.166-B1

🛁 📺 📞 🖱 🍴

中南米を拠点に展開するホテルチェーン。ベーシックな部屋からドミトリーまで、幅広い部屋が揃っている。部屋によっては、シャワーとトイレが共用の場合があるので要確認。

[住]Jerusalén 606　☎(01)709-7787(代表)
[URL]selina.com　[料]ⓈⓌⓉUS$46.39～
ドミトリー US$14.09～　サービス料込み
[カード][A][D][J][M][V]　[室数]80室

Casa Andina Standard Arequipa

カサ・アンディーナ・スタンダード・アレキパ　[MAP]P.166-B2

🛁 📺 📞 🖱 🍴

チェーン系ホテルだが、サービスや清潔感はこのクラスでは抜きでている。客室はゆったりとした造りで、窓からの眺めもすばらしい。スタッフは英語を話せる。

[住]Calle Jerusalén 603　☎(054)20-2070
[URL]www.casa-andina.com
[料]ⓈⓌUS$76～　サービス料別
[カード][A][D][J][M][V]　[室数]105室

La Casa de Melgar

ラ・カサ・デ・メルガル　[MAP]P.166-B2

🛁 📺 📞 🖱 🍴

18世紀の民家を利用したコロニアルな雰囲気のオスタル。パティオを囲む客室はどれも違った内装で、アンティーク家具がさりげなく置かれている。有料で空港とバスターミナルへの送迎可。

[住]Calle Melgar 108　☎[FAX](054)22-2459
[URL]www.lacasademelgar.com
[料]ⓈUS$55～ ⓌUS$75～　サービス料込み
[カード][V]　[室数]34室

Casona Solar

カソナ・ソラール　[MAP]P.166-A3

🛁 📺 📞 🖱 🍴

300年前に建てられた邸宅で、文化財にも指定されている。パティオに面した客室は、広々としており、厚い石の壁と高い天井が特徴的。

[住]Calle Consuelo 116
☎(054)22-8991
[URL]www.casonasolar.com
[料]ⓈS/170～　ⓌS/290～　サービス料別
[カード][A][D][J][M][V]　[室数]24室

Hostal Maison Plaza

マイソン・プラサ　[MAP]P.166-A3

🛁 📺 📞 🖱 🍴

アルマス広場に面した宿。古い建物をそのまま改装した館内は、迷路のような複雑な造りになっている。ダブルルームには冷蔵庫がある。

[住]Portal de San Agustín 143
☎(054)21-8929/21-2114　[FAX](054)21-8931
[URL]www.hostalmaisonplaza.com
[料]ⓈS/136 ⓌS/178　サービス料込み
[カード][D][J][M][V]　[室数]17室

ホテル客室設備：🛁 バスタブあり　📺 テレビあり　📞 電話あり　🖱 インターネット可　🍴 朝食付き

Hotel El Conquistador
エル・コンキスタドール [MAP]P.166-B3

🛁 📺 ☎ 💨 🍴

コロニアルな外観が目を引く宿で、ロビーにはアンティークの家具が配されている。部屋は掃除が行き届いている。スタッフは英語が話せる。玄関はオートロックなので安心して宿泊できる。

[住]Mercaderes 409
☎(054) 21-2916
[FAX](054) 21-8987
[料]ⓈUS$50 ⓌUS$65 ⓉUS$80　サービス料込み
[カード][A][D][J][M][V]　[室数]28室

Hostal Real San Felipe
レアル・サン・フェリペ [MAP]P.166-B3

🛁 📺 ☎ 💨 🍴

レストランやカフェなど飲食店の多い繁華な通りに面した中級ホテル。館内は小ぎれいに整えられていておおむね快適。日当たりがよくない部屋もあるが、アルマス広場から2ブロックと立地も悪くない。立地と設備に比べて料金は控えめ。

[住]San Juan de Dios 304
☎(054) 28-5010
[料]ⓈUS$28 ⓌUS$38　サービス料込み
[カード][D][M][V]　[室数]18室

Majestad Boutique Hotel
マヘスタ・ブティック・ホテル [MAP]P.166-A3

🛁 📺 ☎ 💨 🍴

アルマス広場から徒歩約5分のところにあるブティックホテル。レセプションの奥に石造りの客室棟があり、石畳の中庭や植物などがコロニアルな雰囲気を醸し出している。客室は広めに設計されており、伝統的な装飾が施されている。

[住]Calle La Merced 408　☎(054) 28-4452
[URL]www.majestadhotel.com
[料]ⓈUS$37～ ⓌUS$50～　サービス料込み
[カード][V]　[室数]25室

Hospedaje Casona Moya
カソナ・モヤ [MAP]P.166-A3

🛁 📺 ☎ 💨 🍴

アルマス広場から300mにあるシンプルで清潔な宿。サン・カミーロ市場にも近く、買い物に便利。パティオで食べる朝食は美味しいと評判だ。オーナーは親切でツアーの相談に乗ってくれる。専用シャワーだが部屋の外にある場合も。

[住]Alvarez Thomas 417　☎(054) 22-4989
[料]ⓈⓌUS$30～　サービス料込み
[カード]不可　[室数]7室

Casa Consuelo
カサ・コンスエロ [MAP]P.166-A3

🛁 📺 ☎ 💨 🍴

アルマス広場から2ブロックほどの3つ星ホテル。まだ設備も新しく、客室も清潔感にあふれている。朝食を出す部屋は屋上にあり、ここからの眺めはすばらしい。パソコンも利用できる。人気の宿なので予約がベター。

[住]Calle Consuelo 114　☎[FAX](054) 28-8585
[URL]www.casaconsuelohotel.com
[料]ⓈⓌUS$32～　サービス料込み
[カード][V]　[室数]28室

Le Foyer Hostel
ル・フォワイエ [MAP]P.166-B2

🛁 📺 ☎ 💨 🍴

サンタ・カタリナ修道院に近く、立地至便のホステル。バルコニー付きの部屋からは、街の様子をのんびり眺めることができる。チャチャニ山を眺望する屋上も自慢だ。ただ、繁華街にあるため夜はうるさい。フロントにお願いすれば耳栓をくれる。

[住]Calle Ugarte 114　☎(054) 28-6473
[URL]www.hlefoyer.com　[料]Ⓢ ⓌUS$30.72～
ⓉUS$36.48～　ドミトリー US$10.56～
サービス料込み　[カード][A][M][V]　[室数]20室

Tambo del Solar
タンボ・デル・ソラール [MAP]P.166-A2

チリ川にほど近い閑静な住宅街にあり、周囲はとても静か。全室シャワーはハイドロマッサージ付き、簡易キッチン付きの部屋もある。安いプランは朝食別の場合があるので、予約時に確認すること。

[住]Pasaje el Solar 304 ☎[FAX](054) 28-2807
[URL]tambodelsolar.com
[料]ⓈS/95～ ⓌS/100～ サービス料込み
[カード][M][V] [室数]20室

Hostal La Reyna
ラ・レイナ [MAP]P.166-B2

バックパッカー向けの宿。最上階の部屋からの眺めがいい。全20室のうち、15室がバス、トイレ付き。シャワーのお湯は24時間出る。ミスティ山やチャチャニ山へのトレッキングツアーも手配可。

[住]Calle Zela 209 ☎[FAX](054) 28-6578
[URL]hostallareyna.com
[料]ⓈUS$12 ⓌUS$18 ⓉUS$23 サービス料込み
[カード][V] [室数]20室

アレキパのレストラン

La Boveda
ラ・ボベダ [MAP]P.166-A3

アルマス広場に面したレストラン。中はアーチ型の石造りで雰囲気もいい。肉厚な赤唐辛子に挽肉などが詰まったロコト・レジェーノS/24や豚肉の素揚げチチャロン・デ・セルドS/31など名物料理が味わえる。

[住]Portal de San Agustín 127-129
☎(054) 24-3596 [営]7:00～23:00 [休]無休
[カード][A][D][J][M][V]

La Italiana
ラ・イタリアーナ [MAP]P.166-B2

サン・フランシスコ教会のすぐ近くにある本格的イタリアン・レストラン。肉類はS/35.5～47.5、ピザS/23.5～、パスタS/24～。テラス席もあり、教会を眺めながら食事が楽しめる。英語のメニューもある。ホテルへのデリバリーも可能。

[住]San Francisco 303-B ☎(054) 27-5599
[営]11:00～23:00
[休]無休 [カード][A][D][M][V]

Sonccollay
ソンコリャイ [MAP]P.166-A3

プレ・インカをイメージした料理店。セビーチェ S/33～96は魚やカマロン（川エビ）ウニなど種類が豊富。アルパカステーキS/33（120g）～。カマロンの石焼S/117も人気。

[住]Portal de San Agustín 149
☎(054) 28-1219 [URL]www.sonccollay.com
[営]10:00～22:00 [休]無休 [カード][M][V]

Ary Quepay
アリ・ケパイ [MAP]P.166-B2

アルパカの郷土料理を専門に出すレストラン。人気はチチャロン・デ・クイChicharrón de Cuy S/32や、ロモ・サルタード・デ・アルパカLomo Saltado de Alpaca S/30など。トゥルチャやカマロンなどの魚介類も充実している。メインはS/30～45。英語のメニューもある。

[住]Calle Jerusalén 502 ☎(959) 672-922(携帯)
[URL]www.aryquepay.com
[営]月～土10:00～22:00 日12:00～18:00
[休]無休 [カード][A][D][M][V]

Chifa Mandarin

南國酒家   MAP P.166-B3

ペルー風にアレンジされた中華料理の店。チャーハンChaufaや焼きそばTallarín Salt ado、鶏のから揚げなどがワンプレートにのったコンビナードCombinado S/16〜23。

🏠Mercaderes 310-A   ☎(054) 28-1988
🕐月〜土12:15〜22:00   日12:15〜16:00
🚫無休   カード A J M V

Crepísimo

クレピシモ   MAP P.166-A·B2

旅行者でにぎわうクレープ店。クレープは、デザート系以外にもチキンカレーやスモークサーモン、ロコトレジェーノ入りなどもありS/13〜30。店内にはチェスやトランプなどのゲームも用意されている。

🏠Calle Santa Catalina 208   ☎(054) 20-6620
URL www.crepisimo.com
🕐8:00〜23:00   🚫無休   カード M V

El Gaucho

エル・ガウチョ   MAP P.166-B3

アルゼンチン風の豪快なパリジャーダが楽しめる。ランプ肉cuad rilのステーキは国産S/49.9、北米産S/75.9。月〜金の昼は、各種ステーキ220〜440gと付け合わせ、飲み物のセットS/29.9〜とお得。

🏠Portal de Flores 112   ☎(054) 22-0301
🕐12:00〜23:00   🚫日   カード A D J M V

La Canasta

ラ・カナスタ   MAP P.166-B2

市内に3店舗展開する人気のパン屋。カフェスペースもあり、焼き立てパンやサンドイッチなどが味わえる。朝食メニュー S/10.4〜、Sandwich Especial La Canasta S/16、ピザS/10.5〜。

🏠Calle Jerusalén 115   ☎(054) 20-4025
🕐8:30〜20:00   🚫日   カード J V

COLUMN 味覚の町、アレキパ

アレキパでの楽しみのひとつが食べ歩き。近郊でさまざまなフルーツと穀物が生産され、魚介類も豊富に入ってくるアレキパでは、バラエティに富んだメニューが味わえる。そして値段もリーズナブル。標高の高いクスコやプーノで体調を崩した人も、アレキパまで下りてくると快適な気候とおいしい料理に、元気になるだろう。

特においしいのがジューシーなフルーツを使ったフレッシュジュース。マンゴー、パパイヤ、バナナ、オレンジをそのままミキサーにかけたジュースはこってりと甘くて、ビタミンが体のすみずみまで染みわたるようだ。

次いでアレキパの名物料理がまたおいしい。ピリッと辛味の効いた大きな赤唐辛子の肉詰めロコト・レジェーノRocoto Rellenoは有名。そのほかジャガイモを使ったオコパOcopa a la Arequipeña、フライドポーク風のチチャロネスChicharrones、骨付き鶏肉をたたいてフライにしたポジョ・チャクタードPollo Chactado。山岳民族のタンパク源のクイCuy

（テンジクネズミ）を使った料理、クイ・チャクタードCuy Chactadoなどいろいろある。

魚介類ではカマロンCamarónと呼ばれる川エビを使った料理が有名で、エビのチリソースあえのようなピカンテ・デ・カマロネスPicante de Camaronesは食べやすい。エビのクリームスープ、チュペ・デ・カマロネスChupe de Camaronesはボリュームも満点だ。ほかに魚のフライPescado Frito、ジャガイモとエビのスープCauche de Camarones、魚介類のセビーチェ Ceviche de Mariscosなどが味わってみたい料理である。なお、エビやマスは禁漁期間（1〜4月）は食卓から姿を消してしまう。

料理と一緒に飲みたいのがドイツ仕込みの地ビール、アレキペーニャCerveza Arequipeña。さわやかな気候にぴったりの、のどごし柔らかいビールである。

クイ・チャクタード

Huaraz

ワラス

ワラスの町とワスカラン山

標高 ▶	**約3090m**
MAP ▶	**P.38-A3**
市外局番 ▶	**043**

（電話のかけ方は→P.40）

US$1＝**S/3.3**

★ワラス
リマ●

　アンデスのふところに位置する町、ワラス。ペルー最高峰のワスカラン山Huascarán（6768m）やワンツァン山Huantsan（6395m）、ワンドイ山Huandoy（6395m）、チョピカルキ山Chopicalqui（6354m）といった6000m級の高峰が町を見下ろすようにそびえているため、ワラス自体の標高が3090mもあることを忘れてしまいそうになる。毎年6～8月にかけてのワラスは、この山々の塊＝ブランカ山群や、ワイワッシュ山群へ向かうトレッカーたちの基地となる。

　リマからおよそ400km、人口約17万人のワラス。町は1970年の大地震で大きな被害を受けたため、古い家々はほとんど残っていない。市内の見どころは、市場とアンカシュ考古学博物館くらい。郊外の温泉モンテレイや、ワスカラン国立公園内のヤンガヌコ渓谷にある湖、パストルリ氷河、チャビン・デ・ワンタル遺跡などは日帰りのツアーが催行されている。

ワラスへの行き方

✈ 飛行機

　ワラスへフライトしているLCペルーLC Perúは、カハマルカやアヤクーチョなど、ペルー山岳部の小都市へ飛んでいる小型プロペラ機。ワラスへは1日1便しかなく、乗客が少ないとキャンセルされることもある。航空券は現地で手配を依頼しよう。機内預け荷物はひとり15kgまで。

飛行機では右側の席からブランカ山群が一望できる

旅行会社について
　市内にはたくさんの旅行会社がある。そして大きく分けて、一般的な1日ツアー（→P.179）を扱う会社と、登山やトレッキングガイドを行う専門的な旅行会社がある。どの旅行会社がいいかは、窓口に行って確認、どのバスで行くか、英語のガイドは付くか、ランチは付いているか、などを確認して納得のいくツアーを決めるしか方法がない。しかし、そんな時間のない人は、ホテルのフロントで申し込むのが無難。その際に、必要であれば英語のガイドをリクエストしよう。支払いはホテルのフロントでできる。ただし、バスの善し悪しなどは選べない。

置き引きや盗難に注意
　ワラスは田舎町だから安全という印象を持つ人が少なくないが、バスターミナルや市場、レストラン、ホテル内、日帰りツアーや安い混載トレッキングツアー等で置き引きや盗難の被害が絶えない。貴重品は常に肌身離さず管理しよう。特に混載ツアーの場合、車内の忘れ物は出てこないと思っておいたほうがいい。

トレッキング情報を収集
　ワラス近郊の山の情報は、ワスカラン国立公園管理事務所かカサ・デ・ギアスCasa de Guíasにて収集できる。特別の登山隊でないかぎり、個人で登山をすることは不可能。

177

おもなバス会社

モービル　Móvil
🏠 Av. Confraternidad Oeste
451,Independencia
☎(043)42-2555

クルス・デル・スール
Cruz del Sur
🏠 Jr. Simón Bolívar 491
☎(043)38-0100

リネア　Linea
🏠 Jr. Simón Bolívar 450
☎(043)42-6666

オルトゥルサ　Oltursa
🏠 Av.Antonio Raymondi
825,Barrio Cono Aluvió-
nico Este.
☎(043)42-3717

CHECK!!!
**ワラスの
ハイシーズン**
山岳地帯のワラ
スは5〜10月がアンデ
アン・サマーと呼ばれ
る乾季に当たり、朝晩
は冷え込むものの、日
中は晴れて暖かい日が
続く。いっぽう11〜4月
は雨季に当たり、午後
から冷たい雨が降る日
が多い。したがって、観
光客の最も集中するハ
イシーズンは6〜8月。
この時期はリマやトル
ヒーヨからのバスチケ
ットが取りにくくなる
ので、事前に予約をして
おいたほうがいい。

郵便局
Serpost
MAP P.179-B3
🏠 Av. Mariscal Toribio de
Luzuriaga 714
☎(043)42-1030
🕐月〜金　8:30〜20:00
土　8:30〜18:00
休日・祝

Let's Go! **🛬 空港から市内へ**

　コマンダンテ・FAP・ヘルマン・アリアス・グラシアニ空港Aero-
puerto Comandante FAP Germán Arias Grazianiは町から約23km
離れたアンタAntaにある。空港からワラスの町へは待機している
タクシーに乗るしか方法がない。所要約20分、S/25〜30。

🚌 長距離バス

　リマから所要約8時間30分、S/35〜98。クルス・デル・スールや
オルトゥルサなどのバスは各社のオフィスを出発後、バスターミ
ナルを経由する。バスターミナルからは6:00〜9:00、21:30〜23:30
の間に出発。同じバス会社であっても、車内設備やシートのタイ
プなどの違いにより料金が変わる。到着が朝方や夜になる場合は、
かなり冷え込むので防寒具などを用意したほうがよい。トルヒー
ヨからはモービル、リネア、エンプレサ・カトルセEmpresa Catorce
などが運行。所要7〜8時間、S/30〜70。

　ワラスにバスターミナルはなく、各バス会社のチケットオフィ
ス前などに発着している。各バス会社のオフィスは市街中心部に
あるが、モービルの発着所はやや離れているのでタクシー利用
（S/3〜4）が便利。

歩き方

　ペルー最高峰のワスカラン山を望むワラスの町も、ペルーのほ
かの都市と同様に、**アルマス広場 Plaza de Armas**を中心に広が
っている。広場周辺やその西を走るメインストリート、**ルスリアガ
通りAv. Luzuriaga**沿いには、銀行、郵便局、電話局、観光案内所、
旅行会社、ホテルなどがあり、シモン・ボリーバル通りJr. Simón
Bolívarには、レストランやバーが並ぶ。町自体がアンデスの展望台
のようなところなので、景色を楽しみながらのんびりと歩きたい。

INFORMATION

ℹ **観光案内所　i-Perú**　　　MAP P.179-B3
🏠 Pasaje Atusparia - oficina 1, Plaza de Armas
☎(043)42-8812　URL www.peru.travel
🕐月〜土　9:00〜18:00　日 9:00〜13:00　休無休
　郵便局の横の小道を入った所。英語も通じる。

カサ・デ・ギアス　Casa de Guías　MAP P.179-B3
🏠 Parque Ginebra 28 G　☎(043)42-7545
URL www.agmp.pe
🕐9:00〜13:00　休日・祝
　ガイド付きトレッキングツアーを開催。

ワスカラン国立公園管理事務所
Parque Nacional Huascarán　MAP P.179-B1外
🏠 Jr. Fedrico Sal y Rosas 555, Ministerio
de Agricultura　☎(043)42-2086

🕐8:30〜13:00、14:30〜17:00　休土・日
　トレッキング情報や国立公園入園手続きと登
録はここで。

ネイチャー・アンド・インタープリテーション・ペルー
n&i Peru　　　　　　　　　　MAP 地図外
🏠 Jr. Lliuya Takaychin 181, departamento 101
☎962-209-545/993-118-240(日本語可)
URL nandiperu.com
🕐月〜金9:00〜18:00　休土・日・祝
　日本語が通じる旅行会社。日本人に合わせた
サービス、プライベートツアー、日帰り混載ツア
ー、B&B宿を提供。政府公認ガイドなど信頼で
きるガイドを手配してくれる。アルマス広場か
ら南東へ約1.5kmの所。

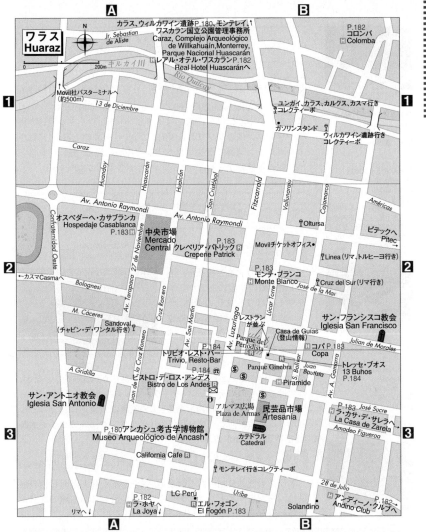

ワラス Huaraz

Tour Info

ワラス発のツアー

●チャビン・デ・ワンタルツアー

ワラスからチャビン村まで約110km。8～9時に出発し、戻るのは19時頃。標高3980mのケロコチャ湖Lago Querocochaで写真撮影後、標高4516mの峠をトンネルで抜けチャビン・デ・ワンタルの遺跡へ。チャビン博物館に立ち寄るツアーもある。料金はS/75。

●ヤンガヌコ渓谷チナンコチャ湖ツアー

地震で被害を受けた旧ユンガイ村を見学後、ワスカランの懐へ。標高3850mにある美しい

チナンコチャ湖と、ワスカランの氷河を間近に見ることができる。所要8～9時間、S/70。

●パストルリ氷河ツアー

標高5250mにあるパストルリ氷河を4900mの展望台から見学する。ワラスから約80km。ブランカ山群の景観と、プヤ・ライモンディと呼ばれる世界でもまれな植物を見ることができる。防寒具必携。所要7～8時間、S/70。

※シティ・ツアーはS/60前後。すべてのツアー料金は、雨季には半値近くまで下がることがある。

レクワイ文化の石像

アンカシュ考古学博物館
☎(043)42-1551
圏8:30～17:15
圀月　圀S/5

ウィルカワイン遺跡
圏9:00～16:30
圀月　圀S/5
行き方
　コレクティーボで約30分、S/1.3。ワラス市内から徒歩約2時間30分。タクシーの場合、片道S/6～10、シティツアーでも行ける。

霊廟や住居跡が残るイチック・ウィルカワイン遺跡

バーニョス・テルマレス・モンテレイ
🏠Av. Monterrey s/n Independencia
圏7:00～16:30
圀無休　圀S/5
行き方
　Linea1のコレクティーボで約25分、S/1。またはシティツアーかタクシーで。

屋外プール

おもな見どころ

アンカシュ考古学博物館　Museo Arqueológico de Ancash　**MAP** P.179-A3

　レクアイ文化（紀元200～600年）とワリ文化（600～900年）の石像や土器を中心に展示。2階にはナャビン・デ・ワンタル遺跡の模型やランソン像のレプリカ、3階はワリやインカの土器、1階はウィルカワイン遺跡で発掘された土器を中心に展示。庭にはレクアイ文化の個性豊かな石像（オリジナル）が多数置かれている。

近郊の町と見どころ

ウィルカワイン遺跡　Complejo Arqueológico de Willkahuaín　**MAP** P.179-B1外

　ワラスから北東へ約7km、約3400mの山の中腹にあるウィルカワインはワリ文化の遺跡。テンプロTemploと呼ばれる3階建ての霊廟内部に、1階に5つ、2・3階にそれぞれ7つの部屋がある。天井の巨石を中小の石で支える

ワラスから一番近い遺跡

造りや、南の壁にカベッサ・クラバ（レプリカ）があることなど、時代は違うもののチャビン・デ・ワンタル遺跡との共通点も多い。出土品を展示する博物館もある。この遺跡から南東に15分ほど歩いたところに、同じくワリ時代のイチック・ウィルカワイン遺跡Ichik Wilkahuaínがある。

バーニョス・テルマレス・モンテレイ　Baños Termales Monterrey　**MAP** P.180

　ワラスの北約5kmにある温泉地。鉄分を多く含んだサビ色の温泉は、筋肉痛やストレスにいいそう。渓谷沿いにある屋外プールは野趣満点。個室風呂では熱い湯につかれる。

ユンガイ

Yungay MAP P.180

ワラスから約55km、標高約2500mの町はワスカラン山の麓にある。ワラスを含むこのあたり一帯は、1970年5月、マグニチュード7.8の大地震に襲われた。地震はワスカラン山の雪崩をも引き起こし、十数km離れたユンガイの町は約2万人の人命とともに、一瞬にして土砂と氷、大量の岩の下に埋まってしまったのである。

白いキリスト像が立つ旧ユンガイは、現在慰霊公園Campo Santo Yungayになっている。新ユンガイは1.5kmほど離れた所にある。

ヤンガヌコ渓谷

Quebrada Llanganuco MAP P.180

1985年、ユネスコの世界自然遺産に登録されたワスカラン国立公園。園内に位置する標高約3850mのヤンガヌコ渓谷にはチナコチャ湖Laguna Chinacochaとオルコンコチャ湖Laguna Orconcochaという色が美しいブルーのふたつの湖がある。目の前

チナコチャ湖ではボートに乗ることができる

に雲をかぶったワスカラン山がそびえる絶景を楽しめる。

チャビン・デ・ワンタル

Chavín de Huántar MAP P.180

紀元前1000年頃に造られたもので標高約3140mの高地にあるにもかかわらず、各地からの巡礼者が引きもきらない宗教都市として栄えた。その信仰、文化は熱帯密林地帯から北部海岸地帯まで広く影響を及ぼしたという。遺跡は、ユネスコの世界文化遺産に登録されている。

狭い通路の先にあるランソン像

プレ・インカのなかでも文明開化の時代の遺跡

遺跡は石造りの建物、広場、複雑な模様の描かれた柱などからなっていて、建物の下にはいくつもの地下室がある。現在、そのうちの一部を見学できる。幅1mほどの通路が迷路のように入り組み、いくつもの小部屋がある。最大の見どころは地下室にあるランソンと呼ばれる、高さ約4.5mもの石塔の主神体。彫刻された模様は、長い牙をもち、ヘビの髪を垂らした神だ。チャビン文化がジャガーやヘビを神格化していたことがわかる。

神殿の前には広場があり、天体を知るためのものとされる7つのくぼみをもった石の台や、儀式の際の効果音として利用されたと思われる水路の穴、円形の広場などが残されていて興味深い。神殿の壁に埋められていたカベッサ・クラバCabeza

慰霊公園
圏8:00～18:00
圏S/5
行き方
ユンガイへはフィスカラルド通りFitzcarraldからコレクティーボが出ている。所要約1時間10分、S/6。カラスへは約2時間、S/7。なお、ヤンガヌコ湖ツアーには旧ユンガイ観光が含まれる。

慰霊公園のキリスト像

ワスカラン国立公園
圏1日S/30
行き方
ヤンガヌコ湖へはツアーで行くのが一般的。ツアーのほとんどがチナコチャ湖を散策する。また、ワラスからユンガイまで行き、そこからコンビで行くこともできる。ユンガイから1時間ほど、S/10。ただし、戻りのコンビは空席がないと乗車できないので十分注意すること。

チャビン・デ・ワンタル
圏9:00～16:00
圏月　圏S/15（チャビン博物館と共通）
行き方
チャビン・デ・ワンタルへはツアーを利用するのが一般的だが、ワラスからサンドバル社Sandovalをはじめ数社のバスがチャビン村まで毎日4:00～20:00の間に運行している。所要約3時間30分、S/12～15。チャビン村には近年ホテルも増えてきているので、じっくり見学するなら、1泊するのもいい。

チャビン博物館
Museo Nacional Chavín
☎(043)45-4011
圏9:00～17:00
圏月　圏S/15（チャビン・デ・ワンタルと共通）
チャビン村の外れにあり、チャビン・デ・ワンタルから徒歩で15分ほど。村の中心の広場から徒歩5～6分。ツアーで寄らない場合、村でのランチをキャンセルして、その間に行くことも。

数々の石像が見られる

Clavaと呼ばれる動物の特徴をもった人間の顔は、2mおきに56個あったというが、現在はひとつが残されているのみ。この石の頭を含め、彫刻が施された石や土器など、発掘品の多くはチャビン博物館に展示されている。日本の援助により2008年に完成したこの博物館は、日本語の解説もあり、遺跡とあわせてぜひ見学することをおすすめする。しかし、ツアーに含まれていないこともあるので、事前によく確認しよう。

ワラスの**ホテル**

Andino Club Hotel

アンディーノ・クルブ　　MAP P.179-B3外

🛁 📺 🖊 🗺 📷

セントロから8ブロック、徒歩15分ほど上った場所にあり、客室からの眺めもいい。3つ星だが、部屋は5種類あり、部屋によってはテラス付きや、暖炉やジャクージ、サウナのある部屋も（ⓌS/620～）。花々が咲き乱れる庭も美しい。レストラン「Chalet Suisse」ではスイス料理が味わえる。中心部からはタクシーを利用したほうがいい。料金は約S/3。

🏠 Jr. Pedro Cochachín 357
☎ (043) 42-1662　🖷 (043) 42-2830
URL www.hotelandino.com
料 ⓈS/330～　ⓌS/420～　サービス料込み
カード ＡＤＭＶ　室数 54室

Hotel La Joya

ラ・ホヤ　　MAP P.179-A3外

🛁 📺 🖊 🗺 📷

静かな住宅地にある近代的な外観の3つ星ホテル。入口は階段だが、7階建ての建物内にはもちろんエレベーターがあり、部屋はいずれも窓があって明るく、なかには眺めのいい部屋も。バスタブ付き。朝食は広いレストランにて。

🏠 Jr. San Martin 1187
☎ (043) 42-5527
🖷 (043) 39-6184
URL www.hotellajoya.pe
料 ⓈS/180～　ⓌS/350～　サービス込み
カード ＭＶ　室数 63室

Hotel Colomba

コロンバ　　MAP P.179-B1

🛁 📺 🖊 🗺 📷

街の中心から北へ車で5分。古い荘園を利用したホテルで、緑あふれる中庭やテラスが自慢。部屋は広く清潔で、全室冷蔵庫、ポット、ドライヤー完備。Superiorの部屋はジャグジー付き。レストランも併設、英語も通じる。洗濯サービス（有料）あり。

🏠 Jr. Francisco de Zela 210
☎ (043) 42-1501/42-1241
URL www.huarazhotel.com
料 ⓈS/180～　ⓌS/250～　サービス料込み
カード ＡＤＭＶ
室数 21室

Real Hotel Huascarán

レアル・オテル・ワスカラン　　MAP P.179-B1外

🛁 📺 🖊 🗺 📷

町の中心から車で北へ約3分の場所にある3つ星ホテル。部屋やレストランからワスカラン山が望める最高のロケーション。建物は少々古いが、サービスはよく部屋もきれいだ。町の中心から少し離れているので、静かな環境。中心部からは歩けないこともないが、タクシーの利用がおすすめ。料金は約S/3。

🏠 Av. Centenario Cuadra 10
☎🖷 (043) 42-2821
URL www.realhotelhuascaran.com
料 ⓈⓌS/156～　サービス込み
カード ＡＤＭＶ
室数 60室

Monte Blanco Hotel
モンテ・ブランコ [MAP] P.179-B2

🛁 📺 ☎ 💨 🍴

メインストリートとホセ・デ・ラ・マル通りの交差する、繁華街にある旅行会社Pablo Toursの経営するエコノミーな宿。館内は階段のみで、道路側はやや騒音が気になる。シャワーは24時間お湯が出る。

[住]Jr. José de la Mar 620 ☎(043) 42-6384
[URL]www.monteblancohotel.com
[料]ⓈS/80 ⓌS/140 サービス料込み
[カード][M][V] [室数]20室

Hostal Copa
コパ [MAP] P.179-B2

🛁 📺 ☎ 💨 🍴

シモン・ボリーバル通りに面した安宿のひとつ。ホテル自体は飾り気がないが、屋上からの山の眺めがいい。全室ケーブルテレビ、トイレ付きでお湯も24時間使える。1階に地元客に人気の食堂あり。

[住]Jr. Simón Bolívar 615
☎(043) 42-2071
[料]ⓈS/40 ⓌS/60 サービス料税込み
[カード]不可 [室数]22室

Hospedaje Casablanca
オスペダーヘ・カサブランカ [MAP] 179-A2

🛁 📺 ☎ 💨 🍴

中央市場に面したこぢんまりとしたホテル。コロニアル調の白壁の外観が目印。中庭に面して部屋が並ぶためやや暗いが、外の喧噪がうそのように静かで快適。

[住]Av. 27 de Noviembre 138
☎(043) 42-2602 [FAX](043) 42-4801
[URL]www.hospedaje-casa-blanca-pe.book.direct
[料]ⓈS/45 ⓌS/80 サービス料込み
[カード][V] [室数]27室

La Casa de Zarela
ラ・カサ・デ・サレラ [MAP] P.179-B3外

🛁 📺 ☎ 💨 🍴

中心部からゆるやかな坂を上った住宅地にある、コロニアルな雰囲気のアットホームな宿。共同で使えるラウンジとキッチンあり。部屋は6人のドミトリー、トイレ・バス付きのツインなど多様。

[住]Julio Arguedas 1263 ☎(043) 45-8803
[URL]www.lacasadezarelahuaraz.com
[料]ドミトリーUS＄14、Ⓢ ⓌUS＄45～
サービス料込み [カード][M][V] [室数]6室

ワラスのレストラン

Creperie Patrick
クレペリア・パトリック [MAP] P.179-B2

フランス人経営の老舗クレープ店。基本のクレープS/6に、チーズやハムなど好みのトッピングが選べる。またHamburguesa de Alaca S/10など、ワラスでは珍しいアルパカ料理を提供。ワインの種類も豊富。英語メニューあり。

[住]Av. Luzuriaga 422 ☎(043) 42-6037
[営]月～土16:00～22:30、
日 17:30～22:30
[休]無休 [カード]不可

El Fogón
エル・フォゴン [MAP] P.179-A3

地元料理とパリジャーダの店。豚肉とチョリソ、モジェハ、アンティクーチョがセットになったParrillada PersonalはS/24。前菜とスープ、メイン、デザートにドリンクも付いた日替わりランチS/10.5が人気。

[住]Av. Mariscal Luzuriaga 928
☎(043) 42-1267
[営]月～土12:00～15:00、18:00～23:45
日 18:00～23:45
[休]無休 [カード][A][M][V]

日本からペルーへの電話のかけ方→P.40

Trivio, Resto-Bar

トリビオ・レスト・バー　**MAP** P.179-B3

　ワラスの地ビール、Sierra Andinaのアンテナショップ。ペール・エールを始め6種類の地ビール各S/15～が楽しめる。サラダS/20～やジューシーなペッパーステーキS/40～のほか、ペルー料理もある。英語メニューあり。

🏠Parque Periodista　☎943-613-023（携帯）
URL www.triviorestobar.com
🕐8:00～23:45　休無休　カード V

13 Búhos

トレッセ・ブオス　**MAP** P.179-B3

　ヒネブラ公園に面したカフェ・バー。店オリジナルの地ビールLucho's BeersS/10～を味わえるなど、ドリンクメニューが充実している。4種類ある日替わりランチメニューS/13～18はデザート付き。眺めのいい2階席のほか、木陰にあるテラス席も。

🏠Parque Ginebra LT 28　☎(043) 23-4391
🕐8:00～23:00　休無休
カード不可

Bistro de Los Andes

ビストロ・デ・ロス・アンデス　**MAP** P.179-B3

　アルマス広場に面した郵便局の2階にある人気レストラン。ペルー料理やインターナショナル料理S/20～40のほか、身体に優しいスープ類S/10～などメニューも豊富。英語メニューあり。

🏠Av. Luzuriaga 702, Altos de Serpost, Plaza de Armas
☎943-663-508
URL www.bistrodelosandes.com
🕐月～土12:00～22:00　休日　カード M V

CHECK !!!

ワラスのみやげを探す

　ワラスでみやげ物を買うなら、アルマス広場に面した教会隣のアルテサニアArtesania（みやげ物）と書かれた民芸品市場へ。小さな店が軒を連ね、ワラスみやげが何でも揃う。次いで、ルスリアガ通りからカセレス通りを入ったところにも、店が並んでいる。また、レストランが集まるペリオディスタ公園にもみやげ物屋が多い。

COLUMN　ペルー・アンデス "ブランカ山群"

　1985年にユネスコの世界自然遺産に登録されたワスカラン国立公園Parque Nacional Huascarán。3400km²もの広さをもつ国立公園の中心をなすのが、南北200kmにわたって連なるコルディエラ・ブランカ＝ブランカ山群だ。ブランカ＝白の名前のとおり、氷河をまとった真っ白な峰が連なり、太陽に輝く様子は神々しい。山群のなかにはペルー最高峰のワスカラン山（6768m）。ほかにも、チャクララフ山（6112m）、4つのピークを持つワンドイ山（6395m）、サンタ・クルス山（6259m）など、6000m峰が29座、世界一美しい峰と呼ばれるピラミッド型のアルパマヨ山（5947m）など5000m級の峰が約200座ある。

　ブランカ山群にはいくつもの氷河湖が点在し、美しい水をたたえている。チャピン・デ・ワンタルの途中にあるケロコチャ湖やヤンガヌコ渓谷のチナンコチャ湖へは、日帰りツアーで行くことができるが、何泊かのトレッキングではより神秘的な湖と、大迫力の山岳風景を楽しむことができる。そのため、ハイシーズンの6～8月にかけては、世界中からトレッカーが集まってくる。市内はガイドトレッキングの看板を掲げた旅行会社が集まり、登山道具のレンタルショップも多い。トレッキングや登山に特別な許可は必要ないが、ガイドなしのトレッキングや登山をする場合は、氏名や日程などをワスカラン国立公園事務所に申請することが義務付けられている。加えて各谷にある、ワスカラン国立公園コントロールセンターにも申請が必要。事故や遭難を防ぐためにも、ツアーに参加するか、UIAGM国際山岳ガイドを雇うようにしたい。

上空から見たブランカ山群の一部

トルヒーヨ

鮮やかな色が残る月のワカ

スペイン人征服者のディエゴ・デ・アルマグロは、1534年にこの町を建設し、仲間のフランシスコ・ピサロの故郷の名であるトルヒーヨと命名した。アルマス広場を中心にカテドラルや教会、修道院、官邸が次々と建てられ、新大陸のスペインが造り上げられた。リマから北に約560kmのトルヒーヨは、ラ・リベルタ州の州都。リマ、アレキパに次ぐペルー第3の都市である。環状線に囲まれた町には碁盤の目のようにきちんと区画された道が造られ、いたるところに古いコロニアル時代の建物が残っている。1970年の地震で大きな被害を被ったものの、とてもきれいな町だ。プレ・インカ時代にすでに大きな都市が築かれており、モチェ文化の太陽のワカ・月のワカ、チムー王国時代の首都チャンチャン遺跡などがトルヒーヨ近郊の見どころとなっている。

トルヒーヨへの行き方

飛行機

リマからのフライト（→P.48）。カピタン・FAP・カルロス・マルティネス・デ・ピニージョス国際空港Aeropuerto Internacional Capitán FAP Carlos Martínez de Pinillos（TRU）は、市内から約10km西にある。空港ターミナルを出た所にタクシーが待機していて市内まで所要約20分、S/25。

長距離バス

リマから所要9〜10時間、S/38〜141。バスは各社のオフィスから出発してプラサ・ノルテPlaza Norte、バスターミナルを経由す

標高 ▶ **34m**

MAP ▶ **P.38-A3**

市外局番 ▶ **044**
（電話のかけ方は→P.40）

US$1＝**S/3.3**

カピタン・FAP・カルロス・マルティネス・デ・ピニージョス国際空港
☎(044)46-4324

✈おもな航空会社
LCペルー
LC Perú
MAP P.186-A1
住Jr. Diego de Almagro 305
☎(044)29-0299
ラタム航空
LATAM Airlines（LA）
住Mall Aventura Plaza Trujillo,
Av. América Oeste 750
☎(01)213-8200

🚌おもなバス会社
リネア　Linea
住Av. América Sur 2857
☎(0801)00-015
クルス・デル・スール
Cruz del Sur
MAP P.186-B1（バス停）
住Jr. Amazonas 437
☎(044)36-9100
モービル　Móvil
住Av. América Sur 3959
（Ovalo Larco）Urb.
La Merced
☎(044)28-6538
シバ　Civa
住Av. El Ejército 250
☎(044)25-1402

おもな旅行会社
コロニアル・ツアーズ
Colonial Tours
住Jr. Independencia 616
☎(044)29-1034
営8:00〜20:00
休無休
🔗コロニアル（→P.191）
内にある。英語可。

アルマス広場に面したトルヒーヨ市庁舎

るものと、プラサ・ノルテを起点とするものがある。チクラヨからは所要約4時間、S/26～65。ワラスからは所要9～10時間、S/30～70。カハマルカから所要約6時間、S/25～80。中心部から南東約2kmのアメリカ・スール通りAv. America Surに、バスターミナルTerminal Terrestre Santa Cruzと、リネアの発着ターミナルがある。タクシーで10分、S/5～6。

歩き方

アルマス広場

　町の中心は**アルマス広場 Plaza de Armas**。広場の周りには見事なコロニアル建築の建物が並ぶ。なかでもまず目につくのは、広場に面した**カテドラルCatedral**。鮮やかな黄色の大聖堂だ。とにかく教会の多い町で、カテドラルのすぐ近くに**ラ・メルセー教会 Iglesia La Merced**、アルマス広場の東には**サン・アグスティン教会 Iglesia San Agustin**に南に2ブロックのところに黄色のドーム型天井が目を引く**サント・ドミンゴ教会Iglesia Santo Domingo**がある。市内歩きのあとは**考古学・人類学・歴史学博物館（国立トルヒーヨ大学博物館）**でプレ・インカの歴史に触れてみたい。

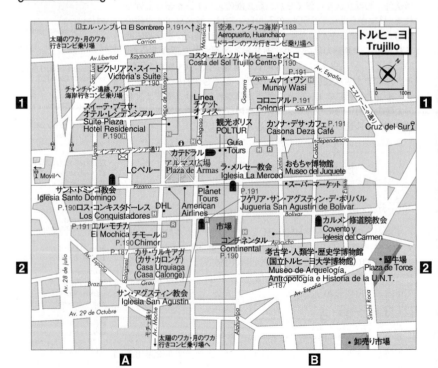

おもな見どころ

考古学・人類学・歴史学博物館（国立トルヒーヨ大学博物館）
Museo de Arqueología, Antropología e Historia de la U.N.T. MAP P.186-B2

考古学・人類学・
歴史学博物館
住Jr. Junín 682
☎(044)47-4850
開月　　9:00〜14:30
　火〜土　9:00〜16:30
休日・祝
料S/5（英語のガイドには
S/10程度のチップが必要）

　1万2000年前からスペインに征服される1532年までの、考古学、人類学に関する資料を所蔵。ペルー北部の文化の変遷を、町やコミュニティの形成が始まったとされるクピスニケCupisniqueとサリナールSalinar、モチェ Moche、チムー Chimu、チムー・インカChimu-Incaなどの土器や生活用品を時代別に展示している。遺跡巡りの前に立ち寄ってみるのがおすすめ。

プレ・インカの土器などを展示

モチェ文化の人型土器

カサ・ウルキアガ（カサ・カロンゲ）
Casa Urquiaga (Casa Calonge) MAP P.186-A2

カサ・ウルキアガ
（カサ・カロンゲ）
住Jr. Pizarro 446
☎(981)064-315
開9:30〜15:30
休土・日
料無料

　アルマス広場に面して建つ、ネオクラシック様式の美しい屋敷。歴代副王や貴族の住まいとして利用され、ペルー独立の立役者シモン・ボリーバルも逗留した。現在はペルー中央銀行の所有物になっており、一部が博物館として公開されている。副王〜共和国時代の見事な調度品や古銭、ペルー北海岸部に栄えたモチェやチムーの土器などが展示されている。

各部屋や家具が当時のまま保存されている

近郊の町と見どころ

太陽のワカ・月のワカ
Las Huacas del Sol y de la Luna MAP P.188

太陽のワカ・月のワカ
URL www.huacasdemoche.pe
開9:00〜16:00
休無休
料月のワカS/10 博物館S/5
行き方
　ツアーで行くのが一般的。個人で行くならモチェ通りAv. Mocheを南東に進んだ先にあるロータリーOvalo GrauからCMの表示があるコンビに乗る。所要約20分、S/14。タクシーは片道S/15。

　小高い山セロ・ブランコCerro Blancoの麓、モチェ川との間、約60ヘクタールにも及ぶ広大な地域に残るモチェ王国の遺跡。基底部分が約345m×約160m、高さ約30mあったとされる太陽のワカは要塞であり、月のワカは宗教的な儀礼が行われる場所だったとされる。約500m離れて建つふたつのワカの間には町があり、政治的、経済的、宗教的に力をもつエリートが暮らしていたと考えられている。太陽のワカは外から見ることしかできないが、約1億4000万個の日干しレンガで作られた巨大な建物は大迫力。

INFORMATION

❶観光案内所　i-Perú
MAP P.186-A1　住Jr. Independencia 467, of 106
☎(044) 29-4561
URL www.peru.travel
開月〜土9:00〜18:00
日9:00〜13:00　休無休

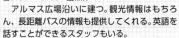
観光案内所

　アルマス広場沿いに建つ。観光情報はもちろん、長距離バスの情報も提供してくれる。英語を話すことができるスタッフもいる。

郵便局　Serpost
MAP P.186-A1　住Jr. Independencia 286
☎(044) 24-5941
開月〜金 8:30〜19:30　土8:00〜16:00　休日

国際宅配便　DHL Express Peru S.A.C
MAP P.186-A2　住Jr. Diego de Almagro 579
☎(044) 22-0916
営9:00〜18:00
休日・祝

月のワカの美しいレリーフ

月のワカは中の見学が可能。月のワカの神殿は100年ごとに以前の神殿をすっぽり包む形でその上にさらに大きな神殿を建てるという形で増築されている（神殿更新）。神殿は5層からなっているが、5層目はスペイン人により破壊されたため、現在見られるほとんどは4層目のもの。北のファサードでは、崩れた神殿の壁の中にさらにひとまわり小さな神殿があることが確認できる。神殿には数多くのレリーフが当時の色を残したまま保存されている。月のワカの南には博物館があり、発掘品を展示。

チャンチャン遺跡

Chan Chan **MAP** P.188

チャンチャン遺跡
📷9:00〜16:00
休無休
料S/10

チャンチャン遺跡、チャンチャン付属博物館、エメラルドのワカ、ドラゴンのワカがセットになっている。

行き方

インデペンデンシア通りJr. Independenciaとエスパーニャ通りAv. Españaが交差するあたりから、Aの表示があるコンビに乗る。所要約15分、S/1.5。チャンチャン下車。そこから舗装されていない道を20分近く歩く。タクシーを利用すれば、市内から片道約S/15。チャンチャン周辺では民家がなく治安が悪いので、ツアーで訪れるかタクシー利用がよい。

市の中心部から北西に約7km。海岸に近い砂漠状の台地に、チムー王国時代の都市跡チャンチャン遺跡がある。チムー王国は1100年頃から、インカに征服されるまで栄えていた王国。エクアドル国境あたりから、海岸沿い約700kmもの広大な地域を支配していた。その首都チャンチャンは約20kmに及ぶ巨大な遺跡で、10の地区からなっているが、見学できるのはその一部。

遺跡は日干しレンガで造られ、見学できるNik Anと呼ばれる場所は、主神殿、儀式の広場、墓地、食料倉庫など9つの区画からなる。

圧倒的な広さを誇るチャンチャン遺跡

壁にはチムー時代の特徴である鳥や魚をモチーフにした浮き彫りが続き、正確な繰り返し模様に感心する。

遺跡に残る王の墓

遺跡は1986年、ユネスコの世界文化遺産に登録されたが、その後雨による崩壊が進み危機遺産となっている。

チャンチャン付属博物館
Museo de Sitio Chan Chan
MAP P.188

チャンチャン遺跡で発掘された木製の偶像や土器、模型などを展示。チャンチャン遺跡の全体模型を上から見下ろすと、チャンチャンがいかに巨大な都市であったかが実感できる。
📷9:00〜16:00
休月
料S/10

チャンチャン遺跡と同じセット券。

模型やレプリカで当時を再現

ワンチャコ海岸 P.189
Huanchaco
エル・ブルホ遺跡 P.189へ
El Brujo
空港
Av. Mansiche
Av. José Gabriel Condorcanqui
P.189
ドラゴンのワカ
Huaca del Dragón
P.188
チャンチャン遺跡
Chan Chan
チャンチャン付属博物館
Museo de Sitio Chan Chan
エスメラルダのワカ
Huaca Esmeralda
P.189
旧市街
P.186に拡大図
Vía de Evitamiento
Océano Pacífico
太平洋
Av. Larco
バスターミナル
トルヒーヨ郊外
Trujillo
0　　　3km
P.187
太陽のワカ・月のワカ
Las Huacas del Sol y de la Luna
Río Moche

エスメラルダのワカ　Huaca Esmeralda　MAP P.188

チャンチャン遺跡の南にあるチムー時代の神殿跡。中央にスロープを配置した2層構造になっており、壁には魚獲りの編みや魚、ペリカンなどが描かれている。

壁にわずかだがレリーフが残る

ドラゴンのワカ　Huaca del Dragón　MAP P.188

別名、虹のワカHuaca del Arco Irisと呼ばれる、チムー時代のピラミッド型建造物。レリーフを見た学者がドラゴンのワカと命名した。レリーフが何を表しているのか現在でも解明されていないが、宗教的な儀式が行われたという説もある。

保存状態のよいレリーフは必見

ワンチャコ海岸　Huanchaco　MAP P.188

市内から北西約12kmの所に位置する。モチェ、チムー期から漁などに使用されている、水生植物で造られたトトラ舟Caballitos de Totoraを見ることができる。サンドベージュの砂浜にはところどころにヤシなども植えられ、ちょっとしたリゾート気分を楽しめる。海岸沿いにはシーフードレストランやホテルなどがある。

ワンチャコ海岸のビーチに並ぶトトラ舟

エル・ブルホ遺跡　El Brujo　MAP P188外

トルヒーヨから北へ約60km、チカマ渓谷Valle de Chicamaの近くにあるモチェ時代の遺跡。エル・ブルホという名は、シャーマンの意味。エネルギーを得るために、北や南からシャーマンたちがここを訪れたことに由来している。ピラミッドの内部の壁面には、手をつないだ首切り人Decapitadorと、その下に丸裸で首に縄をかけられている囚人Prisionerosの絵、また、儀礼の様子を描いたモチーカ・カレンダー Calendario Mochicaが描かれており、モチェの儀礼の厳しさがうかがえる。隣接する博物館では、2006年にここで発掘された入れ墨をした女性のミイラが展示されている。

エスメラルダのワカ
圏9:00～16:00
休無休
料S/10
チャンチャン遺跡と同じセット券。

ドラゴンのワカ
圏9:00～16:00
休無休
料S/10
チャンチャン遺跡と同じセット券。
行き方
町の中心からオルベゴソ通りOrbegosoを北西に進んだロータリーOvalo Mansicheからエスペランサ行き(Bの表示がある)のコンビに乗る。所要約15分、S/1。

ワンチャコ海岸へ
インデペンデンシア通りJr. Independenciaとエスパーニャ通りAv. Españaが交差するあたりから、Aの表示があるコンビに乗る。所要20分、S/1.5。

エル・ブルホ遺跡
elbrujo.pe
圏9:00～17:00(入場は16:00まで)
休無休
料S/10
※博物館内撮影禁止
行き方
個人で行けないこともないが、乗り換えも多く不便。ツアーを利用したほうが効率がよい。

Tour Info

近郊の遺跡へのツアー

市内の旅行会社ではさまざまなツアーを催行している。ドラゴンのワカ、エスメラルダのワカ、月のワカとチャンチャン遺跡に行き、ワンチャコでランチをとるツアーは、所要8時間30分、S/70。チャンチャン遺跡とワンチャコ、月のワカとカバージョ・デル・パソ&マリネラのショー

(→P.186)を見るツアーは、所要8時間30分、S/70。エル・ブルホツアーは、所要4時間30分、S/65。料金には入場料や食事は含まれていない。

路上の客引きではなく、必ず旅行会社のオフィスで直接申し込もう。英語ガイドは追加料金が必要な場合もあるので、事前に確認を。

トルヒーヨのホテル

Costa del Sol Trujillo Centro
コスタ・デル・ソル・トルヒーヨ・セントロ　MAP P.186-A1

アルマス広場に面した高級ホテル。客室には冷蔵庫や湯沸かし器、ドライヤーなど必要なものは一通りそろっている。レストランやバー、ジム、スパ、ビジネスセンターの他、中庭にはプールもある。

🏠 Jr. Independencia 485　☎ (044) 23-2741
URL www.costadelsolperu.com
料金 ⓈⓌS/284〜　サービス料別
カード ADJMV　室数 73室

Victoria's Suite Hotel
ビクトリアス・スィート　MAP P.186-A1

モダンでエレガントな雰囲気のブティックホテル。料金には空港からホテルまでの送迎代が含まれている。ウェルカムドリンク付で部屋にはエアコン、冷蔵庫完備。バーやレストラン、ツアーデスクもある。朝食は種類が多く好評だ。

🏠 Jr. Diego de Almagro 327
☎ (044) 20-1183　URL victoriasuitehotel.com.pe
料金 ⓈS/150〜 ⓌS/200〜　サービス料込み
カード ADMV　室数 30室

Los Conquistadores Hotel
ロス・コンキスタドーレス　MAP P.186-A2

2014年に全面改装され、モダンで洗練された雰囲気に。ベッドやリネン類も新しく、清潔感がある。客室はシングルからファミリーまで。朝食はビュッフェスタイル。併設のレストランも評判がいい。

🏠 Jr. Diego de Almagro 586
☎ FAX (044) 48-1650
料金 ⓈS/273 ⓌS/343　サービス料込み
カード ADJMV　室数 52室

Hotel Continental
コンチネンタル　MAP P.186-B2

目の前が市場という好立地。建物全体は古いが清潔で、一歩中に入ると外の喧騒はまったく聞こえない。ランドリーサービスは1kgでS/8。多少の値段交渉も可能。

🏠 Jr. Gamarra 663
☎ (044) 24-1607　FAX (044) 24-9881
料金 ⓈUS$80 ⓌUS$130　サービス料込み
カード V　室数 50室

Suite Plaza Hotel Residencial
スイーテ・プラザ・オテル・レシデンシアル　MAP P.186-A1

アルマス広場から徒歩約5分の場所にある3つ星ホテル。サービスに定評がある。ハーブティーなど温かい飲み物は24時間無料。空港からホテルへの送迎は無料。デイユースUS＄25（7:00〜23:00）。

🏠 Jr. Bolognesi 360　☎ FAX (044) 29-8383
URL www.suiteplazahotel.com
料金 ⓈUS$35 ⓌUS$50　サービス料込み
カード ADMV　室数 30室

Hotel Chimor
チモール　MAP P.186-A2

アルマス広場から2ブロックのところにある便利な3つ星ホテル。チェックインが7:00、チェックアウトは14:00と遅めなのでゆっくりできる。各部屋に冷蔵庫あり。ジャクージ付きの部屋もある。

🏠 Jr. Diego de Almagro 631
☎ (044) 20-2252
料金 ⓈUS$35〜 ⓌUS$52〜
カード AMV　室数 21室

Munay Wasi Hostel
ムナイ・ワシ [MAP]P.186-B1

サービスに定評のあるエコノミーな宿。オーナー手作りの地図やオリジナルの観光情報を提供してくれる。フレッシュジュース付きの朝食が人気。共同キッチンも調理道具が充実している。

[住]Jr. Colón 250
☎044-23-1462
[URL]www.munaywasihostel.com
[料]ⓈS/50 ⓌS/80、ドミトリー S/.30
[カード]不可 [室数]10室

Hotel Colonial
コロニアル [MAP]P.186-B1

アルマス広場からわずか2ブロックという立地至便な3つ星ホテル。旅行代理店を併設しているので、ツアーの相談などもしやすい。パティオやテラスなど共有スペースが広く、ゆっくりくつろげる。

[住]Jr. Independecia 618
☎(044) 25-8261 [FAX](044) 22-3410
[URL]www.hotelcolonial.com.pe
[料]ⓈS/120 ⓌS/140 ⓉS/170 サービス料込み
[カード][V] [室数]94室

トルヒーヨのレストラン

El Sombrero
エル・ソンブレロ [MAP]P.186-A1外

ペルーの舞踏のマリネラのショーを見ながら食事ができるレストラン。鴨肉の炊き込みご飯Arroz con Pato S/33や子ヤギの煮込みSeco de Cabrito S/33。セビーチェはS/40～なども。ショーは金～日曜の14:00から1時間。

[住]Av. Mansiche 267
☎(044) 23-2394
[営]12:00～22:00
[休]無休 [カード][A][D][M][V]

El Mochica
エル・モチカ [MAP]P.186-A2

ペルー料理と郷土料理の店。スープだけでも11種類、デザートを含めると優に100種類を超す品揃えが自慢。ロモ・サルタードS/50、セビーチェ S/45～、野菜の肉詰めAlbóndigas S/35。ワンチャコにも支店あり。

[住]Bolívar 462-458-446
☎(044) 370-1524
[URL]elmochica.com
[営]8:00～24:00 [休]無休 [カード][V]

Jugueria San Agustín de Bolivar
フゲリア・サン・アグスティン・デ・ボリバル [MAP]P.186-A2

町で一番人気のサンドイッチ&フレッシュジュースの店。おすすめは4種類の果物が入ったミックスジュースBatido Mixto S/6。鶏肉Polloのサンドイッチは S/8.5。七面鳥Pavo、豚Chicharrón、子豚Lechónのサンドイッチは各S/9.5。

[住]Jr. Bolívar 522 ☎(044) 24-5653
[営]月～土8:30～13:00、14:00～20:30
日9:00～13:00 [休]無休 [カード][V]

Casona Deza Café
カソナ・デサ・カフェ [MAP]P.186-B1

手打ちの生パスタや輸入パスタを使った料理S/29～と、石窯で焼くピザS/25～が人気。サラダS/22～の野菜や、コーヒーS/5～はすべてオーガニック。Wi-Fiもつながる。

[住]Jr. Independencia 628-630
☎(044) 47-4756
[営]17:30～24:00
[休]日 [カード][V]

チクラヨ

★ チクラヨ

リマ●

標高 ▶ **30m**

MAP ▶ **P.38-A2**

市外局番 ▶ **074**
（電話のかけ方は→P.40）

US$1= **S/3.3**

INFORMATION

❶観光案内所
i-Perú
MAP P.193-B1
🏠San Jose 823,Palacio
Municipal
☎(074)20-5703
🕐月～土9:00～18:00
　日　　9:00～13:00
🈳無休
　アルマス広場に面した市役所の中に入っている。市内観光案内、レストランや交通情報などを教えてくれる。英語可のスタッフもいる。

チクラヨの観光案内所

郵便局
Serpost
MAP P.193-A1
🏠Elias Aguirre 140
☎(074)29-1124
🕐8:00～20:00
🈳日・祝

月曜に注意
　ペルー全体にいえることだが、月曜はほとんどの博物館が休みになる。もし1日しかチクラヨに滞在しなくて、それがたまたま月曜だった場合、シパン王墓博物館もシカン博物館も休みとなり、見るべきものがとても少なくなってしまう。出かける前に曜日をチェックしよう。

アドベで作られたピラミッド型のワカが点在するトゥクメ遺跡

　リマから約770km、チクラヨはランバイエケ州の中心、人口約86万5100人の都市。ペルー国内でも独特の文化をもつ町として知られ、それは食べ物、音楽、町の雰囲気にまで表れている。
　かつてチクラヨ周辺にはモチェ文化が栄えていて、シパンはその時代の最盛期の王の墓とされている。遺跡からは、エジプトのツタンカーメン以来の大発見といわれるほどの金が見つかった。発見したときの状態に復元された墓は見学できるほか、発掘は現在も進行中で、シパン王以前の王の遺骨や、さまざまな埋葬品が見つかっている。さらに、シパン以上に注目を集めたのは、1991年11月のシカン遺跡発掘だろう。島田泉氏を団長とするシカン遺跡調査団と日本のテレビ局TBSにより行われた。シカン時代の墳墓からは100点を超える金細工が現れ、シパンをしのぐ大発見となったのである。スペイン征服者が血まなこになって探し、本国へ持ち帰った金の大部分は、この時代に生産され、インカへと流れたものと思われている。ほかにも26のピラミッドからなるトゥクメ遺跡など、チクラヨからちょっと車を走らせればいたるところに古代文明の跡を見ることができる。

チクラヨへの行き方

✈ 飛行機

　リマからのフライト（→P.48）。チクラヨのホセ・アベラルド・キニョーネス・ゴンザレス空港Aeropuerto José Abelardo Quiñones Gonzales（CIX）は、市の中心から東約1kmの所にある。タクシーで約5分、S/10。空港外でひろうとS/6～7。

🚌 長距離バス

リマから所要約14時間、S/50〜110。リネアLineaやクルス・デル・スールCruz del Surなどのバスは各オフィスを出発後、バスターミナルを経由する。バスターミナルからは8:45〜12:50、18:00〜22:00の間に出発。トルヒーヨからは所要約3時間30分、S/17〜35。カハマルカから所要約7時間30分、S/25〜50。エクアドル国境に近いトゥンベスTumbesからは約8時間、S/55〜60。ピウラPiuraから約3時間、S/22〜32。

クルス・デル・スルやリネアなど、全国規模のバス会社を利用する場合、バスは各オフィス前に発着する。オフィスはボログネシ通りAv. Bolognesi周辺に集まっている。小規模のバス会社のバスはバスターミナルに発着する。

歩き方

市内はアルマス広場を中心として広がっているが、**メルカド・モデロMercado Modelo**以外、町そのものに観光するべきところはほとんどない。アルマス広場から北へ5ブロック行った場所にあるこの市場は、ペルー北部で最大といわれる広さをもつ。周辺で取れるフルーツがところ狭しと並び、衣類、日用品などであふれかえっている。ただし、市場付近はスリの巣窟でもあるから気をつけること。

アルマス広場に面したカテドラル

★ **おもな旅行会社**
Moche Tours
MAP P.193-B1
⌂ Jr. 7 de Enero 638
☎ (074) 23-2184
URL www.mochetourschiclayo.com.pe
圏 月〜土　8:00〜20:00
　　 日　　 8:00〜11:00
休 無休

> CHECK!!! **遺跡巡りはツアーが便利**
>
> 遺跡へは、コレクティーボやタクシーでも行けるが、帰りの車をつかまえるのが大変。市内の旅行会社主催のツアーで行くのが効率的だ。
>
> **シパン・ツアー**
> シパン博物館とワカ・ラハダ、トゥクメ、シパン王墓博物館を巡る。所要約8時間。料金はS/45〜（入場料、ランチ別）。
>
> **シカン・ツアー**
> シカン博物館、ポマックの森を巡る。所要約5時間。料金はS/190〜（入場料、ランチ別。3人以上で催行）。
>
> **チャパリ・ツアー**
> チクラヨから80kmの場所にあるチャパリ国立公園を訪れる。所要約7時間。料金はS/195〜（入園料込み）。

チクラヨ Chiclayo（地図）

- Lora Cordero
- メルカド・モデロへ↑
- フェレニャフェ行き コレクティーボ乗り場へ
- Vicente de la Vega
- San Martín
- San José
- ランバイエケ行き コレクティーボ
- アギレ広場 Plaza Aguirre
- Juan Cuglievan
- Elias Aguirre
- 市庁舎
- i-Perú
- ヒカリ Hikari　P.196
- アルマス広場 Plaza de Armas
- カテドラル Catedral
- Aero Perú
- エプロン・レストラン＆グリル Hebrón Restaurant & Grill　P.197
- トレボル Trébol　P.197
- Moche Tours
- P.197 アミーゴス Amigos
- P.196 インティ Inti
- P.197 レシデンシアル・ソル・ラディアンテ Recidencial Sol Radiante
- Manuel M. Izaga
- Av. José Balta
- ラタム航空
- バルタ 512 Balta 512　P.197
- Torres Paz
- Basílica San Antonio
- Av. Francisco Cabrera
- Av. M. Grau
- Av. Luis Gonzales
- C. Colón
- 7 de Enero
- P.196
- コスタ・デル・ソル・ウィンダム・チクラヨ Costa del Sol Wyndham Chiclayo
- Tacna
- キンコンを売る店が並ぶ
- シパン遺跡 空港へ
- Av. Bolognesi
- Linea
- Civa
- Cruz de Sur
- ウィンメイヤー・ホテル＆カジノ P.196 WinMeier Hotel & Casino
- Movil
- Emtrafesa
- いただきます Itadakimasuへ　P.197
- Saenz Peña
- 0　200m
- A
- B

ランバイエケ
Lambayeque
MAP P.194

チクラヨの北約12kmにあるランバイエケ州ランバイエ郡の首都。現在もコロニアルな雰囲気が残るのどかな町の周辺には、紀元前2000年の形成期からインカに征服されるまで独特の文化が育まれ、時代ごとの王国が栄えていた。

行き方

チクラヨのサン・ホセ通りSan Joséにあるエリアス・アギレ広場Plazuela Elias Aguirreの角辺りからコレクティーボ（乗合タクシー）が頻繁に出ている。ランバイエケまで約15分、S/2。シパン王墓博物館とブルーニン博物館は町の中心から徒歩圏内。なお、トゥクメ行きコレクティーボはランバイエケを経由する。

シパン王墓博物館
🏛 Juan Pablo Vizcardo y Guzmán 895
☎ (074)28-3978
🕐 9:00～17:00
📅 月
💰 S/10
※館内撮影禁止。警備が厳しく、荷物も預けなくてはならない。

国立ブリューニング考古学博物館
🏛 Av.Huamachuco cdra.8s/n
☎ (074)28-2110
🕐 9:00～17:00
📅 無休
💰 S/8

地下室にあるシカンの仮面

マメ知識
チクラヨ名物「キンコン」

リマの人がチクラヨに行くと必ず買って帰るというおみやげがキンコンKing Kongというお菓子。層になったキャラメルやジャムをビスケットでサンドしたような甘いお菓子で、手にするとずっしりと重い。発祥はランバイエケ。ボログネシ通り沿いにはキンコン専門店がたくさん並んでいるので、気に入った店で買ってみるのもいい。サイズもいろいろあり、小さな物でS/2ぐらい。

近郊の町と見どころ

シパン王墓博物館
Museo Tumbas Reales de Sipán **MAP** P.194

1日かけてゆっくりと訪れたい

紀元100～600年頃に栄えたモチェ王国の王、セニョール・デ・シパンが見つかったのは1987年、チクラヨの東約30kmに位置するワカ・ラハダのピラミッドの下からだった。その発見が世界的なニュースとなったのは、王のミイラと一緒に、膨大な量の金銀が見つかったからである。王は近親関係の8人の男女とともに埋葬されており、墓室からは金の仮面、金の王冠、金の首飾りなど、おびただしい量の黄金が現れた。この博物館には、発見された黄金の数々がきらびやかな輝きを放って展示されている。黄金の量もさることながら、細工の細かさに思わず目を奪われる。シパン王のほかにも、神官と思われる人物など、同じワカから見つかった3人の人物に関しての埋葬品を含め、多くの展示がある。最後の部屋では、等身大のシパン王を含む人物が金や銀の装身具を身につけ、儀礼の様子を再現するショーがある。

国立ブリューニング考古学博物館
Museo Arqueológico Nacional Brüning **MAP** P.194

ランバイエケ地方に栄えた文化の歴史をたどる博物館。モチェ、ランバイエケ文化の土器を中心に、テキスタイルや装飾品が展示されている。地下室Sala de los Orfebresには、シカンの仮面など黄金の装飾品が展示されている。

チクラヨ周辺 Chiclayo

Jayanca
Pacora
Illimo
Tucúme
Mayacon
シカン遺跡（ワカ・ロロ） Sicán(Huaca Loro)
バタン・グランデ Batán Grande
ポマックの森 Bosque Pomac
トゥクメ遺跡 P.196 Túcume
フェレニャフェ Ferreñafe
国立シカン博物館 P.195 Museo Nacional Sicán
P.194 ランバイエケ Lambayeque
シパン王墓博物館 P.194 Museo Tumbas Reales de Sipán
国立ブリューニング考古学博物館 P.194 Museo Arqueológico Nacional Brüning
Chogoyape
P.193に拡大図 チクラヨ Chiclayo
Pomarca
シパン Sipán
P.195 シパン博物館とワカ・ラハダ Museo de Sitio Huaca Rajada-Sipán
カハマルカ、トルヒーヨへ
0 10km

194

国立シカン博物館

Museo Nacional Sicán **MAP** P.194

シカン王は頭を切り離され、逆さに埋葬されていた

モチェ王国衰退後の紀元800年頃から、チムー王国に征服される1100年頃にかけて栄えたのがシカン文化だ。チクラヨから約32kmの、現在ポマ森林国立歴史地区となっているエリアに点在する、36ものピラミッド群。そのひとつ、ワカ・ロロの発掘により、シカン文化の存在が明らかになった。その発掘を手がけたのがシカン遺跡調査団団長の島田泉氏である。日本の援助により2001年にオープンしたこの博物館では、ワカ・ロロから発見されたものの一部を展示。館内に入ったら、まずは発掘や修復の様子を紹介するビデオを見よう。最大の見どころはシカン王墓の復元。土器や黄金の製造方法も等身大の人形でわかりやすく紹介している。TBSの部屋Sala TBSには精緻な細工が施された黄金製品が多数展示されている。

シカン王がつけていた黄金の仮面

シパン博物館とワカ・ラハダ

Museo de Sitio Huaca Rajada-Sipán **MAP** P.194

セニョール・デ・シパンことシパン王が見つかったワカ・ラハダは、底辺が100m四方、高さが30mものピラミッド型をしており、これまでに異なる時期の層から15の墓が発見されている。現在も発掘・調査が行われているが、いちばん上の層から見つかったシパン王墓の復元を見ることができる。シパン王の埋葬品はランバイエケのシパン王墓博物館（→P.194）に収蔵されているが、ワカ・ラハダから道路を渡って200mほどの所にあるシパン博物館では、ワカから発掘された別の王墓の復元模型や、埋葬品などを多数展示していて興味深い。

サトウキビ畑の中にあるワカ・ラハダ

博物館内の復元模型

トゥクメ遺跡

Túcume [MAP] P.194

まずは博物館を見学しよう

ワカ・ラス・バルサのレリーフ

シカン文化の遺跡といわれ、荒涼たる大地に26のピラミッドが点在する。現在、まだ発掘調査途中で、詳しいことはわかっていない。入口に小さな博物館Museo de Sitio Túcumeがあり、ワカのジオラマや土器のレプリカを展示。

トゥクメ遺跡の見学には2種類のコースがある。ルートAでは、遺跡の中央にあるアドベのワカと丘が一緒になった高台を登り、トゥクメ遺跡と周辺の町並みを一望することができる。ルートBでは、遺跡の入口から南（右）側の砂地の遊歩道を1kmほど進んだ場所にあるワカ・ラス・バルサスHuaca Las Balsasを見学することができる。ワカ・ラス・バルサスではバルサ（イカダ船）のレリーフが必見。

荒涼としたトゥクメ遺跡

チクラヨのホテル

WinMeier Hotel & Casino

ウィンメイヤー・ホテル&カジノ [MAP] P.193-B2

🛁 📺 ☎ 🌐 🍴

バス会社が集まるボログネシ通りにある、高級感のあるたたずまいの4つ星ホテル。レストラン、プール、カジノなどの施設も充実。客室は安らぎ感のある淡い色合いで、ゆったりした広さ。

[住]Av. Bolognesi 756 ☎(074) 22-8172
[FAX](074) 22-8171 [URL]www.winmeier.pe
[料]ⓈUS$52～ ⓌUS$54～ サービス料込み
[カード][A][D][M][V] [室数]94室

Inti Hotel

インティ [MAP] P.193-A2

🛁 📺 ☎ 🌐 🍴

サービスに定評のある3つ星ホテル。エアコン、冷蔵庫、ドライヤー完備、窓は二重ガラスで防音対策も万全。ウェルカムドリンク、空港送迎無料、チェックアウトは遅めの13:00。レストランも併設。

[住]Av. Luis Gonzales 622 ☎(074) 23-5931
[URL]www.intiotel.com
[料]ⓈS/210 ⓌS/270 サービス料込み
[カード][A][D][J][M][V] [室数]59室

Costa del Sol Wyndham Chiclayo

コスタ・デル・ソル・ウィンダム・チクラヨ [MAP] P.193-B2

🛁 📺 ☎ 🌐 🍴

コスタ・デル・ソル・ホテルチェーンのひとつ。部屋はゆったりとした造りで、上階からは眺めがよい。最上階にサウナ、ジャクージ、プールがある。併設のペルー料理レストランも定評がある。

[住]Av. José Balta 399 ☎(074) 22-7272
[FAX](074) 20-9342 [URL]www.costadelsolperu.com [料]ⓈⓌUS$60～ サービス料込み
[カード][A][D][J][M][V] [室数]82室

Hostal Hikari

ヒカリ [MAP] P.193-B1

🛁 📺 ☎ 🌐 🍴

アルマス広場から2ブロックにある日系人経営の3つ星ホステル。部屋は狭めだが、冷蔵庫などもあり快適。道路側の部屋は車の音が気になる。2泊以上の場合空港送迎無料。朝食は屋上のレストランにて。

[住]Calle San José ☎(074) 22-6521
[URL]www.hostalhikari.com.pe
[料]ⓈUS$25～ ⓌUS$29～ サービス料別
[カード][A][V] [室数]11室

 ホテル客室設備：🛁 バスタブあり 📺 テレビあり ☎ 電話あり 🌐 インターネット可 🍴 朝食付き

Hostal Amigos

アミーゴス　MAP P.193-A2

便利な場所にあるリーズナブルな3つ星ホステル。部屋が空いていれば、時間前でもチェックインさせてくれる。朝食は付いていないが、隣のカフェでS/9～。ランチメニューもある。

[住]Calle Juan Cuglievan 616　☎(074) 22-6237
[URL]www.hostalamigos.com
[料]ⓈS/60 ⓌS/80～　サービス料込み
[カード]不可　[室数]15室

Hostal Recidencial Sol Radiante

レシデンシアル・ソル・ラディアンテ　MAP P.193-A2

アルマス広場の南西にある2つ星のホステル。入口の上に掲げられた各国の小旗が目印。手頃な料金で安心して泊まれるため、バックパッカーを中心に人気。部屋はきれいで、全室温水シャワー付き。

[住]Manuel M. Izaga 392　☎(074) 23-7858
[料]ⓈS/40 ⓌS/50～　サービス料込み
[カード]不可　[室数]12室

チクラヨのレストラン

Hebrón Restaurant & Grill

エブロン・レストラン＆グリル　MAP P.193-B2

バルタ通りにあるペルー料理とパリジャーダの店。2階建ての店内はガラス張りで明るく落ち着いた雰囲気。Pollo a la Parrilla S/23、Anticuchos S/18、シュラスコ、豚肉、アンティクーチョ、砂肝、チョリソがセットになったParrilla Dúoは2人前でS/58。

[住]Av. José Balta 605
☎(074) 22-2709
[営]7:30～24:00
[休]無休　[カード][A][D][M][V]

Balta 512

バルタ 512　MAP P.193-B2

長年、ロマーナの名前で親しまれていた老舗レストラン。カフェからバーまで利用できる。メニューは鴨肉の炊き込みご飯Arroz con Pato S/25を始めとするチクラヨ伝統料理や、セビーチェ Ceviche Mixto S/25、魚介の炊き込みご飯Arroz con Mariscos S/25、などの魚料理。朝食S/16～。

[住]Av. José Balta 512
☎(074) 22-3598
[URL]www.restaurantebalta512.com
[営]7:00～翌1:00　[休]無休　[カード][A][M][V]

Trébol Café Restaurante

トレボル　MAP P.193-B1

チクラヨ伝統料理のほか、カフェメニューも豊富なペルー料理店。セビーチェ S/22～26、チクラヨ風仔ヤギの煮込みCabrito Chiclayano S/26、サンドイッチ類S/8～。月～金はデザートや飲み物付きのランチセットS/12.50あり。

[住]Calle Elias Aguirre 816　☎(074) 58-7491
[URL]www.trebolperu.com.pe
[営]7:30～23:00　[休]無休　[カード][A][D][V]

Itadakimasu

いただきます　MAP P.193-B2外

日本人女性が経営する日本料理店。刺し身や握りの他、セビチェロールなどの創作巻き寿司は10切れS/19、5切れS/10。各種どんぶりやラーメン、餃子、たこ焼きなど単品はS/15～。いつも混んでいる。

[住]La Plata 100 Urbanización, San Eduardo
☎(074) 22-6258
[営]12:00～16:00、18:30～23:00
[休]火　[カード][V]

Chachapoyas
チャチャポヤス

雲上の都市遺構クエラップ。3つの門がある

★ チャチャポヤス
リマ●

標高 約**2234m**
MAP ▶ **P.38-A2**
市外局番 ▶ **041**
（電話のかけ方は→P.40）
US$1=**S/3.3**

INFORMATION

❶観光案内所
i-Perú
MAP P.199左
❶ Jr. Ortiz Arrieta 582
☎(041)47-7292
⏰月～土 9:00～18:00
　　日 9:30～13:00
無休

おもな航空会社
アツサ航空
❶ Jr. Grau 549（Turismo
　Explorer内でチケット販売）
☎(041)47-8162
　（Turismo Explore）
URL www.atsaairlines.com

おもなバス会社
シバ　Civa
❶ Av. Salamanca esquina
　con Ortiz Arrieta 279
☎(041)47-8048
モービル　Móvil Tours
❶ Av. Libertad 464
☎(041)47-8545
クエラップ
Trans Servis Kuélap
❶ Av. Francisco Bolognesi 536
☎979-344-559
GHバス　GH Bus
❶ Av. S. J. de las Fronteras,
　Esq. Jr. Hermosura
☎995-609-501

おもな旅行会社
Revash Tours
❶ Jr. Grau 517
☎971-243-871
Eagle Tours
❶ Jr. Ortiz Arrieta 520, 2°
　Piso - of. N°202
☎930-625-232

　アマゾナス州の州都で人口約3万2000人。チャチャポヤスとは、ケチュア語で「雲の上の人々」を意味している。チャチャポヤスの人々は起伏の多い山岳部の地形を利用して、山の上に石造りの大都市を築いた。マチュピチュに匹敵する巨大な都市跡クエラップは、チャチャポヤスの首都だったとされる。また、断崖のくぼみに家型や人型の墓を作り、ミイラを埋葬する方法もチャチャポヤス文化の特色のひとつだ。そのチャチャポヤス文化は、紀元800年頃に花開き、広大な範囲を支配したが、1470年にインカ帝国に統合される。そしてその直後、スペインの支配下におかれることとなる。

チャチャポヤスへの行き方

✈ 飛行機

　チャチャポヤスの北東4kmのところにチャチャポヤス空港Aeropuerto de Chachapoyas（CHH）がある。アツサAtsa Airlinesが週4便運行しているが、雨季には便数が減るうえ欠航が多発するので要注意。チャチャポヤスから北西へ約210kmのところにあるハエン空港Aeropuerto de Jaénには、ラタム航空LATAM Airlines（LA）が毎日2便運行。飛行機の発着時間に合わせて、ハエン空港からチャチャポヤス市内までバスが運行する。所要約4時間、US$15～24。

長距離バス

　リマからは所要約24時間、S/90～。シバは16:10にオフィスを出

発しバスターミナルを経由する。バスターミナル発は16:50。モービルは16:00発でバスターミナルは経由しない。チクラヨからはモービル、クエラップ、シバなどのバスが18:30～21:00に出発。所要9～11時間、S/40～。カハマルカからのバスは7:00と18:00発、所要約12時間、S/50だが、悪路なうえ、4000m級の山越えがあるので避けたほうがいい。チャチャポヤスからのバスはリマ行きが13:00発が2便、チクラヨ行きが18:00～20:15に2便。

歩き方

州都といっても、のんびりとした地方都市で、町なかに見どころは少ない。ここではチャチャポヤス文化の遺跡巡りが最大の目的となる。各遺跡へのアクセスはツアーの利用が現実的。おもな旅行会社は、町の中心部であるアルマス広場周辺にある。

近郊の町と見どころ

カラヒアの棺 Sarcófagos Karajia MAP P.199右

標高2770mの、深い谷に面した断崖を見上げると、人型をした棺が6体並ぶ。像は植物を混ぜた粘土でできていて、高さは約2m。その大きさや手の込んだ彩色などから、チャチャポヤス王の墓とされる。本当は8体あったといい、1体は不明、もう1体は地震で落下。断崖の下には人骨が散らばっている。

カラヒアの棺。棺の上に頭蓋骨がふたつ

遺跡巡りのツアー
チャチャポヤス市内のバスターミナルからヌエボ・ティンゴをはじめ、各方面へのローカルバスが運行しているが、ツアーで回るほうが効率がいい。ガイドは英語とスペイン語、入場料はツアー代に含まれている場合がほとんどで、ランチは旅行会社による。またクエラップへのツアーはロープウェイTelecabinaを利用するかどうかで料金が変わる。極端に安い場合は、移動手段を確認すること。

カラヒアの棺
圏7:00～18:00　休無休
料S/5

カラヒアの棺へのツアー
カラヒアの棺とキオクタ洞窟へのセットツアーがある。カラヒアの棺までチャチャポヤスから約51km。駐車場から約2kmの下り道となる。8:00出発、18:00戻りで、S/90～。

チャチャポヤス近郊 Circuito Chachapoyas

クエラップ

クエラップ
🕐8:00～17:00
🚫無休
💰S/30

クエラップへのツアー
　クエラップはチャチャポヤスから南へ約72kmのところにある。8:30出発、18:00戻り、S/100～。

クエラップのロープウェイ
　クエラップ遺跡の麓の村ヌエボ・ティンゴにある始発駅Estación de embarqueから遺跡まで、ペルー初のロープウェイ、テレカビーナTelecabinas Kuélapが運行。8人乗りのキャビンが標高差約3000mを片道約20分で移動する。料金はS/20.40（始発駅からのバスとロープウェイの往復）

8人乗りのテレカビーナ

レバッシュの霊廟
🕐8:00～16:00
🚫無休
💰無料

レイメバンバ博物館
🕐10:00～16:30
🚫無休
💰S/15

レバッシュの霊廟とレイメバンバ博物館へのツアー
　チャチャポヤスからレバッシュの霊廟へは南へ約74km、レイメバンバ博物館へは南へ約103kmのところにある。7:30出発、19:00戻り、S/120～。

ファルドに包まれたミイラ

プエブロ・デ・ロス・ムエルトス
🕐8:00～16:00
🚫無休
💰S/5

ゴクタの滝
🕐8:00～16:00
🚫無休
💰S/20

ゴクタの滝へのツアー
　ゴクタの滝へはチャチャポヤスから北へ約44kmのところにある。8:30出発、17:30戻り、S/70～。

クエラップ
Kuélap **MAP** P.199右

楕円形の城壁に囲まれている

　標高約3000mの山上にあるチャチャポヤスの首都跡。山の傾斜に積み上げられた延長600m×100m（かつては延長1kmあったとされる）の石垣の中に、高低差を利用した計画都市が造られていた。チャチャポヤスの家は円形をしており、円形の土台が約450残る。人口は4000人ほどだったとされる。

レバッシュの霊廟
Mausoleos Revash **MAP** P.199右

　車を降り、斜面を登ること約1時間30分、垂直に切り立った断崖の下に出る。壁のくぼみにはめ込まれた家と、赤い染料で描かれた絵が目の前に見える。家はチャチャポヤスの庶民の墓だったとされ、たくさんの人骨が見つかっている。

彩色された家の形が特徴的

レイメバンバ博物館
Museo Leymebamba **MAP** P.199右

　オーストリアの援助により2000年に造られた博物館。近郊のコンドル湖の湖畔から発掘された219体のミイラを収蔵・研究している。顔の刺繍がある布に包まれたミイラを、ガラス越しに見ることができる。

プエブロ・デ・ロス・ムエルトス
Pueblo de Los Muertos **MAP** P.199右

　「死者の町」という名のチャチャポヤスの墓地跡。断崖沿いに壁で囲まれた部分が庶民の墓Mausoleosで、庶民の墓の上部には、人型をした棺Sarcófagosが並ぶ。プエブロ・デ・ロス・ムエルトスの道は整備されていないので、訪れる場合は動きやすい格好で行くこと。

断崖を伝って墓地跡を見学する

ゴクタの滝
Catarata Gocta **MAP** P.199右

　ゴクタの滝は上段約231m、下段約540mの2層からなる滝で、世界有数の落差を誇る。周辺にはオオハシやピューマなどの動物が棲息している。

チャチャポヤスの**ホテル**

Hotel La Casona Monsante

ラ・カソナ・モンサンテ　MAP P.199左

　歩行者天国のアマゾナス通り沿いにあるコロニアルな建物を改装したホテル。客室はトロピカルな植物が茂る中庭に面して、ゆったりとしていて天井も高い。フロアはタイル張り。

Jr. Amazonas 746　☎🎰(041) 47-7702
URL casonamonsante.com
🛏Ⓢ S/267〜 Ⓦ S/334〜　サービス料込み
カード ADMV　室数9室

Casa Vieja

カサ・ビエハ　MAP P.199左

　チャチャポヤスを代表するホテル。町の中心部にありながら静かな環境。建物は18世紀のものを利用し、ブーゲンビリアの咲く中庭や、ピアノと暖炉のあるラウンジも自慢。

Jr. Chincha Alta 569
☎🎰(041) 47-7353
🛏Ⓢ S/133〜 Ⓦ S/200〜　サービス料込み
カード V　室数12室

Casona Del Rosario

カソナ・デル・ロサリオ　MAP P.199左

　アルマス広場前という至便な立地ながら、手頃な価格で滞在できると人気。ただし季節によって値段の変動が激しく、安い場合は朝食が含まれないケースも。1階にはRevash Toursが併設されており、お得なパッケージツアーを施行している。

Jr. Grau 517　☎971-243-871
URL hostal-revash.negocio.site　🛏Ⓢ S/65〜
Ⓦ S/80〜　サービス料別　カード MV　室数20室

Chachapoyas Backpackers

チャチャポヤス・バックパッカーズ　MAP P.199左

　家族経営のバックパッカーズ。館内は清潔で、サービスもいいと評判。一部を除きバス・トイレは共同だが、洗面台は独立していて使いやすい。キッチンは道具が揃っており、自炊も可能だ。

Jr. Dos de Mayo 639　☎(041) 47-8879
URL www.chachapoyasbackpackers.com　🛏Ⓢ S/35〜
Ⓦ S/50〜　(いずれもバス・トイレ共同) Ⓣ S/100〜
ドミトリー S/18　サービス料込み　カード不可　室数14室

チャチャポヤスの**レストラン**

El Batán del Tayta

エル・バタン・デル・タイタ　MAP P.199左

　アマゾンの伝統料理をアレンジし、個性的なデコレーションが評判の創作料理の店。メインは一品S/20〜45。アマゾンのアリをのせたカクテルも人気。

Jr. La Merced 604　☎982-777-219
🕐月〜土12:30〜23:00　日6:15〜23:00
🈚無休　カード AV

Chacha

チャチャ　MAP P.199左

　アルマス広場に面したペルー料理のレストラン。テラス席には植物が置かれ、コロニアルな雰囲気が漂う。ロモ・サルタードなどのメインはS/17〜。サンドイッチなどの軽食もある。

Jr. Grau 545　☎(041) 47-7107
🕐6:30〜23:00　🈚無休　カード不可

Cajamarca

カハマルカ

アタワルパが幽閉されていた身代金の部屋

★ カハマルカ

リマ●

標高 ▶ 約**2720m**

MAP ▶ **P.38-A2**

市外局番 ▶ **076**
（電話のかけ方は→P.40）

US$1=**S/3.3**

INFORMATION

❶観光案内所
i-Perú
MAP P.203
🏠 Jr. Cruz de Piedra 601
☎(076)36-5166
圖月～土 9:00～18:00
　日　　9:00～13:00
圏無休

マヨール・ヘネラル・
FAP・アルマンド・レボレド・
イグレシアス空港
☎(076)34-3757

✈おもな航空会社
ラタム航空
LATAM Airlines（LA）
🏠 Jr. Sor Manuela Gil 151,
　Centro Comercial El
　Quinde Tienda 107
☎(076)31-3777
LCペルー
LC Perú
🏠 Jr. El Comercio 964
☎(076)36-6539

おもな旅行会社
クンベ・マヨ・ツアーズ
Cumbe Mayo Tours
MAP P.203
🏠 Jr. Amalia Puga 635
☎圃(076)36-2938
圖7:30～21:00 圏無休
クラリン・ツアーズ
Clarín Tours
MAP P.203
🏠 Jr. Del Batán 165
☎(076)36-6829
圖8:00～20:00 圏無休

ペルー北部を代表する重要な都市。インカ帝国最後の皇帝アタワルパは、ここカハマルカでスペイン人フランシスコ・ピサロに捕らえられた。皇帝の身代金は、幽閉された部屋を満たす分だけの金銀。各地から運ばれた金銀で部屋は満たされたが、1533年7月にアタワルパは処刑されてしまう。

町は美しい山に囲まれ、スペイン風の白壁に赤い瓦屋根が映えるコロニアルな町並みを残している。アタワルパがつかったというインカの温泉へも気軽に行けるので、ゆっくり旅の疲れをとるのもいい。

カハマルカへの行き方

✈ 飛行機

リマからのフライト（→P.48）。マヨール・ヘネラル・FAP・アルマンド・レボレド・イグレシアス空港Aeropuerto Mayor General FAP Armando Revoredo Iglesias（CJA）は市内から約3kmの場所にある。空港から市内へはタクシーで約15分。料金はS/10。

長距離バス

リマから所要15～16時間、S/70～。リネアLinea、シバCivaなどのバスは各オフィスを出発しバスターミナルを経由する。バスターミナル発は15:00～19:00。チクラヨからは所要7～8時間、S/25～。トルヒーヨからは所要約6時間、S/25～。

カハマルカにバスターミナルはなく、アタワルパ通りAv. Atahualpaにある各バス会社のチケットオフィスに発着する。

ライトアップされたカテドラル

歩き方

　町の中心は、**アルマス広場 Plaza de Armas**。広場に面して**カテドラルCatedral**、サン・フランシスコ修道院Con-vento de San Franciscoがあり、周辺にはコロニアル建築も多く残る。

　市内歩きのあとは、**サンタ・アポロニアの丘 Cerro Santa Apollonia**に登ってみよう。アルマス広場から5月2日通りJr. 2 de Mayoを聖堂まで行き、さらに右へ。やがてインカ皇帝のイスSillas del Incaがある、見晴らしのいい場所に出る。

おもな見どころ

■ 身代金の部屋　　　**Cuarto de Rescate** MAP P.203

　インカ皇帝アタワルパが捕らわれた部屋。皇帝はスペイン人の金や銀に対する執着を知り、幽閉された部屋で手を上げ壁に線を引き、解放してもらうことを交換条件に、その線の高さまで金銀を集めることを約束した。身代金の部屋は金銀で満たされたが、皇帝は釈放されることなく、1533年7月に処刑された。

近郊の町と見どころ

■ インカの温泉　　　**Baños del Inca** MAP P.203外

　カハマルカから東に6kmほど、左側に白い湯気を上げる建物を発見する。これが皇帝アタワルパもたびたび足を運んだといわれ

身代金の部屋
Jr. Amalia Puga 750
火〜土　　9:00〜13:00
　　　　　15:00〜20:00
日　　　　9:00〜13:00
月
S/5(ベレン教会、博物館との共通券)

身代金の部屋の入口

インカの温泉
(076)34-8563
サウナ　　　6:00〜21:00
無休
入場　S/3
個室風呂30分　S/6〜
サウナ　　　　S/20
マッサージ　　S/20
行き方
　ホセ・サボガル通りJr. Jose Sabogalと5月2日通りJr.2 de Mayoの交差点からコレクティーボが頻繁に出ている。「Baños del Inca」と書かれたコンビでも行ける。所要約15分。料金はともにS/1。

インカ皇帝も利用した温泉

個室風呂は最大3人まで利用できる

カハマルカ周辺の見どころへ
　見どころは、アルマス広場周辺に集まっている旅行会社主催のツアーで行くのが便利。シティツアー（約3時間、S/40前後。サン・フランシスコ修道院の博物館、カテドラル、クアルト・デ・レスカテなどを回る）、クンベ・マヨ・ツアー（約4時間30分、S/40前後）、オトゥスコ・ツアー（約4時間、S/40前後）など。料金は入場料込み。

オトゥスコ行きコレクティーボ乗り場
Ventanillas de Otuzco へ
空港へ
Jr. Mario Urteaga
サラス Salas P.205
Cumbe MayoTours
Jr. Jose Sabogal
インカの温泉行きコレクティーボ乗り場
P.205エスペダルへ ホスペダヘ・ロス・ハスミネス
Hospedaje Los Jazmines
Jr. Amazonas
サンタ・アポロニアP.205
Santa Apollonia
チーファ・セントラルP.205
Chifa Central
ラ・レコレタ教会
Iglesia de la Recoleta
Clarin Tours
Lineaチケットオフィス
サン・ペドロ行き
コレクティーボ乗り場
P.205
ロス・ピノス・イン
Los Pinos Inn
Jr.A.Puga
アルマス広場
Plaza de Armas
Cajamarca
サン・フランシスコ修道院
Convento de San Francisco
インカの温泉 P.203
Baños del Inca P.204
Jr.Amalia Puga
ウィンダム・コスタ・デル・ソル・カハマルカ
Whyndham Costa del Sol Cajamarca
P.205
カテドラル
Catedral
ベレン教会
Iglesia Belén
Tourist Information
i-perú
博物館
身代金の部屋 P.203
Cuarto de Rescate
Jr. Del Comercio
Jr.Eten
Jr. Silva Santisteban
ベンタニージャ・デ・オトゥスコ
Ventanillas de Otuzco へ
トルヒーヨ行き
バスターミナルへ
サンタ・アポロニアの丘
Cerro Santa Apollonia
P.204クンベ・マヨへ
Cumbe Mayo へ
San Pablo
Av. Perú
カハマルカ
Cajamarca

行き方
　メルカドの奥、レビラ・ペレス通りJr. Revilla Peréz とロス・グラディオロス通りJr. Los Gladiolosの交差点辺りから、コンビかコレクティーボに乗る。S/1.5。タクシーなら市内からS/10。

壁に植物、人間などの線刻画が残る

行き方
　ツアーで行くのが一般的。洞窟の中をはいつくばって進むので、汚れてもいい服と、しっかりした靴を覆いていこう。

クントゥル・ワシ遺跡へ
　ツアーで行くのが一般的で、6人以上での催行で1人S/80。個人で行く場合は、町の西にあるコレクティーボ乗り場からサン・パブロSan Pabloまでコレクティーボで行き、その後モトタクシーに乗り換えてクントゥル・ワシへ行く。サン・パブロまでは所要約1時間40分、S/10。サン・パブロからクントゥル・ワシへは所要約10分、S/2〜3。遺跡へは博物館の先から丘を歩いて登る。

クントゥル・ワシ博物館
🏠Centro poblado menor de Kuntur Wasi, Provincia de San Pablo
☎976-679-484
🌐www.i-m.mx/Museo/Kuntur Wasi(日本語ページあり)
📷9:00〜17:00
🈴月
💰S/5

十四人面金冠

るインカの温泉だ。敷地内には個室風呂をはじめサウナ、マッサージなどさまざまな施設がある。バンガローもあるので宿泊も可能。個室風呂の湯船は1m弱ぐらいの深さがあり、自分で湯量を調整できる。無色透明の湯に肩までつかれば、旅の疲れも癒やされることだろう。石鹸やタオルなども忘れずに。

オトゥスコ
Ventanillas de Otuzco　MAP P.203外

　四角い穴がボコボコ開いている不思議な丘。穴は全部で337個。中から発見された人骨や土器の分析から、紀元800年〜1000年頃にかけて、穴の一つひとつがこの地域の個人の墓として使われていたものと考えられている。

崖に並ぶ穴は墓として使われた

クンベ・マヨ
Cumbe Mayo　MAP P.203外

　標高約3500mのパンパにある、石の森Bosque de Piedrasと呼ばれる、巨大な岩がいろいろな形をイメージさせる不思議な場所。紀元前1000年〜紀元後800年頃に造られた総延長9.1kmの水路があり、カハマルカの地下を通って、海岸まで続いているという。

火山石の森、クンベ・マヨ

クントゥル・ワシ遺跡
Kuntur Wasi　MAP P.38-A2

　カハマルカから約2時間30分。急峻な山々の連なる山間部をひたすら走ると、標高約2300mのラ・コンガ村La Congaに着く。この村の先の丘が、クントゥル・ワシ「コンドルの館」と名づけられた遺跡だ。クントゥル・ワシは、1988年から日本の調査団により発掘が開始され、現在も研究と復元が続けられている。
　遺跡は紀元前1000年から50年にかけての4期にわたって更新しながら造られた神殿の跡で、基底は145×170mの大きさがある。多数の土器が出土しており、1989年には、大量の黄金が発掘されて世界中で話題を呼んだ。発掘後ほぼ埋め戻されており、神殿内に立つ石像などはすべてレプリカ。オリジナルの石像や、墓から発掘された十四人面金冠、ジャガー耳飾りなど、まぶしいほどに輝く黄金と出土した土器の数々はクントゥル・ワシ博物館Museo Kuntur Wasiで見学できる。

クントゥル・ワシの神殿跡

カハマルカの**ホテル**

Wyndham Costa del Sol Cajamarca
ウィンダム・コスタ・デル・ソル・カハマルカ MAP P.203

アルマス広場に面した高級ホテル。広場を望むレストランのほか、バーやプール、スパ、ジム、カラオケ、ヘアサロン、カジノまで揃っている。変圧は110Vと220Vに対応。

🏠 Jr. Cruz de Piedra 707
☎ (076) 34-4040
URL www.wyndhamhotels.com
料 ⓈⓌUS$67〜　サービス料別
カード ADMV　室数 71室

Hostal Santa Apolonia
サンタ・アポロニア MAP P.203

アルマス広場に面しており、リネア社のバスチケットを取り扱っている旅行会社のすぐそば。館内は設備も整っており、快適に滞在することができる。全室ミニバー、温水シャワー付き。温かい飲み物が24時間無料で提供されている。

🏠 Jr. Amalia Puga 649　☎ (076) 36-7207
URL www.santapoloniahostal.com
料 ⓈS/70 ⓌS/110 ⓉS/130　サービス料込み
カード 不可　室数 12室

Hotel Los Pinos Inn
ロス・ピノス・イン MAP P.203

アルマス広場から北に2ブロック。小さなホテルだが館内は木のぬくもりが生かされた造りになっている。全室に温水シャワーが付いている。

🏠 Jr. La Mar 521　☎ (076) 36-5992
URL www.lospinosinn.com
料 ⓈS/140 ⓌS/190　サービス料込み
カード AV　室数 30室

Hospedaje Los Jazmines
オスペダヘ・ロス・ハスミネス MAP P.203

中庭のある可愛らしいオスペダヘ。1階にカフェがあり、朝食はS/10〜。トイレ、バス共同の部屋（ⓈS/50、ⓌS/70）もある。

🏠 Jr. Amazonias 775　☎ (076) 36-1812
URL losjazmines.pe
料 ⓈⓌS/90 ドミトリー S/35　サービス料込み
カード 不可

カハマルカの**レストラン**

Restaurante Salas
サラス MAP P.203

1947年創業の老舗レストラン。おすすめはスペアリブのオーブン焼きCostilla al Horno S/28、クイのフライCuy frito con ajiaco de papa y arroz S/30など。ウミータスも人気だ。

🏠 Jr. Amalia Purga 637　☎ 973-447-014
営 9:00〜22:00　休 無休　カード ADMV

Chifa Central
チーファ・セントラル MAP P.203

アルマス広場に面した人気の中華レストラン。メニュー豊富で、定食はS/10.5〜と手頃。ア・ラ・カルトのメニューには中国語と英語が表記され、1品S/12〜。

🏠 Jr. Del Batán 149　☎ (076) 34-4182
営 12:00〜16:00、18:00〜23:00
休 無休　カード AJMV

ホテル客室設備：🛁 バスタブあり　📺 テレビあり　📞 電話あり　💻 インターネット可　🍴 朝食付き　205

イキトス　Iquitos

MAP P.38-B2

アマゾン源流の町、イキトス

"アンデス"のイメージが強いペルーだが、なんと国土の60%はアマゾンの熱帯性密林が占めている。その密林の真っただ中にある都市がイキトスである。1750年にスペイン人宣教師がこの地に移住してきたが、原住民の強い抵抗に遭い小さな村から発展しなかった。ところが1890～1920年にかけて訪れた天然ゴムブームによって大きく発展、今ではアマゾンへの入口として訪れる旅行者が絶えない。

イキトスへの行き方

リマからから1300km離れたイキトスへは、飛行機か船が交通手段。空港から市内のセントロへは車で約20分。リマからパカルパPucallpaまでバスで行き、パカルパから船で4～5日かけてイキトスへ行くこともできる。

イキトスからレティシアLeticia（コロンビア）、その隣町タバティンガTabatinga（ブラジル）へは、国境越えの高速船が出ている。

イキトスの歩き方

イキトスの町はアマゾン河に沿って形成されている。アルマス広場が町の中心で、高級ホテルやレストラン、旅行会社など、観光に必要な施設は徒歩圏内に集まっている。

ベレン地区がおもな見どころで、アルマス広場から河岸に出れば、赤くさびたトタン屋根が見えるはずだ。市場のあるベレン・アルタ地区へは同広場からタクシーで5分ほど。

キストコチャ観光公園

アマゾン河流域に生息する51種の野生動物を観察できる。人気は

愛くるしいピンクドルフィン

ピンクドルフィンと呼ばれるアマゾンカワイルカ。1日2回係員による餌やりが行われている。

🏠 km 7 de la carretera Iquitos- Nauta
🕐 8：00～17：00　🈹無休　🈯S/3

イキトス発のアマゾンツアー

日帰りから10日間ぐらいのものまである。通常2～3泊する場合が多く、朝早くから夜までアクティビティのスケジュールはぎっしり。1泊2日ならUS＄110～120、日帰りはUS＄50くらいからある。ただし、宿泊するロッジのランクや行き先など、旅行会社によってその差は大きい。

アマゾンツアーの選び方

リマの旅行会社で申し込むと、イキトスの空港からアマゾンへ直行でき便利。

旅行会社はアマゾンにそれぞれのロッジを所有しているため、旅行会社によって泊まるところが異なる。宿泊料金には通常、滞在中のすべての食事とアクティビティ、イキトスのホテルや空港からの送迎代が含まれている。

ロッジ滞在事情

アマゾンツアーで河畔のロッジに滞在する場合、ホテルのランクはイキトスなど町のレベルと同じとは考えないほうがいい。電気は基本的に自家発電のため24時間使えるというロッジでも停電になることもよくあるし、シャワーもお湯が出るところは多くない。

アマゾンのホテル

ヘリコニア・アマゾン・リバー・ロッジ
Heliconia Amazon River Lodge

☎ (01) 421-9195（リマ）　URL amazonriverexpeditions.com　🛏2泊3日US＄426、3泊4日US＄551

イキトスからボートで約1時間20分のヤナモノ保護地区にある、電気や温水シャワー、レストランなどの施設が整う快適なロッジ。全室シャワー、トイレ付き。

ボタニカル・ロッジ　Botanical Lodge

🏠 Jr. Putumayo 188 – Casa de Hierro（イキトスオフィス）
☎ (01) 445-0236（リマ）　URL www.cumaceba.com
🛏2泊3日US$357、3泊4日US$457

イキトスから約80kmのところにあるロッジ。ジャングル探検のほか野鳥観察、先住民ヤグアスの村落訪問など盛りだくさんの内容。

アマゾン河岸に暮らすボラ族

ボリビア
Bolivia

ミラドール・キリ・キリから望むラ・パスの夜景

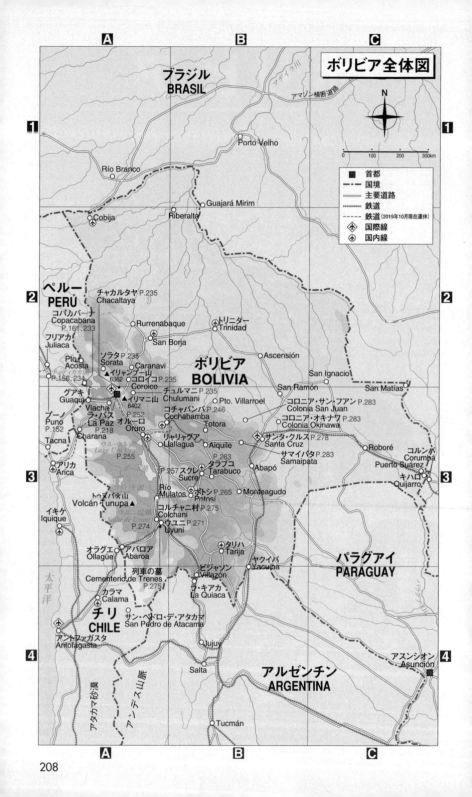

ボリビア全体図

ボリビア
イントロダクション

世界最高所の首都として知られるラ・パスをはじめ、標高3000〜4000mに数多くの町が存在するボリビアは、アンデス山脈の奥地に広がる天空の国。あまりに高い場所であるため、隔絶された場所と思われがちだが、豊富な鉱物資源によって世界史上に大きな役割を果たしており、銀山で知られるポトシは16〜17世紀には南北アメリカ大陸最大の町でもあった。

ボリビアの人口は約1135万人。面積は約110万km²と日本の約3倍あり、ペルーとほぼ同じ広さをもつ。国土の3分の1近くをアンデス山脈が占め、6000m級の高峰が14座もある。人口比率は、純粋なインディヘナ20%、インディヘナとヨーロッパの混血メスティソが68%といわれ、南米のなかでも特に先住民の人口が多い国だ。したがって、ボリビアでは民族衣装に身を包んだ人々の姿を多く見かけ、南米らしさを象徴する国となっている。

民族衣装は、丸みを帯びた山高帽、毛織物のショール、多くのヒダをもつスカートなどが特徴的。一見すると、スペイン人入植以前の伝統的な衣装かと思ってしまうが、山高帽はシルクハットが起源になっているなど、実はヨーロッパのファッションを取り入れて生まれたものだ。

ラ・パスの新交通手段ロープウエイのミラドール駅からの眺め

豊かな先住民文化にヨーロッパ的要素を加えて生まれた独自の文化こそ、旅人を魅了する要素でもある。ラ・パスのカルナバルやオルーロのディアブラーダ（悪魔の踊り）など地方や町ごとに受け継がれてきた伝統行事そのものがこの国の見どころであり、長く滞在すればするほど、魅力にあふれた国だと感じるだろう。植民地時代の面影を色濃く残しユネスコの世界遺産に登録されているポトシやスクレ、世界最大の塩の湖であるウユニ塩湖などをのんびり巡る旅もいい。

水の張ったウユニ塩湖

どこまでも続くアルティプラーノ（高原地帯）、赤茶けた谷間に咲き乱れるように建つラ・パスの高層ビル、また一方では南国ムードの漂うサンタ・クルスなど、ここボリビアでは多様な大自然と歴史が育んだ西洋との折衷文化に触れることができる。そして何よりも、空の近さと青さを感じる国である。

ボリビアの基本情報

▶旅のスペイン語
→ P.411

国 旗
赤は独立闘争で流された血、黄色は豊かな鉱物資源、緑は森林資源を表している。紋章には、ポトシの銀山やコンドルなど、ボリビアの州を象徴するデザインになっている。

正式国名
ボリビア多民族国
Estado Plurinacional de Bolivia

国 歌
Himno Nacional de Bolivia
（ボリビア国歌）

面 積
109万8581km²（日本の約3倍）

人 口
約1135万人（2018年）

首 都
スクレSucreだが、事実上の首都は政府中枢機関のあるラ・パスLa Paz。

元 首
2019年11月現在、モラレス大統領および副大統領、上院議場らが辞任したことにより、ヘアニネ・アニェス上院副議長が暫定大統領に任命された。

政 体
直接普通選挙による立憲共和制。大統領の任期は5年。行政権は大統領にあり、21閣僚がこれを補佐する。

民族構成
ケチュア族、アイマラ族などのインディヘナ（先住民）53%、メスティソ（先住民とヨーロッパ人の混血）45%ほか。

宗 教
国民の78%がローマ・カトリック。

言 語
スペイン語。そのほかアイマラ語、ケチュア語、グアラニー語など先住民系36言語も公用語になっている。

電気&ビデオ

電圧とプラグ
電圧は220ボルト（V）で周波数50ヘルツ（Hz）（ラ・パスでは110ボルトと220ボルトがある）。プラグは平ふたつ穴のAタイプ、丸ふたつ穴のCタイプが使用されている。日本の電化製品を使う場合、変圧器とプラグアダプターを持参のこと。

DVD方式
ボリビアのテレビ・ビデオ方式は日本やアメリカと同じNTSC方式で、現地のビデオテープは一般的な日本国内用デッキで再生可能。

ボリビアのDVDのリージョンコードはリージョン4。リージョン2である日本と異なるため、一般的な家庭用DVDデッキでは再生できない。

ボリビアのブルーレイのリージョンコードは日本と同じリージョンAであるため、一般的な家庭用のブルーレイ・デッキで再生可能。

電話のかけ方

▶電話について
→ P.405

日本からボリビアへかける場合　例 ラ・パスの（2）123-456へかける場合

国際電話会社の番号	国際電話識別番号	ボリビアの国番号	市外局番	相手先の電話番号
001（KDDI）※1 **0033**（NTTコミュニケーションズ）※1 **0061**（ソフトバンク）※1 **005345**（au携帯）※2 **009130**（NTTドコモ携帯）※3 **0046**（ソフトバンク携帯）※4	**010**	**591**	**2**	**123-4567**

※1 「マイライン」「マイラインプラス」の国際区分に登録している場合は、国際電話会社の番号は不要。 詳細は URL www.myline.org
※2 auは、005345をダイヤルしなくてもかけられる。
※3 NTTドコモは事前にWORLD WINGに登録が必要。009130をダイヤルしなくてもかけられる。

＜ボリビアでの電話のかけ方＞

電話局
エンテルEntelやビバVivaといった電話局からかけるのが主流。市内なら1分間Bs.1.2、国内Bs.2、国際Bs.4ほど。

路上電話屋
ラ・パスやサンタ・クルスでは、路上のキオスクの多くに電話機が設置されており、地元の人が前出の電話局よりも頻繁に使う。電話機にはデジタルの料金表示があり、いくら料金が加算されたのを見ながら電話をできるので安心。

公衆電話
公衆電話はカード式と硬貨式がある。ただし、公衆電話の数は減少傾向。テレホンカードはキオスクや商店などで買えることになっているが、実際にはほとんどの店舗では扱っていない。

祝祭日（おもな祝祭日）

		※は年によって異なる移動祝祭日
1/1		多民族国家記念日
1/22		多民族国家記念日
2/24・25 ('20) 2/15・16 ('21)※		謝肉祭
4/10 ('20) 4/2 ('21)※		聖金曜日
5/1		メーデー
6/11 ('20) 6/3 ('21)※		聖体節
6/21		アイマラ暦元旦
8/6		独立記念日
11/2		万聖祭
12/25		クリスマス

日本からのフライト

　日本からボリビアへの直行便はなく、ボリビアへは最低でも2回、飛行機を乗り継がなくてはならない。ラ・パスに乗り入れているのはLATAM航空グループの便で、日本からJALやアエロメヒコを利用してアメリカの都市やメキシコに行き、そこからLATAM航空グループを利用してラ・パスやサンタ・クルスに行くのが一般的。メキシコ・シティからLATAMペルーに乗り換え、ペルーのリマ経由でラ・パスへ所要約26時間、サンタ・クルスへ所要約26時間40分。ANA利用でアメリカのダラスからアビアンカ航空に乗り換え、ボゴタ経由ラ・パスへ所要約27時間30分など。

▶航空券の手配 → P.392

時差とサマータイム

　日本より13時間遅れ。つまり、日本が12:00のとき、ボリビアは前日の23:00。　ボリビアではサマータイムは実施されていない。

ビジネスアワー

　以下は一般的な営業時間の目安。

銀　行
　月〜金曜9:00〜14:00、土・日曜は休み。

郵便局
　月〜金曜9:00〜20:00、土曜8:00〜18:00、日曜8:00〜12:00。

商店
　9:00〜12:30、14:00〜18:00、土曜の午後と日曜は休業が一般的。

レストラン
　ランチは12:00〜15:00、ディナーは18:00〜24:00頃。

ボリビアから日本へかける場合　📞(03) 1234-5678 または (090) 1234-5678 へかける場合

国際電話識別番号 **00**	+	通信会社のコード番号 **10〜17** ※5	+	日本の国番号 **81**	+	市外局番と携帯電話の最初の0を除いた番号 **3** または **90**	+	相手先の電話番号 **1234-5678**

※4　ソフトバンクは0046をダイヤルしなくてもかけられる。
※5　エンテルEntel〈10〉、ビバViva〈14〉など。10の利用が一般的。電話局からかける場合は不要。

長距離電話のかけ方

　ホテルや公衆電話から市外へかけるときは、最初に0をダイヤルし、10〜17（通信会社の番号。どれでもOK）、市外局番、相手先の電話番号の順でかける。通信会社の番号は10の利用が一般的だ。電話局や路上電話屋からかける場合は通信会社の番号は不要。0、市外局番、相手先の電話番号の順にダイヤルする。

国際電話のかけ方

　国際電話はホテルか、電話局、公衆電話からかけられる。かけ方はホテルや公衆電話の場合最初に、00をダイヤルし、10〜17（通信会社の番号）、国番号、0をとった市外局番、相手先の電話番号の順。電話局からは00、国番号、0をとった市外局番、相手先の電話番号の順にダイヤルする。

通貨と為替レート

Bs.

▶持っていくお金について
→ P.384

ボリビアの通貨はボリビアーノBoliviano。略号はBs.。

物価は比較的安定した状態が続いている。ボリビアーノの下にセンターボCentavo（¢）があり、100¢＝Bs.1。紙幣はBs.200、Bs.100、Bs.50、Bs.20、Bs.10の5種類、コインはBs.5、Bs.2、Bs.1、50¢、20¢、10¢の6種類がある。2018年から順次新紙幣に切り替わっており、新旧の紙幣が流通している。下記は新紙幣。USドルがそのまま使える場所は限られ、US$1未満の硬貨は流通していない。

2019年10月24日現在、US$1＝Bs.6.7＝108円。Bs.1＝約16円、100円＝Bs.6.19。

両替

両替は両替所、銀行、ホテル、旅行会社などでできる。日本から持っていく現金はUSドルがベスト。日本円の両替はラ・パスやサンタ・クルスなどの大都市ならできるが、USドルに比べ、両替できる場所が限られる。またニセ札が多く出回っているのでたとえホテルや銀行でもきちんと確認しよう。

ATMも普及しており、地方都市にも設置されている。手数料はかかるがクレジットカードや国際キャッシュカードがあれば簡単に現金を引き出せる。

Bs.10

Bs.20

Bs.50

Bs.100

Bs.5　**Bs.2**　**Bs.1**　**50¢**　**20¢**　**10¢**

Bs.200

チップ

レストラン
料金の10％程度が一般的。
ホテル
5つ星ホテルの場合、ベッドメーキングはBs.5〜8（US$1）程度。ルームサー

ビスやポーターへのチップも忘れずに。
タクシー
基本的には必要ないが、空港などで荷物を運んでもらったときにはチップを渡す習慣がある。料金はUS$1前後が目安。

飲料水

水道水はうがいをする程度には問題ないが、飲用には適さない。ミネラルウオーターは、スーパーマーケットやキオスクなどで購入できる。炭酸入り（Con Gas）と炭酸なし（Sin Gas）がある。

気候

南米大陸のほぼ中央に位置する、海との出入口をもたない内陸国である。ブラジル、パラグアイ、アルゼンチン、チリ、ペルーと国境を接し、日本の約3倍に当たる約110万km²の国土の大部分はアンデス山脈とアマゾン熱帯地域が占める。

季節は大きく4〜10月の乾季と11月の雨季に分かれている。

ラ・パスと東京の気温と降水量

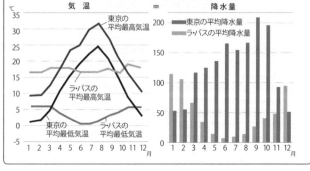

ビザ

観光目的で1カ月以内の滞在ならビザは不要。パスポートの残存有効期間はボリビア出国時に6ヵ月以上必要。

1回の滞在期間は30日までで、90日まで延長が可能。延長料と申請代は入国から90日まで無料。申請はラ・パス、サンタ・クルス、コチャバンバ、オルーロ、ポトシなどの入国管理事務所へ。90日までの延長は1年に一度しかできない。

入出国手続き

飛行機で入国する場合は、機内で配られた税関申告書（→P.216）に必要事項を記入。入国審査ではホテルの予約確認書や出国の航空券（eチケット）の提示を求められることがあるので用意しておこう。機内に預けた荷物を受け取ったら税関審査で申告書を提出。中身をチェックされることはまずない。

一方、出国のチェックは実に厳しい。ボリビアはペルーと並ぶコカの葉の生産国だからだ。パスポートを航空会社のカウンターに提示する際に、荷物の中に持ち出し禁止品を入れていないか、危険物はないかなどを質問される。質問は英語とスペイン語のどちらか。機内荷物を預けたらそこに入る前にボディチェックと手荷物チェックがある。陸路の場合、入国審査で入国カードを提出し、カードの半券（出国カード）をもらう。出国審査時にはパスポートと一緒に出国カードを提出する。

▶入出国カード、税関申告書の記入例 → P.216

郵便局（コレオCorreo）はどの町にもある。

郵便料金

日本までの航空郵便は20gまでの手紙Bs.18。小包は日本まで10日ほどで届くEMS便（1〜2kg、Bs.590）、1ヵ月かかる普通便（1〜2kg、Bs. 569）がある。FeDexやDHLなどの国際宅配サービス会社の支店も国内各都市にある。

ボリビアでは商品の代金にIVAと呼ばれる13%の付加価値税がかかっている。還付の手続きはできない。

一部の都市と観光名所を除き、ボリビアの治安は年々よくなってきている。しかしながら2019年10月現在、日本の外務省から、ラ・パス市と近郊のエル・アルト市、およびペルー国境に近いコパカバーナ市、サンタ・クルス市、ポトシ市、ブラジルとの国境に近いベニ県に「十分注意」の危険情報が発出されている。夜のひとり歩きはもちろんのこと、暗い路地、スラム街は避けること。カメラ、時計、派手なアクセサリーは身に着けて歩かないほうがいい。長距離バスで移動する際の荷物の盗難もよく起きている。手荷物は上の荷台に乗せず、必ず手元に保管しよう。

黄熱病予防接種証明書

2019年10月現在、日本人旅行者のボリビアの右記の地域の入国には、発行後10日以上が経過した黄熱病予防接種証明書（イエローカード）の提示が必要となっている。ただし、ラ・パス中心部、ウユニ塩湖を含むうウユニ周辺は黄熱病危険地域に指定されていない。また、黄熱病リスク国からの入国にも予防接種証明書が必要。日本では各都市の検疫所などで黄熱病接種が受けられる。なお、黄熱病予防接種は接種10日後から生涯有効となる。

黄熱病危険地域はチュキサカ県、ラ・パス県、コチャバンバ県、タリハ県の一部と、ベニ県、パンド県、サンタ・クルス県（サンタ・クルスが属するアンドレス・イバニエス郡を除く）全地域。黄熱病リスク国はアルゼンチン、ブラジル、コロンビア、エクアドル、パラグアイ、ペルーなど。

警察 **110**

救急 **165** （ラ・パスほか）

118 （スクレほか）

▶旅のトラブルと安全対策 →P.407

黄熱病情報
在ボリビア日本大使館
URL www.bo.emb-japan.go.jp

ボリビアでは18歳未満の酒類の購入は不可。

日本の度量衡と同じで距離はメートル、重さはグラム、キロ、液体はリットル。

▶ボリビア 旅の基礎知識

地理と風土

ボリビアの地理は、大別すると標高3000m以上のアルティプラーノ（高原地帯）、アンデス東麓のバリェ（渓谷地帯）、国土の約5分の3を占めるリャノ（東部平原地帯）の3つに分かれる。

●アルティプラーノ（高原地帯）

世界最高所の首都ラ・パス

ボリビアの西部、ペルーやチリなどの隣国と国境を接する地帯にはアンデス山脈が西部山脈と東部山脈に分岐して走っており、この両山脈に囲まれた高原地帯をアルティプラーノという。古代から高度な文明が栄え、ラ・パスやポトシなどの主要都市を擁するアルティプラーノは、ボリビアで最も人口が集中する地域になっている。

バリェ（渓谷地帯）

東部山脈の南東に位置し、氷河や河川によって削られて形成されたバリェには、スクレやコチャバンバなどの盆地が含まれる。バリェの北部は高温多湿な亜熱帯性気候に属しており、サトウキビやコカなど、さまざまな熱帯性作物の生産に適している。

盆地に作られたスクレの町並み

●リャノ（東部平原地帯）

ボリビアの東部、国土の大部分を占める広大な平原地帯。地域によって差異があり、北部のアマゾン熱帯密林地帯と、南部のチャコ地方に大別される。チャコ地方とはサバンナ状を呈した乾燥地帯のこと。

目的別 旅のベストシーズン

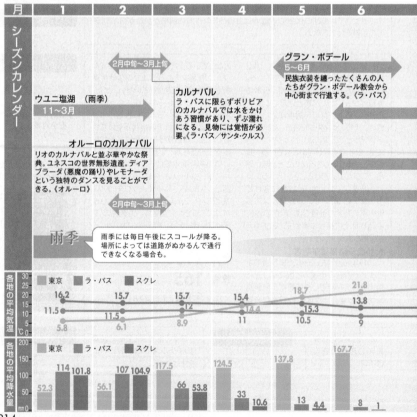

月	1	2	3	4	5	6

シーズンカレンダー

2月中旬～3月上旬

ウユニ塩湖（雨季）
11～3月

カルナバル
ラ・パスに限らずボリビアのカルナバルでは水をかけあう習慣があり、ずぶ濡れになる。見物には覚悟が必要。《ラ・パス／サンタ・クルス》

グラン・ポデール
5～6月
民族衣装を纏ったたくさんの人たちがグラン・ポデール教会から中心街まで行進する。《ラ・パス》

オルーロのカルナバル
リオのカルナバルと並ぶ華やかな祭典。ユネスコの世界無形遺産。ディアブラーダ（悪魔の踊り）やレモナーダという独特のダンスを見ることができる。《オルーロ》

2月中旬～3月上旬

雨季

雨季には毎日午後にスコールが降る。場所によっては道路がぬかるんで通行できなくなる場合も。

各地の平均気温 ℃

■東京 ■ラ・パス ■スクレ

	1	2	3	4	5	6
東京	5.8	6.1	8.9	14.4	18.7	21.8
ラ・パス	11.5	11.5	12	11	10.5	9
スクレ	16.2	15.7	15.7	15.4	15.3	13.8

各地の平均降水量 mm

■東京 ■ラ・パス ■スクレ

	1	2	3	4	5	6
東京	52.3	56.1	117.5	124.5	137.8	167.7
ラ・パス	114	107	66	33	13	8
スクレ	101.8	104.9	53.8	10.6	4.4	1

214

周辺諸国からのアクセス

飛行機

リマ（ペルー）、クスコ（ペルー）、サンティアゴ（チリ）、ボゴタ（コロンビア）など南米の主要都市からラ・パスへフライトがある。サンタ・クルスへは、サン・パウロ（ブラジル）、ブエノス・アイレス（アルゼンチン）からもフライトがある。ボリビアの一部地域への入国には黄熱病の予防接種が必要（→ P.386）。

近郊諸国からラ・パスへのフライト

都市名	便数	所要時間（約）
リマ（ペルー）	毎日1～3便	2時間
ボゴタ（コロンビア）	毎日1便	3時間40分
サンティアゴ（チリ）	週4便	3時間

バス

ラ・パスへは、コパカバーナ、またはデサグアデーロ経由でペルーのプーノからバスがあるほか、クスコ、アレキパからの便もある。また、ラ・パスはアルゼンチンやチリ方面へ向かうバスの経由地となっておりチリのアリカ、イキケからもバスが運行されている。オルーロからもチリ方面のバスが発着する。

ラ・パスから各都市への国際バス

都市名	所要時間（約）
アリカ（チリ）	9～10時間
イキケ（チリ）	14～15時間
プーノ（ペルー、コパカバーナ経由）	7時間
プーノ（ペルー、デサグアデーロ経由）	5時間
クスコ（ペルー）	12時間
アレキパ（ペルー）	14時間

南米主要都市からの国際バスも発着する
ラ・パスのバスターミナル

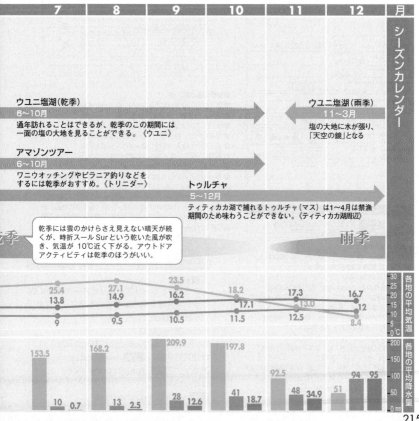

	7	8	9	10	11	12	月

シーズンカレンダー

ウユニ塩湖（乾季）
6～10月
通年訪れることはできるが、乾季のこの期間には一面の塩の大地を見ることができる。《ウユニ》

ウユニ塩湖（雨季）
11～3月
塩の大地に水が張り、「天空の鏡」となる

アマゾンツアー
6～10月
ワニウオッチングやピラニア釣りなどをするには乾季がおすすめ。《トリニダー》

トゥルチャ
5～12月
ティティカカ湖で捕れるトゥルチャ（マス）は1～4月は禁漁期間のため味わうことができない。《ティティカカ湖周辺》

乾季には雲のかけらさえ見えない晴天が続くが、時折スール Surという乾いた風が吹き、気温が 10℃近く下がる。アウトドアアクティビティは乾季のほうがいい。

乾季　雨季

►Bolivia

各地の平均気温

	7	8	9	10	11	12
	25.4	27.1	23.5	18.2	17.3	16.7
	13.8	14.9	16.2	17.1	13.0	12
	9	9.5	10.5	11.5	12.5	8.4

各地の平均降水量

	7	8	9	10	11	12
	153.5	168.2	209.9	197.8	92.5	94 / 95
	10 / 0.7	13 / 2.5	28 / 12.6	41 / 18.7	48 / 34.9	51

入出国カード、税関申告書の記入例

入出国カード（空路の場合は必要なし）

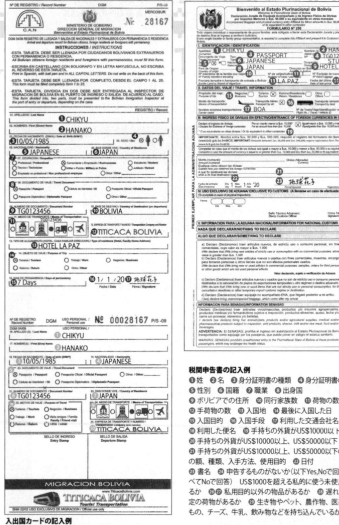

税関申告書の記入例

❶ 姓　❷ 名　❸ 身分証明書の種類　❹ 身分証明書の番号
❺ 性別　❻ 国籍　❼ 職業　❽ 出身国
❾ ボリビアでの住所　❿ 同行家族数　⓫ 荷物の数
⓬ 手荷物の数　⓭ 入国地　⓮ 最後に入国した日
⓯ 入国目的　⓰ 入国手段　⓱ 利用した交通会社名
⓲ 利用した便名　⓳ 手持ちの外貨がUS$1000以上
⓴ 手持ちの外貨がUS$10000以上、US$50000以下
㉑ 手持ちの外貨がUS$10000以上、US$50000以下の場合の外貨
の額、種類、入手方法、使用目的　㉒ 日付
㉓ 書名　㉔ 申告するものがないか（以下Yes,Noで回答。通常はす
べてNoで回答）　US$1000を超える私的に使う未使用の物品があ
るか　㉕㉖ 私用目的以外の物品があるか　㉗ 遅れて到着する予
定の荷物があるか　㉘ 生き物やペット、農作物、医薬品、野生の
もの、チーズ、牛乳、飲み物などを持ち込んでいるか

入出国カードの記入例

❶ 姓　❷ 名前　❸ 生年月日（日、月、年の順に記入）
❹ 性別　❺ 国籍（日本人:JAPANESE）
❻ 居住国（日本:JAPAN）
❼ 職業（会社員:Businessman、学生Studentなど）
❽ 身分証明書の種類（パスポート/身分証明書/その他）
❾ 身分証明書の番号　❿ 目的地の国
⓫ 入国の交通手段（船/飛行機/車・バス/飛行機）
⓬ 利用した交通手段の会社名と便名
⓭ 滞在先の種類（ホテルなどの住所を記入）
⓮ 入国目的（観光/就労/ビジネス/帰国/その他）
⓯ 滞在日数　⓰ 記入日　⓱ 署名
❶ 姓　❷ 名前　❸ 生年月日　❹ 国籍　❺ 身分証明書の種類
❻ 身分証明書の番号　❼ 居住国（日本:JAPAN）
❽ 入国目的　❾ 入国の交通手段
❿ 利用した交通手段の会社名と便名

国内交通

飛行機

　フラッグ・キャリアのボリビアーナ航空（OB）
やラ・パスを本拠地にしているアマソナス航空
（Z8）ほか数社ある。

ボリビアーナ航空
Boliviana de Aviación（BoA/OB）
☎(2)215-7300　URL www.boa.bo
アマソナス航空 Amaszonas（Z8）
☎(2)215-9441
URL www.amaszonas.com

216

ラ・パスから国内各地へのフライト

都市名	便数	所要時間 (約)
コチャバンバ	1日12〜15便	50分
スクレ	1日1便	1時間
ウユニ	1日4〜5便	45分
サンタ・クルス	1日13〜20便	1時間

●長距離バス

ラ・パスをはじめ各都市には大きなバスターミナルがあり、行き先や会社別にプラットホームが分かれている。

●ラ・パスから各都市へのバス

都市名	便数、出発時間	所要時間 (約)
オルーロ	30分に1便	4時間
コチャバンバ	1時間に1便	8時間
サンタ・クルス	14:00〜20:30に30分毎	17時間
ポトシ	16:30〜21:30に30分毎	10時間
スクレ	18:30〜20:30に30分毎	13時間
ウユニ	18:30〜20:30に1時間毎	10時間

●鉄道
ボリビア国内の主要路線
①オルーロ〜ウユニ〜ビジャソン(→ P.253)
②サンタ・クルス〜キハロ (→ P.280)
③サンタ・クルス〜ヤクイバ (→ P.280)

食 事

平野部と山岳部では食べ物も違ってくるが、ボリビアのどんな小さな町にもサルテーニャ Salteña がある。小麦粉で作った生地に鶏肉やゆで卵を詰めて焼いたパイのようなもので、食べるとジュワッと肉汁が出てくる。朝食に食べられていて、食堂では午前中に売り切れてしまう場合が多い。代表的な国民食はピケ・マチョ Pique Macho というタマネギやジャガイモと肉、ソーセージなどの炒め物。ティティカカ湖周辺ではトゥルチャ(マス)やペヘレイなどの魚料理が食べられる。

歴 史

ボリビアにはもともとアイマラ族が多く、特にティティカカ湖周辺では紀元前200年〜紀元1200年頃まで栄えたティワナク文化 Tiwanacu の中心地となった。ペルー国境近くに残る先述のティワナク遺跡をはじめ、プレ・インカの遺跡がいくつか発見されている。

1400年代にインカ帝国の一部になったボリビアだったが1532年、フランシスコ・ピサロ率いるスペイン軍に征服され、以後スペインの植民地となる。1545年、ポトシで銀鉱が発見され、17世紀末まで南米の植民地のなかでも重要な地域となった。やがて18世紀後半から南米の各植民地で独立の気運が高まると同時に、ここボリビアでも過酷な労働に耐えかねたインディヘナたちの反乱が起こる。

1824年、アンデス諸国を独立に導いたシモン・

独立記念日にスクレで行われる軍事行進

ボリーバルからの援助を受けたスクレ将軍の指導のもと、ボリビアは独立を成し遂げた。当時のボリビアは海への出入口をもっていたが、1879年のチリ硝石地帯を巡ってのチリとの争い(太平洋戦争1879〜83年)に敗れ、太平洋岸地帯を失い、現在のような内陸国となる。1903年にはブラジルに、1928〜35年のチャコ戦争ではパラグアイに国土の一部を奪われた。

1964〜82年にかけて軍事政権が続き、1966年にはキューバからチェ・ゲバラら革命軍がボリビア入りしたが、政府軍に捕らえられて殺害された。豊富な鉱物資源をもつ国であるにも関わらず、独立以降クーデターにより政権が目まぐるしく代わる。1982年にようやく民政移管を果たしたものの、1984年にはハイパーインフレとなり経済が破綻するなど、非常に不安定な政治・経済が続く。

2005年の大統領選により左派のフアン・エボ・モラレス・アイマが当選。ボリビア初の先住民の大統領が誕生した。モラレス政権は先住民の権利拡大、麻薬撲滅、天然資源の国有化と国民への還元などを掲げ支持を集める。2009年にはさらにさまざまな法案を盛り込んだ新憲法が国民投票により承認され、これにより国名を「ボリビア多民族国」に変更。また、2009年の大統領政権でも再選し、第2期モラレス政権が発足。仕期満了による2014年の総選挙で、再びモラレス大統領が当選し、2015年に第3期モラレス政権が発足。2016年には大統領の無期限再選が認められる。2019年10月の大統領選でもモラレス大統領が優勢だったが、開票結果に不正があると抗議デモが拡大。モラレス大統領は辞任に追いやられメキシコへ亡命。2019年11月現在、次期選挙未定。

大 使 館

在日ボリビア多民族国大使館
🏠〒106-0031　東京都港区西麻布 4-12-24 第38興和ビル 804
☎(03)3499-5442(大使館)
☎(03)3499-5441(領事館)
在ボリビア日本大使館　Embajada del Japón
MAP P.223-D4
🏠 Calle Rosendo Guitiérrez 497, esq. Sánchez Lima, La Paz　☎(2)241-9110〜3
URL www.bo.emb-japan.go.jp
在サンタクルス領事事務所
🏠 Calle Saavedra No.314, Esquina Cochabamba, Santa-Cruz　☎(03)333-1329

ラ・パス

★ラ・パス

標高	約**3650m**

MAP	**P.208-A3**

市外局番▶**2**
（電話のかけ方は→P.210）

US$1=**Bs.6.7**

エル・アルト国際空港
MAP P.224
☎(2)215-7300
URL www.sabsa.aero
　1階の到着ロビーにインフォメーション、両替所、薬局、一時荷物預かり所、電話会社Entel（SIMカード購入可）、カフェやキオスク、仮眠ルームなどがある。薬局では高山病予防薬も販売。フリー Wi-Fiあり。

ラ・パスの表玄関エル・アルト空港

✚**おもな航空会社**
ボリビアーナ航空
Boliviana de Aviación
(BoA/OB)
住Av. Camacho 1413 esq.
Loayza
☎(2)216-6500
アマソナス航空
Amaszonas(Z8)
住Av. Saavedra 1649
☎(2)222-0848
ラタム航空
LATAM AiLines(LA)
住Av. Montenegro E6
Free800-100-521

大統領官邸、国会議事堂が建つ、ラ・パスの中心、ムリリョ広場

　標高3650m、世界最高所にある首都として知られているラ・パス。憲法上ではボリビアの首都はスクレでだが、1900年に行政機関が移ってからはラ・パスが実質上の首都となっている。
大きなすり鉢状の町は、なだらかな傾斜の上にアドベ（日干しレンガ）造りの家々、コロニアルな教会建築、そして底には高層ビルが建ち並ぶ。家々の密度は相当なもので、上へ行くほど貧しい人々の家となり、その範囲は日に日に広がっている。今やすり鉢の上には、人口約85万人ものエル・アルトEl Altoと呼ばれる町が誕生し、質素な掘っ建て小屋の家並みはこの国の貧しさの象徴だ。その一方、ラ・パスの中心からさらに低い地域へ向かっては美しい高級住宅地が続く。これが同じ国とは思えない光景である。
　市内歩きは、ただでさえ標高が高いうえに、何回も坂道を上ったり下ったりしなくてはならず息が切れる。のんびりと呼吸を整えながら歩こう。すり鉢を登りきれば、雪をかぶったイリマニ山（6402m）の霊峰と、アルティプラーノ（アンデス山地）の蒼い空が4000m級の高地の上に広がっている。

ラ・パスへの行き方

飛行機

　近隣諸国からラ・パスへのフライト（→P.215）。南米の各都市から便がある。国内も数社が各都市を結んでいる（→P.216）。

Let's Go! 空港から市内へ

ラ・パスのエル・アルト国際空港 Aeropuerto Internacional El Alto（LPB）は標高4082mにある世界最高所の空港だ。

空港から市内へはミニバスかタクシーを利用する。ミニバスは空港ターミナルを出た所に待機していて、「212 Aeropuerto」と書かれているのですぐわかる。満席になると発車（6:00～21:00頃、15分ごと）。セントロまで道路状況により20～40分、料金はBs.5。タクシーは所要約30分、Bs.70～。

市内から空港へはイサベル・ラ・カトリカ広場Plaza Isabel la Catolicaから212番のミニバスに乗る。料金はBs.5。ミニバスは6:30から約10分おきに出ている。アルセ通りAv. Arceや7月16日通りAv. 16 de Julioなど主要な通りなら手を挙げればひろえる。早朝出発の場合は、前日の夜にホテルでラジオタクシー Radio Taxi を予約してもらうと安心だ。料金はBs.70。

212番のミニバス

長距離バス

国内外の都市を結ぶほぼすべての長距離バスが、テレストレ・バスターミナルTerminal Terrestreを発着する。近隣都市とを結ぶ所要1時間ほどの路線から、10時間を超える国境越え路線まで、長距離バス網は充実している。ラ・パスから各都市への所要時間については（→P.217）。

空港タクシー

テレストレ・バスターミナル

MAP P.222-A1

バスターミナルは坂の上にあるので、荷物がある場合はタクシーやミクロ利用がおすすめ。ターミナル使用税Bs.2.5が必要で、バスに乗り込むと係員が支払証明書を回収に来る。

CHECK!!! **長距離バス内での盗難に注意！**

ボリビアでは、長距離バス内での盗難が多発している。車体の両側の荷物入れに預けたスーツケースやリュックなどは比較的安全だが、車内の荷台に置いた荷物が盗まれるケースがある。貴重品は必ず手元に置いて、トイレ休憩でも手放さないように。ウユニ行きなど人気の路線は要注意。

バスのトランクから荷物を降ろしている最中に盗まれることもあるので、必ず見守っていよう。

COLUMN ボリビア～ペルー国境越えルート

ペルーのプーノからラ・パスへ続く国境越えルートにはコパカバーナ経由とデサグアデーロ経由があり、観光名所でもあるコパカバーナ経由は特に人気が高い。

コパカバーナ経由はツアー・ペルー Tour Perú、トランス・ティティカカTrans Titicacaなど数社が運行している。いずれも6:00～8:00の出発で、一部13:30発もある。料金はBs.90～。プーノを出ると、右側にはトトラの群生が、左側にはティティカカ湖が広がる。予約時に左側の席を指定するのがおすすめ。3時間ほどで国境に到着する。

ペルーの出国手続きを済ませたら、歩いて国境を越える。アーチ型の石門をくぐるとそこはもうボリビア。バスはボリビア側で待っているので、入国手続きを済ませたら再び乗車する。バスが走り出すと間もなく、コパカバーナの町に着く。ここでバスを乗り換えるため1時間の休憩。束の間の時間だが、ここでは忘れずカテドラルを訪れておこう。その後、ティティカカ

湖とウィニャイマルカ湖を分かつ町ティキナTiquinaでいったんバスを降り、湖をボートで渡る。コパカバーナを出発して約4時間、ようやくラ・パスに到着する。ラ・パスの到着場所は、コパカバーナで乗り換えるバス会社によって異なる。ほとんどのバスはテレストレ・バスターミナルに到着する。

バスを乗せて湖を渡る

太陽の島に行くなら

国境越えルートの途中に太陽の島を訪れるなら、7:30プーノ発の便でコパカバーナに行き、13:30頃発の太陽の島ツアーに参加する。ツアー後、18:30発のバスに乗れば、同日にラ・パスに行くことができる。コパカバーナからラ・パスへはBs.30～。

コパカバーナからのローカルバスは、テレストレ・バスターミナルではなく、セントロの西にあるセメンテリオ地区のバス停留所に到着するものもある。サガルナガ通り周辺のホテルへはタクシーで約10分、Bs.10。ただし、停留所近辺は治安が悪く、日本人を狙った強盗もしばしば起こっているので注意が必要。

プーノからコパカバーナに入り、荷物を預けて観光し、夕方のバスでラ・パスに行く旅行者も多い

おもな両替所
Prendamás
MAP P.223-C3
住 Plaza del Estudiante 221
☎ (2)231-0956
営 月～金　8:45～12:30、
　　　　　14:45～18:00
　　土　　9:00～12:15
休 日

国境を越えるバスは、チリのアリカArica行きが所要9～10時間、イキケIquique行きが所要14～15時間。アルゼンチンはブエノス・アイレス行きが1日数便、所要約48時間。また世界遺産のティワナク遺跡や、コパカバーナ行きのバスの一部はテレストレ・バスターミナルではなく、セントロの西、セメンテリオ地区にあるバス停留所を出発する。バスターミナルは、アルメンティア通りAv. Armentiaのアントファガスタ広場Plaza Antofagastaとモンテス通りAv. Montesに面している。ターミナル内には両替所、インフォメーション、キオスク、軽食屋などが揃い機能的。

国内外のバスが発着するラ・パスのテレストレ・バスターミナル

Let's Go! バスターミナルから市内へ

テレストレ・バスターミナルからムリリョ広場へは下り坂を徒歩約15分ぐらい。ホテルの多いサガルナガ通りや学生広場Plaza del Estudianteの周辺へは、かなり歩かなくてはならない。深夜や早朝に発着するバスが多いので、タクシーかミクロを利用しよう。料金の大体の目安は、タクシーはBs.15～20、ラジオタクシーならBs.20～25。ミクロはBs.1.5。

🚃 鉄道

ボリビアの鉄道は、全長約4300kmにわたり路線が整備されている。しかしながら2019年9月現在、ラ・パス～オルーロ間は運休しており利用できない。ボリビア全土で利用できる路線は、フェロビアリア・アンディーナFerroviaria Andinaが運営するオルーロ～ウユニ～ビジャソン間、フェロビアリア・オリエンタルFerroviaria Orientalが運営するサンタ・クルス～キハロQuijarro、サンタ・クルス～ヤクイバYacuiba間など。運行の曜日と時刻は変更されやすいので事前に確認のこと。

COLUMN 日本語解説付きで便利な市内観光バス

ラ・パス市内を2時間半でひと回りできる観光バスがある。日本語、英語など8言語に対応したイヤホンガイド付きのダブルデッカーで、一周所要約2時間30分、料金はBs.100。出発時間は午前と午後発があるが予約時に確認を。予約はホテルや旅行会社などでできる。

ルートはセントロ（旧市街）地区と月の谷がある南地区（ソナ・スール）コースがあり、どちらか1コースだけの乗車も可能。

セントロ地区のコースでは、エコノミーなホテルが集まるイリャンプー通りAv.illampu通りからスタートし、サガルナガ通りからサン・フランシスコ教会、ムリリョ広場など観光スポットを車窓から眺めつつミラドール・キリキリMirador Killi-Killiへ。ここで約15分停車するので、ラ・パス市街を望む360度の展望を楽しむ。その後、イザベル・ラ・カトリカ広場から旧市街に戻り、南地区コースへと進む。

南地区コースは月の谷に行き、そこで約20分の休憩がある（月の谷の入場料別）。南地区の見どころを巡りながら最後はイリャンプー通りに戻る。ミラドール・キリキリや月の谷以外は車窓からの見学となるが、途中下車することは可能だ。

効率よく市内を回れる

❶ 観光案内所

INFOTUR

MAP P.222-B2

住 Av. Mariscal Santa Cruz, esq. Colombia

☎ (2) 265-1778 **URL** www.lapaz.bo

開 月～金8:00～19:00 ±9:00～12:00

休 日

ラ・パスの主要観光案内所。地図や各種パンフレットなどが揃っており、スタッフは英語も通じる。そのほか学生広場、空港、バスターミナルなどにもオフィスがある。

Información Turística Caseta Final El Prado

MAP P.223-C3 **住** Av. 16 de Julio y México

☎ (2) 237-1044 **URL** www.lapaz.bo

開 月～金8:30～12:00、14:30～19:00

休 土・日

学生広場に面し、7月16日通りとメヒコ通りMéxicoに挟まれたビルの1階。

大使館・領事館

在ボリビア日本大使館

Embajada del Japón

MAP P.223-D4 **住** Calle Rosendo Gutiérrez 497 esq. Sánchez Lima

☎ (2) 241-9110 **FAX** (2) 241-1919

URL www.bo.emb-japan.go.jp

開 8:30～11:30、13:30～17:00 **休** 土・日

入国管理事務所

Direccion General de Migración

MAP P.223-C2 **住** Av. Camacho 1480

☎ (02) 211-0960 **開** 7:30～15:30 **休** 土・日

おもな旅行会社

ニッケイ・ワールド・トラベル

Nikkei World Travel

MAP P.224 **住** Calle Miguel de Cervantes 2815, Sopocachi

☎ 7066-8252

ロープウェイのイエローライン、ソポカチ駅から徒歩2分ほどの場所。ツアー全般対応。落合さんが対応してくれる。

ボリビア・ジャパン・ツアーズ

Bolivia Japan Tours

☎ (2) 272-1838 ／ 7200-1659 (携帯)

URL www.boliviajapantours.com

E-mail boliviajapantours@gmail.com

日本語ガイドの同行をはじめ、ツアー、ホテル、航空券などの手配が日本語でできる。

Magri Turismo

MAP P.223-D3 **住** Calle Capitán Ravelo 2101

☎ (2) 244-2727

URL www.magriturismo.com

開 月～金8:30～12:15、14:30～18:30 ± 9:00～12:00 **休** 日

Tusoco Viajes

MAP P.222-B2 **住** Calle Sagárnaga 227

☎ **FAX** (2) 214-0653 **URL** www.tusoco.com

開 月～金 9:30～20:00 ± 10:00～14:00

休 日

中央郵便局

Correo Central

MAP P.222-B2

住 Av. Mariscal Santa Cruz 1228 y Oruro

開 月～金8:30～20:00 ±9:00～12:00 **休** 日

電話局

Entel

MAP P.222-B2 **住** Ayacucho 267

開 月～金8:00～19:30 ±・日9:00～13:00

休 無休

日本への電話は1分約Bs.4。カウンターでどこにかけるのかを告げた後、指定された番号のブースに入ってダイヤルする。

日本人会館

Sociedad Japonesa de La Paz

MAP P.223-C3

住 Batallón Colorados, esq. Federico Zuazo

☎ (2) 244-3768

開 月～金15:00～20:00 ±15:00～19:00

資料館は15:00～19:00 **休** 日

在ボリビア日系人のために建てられた会館。ここボリビアにも、戦前から農業移民として多くの日本人が入植した。そして現在でも、ボリビアに働く日本人、日系人はかなりの数に上る。会館内には日本の書籍が読めるコーナーがあり、立ち読みは1時間Bs.2。地元の人も多数利用しているので、あいさつなどマナーは忘れずに。3階には日本人移住に関する資料館もある。**R** けんちゃん (→P.242) もここにある。

両替

両替所や銀行は、カマチョ通りAv. Camachoやメルカド通りCalle Mercado沿いとその周辺に集まっている。必ずレシートをもらい、お金はその場で数えるようにしよう。新旧紙幣が混じっているので間違えないようにしたい。

路上での両替も行われており銀行や両替所が閉まったあとに利用する人も多いが、ニセ札や金額をごまかされたりする心配もあるので注意しよう。レートはどちらもほぼ同じ。

ラ・パス中心
La Paz Centro

エル・アルト国際空港
Aeropuerto
Internacional El Alto、
エル・アルト
El Alto、
エル・ミラドールへ
El Mirador

ロープウエイ
セントラル駅
Mi Teleférico
Estación Central /
TAYPI UTA

レッド・ライン
Línea Roja

Av. Perú

アントファガスタ広場
Plaza Antofagasta

テレストレ・バスターミナル
Terminal Terrestre

Todo Turismo

Av. Armentia

Av. Montes

オレンジ・ライン
Línea Naranja

アロンソ・デ・メンドーサ広場
Plaza Alonzo
de Mendoza

E. Valle

Pza. Pérez
Velasco

ハエン通り
Calle Jaén

サント・ドミンゴ教会
Sto. Domingo

国立民族博物館

ムリリョ広場
Plaza Murillo

Av. América

Comercio

国立芸術博物館

カテドラル
Catedral

大統領
官邸

República

Manco Kapac

P. Eguino

P.244 フロリタ
Florita

Figueroa

サン・フランシスコ広場
Plaza Mayor de
San Francisco

サン・フランシスコ寺院 P.229
Basílica de San Francisco

ナイラ P.239
Naira

P.242 キャロット・ツリー
The Carrot Tree

P.239 ロサリオ
Rosario

P.239 エストレージャ・アンディーナ
Estrella Andina

Vicuña
Travel

ウユニ
Uyuni

P.244

Tawa America

メルカド・ネグロ
Mercado Negro
（市場）
P.229

Tía Gladys

アルテサニア・ソラタ
Artesanía Sorata
P.244

ラ・カソナ
La Casona
P.239,242

Tusoco Viajes

カイピ・アルテサニアス
Kaypi Artesanías P.244

ウアリ
Huari
P.241

9月14日広場
Plz. 14 de
Septiembre

P.240 サガルナガ
Sagárnaga

Max Paredes

土・日曜に
市が立つ
ロドリゲス市場・
Mercado Rodríguez
P.230

P.240
アストリア
Astoria

Ketal
（スーパー
サン・ペドロ広場
Pza. San Pedro

サン・ペドロ教会
San Pedro

Av. Eduardo Avaroa

ムリリョ広場周辺
Plaza Murillo

フアン・デ・バルガス博物館 P.231
Museo Costumbrista Juan de Vargas

サン・クリント教会
San Calixto

ムリリョの家（博物館）P.231
Museo Casa de Murillo

楽器博物館 P.232
Museo Instrumentos
Musicales

黄金博物館 P.232
Museo de Metales
Preciosos

リトラル博物館 P.231
Museo del Litoral

P.240 カサ・デ・ピエドラ
Casa de Piedra

文化センター・
サン・フランシスコ広場
Plaza Mayor de
San Francisco

プレシデンテ
Presidente

サン・
フランシスコ寺院へ↓

Sucre

Calle Indaburo

サント・ドミンゴ教会
Sto. Domingo

国立民族博物館 P.231
Museo Nacional de Etnografía y Folklore

アウストリア
Austria P.241

ムリリョ広場
Plaza Murillo
P.230

国立芸術博物館
Museo Nacional de Arte
P.230

P.240
グロリア
Gloria

裁判所

カテドラル
Catedral

大統領官邸
Palacio de
Gobierno

国会議事堂
Palacio de
Legislativo

Comercio

エル・カルメン教会
El Carmen

ボリビアーナ
航空

P.240
レプブリカ
República

ワイルド・ローバー
P.241 Wild Rover

ラ・メルセー教会
La Merced

アリ・パチャ
Ali Pacha P.243

Potosí

222

↑ミラドール・キリキリ P.232
コロイコ行きバス停へ
（ビリャ・ファティマ）

左下に拡大図

国会議事堂

エル・カルメン教会
El Carmen
ラ・メルセー教会
La Merced

バセーニャ・ラ・サルテーニャ
Paceña La Salteña P.243

BoA航空

カマチョ市場
Mercado
Camacho
ロープウエイ事務所
プマカタリ
乗り場
Mi Teleférico
Estación Prado

映画館

7月16日通り Av. 16 de Julio

カ・ヘ・シウダ P.242

バーガー
キング

Eli's Pizza

コパカバーナ P.238
Copacabana
アレキサンダー・カフェ
学生（エストゥディアンテ）広場
Plaza del Estudiante

El Rey Palace

トレスミル・セイスシエントス
Hostel 3600
P.239

ソポカチ地区
Sopocach

ヒロズ
Hiro's
P.243

Hipermaxi
（スーパー）

コンドル広場
Plaza Conder

Plz. Uyuni

観光ポリス
Policía Turística
P.232
野外博物館
Templete Arqueológico
Semisubterráneo

Olimpic Stadium
Hernand Siles

エル・コンスラード・ブティック・ホテル
El Consulado Boutique Hotel P.238
ウルバノ・セントラル公園
Parque Urbano Central
エウロパ P.238
Europa
ティワナク国立考古学博物館
Museo Nacional de Arqueología Tiwanaku P.232
マリア・アウキシアドラ教会
Maria Auxiliadora
ヴィエナ P.242
Vienna
日本人会館
けんちゃん P.242
Ken-Chan
カフェ・シウダ P.242
Café Ciudad
バスターミナル行き
ミクロ、ミニバス乗り場

Prendamás

Parque Laikakota

テアトロ・アル・アイレ・リブレ駅
Teatro al Aire Libre / Cancha Zapata

スカイブルー・ライン
Línea Celeste

Magri Turismo

アパート・ホテル・カミノ・レアル
Apart Hotel Camino Real
P.238

パルマ・レアル
Palma Real
P.238

ボリビア広場
Pza. Bolivia

Corea Town

市内観光バス乗り場

Av. Arce アルセ通り

イサベル・ラ・カドリカ広場
Plaza Isabel La Catolica

P.243
クーヘン・シュトゥーベ
Kuchen Stube

在ボリビア日本大使館

アバロア広場
Plaza Avaroa

Ketal
（スーパー）

ミニバスはミクロよりも小回りが利く

🚌 市内バス

ラ・パス市内の移動手段として、**ミクロ**と**ミニバス**（現地ではミニブスと呼ぶ）は欠かせない。慣れないうちは多少とまどうが、なんといっても安いのが魅力だ。

ミクロ ─────── *Micro*

ミクロとは乗合バスのこと。バス停は一応決まっているが表示はない。フロントガラスに番号と行き先の表示があるので、それを瞬時に判別し、乗り込む。旅行者が利用しやすいのは、マリスカル・サンタ・クルス通りAv. Mariscal Santa Cruz～7月16日通りの目抜き通り。サン・フランシスコ寺院あたりから8月6日通り方向へ行くなら、「Av. 6 de Agosto」と書かれたミクロに。逆に8月6日通りからサガルナガ方面へは「Prado」と書かれたミクロに乗る。

庶民の足、ミクロ

ミニバス ─────── *Minibus*

日本でいうワンボックスカーを改造した乗り物で、ミクロより速くて便利。呼び込みの客引きが「どこを通ってどこへ行くよ」と行き先と経由地を呪文のようにしゃべっているが、フロントガラスにも行き先が表示されている。

バスに乗る場合は、手を挙げて停める。セントロ内の移動はミニバスがBs.2～、ミクロはBs.1.5～。運行している時間は6:00頃～22:00頃まで。21:00以降はBs.0.1～0.2増しのものもある。

ラ・パス周辺
La Paz

コロイコへ
テレストレ・バスターミナル
Terminal Terrestre
ミナサ・バスターミナル
Terminal Provisional Minasa
P.222-223に拡大図
コパカバーナ行きのバス
プタ行きのバス
ティワナク行きのバス
El Alto
La Paz
エル・アルト・バスターミナル
Terminal de Buses de El Alto
P.233 国立自然史博物館
Museo Nacional de Historia Natural
エル・アルト国際空港
Aeropuerto Internacional El Alto
ニッケイ・ワールド・トラベル
オンケル・イン・エアポート・スリープボックス
Onkel Inn Airport Sleepbox P.239
P.225に拡大図
Calacoto
P.233 月の谷
Valle de la Luna へ
オルーロへ

プマカタリ — PumaKatari

　ミクロやミニバスと異なり、決められたバス停にのみ停車する路線バス。2019年9月現在、6路線あり、料金は5：00～23：00がBs.2～2.3、23：00～5：00がBs.3。運賃は車内で支払う。町の中心では、カマチョ市場の西のプラザ・カマチョ Plaza Camachoに発着するが、現状のルートでは、一般的な観光に利用することはないだろう。

🚠 ロープウエイ（テレフェリコ）

市街の上空を行くイエロー・ラインのロープウェイ

　都市型ロープウエイとしては、世界で最も高い場所にあり、長さも最長を誇っている。正式名称はミ・テレフェリコ Mi Teleférico（私のロープウエイ）。2019年10月現在、全部で10路線があり、代表的なのはテレストレ・バスターミナル近くからエル・アルトを結ぶレッド・ライン Línea Rojaとブルー・ライン Línea Azul、カマチョ市場から東へのびるスカイブルー・ライン Línea Celesteで、エル・アルトからソポカチ地区を経由してカラコト地区までを結ぶイエロー・ライン Línea Amarillaとグリーン・ライン Línea Verdeに接続している。運行は月～土曜6：00～23：00、日曜7：00～21：00で、悪天候のときは運休となる。

　チケットは乗車券とチャージ式のICカードがあり、改札機にQRコードをかざして入場する。1乗車Bs.5、ICカードはBs.15で購入して乗車分をチャージする。乗り継ぎでも1乗車分の料金がかかる。

　駅名はスペイン語と並んでアイマラ語が併記されている。イエロー・ラインとレッド・ラインはエル・アルトとラ・パス市街の標高差500mを行き来するルートで車内から大パノラマを堪能できる。また、3線が乗り入れているミラドール駅からはラ・パス全体が見渡せる。

　乗車券売り場で並んでいるときに財布をすられたという被害があるので、貴重品には注意しよう。

プマカタリ
Free 800-13-4444
URL www.lapazbus.bo

ロープウエイ
URL www.miteleferico.bo

セントラル駅は旧鉄道駅を利用している

テレフェリコのICカード。何度も乗るなら便利

エル・アルトの中心部を走るブルー・ライン

イエロー、グリーン、スカイブルー・ラインが乗り入れるDel Liveltador/Chuqui Apu駅

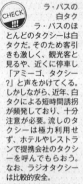

タクシー

Taxi

ラ・パスのタクシーは4種類ある

CHECK!!!

ラ・パスの白タク
ラ・パスのほとんどのタクシーは白タクだ。そのため客引きも激しく、観光客と見るや、近くに停車し「アミーゴ、タクシー？」と声をかけてくる。しかしながら、近年、白タクによる短時間誘拐が頻発しており、十分注意が必要。流しのタクシーは極力利用せず、ホテルやレストランで提携会社のタクシーを呼んでもらおう。なお、ラジオタクシーは比較的安全。

ラ・パスには4種類のタクシーがある。まずは協会に認定された**一般的なタクシー**。市内のちょっとした移動はひとりBs.6〜15ほど。乗る前に値段交渉が必要。そしていわゆる**白タク**。自家用車を勝手にタクシーに仕立てたもので空港前などに停まっている。タクシーよりも安いがボラれることがある。乗合タクシーの**トゥルフィー Trufi**は走行ルートが決まっている。フロントガラスに行き先を示すTrufi 1、Trufi 2などと書かれ、先頭に2本の旗が立っている。市街ならBs.3ほどなので一般のタクシーよりも安いが観光客には使いにくい。最後に**ラジオタクシー**。特徴はボディに電話番号が大きく書かれていること。市内のごく近距離ならBs.6〜10なので、3人以上ならタクシーより割安。電話で予約ができるのはこのラジオタクシーだけ。時間帯によっては路上でひろえないこともあるので、ホテルで呼んでもらおう。なお、ラ・パス市街は渋滞がひどいので時間に余裕をもって移動しよう。

COLUMN ラ・パスの安全対策

ボリビアは南米でも比較的安全な国とされている。ラ・パスの治安も安定しているが、だからといって油断は禁物。日本と同じように行動しているつもりが、現地の人にとっては「非常識」ということもある。特に以下のことに気をつけて安全な旅を送ってほしい。

夜遅くなったらタクシーを利用する
ペーニャやレストランからの帰りは、目安として21:00を過ぎたらたとえ近くてもタクシーを利用しよう。21:00以降に外出する場合はホテルでタクシーを呼んでもらうこと。夜間は外国人旅行者だけでなく、現地のボリビア人でも強盗などの被害に遭っている。わずかなタクシー代をケチって何倍、何十倍もの被害に遭わないように注意したい。

何かをかけられてもあわてない
ケチャップなどの液体類を服にかけられ、あわてた隙に、荷物がひったくられるという事件も多い。見知らぬ人が「服に何かがついているから汚れを落とすのを手伝うよ」と言い寄り、荷物への注意がおろそかになった際、共犯者がその荷物をひったくるというのが代表的な手口。「なぜ服にこんな物が？」と、突然の出来事で混乱してしまうかもしれないが、その場合は声をかけてくる人や周囲にも注意。服はホテルの部屋など安全の確保できる場所に移動してから脱ぐようにしよう。

ニセ警官に注意
犯行の手口は、まずチリ人、ウルグアイ人、ペルー人などと称する女性が話しかけてきて、それに応対すると、すぐに私服のニセ警官が登場。あやしいということで、これまたグルのタクシーに乗せられ、ひと気のないところまで連れていかれ、金品を巻き上げられるというもの。対策としては、見知らぬ女性に突然話しかけられた時点でその場を離れ、近くの店などに入ってその場を動かない、日本語で大声で叫ぶ、本物の警官（緑色の制服を着用している）に助けを呼ぶなど。ボリビアでは逮捕状なしで所持品を検査することや、車に乗せる権限は警官にはないので、これらのことを要求されたら、それは100%ニセ警官ということだ。犯行が多く報告されている地域は、学生広場、アバロア広場、イサベラ・デ・カトリカ広場、日本人会館周辺、アルセ通り沿いなど。

荷物は目の届くところに
置き引きの被害が多いのは、バスターミナルやレストラン内、ホテルの入口前など。荷物は常に目の届く所に置き、注意を払うこと。荷物を置いたままその場を離れることは、盗んでくれと言っているようなもので、海外では非常識だということを覚えておこう。時期的には、2〜3月は日本人旅行者が多く、カルナバルの時期とも重なるので、被害件数も増加傾向にある。

歩き方

旧市街―セントロ

Centro

ラ・パスの町はイリマニ山Montaña Illimaniをはじめ、5000m級の山々に囲まれたすり鉢状の盆地。そのすり鉢の底に走る**マリスカル・サンタ・クルス通り**と**7月16日通り**がラ・パスのメインストリート。一般的には**エル・プラド El Prado**と呼ばれて

すり鉢の底を走る7月16日通り。タクシーやミクロも多く走っている

いる。このメインストリートにふたつの大きな広場がある。**学生（エストゥディアンテ）広場**と**サン・フランシスコ寺院**前の広場だ。ここを起点に歩き出すとわかりやすい。マリスカル・サンタ・クルス通りの左右には旧市街が広がる。

サガルナガ通り周辺 / Calle Sagárnaga

高層ビルの伸び並ぶ中心部は、一見すると首都らしいビジネス街。しかし、一歩裏道に入ると市場、屋台、露店がぎっしりと並ぶ下町が続いている。市場の主役はもちろんインディヘナの女性たち。威勢のいい声が飛び交う。

みやげ物の店番をするインディヘナの女性

店が集まっているのはサン・フランシスコ寺院の周辺と、横を通る**サガルナガ通り**沿い。7月16日通りからサガルナガ通りに入って交差する2本目のリナレス通りCalle Linaresには民芸品や民族柄のセーター、魔除けの供え物など、一風変わった物を売る店が並び、興味深い。ペーニャもこの近辺にあり、夜まで楽しめる。

サガルナガ通りを上ったところからロープウエイのセントラル駅近くを通るブエノス・アイレス通りAv. Buenos Airesに挟まれたあたりはまさにラ・パスの下町といった雰囲気で、迷路のごとく入り組んだ道の両脇にぎっしりと露店が並ぶ。日用雑貨にパン、果物、野菜、肉などの食品、コカの葉（日本などへの持ち込みは違法）など、何から何まで売っている。

ムリリョ広場周辺 / Plaza Murillo

サン・フランシスコ寺院から道を渡って北東に行くと、銀行や両替所、旅行会社の集まるオフィス街。坂道を上り雑踏を抜けると**ムリリョ広場**に出る。広場に面して国会議事堂Palacio de Legislativo、カテドラルCatedral、大統領官邸Palacio de Gobiernoが堂々と建っている。

国会議事堂を背に、古いラ・パスの面影を残す道を北へ歩いていく。国立芸術博物館、国立民族博物館を過ぎ、やがてコロニアルなムード満点の**ハエン通りCalle Jaén**に出る。石畳の道の両側

ラ・パス発のツアー
ルレナバケ・ジャングルツアー
　ラ・パスから北へ410km
のところにあるルレナバケ
Rurrenabaqueでジャング
ルに分け入り、ベニ川Rio
Beni付近の動物や植物など
を観察するツアー。ボート
でのナイトエクスカーショ
ンもある。このパンパツア
ー Pampas Tripと、川の近
くでキャンプするジャング
ル・ツアー Jungle Trip があ
る。2泊3日で約US＄185。
ウユニ塩湖ツアー
　ラ・パスから夜行バスで
ウユニへ行き、塩湖ツアー
のあと塩のホテルに1泊して
ラ・パスに戻る。US＄165
＋バス代US＄80。

ラ・パスでクライミング
　日本ではまだあまり知ら
れていないが、高原に囲ま
れたラ・パスは、実はトレ
ッキングや登山にやってく
る旅行者がとても多く、特
に欧米人にはかなりの人気
がある。トレーニングを受
けたあと5000m級の山に
登る。保険がないので体力
を考えて参加したい。
Colibri Adventures
🏠Juan Manuel Caceres
　1891 Piso 4B
☎(2)242-3246

カラコト地区へ
　セントロからスカイブル
ー・ライン＋グリーン・ラ
インのロープウェイで行く
ことができる。ミニバスは
201、239番などを使ってア
クセスできる。

CHECK
**エル・アルト
の治安**
　ラ・パスでは、
標高の低い場所がお金
持ちの住むエリアで、
標高の高い場所は貧し
い人の住むエリアにな
っており、エル・アルト
も貧しいエリアに属す
る。盗難などが報告さ
れるなど、治安は全般
的によくないので、訪
れる場合は複数人で行
くか、ツアーに参加す
るほうがよい。

エル・アルトへはロー
プウエイで行くことも
できる

に植民地時代の建物が当時のままの状態で建っている。ムリリョ
の家や楽器博物館、リトラル博物館など、建物の一部は博物館と
して開放されているので立ち寄ってみたい。

新市街　Sopocach & Calacoto

ソポカチ地区　Sopocach

ソポカチ地区にあるアバロア広場

　7月16日通りを南東へ進むと、**学生広場**を過ぎたあたりから町の雰囲気ががらりと変わる。旧市街にあるようなコロニアルなものはなく、近代的な建物やカフェ、輸入品を扱うスーパーが並ぶ。アバロア広場Plaza Avaroaを中心とした、**アルセ通り**から南側と**ランダエタ通り**Av. Landaetaの東側に囲まれたあたりは**ソポカチ地区**と呼ばれていて、ラ・パスで最も洗練されたエリアだ。おしゃれなレストランやカフェはアバロア広場周辺に多く、週末は大変なにぎわい。大使館が多いのもこのエリア。

カラコト地区　Calacoto

カラコト地区のカテドラル前

　アルセ通りから、南東へ約10kmほど下ると、ラ・パスの新興住宅地である**カラコト地区**に入っていく。政府の要人やハイソサエティは、セントロよりも標高が300mほど低いこの地区や近隣のサン・ミゲル地区に多く住んでいる。観光として見るものはないが、5つ星ホテルや、大型ショッピングセンターなどが建ち、雑然とした雰囲気のセントロとは異なる、落ち着きのあるエリアだ。

エル・アルト　El Alto

木曜に立つ市。エル・アルトの7月16日通りには日用品も数多く並ぶ

　かつて、空港からラ・パスの市内へ向かう途中には何もなく、寒々とした大地が続いていた。しかし今は、バラック式住居がぎっしりと並ぶ。**エル・アルト**は標高4150mにある人口約85万人の世界一高所の町。観光するところはないが、毎週木曜と日曜に立つ市は特産品のジャガイモがずらりと並び盛大だ。

おもな見どころ

サン・フランシスコ寺院 Basílica de San Francisco MAP P.222-B2

もとの建物は、スペイン人の入植が始まってすぐ、1549年に建てられた。現在建っているのは、17世紀に再築されたもの。バロック様式の建築は丸みを帯びた塔が美しく、聖堂は金箔の祭壇が輝き荘厳な雰囲気だ。2階は博物館になっており絵画や彫刻に植民地化以降の宗教的な歴史を垣間見ることができる。中庭にはモダンなカフェもある。

教会の前は、人々が語らうラ・パスで最も活気のあるエリア。大道芸人、露店、靴磨きなど、何かしら行われており、いつも人だかりができている。

サン・フランシスコ広場に面したランサ市場からの眺め

サン・フランシスコ教会の博物館
Centro Cultural Museo
住 Plaza San Francisco 502
☎ (2)231-8472
開 9:00～18:00
休 日
料 Bs.20
（聖堂の入場料を含む）

CHECK!!! **デモとストライキに注意**
ボリビア全体でさまざまな抗議活動によるストライキが頻繁にあり、デモ行進や道路封鎖などが行われることもある。トラブルに巻き込まれないよう、大勢の人が集まっている場所には近づかないようにしたい。

サガルナガ通りとメルカド・ネグロ（市場）
Calle Sagárnaga / Mercado Negro MAP P.222-A·B2

織物をはじめとする民芸品や、チャランゴのようなアンデス特有の楽器を求め、サガルナガ通りには観光客が多く訪れる。サン・フランシスコ寺院の左から延びる狭い上り道の両脇に民芸品や楽器を売る商店が何軒も並んでおり、カラフルな色彩を用いたセーター、かわいらしい人形など、ただ見て歩くだけでも楽しくなる通りだ。アンデス・フォルクローレを聞かせるペーニャもこの近辺にあり、週末の夜は遅くまで盛り上がる。

そぞろ歩きの楽しいサガルナガ通り

COLUMN カルナバルの水かけ

2月中旬から3月上旬にかけてのカルナバルの時期には、ボリビア各地でお祭りが楽しめる。どこでも民族衣装をまとった民衆の行列が見られ、そこに根付いた音楽や踊りを見ることができる。旅行には最適な時期ともいえるだろう。しかし、困りものなのがカルナバル期間は誰にでも水をかけていいという風習である。

ラ・パスでは、水風船が飛び交うので、外を歩くときには注意が必要だ。子供も大人も夢中になって水風船を投げてくる。逃げたりして防げる場合は少ない。道を歩いていると、建物の2階や3階から水が降ってくるし、通り過ぎる車の中からも水をかけられる。また、ひといとホースで水をまかれたり、バケツやた

らいで思いっきり水をかぶらされる。全身びしょ濡れになるのは必至だ。しかも、水は決して清潔なものとはいえない。色がついて濁っていたり、臭かったりする。私はレインコートを着て外に出たが、子供に脱がされて頭から足までずぶ濡れにされてしまった。

このカルナバルの時期、水の攻撃は避けられないようだ。観光客は地味な格好をしていても狙われやすい。特に女性が攻撃の的となる。アンデスの高地で水浸しにされて、寒く悲しくなってしまうが、現地の人の表情を見ると、本当に楽しんでいる様子がわかる。カルナバル週間が過ぎると、町は一気に静かになる。水かけは明るい気持ちで受け止めるしかない。

（石森広美）

リナレス通りのリャマのミイラなどを売る店

イエローと白の国会議事堂

国立芸術博物館
🏠 Calle Comercio esq. Socabaya
☎ (2)240-8600
※2019年9月現在、改装工事のため閉館中。

また、サガルナガ通りと交差するリナレス通りは、通称魔女通りと呼ばれる不思議な小路。リャマやアルマジロのミイラ、呪術に使う薬草、大地の神パチャママに捧げる魔除けなど、普段見慣れないものがいっぱい置かれている。興味本位だけでも訪れてみるとよいだろう。

さらにサガルナガ通りから2ブロック西のグラネロス通りGranerosをガリータ・デ・リマ通りGarita de Limaに向かって上っていくとメルカド・ネグロという市場がある。人ひとりがようやく通れるくらいの狭い路地の周囲に、小さな商店がところ狭しと建ち並び、こちらは一転して、日用品や衣類、食品など市民に必要な物品がいろいろ売られている。

ロドリゲス市場　Mercado Rodriguez　MAP P.222-B3

活気に満ちたロドリゲス市場

商店の多くが閉まる週末はぜひ、野外市場に足を延ばしてみよう。なかでもロドリゲス広場は最もにぎやか。山高帽と色とりどりのスカートで着飾ったインディヘナの女性たちが、自慢の品々を携えて集まってくる。市場の前を通るソイロ・フローレス通りの先の先まで露店が続いている光景は圧巻。洗剤や米などの日用品が山のように積まれていたり、多種類のチューニョ（乾燥ジャガイモ）が並んでいたりと、ボリビア庶民の日常に溶け込むのにはぴったりのスポットだ。

ムリリョ広場　Plaza Murillo　MAP P.222-A～B4

市民の憩いの場となっているムリリョ広場

ラ・パスの中心となる広場。東側に国会議事堂、南側にイタリア・ルネッサンス様式の大統領官邸とカテドラルが建ち、ボリビアにおける政治の中枢となっている。広場の一画には国旗と並んで、国内各州の旗がはためく。広場の中央に立つ像は、ボリビアの独立の英雄ムリリョ。イタリアの彫刻家により造られたブロンズ像で3mの台座の上に乗っている。

美しい広場は、市民の憩いの場になっており、たくさんのハトがいる。

国立芸術博物館　Museo Nacional de Arte　MAP P.222-A4

ムリリョ広場からカテドラルに向かって右側に建つ。1775年に建てられたもので、ラ・パスでもとりわけ美しいといわれるバロック様式の建築物。1964年から博物館として一般に公開されている。

見事な造りの建物そのものと、1～3階に展示されている植民地時代の宗教画やモダンアートを鑑賞しよう。

国立民族博物館 Museo Nacional de Etnografía y Folklore **MAP** P.222-A4

　ムリリョ広場から北西へ2ブロックのところにある。18世紀に造られた建物を使用しており、展示物からはボリビアの文化や伝統を詳しく知ることができる。ボリビア、アマゾンの先住民族の生活を、模型などを使ってわかりやすく紹介している。

中庭の建築様式も注目

ハエン通りに並ぶ博物館

　ムリリョ広場からさらに北へ坂を上り、インダブロ通りCalle Indaburoを左へ。やがて小さな丸い石を敷きつめた、細いハエン通りに出る。道の両端にはスペイン植民地時代の白い建物が壁のように続いている。美しく静かな通りを歩いていると、古くから続く靴屋や仕立屋が並び、遠い昔にスリップしてしまったような錯覚を覚える。

　通りに面した家屋の多くは、そのまま博物館として開放されている。通りの終わりにあるフアン・デ・バルガス博物館で共通チケットを買い、博物館をひとつずつ見てみよう。

フアン・デ・バルガス博物館 Museo Costumbrista Juan de Vargas **MAP** P.222-A3

　ハエン通りで最大の博物館。植民地時代から現代までのさまざまなシーンを、ミニチュアの人形や模型を使って再現している。17世紀後半、インディヘナを過酷な労働から解放するために立ち上がったトゥパク・カタリは、スペイン人により、馬に手足を縛られ八つ裂きの刑に処された。そんな悲劇まで模型になっている。

ムリリョの家（博物館） Museo Casa de Murillo **MAP** P.222-A3

当時使用されていた家具

　ボリビア独立運動に大きな功績を残したペドロ・ドミンゴ・ムリリョ Pedro Domingo Murillo（1756～1809年）の家。コロニアル風のたたずまいをそのままに残し、室内にはムリリョが使用していたベッドや家具、そして18～19世紀初頭の絵画など、彼が収集した数々のコレクションが展示されている。ムリリョはラ・プラタ副王に反旗を翻したために、1809年、スペイン政府により処刑された。

リトラル博物館 Museo del Litoral **MAP** P.222-A3

　ボリビアが独立したのは1825年のこと。その当時は国土が海に面していたボリビアだったが、1879年に起きたチリとの戦争において、太平洋岸の一帯を失ってしまう。ここにはそれらの戦争に関する資料などが展示されている。

★ 国立民族博物館
🏠Calle Ingavi 916
☎(2)240-8640
🕐月～金　9:00～12:30、
　　　　15:00～19:00
　土　　　9:00～16:30
　日　　　9:00～12:30
🈂無休
💰Bs.20

ハエン通りに並ぶ博物館
4館（フアン・デ・バルガス博物館、ムリリョの家、黄金博物館、リトラル博物館）共通
🕐火～金　9:30～12:30、
　　　　15:00～19:00
　土・日　9:00～13:00
🈂月
💰共通チケットBs.20
　チケット2日間有効ではフアン・デ・バルガス博物館の受付で購入する。館内の撮影は禁止されている。

フアン・デ・バルガス博物館
🏠Sucre esq. Jaén s/n
☎(2)228-0758
🕐火～金　9:00～12:30、
　　　　15:00～19:00
　土・日　9:00～13:00
🈂月
💰Bs.20（共通チケット）

ボリビア史のあらゆるシーンを人形で再現している

ムリリョの家
🏠Calle Jaén 790
☎なし
🕐火～金　9:00～12:30、
　　　　15:00～19:00
　土・日　9:00～13:00
🈂月
💰Bs.20（共通チケット）

リトラル博物館
🏠Calle Jaén 789
☎なし
🕐火～金　9:00～12:30、
　　　　15:00～19:00
　土・日　9:00～13:00
🈂月
💰Bs.20（共通チケット）

小さい博物館だが、資料は豊富

カブール氏（右）がいること
もある

野外博物館にあるモノリート

ミラドール・キリ・キリから
の夜景。サンセット後のマジ
ックアワーは特に美しい

黄金博物館　Museo de Metales Preciosos　**MAP** P.222-A3

インカ、プレ・インカの土器と金、銀細工を展示する博物館。ティワナク遺跡から発掘された黄金のビラコチャ神は見事だ。

楽器博物館　Museo Instrumentos Musicales　**MAP** P.222-A3

ケーナやサンポーニャなど、さまざまな民族楽器が展示されていて、小さな博物館ながら収蔵点数は充実。音楽好きであればゆっくり見学したい博物館のひとつだ。なかにはユニークな外観の楽器もあるので、音楽好きでなくとも十分楽しめる。

民族楽器はもちろん現代の楽器も多く
置かれている

ティワナク国立考古学博物館　Museo Nacional de Arqueología Tiwanaku　**MAP** P.223-C3

7月16日通りから階段を下りて少し行った左側。独特な建物は世界遺産のティワナク遺跡を模して造られたもの。ティワナク遺跡から発掘されたものを中心に、インカ、プレ・インカを通じての土器や石像など

ユニークな外観だが、建物の周囲の彫
刻などが興味深い

が集められている。展示の解説はスペイン語のみ。博物館は長らく閉鎖されていたのが、2014年11月に再開された。14体のミイラを収蔵しているが、公開は不定期。

野外博物館　Templete Arqueológico Semisubterráneo　**MAP** P.223-D2

ティワナク遺跡から発掘されたモノリート（石の立像）のレプリカが半地下になった庭に展示されている。交通量の多い道の真ん中、スタジアムの脇。ちょっと変わった博物館だ。

ミラドール・キリ・キリ　El Mirador Killi Killi　**MAP** P.223-C1外

午後のほうが順光でクリアに見える

ラ・パス市街の東側の丘の上にある展望スポット。すり鉢状の底に立つ高層ビル群と斜面に並ぶ赤い屋根の家々など、ラ・パスの町の様子が手に取るようにわかる。天気がよければ町を見下ろすようにそびえる、雪をかぶったイリマニ山も見られる。徒歩でも行ける距離と、入場料がないため地元のカップルにも人気だ。また、ここからの夜景は、街明かりがまるで星のように輝く絶景。

国立自然史博物館

Museo Nacional de Historia Natural MAP P.225

　ボリビアの生物や地質についての知識が得られる博物館。館内にはアマゾン地方にすむ魚の水槽や動物の剥製、植物、鉱物、化石などが展示され、ビデオ上映もある。館内撮影禁止。案内の係員がボリビアの自然に関する質問に気軽に応じてくれる。

近郊の町と見どころ

月の谷

Valle de la Luna MAP P.224外

奇岩が広がり、まるで月面のよう

　市内より車で40〜50分。その名のとおり、かつて宇宙船アポロが写し出した月面そっくりの世界がここにある。乾燥した茶色の土地にゴツゴツとした岩肌が谷一面に広がっている。頂上までは歩いて20〜30分。谷には下りることもできるので挑戦してみるといいだろう。谷を見下ろすポイントは絶好のビュースポットで、360度の大パノラマだ。

コパカバーナ

Copacabana MAP P.161

白い壁と屋根が印象的なカテドラル

　ラ・パスから158km、ティティカカ湖に突き出した半島にコパカバーナの町はある。標高3814m、山とティティカカ湖に挟まれた国境の町だ。16世紀にここを訪れたスペイン人は、この美しい湖畔を聖地にするため、立派なムーア・スタイルのカテドラルを建てた。以来ここは、各地の信者からあつい信仰を受け続けている。なかでも毎年8月の上旬に行われる"湖の黒い聖母祭"や独立記念日、3〜4月の聖金曜日にはフォークロア色の濃い祭りが開催され、各地からたくさんの信者がつめかける。カテドラルは4つの礼拝堂からなり、ボリビアで最も古い祭壇が置かれ、1570年代にティト・ユパンキによって造られた褐色のキリスト像が祀られる。

　スペイン人がやってくる以前にも、ここはインカ帝国の宗教的な都市だった。そんなことから、アルマス広場に近い湖畔沿いの道には、インカ初代皇帝マンコ・カパックの座像が祀られている。

国立自然史博物館

⊞ 26 Cota Cota
☎ (2)279-5364
圏 月〜土　　8:30〜16:30
休 日
料 Bs.12

行き方
　コタ・コタ地区にあり、セントロからミニバス201、239番などのコタ・コタCota Cota行きに乗り約30分。ロープウエイ、イルパビ駅Ir-pawiからタクシーで約Bs.10。

やや遠いが野生動物や植物好きには興味深い

月の谷

圏 8:00〜17:30
休 無休
料 Bs.15

マリャサ地区Mallasaへの行き方（月の谷と動物園）
　学生広場からMallasaと書かれたバス、またはメヒコ通りCalle Méxicoと学生広場の角からミニバス231、273番に乗る。15〜20分おきに出ている。Bs.3。市内からの観光バスもある（→P.220）。タクシー片道Bs.35。

コパカバーナへ
　ラ・パスのバスターミナルから、バスが1日5便出ている。片道約4時間、Bs.30。セントロの西、セメンテリオ地区からはローカルバスも頻発している。途中、ティキナTiquinaでいったんバスを降りティティカカ湖の湖峡をフェリーで渡る（Bs.2）。またコパカバーナからペルーのプーノへはバスが同じく1日3便あり、9:00、13:30、18:30に出発。所要約3時間、約Bs.30。ラ・パス市内の旅行会社では、コパカバーナと太陽の島をセットにしたツアーも扱っている。

コパカバーナへのバスが発着する、センテメリオ地区のバス停留所

コパカバーナの宿、食事

近年設備の整った高級ホテル、観光客向けのレストランもできてにぎわいをみせている。アロハミエントAlojamientoと呼ばれる民宿もたくさんあり、宿泊料はBs.40〜。食事は、ティティカカ湖のトゥルチャをぜひ味わってほしい。

太陽の島へ

コパカバーナからは、太陽の島を訪れるボートツアーがある。いくつもの会社が催行しているが、内容はいずれも似通っている。太陽の島の南側と月の島を訪れる1日ツアーで料金はUS＄80。別途入島料Bs.10。

島へのボートで屋上席に座る場合は、ライフジャケットの着用が必須

島の入口では、マンコ・カパックの像がお出迎え

土台には彼らの言葉（ケチュア語）でインカの誓いが刻まれている。観光客にとってのコパカバーナは、ティティカカ湖の太陽の島、月の島への起点、あるいはペルーへのスタートラインとなる場所。ここからバスに約4時間ほど乗れば、ペルーのプーノに到着する。→P.161も参照。

ティティカカ湖からコパカバーナを眺める

ティティカカ湖・太陽の島　Lago Titicaca/ Isla del Sol **MAP** P.161

どこまでも青く、そして冷たい水をたたえるティティカカ湖。日本の富士山よりも高い、標高3890mの高地に広がる神秘的な湖だ。大きさは最大長190km、幅64km、最大水深約281m。面積は琵琶湖の約12倍（8300km²）に

ティティカカ湖上を進む太陽の島行きのボート

相当し、汽船が航行する世界最高所の湖である。

ティティカカ湖畔には、紀元前6000年頃から人々が生活していたといわれ、あのインカ帝国もここから始まったとされている。伝説によると、太陽の神は地上の人々に文化を与えるため、ふたりの人間を遣わした。初代インカ皇帝マンコ・カパックとその妹ママ・オクリョである。ふたりは太陽の島に降り立ち、そこから旅を始めたのだという。その伝説により、近くにもうひとつある月の島 Isla de la Lunaとともに、島は聖なる場所として崇められてきた。

緑豊かな太陽の島。斜面には段々畑が広がる

ティティカカ湖の太陽の島は、島じゅう段々畑に覆われ、かつての神殿跡や、水源のわからない"若返りの泉"など、インカ時代からの遺跡もある。船着き場から約30分ほど上ったところに、今でもアイマラ語を話すアイマラ系インディヘナが1000人ほど住み、ジャガイモ、キヌア、マメなどの農業と、ティティカカ湖でトゥルチャ（マス）やべへレイ、水鳥などを取って生活をしている。

島には宿もあり、島に上陸し、石段を上ると客引きがやってくる。島に泊まりたいならば、ここで交渉してみよう。宿で食事を作ってもらうこともできるが、最低限の食料と水の用意は忘れずに。

ソラタ

Sorata [MAP] P.208-A2

イリャンプー山の麓にある標高約2695mの村で、ラ・パス近郊のトレッキングの中心地。乾季なら標高6362mのイリャンプー山の眺めがすばらしく、ちょっとした山岳リゾート気分が楽しめる。グルータ・デ・サン・ペドロという鍾乳洞もある。

ソラタへ
ラ・パスのセメンテリオからバスで所要約3時間30分、Bs.35。

チャカルタヤ

Chacaltaya [MAP] P.208-A2・3

標高5400m、万年雪を頂いた高峰を見渡す高原に、世界最高所に位置するスキー場がある。ラ・パスの市街からは約35km、1時間30分ほどだ。雪質は、カキ氷をぶちまけた感じ。標高3650mのラ・パスで体を慣らしてきても、やはり5000mを超えるとソローチェ(高山病)にかかる。それでも、抜けるような青空のもと、白い山高帽をかぶった高峰を眺めながらの雪遊びは、日本では味わえない満足感がある。ただし、ラ・パスより10～20℃は気温が低く、特に耳、手、足が冷えるので、防寒対策は万全に。また、高山病を予防するためにも、水分補給はこまめにしよう。

一応、スキー場ということになっているが、現在は雪も少なく、リフトも稼働していない。地元の人々が雪遊びに来ているが、日本人が想像するスキー板ですべるようなスキーは不可能だと思ったほうがよい。せいぜい、ソリで遊べる程度だ。

チャカルタヤへ
チャカルタヤへはバスターミナルからも観光バスが出ている。バスは月の谷経由で、8:30頃の出発が一般的。所要2時間30分。料金は往復Bs.120。

チュルマニ

Chulumani [MAP] P.208-A3

ラ・パスの北東に広がるユンガス地方は、温暖な気候と景色の美しさで知られている。ユンガス地方は南部と北部に大きく分けられるが、南部ユンガスを代表するリゾート地がこのチュルマニ村。標高約1700mに位置し、コーヒーやコカ、柑橘類の産地としても有名だ。ラ・パスから来ると、昼間は暑いくらいの気候だが、夜は涼しく快適に過ごせる。リーズナブルな料金の宿やレストランもあり、欧米人を中心にのんびり滞在を楽しむ旅行者が増えている。ラ・パスからは3時間30分～4時間、最高4500mから最低1200mまで、標高差による地形の変化が楽しめる印象的なバスの旅だ。なお、8月下旬には祭りがあり、宿がいっぱいになってしまうので注意が必要。

チュルマニへ
町の北にあるミナサ・バスターミナルからチュルマニ行きのバスが出る。料金はBs.40。

チュルマニのホテル
サン・バルトロメ
[H] San Bartolomé
☎(2)244-1111
プールがある4つ星ホテル。

コロイコ

Coroico [MAP] P.208-A2

ユンガス地方南部の中心地がチュルマニなら、北部の中心がコロイコ。標高は1730mとラ・パスに比べるとかなり低い。昼間は暑いが、夜は涼しく過ごしやすい。周囲は緑の山々と豊かなフルーツにあふれ、素朴な村のイメージも大きな魅力となっている。

また、この地方には植民地時代にアフリカから農場労働のための奴隷が大勢連れて来られたため、現在でも黒人人口率が高い。ボリビアに「黒人」はなかなか結びつかないが、このユンガス地方では黒人の姿をときおり見かける。それもアンデス高地のアイマラの人々の衣装、山高帽などを身につけているのである。

ラ・パスの厳しい気候や喧騒に疲れたら、コロイコの自然のなかでゆったりと過ごすのもいい。

コロイコへ
町の北にあるミナサ・バスターミナルからコロイコ行きのバスが出る。所要約3時間30分、Bs.35～40。

コロイコのホテル
エスメラルダ
[H] Hotel Esmeralda
☎(2)213-6017
[料] Ⓢ US$40～
Ⓦ US$40.50～
[カード] 不可

行き方

バプティスタ通りAv.
Baptistaとバルテール・アル
キサ通りBalter Alquizaの間
にあるセメンテリオ・ター
ミナルTerminal Cementerio
からティワナク遺跡行きの
ミニバスが出ている。人数が
集まり次第発車。所要1時間
30分、Bs.15。

セメンテリオ・バスター
ミナルまで、ロープウェイの
レッド・ライン、セメンテリ
オ駅Estacion Cementerioか
ら徒歩8分。セントロからタ
クシーだとBs.15〜25。

ツアー

広い遺跡だけに、ガイド
の説明を聞きながら歩いた
ほうが有意義。市内の多く
の旅行会社がツアーを扱っ
ている。途中、月の谷など
ほかの見どころにも寄る。
料金は入場料とランチ付き
でUS＄30〜35。

博物館内には変形頭蓋骨や
土器なども展示

アカパナのピラミッドから
の眺め

ティワナク遺跡

**Las Ruinas de
Tiahuanacu(Tiwanaku)** MAP P.161

さまざまな表情を持った顔が埋め込まれた半地下神殿

ラ・パスから72km、
ティティカカ湖畔の南
側。ティワナク村の外
れに位置し、遺跡全体
の大きさは4km四方に
も及ぶが、発掘が進ん
でいるのはその30％に
過ぎないとされる。テ
ィワナク文化は、紀元
前200年から紀元後1200年頃まで続き、最盛期は600〜1000年頃。
ティティカカ湖畔一帯に大きな影響を与えた。そしてここは、ビ
ラコチャの神をはじめとする多くの神々を崇拝する宗教都市だっ
たと推測されている。標高3900mの高地に誰が何の目的で、この
壮大な都市を築いたのか。そして、人間の形をしたモノリート（立
像）は何を意味するのかなど、遺跡はまだまだ謎に包まれたまま
だ。2000年にユネスコの世界遺産に登録された。

ティワナク遺跡はすべて石、それも巨大な石で造られている。
石は少なくとも40km以上離れたところから運ばれているという。
また、モノリートなど、どれをとってもインカに勝るとも劣らな
い見事な石造技術。そのことから、ティワナク文化がインカに大
きな影響を及ぼした文化だったのではないかと考えられている。

遺跡は広く、見どころが散在しているので、かなり歩くことを
覚悟で行こう。標高3900mの日差しは強いので帽子必携。博物館
の近くにレストランが1軒だけある。

ティワナク遺跡内の見どころ

ティワナク博物館 / Museo Tiahuanaco

入口すぐそばにある博物館。遺跡から発掘された石像や石の門
などを展示している。展示物とともに、それがどのように造られ
たかの図解を見るのも興味深い。最大の見どころは、カラササー
ヤから発掘された、高さ7m30cmのモノリート、"ベネットBenett"。
かつてはラ・パスの野外博物館（→P.232）に置かれていたが、風雨
により傷みが進行したため、2004年2月に博物館内に移された。隣
接してティワナクの土器を専門に展示している博物館もある。

アカパナ / Akapana

紀元600〜800年頃のティワナク文化最盛期に建設された、底
辺194m四方に7段の基壇からなる、高さ15.7mのピラミッド。3段
目まで一部復元されている。頂上に立つと、ティワナクの茶色い
村が模型のように見える。かつて頂上部には貯水池と食料倉庫が
あり、要塞の役目も果たしていたといわれ、その跡と思われる石
の塔が等間隔に並んでいる。

半地下神殿 / Templo Semisubterráneo

石の階段を半地下神殿へ下りると、誰かに見られているような気がするだろう。それもそのはず、周囲にめぐらされた壁には、180個もの石の顔がじっとこちらを見つめているのだ。この顔はビラコチャ神が創った人間の顔を表すとか、戦闘で取った他部族の顔だとかいわれているが、それぞれ違った顔からは他民族との交流があったこともうかがえる。神殿の真ん中には『コンティキ号漂流記』で名前の知られるコンティキの神の立像がある。

カラササーヤの壁

カラササーヤ / Kalasasaya

遺跡の中心だったと思われるカラササーヤは、長方形の巨石と角石を組み合わせた壁に囲まれている。そのモザイクを思わせる石組みは、インカ末期の石組技術と比べてひけをとらない見事さ。インカがティワナクの血を引いているという話にも納得がいく。

広場の大きさは135×130m。中からはたくさんのモノリートが発掘されたというが、今はポンセとエル・フライレと呼ばれる2体だけを残し、博物館やどこかへ持ち去られてしまった。両方とも発見者の名前がつけられている。中でもポンセは保存状態がよく、体中に模様が彫られ、柄のパンツをはいているのがわかる。右手の指が外側にひっくり返っているのと涙を流しているのが、モノリートの特徴だという。

全身の細工がよくわかるポンセの石像

太陽の門 / Puerta del Sol

カラササーヤの隅に、その大きさと見事なレリーフで有名な太陽の門が立っている。高さ2.88m、幅3.84mの1枚の石がナイフでスパッと切ったように、ツルツルに加工されて門を形造っている。重さ推定約10トンあり、60km以上離れたカパア火山から切り出されて運ばれた。ティワナクが巨石文化といわれるゆえんは、この太陽の門を見ればわかる。門の上部にはビラコチャ神と神を囲んで飛ぶ48の鳥人が刻まれている。

ビラコチャ神が彫られた太陽の門

カンタタイータ / Kantatallita

カラササーヤのすぐ隣。背の高い草に覆われた大地に巨石が散らばっている。地中から半分飛び出たアーチ形の石は鴨居だったといわれ、緻密な模様が確認できる。

太陽の門の裏側

月の門 / Puerta de la Luna

遺跡の外れ、車道に面して立つ。太陽の門に比べると貧相な感じだが、これも一枚岩をくり抜いて造られた立派なもの。

プーマプンク / Pumapunku

ティワナク博物館から神殿とは反対の方向に500mほど行くと、プーマプンクの宮殿跡がある。いかに巨大な石の宮殿だったかは、足元の石を見れば想像がつく。大きなものは縦8m、幅4.2m、厚さ2mもあり、軽く10トンは超えるといわれる。石と石は銅のかすがいでつながれた。その跡を示す溝が彫られているのがわかる。

よく見ると細かい模様が彫られている月の門

Hotel

ラ・パスの ホテル

メインストリートの7月16日通り周辺に中〜高級ホテルが、サガルナガ通りからロープウエイのセントラル駅にかけてと、ムリリョ広場周辺に安い宿が多い。ラ・パスは高地のため、夜はかなり冷え込む。暖房は付いているほうがいいだろう。標高の低いカラコト地区にも高級ホテルは多く、酸素が濃い分、高山病にかかるリスクが少ない。

7月16日通り周辺

Hotel Europa
エウロパ　　　　　　　　　　MAP P.223-C3

ティワナク国立考古学博物館の隣にある、モダンな5つ星ホテル。ロビー周辺は観葉植物が多く緑豊か。客室は広々としており、プールやサウナなど何でも揃っている。伝統的ボリビア料理が食べられるレストランも併設されている。

🏠Calle Tiahuanaco 64　☎(2) 231-5656
📠(2) 211-3930　URL www.hoteleuropa.com.bo
💰⑤US$215〜 ⓦUS$235〜　サービス料込み
カード AMV　客室数110室

El Consulado Boutique Hotel
エル・コンスラード・ブティック・ホテル MAP P.223-C3

旧パナマ領事館を改装したホテル。20世紀初頭の雰囲気が色濃く残る。客室は一つひとつ異なるデザインで、アンティーク家具が置かれている。一部の部屋にバスタブがあるほか、暖炉のある部屋も。全体的にやや古い。

🏠Calle Carlos Bravo 299
☎(2) 211-7706
💰⑤US$50〜 ⓦUS$68〜　サービス料込み
カード MV　客室数6室

Apart Hotel Camino Real
アパート・ホテル・カミノ・レアル MAP P.223-D3

全室キッチン付きの高級アパートホテル。中心部に近く便利で二重窓なので防音もばっちり。長期滞在はもちろん、館内にはスパ、ジム、レストランなどもあり快適なステイができる。

🏠Calle Capitán Ravelo 2123
☎(2) 244-1515　📠(2) 244-0055
URL www.caminorealaparthotel-spa.com
💰⑤US$107〜 ⓦUS$127〜　サービス料込み
カード AMV　客室数46室

Palma Real
パルマ・レアル　　　　　　　MAP P.223-C3

アルセ通りから1本入ったところにある4つ星ホテル。暖色系の色を基調にした客室はゆったりとしている。全室バスタブもしくはジャクージが完備されていて快適。

🏠Calle Goitia 162
☎(2) 244-5551
URL www.palmarealboutiquehotel.com
💰⑤Bs.285〜 ⓦBs.480〜　サービス料込み
カード V　客室数16室

Copacabana Hotel
コパカバーナ　　　　　　　　MAP P.223-C3

7月16日通りにある1956年開業の老舗ホテルで、館内の設備はやや古びている。1967年にはチェ・ゲバラが滞在しており、彼が宿泊した504号室のスイートはBs.473で宿泊可。9階建てなので、上層階からの眺めは見事だ。

🏠Av. 16 de Julio 1802
☎(2) 235-1240
💰⑤Bs.310 ⓦBs.400 ⓣBs.473　サービス料込み
カード MV　客室数40室

　ホテル客室設備：🛁 バスタブあり 📺 テレビあり ☎ 電話あり 💻 インターネット可 🍽 朝食付き

Hostel 3600

トレスミル・セイスシエントス [MAP] P.223-C3

7月16日通りから階段を上がった先にあるホステル。3600の看板がかかっている。広くてリラックスできる中庭が自慢。ドミトリーは6ベッドの部屋が2室あり、ひとつは女性専用。キッチンも利用可能。

[住]Av. Ecuador esq. JJ. Perez No. 1982
☎(2) 212-0478 [URL]www.3600hostel.com
[料]ⓈⓌUS$30～ ドミトリー US$10～15 サービス料込み [カード]不可 [室数]22ベッド

サガルナガ通り周辺

La Casona

ラ・カソナ [MAP] P.222-B2

カソナとは伝統的で豪華な屋敷のこと。18世紀に建てられたコロニアルな屋敷を改装したブティックホテルで、雰囲気のいいレストランを併設。サン・フランシスコ教会まで徒歩数分という立地も申し分ない。

[住]Av. Mariscal Santa Cruz 938
☎(2) 290-0505 [FAX](2) 233-3904
[URL]www.lacasonahotelboutique.com
[料]ⓈBs.600～ ⓌBs.700～ ⓉBs.1000～ サービス料込み [カード][A][M][V] [室数]45室

Hostal Naira

ナイラ [MAP] P.222-B2

サガルナガ通りを入ってすぐ、中庭を囲むように客室が並ぶコロニアルな雰囲気の宿。1階がレストランになっており、ゲスト以外にも人気。フロントは地下にある。客室はシンプルだが落ち着ける雰囲気。便利な立地で利用しやすい。

[住]Calle Sagárnaga 161 ☎(2) 235-5645
[FAX](2) 231-1214 [URL]www.hostalnaira.com
[料]ⓈBs.320 ⓌBs.465 サービス料込み
[カード][M][V] [室数]32室

Hotel Rosario

ロサリオ [MAP] P.222-A2

中庭があるコロニアル風の3つ星デザインホテル。客室は広めで、素朴な装飾がかわいらしい。レストランや旅行会社もある。1階のラウンジではコカ茶が飲み放題。一部の部屋にバスタブあり。

[住]Av. Illampu 704
☎(2) 245-1658 [URL]www.gruporosario.com
[料]ⓈⓌUS$88～ サービス料込み
[カード][M][V] [室数]41室

Estrella Andina Hostal

エストレージャ・アンディーナ [MAP] P.222-A2

個性的な内装が特徴のホテル。各部屋の壁にはコロイコの山々、ウユニ塩湖、ティワナク遺跡などボリビアの代表的な風景がペイントされている。設備がよく、料金もリーズナブル。レセプションの横では、コカ茶とポットが置いてあり、セルフサービスで飲むことができる。

[住]Av. Illampu 716 esq. C. Aroma
☎(2) 245-6421 [URL]www.estrellaandina.com
[料]ⓈUS$38～ ⓌUS$47～ サービス料込み
[カード][M][V] [室数]46室

エル・アルト空港の仮眠室

空港1階にある仮眠室。24時間チェックイン、チェックアウトができ、深夜や早朝の飛行機の発着時に暖かい個室で寝ることができ便利。Wi-Fi完備（無料）、テレビあり。料金は1時間ごとの設定で、長時間になると割安になる。1時間Bs.80、3時間Bs.210、6時間Bs.350、8時間以上Bs.450。シェアルームもあり1時間Bs.60、3時間Bs.150、6時間Bs.250。

Onkel Inn Airport Sleepbox
オンケル・イン・エアポート・スリープボックス
[MAP] P.224
[住]Calle Sagárnaga 339
☎(2) 282-9434
[カード][M][V]

Hostal Astoria

アストリア

MAP P.222-B3

ロドリゲス市場近くのコストパフォーマンスのいいホステル。部屋はベッドだけでいっぱいの広さ。白が基調で清潔感がある。テレビはサテライト。周囲にはカフェテリアやピザ、サルティーニャなど、ファストフード系の店が多く便利。

🏠 Almirante Grau 348 esq. G. Gonzales
☎ (2) 248-3861
📲 ⓈBs.140 ⓌBs.200 ⓉBs.300 サービス料込み
カード 不可 室数 33室

Hotel Sagárnaga

サガルナガ

MAP P.222-B2

サガルナガ通り沿い、急坂の途中にある欧米人に人気のホステル。エレベーターも完備されておりレストランも併設。旅行会社Diana Tourのオフィスもあり、同社のコパカバーナからのバスはホテルの目の前に停まる。

🏠 Calle Sagárnaga 326 📠 (2) 235-0252
URL www.hotel-sagarnaga.com
📲 ⓈUS$30 ⓌUS$40〜 サービス料込み
カード MV 室数 60室

ムリリョ広場周辺

Hotel Presidente

プレシデンテ

MAP P.222-A4

商業地区の中心、ポトシ通りCalle Potosíに位置する5つ星の高層ホテル。館内にはサウナ、プールがある。16階のレストランからの景色がすばらしい。

🏠 Calle Potosí 920
☎ (2) 240-6666 📠 (2) 240-7240
URL www.hotelpresidente.com.bo
📲 ⓈBs.1018〜 ⓌBs.1189〜 サービス料込み
カード AMV 室数 103室

Casa de Piedra

カサ・デ・ピエドラ

MAP P.222-A4

コロニアル様式の建物を利用したブティックホテル。ホテル名は「石の家」という意味で、石組みやレンガの壁、精緻な装飾の木の扉などが中世の雰囲気。1階にある郷土料理レストランでは、不定期だがペーニャも行われる。サン・フランシスコ教会まで2ブロックという好立地。

🏠 Calle Genaro Sanjinez 451
☎ (2) 290-6674
📲 ⓈUS$80〜 ⓌUS$95〜 サービス料込み
カード MV 室数 15室

Hotel Gloria

グロリア

MAP P.222-A4

ポトシ通り沿いにあり、建物はやや古いがサン・フランシスコ寺院、ムリリョ広場、ハエン通りへは歩いて行ける。ホテル内もきれいで落ち着ける。朝食用のレストランは12階にあり眺めがいい。カフェや旅行会社あり。

🏠 Calle Potosí 909 ☎ (2) 240-7070
📠 (2) 240-6622 URL www.hotelgloria.com.bo
📲 ⓈBs.350〜 ⓌBs.390〜 サービス料込み
カード MV 室数 90室

Hostal República

レプブリカ

MAP P.222-B4

1848年に建てられた建物を利用したレトロな造り。奥に向かって中庭が3つあり、庭を取り囲むように部屋が並ぶ。順次改装中。車の往来も少なく静かな環境。

🏠 Calle Comercio 1455
☎ (2) 220-2742 URL www.hostalrepublica.com
📲 ⓈBs.210〜 ⓌBs.280〜 ⓉBs.336〜
（シャワー共同ⓈBs.147〜 ⓌBs.210〜 ⓉBs.260〜）
サービス料込み カード AMV 室数 22室

Hostal Austria
アウストリア [MAP]P.222-A4

🛁 📺 ☎ 🖱 🍴

商店が建ち並ぶヤナコチャ通りYanacochaの2階にある。良心的なエコノミー宿で、ロビー前の談話スペースは旅の情報交換に最適。朝食は付かないが、共同キッチンが利用可。ドミトリーは8室あり、ベッド数は3～4。ムリリョ広場まで2ブロック。

[住]Calle Yanacocha 531 ☎(2) 240-8540
[URL]hostalaustrialapaz.com
[料]ⓈBs.48～ ⓌBs.75～ ドミトリー Bs.37～ サービス料込み [カード]不可 [室数]22室＋45ベッド

Wild Rover
ワイルド・ローバー [MAP]P.222-D4

🛁 📺 ☎ 🖱 🍴

アイルランド人のオーナーが経営するホステルで、ペルーのクスコ、アレキパにも系列ホステルがある。アイリッシュ・パブを併設しており、旅行者同士が知り合いになりやすい環境。ドミトリーはベッド数4～20。旅行会社も併設している。

[住]Comercio 1476 ☎(2) 211-6903
[料]ⓈⓌBs.250～（シャワー共同Bs.190～）ドミトリー Bs.50～ [URL]wildroverhostels.com
[カード]不可 [室数]185ベッド

カラコト地区

Suites Camino Real
スイーツ・カミノ・レアル [MAP]P.225

🛁 📺 ☎ 🖱 🍴

タワー型の外観が特徴的な全室スイートの5つ星ホテル。客室は広めに造られているので、ゆったりと滞在できる。プール、スパやフィットネスセンターなども完備。空港からの送迎は1台Bs.120ほど。

[住]Av. Balivián 369, Calacoto ☎(2) 279-2323
[FAX](2) 279-1616 [URL]www.caminoreal.com.bo
[料]ⓈBs.1075～ ⓌBs.1223～ サービス料込み
[カード][A][M][V] [室数]70室

Casa Grande Hotel
カサ・グランデ [MAP]P.225

🛁 📺 ☎ 🖱 🍴

5つ星ホテルでスパやフィットネスセンターをはじめとする、モダンで充実した設備を誇る。系列のカサ・グランデ・スイーツCasa Grande Suitesも近くにあるので間違えないように。

[住]Calle 16, No. 8009, Calacoto
☎(2) 277-4000 [FAX](2) 277-2323
[URL]www.casa-grande.com.bo
[料]ⓈUS$140～ ⓌUS$160～ サービス料込み
[カード][A][M][V] [室数]65室

Atix Hotel
アティックス [MAP]P.225

🛁 📺 ☎ 🖱 🍴

ユニークな外観をした5つ星のデザインホテルで、ラ・パスで話題を集めている人気のホテルのひとつ。ボリビア人デザイナーが手がけた客室はモダンで機能的だが、ボリビアの木材を使うなど、暖かみを感じさせる。

[住]Calle 16, No. 8052, Calacoto
☎(2) 277-6500
[料]ⓈUS$158～ ⓌUS$178～ サービス料込み
[カード][M][V] [室数]53室

ラ・パスの夜はペーニャへ

ラ・パスを訪れたならば、本場アルティプラーノのフォルクローレに身を浸してみてはいかがだろう。市内にはペーニャPeñaと呼ばれるライブハウスがいくつかあり、なかでも、サガルナガ通りに面したウアリHuariはおすすめ。ショーは20:00～22:00。何組かのバンド演奏に合わせて、ボリビア各地方の12の踊りを見ることができる。チャージはBs.105。

Huari ウアリ
[MAP]P.222-B2
[住]Calle Sagárnaga 339
☎ (2) 231-6225
[営]18:00～22:00
[休]無休 [カード][M][V]

Restaurant

ラ・パスの
レストラン

高級店からファストフードまで、レストランは7月16日通り（エル・プラド）沿いにいくつもある。また、新市街のソポカチ地区にはケーキやタルトのおいしい、こだわりのカフェが増えてきているので、こちらも見逃せない。なお、通りにはロミートを売る屋台が並び、あたりには、おいしそうな香りと湯気が立ち込めている。

7月16日通り周辺

Café Ciudad
カフェ・シウダ　**MAP** P.223-C3

24時間オープンのカフェレストラン。商店やホテルが点在する学生広場周辺でも、特に目立つ外観だ。コーヒーとケーキを頼んでBs.20〜30。食事はメインがBs.48〜90。人の往来が激しい一角に建つため、束の間のシエスタを過ごすビジネスマンや、足を休める旅人でにぎわっている。

住Plaza del Estudiante esq. B. Colorados 1901
☎(2) 244-1827
営24時間
休無休　カードAMV

Ken-Chan
けんちゃん　**MAP** P.223-C3

サンタ・クルスにある日けんの店（→P.285）の2号店。日本人会館内にあり、ラーメンと和定食を中心に提供している。ラーメンはBs.45〜で、鶏と豚骨を5：5でとったダシを使った透明スープはさっぱり味。ほかにカツ丼Bs.60、トゥルチャ刺身定食Bs.75が人気。日本の漫画や小説も置いてある。

住B. Colorados 98 esq. Federico Zuazo Piso2
☎(2) 244-2292
営11:30〜15:00、18:00〜23:00
休月・祝　カードMV

Vienna
ヴィエナ　**MAP** P.223-C3

地元の人や旅行客に人気のクラシカルなレストラン。店内は高級感あふれる造りとなっており、19:30、21:30にはピアノの生演奏も行われる。料理はヨーロッパ料理がメインだが、ボリビア料理も提供している。メインはBs.55〜120。

住Federico Zuazo 1905　☎(2) 244-1660
URLwww.restaurantvienna.com
営月〜金12:00〜14:00、18:00〜22:00
日12:00〜14:30　休土　カードAMV

サガルナガ通り周辺

La Casono
ラ・カソナ　**MAP** P.222-B2

同名ホテルに併設するカフェ・レストラン。ボリビア内外の料理を楽しめるが特に郷土料理に定評がある。土・日曜のランチとディナーはメニュー・クリオーリョMenú Criolloがあり、郷土料理が一皿Bs.25〜55ほどで楽しめる。

住Av. Mariscal Santa Cruz 938
☎(2) 290-0505
URLwww.lacasonahotelboutique.com
営8:00〜22:00　休無休　カードMV

The Carrot Tree
キャロット・ツリー　**MAP** P.222-B2

建物の2階にあるトラディショナルなデザインのレストラン＆カフェ。ボリビアの定番料理と西洋のアレンジを加えたオリジナルの料理を提供。前菜、メイン、デザートの日替わりランチはBs.56 〜。盛りつけがオシャレでボリュームもある。デザートも本格的。カフェだけの利用もOK。

住Calle Lineres esq. Santa Cruz No.809
☎7670-6660
営月〜土7:00 〜 21:00、日11:00 〜 20:00
休無休　カードMV

ムリリョ広場周辺

Ali Pacha

アリ・パチャ　　　MAP P.222-B4

　ムリリョ広場から数ブロックの場所にあるベジタリアン料理店。メニューはコースのみで6皿Bs.200、9皿Bs.300。ランチは3皿Bs.100もある。盛り付けが美しく、アイデア満載。追加料金で各皿と相性のよいアルコール飲料も楽しめる。

🏠Calle Colón, esq. Potosí 1306
☎(2)220-2366　URL www.alipacha.com
🕐月～土12:00～15:00、19:00～22:00
休日　カード M V

Paceña La Salteña

パヤーナ・ラ・サルテーニャ　　MAP P.223-C2

　ボリビアを代表する軽食、サルテーニャことエンパナーダの専門店。店内は朝から地元の人たちでいっぱい。具を生地で包みオーブンで焼き上げる。牛肉、鶏肉、ベジタリアン、ハワイアンなどがあり各Bs.6.5。あつあつの状態で出てくるので火傷をしないように気をつけて。

🏠Calle Loayza 233, edit. Mcal.de Ayacucho
☎7220-2347
🕐月～金8:30～13:30、土・日8:15～15:00
休無休　カード M V

ソポカチ地区

Hiro's

ヒロズ　　　MAP P.223-D4

　店主のヒロキさんはフランス料理の修行を積んだパティシエ。日本風のクレープはBs.15～30。そのほか巻き寿司(10コBs.25～40)、焼きそばBs.18なども出している。店内は広くないが、イートイン・スペースがあるので、持ち帰りだけでなく、その場で食べることもできる。有料で出前も行っている。

🏠Av. 20 De Octubre, Cerca a Calle Aspiazu
☎7020-2356
🕐12:00～22:00　休日　カード不可

Kuchen Stube

クーヘン・シュトゥーベ　　MAP P.223-D4

　日本大使館と同ブロックの閑静なエリアに建つパステレリア。オーブンから漂う甘く香ばしい香りが甘党にはたまらない。ドイツ人が経営するカフェだけに、欧州仕込みのスイーツを楽しめる。ティラミスやザッハートルテなどのケーキはBs.18～25。

🏠Calle Rosendo Gutiérrez 461 Edif. Guadalquivir　☎(2)242-4089
🕐8:00～21:00
休無休　カード M V

カラコト地区

Furusato

ふるさと　　　MAP P.225

　日本人の旧邸宅を改築した瀟洒な建物。定食は38種ありBs.74～163。なかでも、ふるさと定食Bs.125は、鶏の照り焼き、天ぷら、寿司、刺身、コロッケなど自慢料理がふんだんに味わえる。

🏠Av. Clemente Inofuentes 437, Calle 10-11
☎(2)279-6499
URL www.furusato.com.bo
🕐12:00～15:00、19:00～22:00
休火　カード A M V

Ona

オナ　　　MAP P.225

　H アティックス(→P.241)の1階にある有名デザイナーが手がけたスタイリッシュなカフェ・ビストロ。ボリビアの郷土料理を多く揃えており、ランチのコースはBs.75、ディナーはアラカルトで注文できBs.45～98。

🏠Calle 16, No.8052, Calacoto
☎(2)277-6500
🕐12:30～23:00
休無休　カード A M V

Shopping

ラ・パスの ショップ

セーターやボリビアの民芸品を売る店が集まっているところは、サガルナガ通り沿いか、リナレス通り沿い。リナレス通りは、リャマの胎児など呪術グッズが売られていることから通称魔女通りとも呼ばれている。露店の物は色が褪せていないか、ほつれていないかなど、よくチェックしてから買うこと。なお、値札は付いていないので、すべて交渉。はじめはかなり高い金額を言ってくるので要注意。

Artesanía Sorata

アルテサニア・ソラタ　　　MAP P.222-B2

サガルナガ通り沿い  にあるみやげもの屋で、ニット類が充実している。インディヘナをモチーフにデザインしたポーチやベストなどはここだけのオリジナル。かわいいうえに手が込んでいる。また、模様と色彩が楽しいセーター類も豊富。

🏠Calle Sagárnaga 303
☎(2) 245-4728
🕐10:00～19:00
無休　カード不可

Florita

フロリタ　　　MAP P.222-B2

リナレス通り沿いに ある魔術グッズを扱うショップ。リャマのミイラや世界中から集められた薬草、お金がたまるといわれる石けんなど、個性的な品が所狭しと並ぶ。エケコ人形やティワナク遺跡のレプリカなど、一般的なみやげも豊富に取り揃えている。カードは使用できないがUSドル、ユーロでの支払い可。

🏠Linares 809, Local 9
☎7205-2930
🕐10:00～20:00　無休　カード不可

Uyuni

ウユニ　　　MAP P.222-B2

22年の歴史を誇る日本人デザイナーがオーナーのアルパカ製品専門店。マフラ ーやストール、ポンチョなど 日本人用のサイズ、日本人好みのデザイン、色ともに充実している。稀少なロイヤル・ベビー・アルパカの商品も取り扱っている。日本語の取扱い説明書が付いてくるので安心。USドルでの支払い可。

🏠Linares 865
☎(2) 245-2646
🕐月～土 9:30～19:30、日・祝9:30～17:30
　（※4～12月は時間短縮）
無休　カード不可

Kaypi Artesanias

カイピ・アルテサニアス　　　MAP P.222-B2

リナレス通りにある。おもにボリビアで作られた小物を扱うショップ。ジャガイモを模した置物やコショウ  入れなどユニークなものがいろいろ。商品の種類が豊富なので、お気に入りが見つかりそうだ。USドル、ユーロでの支払い可。

🏠Linares 949　☎(2) 231-9853
🕐月～土10:00～20:00　休日　カード不可

Megacenter

メガセンター　　　MAP P.225

ロープウエイのイルパビ駅Irpaviから北へ徒歩8分。ラ・パスの高級住宅街、カラコト地区にある大型ショッピ ングモールで、ボリビア最大を誇っている。おしゃれなブティックや雑貨屋、電化製品の店などが入っているほか、フードコート、映画館などもある。

🏠Av. Rafael Pabon, Zona Irpavi
☎(2) 211-8777
URL www.megacenter.com.bo
🕐日～木10:00～23:00 金・土10:00～翌1:00
無休　カード店舗によって異なる

COLUMN 本場 ラ・パスでフォルクローレに浸る

本場ラ・パスのフォルクローレ

フォルクローレとは、スペイン統治下におかれていた国々の民族音楽一般を指す。フォルクローレと聞けばアンデスをイメージするが、『コンドルは飛んで行く』や『花まつり』という代表曲がこの地で生まれたことがゆえんと言えるだろう。歴史的にフォルクローレは先住民が管楽器をもちいて演奏されてきた音楽だったが、スペインによる侵略後に弦楽器や打楽器が持ち込まれ、また音楽的にもヨーロッパのワルツやアフリカの黒人音楽が融合し、次第に現在のスタイルが確立されていった。南米大陸でもボリビアとペルーはフォルクローレを語るうえで欠かせない国々。特にオルーロのカルナバルは南米三大祭りのひとつに数えられ、コチャバンバには楽器工房がいくつもある。

ペーニャへ出かけよう

ペーニャとは、フォルクローレを聴かせる施設のこと。昼間はレストランとして営業していて、夜のみショーがある店が大半。一般的にショーが始まるのは夜20：00過ぎから。歌とバンド演奏に合わせて、民族衣装に身を包んだダンサーたちが地方に伝わる伝統舞踊を披露する。店内の規模はまちまちだが、小さなところならステージが近いため、より臨場感あふれるショーが楽しめる。食事はビュッフェ形式の店が多いが、地方料理のメニューを用意している店もある。チャージだけを払って、ショーだけを観るのも可能。終了は深夜になるので、店でタクシーを呼んでもらおう。

ペーニャの楽しみ方

ペーニャによりプログラムは異なるが、演奏中に手拍子をしたり、掛け声があったり、客を飽きさせない演出が用意されている。さらに観るだけでなく自分が踊る、それがペーニャの楽しみ方のひとつ。盛り上がりが最高潮を迎え、ダンサーに誘われたらステージに上がってみよう。踊りはダンサーがリードしてくれるので、知らなくたって大丈夫！

曲に合わせて踊るダンスは奉納や祭事目的のものが多い。代表的なものはクエッカ Cueca、ワイニョ Huayno、そしてボリビアのオルーロで踊られるリャマ使いの踊りリャメリャーダ Llamerada、黒人音楽の影響を受けたラ・パスのユンガス地方に伝わる踊りサヤ Saya、悪魔の踊りディアブラーダ Diablada、牛追いたちのダンスのワカワカ Waca-Wacaなど。

フォルクローレを奏でる代表的な楽器類

チャランゴ
Charango

ウクレレのような小型の弦楽器。計10本の弦が2本ずつ張られている。スペイン人が持ち込んだ弦楽器が変化したのが起源といわれ、胴体がアルマジロの甲羅で造られたものもある。

ケーナ
Quena

1本の葦や竹で造られたシンプルな縦笛。おもに主旋律を担い、7つの穴の開閉により音階を調節する。長さにより音程の高低が異なり、名前も短くて高音の物がケニージャ、長くて低音の物がケナーチョと呼ばれる。

ボンボ
Bombo

フォルクローレで最も一般的な打楽器。たたく部分にはリャマやヤギの皮を使っている。形は和太鼓に似ているが、床に置き、足にはさんでたたくものや、肩にかけられる小型のものなどサイズによって構えが違う。

サンポーニャ
Zampoña

長さによって音程の異なる管がいくつも集まっている管楽器。基本的に7管と6管の層が重なり合ってひとつのサンポーニャを構成している。たいてい、ほかの楽器の奏者が兼任で演奏している。

Cochabamba

コチャバンバ

ラ・パス
★
コチャバンバ

標高▶約**2560m**

MAP▶**P.208-A3**

市外局番▶**4**
（電話のかけ方は→P.210）

US$1=**Bs.6.7**

ホルヘ・ウィルステルマン
国際空港
MAP P.248-A2外
☎(2)412-0400
URL www.sabsa.aero

ホルヘ・ウィルステルマン
空港内

CHECK!!! ニセ警官に
注意

メルカドや鉄道駅周
辺、バスターミナル、
ラ・コロニージャなど
では、警官を装った泥
棒に注意しよう。バッ
グの中身を見せろとい
い、すべての荷物をチ
ェックして現金を抜き
とるのが彼らの手口。
あやしいと思ったら、
現金は絶対見せないよ
うに。

✈おもな航空会社
ボリビアーナ航空
MAP P.248-A2
住 Calle Jordán 202 esq.
Nataniel Aguirre
☎(4)415-0000
アマゾナス航空
住 Av. Libertador Bolívar 1509,
Edif. El Solar, Planta Baja
☎(4)479-4200

丘の上から市民を見守るキリスト像

　コチャバンバはラ・パスの南東約450km、標高約2560mの
高原に位置する町で、サンタ・クルス、エル・アルト、ラ・パスに
次ぐボリビア第4の都市である。年間平均気温は20℃前後と温暖
なうえに、肥沃な渓谷地帯に位置するため、このあたりはボリビ
アの穀倉地帯とも呼ばれている。国内はもとより外国企業の支所、
出張所が数多く設置され、商業、経済面の一大中心地となってお
り、モダンな高層ビル群が建ち並ぶ。ラ・パスなど他の都市からこ
の町にやってくると、いくらか洗練された印象を抱くだろう。

　近代化の進むコチャバンバだが、ここに住む人々は伝統や、昔
からの習慣をとても大切にしている。商業経済の中心地である一
方で、昔からの伝統産業も盛んで、フォルクローレ演奏に使われ
るケーナ、チャランゴといった楽器も、大半はここコチャバンバ
の家内工業で作られており、ボリビアの民族音楽フォルクローレ
の演奏家の多くもコチャバンバ出身である。

　また庶民にとってもコチャバンバは、早くから避暑地として知
られてきた町だ。町の北部は緑の街路樹に原色のまぶしい草花が
あふれるリゾート地となっている。この町では、近代化志向と伝
統の折衷文化を感じたい。

コチャバンバへの行き方

✈ 飛行機

　ラ・パスからのフライト（→P.217）。サンタ・クルスからは毎日
約13便フライトがあり、所要約45分。スクレからは1日2〜3便の運

行で、所要約30分。それ以外の国内の都市からはラ・パスやサンタ・クルス経由になり、ボリビアーナ航空Boliviana de Aviación（BoA/OB）やアマソナス航空Amaszonas（Z8）が運航している。

Let's Go! 空港から市内へ

ホルヘ・ウィルステルマン空港Aeropuerto Jorge Wilstermann（CBB）から9月14日広場Plaza 14 de Septiembreまで行くミクロバスMicrobus "B" がある。市内から空港へ向かう場合も同広場から同じバスに乗ればよい。運賃はBs.2。空港からのタクシーは9月14日広場あたりまで所要約10分でBs.35。

長距離バス

コチャバンバのバスターミナルはサン・セバスティアンの丘Colina de San Sebastiánの麓にある。すべての長距離バスはここから発着する。バスターミナル使用料はBs.2.5。ラ・パスからは毎日、日中から夜行まで10便以上運行されている。所要約8時間、Bs.52〜。サンタ・クルスからは所要約10時間、Bs.64〜。オルーロからは所要約4時間、スクレからは約11時間。スクレからコチャバンバまでは悪路が続くので、バスの揺れが激しい。

Let's Go! バスターミナルから市内へ

バスターミナルから市内中心までは約1kmの距離。重い荷物を持って歩くにはきついので、タクシーかミクロで移動しよう。バスターミナルから9月14日広場周辺のホテルまではBs.10ほど。ウユニ通り以北のホテルへは約Bs.15、所要5〜10分。ミクロなら、112番のセントロ行きがアヤクチョ通りAv. Ayacuchoのミクロ乗り場から出ている。

歩き方

町は、碁盤の目のように区画整理がなされている。町の中心は9月14日広場で、周辺にはカテドラルやサント・ドミンゴ教会Iglesia de Santo Domingoなど植民地風の教会建築が点在している。

商店やレストランが集まり、最も活気があるのは5月25日通り25 de Mayoと英雄通りAv. de las Heroínas。バジビアン通りAv. Ballivían（通称エル・プラドEl Prado）には、ボリビア料理のレストランや深夜まで営業するバーが多い。

ウユニ通りAv. Uyuni以北の**レコレータ地区Barrio Recoleta**は高級住宅地となっていて、庭園の美しいリゾートホテルが多い。セハス通りH. Sejasあたりは、高級レストランやバーが集中する人気のグルメ街。

一方、9月14日広場から南へ下っていくと、インディヘナの人々が露店を開き、大小の商店がぎっしり並んでいて、かなり庶民的。

いつもにぎやかなバジビアン通り

市内交通

9月14日広場からコロン広場周辺のセントロは、歩いて回れる距離にある。しかし、ウユニ通りAv. Uyuni周辺のレストラン、さらに北側のポルターレス宮殿方面があるレコレータ地区へは、セントロから歩くと30分以上かかるのでタクシーやミクロを利用しよう。

タクシー料金は、市内の移動ならBs.5〜10。メーターはないので乗る前に交渉する。ミクロやミニバスはほかの町より安く、Bs.2。

おもな両替所

Exprintbol S.R.LTDA
📋 Plaza 14 de Sept. 242 Acera Oeste
🕐 月〜金　8:30〜12:00
　　　　　　14:30〜18:00
　　土　　9:00〜12:00
🚫 日

9月14日広場にはコロニアル様式の建物が並ぶ

🏛 観光案内所
MAP P.248-B1
📋 Plaza Colón
☎ (4)466-2277
🕐 8:00〜12:00、
　　14:30〜18:30
🚫 土・日

郵便局
Correo
MAP P.248-A2
📋 Av. Heroínas
☎ (4)423-0975
🕐 月〜金　8:00〜20:00
　　土　　8:00〜18:00
　　日　　9:00〜12:00
🚫 無休

電話局
Entel
MAP P.248-A2
📋 General Acha 113
☎ (4)422-5210
🕐 月〜金　8:00〜20:00
　　土　　8:30〜13:30
🚫 日

カテドラル
🕐 月～金　8:00～12:00、
　　　　　17:00～19:00頃
　　土・日　8:00～12:00頃
🎫 無休

9月14日広場から眺めたカ
テドラル

おもな見どころ

カテドラル
Catedral **MAP** P.248-A2

　9月14日広場に面した教会。もともとこの場所には、1571年に教
会が建てられたが、その後改築され、現在見られるものは、18世紀
初頭に建てられたもの。折衷様式によって建てられており、古代
ギリシアを思わせるコリント式列柱や、ゴシック建築に見られる

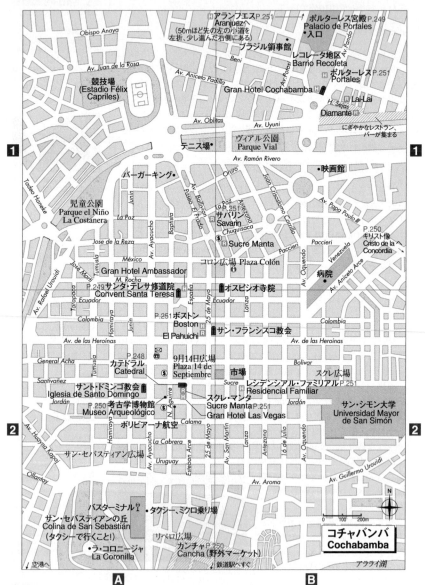

アランフエスへP.251
（50mほど先の左の小道を
左折、少し進んだ右側にある）
ボルターレス宮殿P.249
Palacio de Portales
入口
ブラジル領事館
Obispo Anaya
レコレータ地区
Barrio Recoleta
Beni
Av. Juan de la Rosa
ボルターレスP.251
Portales
Av. Aniceto Padilla
競技場
(Estadio Félix
Capriles)
Gran Hotel Cochabamba
Lai-Lai
H. Sejas
Diamante
にぎやかなレストラン、
バーが集まる
Av. Oblitas
Av. Uyuni
ヴィアル公園
Parque Vial
テニス場
Av. Ramón Rivero
映画館
バーガーキング
Oruro
児童公園
Parque el Niño
La Costanera
La Paz
Junín
Paseo - El Prado
La PazP.251
サバリン
Savarin
Av. Papa Paulo Ⅲ
Jose de la Reza
Chuquisaca
Paccieri
P.250
キリスト像
Cristo de la
Concordia
México
Sucre Manta
Venezuela
Gran Hotel Ambassador
コロン広場 Plaza Colón
病院
M. Rocha
Av. Aniceto Arce
P.249サンタ・テレサ修道院
Convent Santa Teresa
オスピシオ寺院
Ecuador
Ecuador
25 de Mayo
Lanza
Colombia
Colombia
P.251ボストン
Boston
El Pahuichi
サン・フランシスコ教会
Junín
Av. de las Heroínas
Av. de las Heroínas
General Acha
P.248
9月14日広場
Plaza 14 de
Septiembre
市場
Bolívar
スクレ広場
カテドラル
Catedral
Sucre
レシデンシアル・ファミリアルP.251
Residencial Familiar
Santiváñez
サント・ドミンゴ教会
Iglesia de Santo Domingo
N. Aguirre
スクレ・マンタ
Sucre MantaP.251
サン・シモン大学
Universidad Mayor
de San Simón
Jordán
P.250考古学博物館
Museo Arqueológico
Gran Hotel Las Vegas
Jordán
ボリビアーナ航空
Calama
La Cabrera
25 de Mayo
Antezana
10 de Julio
サン・セバスティアン広場
Uruguay
Av. San Martín
Lanza
Av. Oquendo
Av. Aroma
Av. Guillermo Urquidi
N
バスターミナル
タクシー、ミクロ乗り場
サン・セバスティアンの丘
Colina de San Sebastián
（タクシーで行くこと!）
0　100　200m
リベロ広場
ラ・コロニージャ
La Coronilla
カンチャ（野外マーケット）
Cancha P.250
コチャバンバ
Cochabamba
空港へ
鉄道駅へすぐ
アララライ湖

A　　　　　　**B**

バラ窓をもちながら、全体的にはスペイン・バロックの要素が強く、さらにインディヘナ風の装飾も見られるなど、さまざまな建築スタイルの要素が集まり興味深い。内部は、白を基調に、ところどころ金を使った装飾がなされており、派手さはないが格調高い。熱心なカトリック教徒が四六時中教会を訪れ、祈りを捧げている。鐘楼が空高くそびえ立っているのが印象的だ。

カテドラルの主祭壇

サンタ・テレサ修道院 Convent Santa Teresa MAP P.248-A1・2

南国の雰囲気を漂わすサンタ・テレサ教会

9月14日広場から北に4ブロック。要塞のような堅牢な壁のなか、白亜の門がひときわ印象的な修道院。ここは、1700年に建てられた跣足カルメル派の女子修道院で、代々コチャバンバの裕福な家族の子女を受け入れてきた。現在は国の重要文化財にも指定されている、ボリビアを代表する宗教施設だ。内部は博物館として公開されており、ツアーにより見学が可能。注目したいのは、教会の屋根。ブロック状の石を積み重ねてできた建物の屋根が、瓦で葺かれている。一見するとアジアの寺院を思わせる。

ポルターレス宮殿 Palacio de Portales MAP P.248-B1

鉱山経営によって巨万の富を築き、錫（スズ）男爵と呼ばれたシモン・パティーニョ Simón Patiñoが建てた宮殿。着工は1915年、完成は1927年と12年を要した。設計はフランス人の建築家ユージン・ブリオー Eugène Bliault。さまざまな時代のスタイルをフュージョンさせた折衷様式によって建てられている。内部はヨーロッパから輸入させた数々の調度品が並び、当時世界の五指に入るといわれた富豪の財力を雄弁に語っている。宮殿の周囲を彩る庭園は、フランスのヴェルサイユ宮殿の庭園から着想を得たといわれるもの。シモン・パティーニョ自身はこの宮殿に住むことなく、1968年以降は、シモン・パティーニョ教育・文化センターの本部Centro Pedagógico y Cultural Simón I. Patiñoとして使われている。9月14日広場から2ブロック東のサン・マルティン通りAv. San Martínよりミクロ"G"利用。

黄色い外観が特徴的

マメ知識
コチャバンバの祭り
Fiesta de la Virgen de Urkupiña
6～8月に行われる有名な祭り。この日に人々はコチャバンバ郊外のキラコジョ Quiracolloの町にある石場で願い事をし、石をひろってくる。もし願いがかなったらお礼に石を返しに行くというのがどこか日本的。全国から多くの人々が集う。
Dia de Cochabamba
9月14日前後の3日間、町の広場や通りで楽隊の演奏や行列行進が行われる。

コロン広場周辺で行われるパレード

サンタ・テレサ修道院
🏠Calle Baptista 344, entre Ecuador y Mayor Rocha
🕐月～金　8:30～12:00、
　　　　14:30～18:00
　　土　14:30～18:00
🚫日
💰Bs.20
　内部の見学はツアーでのみ可能。

ポルターレス宮殿
🏠Potosí 1460
☎(4)448-9666
🕐火～金　10:30～18:30
　土・日　10:00～12:00
🚫月
💰ガイドツアー Bs.20
　宮殿内はガイドツアーでのみ見学可。ガイドツアーは開館時間内のほぼ30分に1回行われ（日曜のみ1日2回）、英語でのガイドは火～金曜が16:00と17:00。土曜が10:30と11:30。日曜は11:30。宮殿内は撮影禁止。

カンチャ

Cancha MAP P.248 A〜B2

　鉄道駅の周辺に広がるコチャバンバ最大の野外マーケット。野菜、果物、肉などの食料品から、ありとあらゆる日用品、靴、衣服などまで露店がアイテムごとにびっしりと並ぶ。その合間を民族衣装の人々やマイクロバスがひっきりなしに行き交い、一日中、すごい活気だ。水・土曜が特ににぎわう。この大マーケットの一角にある手工芸品のマーケットと、ケーナやサンポーニャなどボリビアの民族楽器専門のマーケットは、おみやげを探すのには最適だ。それぞれの通りにも専門店が並んでいる。マーケット内は撮影すると嫌がられる。スリにも注意しよう。

考古学博物館
住 Calle Nataniel Aguirre y Jordán
開 月〜金　8:00〜18:00
　　土　　8:00〜12:00
休 日
料 Bs.25

考古学博物館

Museo Arqueológico MAP P.248-A2

　9月14日広場のはす向かいにある。小さな博物館だが、1万5000年前の考古学資料から植民地時代の遺物まで約2万点におよぶ充実した展示が見られる。

キリスト像へ
　市内中心セントロからロープウエイ乗り場まではミクロ "E" で行く。所要約30分で料金はBs.2。どの通りからこのミクロに乗れるかはホテルで確認のこと。タクシーはセントロから約20分、片道Bs.15前後。
ロープウエイ
営 10:00〜17:00
休 月
料 Bs.2.5
　麓の公園の入園料Bs.2

キリスト像

Cristo de la Concordia MAP P.248-B1外

　コチャバンバのランドマークであるキリスト像は、像の高さ約34m、台座約6mと合わせて約40mの巨大なもの。ブラジル、リオ・デ・ジャネイロのキリスト像（台座も含めて38m）よりも大きい。

　2015年10月現在、ポーランドのシュフェボジンŚwiebodzinにあるキリスト像（台座も含めて52.5m）に次いで、世界で2番目に高いキリスト像。小高い丘の上にあり、町が一望できる。さらに像の頭上まで歩いて登ることができる（日曜のみ）。

　キリスト像へは山の麓から出るロープウエイを利用する。眺めを楽しみながら移動できる。

キリスト像からの眺め

1987〜1994年にかけて建てられた

コチャバンバのホテル

Hotel Portales
ポルタ―レス MAP P.248-B1

🛁 📺 ☎ 🖱 🍴

ポルタ―レス宮殿に近い閑静な地区にあるリゾートホテル。プール、ジャクージ、3つのレストラン、バーなど、施設は充実。客室は高級感にあふれ、とても落ち着いた雰囲気。

[住]Av. Pando 1271 ☎(4) 428-5444
[URL]www.hotelportales.com
[料]ⓈUS$77～ ⓌUS$95～ [カード][D][M][V] [室数]60室

Hotel Boston
ボストン MAP P.248-A2

🛁 📺 ☎ 🖱 🍴

中心部にあるビジネスホテルタイプの宿。便利な場所にあり、主人も親日的で、息子さんは日本への留学経験あり。室内はとても清潔。小さなレストランもあるが、朝食に利用されているのみ。

[住]Calle 25 de Mayo 167
☎(4) 422-4421 [FAX](4) 425-7037
[料]ⓈBs.200～ ⓌBs.300～ [カード]不可 [室数]20室

Hotel Aranjuez
アランフエス MAP P.248-B1外

🛁 📺 ☎ 🖱 🍴

20世紀初頭に建てられた富豪の邸宅を改築したホテル。客室数は30と少ないが、そのぶん、鳥のさえずりが聞こえる静かなパティオや、瀟洒な趣のラウンジなど、宿泊客がくつろげるスペースが多い。

[住]Calle Buenos Aires E-563 ☎(4) 428-0076
[FAX](4) 424-0158 [URL]www.aranjuezhotel.com
[料]ⓈUS$90～ ⓌUS$100～ [カード][M][V] [室数]30室

Residencial Familiar
レシデンシアル・ファミリアル MAP P.248-B2

🛁 📺 ☎ 🖱 🍴

白い建物が特徴的なバックパッカー向けの安宿。入口は狭いが館内はパティオ調になっており、意外と広い。建物は古いが、部屋は清潔。24時間温水シャワーが使える。

[住]Calle Sucre 554 ☎[FAX](4) 422-7988
[料]ひとりBs.90（バス・トイレ共同ひとりBs.60）
[カード]不可 [室数]30室

コチャバンバのレストラン

Sucre Manta
スクレ・マンタ MAP P.248-A2

カテドラル脇の雰囲気のいい小さなレストラン。スクレ地方の伝統的な料理を出しており、その味は地元の人々にも好評。ランチメニューは何種類かある。バジビアン通りAv. Ballivián沿いにも店舗あり。

[住]Calle Esteban Arce 342 ☎(4) 422-2839
[営]9:00～14:00
[休]無休 [カード]不可

Savarin
サバリン MAP P.248-A1

ジュークボックスの置かれた店内は、どちらかといえば若者向き。料理はボリビア料理が中心で、メインとサラダ、ライスのプレートメニューは20種類ほどあり、Bs.48～62。

[住]Av. Ballivián 626 ☎(4) 425-7051
[営]12:00～翌2:00
[休]無休 [カード]不可

ホテル客室設備：🛁 バスタブあり 📺 テレビあり ☎ 電話あり 🖱 インターネット可 🍴 朝食付き

オルーロ

標高 ▶ 約**3706m**

MAP ▶ P.208-A3

市外局番 ▶ **2**
（電話のかけ方は→P.210）

US$1= **Bs.6.7**

INFORMATION

観光案内所
Unidad de Turismo
MAP P.254-A2
☎ (2)525-1932
圖8:00～12:00、
　14:30～18:30
㊖土・日
2月10広場に面した
建物がメインオフィス。
バスターミナル前、鉄道
駅前にも案内所がある。
英語はあまり通じない。

観光案内所は広場に面した
オレンジ色の建物の3階に
ある

カルナバルの期間に注意
オルーロの祭りはブラジ
ル「リオのカーニバル」、ペ
ルー「クスコのインティ・
ライミ」と並ぶ南米三大祭
りのひとつ。国内からはも
ちろん、近隣国からの観光
客が一時期に集中する。カ
ルナバルを狙って出かける
ならば、交通、ホテルなど
の手配をかなり早めにしな
くてはならない。
カルナバルの開催日
2020年2月21～24日
2021年3月12～15日
※日程は変更になる場合が
あるので要事前確認。

バスターミナル
圖使用料Bs.1.5

ソカボンの聖母像。高さ45.4mあり、コチャバンバのキリスト像より大きい

　ラ・パスの南東へ約230km、アンデス高原の町オルーロは標高約3700m、人口約26万人の町だ。赤茶けた山々に囲まれ、シグロ・ベインテSiglo XXをはじめとする大鉱山が控えるこの町は、ボリビアの一大工業都市となっている。オルーロ周辺にはほかにも無数の鉱山があるといわれ、その昔はスズで得た莫大な富を、年に一度のキリスト教の祭日、四旬節の前に行われるカルナバル（祭り）で湯水のように使い果たした。シモン・パティーニョSimón Patiñoの一族をはじめとする、スズ成金の伝説は今も語り継がれている。

　黒、茶を基調とした、地味な装いのインディヘナが多いボリビアにあって、ここオルーロの人たちは、紫、赤、青、ときにはショッキングピンクを使ったスカート、ポンチョを愛用している。今でもスズ鉱山のもたらす富の華やかさを表しているかのようである。

オルーロへの行き方

🚌 長距離バス

　オルーロには空港はなく、ラ・パスやコチャバンバから長距離バスを使って行くのが一般的。ラ・パスから直通バスで所要約4時間、6:00～19:30の間に6便あり、Bs.25～。コチャバンバからは約4時間、ポトシから約8時間30分、スクレからは約11時間、ウユニからはポトシ経由となる。チリのイキケIquiqueから毎日2便あり、所要約9時間、Bs.90～。同じくチリのカラマから所要約17時間、Bs.280。バスターミナルTerminal de Busesはセントロの北約800mの所。セントロまでタクシーでBs.8～10。

🚂 鉄道

オルーロとアルゼンチン国境のビジャソンVillazónを結ぶ列車が走っている。途中、ウユニUyuniを経由するため、観光客にも多く利用されている。列車にはエクスプレソ・デル・スルExpreso del Surとワラ・ワラWara Waraの2種類があり、比較的早いエクスプレソ・デル・スルが観光向きだ。両列車とも車両によりクラスが分かれ、エヘクティーボEjectivoというクラスがいわゆる一等車。次いでサロンSalónが二等車。ワラ・ワラのみポプラールPopularという三等車がある。なお、チリ国境のアバロアAbaroaへ行く場合は、ウユニで列車を乗り換える必要がある。

★ 鉄道会社
Empresa Ferroviaria Andina S.A
☎(2)527-4605（鉄道駅内）
URL ferroviaria-andina.com.bo

オルーロ駅の入口

ボリビアとアルゼンチンを結ぶ列車

●列車時刻表

列車名	駅名	オルーロ Oruro	ウユニ Uyuni	アトチャ Atocha	トゥピサ Tupiza	ビジャソン Villazon
エクスプレソ・デル・スル Expreso del Sur オルーロ発：火・金曜 ビジャソン発：水・土曜		14:30 →	21:40 →	23:45 →	03:00(+1) →	06:05(+1)
		07:10(+1) ←	00:05 ←	21:35 ←	10:15 ←	15:00
ワラ・ワラ Wara Wara オルーロ発：水・日曜 ビジャソン発：月・木曜		19:00 →	02:50(+1) →	05:00(+1) →	08:35(+1) →	12:05(+1)
		09:10(+1) ←	01:45(+1) ←	22:45 ←	18:25 ←	15:30

※2019年10月現在

●オルーロからの区間別料金表

列車名	クラス Clase	ウユニ Uyuni	アトチャ Atocha	トゥピサ Tupiza	ビジャソン Villazon
エクスプレソ・デル・スル Expreso del Sur	エヘクティーボ Ejectivo	Bs.120	Bs.180	Bs.239	Bs.279
	サロン Salón	Bs.60	Bs.81	Bs.107	Bs.126
ワラ・ワラ Wara Wara	エヘクティーボ Ejectivo	Bs.102	Bs.135	Bs.181	Bs.220
	サロン Salón	Bs.47	Bs.61	Bs.80	Bs.100
	ポプラール Popular	Bs.32	Bs.42	Bs.56	Bs.67

※2019年10月現在

COLUMN オルーロからウユニへ列車の旅

オルーロからウユニへは2種類の列車が週に4便運行している。ウユニの到着時間を考えると、ワラ・ワラ号よりも、エクスプレソ・デル・スル号のほうがおすすめだ。また、エクスプレソ・スルのほうが所要時間も短く、列車も新しい。エヘクティーボのクラスならリクライニングシートで冷暖房設備も完備している。

手前がエクスプレソ・デル・スル、奥がワラ・ワラの車両。この時は連結していた

オルーロを出発した列車は、ウル・ウル湖に沿って南下。湖面は見えないが、遠くにフラミンゴの姿が見えることも。さらにポオー湖沿いを走る。車窓にはイチュというイネ科の草が生えた茶色の大地の、変わりばえの

しない風景が続く。時おり遠くにビクーニャの群れが見え、小さな村をいくつか過ぎる。そのうちに、大きな太陽が地平線に沈んでいく。

エヘクティーボは列車内でコーラとサンドイッチが配られるが、食堂車でちゃんとした食事をしてもいい。ただし、標高はずっと3500m以上なので、アルコールの飲み過ぎには注意。

ウユニ駅の手前1時間ぐらいから、列車はかなり揺れるようになる。外は真っ暗で何も見えない。約7時間後、外に明かりが見えるようになると、ウユニ駅に到着する。駅から中心の広場まで徒歩10分ほど。その間にほとんどのホテルがあるが、荷物が重い場合はタクシーを利用しよう。

車窓から眺めるウル・ウル湖

電話局
Entel
MAP P.254-A2
住 Sorla Galvarro esq.
Bolívar Conferencias 101
営 8:00～22:30
休 無休

郵便局
Correo Central
MAP P.254-A1
住 Presidente Montes y
Adolfo Mier
営 月～金　8:30～21:30
土・日　9:00～15:00
休 無休

夜の2月10日広場。噴水が
ライトアップされてきれい

パティーニョの家
☎ (2)525-4015
住 Sorla Galvarro entre Co-
chabamba y Ayacucho
営 月～金　9:00～12:00、
15:00～19:00
土　　　9:00～15:00
休 日
料 Bs.8

見学はミニツアーで。ス
ペイン語ガイド付き、所要
1時間ほど。

歩き方

　鉱山に囲まれたオルーロの町は、規模も小さく、見るべきもの
は少ない。見どころといえば、2～3月のカルナバルと毎週水曜に
行われるインディヘナの市ぐらいだろう。だが、ラ・パスからコチ
ャバンバ、ポトシ、スクレ、チリのカラマへと向かう中継地点とな
る町として、その後の長旅に備え、訪れる旅行者も多い。町の中心
は**2月10日広場Plaza 10 de Febrero**。その南を走る**ボリーバ
ル通りBolívar**がメインストリートとなる。

おもな見どころ

パティーニョの家
（カルチャーセンター）
Museo Simón I. Patiño
(Casa de la Cultura) **MAP** P.254-B1

　鉱山で莫大な富を得た
シモン・パティーニョと
その一家が住んだ家。彼
の邸宅では、ほかにもコ
チャバンバのポルターレ
ス宮殿(→P.249)がよく知
られている。ここは、1900
～1913年にかけて建てら
れ、一家は1912年まで生

当時の繁栄をしのばせるパティーニョの家

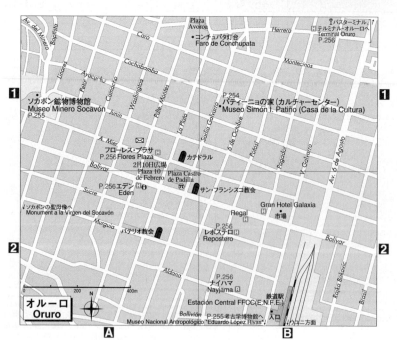

活した。建物内を彩る豪華は家具や装飾品はそのほとんどがフランスをはじめとする、ヨーロッパから輸入されたもの。当時最高の贅を凝らした建物がどのようなものであったかを知ることができる。

考古学博物館　Museo Nacional Antropológico "Eduardo López Rivas" MAP P.254-B2外

エスパーニャ España 通り沿いにある小さな博物館。動物園から歩いて5分ほど。石器時代からプレ・インカ、インカにいたる出土

品の数々のほか、カルナバルの衣装や仮面 Máscara が、踊りの種類ごとに展示される。ズラリと並んだディアブラーダ Diablada（悪魔の踊り）の仮面は圧巻。

カルナバルの仮面が並ぶ

ソカボン鉱物博物館　Museo Minero Socavón MAP P.254-A1

ソカボン教会内にある。ソカボンとはスペイン語で洞窟という意味で、鉱山の坑道の上に作られた教会がこの寺院の原形となっている。博物館は寺院横から深い坑道へと下りていく。鉱山の様

子やまつわる品々、鉱石などが展示されている。ソカボン教会内には、そのほかに、ソカボン宗教博物館 Museo Sacro del Socavon も併設しており、宗教美術品などを展示している。

坑道そのものが博物館の一部

ウル・ウル湖　Lago Uru Uru MAP P.208-A3

オルーロ市内から約8km。ティティカカ湖から流れ出した、デサグアデーロ川 Río Desaguadero が造り出す、フラミンゴと水鳥の訪れる美しい湖。手漕ぎボートのレンタルもあり、ランチでも持参してゆっくりとしたい。ただし、乾季である冬場は干上がってしまい、湖そのものが消えてしまう。

考古学博物館
🏠 Av. España, Zona sud de la Ciudad
☎ (2)527-4020
🕙 10:00～18:00
🈺 無休
行き方
2月10日広場周辺からSUDと書かれたミニバスに乗り、所要約15分、Bs.1.5。タクシーでBs.10。

展示物は少ないが見応えのある考古学博物館

ソカボン鉱物博物館
🏠 Plaza del Folklore
☎ (2)525-0616
🕙 9:00～12:00、15:00～18:00
🈺 無休
🈺 Bs.10　写真撮影Us.J
行き方
2月10日広場から5ブロックなので徒歩でも行けるが、途中上り坂になっている。タクシーでBs.8ほど。

鉱物博物館はソカボン教会の敷地内にある

ウル・ウル湖へ
セント日からVinto行きのミニバスに乗り（所要15～20分、Bs.2）、そこからウル・ウル湖行きのバスに乗り換えて約20分。

南米三大祭りのひとつオルーロのカルナバル

オルーロのカルナバル Carnaval de Oruro は、ブラジル「リオのカーニバル」、ペルー「クスコのインティ・ライミの祭り（→P.117）」と並ぶ、南米三大祭りのひとつ。一年中、山の中にもぐり続ける鉱山労働者たちにとって、このカルナバルの日がいかに待ち遠しいことだろう。2～3月の「灰の水曜日（四旬節）」の前の週に行われるカルナバルこそ、彼らが自分を表現できる機会なのだ。

カルナバルの日、この日のために用意した華麗な衣装を身にまとい、金銀のきらめく仮

面 Máscara をかぶる。男たちは、衣装の重みや希薄な空気に耐えながら8日間も、酒の力を借りて踊り続ける。

オルーロのカルナバルでは、"悪魔の踊り Diablada" が特に有名だ。金銀をちりばめた、竜の頭のようにも見える仮面をかぶり、鉱夫の守護聖人ソカボンの聖母 Virgen del Socavón に捧げるディアブラーダを踊り続ける。悪魔の姿で踊ることによって、心の悪魔を追い払うのだという。日本のナマハゲ信仰に相通するものがあるような気がする。開催日はP.252欄外参照。

オルーロのホテル

Eden
エデン [MAP]P.254-A2

🛁 📺 📞 💻 🍴

広場に面したオルーロの最高級ホテル。レセプションは1階にあるが、2～5階まではスパや映画館などで、部屋は6～8階にあり眺めがいい。町の中心にありながらも、ジムや屋内スイミングプールなど充実した設備を誇っており、観光客、ビジネス客ともに評判がよい。

[住]Bolívar 777　☎(2) 521-0671/521-0672
[URL]www.hoteledenbolivia.com
[料]ⓈBs.623～ ⓌBs.1106～　[カード][M][V]　[室数]30室

Flores Plaza Hotel
フローレス・プラサ [MAP]P.254-A1

🛁 📺 📞 💻 🍴

2月10日広場に面した3つ星ホテル。客室は清潔感があり、スタッフの応対もすばらしい。10階建ての建物を利用しているため、上階からの眺めがよい。朝食はビュッフェ形式。

[住]Adolfo Mier 735, La Plate y Pdte. Montes
☎(2) 525-2561
[URL]www.floresplazahotel.com
[料]ⓈBs.300～ ⓌBs.450～　[カード][M][V]　[室数]42室

Hotel Repostero
レポステロ [MAP]P.254-B2

🛁 📺 📞 💻 🍴

2月10日広場と鉄道駅のちょうど中間にある2つ星ホテル。主要な通りから離れているため静か。タイル張りのバスもきれい。24時間温水シャワーが使える。レストランも併設している。

[住]Calle Sucre 370 y Pagador
☎(2) 525-8001/525-8002
[料]ⓈBs.150～ ⓌBs.200～
[カード][M][V]　[室数]28室

Hotel Terminal Oruro
テルミナル・オルーロ [MAP]P.254-B1外

🛁 📺 📞 💻 🍴

バスターミナルに併設されたホテル。レセプションは2階にある。バスターミナルの切符売り場から直接レセプションにつながっており、早朝の出発や深夜に到着したときなどに便利。

[住]Backovick entre Aroma y Av. Villarroel
☎(2) 527-6227　[FAX](2) 527-5187
[E-mail]hotelterminaloruro@hotmail.com
[料]ⓈBs.120～ ⓌBs.230～
[カード]不可　[室数]62室

オルーロのレストラン

Nayjama
ナイハマ [MAP]P.254-B2

2月10日広場周辺にはきちんと食事のできる店は少ないが、ここのシェフはアメリカや日本のレストランでも働いたことのある腕利きで、店内の雰囲気もいい。

[住]Pagador 1880 esq. Aldana　☎(2) 527-7699
[営]月～土11:00～21:00　日11:00～15:00
[休]無休　[カード]不可

ボリビアの郷土料理を中心に、湖の魚ペヘレイPejerreyを使ったメニューがある。シェフのイチオシは写真のコリータColitaはBs.85。ラム肉をじっくり焼き上げたものだが、羊独特の臭いがまったくなく、軟らかくて濃厚な味わい。

ホテル客室設備：🛁バスタブあり　📺テレビあり　📞電話あり　💻インターネット可　🍴朝食付き

Sucre

スクレ

サン・フェリペ教会・修道院の屋上からの眺め

●ラ・パス
★スクレ

標高 ▶ 約**2750m**

MAP ▶ **P.208-B3**

市外局番 ▶ **4**
（電話のかけ方は→P.210）

US$1＝**Bs.6.7**

INFORMATION

❶観光案内所
MAP P.259-A1
🏠Estudiantes 35
☎なし
🕘9:00～18:00、
🈺無休

銀で栄えた世界遺産の白い
町並み

アラカンタリ国際空港
空港税
💰Bs.8

ボリビアの憲法上の首都スクレは、ポトシから約165km、ラ・パスからおよそ400km余り、標高約2750mに位置している。1545年、ポトシに銀山が発見されると、銀を管理するためのラ・プラタ市がスペイン入植者によって造られた。やがて、このあたりの過ごしやすい気候も手伝って、町は次第に行政上の重要な土地となっていった。1825年2月9日にはこの地で独立宣言が行われ、英雄シモン・ボリーバルの名前から国名をボリビアとし、初代大統領ナセ・デ・スクレの名前を取ってこの町をスクレと名づけた。

植民地時代に銀のもたらした財力をつぎ込み建てられた建築物は、今も町のあちこちに白くまばゆく輝いている。スクレでは、建物を白く塗ることが町の条例で義務づけられているのだ。現在、政府の諸機関はほとんどラ・パスに移され、わずかに最高裁判所が残っている。かつて銀ブームで湧いた、スパニッシュ・コロニアルな面影を残したままの美しい町並みは、1991年にユネスコの世界遺産に登録された。

スクレへの行き方

✈ 飛行機

ラ・パスからのフライト（→P.217）。サンタ・クルスからはボリビアーナ航空Boliviana de Aviación（BoA/OB）とアマゾナス航空Amaszonas（Z8）が1日3～5便フライトしており、所要約40分。コチャバンバからはボリビアーナ航空、エコジェットecojet（8J）が1日4～9便あり、所要30～45分。

> **CHECK!!!** スクレの治安
> 町の中心部の治安は比較的良好。ただし、中央市場は人が多いのでスリなどに注意したい。また、高台になったラ・レコレータ修道院の周辺は急な坂になっており、あまり治安がよくないので、訪れる際はタクシーなどを利用したい。

コンパクトでわかりやすい
バスターミナル

サウロ・ツアース社のバス
は観光客に人気

Let's Go! 空港から市内へ

　2016年に市内から30km離れた場所にアラカンタリ国際空港 Aeropuerto Internacional Alcantarí(SRE)がオープンし、すべての発着は新空港からとなった。市内まではタクシーで所要約1時間、Bs.60。

長距離バス

　国内各都市から長距離バスが出ている。ラ・パスからは毎日、数社のバスが運行しており、ほとんどが18:00～20:00出発の夜行便。所要約13時間（ポトシ経由は約18時間）。コチャバンバからは約11時間、サンタ・クルスからは約16時間。ポトシからは1時間に1便程度あり、所要約3～4時間。ウユニ行き直通バスは6 de Octubre社が毎日2便（9:30発、20:30発）、Express 11 de Julio社が毎日1便（20:00発）あり所要7～8時間、Bs.90～120。

　バスターミナル Terminal de Buses はセントロから2kmほど東にある。市内まではセントロ行きミクロでBs.1.5、タクシーはBs.5-8。

歩き方

　温暖な気候に白い壁の建物。スペインを彷彿とさせる、穏やかで落ち着きのある町並み。**5月25日広場 Plaza 25 de Mayo**を中心に、町のいたるところに教会が建つ。一方で、独立後に建てられた白壁の官公庁が日の光にまぶしい。新旧さまざまな建築様式に、この町の変遷が垣間見えるようだ。

　この町で見落としてはならないもののひとつにボリビア独立の歴史を刻む自由の家が挙げられる。スクレの、そして現代ボリビアの歴史はここから始まったのである。また、スクレでは最古となる教会**サン・ラサロ教会**、高台に位置していて展望のいい**ラ・レコレータ修道院**、ロココ調建築の**サン・フェリペ教会・修道院**なども見逃せない。おもな見どころは歩いて回れる距離にある。観光には1日あれば十分だろう。

町の中心である5月25日広場

自由の家
🏠 Plaza 25 de Mayo
☎ (4)645-4200
🕐 火～土　9:00～11:45、
　　　　　14:45～17:45
　　　日　9:15～11:15
🈳 月
💰 Bs.15
　　フラッシュ撮影不可

ボリビア

スクレ

おもな見どころ

自由の家　Casa de Libertad　MAP P.259-A1

　5月25日広場の正面に建つ白壁の建物。この中にある独立の間 Salón de la Independenciaにおいて、1825年、スペインからの独立宣言文の調印が行われた。その後、南米独立の功労者シモン・ボリーバルSimón Bolívarの遺志が受け継がれ、1839年7月18日、この町が首都に制定され、初代大統領の名にちなみスクレと命名された。1900年代に政府の中枢機関がラ・パスに移されるまで、首都スクレはボリビアの政治の中心であった。そしてこの自由の家は幾度となくクーデターの舞台となった。

　かつて大学としても機能していた家の中には、一刀彫りされた重さ4トンもあるボリーバルの像、ボリビア歴代大統領の写真、肖像画などが展示されているほか、歴史図書館もある。

独立の歴史を刻む建物

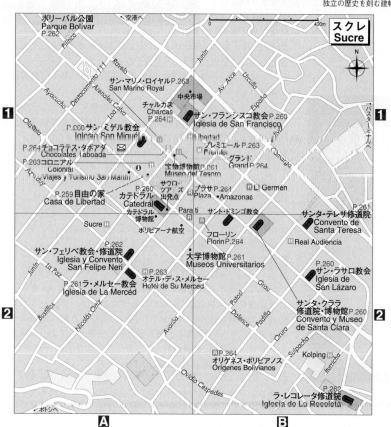

スクレ
Sucre

サン・フランシスコ教会
🏠Ravelo 1
☎(4)645-1853
🎫無料.カメラ撮影Bs.5
教会の開館時間について
　スクレにある各教会は、朝8:00～9:00頃と夕方17:00～18:00頃に開くところが多い。土・日曜にはミサをやっている場合もある。

豪華な装飾が施されたサン・フランシスコ教会の内観

カテドラル博物館
🏠Perez Nicolás Ortíz esq. Plaza 25 de Mayo
☎(4)645-2257
🕐月～金　9:00～12:00、
　　　　　14:30～18:30
　土　　　14:30～18:30
🚫日
🎫Bs.30
※館内写真撮影禁止
サン・ミゲル教会
🏠Arenales 10
☎(4)645-1026

ムーア様式のサン・ミゲル教会

サンタ・クララ修道院・博物館
🏠Calvo 212
☎(4)645-2295
🕐月～金　14:00～18:00
　土　　　14:00～17:30
🚫日
🎫Bs.10

鐘楼が印象的

サン・ラサロ教会
🏠Calvo 404
☎(4)645-1448

サン・フランシスコ教会　Iglesia de San Francisco　MAP P.259-A1

堂々とした外観の教会

　アルセ通りAv. Arceとラベロ通りRaveloの角に建つ大きな教会。スクレの町の建設が始まったのと同時に、この教会の建築も着手された。スクレ最古の教会のひとつ。美しいアーチと高い鐘楼、内部の金箔の祭壇が見事だ。

カテドラル　Catedral　MAP P.259-A1

　5月25日広場に面した堂々たる建物。1580～1633年にかけて建てられ、時計の付いた高い塔はスクレのシンボルでもある。カテドラル内にはスクレの華やかな時代を反映するかの

広場に面したカテドラル

ように、金、銀箔の祭壇があり、そこにダイヤモンドをはじめとする宝石の衣装を着た聖母マリア像が収められている。1625年に作られたものといい、今でもその衣装をおがむため、多くの信者が絶えず訪れる。

　ニコラス・オルティス通り Nicolás Ortíz 側にはカテドラル博物館Museo de la Iglesia Catedralicio があり、聖母マリア像ほか、植民地時代の宗教画、銀の祭壇などが見学できる。

サン・ミゲル教会　Iglesia San Miguél　MAP P.259-A1

　市内にある古い教会のひとつ。1621年の建築と伝えられる。内部の壁画、金銀をふんだんに使用した豪華な祭壇に目を奪われるだろう。と同時に、当時いかにたくさんの金銀が採掘されていたかがしのばれる。また、ムーア様式の建物は、ところどころイスラム的なモチーフが使われていて興味深い。

サンタ・クララ修道院・博物館　Convento y Museo de Santa Clara　MAP P.259-B2

　1636年に建てられた古い修道院。正面に鐘楼が建つ、クラシックな建築様式の教会だ。かつての修道女たちは、立派なスクレの修道院で修行を積み、ボリビア国内だけでなく、南米諸国へと巣立っていった。内部は現在、博物館として公開されており、18世紀のオルガンや絵画、金銀のコレクションを見学することができる。

サン・ラサロ教会　Iglesia de San Lázaro　MAP P.259-B2

　サン・フランシスコ教会と同じく16世紀に建てられた歴史ある教会。見事な石造りと彫刻に目を奪われる。祭壇に施された銀細工もすばらしい。

サンタ・テレサ修道院

Convento de Santa Teresa **MAP** P.259-B2

正面の白亜の塔に3つの鐘の付いた、17世紀に建てられた修道院の代表建築だ。サン・アルベルト通りSan Albertoとポトシ通りPotosíの角にある。ポトシ通りには当時のままの石畳Callejon de Santa Teresaが残り、情緒のある雰囲気を漂わせている。

3つの鐘が特徴

ラ・メルセー教会

Iglesia de La Mercéd **MAP** P.259-A2

バロックスタイルの教会で、金をふんだんに使用した祭壇はスクレはもとより、ボリビアで最も美しいといわれる。見事な宗教画も収められている。

大学博物館

Museos Universitarios **MAP** P.259-A2

大学内にある博物館。3種類の博物館があり、絵画のギャラリー、考古学、民俗学に関する資料と展示物、植民地時代のコレクションなどを鑑賞することができる。

また、5月25日広場に面したところにも大学

展示物は豊富で見応えがある

経営の博物館があり、アルフレド・グティエレス氏Alfredo Gutiérrezのコレクションが展示されている。なかでも近代フランス美術のコレクションが飾られた鏡の間は一見の価値あり。

宝物博物館

Museo del Tesoro **MAP** P.259-A1

町の中心5月25日広場沿いの建物を利用した博物館で2015年にオープン。建物は1560年の文書にすでに記録されている由緒あるもの。当初は1階建てだったが、18世紀末に3階建てになり、19世紀後半に現在のよう

ボリビア大統領を勤めたアニセト・アルセが住んでいたこともある

なネオ・クラシック様式になった。展示は金、銀はもちろん、エメラルドやアメジストなどボリビアで採掘される鉱物や、採掘の歴史に焦点を当てている。みやげ物屋もあり、特にアメジストとシトリンが混じり合ったアメトリンを使った宝飾品が充実している。アメトリンは別名ボリビアニータBolivianitaといい、世界でもボリビアでのみ採掘される宝石だ。

サンタ・テレサ修道院
🏠San Alberto 404
☎(4)645-1986

繊細な装飾の主祭壇が印象的な内観

ラ・メルセー教会
🏠J. J. Pérez 502
☎(4)855-1452
🕐月～金　14:00～17:30
休日
料Bs.10

白亜の建物が青空に映える、ラ・メルセー教会

大学博物館
🏠Calle Bolívar 698
☎(4)645-6100
🕐月～金　9:00～12:30、
　　　　　14:30～18:30
　土　　　14:00～18:30
休日
料Bs.20

宝物博物館
🏠Plaza 25 de Mayo 59
☎(4)644-3366
URL www.museodeltesoro.com
🕐月～日　9:00～12:30、
　　　　　15:00～18:30
休祝
料Bs.25

屋上見学
🕐月～土　14:30～17:30
🚫日　💰Bs.15

入口は教会から20mほど。「Maria Auxiliadora」と書かれたドアのインターホンを押して入れてもらう。

フランス・ロココ調の雰囲気が漂うパティオ

ラ・レコレータ修道院
🏠Calle Polanco 162
☎(4)645-1658
🕐月～金　9:00～11:30、
　　　　　14:30～16:30
　土　　　15:00～17:00
🚫日　💰Bs.15
※館内写真撮影禁止

聖堂にある聖歌隊席は長崎から贈られたもの

高さ15mほどのミニチュアのエッフェル塔

サン・フェリペ教会・修道院　Iglesia y Convento San Felipe Neri　MAP P.259-A2

　1795年の建立で、パティオ（中庭）を囲むように回廊が巡る教会である。もとはすべて自然石で造られたが、現在塔の部分は漆喰で塗られている。フランス・ロココ調の影響を受けた建築で、植民地時代のスクレを代表する建物のひとつ。修道院としての役割もあり、修道僧が瞑想にふけるルーフがある。"最後の晩餐"の絵も有名。屋上からは眺めがいい。

ラ・レコレータ修道院　Iglesia de La Recoleta　MAP P.259-B2

　市内の南東、坂道を上っていくと、美しいパティオを囲むラ・レコレータ修道院がある。その昔、信仰に身を捧げ一歩でも神に近づこうとした女性たちが、この塀の中で生活をし修行を積んだ。この荘厳な建物は、現在博物館として内部が公開されており、16～19世紀にかけての絵画や金銀細工、刺繍、彫像などが展示されている。

　また、聖堂内にある聖歌隊席（Sillería de Coro）はバロック様式のすばらしいものだが、長崎で殉教した日本人キリシタン（フランシスコ会派）を記念して約300年前に造られたものだという。パティオの一辺にある回廊からは、市内の展望が最高だ。

高台にあるラ・レコレータ修道院

ボリーバル公園　Parque Bolívar　MAP P.259-A1

　町の西側、最高裁判所Excelentisima Corte Suprema de Justiciaから北西に広がる細長い公園。木立と池があり、ボート遊びやピクニックの楽しめる市民の憩いの場だ。真ん中あたりのミニチュアのエッフェル塔からは、公園とその周辺の眺めがいい。

市民の憩いの場になっている

近郊の町と見どころ

タラブコ

Tarabuco [MAP] P.208-B3

スクレから約55km、標高約3200mのタラブコでは、毎週日曜に市Feria Artesanal y Comercial de Domingoが開かれ、タラブコ独特の衣装を着た人々が、手作りの民芸品を抱えて集まってくる。町の広場を中心に、手製の楽器、ポンチョなどが色彩やかに広げられる。

広場から約5分ほどの所には村の市場Mercadoがある。こちらは野菜など食料品や日用品が中心だが、この地方の人々の生活を知ることができて楽しい。

タラブコへはスクレから車で約2時間。毎週日曜、市内の旅行会社はタラブコへの送迎を行っている。

タラブコへ
町の北東に位置するヘルマン・メンドーサ通りAv. German Mendozaから7:30～17:00の1時間に1便程度ミニバスが運行している。Bs.8～10。所要約2時間。このほか、ツアーで行く方法もある。

スクレのホテル

San Marino Royal Hotel

サン・マリノ・ロイヤル [MAP] P.259-A1

5月25日広場の近く、ロケーションのよい4つ星ホテル。客室は豪華な装飾が施されており、高級感が漂う。3フロアからなり、屋上に眺めのいいテラスがある。

[住]Calle Arenales 13 ☎[FAX](4)645-1646
[URL]www.sanmarinoroyalhotel.com.bo
[料]ⓈBs.440～ ⓌBs.540～ ⓉBs.675～
[カード][A][M][V] [室数]35室

Hostal Colonial

コロニアル [MAP] P.259-A1

広場に面して建つロケーションのよいホテル。パティオの美しいコロニアルな建物だ。客室には必要な設備はすべて揃っている。ただし、エレベーターはない。

[住]Plaza 25 de Mayo 3 ☎(4)644-0309
[FAX](4)644-0311
[URL]www.hostalcolonial-bo.com
[料]ⓈUS$40～ ⓌUS$58～
[カード][M][V] [室数]16室

Hotel de Su Merced

オテル・デ・ス・メルセー [MAP] P.259-A2

ラ・メルセー教会からすぐのかわいらしい宿。噴水のあるコロニアル調のパティオは絵タイルやブーゲンビレアに彩られておりとても美しい。客室は広くて快適。屋上からの眺めもいい。

[住]Calle Azurduy 16
☎[FAX](4)644-2706 [URL]www.desumerced.com
[料]ⓈBs.370～ ⓌBs.550～
[カード][M][V] [室数]23室

Hotel Premier

プレミエール [MAP] P.259-B1

中庭のある館内は明るく、重厚感のあるロビーや客室は、シックなインテリアでまとめられている。全室ケーブルテレビ、ミニバー、ドライヤーあり。

[住]Calle San Alberto 43
☎(4)645-2097 [FAX](4)644-1232
[料]ⓈBs.180～ ⓌBs.320～ ⓉBs.480～
[カード][A][M][V] [室数]28室

ホテル客室設備：バスタブあり テレビあり 電話あり インターネット可 朝食付き

Grand Hotel
グランド　MAP P.259-A1

5月25日広場からすぐの3つ星ホテル。少し奥まった所にあるので静か。レストラン、ふたつのパティオがある。8号室はチェ・ゲバラが滞在した部屋で、観光客に人気。宿泊を希望するなら、予約するのが無難。

[住]Calle Aniceto Arce 61
☎(4)645-2461
[料]ⓈBs.130 ⓌBs.180
[カード][M][V]　[室数]23室

Hostal Charcas
チャルカス　MAP P.259-A1

中央市場の目の前にある安宿。リーズナブルなわりに設備が整っている。スタッフはフレンドリー。毎週日曜にホテルのワゴンで行くタラブコへのツアー(往復Bs.40)を開催。旅行会社も併設しており、バスのチケット予約もできる。

[住]Calle Ravelo 62　☎(4)645-1336
[料]ⓈBs.70(バス・トイレ共同Bs.40)
ⓌBs.130(バス・トイレ共同Bs.80)
[カード]不可　[室数]15室

スクレのレストラン

Plaza
プラサ　MAP P.259-A1

5月25日広場に面する建物の2階にあり、テラスからは広場を一望できる。ランチのMenú EjecutivoはBs.45で、サラダ、スープ、メイン、デザートとボリュームたっぷり(12:00～14:00)。アラカルトはBs.60～95。

[住]Plaza 25 de Mayo 34
☎(4)644-7610
[営]12:00～24:00　[休]無休　[カード][M][V]

Florin
フローリン　MAP P.259-B2

欧米人に人気のレストラン。伝統的なボリビア料理のピケ・マチョBs.62などが味わえる。メキシコ料理やパッタイなどのタイ料理などもあるが、味はボリビア風にアレンジされている。夜はバーのような雰囲気に。

[住]Calle Bolívar 567
☎(4)645-1313
[営]月～金12:00～翌1:00、土・日9:00～24:00
[休]無休　[カード][A][M][V]

Orígenes Bolivianos
オリゲネス・ボリビアノス　MAP P.259-B2

5月25日広場から南東に6ブロックの住宅街にある。フォルクローレ・ショーを見ながら食事ができるレストラン。ショーは20:00～。料金はBs.100で、ドリンクと食事付きはBs.170。

[住]Calle Azuduy 473
☎(4)645-7091
[営]19:00～23:00　[休]月　[カード][M][V]

人気のチョコレート店

ボリビアン・チョコレートの首都と呼ばれるスクレ。人気は5月25日広場に面したこの店。70年以上の歴史をもつ老舗チョコレート専門店で、幅広いラインナップを取り揃えている。板チョコは小Bs.9.5、大Bs.18。伝統的なクリーム入りチョコ、トラディシオナレスTradicionalesは小Bs.13、中Bs.25、大Bs.50。

Chocolates Taboada
チョコラテス・タボアダ

MAP P.259-A1
[住]Calle Daniel Campos No.82　☎(4)645-4680
[URL]taboada.com.bo
[営]月～金8:30～11:30、14:30～17:00、土8:30～11:30　[休]日・祝　[カード]不可

ポトシ

・ラ・パス

★ポトシ

| 標高 | 約4090m |

MAP P.208-B3

市外局番 ▶ 2
（電話のかけ方は→P.210）

US$1=Bs.6.7

カテドラルの塔から眺める11月10日広場とポトシの町並み

アンデス山中、赤茶けた山々に囲まれてひっそりとたたずむ町がある。鉱山の町ポトシである。1545年、ポトシ山に大銀脈が発見されてから始まるこの町の栄枯盛衰は、ボリビアの歴史を映しているかのようである。16世紀に開かれたポトシの鉱山からは、銀のほかにスズ、タングステンが次々に発見され"富の山セロ・リコCerro Rico"と呼ばれるほどだった。16世紀半ば、押しかけたスペイン人たちの関心は銀の採掘のみで、銀鉱脈が尽きると同時に立ち去り、あとには枯れ果てた町だけが残った。しかし20世紀初頭になり、再び鉱山の地下資源が見直され、現在は活気を取り戻しつつある。

ライトアップされたラ・コンパニーア・デ・ヘスス教会

ポトシとウユニでは高山病に注意

ポトシは標高4090mの山岳都市。ラ・パスで高度順応していればいいが、低地からやってくると、高山病の症状が出ることも多い。もし、ポトシからウユニへ行くならば、ポトシでしっかり高度に慣れておくことが大切だ。ウユニへのツアーは、平均4800mの高地を進むため、ポトシで高山病のひどかった人は、病状がさらに悪化する危険性もあるからだ。高山病について（→P.119）。

ポトシへの行き方

✈ 飛行機

セントロの北東4kmのところにカピタン・ニコラス・ロハス空港Aeropuerto Capitán Nicolás Rojas（POI）があるが、ラ・パスからの直行便はない。

長距離バス

ラ・パスからは10社以上が運行しているが、いずれも夜行で18:30～21:30にバスターミナル発。所要9～10時間、Bs.50～120。オルーロからは各社合わせてほぼ1時間に1便あり、所要約5時間、Bs.30～75。スクレからも各社合わせてほぼ1時間に1便あり、所要約3～4時間、約Bs.20。スクレからは、バスのほかにも、バスターミナルと道路を挟んだ向かいから乗り合いタクシーが運行されている。

✈おもな航空会社
ボリビアーナ航空
Calle Quijarro 1961
casi esq. cobija
(2)612-5236

265

バスターミナル
新バスターミナル
MAP P.267-B1外
🚌 Av. Circumbalacioán
バスターミナル使用料
🎫 Bs.2
旧バスターミナル
MAP P.267-A1外
🚌 Av. Universitaria
バスターミナル使用料
🎫 Bs.1

新バスターミナル

INFORMATION

ℹ️ **観光案内所**
MAP P.267-B2
🏠 Calle Ayacucho s/n
☎ (2)623-1021
🕐 8:00〜20:00
📅 日
　ラ・コンパニーア・デ・
　ヘススの塔内にある。

郵便局
Correo Central
MAP P.267-B2
🏠 Lanza 3
☎ (2)622-2513
🕐 月〜金　8:00〜20:00
　土　　　8:00〜18:00
　日　　　9:00〜12:00
📅 無休

ライトアップされたカテド
ラル

おもな旅行会社
Altiplano
MAP P.267-B2
🏠 Ayacucho 19
☎ (2)622-5353
Big Deal Tours
MAP P.267-B2
🏠 Calle Bustillos 1092
☎ (2)623-0478

町の中心にある11月10日
広場

乗り合いタクシーは満員になると出発し、所要約2時間30分。ひとりBs.50。

長距離バスターミナルは新バスターミナルNueva Terminal（ヌエバ・テルミナル）と呼ばれている。セントロまではコレクティーボでBs.1.5、タクシーで約Bs.10。セントロから新バスターミナルへのコレクティーボは、Nueva Terminalと書かれたものに乗る。ポトシとウユニを結ぶバスは旧バスターミナルの発着で、ポトシ行きは7:00〜20:00の1時間に1便程度。所要約4時間、Bs.30。セントロから旧バスターミナルへは、Ex. Terminalと書かれたコレクティーボでBs.1.5、タクシーで約Bs.5。

歩き方

南米のなかで、植民地時代の面影を最も色濃く残す町のひとつがここポトシである。高地であり、鉱山の町であるポトシは、色とりどりといった華やかさはない。だが、石畳の狭い通り、家紋を彫り込んだコロニアルな建物、

鉱山の町らしいモニュメント

バロック建築の教会など、ボリビアに溶け込んだスペイン文化を目の当たりにすることができる。

鉱物の色をした山に囲まれた町は、アドベ（日干しレンガ）と瓦屋根の家が、軒を接するように建ち並ぶ。おもな見どころは、歩いて回れる。植民地時代の**旧国立造幣局**、博物館となっている**サンタ・テレサ聖堂・修道院**、**サン・フランシスコ教会・修道院**、バロック様式の**サン・ロレンソ教会**などを見学したい。

建物を一つひとつ見るのもいいが、銀山の発見以来スペイン人たちの植民地の財政を支え続けたポトシという町全体の雰囲気をつかみとってほしい。そんなポトシを知るうえで、ぜひとも訪れたいのが富の山"セロ・リコ Cerro Rico"の**鉱山**だ。鉱山は市内からコレクティーボで約20分ほどの所にある。

町の中心は**11月10日広場 Plaza 10 de Noviembre**。広場に面して**カテドラル**が建つ。旅行会社やレストランも広場周辺に多い。

ポトシ発のウユニ塩湖ツアー

ポトシはウユニ塩湖への起点となる町でもある。市内にあるほとんどの旅行会社のほとんどで、ウユニ塩湖行きツアーを扱っている。ただ、やはりウユニで申し込むよりも料金は高くなる。ツアーはワゴンタイプの車で6人ほど集めて行くのが一般的。6〜10月、12〜2月のハイシーズン以外は人が集まりにくく、混載ツアーが催行されない場合も多い。その場合はプライベートのツアーになる。少人数だと高額になるので、ウユニまで行ってツアーに参加したほうが確実だ。

ツアーは最短で1泊2日。ウユニ塩湖からラグーナ・コロラダLaguna Colorada、またはチリ国境のラグーナ・ベルデLaguna Verde

を巡るツアーの場合は4泊5日くらい。料金は、1泊2日だとひとり
Bs.350、2泊3日だとBs.950（いずれも混載ツアーの場合）。食事、
宿、ガイド付き。なお、ガイドはスペイン語のみがほとんど。参加
したはいいが、途中で車が故障したり、ガイドの対応に不満を漏
らす旅行者も多い。安さだけで選ぶのではなく、旅行会社を何軒
か回って、信頼できるところで申し込みたい。

おもな見どころ

旧国立造幣局 — Museo de la Casa Nacional de la Moneda MAP P.267-B2

セロ・リコ（鉱山）から採掘された金銀を貨幣にするために1572年に建てられた造幣局。当時スペインで流通していた銀貨の多くはここで造られたといわれる。館内には銀貨を刻印する機械が、今でも使用可能な状態で置かれている。建物は1753〜1773年にかけて建て直されたが、今

当時使用されていた機械も展示されている

旧国立造幣局
🏠 Calle Ayacucho 1
☎ (2)622-2777
火〜土　9:00〜10:30、14:30〜17:30
日　9:00〜10:30
休 月
Bs.40
（写真撮影は別途Bs.20）

市街で教会のような立派な外観

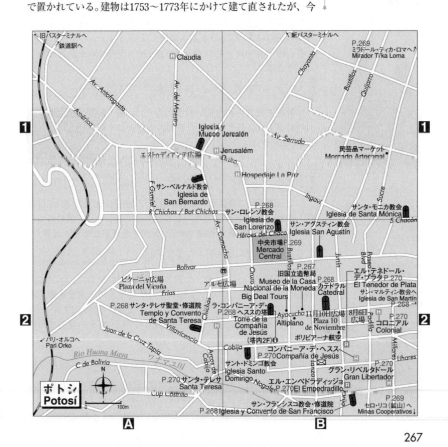

267

サンタ・テレサ聖堂・修道院

Calle Santa Teresa 15
☎(2)622-3847
月～土　9:00～12:00、
　　　14:00～18:00
日　　15:00～18:00
無休
Bs.30
（写真撮影は別途Bs.10）

往時のポトシの繁栄ぶりがう
かがえる

サン・フランシスコ教会・修道院

Calle Tarjia
☎(2)622-2539
月～金　9:00～12:00～、
　　　14:30～18:00～
土　　9:00～12:00～
日
Bs.15

サン・マルティン教会

☎(2)622-3682
ミサの日

サン・ロレンソ教会

ミサの日

リン・ロレンソ教会

ラ・コンパニーア・デ・ヘススの塔

月～土　8:00～20:00
日　　9:00～17:00
無休
Bs.10

カテドラル

☎(2)622-2642
9:00～12:00
14:30～18:00
日
Bs.20

内部はガイドと一緒に見学
する

なお植民地時代や産業革命を彷彿とさせる雰囲気を残している。

建物内は博物館になっており、ポトシからボリビア全体にわたる歴史的、民俗学的な貴重な資料、100点におよぶ絵画、貨幣のコレクションなど、幅広い展示物がある。ガイドツアーがあり、約2時間かけて詳しく案内してくれる。

サンタ・テレサ聖堂・修道院　Templo y Convento de Santa Teresa　MAP P.267-A2

17世紀の面影をそのまま残す修道院。大きく立派な外観に、鉱山の町として栄えていたころのポトシが思い浮かぶ。現在は修道院としての機能は果たしておらず、一部が博物館 Museo del Convento de Santa Teresaとして保存されている。植民地時代の宗教画をはじめとする芸術品が見事だ。見学はスペイン語と英語でのガイド付きで、約1時間。

中庭を囲むように修道院が建てられている

サン・フランシスコ教会・修道院　Iglesia y Convento de San Francisco　MAP P.267-B2

教会と修道院が隣接して建つ。1547年に建てられ、1707年に修復されたポトシでいちばん古い教会。花崗岩で造られた建物の上にレンガの大きなドームがのっている。堂々たる外観だ。今でも市民の信仰はあつく、訪れる人は絶えない。

教会内の見学はツアーでのみ可能。屋上からは町を一望することができる。

サン・マルティン教会　Iglesia de San Martín　MAP P.267-B2外

16世紀に建てられた古い教会のひとつ。鉱山の町ポトシにふさわしく、聖堂内の壁面に金箔、銀箔がふんだんに使われている。

金箔の祭壇が見事だ

サン・ロレンソ教会　Iglesia de San Lorenzo　MAP P.267-B2

バロック建築の傑作といわれる教会で、屋根には十字架と5体の聖人像が立つ。1728年に建てられ1744年まで教会として使われていたが、その後閉鎖。近年修復された。扉回りの精緻な彫刻が見事だ。

ラ・コンパニーア・デ・ヘススの塔　Torre de la Compañía de Jesús　MAP P.267-B2

ラ・コンパニーア・デ・ヘスス教会 Iglesia de la Compañía de Jesús の塔は1707年に建てられたもので、イエズス会を象徴する鐘楼や独特の構造で知られる。11月10日広場から西に2ブロック、アヤクチョ通りAyacuchoに面して建っている。塔から見渡す町の眺めは最高だ。

カテドラル　Catedral　MAP P.267-B2

11月10日広場に面して建つ。最初は1572年に建てられたのだが1800年代に修復され、今のスペイン風のバロック・スタイルになった。見事な内部装飾を見物したい。

ミラドール・ティカ・ロマ Mirador Ti'ka Loma **MAP** P.267-B1外

ポトシにできた新たな観光スポットで、町の北側、スクレとを結ぶ道路上に門のように建っている。最上階は展望台になっており、ポトシの町を一望することができる。 町の外れにある展望タワーは、このほかにパリ・オルコPari Orkoがあるが、こちらは長期にわたり閉館中でなかに入ることはできない。

中央市場 Mercado Central **MAP** P.267-B2

11月10日広場から4ブロック進んだボリーバル通りBolívar沿いにある。ポトシ周辺は高地ながらブドウ、モモ、リンゴなどフルーツの産地で、市場にはそれらフルーツの山、ジャガイモ、アヒ（トウガラシ）など野菜の山、キヌア、パスタ類の穀物の袋の束、そして

日用品からおみやげまで揃う中央市場

日用品などがところ狭しと並ぶ。また、中央市場からボリーバル通りを東に進み、スクレ通りSucreを左折して5分ほど歩いた所には、アルパカ製品や民芸品などを扱う店が集まった民芸品マーケットMercado Artesanal（**MAP** P.267-B1）がある。

セロ・リコ（鉱山） Minas Cooperativos **MAP** P.267-B2外

町外れの"富の山＝セロ・リコCerro Rico"には現在も採掘中の鉱山がある。スズをはじめとして、何種類かの鉱物が採掘され、今なおボリビアの経済を支えている。鉱山労働という過酷な労働に従事する人々が、この国を支えているのである。その労働現場の一部を、観光客でも見学できる。きっと貴重な体験になるはずだ。

鉱山ツアーはかなりハードで服も汚れる。旅行会社が貸し出した長靴を履き、ヘルメットをかぶり懐中電灯を持って頭を低くして歩く。鉱物の臭いもすごい。それなりの心の準備が必要だ。

ミラドール・ティカ・ロマ
Carretera a Sucre
(2)623-1021
月～土　9:00～12:00、
　　　14:30～18:00
日　　　9:00～12:00
不定休
無料
中心部からバスAが近くまで行くが、遠回りをして行くので時間がかかる。タクシーだとBs.5～6。

中央市場
8:00～17:00頃

鉱山ツアー
鉱山内の見学はツアーのみ。ツアー会社によって異なるが、だいたいどこも8:30～9:00、13:30～14:00発で所要4時間程度。英語・スペイン語ガイドあり。料金はBs. 80～150。

鉱山ツアーは作業着に着替えて参加する

COLUMN 世界一の鉱山で働く男たち

鉱山で働く労働者たちの状況はきわめて過酷なものであった。銀、スズを掘る彼らには、選挙権はもとより労働条件らしいものさえなく、ただひたすら働かされ続けたのである。あまりに過酷な労働に耐えきれなくなったインディヘナたちは、1952年、ついに立ち上がった。鉱山労働者の革命だ。彼らは農地改革、鉱山の国有化、普通選挙法の制定を求め、ダイナマイトを手に、権力者たちと戦ったのである。

この革命で、鉱山労働者の90％以上は表面上の選挙権を得るようになった。しかしながら、彼らは1日8時間ずつ3交代で働いている。暗く、空気のよどんだ鉱山内でコカの葉をかみ、食事もせず、ただただ重労働に耐えているのだ。そうして得る給金は1日わずかUS＄3にしかならない。生活費を差し引いたらいくら残るだろう。13、14歳の少年の頃から鉱山で働き始め、50歳ぐらいで退職するが、粉塵で胸を悪くし、早めに人生の幕を閉じる人が多いという。彼らの待遇は本質的には改善されてはいない。

ポトシの**ホテル**

Hostal Colonial

コロニアル　　　　　　　　MAP P.267-B2

🛏 📺 📞 🌐 📷

　パティオを囲むスペイン風の古家を宿にした、名前のとおりコロニアル調の建物。客室は暖房完備で、シャワーはお湯が24時間出る。冷蔵庫付き。

🏠Calle Hoyos 8
☎(2)622-4265　📠(2)622-7146
URL www.hostalcolonialpotosi.com.bo
💰Ⓢ Bs.322〜 Ⓦ Bs.418〜　[カード] MV　[室数] 20室

Hotel Gran Libertador

グラン・リベルタドール　　　MAP P.267-B2

🛏 📺 📞 🌐 📷

　サン・フランシスコ教会の近くにある、コロニアル風の外観が特徴的な3つ星ホテル。全体的に新しく、客室は清潔。スタッフの対応もよい。

🏠Calle Millares 58
☎(2)622-7877　📠(2)622-4629
URL www.hotelgranlibertador.com
💰Ⓢ Bs.340〜 Ⓦ Bs.480〜　[カード] MV　[室数] 25室

Hotel Santa Teresa

サンタ・テレサ　　　　　　MAP P.267-A2

🛏 📺 📞 🌐 📷

　サンタ・テレサ教会・修道院の近くにある3つ星ホテル。客室はシンプルだが、とても清潔。建物の中庭にはボリビア料理のレストランがある。

🏠Calle Ayacucho 43
☎(2)622-5270
URL www.hotelsantateresa.com.bo
💰Ⓢ Bs.300〜 Ⓦ Bs.500〜
[カード] MV　[室数] 25室

Hostal Compañía de Jesús

コンパニーア・デ・ヘスス　　MAP P.267-B2

🛏 📺 📞 🌐 📷

　宿の人は、日本を訪れたこともあるという親日家。夜になると外門の鍵を閉めるので、セキュリティ面でも安心。

🏠Calle Chuquisaca 445
☎📠(2)622-3173
💰Ⓢ US$7.5（共同バスUS$5）
　Ⓦ US$12.5（共同バスUS$9）
[カード] 不可　[室数] 24室

ポトシの**レストラン**

El Tenedor de Plata

エル・テネドール・デ・プラタ　MAP P.267-B2

　静かで落ち着いた雰囲気のレストラン。ボリビアの郷土料理が楽しめ、メインはBs.40〜85。店のおすすめは、スパイシーなポトシ名物のサイセSaiceBs.60。

🏠Plaza 10 de Noviembre, Calle Tarija 1
☎6961-0415（携帯）
🕐月〜土12:00〜15:00、18:00〜23:00、日12:00〜16:00
🈳無休　[カード] DMV

El Empedradillo

エル・エンペドラディッジョ　MAP P.267-B2

　11月10日広場から南に2ブロックと立地のよいレストラン。歴史を感じさせながらも、気取らない内装は居心地がよく、ボリビア料理の種類が多い。ランチはお得なセットメニューがある。

🏠Calle Tarija 43　☎(2)623-0060
🕐12:00〜15:00、18:30〜22:00
🈳無休　[カード] 不可

ウユニ

乾季でも水が残っている場所があることも

標高3660mに位置するウユニは、人口約1万8000人ほどの町。古くから近郊で採れる塩や鉱物を、チリやアルゼンチンへ輸出する貿易の拠点となってきた。人口のほとんどはインディヘナで、地名の多くに彼らのアイマラ語が使われている。その小さな町に、世界中から多くの観光客が集まる理由はただひとつ、ウユニ塩湖があるからだ。鉄道駅から3〜4ブロックほどの範囲の中心部には、約80もの旅行会社が集中し、朝10時のツアーの出発時間には4WDの車がずらりと並ぶ。夕方になるとツアーから戻ってきた旅行者が、広場周辺のレストランに集まりにぎわいをみせる。観光は通年できるが、11〜3月の雨季のピークには、水が張った塩湖が見られることから、より多くの観光客がつめかける。朝晩の温度差が激しく、特に6〜8月の乾季にはしっかりとした防寒具が必要。日差しも強いのでサングラスや日焼け止めは必携だ。

ウユニへの行き方

✈ 飛行機

ラ・パス〜ウユニ間を運航しているのはボリビアーナ航空Boliviana de Aviación（BoA/OB）とアマソナス航空Amaszonas（Z8）の2社。両社あわせて毎日2〜6便を運行しており、そのほかサンタ・クルスからも週3便ある。ラ・パスから10時間バスに揺られることや、オルーロまで行って列車に乗ることを考えると、約1時間かからずに行くことができる飛行機は非常に便利だ。しかし、遅延がよくあるので、スケジュールに十分な余裕が必要だ。

ウユニ空港Aeropuerto Uyuni（UYU）は、市街からウユニ塩湖方

標高▶**3660m**

MAP▶**P.208-A3**

市外局番▶**2**
（電話のかけ方は→P.210）

US$1=**Bs.6.7**

CHECK!!! ツアーのベストシーズン
ウユニ塩湖は乾季の6〜10月と雨季の12〜3月がハイシーズン。雨季は塩湖に水がたまり、塩湖の入口付近までしか行けないが、鏡のような湖面が見られる。乾季のは澄み切った青空が広がり、星もきれい。ただし、寒さは格別なので、しっかりとした防寒具を用意しよう。

ボリビアーナ航空の機体

✈おもな航空会社
ボリビアーナ航空
🏠Av. Potosí y Calle Sucre
☎(2)693-3674
アマソナス航空
🏠Av. Potosí s/n entre Av. Arce y Calle Bolivar
☎(2)693-3333
🎫ラ・パス〜ウユニ片道
US$95〜

ボリビア国内ではラ・パス〜ウユニのほかに、サンタ・クルス、コチャバンバなどへフライトしている。また、ペルーのクスコ〜ラ・パス間のフライトもある。

マメ知識
**ラ・パスからの
長距離バス**
　観光客向けのバスから地元客も乗り込むようなローカルバスまでいろいろあるが、最も安全に旅ができるといわれているのがトド・ツーリスモ社Todo Turismoのバス。値段はBs.250とローカルバスの数倍するものの、ほとんど観光客しか乗らないため安心感がある。ほぼ180度倒れるリクライニングシートや食事、水がサービスされるなど設備やサービスも充実している。ラ・パス出発21:00、ウユニ着翌7:30。ウユニ発は20:00。ラ・パス着翌6:30。

**トド・ツーリスモ社
Todo Turismo**
URL www.todoturismosrl.com
ウユニ
MAP P.272
住 Cabrera 158
☎ (2)693-3337
営 月〜金　9:00〜20:00
　　土・日　7:30〜12:30、
　　　　　　14:00〜20:00
休 無休
ラ・パス
MAP P.222-A1
住 Av. Uruguay 102, edificio Paola piso 2, oficina 6
☎ (2)211-9418
営 月〜金　9:00〜20:00
　　土・日　9:00〜12:30
　　　　　　14:30〜18:30
休 無休

面に向かって約4km、車で10分ほど。飛行機の発着に合わせてバスが運航されている。市内から空港へはタクシーで約Bs.15。

🚌 長距離バス

　ラ・パスからの直通バスは夜行バスがほとんど。21:00前後にラ・パスのバスターミナルを出発する。所要約10時間、Bs.120〜。オルーロからは1〜2時間に1便の運行で、所要4時間、Bs.50〜。ポトシからのバスは旧バスターミナル発。複数の会社が運行しており、全社合わせると7:00〜20:00の1時間に1便程度の運行で、所要約4時間、Bs.30。スクレからは直行便とポトシ経由があり、直行便は所要約8時間、Bs.80〜。朝スクレからポトシへ行き、バスターミナルで荷物を預け、日中にポトシを観光した後、ウユニに移動することも可能。ただし、荷物預かり所の営業時間を確認しておくこと。

　ウユニからラ・パス行きの便は20:00〜21:30発の夜行。オルーロ行きは1〜2時間に1便、スクレ行きは1時間に1便ほど。そのほか、チリのサン・ペドロ・デ・アタカマ行きの直行バスが5:30、12:00、13:30発、所要11〜12時間。ボリビアのアバロアAvaroaからチリのオジャゲOllaqueへ国境を越え、カラマCalamaを経由する。

🚌 鉄道

　アルゼンチン国境のビジャソンVillazónからウユニを経由しオルーロへ向かう路線がある。オルーロからの列車にはエクスプレソ・デル・スルExpeso del Surとワラ・ワラ・デル・スルWara Wara del Surがあり、所要6時間50分〜7時間20分、ビジャソンから8時間20分〜9時間45分。鉄道についての詳細や列車の時刻（→P.253）。

歩き方

　鉄道駅の前に広場があり、そのままバス会社が集まる一角まで4ブロック四方が町の中心。どこへでも徒歩で行ける。その狭いエリアの中に、約80もの旅行会社が軒を連ね、数十軒のホテルが並んでいる。旅行会社の多くは駅と広場の間のフェロビアリア通りAv. Ferroviaríaにあり、朝はウユニ塩湖に行くツアーの車が道にずらりと並ぶ。ツアーの呼び込みも激しい。レストランやみやげ物屋は広場の周辺にある。また、カテドラルの隣の市場にもみやげ物屋がある。

カテドラルの前にアルセ広場がある

近郊の町と見どころ

ウユニ塩湖のツアー

ウユニ塩湖へは、日帰りツアーが一般的。ツアー会社は多数あるが、ツアーの内容や料金はほぼ同じ。2泊3日ツアーの1泊目のホテルが違うぐらいだ。

■日帰りツアー

10時30分にウユニの町を出発。10:50列車の墓（→P.275）、12:00コルチャニ村（→P.275）着。ここでトイレと水やみやげを購入する時間が約30分ある。もう目の前はウユニ塩湖だ。

12:35塩湖到着、ダカールラリーの記念碑や国旗の広場を巡る。13:00塩湖内にある唯一の建物、プラヤ・ブランカでランチタイム。食事はツアーのドライバーが用意してきている。塩の椅子に座って塩のテーブルで食べる。

昼食後、塩原が割れて塩分濃度の濃い塩水が湧き出している「塩の目Ojos del Salar」を見学。トリック写真などを撮ってから約60km離れたインカ・ワシ島（→P.275）を目指す。真っ白な塩の大地をひた走っていくと、蜃気楼のように浮かぶ黒い島が見えてくる。15:10インカ・ワシに着き、約1時間半の自由時間があるのでサボテンだらけの小山に登って展望を楽しめる。その後、サンセットポイントに移動し、日没後の18:00頃帰路につく。乾季でも雨が降った後では、天空を映す鏡のようになったウユニ塩湖で夕日を鑑賞できる。

トゥヌパ火山（→P.274欄外）の麓付近まで行ってから戻るツアーや、引き続き星空観察をするツアーなどもある。

■日の出ツアー

夜明け前に出発して、ウユニ塩湖で日の出を見る所要3～4時間のツアー。鏡張りの湖からは反射で太陽がふたつある珍しい日の出が眺められる。日の出の時刻に応じて出発時間は異なる。

■日没＆星空ツアー

午後に出発して、ウユニ塩湖に沈む夕日を眺め、さらに星空を鑑賞して戻ってくる。所要5～6時間。日没後は急速に冷え込むので十分な防寒対策を。月が出ると星が見えづらくなるので、満天の星を見たければ新月の日が狙い目。

■1泊2日ツアー

1日目は日帰りツアーと同じ内容。塩湖の縁にあるホテルか、塩湖の中のプラヤ・ブランカに泊まり、翌日はトゥヌパ火山の展望台まで上るコースが一般的。しかし、催行されないことも多い。

■2泊3日ツアー

途中までは日帰りツアーと同じ。インカ・ワシ観光後、塩湖を南下、サン・フアンSan Juanの村の宿に宿泊する。2日目はオジャグエ火山Volcán Ollagüeの展望を楽しみ、フラミンゴのいるカニャパ湖Laguna Cañapaへ。その後、大砂漠の中を走り、木のような形をした石を見て、ラグーナ・コロラダLaguna Colorada（→P.275欄外）へ。近くにある小屋に宿泊する。3日目は早朝に出発し、まず、

ウユニ塩湖ツアー料金

ツアーは4WDの車にドライバーと、ツアー参加者最大7名が乗車する。ドライバーはガイドを兼ねるが、ほとんどスペイン語のみ。英語ガイドは割高になる。以下はHodaka Mountian Expediton調べ。

日帰り1日ツアー
料Bs.200～
所要6時間のツアー。トゥヌパ火山まで行くツアーは料金が高くなる。事前に内容をよく確認しよう。

日の出ツアー
料Bs.150～
ウユニ塩湖に登る日の出を見るツアー。

日没＆星空ツアー
料Bs.150～
プライベート・ツアーになり、料金は参加者で割る。

1泊2日ツアー
料US$80～
リクエストで組まれるので行く場所や内容により料金は変わる。

2泊3日ツアー
料US$120～
食事、ホテル、ガイド込み。国立公園入場料Bs.150別。宿泊するホテルや英語ガイドにより料金が変わる。なお、1日目の宿はシャワーがあるが（利用料別）、2日目は標高約4500mのドミトリーのようなところに泊まる。

サン・ペドロ・アタカマ行き2泊3日ツアー
料US$130～
別途国立公園入場料Bs.150。

塩水がわき出る「塩の目」

マメ知識
気温の急激な変化に注意

高地にあるウユニ塩湖では、日中は20℃以上となり半袖でいられるほどだが、朝晩は氷点下となる。特に乾季は冷え込みが激しい。早朝のツアーや星空ツアーに参加する場合は、防寒対策をしっかりと。

　ウユニ湖は一面真っ白な塩湖のため、スキー場のような日差しの照り返しを受ける。日本のスキー場と違うのは、標高が4000m近くあること。日焼けどころかヤケドになるので、日焼け止めとサングラスは必須。

トゥヌパ火山
Volcán Tunupa
MAP P.274
　ウユニ塩湖をジープで北へ駆け抜けると、遠方に大きな山が見えてくる。これがトゥヌパ火山（標高5432m）だ。途中のビューポイントまで登ることができる。山腹にある洞窟にはミイラが何体か放置されており、薄暗い洞窟の中に横たわるミイラはやや不気味だ。季節によっては、周辺の湖にフラミンゴの姿を見かけることもある。

塩湖からのトゥヌパ火山

ツアー会社を選ぶコツ
　ウユニ塩湖へのツアーを催行する会社は多数あるが、専属ドライバーがいる会社がおすすめだ。なぜなら、トラブル発生時にも迅速に対応してもらえる。駅前にある小さな旅行会社では、共同でドライバーを雇っているケースも多い。

おもなツアー会社
Hodaka Mountain Expedition
MAP P.272
🏠Av. Ferroviaria entre Arce
☎(2)7243-2175
URL www.uyunihodakabolivia.com
　日本語の名称で日本人の利用が多いが、日本人スタッフはいない。
Blue Line Service
MAP P.272
🏠Av. Ferroviaria 1 entre Arce
☎(2)693-3546
URL www.salardeuyunitour.com
Andes Salt Expeditions
MAP P.272
🏠Av. Ferroviaria 56
☎(2)693-2116
URL www.andes-salt-uyuni.com.bo

ソル・デ・マニャーナSol de Mañanaという噴気孔に行く。標高約5000mの天然の温泉に入ることも可能。最後はチリ国境のラグーナ・ベルデ（→P.275欄外）を見てウユニに戻る。到着は18時頃。

ウユニ塩湖　　Salar de Uyuni **MAP** P.274

　数百万年前にアンデス山脈が隆起した際、海底が海水ごと持ち上げられ取り残された。やがて海水が干上がるにしたがって水分中の塩が固まり、いくつかの塩湖となった。流れ込む川のないウユニ湖は、一面真っ白な塩に覆われ、今でも湖には塩分の濃い水が染み出している。ウユニ塩湖の周辺には、ほかにも十数ヵ所の小さな塩湖がある。

　ウユニ塩湖の最高地点は標高3760m。ウユニ塩湖は高低差がほとんどないため、とにかく見渡す限りの真っ白で真っ平らな世界。なんと、塩湖の大きさは約120km×約100km

白い大地に六角形の模様がどこまでも続く

あり、面積は約1万2000km²、約20億トンという膨大な塩がここにあることになる。それどころか、ウユニ塩湖ばかりではなく、北側にはウユニ塩湖に比べれば規模こそ小さいが、やはり1万年以上も前にできたコイパサ塩湖Salar de Coipasaがあり、塩の大地を造りだしている。

星が水鏡に映る絶景

インカ・ワシ島

Isla Inca Washi **MAP** P.274

まさに塩湖に浮かぶ島のよう

ウユニ塩湖には32の島があり、最も大きい島はイスラ・デ・ペスカ（魚の島）。その近くにあるインカ・ワシも大きな島で、唯一、観光客に開放されている。インカ・ワシ島のことをイスラ・デ・ペスカと呼んでいる人も多いが、インカ・ワシ島が正しい。入園料を払って島につけられたトレイルを登る。島全体に大きなハシラサボテンがぎっしり生えていて、その向こうに白い大地が見える独特な景色。島は珊瑚礁の化石でできており、太古の昔はここが海の底だったことを実感できる。頂上からは真っ白な塩湖、トゥヌパ火山などが一望できる。島の入口にトイレがある。

列車の墓

Cementerio de Trenes **MAP** P.274

ウユニからチリのアントファガスタへ、塩や鉱物を運んだかつての蒸気機関車や貨物の車両が放置されている場所。その哀愁漂う風景が人気のようだ。ウユニからポトシ方向へ車で10分ほどの所にあり、ツアーでは必ずといっていいほど立ち寄る。

廃棄された機関車が何両も並ぶ列車の墓

コルチャニ村

Colchani **MAP** P.274

ウユニ塩湖の縁に位置する小さな村。村の産業は塩。目の前の塩湖の塩を採掘して販売している。ツアーの車が停まる場所に塩のブロックでできたみやげもの屋が並び、ニットの手袋やマフラー、塩で作った置物、袋詰めした塩などを販売。塩で作った大きな像が展示されている店もある。

塩を山型に積んで乾燥させている

ラグーナ・コロラダ
Laguna Colorada
MAP P.274
　湖に生育する藻類や堆積物により、赤い色をした不思議な湖。ピンク色をしたジェームズ・フラミンゴとチリ・フラミンゴの生息地として知られている。水鳥の生育する貴重な湿地として、ラムサール条約湿地に登録されている。

ラグーナ・ベルデ
Laguna Verde
MAP P.274
　標高4300mのチリ国境に位置する、真っ青な色の水をたたえた美しい湖。色は銅のミネラル分によるものだ。湖の向こうには、山頂に雪をかぶった茶色い山肌のリンカンカブール山Volcán Lincancabur 5960mがそびえ、地球とは思えないような風景。

インカ・ワシ島
☎De.30

マメ知識
塩湖の中にステイする
　2019年3月、塩湖の中に宿泊施設がオープン。ウッドデッキでつながれたドーム形のテントが客室になっていて、居ながらにして塩湖を眺められる。雨季には湖の中に浮かんでいるような気分だ。宿泊料金には3食および塩湖でのアクティビティが含まれる。
カチ・ロッジ
Kachi Lodge
URL www.kachilodge.com
☎7608 8000
料2泊US$1980
（1人につき。最低2泊）
ウユニ空港または町からの送迎、税金込み。

場所は塩湖北側トゥヌパ火山の麓。6棟のドームテントがある

コルチャニ村にはみやげ物屋が何軒もある

ウユニのホテル

Tambo Aymara
タンボ・アイマラ [MAP] P.272

🛁 📺 ☎ 💻 🍴

広場からやや離れるが、コロニアルな建物を改装した雰囲気のあるホテル。ロビーはゆったりとしていて、中庭から光が注ぐ。テラコッタの床にウッディなベッドと、シンプルながら落ち着ける。

[住]Calle Camacho s/n　☎(2)693-2227
[URL]www.hoteltamboaymara.com
[料]ⓈBs.390～ ⓌBs.500～　[カード]不可　[室数]14室

Toñito
トニート [MAP] P.272

🛁 📺 ☎ 💻 🍴

家族経営の中級ホテル。建物の奥にはレストランがあり、ピザが評判。客室はきれいでホットシャワーが定安して利用できる。

[住]Av. Ferroviaría 60　☎7374-3730(携帯)
[URL]www.tonitouyuni.com
[料]ⓈBs.350～ ⓌBs.450～
[カード]不可　[室数]54室

ホテル客室設備：🛁 バスタブあり　📺 テレビあり　☎ 電話あり　💻 インターネット可　🍴 朝食付き

COLUMN ウユニ塩湖の塩のホテル

ウユニ塩湖では食用の塩の採掘のほかに、建材用の塩のブロックを切り出している。その塩のブロックを使って作られた塩のホテルが、ウユニ塩湖と周辺にある。

ウユニ塩湖内に唯一あるのが、ホテル・プラヤ・ブランカ。ウユニ塩湖ツアーでは、このホテルの前の各国の旗が立っているスポットで記念撮影をしたり、ホテル内でランチを食べる。塩湖の保全のために、基本的に宿泊は禁止されている。また、1泊2日のツアーをアレンジしてもらわないと、行くことも帰ることもできない。

いっぽうで、塩湖の縁に施設の整った高級な塩のホテルが3軒ある。宿泊するならこちらがおすすめ。行き方は、日帰りツアーの帰りにホテルで降ろしてもらうか、市街からタクシー利用で35分、Bs.200。市内のツアー会社で送迎付の宿泊のアレンジもしてもらえる。

パラシオ・デ・サル
Palacio de Sal

[MAP] P.274
☎ (2) 622-5186
[URL] www.palaciodesal.com.bo
[料]ⓈⓌUS$127～

ウユニ塩湖の縁にある塩のホテルのひとつで、2013年にリニューアルオープン。室内はもちろん、椅子もテーブルも塩でできている。ツイン21室、ダブルが9室あり、全室温水シャワー、ヒーターあり。

オテル・デ・サル・ルナ・サラダ
Hotel de Sal Luna Salada

[MAP] P.274
☎ (2) 277-0885、7121-2007 (携帯)
[URL] www.lunasaladahotel.com.bo
[料]ⓈUS$108～ ⓌUS$118～
[カード] [M][V]

コルチャニ村から4km。塩湖の縁の小高い場所に建つ、全30室の規模の大きな塩のホテル。塩湖が一望できる。壁もベッドも塩でできていて、床には塩がまいてある。1階、2階ともに通路にリラクゼーションスペースがあり、デザインもすてき。広い食堂からの眺めもいい。

クリスタル・サマニャ
Cristal Samaña

[MAP] P.274
☎7144-0042
[URL] www.hotelcristalsamaña.com
[料]ⓈUS$135 ⓌUS$190

コルチャニ村の比較的近くにあり、塩湖へも歩いて行ける距離に建つ、すべてが塩でできている規模の大きな塩のホテル。塩のオブジェもあって楽しい。料金には朝食と夕食が含まれる。

La Magia de Uyuni
ラ・マヒア・デ・ウユニ [MAP]P.272

🛁 📺 ☎ 💨 🍴

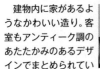

建物内に家があるようなかわいい造り。客室もアンティーク調のあたたかみのあるデザインでまとめられている。暖房もしっかりしていて安心。一部バスタブ付きの部屋もある。1階にピザ屋（16:00～23:00、無休）を併設している。

[住]Av. Colón 432 ☎(2)693-2541
[URL]www.hostalmagiauyuni.com
[料]ⓈUS$40 ⓌUS$70 [カード][M][V] [室数]23室

Julia
フリア [MAP]P.272

🛁 📺 ☎ 💨 🍴

駅の正面にあるエコノミーなホテル。シングルからファミリー向けまでさまざまなタイプの部屋があり、バス・トイレ付きの部屋には冷蔵庫も完備されている。一部の部屋からは眺めがいい。

[住]Av. Ferroviaría, Arce 314
☎(2)693-2134 [URL]hoteljuliauyuni.com
[料]ⓈBs.220 ⓌBs.330 / ⓈBs.100 ⓌBs.220 （バス・トイレ共同） [カード][M][V] [室数]25室

Reina del Salar
レイナ・デル・サラール [MAP]P.272

🛁 📺 ☎ 💨 🍴

緑色をした目立つ建物を利用したホテル。全16室中バス・トイレ共同が12室。レセプションは24時間対応。空港への送迎（Bs.15）などのサービスも行っている。

[住]Av. Potosí 19
☎(2)693-2080
[料]ⓈⓌUS$35～（バス・トイレ共同） ⓌUS$40～
[カード]不可 [室数]16室

Avenida
アベニーダ [MAP]P.272

🛁 📺 ☎ 💨 🍴

町の中心部に近く、大通りに面した立地のよいホテル。部屋はシンプルで少し狭いが、清潔に保たれている。日本人に人気の宿。お湯は出るが水圧がやや弱い。

[住]Av. Ferroviaría 11
☎(2)693-2078
[料]ⓈBs.50 ⓌBs.100（バス・トイレ共同）ⓈBs.70 ⓌBs.140
[カード]不可 [室数]44室

ウユニのレストラン

Lithium Club
リチューム・クラブ [MAP]P.272

ほかの店に比べて値段はやや高めだが、暖炉のある店内の雰囲気がよく、観光客に人気の店。スープ、ピザ、パスタなどのほか、リャマ肉料理やボリビアの郷土料理ピケ・マチョなどがある。

[住]Av. Potosí 24
☎7305-3366（携帯）
[営]月～日11:00～22:00
[休]無休 [カード][M][V]

Extreme Fun Pub
エクストリーム・ファン・パブ [MAP]P.272

ウユニ塩湖の塩が敷きつめられたパブで、旅行者が撮ったウユニ塩湖のトリック写真がたくさん貼られている。約100種ものドリンクを取り揃えているほか、ハンバーガーなどのフードがある。

[住]Calle Sucre 23
☎7209-4420（携帯）
[営]火～日12:30～翌1:00
[休]月 [カード]不可

Santa Cruz
サンタ・クルス

ラ・パス
★
サンタ・クルス

標高 ▶ 約**416m**

MAP ▶ P.208-B3

市外局番 ▶ **3**
（電話のかけ方は→P.210）

US$1=**Bs.6.7**

INFORMATION

❶観光案内所
Casa de Gobierno
MAP P.281-A2
🏠Plaza 24 Septiembre
🕐8:00～16:00
休土・日
Casa de la Cultura
MAP P.281-A2
🏠Plaza 24 Septiembre
🕐月～金　9:00～12:00、
　15:00～20:00
　土・日　15:00～20:00
休無休
Terminal de Buses
MAP 地図外
🏠Av. Interradial, 3er Anillo
🕐8:00～12:00、
　15:00～19:00
休土・日

在サンタ・クルス日本国領
事務所
La Oficina del Cónsul del
Japón
MAP P.281-B2
🏠Calle Saavedra 314, Esq
　Cochabamba.
☎(3)333-1329/335-1268
🕐8:30～11:30、
　13:00～16:30
休土・日

町の中心9月24日広場とカテドラル

　赤茶けた山々、遠くに雪山を望むアルティプラーノ（高原地帯）……。そんな風景にも徐々に木々が加わり緑が目に映り出す。やがて日差しや植物も常夏のそれに変わる。ボリビアの"新しい"都市、サンタ・クルスへ到着だ。街のいたるところにヤシの木が茂り、赤や黄色の花が咲き乱れる。高原の多いボリビアにあって、サンタ・クルスはセルバSelva（森林地帯）に属す唯一の大きな都市である。

　サンタ・クルス州は、ボリビアの東部、ブラジル、パラグアイ、アルゼンチンと国境を接する面積約37万km²の国内で最も大きな州である。中心地サンタ・クルス市は人口約145万人。

　町は1651年2月26日、パラグアイから移住したスペイン人ニュフロ・チャベスÑuflo Chavezにより建設された。長い間、交通が不便であり、孤立都市のイメージが強かった。そのため混血しないスペイン人も多く、スペイン系の美人が多い町として知られている。ラ・パスより標高が低くて気候がいいことなどから、ボリビアの商業の中心地となりつつある。市内は発展が著しく、中心部は各官庁の支所、大学、大病院のある文化都市の顔をもち、周辺地域は農作物の生産地となっている。町の中心を少し離れると、のどかな田園風景が広がる。第2次世界大戦前後のゴム景気にあおられ、多くの日本人が夢を託して南米にやってきた。ここボリビアにも数多く移住しており、彼らはアンデス山脈を越え、少しでも過ごしやすい気候のサンタ・クルス近郊に移り住み、コロニア・サン・フアンやコロニア・オキナワといった日本人移住地を築いた。町の正式名称はサンタ・クルス・デ・ラ・シエラSanta Cruz de la Sierra（山あいのサンタ・クルス）。年間平均気温は24℃、ボリビアのなかにあっては過ごしやすい気候である。温暖で空気の濃いこの町に着くと、高山病もいっぺんに治るだろう。

サンタ・クルスへの行き方

✈ 飛行機

　サンタ・クルスには、ビル・ビル国際空港Aeropuerto Internacional Viru Viru（VVI）とトロンピージョ空港Aeropuerto Trompillo（SRZ）のふたつの空港があるが、ほとんどの路線がビル・ビル国際空港を利用。

　ラ・パスからボリビアーナ航空Boliviana de Aviación（BoA/OB）、アマソナス航空Amaszonas（Z8）などが運行している。ほかにコチャバンバ（所要45分）、スクレ（所要約40分）からもフライトがある。

　近隣諸国からのフライトは、リマ（ペルー）からラタム航空LATAM Airlines（LA）、アビアンカ航空Avianca（AV）が運行しており、所要約2時間40分。ブエノス・アイレス（アルゼンチン）からはアルゼンチン航空Aerolíneas Argentinas（AR）が運行、所要約3時間。サン・パウロ（ブラジル）からはボリビアーナ航空、ゴル航空GOL（G3）で所要約2時間50分。アスンシオン（パラグアイ）からは、アマソナスが運行、所要1時間40分。イキケ（チリ）からは、ラタム航空が運行、所要1時間45分。

Let's Go! 空港から市内へ

　ビル・ビル国際空港は市街から北へ約15kmの所にある。市の中心へは6:30〜23:00の20〜30分ごとにミニバスが出ている。空港方面から環状1号線を走り、終点は旧バスターミナル。所要約30分。料金はBs.6。あらかじめ運転手か助手に目的地のホテルを伝えておけば、環状1号線上の

空港と市内を結ぶミニバス

いちばん近いポイントで降ろしてくれる。タクシーを利用した場合はBs.60〜80。

　トロンピージョ空港は町の中心部から南へ約2.5kmの所にある。町の中心部へは、旧バスターミナルまでミニバスが出ており、Bs.6。タクシーだと約Bs.15〜20。

タクシーはドアのところに
飛行機マークがある

🚌 長距離バス

　ラ・パスより数社が毎日10便以上運行しており、所要約15時間、Bs.109〜228。コチャバンバからは所要約11時間、Bs.64〜148。スクレ発の便は16:00〜18:00に集中しており、所要約15時間、Bs.80〜170。

Let's Go! バスターミナルから市内へ

　長距離バスターミナルは、セントロから東へ約3kmのところ、ブラジル通りAv. Brasilと環状3号線の間にある。ターミナル内には、各バス会社が窓口を並べていて、行き先、出発時刻が貼り出されている。2階には食堂もある。バスターミナル使用料はBs.3〜10。

　バスターミナルからセントロまでは、49番や103番などのミニ

郵便局
Correo
MAP P.281-A2
住 Junín 150
☎ (3)334-7445
圏 月〜金　8:00〜18:00
　 土　　 8:00〜15:00
休 日

両替所
Cambio Aleman
MAP P.281-B2
☎ (3)332-4114
圏 月〜金　8:45〜12:30
　　　　　14:45〜18:30
　 土　　 9:00〜12:30
休 日
　9月24日広場周辺に集まっている。

病院
日本病院
Hospital Japonés
MAP P.281-B1外
☎ (3)346-2031
サン・フアン・デ・ディオス病院
Hospital San Juan de Dios
MAP P.281-A1
☎ (3)333-2222

ビル・ビル国際空港
MAP P.281-A1外
☎ (3)338-5000
URL www.sabsa.aero

✈おもな航空会社
ボリビアーナ航空
住 Prolongación Aroma,
　 Edif. Casanovas of. 07,
　 Zona Palacio de Justicia
☎ (3)314-8300
アマソナス航空
住 Aeropuerto Viru Viru
☎ (3)312-3252
ラタム航空
住 Calle Los Claveles 16
☎ (3)332-2020

バスターミナル
Terminal de Autobuses
MAP P.281-B2外
🏠 Av. Interradial, 3er Anillo
☎ (3)348-8482
　（インフォメーション）

フェロビアリア・オリエンタル
Ferroviaria Oriental
MAP P.281-B2外
URL www.fo.com.bo

日系の旅行会社
ヘネシ旅行社
E.R.E Genesis Agencia de
Viajes y Turismo
🏠 Av. Internacional, Condominio
Sevilla Real, Calle Belgica 2
☎ 7666-7323
（休業日の連絡先
☎ (3)333-4082)
E-mail info@genesisbolivia.com
⏰ 月～金　　8:30～12:00、
　　　　　14:30～18:00
　　土　　　8:30～12:00
休 日
　日本人スタッフ常駐。ボ
リビア側アマゾンや、ウユ
ニ塩湖などサンタ・クルス
発のツアーを、幅広く催行
している。
島旅行社
Shima Tours
MAP P.281-A1
🏠 Calle Canada Strongest
Condomino Mishima Lo-
cal 6 Planta Baja
☎ (3)333-3892
E-mail shimasrz@gmail.com
⏰ 月～金　　8:00～12:00
　　　　　15:00～18:00
　　土　　　8:00～12:00
休 日
　日本語のできるスタッフ
が常駐している旅行会社。
チケットの手配やエコツア
ーの申し込みなどが可能。
チョビイ・ツアーズ
Chovy Tours
MAP P.281-B1
🏠 Calle Antonio Vaca Díez 210
☎ (3)332-2439
📠 (3)334-4840
E-mail etsuko@chovytours.com
⏰ 月～金　　8:30～12:30
　　　　　14:30～18:30
　　土　　　8:30～12:30
休 日
　日本人経営の旅行会社。

バスで。所要約15分、Bs.2。タクシーは約10分でBs.15～20。セント
ロからバスターミナルまでは、9月24日広場の西側の通りからミク
ロ"I"を利用。

🚃 鉄道

　アルゼンチン、ブラジル方面の路線がある。ともにフェロビアリ
ア・オリエンタルFerroviaria Orientalの運行。ブラジレーニャ駅
Estación Brasileñaはバスターミナルの隣にあり、チケットはバス
ターミナル内の窓口で購入できる。料金や運行スケジュールは頻
繁に変わるので、事前に確認しよう。鉄道駅の使用料はBs.10～30。

サンタ・クルス～ヤクイバ（アルゼンチン国境）間

　サンタ・クルスから木曜の午後発で、ヤクイバYacuibaまで所要
約16時間25分。ヤクイバで列車を乗り換え8時間ほど行くと、サン・
サルバドール・デ・フフイSan Salvador de Jujuy（アルゼンチン）に
着く。ヤクイバまでの料金はBs.60。

サンタ・クルス～キハロ（ブラジル国境）間

　週6便運行している。列車は2種類あり、特急のフェロブスFerro-
busは火・木・日曜の夕方発で、キハロQuijarroまでは所要13時間、
料金はBs.235。エクスプレソ・オリエンタルExpreso Orientalは月・
水・金曜の午後発で所要約15時間、Bs.100。キハロからブラジル側
のコルンバCorumbáまではバスに乗り換えて行くことができる。
さらにコルンバからリオ・デ・ジャネイロへは長距離バスで所要
約28時間。

市 内 交 通

　環状1号線内の中心部なら歩いて回れる範囲にある。移動手段
は、ほかの町と同様、ミクロやミニバスがあるが、路線が複雑で旅
行者が乗りこなすのは至難の技。特にサンタ・クルスは治安も悪
化しているので、極力タクシーを使うことをおすすめする。ラジ
オタクシーと一般のタクシーがあって、どちらも環状2号線内の
移動ならBs.10前後。環状3号線内はBs.12～15。
　近郊の町、コロニア・サン・フアンやコロニア・オキナワなどへ
行くときは、トゥルフィーTrufiと呼ばれる乗合タクシーが便利。

歩 き 方

　町の中心は**9月24日広場 Plaza 24 de Septiembre**。この
広場を中心に4本の環状線が町を取り巻いている。市内の歴史的
な建築のほとんどが、いちばん内側に造られた環状1号線内に集
中しており、少々広いが徒歩で回ることができる。
　環状1号線内を歩くときは、通りの名前に注意すること。9月24
日広場から北に延びる**9月24日通り24 de Septiembre**、南に

白亜の建物が並ぶ9月24日通り

延びる**レネ・モレノ通り**René Moreno、東に延びる**スクレ通り**Sucre、西に延びる**アヤクチョ通り**Ayacucho。これらの通りと交差するすべての道が、それを境に違う通り名になる。

9月24日広場にはヤシや草花が植えられ、正面にはレンガ造りのカテドラルが建っている。広場を囲むように伝統的な建築様式オルコンHorconの市庁舎と、近代的な州立銀行Banco del Estadoやアルゼンチン国営銀行などの、対照的な建築様式が並ぶ。町はこの広場を中心に、卵型に区画整備がされている。

近年、サンタ・クルスではセントロから北側の開発が進んでいる。特に、環状2号線の手前、**モンセニョール・リベロ通り**Av. Monseñor Riveroは地元でも人気のカフェ＆レストラン街となっている。キリスト像周辺に約30軒が並んでいるが、さらに北へと延びている。高級住宅地のある北西部、環状1号線の**エキペトロ・ノルテ地区**Equipetro Norteには4～5つ星クラスのリゾートホテルが続々オープンしている。

サンタ・クルスのショップ

S 三浦商店
MAP P.281-B1
Calle Antonio Vacadiez 267 Casilla 5568
☎(3)339-0307
URL bomiura.blogspot.jp
営月～金　8:00～19:00
　　土　　7:00～17:00
休日
サンタ・クルス在住の三浦さんが経営する日本食品店。食料品のほかに日本の雑誌、DVDなども販売している。

9月24日広場でチェスを楽しむ人たち

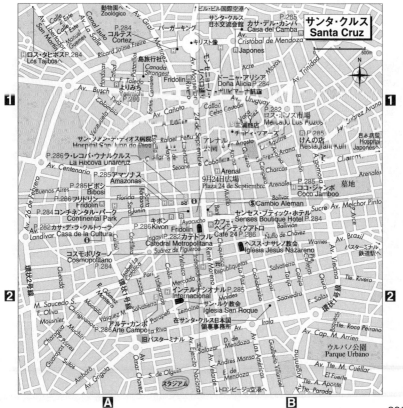

サンタ・クルスの治安について
近年、悪化が進んでいる。特にセントロの南側が悪く、旧バスターミナル周辺はスリ、ひったくりが多い。市街を歩くときは、くれぐれも金目の物は身につけず、夜間の移動は必ずホテルやレストランでタクシーを呼んでもらおう。

カテドラル
開7:00～12:00
　15:00～19:00

カテドラル博物館
開15:00～18:00
休土・日
料Bs.10

カテドラルの塔
開8:00～12:00
　15:00～18:30
休土・日
料Bs.3

カサ・デ・ラ・クルトゥーラ
開月～金　8:00～12:00
　　　　15:00～21:00
　土・日　15:00～21:00
料無料

カテドラル　Catedral Metropolitana MAP P.281-A・B2

9月24日広場に面して建つカテドラルは、明るいレンガ造りの堂々たる建物だ。内部も銀細工の祭壇や天井画などが見事。併設のカテドラル博物館には宗教的な遺物や金銀細工、絵画や司祭の衣装のほか、数ヵ国語で「主の祈り」が書かれた世界最小級の本（親指のツメ程度）も収蔵されている。塔の上からは広場を眺めることができる。

折衷様式で建てられたカテドラル

カサ・デ・ラ・クルトゥーラ　Casa de la Cultura MAP P.281-A2

9月24日広場に面したリベルタ通りにある文化センター。入口を入るとギャラリーになっている。隣接する建物の2階には日本の援助で完成した設備のよい劇場があり、ダンス、演劇、コンサートなどのイベントが随時行われている。

ロス・ポソス市場　Mercado Los Pozos MAP P.281-B1

サンタ・クルス最大の市場で、日用品から日本の食品まで、あらゆるものが売られている。市場の周りの道ばたでも、靴屋や時計屋、洋服屋などいろいろな店が開かれていてにぎやか。

COLUMN　チェ・ゲバラゆかりの地

サンタ・クルスから約250kmの標高約2000mの山岳地帯にある、人口6000人ほどの小さな村バジェグランデVallegrande。ここは、キューバ革命の英雄、チェ・ゲバラの終焉の地として知られている。

チェ・ゲバラは1958年にキューバ革命を成功させ、カストロ議長とともにキューバの国家運営に携わる。しかし、開放革命への情熱は消えることなく、キューバに別れを告げて1965年にコンゴ動乱に参加。さらに、腐敗したラテンアメリカ政府から人々を開放する拠点づくりのため、1966年にひそかにボリビア入国を果たす。わずかな兵士とともにゲリラ戦を展開するが、1967年にチェーロ渓谷で捕らえられ、銃殺刑となった。39歳の若さだった。

チェ・ゲバラの遺体はバジェグランデに運ばれて見せ物となったが、その後、遺骨がどこに葬られているのかは、長いことわからなかった。1995年にようやく、キューバ政府やチェ・ゲバラの生まれたアルゼンチン政府の発掘調査チームにより発掘が始まり、死後30年目に当たる1997年に、バジェ・グランデの軍用空港近くの共同墓地で発見された。遺骨

はその後、キューバに移送され、サンタ・クララの霊廟に安置された。

チェ・ゲバラの聖地として、バジェグランデを訪れる人は後を絶たない。バジェグランデには、チェ・ゲバラの遺体が置かれたセニョール・デ・マルタ病院の洗濯場Lavendería Hospital Señor de Malta、一緒に殺された7人の兵士が見つかったゲリラ兵の墓Fosa Guerrilleros、チェ・ゲバラの遺体の写真などが展示されているゲバラ博物館Casa Municipal (Ruta del Che Guevara) など、ゲバラにまつわる見どころがある。

●行き方
サンタ・クルスの旧バスターミナルからバジェグランデ行きのトゥルフィで所要約6時間、Bs.60。道は途中から悪路となるので雨季を避けたほうがいい。ツアーは2泊3日で、サマイパタの砦、バジェグランデとチェ・ゲバラが殺されたイゲラ村を訪問する。料金は3名以上で1人US$200～400（ガイド、食事、ホテル代など込み）。

近郊の町と見どころ

サマイパタ

Samaipata MAP P.208-B3

サンタ・クルスの西約120kmにある小さな村。村から約6kmの所には1998年にユネスコの世界文化遺産に登録されたプレ・インカの遺跡、サマイパタの砦がある。砦と名づけられているが、宗教的な場所だとされ、巨石を加工した不思議な造形が多く見られる。

コロニア・サン・フアン

Colonia San Juan MAP P.208-B3

サンタ・クルスの近郊には、いくつかの日本人移住地がある。そのひとつ、コロニア・サン・フアンは、サンタ・クルスの北西、国道9号線経由7号線で約124kmのヤパカニ川沿いに開かれた移住地だ。1955年7月に16家族88名が入植したのを皮切りに、1992年6月まで53次にわたって移民の入植が続き、現在は230世帯以上、約800名の日系人と、それを上回る数のボリビア人が暮らしている。日系人は長崎県をはじめとする九州出身者が多い。住民のほとんどが農業に従事し（地主が多い）、陸稲、大豆、ポンカンなどの柑橘類などの栽培を行うほか養鶏、畜産もおもな産業になっている。また、ボリビアの日本食レストランで提供しているサン・フアン米は、この移住地で生産されている。

サン・フアンにある移民資料館には、入植初期からのサン・フアンの歴史を、写真や古い道具などの展示で知ることができ、とても興味深い。通常は閉まっているが、サン・フアン日本ボリビア協会に頼むと見学させてくれる。

コロニア・オキナワ

Colonia Okinawa MAP P.208-B3

サンタ・クルス市の北東には、コロニア・オキナワと呼ばれる日本人移住地がある。その名のとおり、ここは第2次世界大戦後、悲惨な地上戦によって荒廃した沖縄からの移住者を受け入れて発展した。風土病の発生や土地問題などによって何度か移転を重ねたあと、クランデ川の西岸に落ち着き、現在はオキナワ第1、第2、第3の3つの移住地に分かれて発展している。

ここでもコロニア・サン・フアンと同様農業が盛んで、小麦、大豆、トウモロコシなどの穀類が栽培されている。特に小麦の生産は有名で、「小麦の首都Captal del Trigo」と呼ばれるほどだ。8月15日の入植記念日は、ボリビアでは「小麦の日」と定められており、毎年前後に豊年祭が開催される。沖縄とボリビアの民族舞踊やエイサー太鼓が披露され、ミスコンテスト（ミス小麦）などでにぎわいを見せる。

第1オキナワ移住地には、オキナワ日本ボリビア協会や学校、病院、日系人経営のレストランなどがある。特にこれといった見どころはないが、沖縄文化や風習が深く根付いており、ボリビア各地からサンシンを買いにやってくる人も多いとか。民家を訪ねて話を聞いてみるのもいいだろう。2004年には日本ボリビア協会の敷地内に歴史資料館が開館した。

サマイパタへ
ツアーで行くのが一般的。朝・昼食、英語ガイドが付き、ほかにも何ヵ所かの見どころを巡って2名でひとりUS＄120くらい。人数が集まれば割安になる。

サマイパタの砦
⏰9:00～17:00
💰Bs.50

コロニア・サン・フアンへ
はじめにサンタ・クルスの旧バスターミナル（MAP P. 281-A2）の裏側（パラペティ通りParapetiとイソソIsosoの間）からヤパカニYapacani行きのトゥルフィーに乗り約2時間。終点ヤパカニ手前のサンフアン・キロメトロ セロ（サンフアンにて下車。Bs.23。サンタフェでミクロバスに乗り換え約15分。移住地の中心となるサンフアン・キロメトロ・ドセで降りる。

サン・フアン日本ボリビア協会
☎(3)934-7055

オキナワ日本ボリビア協会
☎(3)923-7020

コロニア・オキナワへ
サンタ・クルスからは、コロニア・サン・フアン行きと同じトゥルフィー乗り場（旧バスターミナル裏）からモンテーロ行きに乗り、モンテーロまで約1時間（Bs.9）。ここでコロニア・オキナワ（第1移住地）行きトゥルフィーに乗り換えて約40分。サンタ・クルスから片道約1時間40分。

コロニア・オキナワのレストランとホテル
日系人の経営するレストランはあるが、日本食はない。日系の宿泊施設はないので、トゥルフィー乗り場近くにある日本人経営の宿へ泊まることになる。

コロニア・オキナワの村

283

サンタ・クルスのホテル

エキペトロ・ノルテ地区

Los Tajibos
ロス・タヒボス [MAP]P.281-A1外

🛁 📺 📞 💻 🍴

セントロからタクシーで5分。町の中心からは少し離れているが、花と緑がいっぱいの優雅な庭に、プールやスパまである最高級の5つ星ホテル。

[住]Av. San Martín 455 ☎(3)342-1000
[FAX](3)342-6994 [URL]www.lostajiboshotel.com
[料]ⓈⓌUS＄129～ [カード][A][M][V] [室数]191室

セントロ

Senses Boutique Hotel
センセス・ブティック・ホテル [MAP]P.281-B2

🛁 📺 📞 💻 🍴

9月24日広場に面した5つ星ホテルで、カテドラルは通りを挟んですぐ隣り。町の中心にあるが、ジム、サウナがあるほか、屋上にプールがある。

[住]Plaza Principal, Calle 24 de Septiembre, Esq. Sucre 5 ☎(3)339-6666
[料]ⓈUS＄75～ ⓌUS＄95～ [カード][A][M][V] [室数]50室

Hotel Cortez
コルテス [MAP]P.281-A1

🛁 📺 📞 💻 🍴

環状2号線にある5つ星のホテル。エントランスはリゾートホテルの装いで、中庭にはプールがあり、ヤシの木も生い茂る。10階建ての客室棟には6室の会議室やフィットネスジム、サウナも併設。

[住]Av. Cristóbal de Mendoza 280
☎(3)333-1234 [FAX](3)335-1186
[URL]www.hotelcortez.com
[料]ⓈBs.760～ ⓌBs.880～ [カード][A][M][V] [室数]182室

Hotel Continental Park
コンチネンタル・パーク [MAP]P.281-A2

🛁 📺 📞 💻 🍴

ガラス張りの外観で、洗練された雰囲気の4つ星ホテル。ロビーはシンプルでビジネス客の利用も多いが、プールやレストランなど施設が充実している。客室はコンパクトながら上品さがある。

[住]Av. Cañoto 289 esq. Junín
☎[FAX](3)334-7272
[URL]www.hotelcontinentalpark.com
[料]ⓈUS＄75～ ⓌUS＄95～
[カード][A][M][V] [室数]59室

Cosmopolitano
コスモポリターノ [MAP]P.281-B2

🛁 📺 📞 💻 🍴

9月24日広場から3ブロック南へ行った所にあるブティックホテル。モダンですっきりした客室は一つひとつ異なるデザインになっていて、エアコンやミニバーもある。中庭には小さいプールがある。

[住]Calle Pari 70 ☎(3)332-3118
[URL]www.cosmopolitano.com.bo
[料]ⓈⓌBs.450～ [カード][M][V] [室数]8室

Hostal Doña Alicia
ドーニャ・アリシア [MAP]P.281-B1

🛁 📺 📞 💻 🍴

環状2号線沿いにあるホステル。ヤシの木が生い茂る緑豊かな前庭が自慢で、落ち着いた雰囲気のなかゆったりと滞在することができる。客室の床はタイル張り。家族経営でフレンドリーな応対も魅力。

[住]Av. Cristóbal de Mendoza 344
☎[FAX](3)337-1750
[料]ⓈBs.340～ ⓌBs.390～ ⓉBs.440～
[カード][M][V] [室数]37室

 ホテル客室設備：🛁バスタブあり 📺テレビあり 📞電話あり 💻インターネット可 🍴朝食付き

Hotel Internacional
インテルナシオナル [MAP]P.281-A2

🛁 📺 ☎ 💇 🍴

旧バスターミナルから徒歩5分。建物は全体的に窓が大きく、風通しがよい。小さいが屋外にプールもある。料金の違いはファンかエアコン付きかによる。祝祭日は料金が高くなる。

[住]Calle Colón 437
☎(3)336-6414/333-3592 [FAX](3)332-6587
[URL]www.hotelinternacionalsantacruz.com-boliva.com
[料]ⓈⓌUS$37〜 [カード]不可 [室数]28室

Hotel Amazonas
アマソナス [MAP]P.281-A2

🛁 📺 ☎ 💇 🍴

フニン通りJunín沿いのエコノミーホテル。建物は古く、植物やアマゾンを描いた絵画が飾られている。部屋は奥行きがあり、ファン付き。レストランはないが、1階の売店で軽食を販売している。

[住]Calle Junín 214 esq. 21 de Mayo
☎(3)336-6956
[料]ⓈBs.150〜 ⓌBs.220〜 ⓉBs.290〜
[カード]不可 [室数]24室

Hotel Bibosi
ビボシ [MAP]P.281-A2

🛁 📺 ☎ 💇 🍴

町の中心に近くにある2つ星ホテルで、ショッピングや食事に便利。2階のカフェでは通りを眺めながらくつろげる。フロントは英語が通じ、欧米からの旅行者が多い。エアコン付きの部屋は12室あり、ⓈBs.180 ⓌBs.260。

[住]Calle Junín 218 ☎(3)334-0548
[FAX](3)334-8887 [URL]www.hotelbibosi.com
[料]ⓈBs.120〜 ⓌBs.200〜 [カード]不可 [室数]29室

Coco Jamboo
ココ・ジャンボ [MAP]P.281-B1

🛁 📺 ☎ 💇 🍴

ドミトリー3室のみの小規模なホステル。ドミトリーは男性用、女性用、男女混合があり、全室エアコン付き。女性用はハイドロマッサージ付きのバスも完備している。キッチンも無料で利用可能で、テラスではバーベキューが楽しめる。

[住]Bolívar 614 ☎7842-5168(携帯)
[E-mail]cocojamboohostel@gmail.com
[料]ドミトリーBs.71〜 [カード]不可 [室数]16ベッド

サンタ・クルスのレストラン

Casa del Camba
カサ・デル・カンバ [MAP]P.281-B1

南米の肉料理を食べるならここ、と地元の人にも評判の大型レストラン。メニューはボリビアの伝統料理がメインで、炊き込みご飯マハオや、肉と野菜の串刺しパクムートなどが味わえる。シュラスコはひとりBs.60〜。土・日の12:00と毎日20:00からライブ演奏がある。

[住]Av. Cristóbal de Mendoza 1365
☎(3)342-7864 [営]11:00〜24:00 [休]無休 [カード][M][V]

Restaurant Ken
けんの店 [MAP]P.281-B1

和食の店で、予算はひとりBs.50〜。定食やラーメンが揃い、焼き鳥はカウンターの前で1本1本手焼きしている。ねぎま、カワ、ハツ、レバーなど6種あり、各3本Bs.30。ラーメンはしょう油や味噌など10種類ある。市内の北側に2号店[R]食いしんぼがあり、日本式の焼き肉などが味わえる。

[住]Av. Uruguay 730 ☎(3)333-3728
[営]11:30〜15:00、18:00〜23:00 [休]月 [カード][M][V]

Yorimichi

よりみち　　　　　　　　　MAP P.281-A1

　30年以上続く和食の老舗で、門構えも立派。定食と寿司の種類が多彩で、トンカツ定食はロースカツが2枚付き、ボリュームたっぷり。使用する米は時期によって最適な米を使い分けているという。焼き魚やトンカツなどのメインに味噌汁と副菜がついたミニ定食Bs.35〜50が人気。

🏠Av. Busch 548　☎(3) 334-7717
🕐月〜土11：30〜14：00、18：30〜23：00
　　日11：30〜14：30　🈺無休　カード M V

Fridolin

フリドリン　　　　　　　　MAP P.281-A2

　サンタ・クルスに20店舗以上あるカフェレストラン。経営者がオーストリア出身ということもあり、ブラウニー、エクレア、ミルフィーユなどタルトやケーキが豊富。チョ

コレートムースBs.22はこってりしつつ、しつこくない甘味。エスプレッソBs.13と一緒に味わいたい。

🏠Av. Cañoto esq. Florida
☎(3) 333-5333　🕐7：00 〜 24：00
🈺無休　カード M V

サンタ・クルスのショップ

Arte Campo

アルテ・カンポ　　　　　　MAP P.281-A2

　ボリビア各地のハンドメイドの民芸品を集めたセレクトショップ。陶器類、刺繍、木彫り、ペイントなど、どれも個性的な物ばかり。買い付けにくる業者も多いのだそう。

🏠Calle Salvatierra 407
☎(3) 334-1843
🕐月〜金 9：00〜12：30、15：30〜19：00
　土　　　9：00〜12：30
🈺日　カード 不可

Cafe' 24

カフェ・ベインティクアトロ　MAP P.281-B2

　カテドラルと道を挟んである入りやすい雰囲気のいいカフェ。24時間営業ではないが、朝食からカフェ、パスタやサンドイッチといった軽食、ディナーまで楽しめる。ボリビアの郷土料理ピケ・マチョBs.75はボリューム満点。ビールの種類が多く1本Bs.20〜。

🏠Calle René Mareno esq.Sucre
☎(3) 330-4228　🕐8：30〜翌1：30
🈺無休　カード M V

Kivon

キボン　　　　　　　　　　MAP P.281-A2

　ボリビアでキボンといったら、知らない人がいないほど有名なアイスクリーム屋。とくに暑いサンタ・クルスでは種類も多く店が広く、タイル張りの床の席の先には、緑豊かなパテオ風のスペースもある。巨大なパフェ Bs.30〜39。ムードのあるテラス席は、夜はカクテルバーになる。

🏠Calle Ayacuho 267
☎(3) 333-1333　🕐7：00〜24：00
🈺無休　カード M V

CHECK!!! サンタ・クルスのショッピング街

　サンタ・クルスにはインディヘナ人口が少ないせいか、いわゆるボリビアらしいみやげ物を扱う専門店はほとんどない。しかし、9月24日広場の北側に、小さな屋台が並ぶショップ街ラ・レコバ・ウナルクルス La Recova Unarcruzがあり、民芸品やオリジナルのグッズを扱っている。営業8：00〜21：00、無休。

MAP P.281-A1

エクアドル
Ecuador

ガラパゴス諸島のバルトロメ島

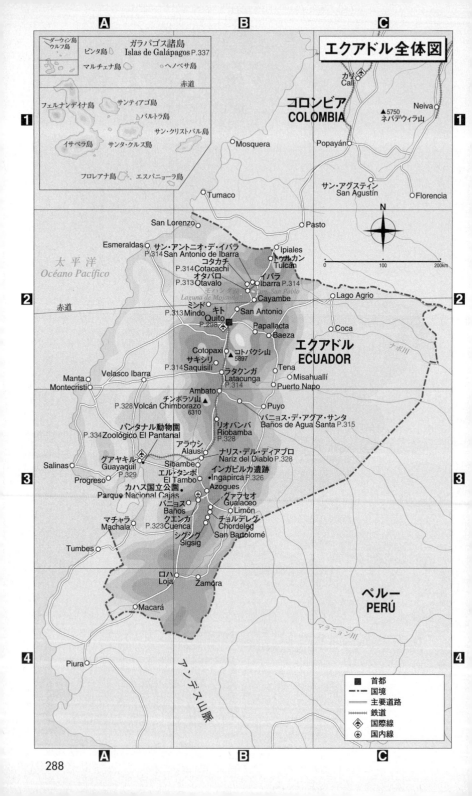

エクアドル
イントロダクション

エクアドルは日本よりひとまわりほど小さな国だが、巨大な領土を有する国々がひしめき合う南米にあっては、エクアドルの国土はとても小さく思える。しかし、山あり、海あり、ジャングルあり、さらにあのダーウィン博士の愛したガラパゴス諸島までもがあるなど、小さな国の中にあらゆる地勢が詰まっている。国名が示すとおり赤道（＝Ecua-dor）直下に位置し、南北約1000kmにわたって走るアンデス山脈によって、その国土をコスタ（海岸地帯）、シエラ（山岳地帯）、オリエンテ（熱帯雨林地帯）とガラパゴス諸島に分けられる。この国を訪れる人は、バラエティ豊かな気候を体験することとなる。

首都キトに代表されるシエラは、中央アンデス山脈を形成する4000〜6000m級の万年雪を頂いた山々に囲まれ、涼風の吹きぬける盆地が点在する。かつてアンデスのフィレンツェとも形容されたこの地方は、年間を通して春のような気候だ。

アンデスを東側へ下ると、オリエンテと呼ば

キトの旧市街の独立広場

れる熱帯樹林に入る。そこは南米大陸に大きく広がるジャングルの北西部の入口にあたる。南米ジャングルの代名詞ともいえるアマゾン河を形成するおもな支流のひとつ、ナポ川はここエクアドルに源なしている。また、その近辺には厳しい自然の中で、近代文明との接触を拒絶している部族もいる。

一方、港町グアヤキルに代表されるコスタは、国土の4分の1の面積を占める。気温は年間通して高く、雨季には雨が長時間降り続く。海岸沿いに広がる平野は、緯度ゼロに位置しながらも、太平洋岸を洗う寒流、フンボルト海流によって比較的しのぎやすい気候だ。そのフンボルト海流は、暑いはずのガラパゴス諸島にさえ、ペンギンをすまわせているのだ。

キトの日曜市で踊る女性

エクアドルはボリビアに次いでインディヘナの割合が高い国であり、インディヘナおよび混血のメスティソが人口の約80％を占める。しかし、民族衣装の色彩も鮮やかで、ボリビアで見かける人々とは、異なった表情を見せている。

赤道直下とはいえ、変化に富んだ地形を持つエクアドルの自然は、非常に多様性に富んでいる。絶滅の危機に瀕した動植物や、エクアドルにしか生息しない動植物も数多くいる。

ジェネラルインフォメーション

エクアドルの基本情報

▶旅のスペイン語
→ P.411

国 旗
富と太陽と田園を表す黄、空と海を表す青、独立で流された血を表す赤の3色旗で、紋章にはアンデスの鳥コンドル、国内の最高峰チンボラソ山、商船、太陽と黄道などが描かれている。

正式国名
エクアドル共和国
República del Ecuador

国 歌
Salve, Oh Patria
（エクアドル国歌）

面 積
25万6370km²（日本の約4分の3）

人 口
約1638万5000人（2016年）

首 都
キト　Quito

元 首
レニン・モレノ大統領　Lenín Moreno
（2017年5月就任。任期は4年）

政 体
共和制。24の州からなる。大統領は国民投票によって選ばれ、18歳以上のすべての国民は投票の義務がある。

民族構成
メスティソ（先住民とスペイン人の混血）72%、インディヘナ（先住民）7%、欧州系6%、アフリカ系、アフリカ系との混血7%。

宗 教
ローマ・カトリックが全体の90%を占め、残りはプロテスタントやイスラム教など。宗教の選択は自由。

言 語
公用語はスペイン語。先住民族の多くはケチュア語、ヒバロ語などを話す。

祝祭日
（おもな祝祭日）

年によって異なる移動祝祭日（※印）に注意。

1/1	元日
2月上旬〜3月上旬※	カルナバル
4/10 ('20)　4/2 ('21)※	聖金曜日
5/1	メーデー
5/24	ピチンチャ戦勝記念日
8/10	独立記念日
10/9	グアヤキル独立記念日
11/2	死者の日
11/3	クエンカ独立記念日
12/6	キト祭
12/25	クリスマス

時差とサマータイム

　日本より14時間遅れ（ガラパゴス諸島はエクアドル本土より1時間遅れなので、日本との時差は15時間遅れ）。サマータイムは実施していない。日本が正午のとき、エクアドルは前日の22:00（ガラパゴス諸島は21:00）。

電話のかけ方

▶電話について
→ P.405

日本からエクアドルへかける場合　例 キトの (02) 123-4567へかける場合

国際電話会社の番号	国際電話識別番号	エクアドルの国番号	市外局番（頭の0は取る）	相手先の電話番号
001 (KDDI) ※1 **0033** (NTTコミュニケーションズ) ※1 **0061** (ソフトバンク) ※1 **005345** (au携帯) ※2 **009130** (NTTドコモ携帯) ※3 **0046** (ソフトバンク携帯) ※4	**010**	**593**	**2**	**123-4567**

※1 「マイライン」「マイラインプラス」の国際区分に登録している場合は、国際電話会社の番号は不要。詳細は、URLwww.myline.org
※2 auは、005345をダイヤルしなくてもかけられる。
※3 NTTドコモは事前にWORLD WINGに登録が必要。009130をダイヤルしなくてもかけられる。
※4 ソフトバンクは0046をダイヤルしなくてもかけられる。

エクアドル／ジェネラルインフォメーション

気候

　スペイン語で赤道を意味する国名のとおり赤道の直下に位置し、日本の本州とほぼ同じ面積をもつエクアドルでは、6〜10月が乾季、11〜5月が雨季となる。国土は南北に走るアンデス山脈を境に太平洋に面したコスタ、山岳地帯のシエラ、アマゾン地域のオリエンテ、ガラパゴス諸島とバラエティに富んだ4つの気候区に大別され、地域によってその特徴が大きく異なる（→P.294）。

　例えばシエラに属する首都のキトは、標高が高く、年間の平均気温が14℃と一年を通じて過ごしやすい気候であるため「永遠の春」と呼ばれるが、コスタに属する大都市グアヤキルの雨季（12〜4月）は蒸し暑く、日中平均気温が30℃を超える日も少なくない。

キトと東京の気温と降水量

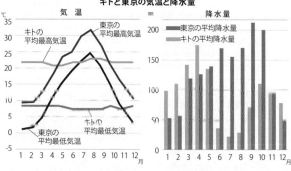

通貨と為替レート

　2000年3月より、USドルを使用。略号は$（US$）。紙幣は100、50、20、10、5、1の6種類。コインのみエクアドル製ドルが発行されていて、価値、重さともにUSドルコインと同じだが、絵柄が違う。コインには、1、5、10、25、50セントと1ドルコインがある。セントの略号は¢。ただし、エクアドルコインはエクアドル国内でしか使えない。現金で支払う場合、US$100、50などの高額紙幣は受け取ってもらえないことが多い。

2019年10月24日現在、US$1=108円。

▶ 持っていくお金について →P.384

コインのみエクアドルで発行されている

エクアドルから日本へかける場合　例 (03) 1234-5678 または (090) 1234-5678 へかける場合

国際電話識別番号	+	日本の国番号	+	市外局番と携帯電話の最初の0を除いた番号	+	相手先の電話番号
00		81		3 または 90		1234-5678

〈エクアドルでの電話のかけ方〉

▶携帯電話　携帯電話はクラロClaro、モビスター Movistarなど。各社オフィスでSIMカードを購入し、SIMフリー対応の携帯電話に挿入して利用する。旅行者にはプリペイド式のSIMカードが便利。プリペイドはプレパゴPrepago、SIMカードはチップChipという。通話料金のチャージは各社オフィスやキオスクで自分の携帯番号とチャージしたい金額を伝え、料金を支払うだけ。

▶国際電話のかけ方　国際電話識別番号の00、国番号（日本なら81）、0を取った市外局番、相手の番号の順にプッシュする。ホテルの客室などからかける場合は初めに外線番号が必要になり、通話料は1分US$2程度。インターネットカフェからもかけることができ、1分US$0.5〜1程度。

両替

▶持っていくお金について→P.384

両替は、銀行（バンコ Banco）、両替所（カサ・デ・カンビオ Casa de Cambio）、ホテルでできる。日本円を両替できるところもあるがレートが悪いので、用意していく現金は、US ドルがベスト。$20、$10 など小額の US ドルが便利だ。

また、ATM が普及しており、おもなクレジットカードでキャッシングすることができる。英語で手順が表示される機械もある。背後にあやしい人がいないか確認してから利用すること。

日本からのフライト

▶航空券の手配→P.392

2019年10月現在、日本からエクアドルへの直行便はなく、北米のアトランタやヒューストン、ニューヨークを経由して行くのが一般的。JAL（JL）またはアメリカン航空American Airline(AA)、デルタ航空Delta Air Lines（DL）、ANA（NH）またはユナイテッド航空United Airlines（UA）などを利用するのが最も早い。アエロメヒコAerovias de Mexicoのメキシコシティ経由も利用できるが、メキシコシティでの乗り継ぎ時間が長い。経由地からはエクアドルのキトとグアヤキル行きがある。キトのマリスカル・スクレ国際空港Mariscal Sucre Internacional Airportへは乗り継ぎ時間を含めて19時間30分〜24時間40分。グアヤキルは23〜25時間ほど。

出入国

▶出入国の手続き→ P.399

税関申告書

❶ 入国日
❷ 国籍（日本:JAPANESE）
❸ 姓
❹ 名前
❺ パスポート番号
❻ 電話番号（国際識別番号81+頭の0を取った市外局番+番号）
❼ 利用航空会社
❽ 便名
❾ 住所
❿ メールアドレス
⓫ 過去12ヵ月の間にエクアドルを訪れた人のみ回数を記入
⓬ 手荷物以外の荷物の数
⓭ 荷物の超過料金を払ったか
⓮ 土壌や動物、農業製品を持ち込んでいるか
⓯ 税金を払わなければいけない商用目的の商品や、裏面に記された物品を持っているか。持っている場合、US$での合計額を税関事務所に申告する
⓰ US$1万以上、またはそれと同等の財務文書を持っているか。持っている場合、US$での合計額を税関事務所に申告する
⓱ 署名

ビザとパスポート

観光目的の場合、90 日以内ならビザは不要。パスポートの残存有効期間はエクアドル入国時 6 ヵ月以上。

入出国カードと税関申告書

入国に際し必要だった入出国カードは、2017 年 4 月に廃止。機内では税関申告書のみが配られるが、客室乗務員に伝えないともらえないことも。到着するとまず入国審査がある。パスポートを提出すると、この 1 年間のエクアドル訪問回数や滞在日数、入国目的などを質問される。ぎりぎりの滞在日数しか許可されないので、帰国日がはっきりしない場合は日数を多めに申告しておこう。入国審査が終わると、パスポートに入国スタンプが押される。

税関は係員の OK が出れば申告書の提出は不要、そのまま通過できるが、もし係員の指示があれば税関申告書を提出、荷物検査も行われる。基準があいまいなので、念のため税関申告書は事前に記入しておこう。

税関申告書 の記入例

電気&ビデオ

電圧とプラグ

電圧は日本と同じ110ボルト、60ヘルツ。プラグも平ふたつ穴のAタイプだが、異なる場合もある。

DVD方式

エクアドルのテレビ・ビデオ方式は日本と同じNTSC方式を採用しており、現地のビデオテープは日本国内用デッキでも再生できる。

エクアドルのDVDのリージョンコードはリージョン4。リージョン2である日本と異なるため、一般的な家庭用DVDデッキでは再生できない。ブルーレイのリージョンコードは日本と同じAであるため、一般的な家庭用ブルーレイ・デッキで再生できる。

ビジネスアワー

以下は一般的な営業時間の目安。地域や規模によっても異なる。

銀 行
月～金曜9:00～13:00、14:00～19:00、土・日曜は休業。ショッピングセンター内の銀行は土曜も営業している場合が多い。

オフィス
月～金曜9:00～12:30、14:00～18:00、土・日曜は休業。

一般の商店
月～土曜9:00～13:00、14:00～19:00、日曜は休業。

チップ

レストラン
基本的に消費税12%とサービス料10%を含んだ料金を表示しているのでチップを渡す必要はない。サービス料が含まれていない場合には10%程度を渡す。

ホテル
ポーターに荷物を運んでもらった場合にはUS$1程度払う。

タクシー
特に何かをしてもらった場合にのみ、渡すのが一般的。

周辺諸国からのアクセス

飛行機
キトへは、リマ（ペルー）、ボゴタ（コロンビア）、パナマ・シティ（パナマ）などから直行便がある。また、キトへ到着するほとんどのフライトがグアヤキルまで運航する。

国際バス
コロンビアのイピアレス Ipiales とトゥルカン Turcan の間にバス便がある。

また、ペルーのピウラ Piura とマチャラ Machara 間、ピウラとロハ Loja 間の国際バスも運行されているが、コロンビア、ペルーともに国境はたびたび紛争が発生するなど、非常に治安が悪い。不要不急の渡航中止の危険情報も発出されている。一般の観光客向きではないが、利用する必要がある場合は事前に情勢などを確認すること。

▶ 代表的な国境越えルート
→ P.396

周辺諸国からキトへのフライト（直行便）
リマから1日3便前後（所要約6時間、タメ航空）、ボゴダから1日4便前後（所要約1時間30分、アビアンカ航空、アエロガル航空）

飲料水

水道水は、うがいをする程度は問題ないが、飲用には適さない。ミネラルウオーターは、スーパーマーケットやキオスクなどで買うことができる。炭酸入り（con gas）と炭酸なし（sin gas）がある。

郵 便

郵便局（コレオス Correos）は各都市にある。日本へ小郵便は約2～3週間程度で届く。はがきや封筒など20gまではUS$3.47、100gまではUS$6.72、250gまではUS$14.34、1kgはUS$59.02、2kgはUS$86.02。日本からエクアドルへ荷物を送る場合は4kg未満にすること。1gでもオーバーすると、税関を通過せず送り返されてしまう。

税 金

TAX

エクアドルでは商品の代金に日本の消費税に当たるIVAと呼ばれる12%の付加価値税がかかる。ホテルの宿泊料にも12%の税金と10%のサービス料がかかる。

年齢制限

エクアドルでは18歳未満の酒類の購入は不可。

※安全とトラブルについて→ P.296

度量衡

日本と同じ距離はメートル、液体はリットルを採用。重さはグラム、キロが主流。

▶エクアドル 旅の基礎知識

→Ecuador

地理と風土

● コスタ Costa（海岸地帯）

太平洋に面した海岸は赤道直下の熱帯の低地。しかし、冷たいフンボルト海流とパナマ海流の影響で、比較的穏やかな気候と降雨に恵まれている。バナナ、コーヒー、サトウキビなどエクアドルの輸出品のほとんどは、このコスタで生産される。平均気温は25～28℃で、雨季と乾季がある。5～11月の乾季の日中平均気温は25℃前後、12～4月の雨季はムシ暑く日中平均気温が30℃を超える日もある。代表的な都市はグアヤキル。

● シエラ Sierra（山岳地帯）

南北に走る3つのアンデス山系が重なるあたりは中央山岳地帯と呼ばれ、4000～6000m級の山々22座が連なっている。ほとんどが活火山のため"火山通り"とも呼ばれ、コトパクシ（5897m）

は世界一高い活火山である。キトはこれらの山々に囲まれた町で、赤道直下にありながら標高が高いため年間の平均気温は14℃。「永遠の春」ともいわれる快適な気候だ。4～9月が乾季、10～3月が雨季に当たる。特に6～8月の3ヵ月は天候が安定しており、晴天の日が続く。

● オリエンテ Oriente（熱帯雨林地帯）

アンデス山脈の東側は、高温多湿の熱帯ジャングルだ。年間を通して雨が降り、降水量は多い。手つかずの自然が多く残されており、珍しい動植物や昆虫などの宝庫。また、外界と接触を持たない原住民も生活している。

● ガラパゴス諸島 Islas de Galápagos（→ P.337）

19のおもな島と小さな島からなる。ゾウガメやウミイグアナなど希少な生物たちの生息地であり、地球の進化の過程がわかる貴重な自然環境が世界遺産に登録されている。

目的別 旅のベストシーズン

月	1	2	3	4	5	6
シーズンカレンダー						

ガラパゴス諸島 通年
動物、植物とも雨季にはいっせいに繁殖期を迎え、瑞々しくなる。6月中旬～9月初旬、12月中旬～1月初旬がハイシーズン。

トレッキング、登山 11～1月
チンボラソ山（6310m）をはじめ、カリワイラソ山（5020m）、トゥングラウア山などへの登頂やトレッキングツアー〈リオバンバ〉

カルナバル 2～3月
カルナバルでは互いに水をかけあって楽しむので水浸しになる。この期間に旅行を計画しているなら注意が必要だ〈キト〉

雨季

赤道直下のエクアドルには四季はなく、雨季と乾季に分けられる。アンデス山脈の東側は熱帯ジャングルになっており、年間を通じて雨が降る

各地の平均気温

■東京 ■キト ■グアヤキル

	1	2	3	4	5	6
キト	15	15	15	14.5	14.4	14.5
グアヤキル	26	26.5	26.5	27	25.5	25.5
東京	5.8	6.1	8.9	14.5	18.7	21.8

（℃ 30/25/20/15/10/5/0）

各地の平均降水量

■東京 ■キト ■グアヤキル

	1	2	3	4	5	6
東京	52.3	56.1	117.5	124.5	137.8	167.7
キト	99	112	142	175	137	43
グアヤキル	239	249	277	117	28	8

（mm 250/200/150/100/50/0）

飛行機

国内線はタメ航空 Tame（EQ）がキトを起点に、グアヤキルのほかにコカ Coca などの地方都市と、ガラパゴス諸島のバルトラ島へフライトしている。

また、タメ航空のほか、アビアンカ航空 Avianca（AV）も各地へ運航している。キト～クエンカ間は毎日8～13便前後、所要約50分。キト～グアヤキル間は毎日4～10便前後、所要約50分。グアヤキル～ガラパゴス諸島（バルトラ島またはサン・クリストバル島）は毎日1～2便。

タメ航空 Tame（EQ）
Free 1700-500-800　URL www.tame.com.ec
アビアンカ航空 Avianca（AV）
Free 1-800-00-3434　URL www.avianca.com

長距離バス

長距離バスは民間のバス会社によって運営され、複数のバス会社が同じ路線を運行する

ことも多い。運賃に大差はなく、チケットはバスターミナル Terminal de Omnibus 内にある各バス会社のブースで購入できる。ブースには路線名が大きく表示されているほか、スタッフによる呼び込みも盛んに行われているのでわかりやすい。

バスターミナルの使用料はチケットに含まれている場合と出発前にゲートで直接支払う場合があり、どちらもUS＄0.1～0.2程度。

乗車中はスリに遭う危険があるので決して手荷物から目を離さないようにしよう。また、車内で飲食物をもらっても口にしないほうが無難。睡眠薬が混入されていて、眠っている間に荷物を盗まれるという被害もあるからだ。バスのなかでも最低限の注意は怠らないようにしたい。

キト～リオバンバ間を結ぶ長距離バス

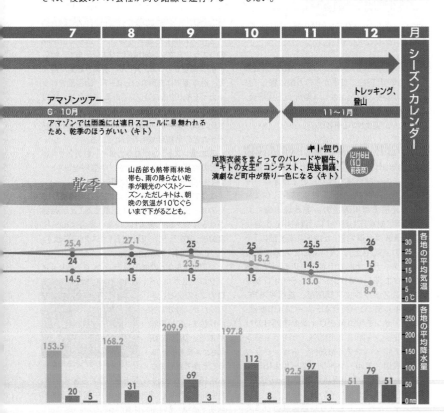

	7	8	9	10	11	12	月

シーズンカレンダー

アマゾンツアー
6～10月
アマゾンでは雨季には連日スコールに見舞われるため、乾季のほうがいい《キト》

トレッキング、登山
11～1月

乾季

山岳部も熱帯雨林地帯も、雨の降らない乾季が観光のベストシーズン。ただしキトは、朝晩の気温が10℃ぐらいまで下がることも。

キト祭り
民族衣装をまとってのパレードや闘牛、"キトの女王"コンテスト、民族舞踊、演劇など町中が祭り一色になる《キト》
12月6日（6日前夜祭）

各地の平均気温 ℃

	25.4	27.1	25	25	25.5	26
	24	24	23.5	18.2	14.5	15
	14.5	15	15	15	13.0	8.4

各地の平均降水量 mm

	153.5	168.2	209.9	197.8	92.5	79
	20	31	69	112	97	51
	5	0	3	8	3	51

おもなバス会社

トランスポルテス・エクアドル
Transporte Ecuador
☎ (02) 222-5315

パナメリカーナ Panamericana
☎ (02) 255-7133

国内各地への長距離バス

都市名	所要時間	料金
キト〜グアヤキル	約8時間	US$10〜12
キト〜クエンカ	約8時間	US$11〜12
キト〜リオバンバ	約3時間	US$4〜5
クエンカ〜グアヤキル	約4時間	US$8
クエンカ〜リオバンバ	約5時間	US$8
リオバンバ〜グアヤキル	約5時間	US$7

●鉄道

国内に8種類の観光列車が運行。人気のナリス・デル・ディアブロ（デビルス・ノース＝悪魔の鼻）はP.328参照。キトからグアヤキル間を4泊4日で結ぶ観光列車トレン・クルセーロ Tren Cruceroは、時期により異なるが、キト火曜発、グアヤキル土曜発で、料金はシングル US$2082。各車両、趣向を凝らしたデザインで、デラックスな列車の旅が楽しめる。
URL trenecuador.com

予防接種

2019年9月現在、日本からの入国に際して必要な予防接種はない。しかし、A型肝炎、B型肝炎、破傷風、狂犬病、黄熱病などの予防接種は受けておくことが望ましいとされる。

安全とトラブル

2019年9月現在、スクンビオス県（南部ナポ川周辺の一部地域を除く）およびオレジャナ県（プエルト・フランシスコ・デ・オレジャナ市、北部ナポ川周辺の一部地域を除く）、カルチ県（南東部を除く）に「渡航中止勧告」、エスメラルダス県北部、カルチ県南東部に「不要不急の渡航中止」、スクンビオス県南部及びオレジャナ県北部のナポ川周辺の一部地域並びにプエルト・フランシスコ・デ・オレジャナ市、エスメラルダス県南部、首都キト市、グアヤキル市、ロハ県サポティージョ市南部、モロナ・サンチアゴ県チウィンサ市郊外及びサン・ファン・ボスコ市郊外、サモラ・チンチペ県エル・パングイ市郊外、トゥングラウア火山周辺、エル・レベンタドール火山周辺地域、コトパクシ火山周辺地域に「十分注意」の危険情報が発出されている。

バスターミナルでもスリや窃盗被害が多く報告されている。バスターミナルや鉄道駅、市場周辺を利用したり通るときには、特に注意すること。周辺諸国からの入出国や国内移動での長距離バスで、犯罪被害や交通事故などのトラブルに遭う危険性もあるため、空路の利用が望ましい。また、犯罪の発生はキトとグアヤキルの2都市に集中している。偽タクシーによる強盗事件も増加しているため、登録された正規タクシーであることを確認して利用すること（旅のトラブルと安全対策→P.407）。

緊急時の電話番号

警察・消防・救急	**911**

産業

多様な環境をもつため、穀物、果物、海産物など、地域によってさまざまなものが産出される。なかでもバナナ、コーヒー、エビ、バラは代表的な輸出品。また、地下資源も豊富にあり、原油や天然ガスは国の収入の50％以上を占めている。

食事

太平洋に面した海岸地帯コスタから山岳地帯のシエラ、アマゾン地域のオリエンテまで、幅広い自然環境をもつエクアドル。農業・漁業が盛んで、沿岸部では新鮮なシーフード、山岳部ではジャガイモやトウモロコシなどの農作物など、地域によってバラエティ豊かな食材を味わうことができる。コスタやオリエンテでは気候を生かしたバナナなどの果樹栽培も行われている。

日本食レストランがあるのはキトやグアヤキルなどの都市に限られているが、中国料理レストラン（チーファ Chifa）は地方の町でもある。

エクアドルのレストランでは12％の消費税と10％のサービス料を料金表に記載することが義務づけられているが、含まれていない場合は10％程度のチップをテーブルの上に置くかスタッフに渡す。

●カングレホ　Cangrejo

グアヤキルなどの海岸地方でよく食べられるマングローブガニ（ド

カングレホの専門店もある

ロガニ）のこと。小ぶりだが、身がしっかり詰まっていて味がある。調理方法はさまざまあるが、まるごとゆでたものなら木槌で軽くたたいて殻を割りながら食べる。1月中旬〜2月中旬、8月中旬〜9月中旬の年2回禁漁期があり、その期間は食べられない。

クイ　Cuy

ペルー同様に山岳地帯で食べられるテンジクネズミ。高級食材のひとつで、グリル料理のほか、スープのロクロ・デ・クイLocro de Cuyとして味わうこともある。

エンパナーダ　Empanada

トウモロコシ粉などで作った生地に、挽肉やタマネギなどの具材を詰めて揚げたパン。中米でよく食べられるが、エクアドルらしく、すりつぶしたバナナを入れたエンパナーダ・ベルデもある。

● グアグア・デ・パン&コラダ・モラダ
Guaguas de Pan & Colada Morada

赤ちゃんの形をしたパン「グアグア・デ・パン」とベリー類を煮込んだ温かい飲み物「コラダ・モラダ」。先祖の供養を行う死者の日に食べる習慣がある。

グア・グア・デ・パン

歴史

南米で最も古い土器がエクアドルの海岸沿いで見つかっていることから、紀元前3000年頃にはすでに多くの文化が、今のマナビ州あたりを中心に華開いていたとされている。代表的な文化はバルディビア文化Valdivia（紀元前4000年～同1500年頃）と呼ばれる。プレ・インカの土器とはかなり異なった独特な文様の土器や女性をかたどった土偶などが特徴で、日本の縄文時代のものと驚くほど似ていることから、一部の考古学者の間では縄文時代の人々が何らかの形でここにたどり着き、同じ文化を起こしたのではないかとされている。

紀元前2000年頃からは、海岸からアンデスの高原地帯にかけて文化は広がり、紀元前500年頃からインカ征服の少し前までに、各地方文化は最盛期を迎える。同時にアマゾン地方の文化も急速に発展し、海岸、山岳、アマゾンの各文化間での貿易も盛んに行われた。

14世紀になるとインカ帝国が急速に拡大し、エクアドルの部族は次々と併合されていった。後にインカ帝国は、北はエクアドルとコロンビアとの国境、南はチリ北部にいたるまで南北4000kmを支配するになる。

エクアドルを征服したインカ王ワイナ・カパックは晩年をキトで過ごし、自分の死後、息子のアタワルパがエクアドル（キト）側の支配者、もうひとりの息子ワスカルがペルー（クスコ）側の支配者になることを提案した。しかし、彼が亡くなると王位継承の争いが起こる。キト派のアタワルパ軍とクスコ派のワスカル軍の戦いは、1532年、アタワルパ軍の勝利に終わった。ちょうどその頃、フランシスコ・ピサロの指揮するスペイン人がペルーのトゥンベスに上陸する。インカ帝国の内乱は、スペイン人征服者に絶好のチャンスを与えてしまった。

1532年11月、カハマルカで捕らえられたアタワルパは翌年処刑され、インカ帝国は滅亡した。この日を境に、300年にわたるスペイン人による植民地時代が始まる。植民地時代はペルーとともに、ペルー副王領の一部として統治された。先住民のインディヘナは植民地法によりカトリックに改宗させられ、18世紀になると黒人奴隷も連れてこられた。

19世紀に入るとラテン・アメリカ全土に独立の気運が高まり、エクアドルも例外ではなかった。1822年には独立の英雄シモン・ボリーバルとサン・マルティンがエクアドルのグアヤキル市で歴史的な会談を行った。その内容は明らかになっていないが、その後サン・マルティンはフランスへ逃亡し、独立運動の戦線から離脱。これはラテンアメリカ独立史の最大の謎である。また、ボリーバルのコロンビア、エクアドル、ベネズエラを一国にまとめるという"グラン・コロンビア連邦"構想は失敗し、3国は別々の道を歩むことになった。エクアドルの大コロンビアからの脱退は、1830年8月、フアン・フローレス大統領のもとで宣言された。独立後は保守派（教会派）と自由派（反教会派）による政権争いが続き、特に1960年代から70年代にかけては民政と軍政が入れ替わりを繰り返した。また、隣国のペルーとは1941年から1942年にかけ、国境を接するアマゾン地域の領土問題をめぐって紛争を起こしている。これが尾を引き、2国間の国境はいまだにはっきりと定められておらず、1995年には国境紛争で多数の死者、負傷者が出た。

最近の情勢も不安定な動きが続いており、2003年1月に就任したグティエレス大統領は緊縮政策の導入や外交面での対米接近を図ったが、任期途中で政権を追われた。2007年1月より国内の貧民層の支持を得てコレア大統領が就任。2008年の憲法改正で大統領の再選禁止制度を廃止し、2017年5月の選挙ではレニン・モレノ氏が大統領に就任。

大使館

● エクアドル共和国大使館
住 〒106-0031　東京都港区西麻布4-12-24
　 第38興和ビル806
☎ (03)3499-2800
☎ (03)3499-2866（領事館）
URL www.ecuador-embassy.or.jp

● 在エクアドル日本国大使館
住 Av. Amazonas N39-123 y José Arizaga, Edf.
　 Amazonas Plaza, Piso 11, Quito
☎ (02)227-8700
URL www.ec.emb-japan.go.jp

キト

★キト

標高 ▶ 約**2850m**
MAP ▶ **P.288-B2**
市外局番 ▶ **02** （電話のかけ方は→P.290）
通貨はUSドルを使用

マリスカル・スクレ国際空港
MAP P.300-A1外
Parroquia de Tababela
S/N vía a Yaruquí
☎(02)395-4200
URL www.aeropuertoquito.
aero

キトの旧市街からのパネシージョの丘

"人類の文化遺産Patrimonio de la Humanidad"—ユネ
スコがキトに対して宣言した名誉あるこの名前を、キテーニョ（＝
キトの人）たちはとても誇りに思っている。

　400年前の植民地時代の教会や建造物が今もたたずむ、アンデ
スの山々に囲まれた緑の都市キト。かつてはインカ帝国の北の都
として栄えた地である。

　キトは中央アンデス山脈の4000〜6000m級の高峰に囲ま
れた町で、標高は約2850m。西側にはピチンチャの山並みが緩
やかに走り、万年雪の端正なコトパクシ山やカヤンベ山が紺碧の
空にくっきりと浮かび上がる。中心部には、町のシンボル的な丘
パネシージョがあり、頂からは聖母像がキトの町を見守る。

　エクアドルの首都であるキトの人口は約273万5987人。グア
ヤキルの約269万8077人を超し、国内最大の都市になった。住
民は高原地帯と海岸地帯、アマゾン地方によって人種に多少の違
いはあるが、南米のなかでも純血のインディヘナや、白人とイン
ディヘナの混血メスティソが多い。

　キト市内は、世界遺産にも登録されている旧市街（セントロ・イ
ストリコ）と、そこから北に広がるノルテと呼ばれる新市街とに
大きく分かれている。旧市街と新市街とを結ぶメインストリート
の8月10日通りAv.10 de Agostoや、アマソナス通りAv.
Amazonasには、ビルが建ち並び、バスや車が猛スピードで走り
抜ける。交通渋滞も激しく、時間によっては歩いたほうが早い場
合も。それでも、なんとなくのんびりとした空気が漂うのが、キト
の魅力でもある。

キトへの行き方

✈ 飛行機

国際線は南米のおもな都市から便がある（→P.293）。また、国内のおもな都市を、タメ航空Tame（EQ）、アビアンカ航空Avianca（AV）、ラタム航空LATAM Airlines（LA）などの便が結んでいる。主要路線であるキト～グアヤキル間の運賃はUS＄88～。座席数は限られているが、US＄50台の格安チケットも出る。空港税はチケットに含まれている。

Let's Go! 空港から市内へ

マリスカル・スクレ国際空港（キト国際空港）Aeropuerto Internaciónal Mariscal Sucre（UIO）は、ノルテNorte（新市街）から約37km東に位置するTababelaタバベラにある。市内からは2時間近くかかるため、時間に余裕をもって移動しよう。

タクシー / Taxi

空港～市内間のタクシー料金はエリアごとに決まっており、空港からノルテまではUS＄22.5～27、旧市街のセントロ・イストリコCentro HistóricoまではUS＄26。市内までは深夜早朝の時間帯で約1時間、日中は2時間ほどかかる。市内から空港へはUS＄25～30ほど。

市内バス / Bus

空港から市内へはアエロセルビシオスAeroserviciosのシャトルバスが早朝から30分間隔で運行。空港～マリスカルエリアはUS＄13、セントロ・イストリコエリアへはUS＄13.5。その他のエリアも料金が決まっている。空港からはリオ・コカRio Coca行き、カルセレンCarcelen行き、キトゥンベQuitunmbe行きのローカルバス（US＄2）もある。所要時間は1時間～1時間30分。各駅から市内への移動はタクシーがおすすめ。特に朝夕のラッシュ時はスリに要注意。

🚌 長距離バス

グアヤキルやクエンカからトランスポルテス・エクアドルTransportes Ecuadorなど数社が毎日運行。グアヤキルからは所要約8時間、US＄10～12。クエンカからは所要約8時間、US＄11～12。リオバンバから所要約3時間、US＄4～5。ロハLojaから所要11時間、US＄17～20。トゥルカンTulcánから所要約5時間、US＄8～10。

バスターミナルは目的地によって分かれており、オタバロなど北方面へ向かうバスはカルセレン・バスターミナルTerminal Carcelenに、クエンカやグアヤキル、リオバンバなどキト以南の町へ行くバスはキトゥンベ・バスターミナルTerminal Quitumbeにそれぞれ発着する。

目的地ごとにブースが分かれている

✱ ✈ おもな航空会社
国際線航空会社

ユナイテッド航空
United Airlines（UA）
🏠Av. 12 de Octubre y Cordero, Edif. World Trade Center, Piso 11, Of. 1108
☎(02) 255-7290

デルタ航空
Delta Airlines（DL）
🏠Av. de los Shyris N35-174 y Suecia, Edif. Renazzo Plaza. PB
☎(02) 333-1691

アメリカン航空
American Airlines（AA）
🏠Av. de los Shyris N35-174 y Suecia, Edif. Renazzo Plaza, Piso 4, Oficina 403-404
☎(02) 299-5000

アビアンカ航空
Avianca（AV）
🏠Av. La Coruña E11- 43 y Bello Horizonte
☎(02) 397-8000
Free 1-800-003434

国内線航空会社
タメ航空
🏠Av. Amazonas N24-260 y Av. Colón. Edificio Tame
☎(02) 097-7100
Free 1-700-500-800

ラタム航空
🏠Av. La Coruña 1527, esquina Av. Fco. de Orellana
☎(02) 396-6360
Free 1-800-000-527

シャトルバス
🕐月～金　3:30～23:30
　土・日　4:00～22:30
※30分間隔で運行。
💰片道US$8、往復US$13.50

バスターミナル
カルセレン・バスターミナル
MAP P.301-C1外
☎(02) 290-7005

オタバロ行きのバスも発着するカルセレン・バスターミナル

キトゥンベ・バスターミナル
MAP P.300-A1外
☎(02) 398-8200

グアヤキル行きのバスが発着する

近郊の都市間を運行するバス

チンバカジェ駅
MAP P.300-A1外
住 Av. Sincholagua y Vicente Maldonado

マルドナード通り沿いにあるチンバカジェ駅

観光列車
Tren Ecuador
URL trenecuador.com

バスターミナルから市内へ

タクシーはカルセレン、キトゥンベのどちらのバスターミナルからも、宿泊施設などが集中するノルテの中心部、マリスカル La Mariscalまでは所要約40分、US＄20。バスターミナル周辺は治安があまりよくないので注意が必要。

市内バスはどちらのバスターミナルからもマリスカルまで所要約40分で、運賃はUS＄0.25。カルセレンからは市内バスやタクシーでエコビアの終点駅リオ・コカRio Cocaまで行き、エコビアに乗り換えることも。キトゥンベはトローレブスやエコビアの駅と直結しており、乗り換えなしでアクセスできる。

列車 — Tran

キト北部のイバラIbarraから南西部のグアヤキルまで、さまざまな鉄道の旅が楽しめる。キトからコトパクシ山のおひざ元であるエル・ボリチェ El Bolicheまでの日帰りコースは金〜日曜（7・8月は木曜出発もあり）の8：00発、17：30戻りでUS＄39。

鉄道駅から市内へ

チンバカジェ駅Chimbacalleはセントロ・ヒストリコの南約2kmの所にあり、トローレブスのチンバカジェ駅が最寄りとなる。タクシーならセントロ・イストリコまでUS＄4〜5、新市街（マリスカル）のプラザ・フォッシュまではUS＄9前後。

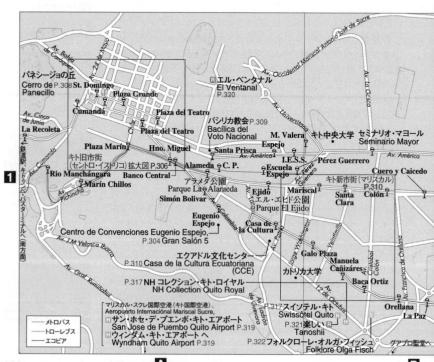

市内交通

タクシー　　　　　　　　　　　　　　　Taxi

　料金はメーター制でUS＄0.5から始まり距離や時間で上がっていく。どんなに近くても最低運賃はUS＄1.5。ノルテ内の移動なら約US＄3、マリスカルからセントロ・イストリコまでUS＄4.5〜5.5、パネシージョの丘までUS＄10ほど。キトの公認タクシーは車体が黄色で屋根に"TAXI"の表示がある。ナンバープレートはオレンジ色か白。車体に登録証の添付と社名及び電話番号の記載がある。

タクシーはできるだけきれいな車体を選ぼう

市内バス　　　　　　　　　　　　　　Bus

　キト市内を走るバスは、一部に専用レーンが設けられている3種類のバスと、市内の南北を走るその他のバスがある。専用レーンを中心に走るバスはトローレブスTrolebús、エコビアEcovia、メトロ・ブスMetro Bus（セントラル・ノルテCentral Norte）と呼ばれ、2両編成。セントロ・イストリコのトローレブス乗り場周辺に見どころや安宿が集中。エコビアはマリスカルの見どころやホテルの集中する場所を走っている。郊外の赤道記念碑やミンドMindoへ行く場合は、メトロ・ブス（セントラル・ノルテ）の利用が便利だ。

★ キトの地下鉄
Metro de Quito
URL www.metrodequito.gob.ec
　エクアドル初の地下鉄、メトロ・デ・キト。現在工事が進められており、2020年中に開通予定。全長22kmで、キトゥンベと旧空港近くのエル・ラブラドール間15駅を34分で結ぶ。チケットの購入方法や料金は2019年9月現在未定。

CHECK!!!　車内のスリに気を付けて
市内を走る3種類のバスは上手く利用すれば安くて便利。しかしスリが多く、地元の人も普段から鞄を前に抱えるなどして注意している。特に朝夕のラッシュ時は要注意。混んでいる時は乗らないほうがいい。

キト
Quito

テレフェリコP.312
Telefériqoへ

赤道記念碑、赤道博物館P.312
La Mitad del Mundo, Museo de Sitio Inti-ñanへ

Aeropuerto

(Av. Mariscal Antonio José de Sucre)

La Concepcion

Av. Amazonas

Mañosca

Av. América

Edmundo Carvajal

FAEゴルフ・クラブ

San Gabriel

サロンゴ・キト・オフィス
Salongo Quito Office

Brasil

La Y

Estación La Y

キト動物園P.311
Zoológico de Quitoへ

Florón
Av. 10 de Agosto

Carolina

La Y

Av. El Inca

Mariana e Jesús

Estadio

Av. Amazonas

日本国大使館

闘牛広場

ウィンダム・ガーデン・キト
Wyndham Garden Quito

P.317

モール・エル・ハルディン
Mall el Jardin

キセントロ・ショッピング
Quicentro Shopping

Av. 10 de Agosto

Av. Amazonas

カロリーナ公園
Parque de La Calorina

キト植物園P.311
Jardín Botánico de Quito

Av. los Shyris

Jipijapa

メトロポリタン・ツーリング
Metropolitan Touring

Av. 6 de Diciembre

Av. De las Palmeras

Av. El Inca

Av. Diego de Amagro

Eloy Alfaro

Benálcázar

Citibank

24 de Mayo

Los Sauces

Av. Gral. Eloy Alfaro

Av. 6 de Diciembre

Bellavista

Naciones Unidas

Río Coca

Av. 6 de Diciembre

Eloy Alfaro

オリンピック・スタジアム

Av. De Los Granados

San Martín

グアヤサミン博物館 P.311
Museo Guayasamínへ（約2km）

0　　500　　1km

カルセレン・バスターミナルへ（北方面）

N

B

C

サイドバー（左列）

トローレブス、エコビア、メトロバス
URL www.trolebus.gob.ec

路面に駅があり各駅停車で
走行する

キトのスペイン語教室
　キトで話されるスペイン語は、とてもきれいな発音と評判が高い。そのせいか、キト市内にはたくさんのスペイン語教室があり、世界各国からスペイン語を学ぼうという人々が集まってくる。教室の規模は大学のようなものから、個人経営の小さな教室までさまざまで、期間も短期から長期である。通常の学校では、希望すればホームステイ先を紹介してもらえる（1ヵ月で食事付きUS$500くらい）。料金も学校によって違い、個人授業で1時間US$10～15が目安。語学の上達は個人の努力はもちろん、先生の教え方や学校のシステムにもあるので、料金の高くて大きい学校がベストとは限らない。現地で情報を仕入れてから入学するのが一番だ。なお、政府認定の学校かどうかも選ぶ基準になるだろう。

スペイン語学校
Andean Grobal Studies
住 El Mercurio E 10-23 y La
　Razón Quito
☎ (02)225-4928
URL www.andeanglobals
　tudies.org
　マンツーマンのプライベートレッスンが特徴で、旅行者向けの1日コースも人気。キト教室だけでなく、アマゾンの大自然に囲まれながらスペイン語を学ぶこともできる。サロンゴ・キト・オフィス（→P.303）を通して申し込むと、サロンゴの日本人スタッフによるサポートがつく。

簡単な日常会話ができれば、
旅はぐっと楽しくなる

一般的なバス

本文（右列）

トローレブス　／ Trolebús

　一般にトローレと呼ばれるこのバスは、市の中心部を走る8月10日通りAv. 10 de Agosto北のY駅Estación La Yと、市の南にある地方都市からのおもな長距離バスが発着するキトゥンベ・バスターミナル（→P.299）に連結するキトゥンベ駅Estación Quitumbeを結ぶ。旧市街（セントロ・イストリコ）のグアヤキル通りAv. Guayaquil、マルドナード通りAv. Maldonadoを走るので観光に利用できる。

エコビア　／ Ecovia

　エコビアは市の北側にあるリオ・コカ駅Río Cocaと、町を南北に走る12月6日通りAv. 6 de Diciembreを抜け、旧市街のピチンチャ通りAv. Pichinchaを経由して、同じくキトゥンベ駅の間を結ぶ。

メトロ・ブス セントラル・ノルテ　／ Metro Bus Central Norte

　メトロ・ブスは市の北側にあるオフェリア駅Estación Ofeliaからデ・ラ・プレンサ通りAv. de La Prensa、マルスカル・スクレ国際空港前を通り、市の西側を走るアメリカ通りAv. Américaを抜け、ピチンチャ通りのマリン・チロス駅 Estación Marín Chillosを結ぶ。

2両連結の大型バス

Let's Go! トローレブス、エコビア、メトロ・ブスの乗り方

　いずれの路線も一部の区間を除き、往復同じルートを通る。路線沿いの通りには駅が設けられ、駅名の表示もあってわかりやすい。料金は一律US$0.25。マリスカル～セントロ・イストリコ間は所要約25分。

　乗り方は駅の入口にある料金投入機にコインを入れる。小銭がないときは、そばにある窓口で両替してもらい、切符をもらう。どの駅にも係員がいるので安心だ。バスが来たら、自動ドアから乗る。車内アナウンスはあるが、スペイン語のみで早口のためなかなか聞き取りにくい。旧市街ならサント・ドミンゴ駅 Estación Santo Domingoやプラザ・デル・テアトロ駅 Estación Plaza del Teatro、新市街のマリスカルならコロン駅 Estación Colónなどが最寄りとなる。

エコビアなどの料金投入機

Let's Go! その他のバスの乗り方

　その他のバスは観光客が利用するのはやや難しい。慣習的に“街角”でバスをひろうようになっている。ただし、すべての街角でバスが停まってくれるわけではなく、一応規定の場所がある。目的のバス路線であるかどうかは待っている人に確かめよう。目指すバスが見えてきたら片手で道を指さすと、だいたい臨機応変に停まってくれる。料金はUS$0.25～。

❶ 観光案内所

Quito Turismo
🔗 www.quito.com.ec
空港内（国際線乗り場）
☎ (02) 281-8363
🕐 月～金 6:00～22:00、
土・日 7:00～19:00
🚫 無休

セントロ・イストリコ
🗺 P.306-B1
🏠 Palacio Municipal, Venezuela y Espejo
☎ (02) 257-2445
🕐 月～金 9:00～18:00　土 9:00～20:00
　　日 10:00～16:00　🚫 無休

マリスカル
🗺 P.310-B2
🏠 Reina Victoria N24-263 y Lizardo Garcia
☎ (02) 223-9469
🕐 日～水 9:00～17:30　木～土 9:00～19:00
🚫 日・祝

キトゥンベ・バスターミナル
🗺 P.300-A1外
🏠 Av. Condor Ñan y Av. Mariscal Sucre
☎ (02) 382-4815　🕐 8:00～18:00　🚫 無休

日本国大使館

Embajada del Japón
🔗 www.ec.emb-japan.go.jp
🗺 P.301-C1
🏠 Av. Rio Amazonas N39 - 123 y Calle Jose
Arizaga, EDF. Amazonas Plaza, Piso 11
☎ (02) 227-8700
🕐 8:45～12:45、13:45～17:30
（領事業務は8:45～12:30、14:00～17:15）
🚫 土・日・祝

郵便局

Correos del Ecuador
🗺 P.310-B2
🏠 Avenida Colón y Reina Victoria
☎ (02) 250-8980
🕐 月～金8:00～13:00、14:00～17:00
🚫 土・日・祝

入国管理事務所

Nacional de Migración
🏠 Av. Amazonas N32-171 y Av. República
☎ (02) 243-9408/ (02) 226-9436
🕐 8:00～12:00、15:00～18:00　🚫 土・日

クレジットカード会社連絡先（→P.409）

国際宅配便

DHL
🏠 Av. Eloy Alfaro 113A y Pasaje De los Juncos
☎ (02) 400-9400
🕐 8:30～18:30　🚫 土・日

病院

国立総合病院　Hospital Metropolitano
🏠 Av. Mariana de Jesús s/n y Nicolás Arteta
☎ (02) 399-8000
公立総合病院　Hospital Vozandes
🏠 Villalengua Oe2-37 y Av.10 de Agosto
☎ (02) 397-1000

日本語が通じる旅行社

メトロポリタン・ツーリング
Metropolitan Touring
🔗 www.metropolitan-touring.jp/web
（日本語あり）
🗺 P.301-C1
🏠 Av. de Las Palmeras N45-74 y de Las Or-
quideas
☎ (02) 298-8263
📠 (02) 334-1480（アジア部直通、日本語可）
✉ htaniguchi@metropolitan-touring.com
（日本語可）
🕐 8:00～17:00　🚫 土・日
　　エクアドル国内に全10店舗、キト市内にも5
店舗、ペルー、コロンビアにも支店をもつ大手旅
行会社。キト本店アジア部では、経験豊富な日本
人が対応してくれる。エクアドル国内には熱帯
雲霧林にあるマシュリロッジ、キト旧市街には
コロニアル様式のホテル、ハリガンゴテーナを
所有。ガラパゴスツアーは自社船3隻と、ホテル
ファン音もバイも利用。予算、目的に応じてオリジ
ナルのパッケージを作ってくれる。

サロンゴ・キト・オフィス
Salongo Quito Office
🔗 www.salongo.jp
🗺 P.301-B1
🏠 Av. Amazonas N32-139 y La Granja, Edificio
"El Ejecutivo" 101
☎ (02) 227-6949/225-4250　📠 (02) 224-7618
日本☎03-6402-4391（東京本社）
🕐 9:00～18:00　🚫 土・日
　　日本の旅行社のキト支店。日本人スタッフや
エクアドル観光省発行のライセンスを持った日
本語ができるガイドがおり、ガラパゴス諸島を
はじめ、アマゾンジャングルやミンド雲霧林へ
のバードウォッチングなど、エクアドル各地の
ツアー手配のほか、語学学校の斡旋も可能。特に
日本語が堪能なエクアドル人ガイドによる旧市
街観光ツアーが人気。日本事務所あり。

独立広場は多くの人でにぎわう

旧市街—セントロ・イストリコ Centro Historico

キトはピチンチャ山（4839m）を背景に、南北約17kmにわたって延びる細長い町。北からノルテ Norte（北地区、新市街）、セントロ・イストリコ Centro Historico（中央地区、旧市街）、スール Sur（南地区）の3地区に大きく分けられる。キト一番の見どころは、コロニアル時代の面影を残す建築物が並び、その間を石畳の坂道が続くセントロ・イストリコだ。かつてはサント・ドミンゴ教会前の広場がキトの中心であった。

見どころとなる一画はそれほど広くはないので徒歩で十分回ることができる。まずは**独立広場**に立ってみよう。**カテドラル、サン・フランシスコ教会・修道院、ラ・メルセー教会・修道院、サント・ドミンゴ教会・修道院、ラ・コンパニーア・デ・ヘスス教会**など、400年の歴史を刻む建造物が散らばっている。バスターミナルはセントロ・イストリコの外れ。また、近くには**パネシージョの丘**があり、市街地を見下ろすには絶好の場所だ。

新市街—ノルテ Norte

セントロ・イストリコから目抜き通りの**8月10日通りAv. 10 de Agost**を北へ進むと、新市街のノルテへと入ってゆく。ノルテの中心となるのがセントロ・イストリコの北東に位置する**マリスカルLa Mariscal**。旧市街と比べても治安がよく、5つ星ホテルから手頃な値段の中級ホテル、ドミトリータイプの安宿まで、さまざまなアコモデーションが集中しているため、このエリアに宿を取って観光するのが一般的だ。町の中心を走るアマソナス通りには旅行会社やレストラン、みやげ屋が軒を連ねている。さらに、アマソナス通りから1本東へ入った**メラ通りJuan L. Mera**や、レイーナ・ビクトリア通りRiena Victoriaとマリスカル・フォッシュ通りMariscal Fochが交差するプラサ・フォッシュ Plaza Fochには、雰囲気のよい欧米料理店やカフェ、パ

マリスカルの中心、プラサ・フォッシュ

ブ、おしゃれなショップなどが目立ち、夜中までにぎわっている。
　マリスカルのさらに隣接して広がるのは、カロリーナ公園Parque de la Carolinaを中心とする**カロリーナLa Carolina**だ。こちらはビジネス街といった雰囲気で、目立った観光スポットはないが、大型ショッピングモールや人気レストランが多く建ち並んでいる。

通りの名前を覚えよう！

　キトの町はとてもわかりやすい造りである。とにかく、どんどん歩いてみよう。いくつかの通りの名前と目印になる建物さえ頭に入れたら、あとはエル・エヒド公園Parque El Ejidoやパネシージョの丘がだいたいの位置を教えてくれるので、迷うことはない。
　メインストリートはキトの中央を南北に貫く8月10日通り。この通りにはトローレブスが走っているほか、市内バスも、ルートの途中にこの8月10日通りを一度は通るといわれており、キト市内では最も交通量の多い道路である。この通りと、アマソナス通りAv. Amazonas、エコビアが走る12月6日通りの3本の通りを覚えておけば、かなり役に立つだろう。

キト周辺のおもなツアー

　キトから飛行機で東へわずか30分。熱帯雨林の町コカCocaが、エクアドル・アマゾンの観光拠点だ。またキトの南東の町テナTena（バスで約5時間、US＄7〜9）でも、アマゾンの自然を堪能できる。もちろんコトパクシ登山など、アンデスの山々を巡るツアーもいろいろ揃っている。

アナコンダ・アマゾン・クルーズ　Anakonda Amazon Cruises
　コカから出発するアマゾンクルーズ。ナチュラルガイドとともにピラニア釣りやカヌー体験、先住民の村を訪問。雄大な自然に触れつつ、リンリンク上のクルーズを楽しみたい人におすすめ。

ナポ・ワイルドライフ・センター　Napo Wildlife Center
　ヤスニ国立公園Parque Nacional de Yasuníに位置するエコ・ロッジに滞在し、アマゾンの熱帯雨林を探索。ヤスニ国立公園はユネスコの「世界生物圏保護区」に指定されており、400種を超す植物、596種の鳥類、200種の哺乳類などが確認されている。

サチャ・ロッジ　Sacha Lodge
　1500haもの広大な敷地に配された、ナチュラルで清潔なロッジが魅力。野鳥観察に最高の高さ36m、長さ275mのロング・キャノピーや、約40種類もの蝶を飼育するバタフライ・ハウスもある。

コトパクシ山　Volcán Cotopaxi
　標高5897m、世界で最も高い活火山と言われるコトパクシ山。この山を有する国立公園ツアーが人気。2015年8月の噴火後しばらく閉鎖されていたが、現在は開園。4800mの山小屋まで行ける。

キト周辺のおもなツアー
Anakonda Amazon Cruises
☎(02)336-0887
URL anakondaamazoncruises.com
料3泊4日 US$2440（日曜発）
　4泊5日 US$3048（水曜発）
オールインクルーシブのラグジュアリークルーズ（ダブルルームひとり料金）。キト〜コカへの飛行機代約US$270（往復）と国立公園入園料US$70は含まれない。

Napo Wildlife Center
☎(02)600-5893
URL www.napowildlifecenter.com
料3泊4日　US$1332〜
　4泊5日　US$1632〜
キトから日曜を除く毎日出発。オールインクルーシブの高級エコロッジ（ダブルルームひとり料金）。国立公園入園料込み、キト〜コカ間の飛行機代US$265含む。

Sacha Lodge
URL www.sachalodge.com
サロンゴ・キト・オフィス
（→P.303）
料3泊4日　US$1190〜
　4泊5日　US$1490〜
バードウォッチャーの聖地として知られる場所。料金はダブル、もしくはツインルームを利用のひとりあたりの料金。大自然の中にありながらロッジ内は快適で、お湯も出るほか、Wi-Fi（1日US$65）につなげる。滞在中の全食事、アクティビティ料金込み。

大自然に囲まれたサチャ・ロッジ

アマゾンを一望する高さ43m、135段のタワー

305

マメ知識

ラ・ロンダ通り
Calle La Ronda

サント・ドミンゴ教会の裏手にあるフランデ・ディオス・モラレス通りCalle Juan de Dios Moralesは、「ラ・ロンダ」の愛称で親しまれる美しい小道。インカ皇帝がとり地を訪れた1480年に、ここを通過したという説もある。通りにはエクアドル産のカカオを使ったチョコレート店やパナマ帽工房、楽器店などが並ぶ。
MAP P.306-A1

大統領府見学ツアー
圏9:00 ～ 16:00
(火～金曜の見学はツアー前日の15:00まで、土・日は金曜15:00までに要予約)
圏月
圏無料
ツアーでのみ見学可能。所要約45分、参加にはパスポートなどの身分証明書が必要。予約は、las calles Espejo y García MorenoにあるインフォメーションセンターCentroで直接申し込む。

おもな見どころ

◆旧市街―セントロ・イストリコ Centro Historico

ユネスコの世界文化遺産として1978年に登録されたキトの旧市街、セントロ・イストリコには、400年前の植民地時代の建築物が今も生き続けている。特に中心部は熱気と喧騒に満ちており、市民の生活を肌で感じることができる。

独立広場
Plaza de La Independencia
(Plaza Grande) **MAP** P.306-B1

広場の中心には1830年8月の独立を記念した碑Monumento a los Heroes de la Independenciaが建っており、セントロ・イストリコのなかでも心臓部に当たるところ。西側には大統領府Palacio de Gobierno(パラシオ・デ・ゴビエルノ)の白い建物がある。これは17世紀に建てられたもので、その建設者の名から、別名パラシオ・デ・カロンデレトPalacio de Carondeletとも呼ばれている。

旧市街の中心地

キト旧市街 (セントロ・イストリコ)
Centro Historico

- バネシージョの丘P.308へ Cerro de Panecillo
- アラバドの家 P.307 プレコロンビア美術館 Casa del Alabado / Museo de Arte Precolombino
- P.307 サン・フランシスコ教会・修道院 Iglesia y Convento de San Francisco
- サン・フランシスコ広場 Plaza San Francisco
- カフェテリア・モデロ P.320 Cafeteria Modelo
- マリア・アウグスタ・ウルティア邸博物館 P.308 Casa Museo María Augusuta Urrutia
- レアル・アウディエンシア P.316 Real Audiencia
- カソナ・デ・ラ・ロンダ P.316 Casona de la Ronda
- St. Domingo
- サンド・ドミンゴ広場 Plaza Santo Domingo
- Cumandá
- サント・ドミンゴ教会・修道院 P.308 Iglesia y Convento Santo Domingo
- 鉄道駅へ (1km)
- P.316 ユンボ・インペリアル Hotel Yumbo Imperial
- P.320 ラ・プリシマ La Purísima
- Museo Manuela Sáenz
- Plaza Marín
- ラ・コンパニーア・デ・ヘスス教会 Iglesia de la Compañía de Jesús P.309
- ラ・メルセー教会・修道院 P.309 Iglesia y Convento La Merced
- スーパー
- アルベルト・メナ・カアマーニョ美術・歴史博物館 P.308 Museo Municipal Alberto Mena Caamaño de Arte y Historia
- キト・メトロポリタン大聖堂 (カテドラル) P.307 Catedral Metropolitana de Quito
- 国立図書館
- 大統領府
- 独立広場 P.306 Plaza de La Independencia
- 市庁舎
- Plaza Grande
- ベナルカサルの家 Casa de Benalcázar
- パティオ・アンダルス P.316 Patio Andaluz
- カフェテリア・ファビオリータ Cafeteria Fabiolita P.320
- サン・アグスティン教会
- Plaza del Teatro
- テアトロ広場 Plaza del Teatro
- Plaza del Teatro
- Hno. Miguel
- Banco Central
- テアトルム・レストラン&バー Theatrum Restaurant y Bar P.320
- ビエナ・オテル・インテルナシオナル Viena Hotel Internacional P.316

凡例：
- ━━━ メトロバス
- ━━━ トロレブス
- ━━━ エコビア

0　　300m

A　　　　B

キト・メトロポリタン大聖堂（カテドラル） Catedral Metropolitana de Quito MAP P.306-B1

　独立広場を南から見下ろす、緑色のタイルの美しいドームと、広場に突き出す扇形の階段をもつ"カロンデレット・アーチ"で知られている。1535年の建設。キトの独立運動の中心であり、暗殺されたホセ・スクレ将軍Mariscal Antonio José Sucreが隅にひっそりと埋葬されている。内部の大祭壇の後ろには、天才的な彫刻家カスピカラの代表作"ラ・サバナ・サンタ"があり、左にはホセ・スクレ将軍の代わりに初代大統領になった軍人、フアン・ホセ・フローレスの像がある。

サン・フランシスコ教会・修道院 Iglesia y Convento de San Francisco MAP P.306-B1

　キトで最も威風のある教会で、"アンデスのエル・エスコリアル宮殿"とも呼ばれている。スペインによる征服後まもなく（1535年）建立され、南米いち古い歴史をもつ教会のひとつ。70年以上の年月を要して建てられた頑丈な教会だったが、1987年の大地震であちこ

南米で最も古い歴史をもつ教会のひとつ

ちが壊れてしまった。しかし、今でも大部分は往時のままの状態を保っている。前面は広い石畳のサン・フランシスコ広場Plaza San Franciscoとなっている。数多くのすぐれた宗教美術が教会内部、および付属の博物館Museo de San Franciscoに展示。

アラバドの家・プレコロンビア美術館 Casa del Alabado, Museo de Arte Precolombino MAP P.306-A1

　サン・フランシスコ教会のすぐそばにある考古学博物館。バルディビア文化Valdibia（紀元前3000年〜同1500年）やマチャリージャMachalilla（紀元前1600年〜同950年）など、エクアドルの古代文化からインカにいたるまで5000点にも及ぶプレコロンビア時代の土器を展示。中庭には、ベジタリアンメニューが楽しめるカフェもある。

★ **カテドラルの博物館**
🏠Venezuela y Espejo 715
☎(02)257-0371
🕐9:30〜17:00
（入場は〜16:45）
休日・祝
料US$3、博物館とクプラ（塔）のセットはUS$6
※内部撮影禁止
　カテドラルの入口は建物正面に向かって右側のガルシア・モレノ通りGarcía Moreno沿い、博物館Museo Cathedralは左側のベネズエラ通りVenezuela沿いにある。

サン・フランシスコ教会・修道院
🏠Cuenca 477 y Sucre
☎(02)228-1124
🕐月〜土　7:30〜12:30、
　　　　　14:30〜17:30
　日　　　7:00〜12:00
博物館
☎(02)295-2911
🕐月〜土　9:00〜17:30
　日　　　9:00〜13:00
休無休　料US$3

教会に併設された博物館

アラバドの家・プレコロンビア美術館
🏠Cuenca N1-41 y Bolívar
☎(02)228-0940
URL www.alabado.org
🕐木〜火　9:00〜17:30
　水　　　13:30〜17:30
　（入場は　17:00）
休無休　料US$6

博物館内にあるカフェ

COLUMN　キトの治安について

　キトは、隣接するペルーやコロンビアの首都にあるような緊張感がない。気候もよく、市内に広い公園もあって、バスや車の騒音はけたたましいけれど、のんびりとできる町である。しかし、セントロ・イストリコとノルテのマリスカルでは、ちょっと町の様子が違うのを覚えておいてほしい。マリスカルは遅くまで観光客が行き交い、カフェやレストランも深夜までにぎわっている。一方、セントロ・イストリコは22:00を過ぎると歩く人も少なく、ほとんどの店は閉まってしまう。

　また、必ずといっていいほど強盗が出没するのはパネシージョの丘とバスターミナル周辺。特にパネシージョの丘方面には昼間でも歩いて行くことはやめて、市内ツアーかタクシーを利用したい。セントロ・イストリコのライトアップを見る場合も独立広場周辺など、人どおりの多い場所のみにして20:00くらいまでに済ませよう。宿泊先は治安を考えるとマリスカルにしたほうが安全。またマリスカルでも夜間は強盗被害が多く、特にメラMera通りから西には近づかないことをおすすめする。

マリア・アウグスタ・ウル
ティア邸博物館
🏠García Moreno N2-60,
　entre Sucre y Bolívar
☎(02)258-0103
📅火〜金　10:00〜18:00
　土・日・祝　9:30〜17:30
🚫休US$2
サント・ドミンゴ教会・修道院
🏠Flores 150 y Bolívar
☎(02)228-0518
📅月〜金　　9:00〜17:00
　土　　　　9:00〜14:00
🚫無休
博物館
☎(02)228-2695/0518
📅月〜金　9:00〜13:30
　　　　　14:30〜17:00
　土　　　9:00〜14:00
🚫日　料US$3

建設当時の壁画が残る

アルベルト・メナ・カアマ
ーニョ美術・歴史博物館
🏠Calle García Moreno 887
　Esq. Espejo
☎(02)395-2300
📅火〜土　9:00〜17:30
　日　　　10:00〜16:00
🚫月　料US$1.5
　トローレブスでサント・
　ドミンゴ駅Estación Santo
　Domingo下車すぐ。

パティオのあるコロニアル
な建物

聖母像
🔗www.virgendelpanecillo.com
📅月〜水　9:00〜17:00
　木〜日　9:00〜21:00
🚫無休　料US$1
行き方
　市内からはタクシーを利
用する。セントロ・イスト
リコから往復US$5、ノルテ
からは往復US$10ぐらい。

夜間は聖母像のライトアッ
プが美しい

マリア・アウグスタ・ウルティア邸博物館 <small>Casa Museo María Augusta Urrutia</small> MAP P.306-A1

　エクアドルでいちばん裕福だった女性であり、キトを代表する
貴婦人、マリア・アウグスタ・ウルティアMaría Augusta Urrutia
の邸宅を一般公開。19世紀に建設された屋敷内は、ベネチアンガ
ラスの窓、バカラのシャンデリア、フランス製家具のほか、日本か
ら取り寄せた銀糸刺繍の屏風など世界各地から集めた調度品が揃
う。信仰深かったマリアは貧しい子供たちに食事を与えるなど慈
善事業に尽力した。彼女の死後もその活動は続いている。

サント・ドミンゴ教会・修道院 <small>Iglesia y Convento Santo Domingo</small> MAP P.306-A2

　グアヤキル通りとロカ・フェルテ通りRoca Fuerteが交差すると
ころにサント・ドミンゴ広場があり、その奥に教会。"ロサリオの
聖母Virgen del Rosario"と呼ばれて
いる礼拝堂の中にある"暁のロサリ
オ"の祭壇は赤い壁に金色の装飾が
施された見事なもので、世界的に有
名。博物館Museo Domingo de Arte
を併設。

サント・ドミンゴ広場に建つ

アルベルト・メナ・カアマーニョ美術・歴史博物館
<small>Museo Municipal Alberto Mena Caamaño de Arte y Historia</small> MAP P.306-B1

　カテドラルの西隣、ガルシア・モレノ通り
García Morenoとエスペホ通りEspejoとの角
にあるモダンな美術館で、中央文化博物館Cen-
tro Cultural Metropolitanoとも呼ばれる。もと
もと17世紀には大学だった建物で、18世紀半
ばの独立戦争時にその活動の中心となった場
所でもある。

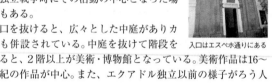
入口はエスペホ通りにある

　入口を抜けると、広々とした中庭がありカ
フェも併設されている。中庭を抜けて階段を
上がると、2階以上が美術・博物館となっている。美術作品は16〜
17世紀の作品が中心。また、エクアドル独立以前の様子がろう人
形で再現されており、キトの歴史的な場面の数々が見られる。

パネシージョの丘 <small>Cerro de Panecillo</small> MAP P.300-A1

　キトの象徴ともいえる有名な丘。180mほどの高さの丘で、ここ
からはセントロ、ノルテのもつそれぞれの"顔"を一望できる。こ
こでだいたいの地理をつかんでから市内を散策するのも一案だ。
夜ならばキトの夜景がすばらしい。頂上には高さ41m、1975年に
完成した大きな聖母像が立ち、その内部は簡単な博物館になって
おり、上部に上がることもできる。

　丘の頂上までは麓から徒歩で約30
分ぐらいの距離だが、観光客を狙っ
た強盗が出る場所として有名であ
る。丘の上には警官がいることもあ
るが、昼間でもタクシーでアクセス
すること。

セントロから丘を望む

ラ・コンパニーア・デ・ヘスス教会 Iglesia de la Compañia de Jesús **MAP** P.306-A·B1

金色の教会として有名なイエズス会の教会。サン・フランシスコ教会を建てた直後に、この教会の建設に着手したといわれ、1605年から160年もかけて建てられた。教会全体の彫刻もすばらしいが、金を使ってメッキ

金を使用した内部装飾

した祭壇、内部の装飾も見事である。1987年の大地震でダメージを受けたが修復され、修復部分は金色の違いがわかる。祭壇の前には鏡が置かれ、ドーム型の屋根の内側を見ることができる。

また、祭壇中央に飾られた聖人マリアナの絵は「奇跡の絵」と呼ばれ、1906年には目が閉じていたこともあったのだそう（現在展示されている絵は複製）。

＊ ラ・コンパニーア・デ・ヘスス教会
住 García Moreno y Sucre
☎ (02)258-4175
開 月～木　　9:30～18:30
　　金　　　9:30～17:30
　　土・祝　9:30～16:15
　　日　　　12:30～16:15
休 無休
料 US$5（毎月第1日曜は無料。英語、スペイン語のガイド無料）
※内部撮影禁止

ラ・メルセー教会・修道院 Iglesia y Convento La Merced **MAP** P.306-B1

サン・フランシスコ教会の北、クエンカ通りCuencaとチリ通りChileの角にある。約47mもある白くそびえ建つ四角い塔には、ブロンズの大鐘と、イギリス製の時計が取り付けられている。その調和の取れた美しさで名高い修道院の回廊は、1700年から42年の歳月をかけて建てられたもの。内部には金箔塗りの木彫刻が細部にわたり施されていて、その緻密さには目を見張る。さまざまな絵画も必見だ。宗教博物館Museo Mercedarioも併設されている。

白い塔が印象的

ラ・メルセー教会・修道院
住 Chile y Cuenca
☎ (02)228-0743
開 月～金　　6:30～11:30
　　　　　15:00～18:00
休 土・日
料 無料

バシリカ教会 Basílica del Voto Nacional **MAP** P.300-A1

セントロ・イストリコの北端に位置し、1892年に着工されて以来、現在も一部が未完成のままになっているのがこの教会。ガーゴイル（魔除けの像）にイグアナやガラパゴスゾウガメなど、エクアドル固有の動物を施していることでも有名だ。また、専用のエレベーターで3階まで上がり、そこから聖堂の屋根裏をくぐって外階段を上ると、キト旧市街からパネシージョの丘まで一望できるビュースポットになっている。

旧市街の入口に建つ教会

バシリカ教会
住 Calle Carchi 122 y Venezuela
☎ (02)258-3891
開 8:00～18:00
　（塔の入場は9:00～17:00）
休 無休
料 US$2（塔の入場は別途US$2）

ステンドグラスが美しい教会内

エクアドル文化センター
■Av. Patria y 6 de Diciembre,
Edificio de los espejos de la
CCE
☎(02)222-1006
■9:00 〜 16:30
■土・日・祝
■無料
※館内は現代美術館博物館
のみ撮影禁止。

音楽楽器博物館内の展示
メルカド・デ・インディヘナ
■10:00〜19:00頃
■無休

さまざまな民芸品が揃って
いる

新市街—ノルテ

Norte

エクアドル文化センター Casa de la Cultura Ecuatoriana (CCE) **MAP** P.300-A1

エル・エヒド公園の東側にある円形の国立劇場Teatro Nacionalを左手に回ったところに、Museo Casa de la Cultura と書かれた小さな入口がある。現代美術館博物館Museo de Arte Moderno、ペドロ・パブロ・トラベルサリ音楽楽器博物館Museo de Instrumentos Musicales Pedro Pablo Traversari、ピオ・ハラミージョ・アルバラド民族学博物館Museo Etnográfico Pío Jaramillo Alvarado 3つの博物館からなる文化センター。音楽楽器博物館ではスペイン統治以前から伝わるさまざまな楽器を展示している。

メルカド・デ・インディヘナ Mercado de Indigena **MAP** P.310-A1

メラ通りとホルヘ・ワシントン通りJorge Washingtonの一画にある先住民の民芸品マーケット。100近くの露店が連なり、アルパカ製品やポンチョ、ショールなどの布製品、雑貨、アクセサリー、楽器ほか、キトやその周辺の村で作られる民芸品が売られている。比較的質もよく、おみやげ探しには最適だ。値段は要交渉。

キト植物園　Jardín Botánico de Quito　MAP P.301-B1

マリスカルの北側に広がる緑豊かなカロリーナ公園Parque de La Calorinaの中にある植物園。エクアドルの気候風土や自然環境に適応した、同国を代表するさまざまな植物を見ることができる。なかでもエクアドルの高地雲霧林に自生する、ドラクラDracula（通称モンキー・オーキッド）が栽培されているラン園は必見。他にも世界に誇るバラ園や、キヌアやトウモロコシなどアンデスならではの植物が栽培されるエリアもある。

エクアドルのさまざまな植物が見られる

キト植物園
🏠Pasaje # 34, Rumipamba E6-264 y Av. Shyris. Interior Parque La Carolina
☎(02)333-2516/(02)333-2543
URL jardinbotanicoquito.com
🕐月～金　　8:00～16:45
　土・日・祝 9:00～16:45
休無休
料US$3.5

入口にある巨大なカエルのモニュメントが目印。植物だけでなく、珍しい野鳥も多く生息している。

グアヤサミン博物館　Museo Guayasamín　MAP P.301-C1外

ラテンアメリカを代表するキト生まれの画家オスワルド・グアヤサミンOswaldo Guayasamín（1919～1999）。彼の作品を収めた美術館、宝石や民芸品の展示室、プレ・コロンビアおよびコロニアル芸術の博物館からなる。先住民の血を引く彼は、一時メキシコの壁画運動にも参加し、民衆の苦しみ、怒り、インディヘナの生活、キトの町などをテーマに、独自の強烈なタッチの作品を生み出した。

キリスト教美術のコレクションも展示

博物館はふたつの建物からなり、ひとつはおもに土偶や壺、石偶などが中心で、もうひとつの奥の建物はグアヤサミンの油彩を中心に展示している。レセプションの裏側にはミュージアムショップがある。

グアヤサミン博物館
🏠Mariano Calvache E18-94 y Lorenzo Chávez, Bellavista
☎(02)244-6455
URL www.guayasamin.org
🕐10:00～17:00
休祝
料US$8
英語のガイドあり。
行き方
キト北東部の見晴らしのよい高台ベジャ・ビスタ地区Bella Vistaにある。バスは"Batán-Colmena"Bella Vista行きが近くを通る。タクシーはノルテから約15分。片道でUS$3前後。簡単にタクシーをひろえない場所なので、行きのタクシーに待ってもらうよう頼むか、博物館スタッフにタクシーを呼んでくれるよう頼むといい。

その他の地区　Ciudad de Quito

キト動物園　Zoológico de Quito　MAP P.301-C1外

キトの北30km。規模はそれほど大きくなく、園内の歩道に描かれた熊の足跡に従って歩けば効率的に回れるようになっている。この動物園の見どころはガラパゴスゾウガメやイグアナ、ジャガー、ピューマなど。コンドルやアルパカもいる。ガラパゴスへ行けない人はぜひ。

キト動物園
🏠Huertos Familiares S/N, Guay llabamba
☎(02)236-8898
URL www.quitozoo.org
🕐9:00～17:00
（チケット販売は～16:00）
休無休
料US$5.5
行き方
エコビアの終点リオ・コカ駅の西側、Av.de Las Palmeras通りにあるバス停から、緑色のFlota Pichinchaに乗り、Guayllabamba方面へ。動物園の入口まで所要約45分。バス停付近に動物園まで送迎してくれるトラックが待機しているので利用しよう。片道US$2。

大きさに驚くガラパゴスゾウガメ

左サイドバー

テレフェリコ
☎(02)222-2996
URL teleferico.com.ec
圏火～木　9:00～20:00
　金～月　8:00～20:00
休無休　料US$8.5(往復)
ブルカノ・パーク
住Juana Miranda s/n y Av.
　Mariscal Sucre (Occiden-
　tal) a la altura de la Av
　La Gasca
☎(02)222-2733/1493
URL www.vulqanopark.com
開月～木　11:00～19:30
　金　　　11:00～21:00
　土　　　10:00～21:30
　日　　　10:00～20:30
　祝・夏季(7・8月)
　　　　　10:00～20:30
休無休
料無料(遊具はUS$0.35～)
行き方
　マリスカル地区からタク
シーでUS$2前後。

赤道記念碑
URL www.mitaddelmundo.com
開9:00～18:00
休無休
料US$5
赤道博物館
☎(02)239-5122
URL museointinan.com.ec
開9:00～17:00
休無休
料US$4.5
行き方
　メトロ・ブスのオフェリ
ア駅にて赤道記念碑行きの
バスに乗り換える。オフェ
リア駅から赤道記念碑まで
所要約45分。また、キト市
内の旅行会社のほとんどは
赤道記念碑見学を含めた市
内ツアーを取り扱っている。

モニュメントが多数ある

マメ知識
**本当の
赤道について**
近年誰もがGPS機器を
手にすることができ、実際
に自分で計ってみたいとい
う人が増えてきた。そうし
た人たちによると、本当の
赤道は旧来の赤道記念碑で
も赤道博物館でもなく、そ
の付近の道路上を通ってい
るという話だ。自分で調べ
てみるのもおもしろいだろ
う。

本文

テレフェリコ
Teleférico **MAP** P.301-B1外

テレフェリコは標高4698mのルク・ピチンチャ山Rucu Pichincha(ルクはケチュア語で"古い"という意味)の麓にある、世界で最も高い場所に位置するゴンドラのひとつ。ゴンドラは6人乗り、標高3117mの出発駅から終着点のクルス・ロマ駅Cruz Loma(3947m)まで、2.5kmの距離を約18分かけて上る。クルス・ロマからもう少し先にある展望台(4050m)から望むキトの眺めは最高だ。頂上では乗馬やパラグライダー、キャンプの他、ルク・ピチンチャまでのトレッキングも可能。ただし日中でも気温が急激に下がることがあるので、軽装備では危険だ。防寒対策を施し、経験豊富なガイドを雇うなど、事前準備をしっかりしよう。

テレフェリコの始発駅は、ブルカノ・パークVulQano Parkという遊園地の敷地内にある。アトラクションのほかレストランやショップもあり、平日でも地元の人々で賑わっている。

雲の下に見えるキト市街

近郊の町と見どころ

赤道記念碑
La Mitad del Mundo **MAP** P.301-C1外

キト市の北方約22km。サン・アントニオ村には、北半球と南半球を分けている線、つまり赤道が通っている。ここへ来る目的のひとつは、赤道をまたいで写真を撮ること、という人が圧倒的に多いはず。高さ約30m、てっぺんに直径4.5mの球形がのった赤道記念碑からは赤道を表す線が延びていて、それをまたいで写真を撮ると、片足が北半球、片足が南半球ということになる。記念碑の内部は博物館になっていて、最上階には展望台がある。また周囲はレストランや民芸が集まった、小さな村のようになっている。近年になってGPSが開発されると、本当の00° 00′ 00″の場所がわかるようになった。そこは赤道記念碑から直線距離で300mほどの所。GPSの赤道の下には赤道博物館Museo de Sitio Inti-ñanがあり、アマゾンの生き物や暮らしについての展示物のほか、赤道直下ならではのさまざまな実験ができる。例えば、水が吸い込まれる際にできる渦は南半球と北半球で違うか、卵が立つか、など。興味のある人は訪れてみるといい。

中央線が赤道を示すが、実際の赤道位置とはやや異なる

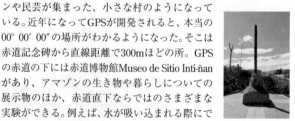
GPSで測った赤道の位置。赤道博物館内にある

ミンド

Mindo **MAP** P.288-B2

　キトから北西へ約80km、バスで2時間の距離に位置するミンドMindoは、バードウオッチングのメッカ。特にハチドリの種類が多い。雲霧林にすむ500種類を超す野鳥のほか、蝶、珍しいランの花を観察できる。また、ラフティングや滝登りなどのアクティビティも楽しめる。中心部から3km南には蝶々園Mariposarioがあり、モルフォ蝶をはじめとする貴重な蝶を見学することができる。キトから日帰りも可能だが、1～2泊して思う存分自然と戯れたいところだ。

オタバロ

Otavalo **MAP** P.288-B2

　キトの北約110kmに位置するオタバロは、土曜市で有名な町だ。アルパカのセーター類やフォルクローレの楽器類、オタバロ族が伝統的に身に纏う民族衣装など、ありとあらゆる民芸品が一堂に会す。町の中心ポンチョス広場Plaza de los

伝統的な衣装に身を包んだオタバロ族の女性が"アミーゴ！"と声をかけてくる

Ponchosを囲む通り一体に屋台がずらりと並ぶ様子は圧巻だ。

　もうひとつの見どころは、オタバロの人々の衣装だ。男性の正装は生成りのコットン生地の上下に紺色のポンチョを羽織り、アルパルガタという底が平らなサンダルを履くというものだが、今ではほとんど見られなくなった。一方、女性は刺繍入りのブラウスに白と黒（または紺色）の腰巻きを身につけ、ファハという帯でウエスト部分を留めている。腰巻きと同色の黒か紺色の肩掛けをかけ、首には金色のネックレスを何重にも巻いている。

　土曜市は朝6時ごろから昼過ぎまで開催されている。また、オタバロの近くでは動物市も開催される。牛や豚、ヤギ、鶏やアヒル、クイなどが売買されていて、こちらは早朝から朝9時くらいまでがピーク。

オタバロ近くの動物市　市場には手織りの敷物やアクセサリーなどの手工芸品が並ぶ

ミンドへ
　メトロ・ブスの北側終点ラ・オフェリアla oferiaバスターミナルから、ミンド行きのバス（Flor de Valle）が発車している。バス運賃はUS$3.1。月～金曜は行きが8:00、9:00、11:00、13:00、16:00発。帰りは6:30、11:00、12:45、15:30、17:00。土日は本数が増える。ミンドの帰りに赤道記念碑の近くでバスを下車することも可能だが、運転手と事前に相談しておくこと。ミンドには宿やレストラン、旅行代理店が多数ある。

オタバロへ
　オタバロへはキトのバスターミナルから数社のバスが運行されている。エル・エヒド公園の横を東西に走るパトリア通りでもバスに乗ることができる。オタバロまで約2時間、カルセレン発はUS$3、キトゥンベ発はUS$3.75。トランスポルテス・オタバロ社Transportes Otavaloのバスは町の中心まで行ってくれる。そのほかのバスはバイパスの入口で下車させられる場合が多い。バイパスから町の中心まで歩いて約15分。土曜の午前中のバスはとても混雑し、バスターミナル以外の場所で乗るのは難しい。オタバロ行き以外のイバラやトゥルカン行きに乗るのも方法だ。
　オタバロからキトへのバスはバスターミナルから2社が出ている。
　キト市内の旅行会社のほとんどはオタバロへのツアーを扱っている。

オタバロのバス乗り場

オタバロのホテル
サンタ・フェ
🏨 Hotel Santa Fé
🏠 Roca 734 y Garcia Moreno, Otavalo
☎ (06) 292-3640
URL www.hotelsantafeotavalo.com
料 Ⓢ Ⓦ US$25～
税・サービス料込み。朝食は別途US$3。

イバラ

Ibarra [MAP] P.288-B2

オタバロから北へ22km、キトから約115kmに位置する人口約14万人のインバブラ州の州都。町は“Ciudad de Blanca＝白い町”と呼ばれるほど、白くコロニアルな建物が多かったが、今ではずいぶん少なくなってしまった。古い教会がいくつかあるのと小さな博物館Museo Arqeologicoがひとつあるだけで、たくさんの見どころはないが、静かで心休まる町だ。

サン・アントニオ・デ・イバラ

San Antonio de Ibarra [MAP] P.288-B2

木彫り製品で有名な村。メインの広場の周辺にはこれら木彫り製品を売る店と小さな工房がある。オタバロからイバラへの途中にあり、イバラからバスで約15分。

コタカチ

Cotacachi [MAP] P.288-B2

オタバロから15km。革製品の町として知られ、革の物なら何でも揃う。また近くにはクイコチャ湖Lago Cuicochaという火口湖がある。湖の周囲には整備されたトレイルがあり、さまざまな動物や植物を観察することができる。オタバロやイバラからバスがある。

ラタクンガ

Latacunga [MAP] P.288-B2

キトからバスで約1時間30分南下すると、ラタクンガの町に着く。標高2800m、コトパクシ県の県都で人口約13万人。旧市街は、コトパクシ山の黒い火山岩を使って建設された。火山岩を敷き詰めた通りは16世紀から変わらぬままだ。街には7つの教会があり、コロニアルな建物が多い。美しい湖のあるクイロトアQuilotoaやサキシリなど近郊の村を訪問するツアーもある。

ラタクンガの中心ビセンテ・レオン公園

サキシリ

Saquisilí [MAP] P.288-B2

ラタクンガからバスで約30分。サキシリは木曜市で有名な村だ。オタバロ同様、インディヘナの手工芸品がたくさん並ぶ。さらに目を見張るのが動物マーケット。生きたままのニワトリ、クイ、ウサギなどの食用動物が籠や布などに入って売られている。

サキシリの木曜市

観光客が少なく、地元の人々の生活ぶりを知るにはおすすめの市場。早朝から正午頃までしか開かれていないので(動物市は10:00頃まで)、キトを朝一番で出発しよう。

イバラへ
カルセレン発は約3時間、US3.25、キトゥンベ発は約4時間、$4.25。どちらのターミナルからも便があって便利だが、カルセレン発のほうが早くて安い。

サン・アントニオ・デ・イバラへ
イバラ～オタバロ間にあるので、バスの運転手に頼んで途中で降ろしてもらう。オタバロからUS$0.75、イバラからUS$0.3。

コタカチへ
カルセレン・バスターミナルから約2時間、US$4。
オタバロからバスで約20分、US$0.5。イバラからバスで約40分、US$0.5。

ラタクンガへ
キトのキトゥンベ・バスターミナルから1時間30分、US$3～4。

ラタクンガのホテル
ヴイラ・デ・タクブンガ
[H] Villa de Tacvnga
[住] Sánchez de Orellana N° 16-109 y Guayaquil
☎ (03)281-2352
[URL] www.villadetacvnga.com
[料] ⓈUS$50～ ⓌUS$70～ 朝食、税・サービス料込み
ラタクンガのサント・ドミンゴ広場の前にあるコロニアルなホテル。

コトパクシ山の火山岩で造られたホテル

ラタクンガのレストラン
チュチュカラス・ドン・パンチョ
[R] Chugchucaras Don Pancho
[住] Quijano y Ordones y Av. Ruminahui
ラタクンガの地元料理チュチュカラスの専門店。チュチュカラスは、揚げた豚肉と揚げバナナ、エンパナーダ、豚の皮を揚げたものなどの盛り合わせ。

地元の人も大好きなチュチュカラス

サキシリへ
ラタクンガから所要約30分、US$1。

バニョス・デ・アグア・サンタ Baños de Agua Santa

MAP P.288-B3

キトから約180km、標高5016mの活火山トゥングラウア山Volcán Tungurahuaの山麓に位置し、バニョス（温泉）の通称で親しまれるバニョス・デ・アグア・サンタは、エクアドルでも有名な温泉観光地。こぢんまりとした町だが、町から見えるビルヘン滝Cabellera de la virgenの壮観な眺めをすぐ目の前に堪能しながら入浴できる公共温泉ビルヘン温泉プールPiscinas de la Virgenが人気。

滝壺のすぐ近くにある公共温泉バニェアリオ・デ・ラ・ビルヘン

バニョス・デ・アグア・サンタの周囲のエリアは山や川、ジャングルなど豊かな自然に恵まれており、アクティビティも充実している。特にラフティングやトゥングラウア山登山、トレッキングなどが人気で、所要3～6時間のトレッキングルートから体力に応じたコースを選べる。

町なかには30以上の小さなホテルが散在するが、バニョスに来たからには町から車で約10分、トゥングラウア山の中腹にあるホテル、ルナ・ボルカンLuna Volcánに宿泊したい。眼下にバニョスの町が見える絶好の場所にスパエリアがあり、宙に浮かんだ気分で入浴できるのはまさにこのホテルならではの至福の贅沢だ。スパメニューUS＄30～も充実している。

町を見下ろせるよう張り出して作られたルナ・ボルカンのスパエリア

バニョス・デ・アグア・サンタへ
キトのキトゥンベ・バスターミナルから所要約3～4時間、US$5～7。

[i]観光案内所
[住]Thomas Halflans Y Vicente Rocafuerte
☎(03)274-0421
[URL]www.banos-ecuador.com
[開]月～金　8:00～12:30、14:00～17:30
土・日・祝　8:00～16:30

ビルヘン温泉プール
[住]Halflants y Rocafuerte
☎(03)274-0462
[営]水～金　14:00～20:30
土・日・祝10:00～20:30
[休]月・火　[料]US$6
※入浴時は水着を着用する。

バニョス・デ・アグア・サンタの宿

ルナ・ボルカン
[H]Luna Volcán
[住]Vía a Runtun Km 6
☎(03)274-0882
[URL]lunavolcan.com
[料]ⓈⓌUS$201～
（2食付き、税・サービス料別）
町から約6kmの絶景を楽しめる高級ホテル。

サンガイ・スパホテル
[H]Sangay Spa Hotel
[住]Plazoleta Isidro Ayora N100
☎(03)274-0490
[URL]www.sangayspahotel.com
[料]ⓈⓌUS$115～
（朝食付き、税・サービス料別）
公共温泉バニェアリオ・デ・ラ・ビルヘンの目の前にある中級ホテル。

アクティビティツアー

Mayotravel
[住]Maldonado entre Oriente y Espejo
☎(03)274-0803
[URL]www.mayo-travel.com
ラフティングや滝登りはレベル別でUS$30～90、キャノピーはUS$20など。

COLUMN バニョス・デ・アグア・サンタへの旅

朝食後キトのバスターミナルへ向かい、アンバート行きのバスに乗る。アンバートにかけての風景は“アンデスの廊下”と呼ばれ、エクアドル富士のコトパクシ山Cotopaxi（5897m）、イリニサ山Ilenizas（5263m）、行く手に雪をかぶったトゥングラウア山Tungurahua（5016m）、エクアドル最高峰のチンボラソ山Chinborazo（6310m）が姿を現す。

キトから約136kmを約3時間で、トゥングラウア州の州都アンバートに着く。人口約14万人、標高2800mの花と果物の町である。ここで毎週月曜に開かれるマーケットは、エクアドルいち規模が大きいといわれている。

アンバートで腹ごしらえをしたあと、温泉の町バニョス・デ・アグア・サンタへ向かうが、時間があればアンバートに1泊して、バニョス・デ・アグア・サンタとの間にあるサラサカSalasacaへ立ち寄ってみたい。サラサカは古くからエクアドルにいる先住民ではなく、インカ時代にボリビアから移住させられた、サラサカ族の村である。

キトの
ホテル

高級ホテルはマリスカルの東側の10月12日通り、中級～安宿はマリスカル中心部に多い。旧市街には安宿のほか、コロニアル建築の歴史的ホテルもいくつかある。マリスカルも旧市街も夜は治安があまり良くないので気をつけること。料金には12%の税金や10%のサービス料のほか、キトホテル税やセキュリティ代が別途かかる場合もある。

セントロ・イストリコ

Hotel Casona de la Ronda
カソナ・デ・ラ・ロンダ MAP P.306-A1

🛁 📺 ☎ 💻 🍴

旧市街の観光ポイント、ラ・ロンダ通りにあるコロニアル建築のホテル。アンティークに囲まれた部屋は、歴史好きにぴったりだ。展望台からはパネシージョの丘が真正面に見える。朝食も好評。

[住]Calle Morales (La Ronda) OE1-160
☎(02) 228-7538
[URL]www.lacasonadelaronda.com
[料]ⓈⓌUS$176.9～　税込み・サービス料別
[カード]ADMV　[室数]22室

Patio Andaluz
パティオ・アンダルス MAP P.306-B1

🛁 📺 ☎ 💻 🍴

1534年建築の建物を改装したコロニアル様式のホテル。パティオはレストランとして使用されている。暖色系でまとめられた部屋はそれぞれ異なる作りになっており、アンティークの家具や置物は見ごたえ抜群。歴史好きには打ってつけだ。

[住]Av. García Moreno N6-52 entre Olmedo y Mejía　☎(02) 228-0830　[URL]www.hotelpatioandaluz.com　[料]ⓈⓌUS$361～　税・サービス料別　[カード]ADMV　[室数]32室

Hotel Real Audiencia
レアル・アウディエンシア MAP P.306-A1

🛁 📺 ☎ 💻 🍴

サント・ドミンゴ広場のすぐ近くに建つ3つ星ホテル。1534年に建築された由緒ある建物を利用。客室の窓は防音ガラスで静かだ。レストランからはサント・ドミンゴ教会、パネシージョの丘が望める。

[住]Bolívar Oe 3-18 y Guayaquil
☎(02) 295-2711/0590　[FAX](02) 258-0213
[URL]www.realaudiencia.com
[料]ⓈⓌUS$78.6 ⓉUS$101.2
税・サービス料込み　[カード]ADMV　[室数]32室

Viena Hotel Internacional
ビエナ・オテル・インテルナシオナル MAP P.306-B2

🛁 📺 ☎ 💻 🍴

独立広場とマリン・セントラル駅の中間に位置する立地のいいホテル。建物は古くフロント付近も少し薄暗いが、部屋は広々して使いやすい。空港～ホテル間の送迎は2名までUS$30。ランドリーサービスあり。

[住]Calle Flores 600 y Chile　☎(02) 295-4860/9611
[FAX](02) 295-4633　[URL]www.hotelvienaint.com
[料]ⓈUS$30 ⓌUS$50 ⓉUS$70
税・サービス料込み　[カード]AMV　[室数]29室

Hotel Yumbo Imperial
ユンボ・インペリアル MAP P.306-A1

🛁 📺 ☎ 💻 🍴

サント・ドミンゴ駅すぐ。オーナー家族が同居しておりセキュリティーは万全。小さいがキッチンもある。部屋によっては階段の軋み音が気になるが、この立地でこの価格ならお値打ち。朝食はUS$3。

[住]C/ Guayaquil N2-49 entre Bolivar y Sucre
☎(02) 228-1055　[URL]hotelyumboimperial.com/ja-jp　[料]ⓈUS$13、ⓌUS$17、シャワー・トイレ共同ⓈUS$10、ⓌUS$13　税・サービス料込み
[カード]不可　[室数]26室

　ホテル客室設備：🛁 バスタブあり　📺 テレビあり　☎ 電話あり　💻 インターネット可　🍴 朝食付き

ノルテ

Swissôtel Quito
スイソテル・キト [MAP]P.300-B1

キトでも最高級の5つ星ホテル。15階建てで、ロビーは広く都会的なデザイン。客室は大きくとられた窓や部屋の広さが贅沢な印象。日本料理店[R]楽しい(→P.321)をはじめ、6つのレストランを併設している。

[住]Av. 12 de Octubre 1820 y Luis Cordero
☎(02) 256-7600　[FAX](02) 256-8080
[URL]www.swissotel.com　[料]ⓈⓌUS$225～
税・サービス料別　[カード][A][D][M][V]　[室数]275室

NH Collection Quito Royal
NH コレクション・キト・ロイヤル [MAP]P.300-B1

施設、サービスともに充実の5つ星ホテル。部屋からの眺望抜群、バスルームも広く使いやすい。朝食開始は2:30で、早朝出発でもゆっくり味わうことができる。近年キトのグルメ通りとして注目のAv. Isabel la Católicaへも徒歩すぐ。

[住]Luis Cordero 444 Y Av. 12 De Octubre
☎(02) 223-3333　[URL]www.nh-collection.com
[料]ⓈⓌUS$140 ～　税・サービス料別
[カード][A][D][M][V]　[室数]124室

Hilton Colón
ヒルトン・コロン [MAP]P.310-A1

キトを代表する5つ星ホテル。ホテル内にはプール、ジム、会議室などのほか、日本食レストランやカフェがある。客室は広くて眺めがよく、窓は防音ガラスを使っているので静か。大理石のバスルーム、大型テレビ、高速Wi-Fiも完備している。

[住]Amazonas N 1914 y Patria Av. 1
☎(02) 256-1333　[URL]www3.hilton.com
[料]ⓈⓌUS$210～　税・サービス料別
[カード][A][D][M][V]　[室数]255室

Wyndham Garden Quito
ウィンダム・ガーデン・キト [MAP]P.301-B1

カロリーナ公園の近く。客室は清潔で落ち着いた雰囲気。スタッフも親切で、観光情報なども丁寧に教えてくれる。高速Wi-Fiが使え、フィットネスセンターもあり。朝食はUS$15(税・サービス料別)。

[住]Alemania E5-103 y Av. Republica
☎[FAX](02) 226-5265
[URL]www.wyndhamgardenquito.com
[料]ⓈUS$110～ ⓌUS$120～　税・サービス料別
[カード][A][D][M][V]　[室数]90室

Mercure Hotel Alameda
メルキュール・ホテル・アラメダ [MAP]P.310-A1

屋上テラスにプールやスパ、ジムがあり、アメニティも充実している。ビュッフェスタイルの朝食は種類が豊富で焼き立てパンも味わえる。レストランではエクアドル料理や創作寿司などが味わえる。

[住]Vicente Ramón Roca E4-122 y Av.Amazonas
☎(02) 299-4000
[URL]www.mercurequito.com.ec
[料]ⓈUS$180～ ⓌUS$200 ～　税・サービス料別
[カード][A][D][M][V]　[室数]143室

Hotel Río Amazonas
リオ・アマソナス [MAP]P.310-B2

11階建てのガラス張りのモダンな高層建築で、ビジネスセンターやレストラン、みやげ屋もある。上階の客室からは夜景がきれい。広い客室は、白を基調とした上品な造りでベッドも大きく居心地のよい空間。朝食が朝5:30からと早朝出発にも対応。

[住]Cordero E4-375 y & Av. Amazonas
☎(02) 255-6666　[URL]www.hotelrioamazonas.com　[料]ⓈUS$74～ ⓌUS$84～　税・サービス料別　[カード][A][D][M][V]　[室数]86室

Selina Quito

セリーナ・キト　MAP P.310-B2

　中南米に広く展開するホテルチェーン。スイートからドミトリーまであらゆるタイプの部屋があり、欧米人に人気。レストランやカフェのほか、ヨガルームやワーキングエリアもある。朝食はUS$5。

🏠Av. Diego de Almagro N24-416 y Luis Cordero
☎(02) 222-2400　URL www.selina.com
🛏️ⓈUS$46.28〜 ⓌUS$43.7〜
シャワー・トイレ共同ⓈUS$25.76〜
ⓌUS$29.97〜　ドミトリー US$7.84〜
税・サービス料込み　カード ADMV　室数60室

Hotel Vieja Cuba

ビエハ・クーバ　MAP P.310-B2

　かわいらしい外観のプチホテルで、手頃な値段とサービスのよさから欧米人に人気。隣接するレストラン（火〜土18:30〜21:00）では、肉料理や魚料理のほか、パスタなど地中海料理が楽しめる。

🏠Av. La Niña N26-202 y Diego de Almagro
☎(02) 290-6729、(02) 290-6730
URL www.hotelviejacuba.com
🛏️ⓈUS$56〜 ⓌUS$63〜 ⓉUS$75
税・サービス料別　カード AMV　室数26室

Hotel Embassy

エンバシー　MAP P.310-A2

　プラサ・フォッシュから200mのところに建つ4つ星ホテル。1979年創業だが、改装して明るくモダンな雰囲気に。キッチン付き4〜8人用の部屋もある。

🏠Presidente Wilson E8-22 y 6 de Diciembre
☎(02) 256-1990　📠(02) 256-3192
URL www.hoteles-embassy.com
🛏️ⓈUS$85.99 ⓌUS$110.98 ⓉUS$146.99 税・サービス料込み　カード ADMV　室数59室

Hotel Cayman

カイマン　MAP P.310-B2

　ポーランド人女性がオーナーのプチホテル。英語を話すスタッフもおり、みな親切。夜はリビングルームに宿泊客が集まって情報交換をしている。朝食用のダイニングスペースも明るくて雰囲気がいい。洗濯機あり。

🏠Juan Rodríguez E7-29 y Reina Victoria
☎📠(02) 256-7616　URL www.hotelcaymanquito.com　🛏️ⓈUS$34 ⓌUS$54 ⓉUS$68　税・サービス料別　カード AMV（カード払いは10%増）　室数11室

Alston Inn Hotel

アルストン・イン　MAP P.310-A1

　欧米人に人気のホテルで、入口は道路から少し奥まったところにある。満室になることが多いので、早めに予約したほうがいい。カフェは情報交換の場となっている。ホテルの目の前にレストランがあり、月〜金曜のみオープン。朝食US$2.5。

🏠Juan León Mera N23-41 y Veintimilla
☎📠(02) 222-2721
🛏️ⓈUS$20 ⓌUS$30 ⓉUS$40
　税・サービス料込み　カード 不可　室数23室

Hostal El Arupo

エル・アルポ　MAP P.310-B2

　好立地とサービスのよさで人気。客室は清潔感がある。温水シャワーは24時間、共同のキッチンや冷蔵庫も使える。空港送迎あり（2人までUS$25、要予約）。日本語のウェブサイトあり。

🏠Juan Rodríguez E7-22 y Reina Victoria
☎(02) 255-7543　📠(02) 222-5716
URL www.casadelarupo.com
🛏️ⓈUS$30 ⓌUS$45 ⓉUS$60
税・サービス料込み　カード ADMV　室数15室

Hostal Alcala

アルカラ [MAP] P.310-B2

部屋のタイプではなく、人数で料金が決まる手頃な宿。トリプルの部屋を1人で使用するとUS$18.5～。2人だとUS$28.5～、3人だとUS$35～。部屋も広く居心地がいい。調理道具が整った共有キッチンあり。空港送迎は4人までUS$30と良心的。

[住] Luis Cordero E5-48 entre Reina Victoria y Juan León Mera ☎(02) 222-7396/296-6203
[URL] www.alcalahostal.com [料] ⓈⓌⓉUS$18.5～ 税・サービス料込み [カード] [A][D][M][V] [室数] 13室

Posada del Maple

ポサダ・デル・マプレ [MAP] P.310-B2

マリスカルで29年の歴史を誇る人気ホテル。メープルや観葉植物を配したパティオやベランダは居心地よくくつろげる。館内にはランをはじめさまざまな植物が飾られ、ナチュラルな雰囲気が漂う。

[住] Juan Rodríguez E8-49 y Av. 6 de Diciembre
☎(02) 254-4507 [FAX] (02) 290-7367
[URL] www.posadadelmaple.com
[料] ⓈUS$25～ ⓌUS$45～ ⓉUS$55～ 税・サービス料込み [カード] [A][M][V] [室数] [illegible]室

Casa Jazmin Bed and Breakfast

カサ・ハスミン・ベッド&ブレックファースト [MAP] P.310-B2

エコビアのBaca Ortiz駅からも近い静かなホテル。館内やパティオにはたくさんの植物が飾られ、落ち着いた雰囲気。キッチンやソファーベッドがついた部屋もある。

[住] Juan Rodriguez E8-72 y Av. 6 de Diciembre
☎(02) 254-7737 [URL] casajazminbnb.com
[料] ⓈUS$20 ⓌUS$25、シャワー・トイレ共同ⓈUS$18 ⓌUS$25 ドミトリーUS$10 税・サービス料込み [カード] 不可 [室数] 9室

Hostal Loro Verde

ロロ・ベルデ [MAP] P.310-B2

清潔で手頃な値段のホステル。一軒家のような外観。スタッフもとても気さく。テレビはないが、全室24時間お湯が出るバス、トイレ付き。受付横には冷蔵庫があり、水など飲み物を販売。

[住] Juan Rodrígues E7-74 y Diego de Almagro
☎(02) 222-6173
[料] ⓈUS$20 ⓌUS$35 ⓉUS$50
税・サービス料込み [カード] 不可 [室数] 24室

空港エリア

San Jose de Puembo Quito Airport

サン・ホセ・デ・プエンボ・キト・エアポート [MAP] P.300-A1外

17世紀に建てられたコロニアル様式の広大なアシエンダを利用した5つ星ホテル。客室は2タイプあり、どちらも居心地がいい。プールやミニ動物園を併設した4haもの庭が自慢だ。空港～ホテルの無料シャトルバスもあり。

[住] Manuel Burbano S7-150 y San Fernando, Puembo ☎(02) 239-0264 [URL] www.sanjosedepuembo.com [料] ⓈⓌUS$100～ 税・サービス料別 [カード] [A][D][M][V] [室数] 78室

Wyndham Quito Airport

ウィンダム・キト・エアポート [MAP] P.300-A1外

空港からわずか5分の5つ星ホテル。30分おきにホテル～空港間の無料ホテルシャトルバスが出ているので、早朝出発やトランジットの休憩にも便利。ロビーには無料のコーヒーや軽食がある。

[住] Parroquia Tababela SN vía Yaruquí
☎(02) 395-8000 [URL] wyndhamquito.com
[料] ⓈUS$250 ⓌUS$270 税・サービス料別
[カード] [A][D][M][V] [室数] 150室

Restaurant

キトの
レストラン

　US$3程度の庶民的なアルムエルソ（ランチ定食）から創作料理まで、個性豊かなレストランが揃うキト。旧市街には、エクアドル産のコーヒーが味わえるおしゃれなカフェが多い。マリスカル地区も不動の人気だが、近年キトのグルメスポットは、マリスカルの東にあるイサベル・ラ・カトリカ通り付近に移動しつつある。

セントロ・イストリコ

Theatrum Restaurant y Bar
テアトルム・レストラン&バー　　MAP P.306-B2

　スクレ国立劇場（テアトロ）2階の高級レストラン。洗練されたエクアドル料理とインターナショナル料理が楽しめる。タコとイカ、カニ、カマロン入りのセビーチェはUS$13。ワインの種類も豊富だ。

🏠Calle Manabí, Teatro Nacional Sucre 2 Piso
☎(02) 257-1011
URL www2.theatrum.com.ec
🕐月～金12:00～15:00、18:00～23:00
　土・日18:00～23:00　🈳無休　カード A D M V

El Ventanal
エル・ベンタナル　　MAP P.300-A1

　エクアドル料理をベースにした創作料理が自慢。パスタやラビオリはUS$13.5～。野菜ソテー付きのステーキはUS$21.5。三面がガラス張りで、キト市内を一望できる最高のロケーションだ。

🏠Calle Carchi y Nicaragua, Parque Mirador de San Juan　☎(02) 257-2232
URL www.elventanal.ec　🕐火～金16:00～22:00
土12:00～15:00、18:00～22:00
🈳月・日　カード A D M V

La Purísima
ラ・プリシマ　　MAP P.306-A2

　17世紀に書かれた同国初のレシピ本から、当時食べられていた料理を研究。それを元にした創作エクアドル料理が味わえる。料理はどれもフォトジェニックで、前菜US$4.5～10、メインUS$13～18、デザートUS$4.5。メニューは3ヵ月ごとに変更される。ラベンダーやバラ、ハーブを使った色鮮やかなカクテルUS$5～も人気。

🏠Espejo Oe2 - 43 y Guayaquil
☎(98) 301-1740
🕐火～土12:00～22:00　日・祝12:00～17:00
🈳月　カード A M V

Cafeteria Modelo
カフェテリア・モデロ　　MAP P.306-A1

　ラ・コンパニーア・デ・ヘス教会のすぐそばにある、キトで最も古いカフェ。店の奥は3階まで吹き抜けになっており、日中は明るく開放的だ。コーヒー各種US$1.15～、搾りたてのオレンジジュースUS$1.65、自家製ハムを挟んだサンドイッチSánduche Pernil US$3.65など。

🏠Sucre y Garcia Moreno
☎(02) 228-4428　🕐8:00～20:00
🈳無休　カード不可

Cafeteria Fabiolita
カフェテリア・ファビオリータ　　MAP P.306-B1

　1965年創業の家族経営の小さなカフェテリア。カテドラルの1階という、観光には打ってつけの場所にある。おすすめはラム肉をビールやトマトで煮込んだシエラの代表料理Seco de Chivo US$6（なくなり次第終了。15時頃まで）。サンドイッチ類US$3～やフルーツジュースUS$2も人気。

🏠Espejo Oe 4-17 y Venezuela
☎(02) 228-4268
🕐8:00～17:00　🈳無休　カード A D M V

Tanoshii

楽しい　　　　MAP P.300-B1

　Hスイソテル（→P. 317）の地下1階にある老舗の日本料理店。本格的な日本料理が食べられるとあって、地元エクアドル人や在住日本人でにぎわっている。インテリアはシックで高級感があるが値段は手頃。寿司、天ぷら、カラ揚げ、テリヤキ入り弁当は各US$32。

📮12 Octubre 1820 y Luis Cordero
☎(02) 256-7600（ホテル）　⏰12:30～15:00、19:00～23:00　🗓無休　カードADMV

La Petite Mariscal

ラ・ペティ・マリスカル　　MAP P.310-B2

　マリスカルの新しい人気店。洗練されたエクアドル料理とインターナショナル料理が味わえる。前菜はUS$5～、メインはUS$10～。日帰りランチメニューUS$6.9は前菜と飲み物がセットでお得だ。

📮Diego de Almagro N24 304 y Juan Rodriguez
☎(02) 604-3303
🌐www.lapetitemariscal.com
⏰月～金12:00～15:00、18:00～21:30、土日は事前予約のみ　🗓無休　カードMV

Mama Clorinda

ママ・クロリンダ　　MAP P.310-B2

　1980年開業、プラサ・フォッシュのすぐそばにあるエクアドル伝統料理店。化学調味料や添加物を一切使わない、やさしい味が自慢だ。クイのフライ2分の1サイズUS$20、揚げた豚肉やバナナ、トウモロコシなどの盛り合わせBandeja Tipica ClorindaはUS$14.99。前菜とメイン、飲み物、デザートが付いたランチ定食はUS$7.56。

📮Reina Victoria N24-150 y Jose Calama
☎(02) 254-4362
🌐www.restaurantemamaclorinda.com
⏰日～水12:00～22:00　木～土12:00～23:00
🗓無休　カードADMV

Achiote

アチョーテ　　MAP P.310-B2

　手頃なホテルが集まるJuan Rodríguez通りにある、ガラス張りのおしゃれなレストラン。セビーチェの種類が多く、エビやタコ、カニのほか、豆やマッシュルームもありUS$7～。ひとりでは注文しにくいクイのグリルも4分の1サイズUS15からある。ベジタリアンメニューUS$12～やスイーツUS$4～も人気。店内Wi-Fiあり。

📮Juan Rodríguez 282 y Reina victoria
☎(02) 250-1743　🌐www.achiote.com.ec
⏰12:00～21:45　🗓無休　カードADMV

Mi Viejo Arrabal

ミ・ビエホ・アラバル　　MAP P.310-B2

　アルゼンチン人が経営するステーキレストラン。アルゼンチン産サーロインBife de Chorizo US$14.9や骨付き肉T-Bone Steak US$13.9、ヒレ肉Lomo FinoはUS$13.5。豚肉や鶏肉、魚介のグリルのほか、パスタもある。肉を思いっきり食べたいという時におすすめだ。

📮Juan León Mera 678 y Mariscal Foch
☎(02) 222 0530　⏰11:00～23:00
🗓無休　カードDMV

Cevichería Puerto Manabí

セビーチェリア・プエルト・マナビ　MAP P.310-B1

　エクアドル北海岸の街、マナビ出身の女性オーナーのシーフードレストラン。おすすめは、カニが1パイ丸ごとのったArroz Marinero con Cangrejo US$12やピーナツを使った濃厚なスープCazuela de CasaはUS$6～。カスエラなどのスープとご飯のセットCombo US$5。ビールUS$2もリーズナブル。

📮Paez N24-39 y Mercadillo
☎(02) 223-7978
⏰8:00～19:00　🗓無休
カードV

キトの ショップ

キト市内にはたくさんのギフトショップがある。エクアドルならではのインディヘナ（先住民）の作る民芸品が中心で、アルパカ製セーター（US$20～）、カーペット（US$20～）、木の実を使った小物（US$1～）、陶器、革製品など多数あり、店によっては値段を交渉できる場合も。「3つ買うから安くして」などと交渉をしても楽しい。

Folklore Olga Fisch
フォルクローレ・オルガ・フィッシュ　MAP P.300-B1

1942年創業のハンガリー人アーティスト、オルガ・フィッシュの店。エクアドル伝統工芸の技やデザインを活かしたバッグやポンチョなどを取り揃えている。エクアドル古代文化の土器などを集めたプライベート博物館を併設。キセントロ・ショッピング（MAP P.301-B1）にも支店がある。

- Av. Colón E10-53 y Caamaño
- ☎ (02) 256-3085　URL www.olgafisch.com
- 月～金9:00～19:00　土9:00～18:00
- 日・祝　カード MV

Galería Latina
ガレリア・ラティーナ　MAP P.310-B1

エクアドルと南米各国のみやげ物を販売。アルパカのニット類や織物、タペストリーが充実。またシルバーアクセサリーや、ガラパゴスの動物たちを彫刻した象牙椰子Taguaの種、高品質なパナマハットPaja Toquillaもある。

- Juan León Mera N23-69 (833) Veintimilla
- ☎ (02) 222-1098/254-0380
- URL www.galerialatina-quito.com
- 月～土 10:00～19:00
  日・祝 11:00～18:00　無休　カード ADMV

Plaza Naya
プラサ・ナヤ　MAP P.310-A1

店内に並ぶ商品は、すべてエクアドル産でオリジナル。シルバーアクセサリーは US$38～、タグアという種を加工した置物やバッグ類、ガラパゴス諸島のTシャツやポストカード、陶器でできたイグアナやアホウドリの置物なども。ブルカイ地方のマカナの織物も素晴らしい。

- Juan León Mera N21-227 y Ramón Roca esq
- ☎ (02) 222-1841
- 9:30～19:00
- 日・祝　カード ADMV

La Bodega
ラ・ボデガ　MAP P.310-A1

エクアドル各地の民芸品が充実した店。アルパカ毛のニット類やバッグのほか、絵画や銀製品、祭りで使用される木製のマスクや器など置物類が充実。アマゾンの町プーヨPuyoの陶器や壺は独特だ。店の隣にはAgエイジーというアクセサリー店もある。

- Juan Leon Mera N22-24 y Carrion
- ☎ (02) 222-5844
- 月～金10:00～13:30、14:30～19:00
  土9:30～13:30、16:00～18:00
- 日　カード AMV

Galería Ecuador Gourmet
ガレリア・エクアドル・グルメ　MAP P.310-B2

エクアドル全土から集めたオーガニックチョコレートやコーヒー、オリーブオイルなど食品のほか、石鹸、アルパカ製品、アクセサリーなど、135種類、約3000品目の品々が揃う。1階にはカフェと私設のインフォメーションあり。

- Reina Victoria N24-263 y Lizardo García
- ☎ (02) 223-9469
- 月～土9:00～21:00　日10:00～20:00
- 無休　カード ADMV

Cuenca

クエンカ

青い3つのドームが印象的なカテドラル

| 標高 | 約2535m |
| MAP | P.288-B3 |

市外局番 ▶ 07
（電話のかけ方は→P.290）

通貨はUSドルを使用

キトから南へ約441km。標高約2535mのクエンカは人口約33万人、グアヤキル、キトに次ぐエクアドル第3の都市だ。16世紀にスペイン人に支配されて以来、カニャーリ族の土地はスペイン風の町並みに造り変えられてしまったものの、いまだに人口の多くをインディヘナが占めるクエンカでは、いたるところに古い伝統、風習が染みつき、まるで時の流れが止まったかのような錯覚におちいる。町並みも征服者がやってきた16世紀の時代をそのままに残している。

高原の澄んだ空気に包まれたクエンカの町には、南米独特の喧噪などない。何もかもがゆっくりと流れている。旅に疲れたら、この町を訪れるといいだろう。いまだに感じられる歴史の息づかいと、年平均気温14℃の穏やかな気候。それがアスアイ州都クエンカである。町は1999年、世界遺産に登録された。

クエンカへの行き方

✈ 飛行機

キトからのフライト（→P.295）。グアヤキルからは、毎日2〜5便がクエンカのマリスカル・ラマール国際空港Aeropuerto Internacional Mariscal Lamar（CUE）にフライト。

Let's Go! 空港から市内へ

空港は市中心部から約2km離れた、エスパーニャ通り沿い。公共交通機関のバス各線でアクセスできる。タクシーなら所要約6分、US＄2〜2.5。タクシーはメーターがないので、乗る前に値段の交渉を。

INFORMATION

🅘観光案内所
Itur
MAP P.324-A2
🏠 Mariscal Sucre entre Benigno Malo y Luis Cordero
☎ (07) 282-1035
URL cuenca.com.ec
🕐 月〜金　8:00〜20:00
土　　　9:00〜16:00
日　　　8:30〜13:30
🈡 無休
市内の地図なども無料で用意している。スタッフの対応もていねい。バスターミナル内や空港にもある。

アブドン・カルデロン広場に面した観光案内所

郵便局　Correo
MAP P.324-B1
🏠 Pres. Borrero y Av. Gran Colombia
☎ (07) 285-0303

国際宅配便　DHL
🏠 Alfonso Cordero 3-53 y Manuel J. Calle
🕐 月〜金　8:00〜18:00
🈡 土・日

電話局　ETAPA
🏠 Benigno Malo 7-78
☎ (07) 283-1900
🕐 8:00〜13:00、15:00〜18:00　🈡 土・日

マリスカル・ラマール空港
MAP P.324-B1外
🏠 Av. España y Elia Liut
☎ (07) 286-7120
URL www.aeropuertocuenca.ec

✈おもな航空会社
アビアンカ航空
Avianca（AV）
🏠 Av. Miguel Cordero y Paucarbamba, Ed. Work Center, PB
☎ (07) 245-5563

おもな旅行会社
Metropolitan Touring
MAP P.324-B1
🏠 Calle Sucre 6-62 entre Presidente Borrero y Hermano Miguel
☎ (07)283-1185
E-mail htaniguchi@metropolitan-touring.com（日本語）
メトロポリタン・ツーリング（→P.303）の支店。

コロニアルな雰囲気とインカの遺跡を堪能できる町

🚌 長距離バス

キトからパナメリカーナPanamericanaなど数社が毎日運行。所要約10時間、US＄11。グアヤキルからも数社が運行、所要4〜5時間、US＄8〜。リオバンバから約5時間、US＄9。ロハLojaから約4時間、US＄7.5。マチャラMachalaから約4時間、US＄5〜。バスターミナル使用料はUS＄0.1。

Let's Go! バスターミナルから市内へ

バスターミナル Terminal Terrestre は市の北東、エスパーニャ通り Av. España沿いにある。中心部からは約1km離れている。市内までは徒歩で約40分かかるので、市内行きのバス11番、28番を利用する。

市内からバスターミナルへは、ガスパル・サングリマ通りGaspar Sangurimaから"Terminal"の表示のあるバスに乗車する。US＄0.25。タクシーならUS＄2前後。

歩き方

クエンカの中心は**アブドン・カルデロン広場 Plaza Abdón Calderón**。広場に面して**カテドラル、旧大聖堂 Iglesia del Sagrario、政庁Gobernación、市庁舎Municipio**など主要な建物が建っている。1557年にスペイン人の手によって建設された道路は狭く、碁盤の目のように広がっている。石畳の道沿いには、いまだに17世紀に建ったコロニア

クエンカ Cuenca

バニョスへ Baños へ
マリア・アウグシリアドラ教会
Continental Airlines
P.327 ウエンカ Cuenca
10月9日市場 P.326 Mercado 9 de Octubre
P.325 カテドラル Catedral de la Inmaculada Concepción
サント・ドミンゴ教会
ポサダ・グラン・コロンビア Posada Gran Colombia
インカ・レアル P.327 Inca Real
El Dorado
政庁
Simón Bolívar
28番バス
アブドン・カルデロン広場
Metropolitan Touring
サン・ブラス教会
サン・セバスティアン教会
市庁舎
旧大聖堂
サンタ・ルシア Santa Lucía P.327
病院
サン・セバスティアン広場
Mariscal Sucre
花市場 P.326 おみやげ市場
バスターミナル行き
Pres. Córdova
サン・フランシスコ教会 Iglecia de San Francisco
8月10日市場 P.326 Mercado 10 de Agosto
警察
P.327 ヤクママ Yakumama
エスタタル大学 Universidad Estatal
Av. Doce de Abril
ビクトリア Victoria P.327
先住民文化博物館 Museo de Las Culturas Aborigenes P.326
テラ・ディベルサ・トラベル＆アドベンチャー Terra Diversa Travel & Adventure
プマプンゴ博物館 Museo Pumapungo P.325
P.326 Baños行きバス
Museo Remigio Crespo Toral
Turiへ
トドス・サントス教会
Calle Larga

ルな家々が建ち並び、民族衣装の人々が行き交う。

中心のアブドン・カルデロン広場から1ブロック北、グラン・コロンビア通りAv.Gran Colombiaには航空会社、旅行会社、

トゥリから見たクエンカ市街

レストランなどが並ぶ。また、グラン・コロンビア通りと交差するベニグノ・マロ通りBenigno Malo沿いにも旅行会社は多い。

市内の見どころは教会を含め、いたるところにあるコロニアルな建物と、いくつかの博物館、インカの遺跡、そしてみやげ物や花、日用品から食料品にいたるまで何でも揃う市場など。いずれも歩いて回れる範囲にあるが、博物館見学には時間がかかるので1日でぜんぶ見るのは無理だろう。古い建物のなかでも、市内を流れるトメバンバ川Río Tomebamba沿いのコロニアルな建物は見事である。また、町の中心部から車で10分ほど行ったトゥリTuriの丘は、クエンカの町並みを一望できるビュースポットになっている。観光バスVan Serviceでもアクセスできる。

おもな見どころ

カテドラル
Catedral de la Inmaculada Concepción MAP P.324-A1

クエンカの象徴ともいえる青いドームをのせた大理石造りの堂々たる建物。1885年に造られた比較的新しいもので、かつては中央広場の反対側にある1557年建築の旧大聖堂Iglesia del Sagrarioがカテドラルとされていた。クエンカの町の建設と同時に造られた歴史ある教会だ。現在はカテドラルの歴史を展示する、旧大聖堂博物館Museo Catedral Viejaになっている。

プマプンゴ博物館
Museo Pumapungo MAP P.324-B2

クエンカ地域の考古学物の展示と現代アート、エクアドルの民俗学やエクアドルの硬貨など幅広く展示。なかでも目を引くのは、ジャングルの首狩り族が作った人間の干し首。"TSANTSAS"を進むと、手の中に収まってしまうほどに縮んだ人間の頭がケースに入って展示されている。博物館の裏にはインカ時代の遺跡プマプンゴPumapungoと、アンデスの農作物や野草、果物などを栽培する庭園、小動物園もある。

敷地内ではリャマが飼育されている

観光バス
☎(07)281-6409
URL www.vanservice.com.ec
圏南クエンカ行き
　月～土　10:00～19:00
　日　　　9:00～16:00
　毎正時発
　(月～土の13:00発はなし)
北クエンカ行き
　月～金9:45、11:45、15:45発
圏無休
圏US$8
クエンカ市内を巡る2階建て観光バス。所要1時間45分で、南北2ルートあり。アブドン・カルデロン広場公園に面した旧大聖堂前近くから発着。予約不要。

赤い車体のオープンバス

カテドラル
圏Calles Benigno Malo y Mariscal Sucre
圏8:00～13:30、14:00～16:00
圏無休
155段の階段を上って、塔に上がることができる(US$1)。9:00から毎時ツアーがあるが、参加人数により不定。

カテドラル前の広場は市民の憩いの場

旧大聖堂博物館
圏Calle Sucre y Luis Cordero
圏月～金　9:00～17:30
　土・祝　8:00～16:00
圏無休
圏US$2

プマプンゴ博物館
圏Calle Larga y
☎(07)283-1521
圏火～金　9:00～17:00
　土・日・祝10:00～16:00
圏月
圏無料
※館内フラッシュ撮影禁止

近代的な外観の博物館

先住民文化博物館
Calle Larga 5-24 entre
Hermano Miguel y Mari-
ano Cueva
☎ (07)283-9181
圏 月～金　8:30～18:00
　　土　　9:00～13:00
休 日　料 US＄4

市場
圏 8:00～19:00頃　休 無休

花を売るインディヘナの女性

クエンカ近郊の町
バニョスBaños
　クエンカ市内から車で約
10分のところにある人気
の温泉地。Av. Fray Vicente
Solanoと Av. Doce de Abril
（MAP P.324-A2）から12番
のバスで30分、US＄0.25。
タクシーならUS＄5。
ピエドラ・デ・アグア・スパ
Piedra de Agua Spa
圏 月～土　6:00～23:00
　　日　　6:00～22:00
料 US＄6～
URL www.piedradeagua.
com.ec

地元客に人気がある

ビルカバンバVilcabamba
　世界のなかでも長寿村の
ひとつとされるエクアドル
のビルカバンバ。昔に比べ
寿命は縮まったというが、
100歳を超える人も少なく
ない。ペルー国境に近い、
標高約1500mの山間にあ
り、1日の温度差が少ない
温暖な気候と静かな環境が
長寿の秘訣らしい。
　ビルカバンバはロハLoja
から約3時間のところにあ
り、ロハからバスが運行さ
れている。クエンカからは
ツアーに参加したほうが
アクセスがよい。

インガピルカ遺跡
圏 9:00～17:30　休 無休
料 US＄6
行き方
　クエンカのバスターミナ
ルから1日2本のバスが運
行。所要時間2時間。US＄3.5。

先住民文化博物館　Museo de Las Culturas Aborígenes　MAP P.324-B2

　ラルガ通りにあるエクアドルの考古
学博物館。1万3000年前の新旧石器時
代から、紀元前4000年のバルディビア
文化とそれに続くさまざまな時代の土
器や石器などが展示されている。

おびただしい量の土器がある

市場　Mercado　MAP P.324-A2・B1

　クエンカにはいくつかの市場が
ある。まずはガスパル・サングリ
マ通り近くの10月9日市場Mer-
cado 9 de Octubre。倉庫のような
建物で、1階に野菜や果物、地下は
肉類、2階は食堂とフレッシュジュ
ースの店が並ぶ。カテドラルの南
側には花市場があり、そこからサ

サン・フランシスコ教会前の市場

ン・フランシスコ教会へ向かうと、衣類の市場がある。日常的な衣
類のほか、アルパカのセーター、アンデスの織物などもある。そこ
からラルガ通りに向かうと、8月10日市場Mercado 10 de Agostoも
ある。こちらの方が規模が大きく、庶民の台所といった雰囲気。
2階は食堂街で、安く食事を済ませることができる。

近郊の町と見どころ

インガピルカ遺跡　Ingapirca　MAP P.288-B3

　標高3160mの高地にあるインガ
ピルカでは、時代の異なるふたつ
の遺跡が発掘されている。紀元前
1000年頃の民族カニャーリと15世
紀中頃のインカの遺跡だ。カニャ
ーリの楕円形の遺跡を土台とし
て、プーマの形をしたインカの遺
跡が建てられている。カニャーリ

遺跡全体がプーマ型になっており、神殿
上部からは全体像を見渡すことができる

は太陰暦を採用していたため、月を観察するために建てられたと考
えられる月の神殿やひとつの穴がひと晩を示し、29穴で1ヵ月を表
す月のカレンダーなどの遺跡が残されている。一方、インカは太陽
暦を採用していたため、太陽を観測するための展望室だったとされ
る太陽の神殿や王の住居跡などが見られる。
インカ時代の首都はペルーのクスコにあっ
たが、支配地域があまりにも広いため、北部
の拠点としてインガピルカは造られた。

太陽の神殿の入口には王の
住居がある

　遺跡を見晴らす高台からの展望もすばらし
い。神殿周辺には1周約2kmの散策路がある。

クエンカのホテル

Hotel Victoria
ビクトリア　MAP P.324-B2

🛁 📺 ☎ 🖱 🍴

トメバンバ川を見おろす絶好のロケーション。建物はクエンカの重要文化財に指定されているだけあって、その内装は見事。木材を多用した重厚でエレガントな造り。レストランからの眺望も素晴らしい。

[住] Calle Larga 6-93 y Presidente Borrero
☎ (07) 282-7401
[URL] hotelvictoriaecuador.com
[料] ⓈUS$90～ ⓌUS$115～ ⓉUS$148～
税・サービス料別　[カード] [A][D][M][V]　[室数] 23室

Hotel Santa Lucía
サンタ・ルシア　MAP P.324-B1

🛁 📺 ☎ 🖱 🍴

スペイン植民地時代の邸宅を利用した、アットホームで、かつ高級感のあるホテル。中心街にあるので便利。中庭にはレストランもある。

[住] Antonio Borrero 8-44 y Sucre
☎ (07) 282-8000　[URL] www.santaluciahotel.com
[料] ⓈUS$80～ ⓌUS$97～ ⓉUS$159～
税・サービス料別　[カード] [A][D][M][V]　[室数] 20室

Posada Gran Colombia
ポサダ・グラン・コロンビア　MAP P.324-B1

🛁 📺 ☎ 🖱 🍴

裏道りの小道にあるオスタル。共有パソコンあり、お湯もよく出る。朝食時以外はキッチン使用可。洗濯機も午後からなら無料で使わせてくれる。4階にテラスがある。

[住] Carlos Cueva Tamariz s/n y Severo Espinoza
☎ (07) 404-3519
[料] ⓈUS$13～ ⓌUS$13～ ⓉUS$26～ 税・サービス料別　[カード] 不可　[室数] 13室

Hotel Inca Real
インカ・レアル　MAP P.324-A1

🛁 📺 ☎ 🖱 🍴

2階建てのコロニアルな家を改造したホテル。広々としたパティオがあり、客室にはチェアとベッドが置かれ、ゆったりと落ち着ける。ホテル内にはバー、カフェ、レストランもある。

[住] General Torres 8-40 entre Sucre y Bolivar
☎ (07) 282-5571　[URL] hotelincareal.com.ec
[料] ⓈUS$70～ ⓌUS$91～ ⓉUS$188～
税・サービス料込み　[カード] [A][D][M][V]　[室数] 25室

Hotel Cuenca
クエンカ　MAP P.324-B1

🛁 📺 ☎ 🖱 🍴

1940年代に建てられた古い建物を改装。天井が高く、部屋も広々としていて落ち着いた雰囲気。シャンプーなどバスアメニティも揃っている。ウエルカムドリンク付き。レストランやバーも併設。

[住] Antonio Borrero 10-69 y Gran Colombia
☎ (07) 283-3711　[URL] www.hotelcuenca.com.ec
[料] ⓈUS$55～ ⓌUS$65～　税・サービス料別
[カード] [M][V]　[室数] 30室

Hostal Yakumama
ヤクママ　MAP P.324-A2

🛁 📺 ☎ 🖱 🍴

ラルガ通りの近くで欧米人に人気のエコノミーな宿。広々とした部屋にベットがずらりと並んでいる大部屋と、2段ベッドのシェアルーム、個室がある。貸し自転車1日US$7やスノーボードもある。

[住] Luis Cordero 5-66 y Honorato Vásquez
☎ (07) 283-4353　[URL] www.hostalyakumama.com
[料] ⓈⓌUS$20～（トイレ・バス共同）、US$26～（トイレ・バス付）　ドミトリー US$6～（トイレ・バス共同）　税・サービス料込み　[カード] 不可　[室数] 14室

リオバンバ

リオバンバ
Riobamba

MAP P.288-B3

5000～6000m級の山に囲まれている

チンボラソ（6310m）、カリワイラソ（5020m）、ドングラウア（5016m）の3つの山が交差する広々とした盆地に位置するリオバンバは、標高約2750m、人口約15万人のチンボラソ州の州都。エクアドルの心臓部に当たる町で、南北を縦断する道のほとんどはここを通る。スペイン人の入植が早い時期から行われたため、町にはコロニアルな教会や建物が多く残されている。見どころはあまりないが、観光列車のナリス・デル・ディアブロや、チンボラソ山を含む周辺の山へのトレッキングが楽しめる。

リオバンバへの行き方
キトからリオバンバへの道中は「アンデスの廊下」といわれる山間の美しい景色の中を走る。所要約3時間30分、US＄5～。一方、グアヤキルからは海岸から高山へと3000mを超える高度差があり、景観の変化が楽しめる。所要約5時間、US＄5。クエンカからも所要約5時間。バスターミナルから町の中心までタクシーでUS＄2。

リオバンバの歩き方
スクレ公園Parque Sucreから鉄道駅までは4ブロック。この目抜き通りの8月10日通り10 de Agostoには銀行、商店などが並び、道ばたには屋台が並ぶ。スクレ公園に面して建つコロニアルな建造物は、町の歴史を物語る見どころのひとつ。

スクレ公園から東へ2ブロックのところには、小さなラ・コンセプシオン公園と立派なラ・コンセプシオン教会Iglesia de La Concepciónがあり、教会内は宗教博物館Museo de Arte Religiosoとなっている。やや離れた4月21日公園Parque 21 de Abrilは小高い丘の上にあり、ここからのチンボラソ山の眺めは最高だ。

ナリス・デル・ディアブロ
ナリス・デル・ディアブロNariz del Diabloとは"悪魔の鼻"の意味。アラウシAlausí ～シバンベSibambe間の片道約12kmを往復する観光列車で、急な斜面をジグザグに約500m上り、車窓からの山岳風景を楽しめる。シバンベで10分間の休憩がある。

崖すれすれを進む高山列車

営火～日
1便8：00～10：30、2便11：00～13：30、3便14：00～16：30（休日のみ）
休月 料US＄33
URL trenecuador.com/es/expediciones/nariz-del-diablo

その他の観光列車
ナリス・デル・ディアブロ以外にも、イバラIbarra ～サリーナスSalinas間を往復するTren de la Libertad I（木～日、10:30～16:15、US＄33）や、オタバロOtavalo ～サリーナスSalinasを往復するTren de la Libertad II（金～日、8:00～17:55、US＄56）の観光列車が運行されている。

チンボラソ山へのトレッキング
リオバンバから約28kmのところにそびえる雄大なチンボラソ山。エクアドルの最高峰で活火山だ。山頂への登山は10～12時間かかり、途中で1泊必要。山と氷河を眺める日帰りツアーもある。

← アシエンダ・アブラスプンゴへ
Hacienda Abraspungo
Argentinos

リオバンバ
Riobamba
0　100　200m

4月21日公園
Parque 21 de Abril

ラ・コンセプシオン教会
Iglesia de La Concepción

宗教博物館
Museo de Arte Religioso

Orozco

ラ・コンセプシオン公園
Parque de La Concepción

カテドラル
Catedral

Francia
J. Montalvo
Carabobo
Veloz
García Moreno
España
Colón
Espejo

マルドナード公園
Parque Maldonado

Primera Constituyente

トレン・ドラード
Tren Dorado
Soultrain Expeditions

Rocafuerte
Pichincha

スクレ公園
Parque Sucre

Andes Trek

5 de Junio

バスターミナルへ
警察

10 de Agosto

1 km
鉄道駅

Guayaquil

モンテカルロ
Montecarlo

ラ・エスタシオン
La Estación

市場
Mercado

グアヤキル

キト●

★ グアヤキル

標高 ▶ 約4m
MAP ▶ P.288-A3
市外局番 ▶ 04 （電話のかけ方は→P.290）
通貨はUSドルを使用

市街の西にある展望台Mirador Vellavistaからの眺め

　太平洋に注ぐグアヤス川Río Guayasの河口から約56km上流に発達したグアヤキルは、人口約294万6000人を擁するエクアドル最大の都市。さまざまな物資を満載した船が、海の彼方からやってきて、グアヤス港からは、特産品であるコーヒー、カカオ、バナナなどの農作物をアメリカをはじめ、日本へも輸出しており、キトに次ぐ商業地域として活気を集めている。

　赤道直下のこの港町は、1822年、南米独立の父"シモン・ボリーバル"と英雄"ホセ・サン・マルティン"が当時の支配国スペインに対して独立戦争を起こす密談を交わした地としても有名だ。その後ボリーバルはグラン・コロンビア連邦の大統領となり、サン・マルティンはフランスへ逃亡。独立運動の戦線から離れ、自らに引退を課したのだった。ラテンアメリカの歴史は、このときから書き換えられることになった。現在、10月9日通りAv. 9 de Octubreがグアヤス川にぶつかるところに、記念碑ラ・ロトンダが建てられている。

　グアヤキルという名前は、インカ帝国の侵攻、そしてこれに続くスペインのコンキスタドールに果敢に挑んだ伝説上のふたりのインディヘナ、グアヤスGuayasとキルQuillの名前に由来している。

ホセ・ホアキン・デ・オルメド空港
MAP P.331-A1外
🏠 Av. de Las Américas
☎ (04)216-9000
URL www.tagsa.aero

独創的な外観の空港

✈おもな航空会社
アメリカン航空
American Airlines（AA）
🏠 Mall Policentro Av.del Periodista Juan Arzube y Calle 10ma
☎ (04)259-8800
アビアンカ航空
Avianca（AV）
🏠 Aeropverto José J de Olmedo
ラタム航空
LATAM Airlines（LA）
🏠 Av. 9 de Octubre 101-103 y Malecán
Free 1-800-000-527

グアヤキルへの行き方

✈ 飛行機

　国際線は南米のおもな都市から便がある。キトからのフライト（→P.295）。ラタム航空、タメ航空、アビアンカ航空などの便が両都市間を頻繁に結んでいる。

タクシーの車体に料金表があるので乗る前に確認を

メトロビアの乗り方
　メトロビアを利用するには、チャージ式のカード（US$2）を購入し、必要な分をゲート前にある機械でチャージしなければならない。カードは払戻し不可。カードを購入しない場合は、他の利用者に1回分（US$0.25）を払って一緒に通してもらうといい。

メトロビアのチャージ機

バスターミナル
MAP P.331-A1外
住Av. Benjamin Rosales Aspiazu y Av. de las Américas
☎(04)213-0166
URL ttg.ec

Let's Go! 空港から市内へ

　ホセ・ホアキン国際空港Aeropuerto Internacional José Joaquín de Olmedo（GYE）は、市の北約5kmに位置している。市内へのバスは旅行者でも利用しやすいメトロビアMetrovíaを利用するのがおすすめ。空港を出たラス・アメリカス通り Av. de Las Americasから乗車。所要約30分、US$0.25。市バスは路線が複雑でわかりにくく、時間もかかるため旅行者には利用しにくい。バス停は基本的にないので、降りるときは運転手に言って停めてもらう。オフィシャルのタクシーは到着ロビー前に待機している。所要約20分、US$4～5。市内から空港へは、メトロビアかグアヤス川沿いのマレコン通りMelecón沿いから"No.2"の表示のあるバスに乗車する。US$0.25。タクシーはUS$4～5。

長距離バス

　キトからトランスポルテス・エクアドル Transportes Ecuadorなど数社が毎日運行。所要8～9時間、US$12～。クエンカから所要4～5時間、US$6～。リオバンバから所要約5時間、US$5～。マチャラ Machalaから所要約3時間、US$6。ロハ Lojaから所要約8時間、US$9～。グアヤキルからも各都市へほぼ同様に運行している。

　バスターミナル Terminal Terrestreは空港の隣にある3階建ての立派な建物だ。ショッピングコンプレックスにもなっており、ファストフード店、ショップ、スーパーなどがぎっしりと並ぶ。

　出発ターミナルのチケット売り場は、各社、行き先ごとにエリア分けされている。入口の案内板で自分の目的地へ向かうバス会社の場所を確認しよう。バスターミナル使用料はUS$0.25。

バスのチケット売り場は行先が明示されている

INFORMATION

🛈 観光案内所
Empresa Pública Municipal de Turismo
MAP P.331-B2
住Pichincha 605 entre 10 de agosto y Ballén. Palacio Municipal, piso 1.
☎(04)259-4800 ／ 3482
URL www.guayaquile smidestino.com
営8:30～16:30　休土・日

入国管理事務所
Jefatura Provincial de Migración del Guayas
住Av. Benjamin Rosales s/n S-CS Frente Terminal Terrestre

郵便局
Correo Central
MAP P.331-B2
住Aguirre 301 y Av. Pedro Carbo
☎(04)259-0310
営月～金8:00～18:00
　土　 8:00～14:00　休日

国際宅配便
DHL
住Calle 12C NO
営8:30～18:30
休土・日

Let's Go! バスターミナルから市内へ

　バスで市内中心部に向かう場合、市内バスターミナルTerminal Río Dauleからメトロビアに乗る。メトロビアとはグアヤキルを南北に走っている最新型のバスのこと。セントロはターミナルの南に位置しているので"Centro Sur"と書かれた列に並んで乗車する。市内バスターミナル入場時に運賃US＄0.25を支払う。タクシーで向かう場合、メーターはほとんどないので料金の交渉が必要。セントロまでは所要約20分、US＄4〜5。セントロからバスターミナルに向かう場合、運賃はメトロビアの駅の窓口で支払う。

Terminal Rio Dauleはバスターミナルから陸橋を渡ってすぐ

CHECK!!! スリに注意！グアヤキルで、スリや置き引きの被害に遭う旅行者は少なくない。バスターミナル、空港、レストラン、路上と、ありとあらゆる場所でほんの一瞬のスキをついてやられる。被害にならないためには、貴重品はもちろんのこと、バックパックさえも自分の体から離さないように。彼らはプロフェッショナル。夜間はもちろん、昼間も十分注意しよう。

市 内 交 通

　市内の移動は歩いてもできるが、バスやタクシーを利用することもできる。バスで使い勝手がいいのはメトロビア。セントロとラス・ペーニャス地区、長距離バスターミナルを結ぶ。その他のバスはフロントガラスに貼られた番号や表示を見て行き先を判別する。

　タクシーはメーターが付いていないことがほとんどなので、乗車前に必ず値段交渉を。料金の目安は市内の移動でUS＄1.5〜2。少し距離があるとUS＄3前後。

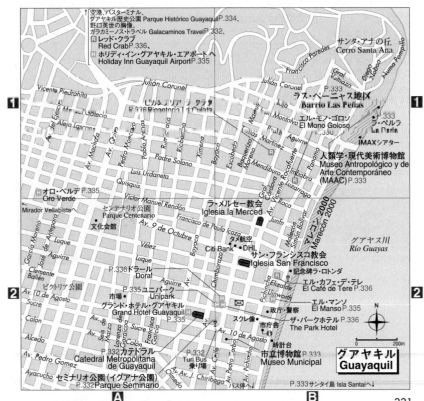

空港、バスターミナル、
グアヤキル歴史公園 Parque Histórico Guayaquil P.334、
野口英世の胸像、
ガラカミーノス・トラベル Galacaminos Travel P.332、
レッド・クラブ
Red Crab P.336、
ホリデイ・イン・グアヤキル・エアポートへ
Holiday Inn Guayaquil Airport P.335

サンタ・アナの丘
Cerro Santa Ana

Vicente Piedrahita

Julián Coronel

Julián Coronel P.333

ピカンテリア・ラ・クレタ
P.336 Pigantería la Culata

ラス・ペーニャス地区
Barrio Las Peñas

エル・モノ・ゴロソ
El Mono Goloso

ラ・ペルラ
La Perla P.333

IMAXシアター

人類学・現代美術博物館
Museo Antropológico y de Arte Contemporáneo
(MAAC) P.333

オロ・ベルデ P.335
Oro Verde

Mirador Vellabista へ

センテナリオ公園
Parque Centenario

文化会館

ラ・メルセー教会
Iglesia la Merced

Av. 9 de Octubre

Francisco de Paula Icaza

グアヤス川
Río Guayas

Citi Bank　DHL

サン・フランシスコ教会
Iglesia San Francisco

記念碑ラ・ロトンダ

エル・カフェ・デ・テレ
El Café de Tere P.336

ビクトリア公園

P.336 ドラール
Doral

P.335 ユニパーク
Unipark

市場

グランド・ホテル・グアヤキル
Grand Hotel Guayaquil P.335

エル・マンソ
El Manso P.335

ザ・パークホテル P.336
The Park Hotel

スクレ像

市庁舎

政庁・警察

時計台

P.332 カテドラル
Catedral Metropolitana
de Guayaquil

Turi Bus
乗り場

市立博物館 P.333
Museo Municipal

グアヤキル
Guayaquil

セミナリオ公園（イグアナ公園）
P.332 Parque Seminario

P.333 サンタイ島 Isla Santai へ

0　　　　　200m

A　　　　　**B**

マレコン2000
URL www.malecon2000.com

マレコン2000に建つラ・ロトンダ

おもな旅行会社
ガラカミーノス・トラベル
Galacaminos Travel
MAP P.331-A1外
住 Kennedy Norte, Ave. Miguel Alcívar y Nahim Isaias, Edif. Torres del Norte torre A 1er piso, of. A 103
☎ (04)268-7014
URL galacaminos.com/jp
経験25年以上。エクアドルで最も古い日本人経営の旅行会社。各種ガラパゴスツアーのほか、カパウイKapawiツアーなど新規のツアー開拓にも積極的な。

新市街観光バス
Turi Bus
住 Sucre 112 y Malecón, Edificio Magdalena, Of.102
☎ (04)232-7384
URL www.turibus.com.ec
休 無休
料 US$8
グアヤキル市内を周遊するバスツアーで、所要2時間。市立博物館のMuseo Municipalなどに立ち寄る。10:00〜19:00の毎正時にセミナリオ公園から出発、バス内で直接チケットを購入できるので利用しやすい。

カテドラル
住 Clemente Ballen y Millán
開 月〜土　8:00〜18:00
　　日　　9:00〜16:00
休 無休
料 無料

餌付けされているリクイグアナ

歩き方

グアヤキルは、グアヤス川Río Guayasに沿って発展してきた港町。人口294万6000人を超すエクアドル最大の都市で、ガラパゴス諸島への拠点として、あるいはペルーへの中継地として立ち寄る人も多い。1990年代から始められた大規模な再開発も進み、整備された近代的な町並みに生まれ変わっている。

グアヤス川沿い、約2.4kmにわたる遊歩道は**Malecón2000マレコン・ドスミル**と呼ばれる市内最大のエンターテインメント・スポット。博物館やIMAXシアター、レストラン、ファストフード店があり、市民の憩いの場所だ。カラフルな建物のモザイクがきれいな丘は、**サンタ・アナの丘Cerro Santa Ana**。この丘一帯、**ラス・ペーニャス地区Barrio Las Peñas**は、以前は治安の悪いスラム街として有名だったが、現在は観光地化され、散策を楽しめるようになった。週末は多くの人でにぎわう。

マレコン2000の中心部に建つ記念碑ラ・ロトンダの前から西に延びる**10月9日通りAv. 9 de Octubre**が町の目抜き通り。サン・フランシスコ教会 Iglesia San Franciscoの前をさらに南に行くと、銀行、ホテル、旅行会社やレストラン、ショップが並んでいる。10月9日通りを西に行ったセンテナリオ公園Parque Sentenarioの先には、旧市街が広がっている。イグアナで有名な**セミナリオ公園Parque Seminario**の近くには、ホテルが集中している。

おもな見どころ

┃カテドラル　Catedral Metropolitana de Guayaquil　MAP P.331-A2

セミナリオ公園の西側に面して建つ。グアヤキルの建物のほとんどが被害にあった1896年の火事でこのカテドラルも焼失。現在のネオ・ゴシック様式の建物は1948年から1978年にかけて建て直されたもの。高い天井、ステンドグラスが美しい。夜はライトアップが見物だ。

信仰深いエクアドル人が朝夕訪れる

┃セミナリオ公園（イグアナ公園）　Parque Seminario　MAP P.331-A・B2

センテナリオ公園と並ぶグアヤキルの中心的公園。シモン・ボリーバルの騎馬像が立っており、小さいながらも木々や花が植えられ、池もある。園内の木を見上げると、リクイグアナがたくさんいる。係の人が餌を与えるときには、ゾロゾロと木から下りてきて、そこらじゅうイグアナだらけになる。そのせいか、通称イグアナ公園と呼ばれている。

人類学・現代美術博物館 Museo Antropológico y de Arte Contemporáneo（MAAC）**MAP** P.331-B1

観光省が運営するMAAC（＝マアック）という文化施設のなかにある博物館。館内には、9000～8000年前からスペイン人がエクアドルに入植した1526年までの考古学的コレクションをはじめ、常時1200点以上が展示されている。

サンタイ島 Isla Santai **MAP** P.331-B2外

ダウレ川に浮かぶ、豊かな自然が魅力の島。島と市街を結ぶ橋には、歩行者と自転車の専用道路が整備されている。島には65種類の植生と5種類のマングローブ、128の野鳥、25の哺乳類が生息。橋を渡った2km先にはクロコダイルの生息地も。

市立博物館 Museo Municipal **MAP** P.331-B2

1階はプレ・インカからインカ時代の土器をはじめとする発掘品、植民地時代の宗教画や家具などのコレクションがある。中2階には国の名士たちのポートレートが並ぶ。2階は現代美術と、エクアドルの歴代コインの展示室だ。

ラ・ペルラ La Perla **MAP** P.331-B1

2016年10月にオープンしたエクアドルで初めての巨大観覧車。高さ57m、1周12分ほど。グアヤキルの街を一望できるとあって、市民に大大人気のスポットだ。

市内を望む大観覧車

ラス・ペーニャス地区 Barrio Las Peñas **MAP** P.331-B1

スペイン植民地時代の面影が強く残るラス・ペーニャス地区。アートギャラリーが点在する通りには、国の文化財に指定された瀟洒な建物が並び、ホテルもある。ラス・ペーニャスの小道を奥まで進むと、グアヤス川を眺める遊歩道がある。見下ろすようにそびえるサンタ・アナの丘へは、444段の石段を上る。階段の両側にはカフェやバーがあるので、ひと休みしながら上っていこう。頂上には海賊船の模型や教会、展望台がある。ここから望むグアヤス川や市街の眺めは最高だ。

途中のカフェでひと休みしながら上ろう

人類学・現代美術博物館
🏠 Av. Malecón Simón Bolívar y Calle Loja
☎ (04)230-9400
🕐 日～金　8:30～16:30
　　土・日・祝　9:00～17:00
🚫 無休
💰 無料

土器の展示が充実している

サンタイ島
🕐 6:00～18:00（橋を渡るのは17:00まで）
💰 徒歩は無料、貸し自転車はUS$4
行き方
　セントロ南部、メトロビアのBarrio Centenarioで下車。Calle Oroを海側へ進むと入口がある。タクシーの場合はUS$4ほど。

市立博物館
🏠 Calle Sucre, entre Chile y Pedro Carbo
☎ (04)259-4800
🕐 火～土　9:00～17:30
🚫 日・月
💰 無料
※入館の際に、身分証明書とバッグを受け付けに預ける。

ラ・ペルラ
🏠 Malecón 2000
🕐 日～木　10:00～22:00
　　金・土　10:00～24:00
🚫 無休
💰 月～金US$3.5
　　土・日・祝US$4.99

ラス・ペーニャス地区
　10月9日通りからバケリソ・モレノ通りDr. A. Baquerizo Morenoを北上して10ブロック目、ロハ通りLojaとの角にある。サン・フランシスコ教会あたりからタクシーでUS$1、徒歩20分ほど。店舗は18時くらいで閉まることも多い。

路地裏散策も楽しいコロニアルな町並み

グアヤキル歴史公園

グアヤキル歴史公園 Parque Histórico
Guayaquil **MAP** P.331-A1外

グアヤキル歴史公園
住 Av. Central y avenida Río
Esmeraldas (Samborondón)
☎ (04)283-2958/5356
圏 9:00～17:00
　（入園は～16:30)
休 月・火
料 無料
※日曜や団体客があるとき
は、フォルクローレ舞踊が
開催される。

当時の衣装を着たスタッフ

都市建築ゾーンに再現された建物

　中心街の北東、ダウレ川Río Daule
を越えたサンボロンドン半島Can-
ton Samborondónに位置する、19世
紀から20世紀への時代の変遷を再現
したテーマパーク。8ヘクタールの
園内は3つのゾーンに分かれており、
グアヤキルの自然と歴史を楽しむこ
とができる。ワイルドライフ・ゾーンZona de Vida Silvestreでは、
マングローブの原生林に敷設された遊歩道を散歩。自然を生かし
た動物園で、オウムやインコ、ワニやサルなどを見ることができ
る。都市建設ゾーンZona Urbano Arquitectonicaには、当時の歴史
的建造物が移設保存されており、20世紀前半の上流市民の優雅な
生活を垣間見ることも。地域農民の暮らしを紹介する伝統ゾーン
Zona de Tradicionesにはカカオ園やバナナ園が広がるほか、川沿
いに建てられていた高床式の住宅を再現。園内には植物園や子供
動物園もあり、週末には地元の家族連れでにぎわう。歴史公園周
辺は高級住宅街になっていて、おしゃれなレストランやショップ
が多く集まるエリアでもある。

近郊の見どころ

パンタナル動物園 Zoológico El Pantanal **MAP** P.288-A3

パンタナル動物園
住 Km. 23 Vía a Daule
☎ (04)226-7047
URL www.zoologicoelpantanal.
com
圏 9:00～17:00
休 無休
料 US$6
行き方
　バスターミナルからダウ
レDaule行きバスで約1時間。
動物園前で下車、US$1.3。
タクシーの利用がおすすめ。

陽気なガイドが揃う動物園

　市内から約23km、3ヘクタールの広大な敷地に約70種、1100匹
もの動物を飼育する。ガラパゴスのゾウガメや、絶滅寸前といわ
れるアンデスのワシ、アギラ・アルピアAguila Harpia、世界最大の
ネズミ、カピバラなど珍しい動物たちに出合える。アマゾンにい
る鳥で犬のような鳴き声をするカンクロンCanclónやカラフルな
オオハシ、ジャガーやピューマ、メガネグマOso de Anteojos、世界
一小さなサル、ピグミーマーモセット、全長4mほどもあるアナコ
ンダなども必見だ。動物好きのオーナーの私設動物園であるため、
動物たちが人懐っこいのも特徴。なかには傷ついて保護された動
物をオーナーが献身的な介護で元気にさせた動物も。無料のガイ
ドツアーは約1時間30分。グアヤキル市内からは道路右側に3m四
方ほどの看板があ
るので目印にしよ
う。帰りはバスや
タクシーをひろう
のが難しいのでガ
イドに頼むとよ
い。

餌を食べるガラパゴスゾウ
ガメを間近で観察できる

Hotel

グアヤキルの ホテル

　グアヤキルは典型的な熱帯性気候の土地で、年間を通じて蒸し暑い。客室内の快適さを求めるなら、エアコンの有無をチェック。安宿は水シャワーが一般的。
　セミナリオ公園周辺に高級〜中級ホテルが多く、安い宿はセンテナリオ公園の南側に集まっている。ただし夜間は人通りが少ないので注意。ホテルによっては宿泊料に22%の税金がかかる。

Oro Verde
オロ・ベルデ　　　MAP P.331-A1

　センテナリオ公園近くの近代的な5つ星ホテル。4つのレストラン、カフェのほか、トレーニングジム、プール、サウナなどがある。客室は高級感にあふれ、セーフティボックス、ミニバーなど設備も充実。空港までの往復送迎も無料。

Av. 9 de Octubre 414 y García Moreno
(04) 381-1000
URL www.oroverdehotels.com　SWUS＄149〜
税・サービス料別　カード ADMV　室数 236室

Holiday Inn Guayaquil Airport
ホリデイ・イン・グアヤキル・エアポート　MAP P.331-A1外

　空港のすぐ目の前にある5つ星ホテル。部屋はシンプルでモダン。エアコン、冷蔵庫、コーヒーメーカー、高速Wi-Fiなど設備も万全。プールやジャクージ、ジムもあり。空港送迎ほか、ショッピングセンター Mall del Solへのシャトルバスも運行。

Av.De Las Américas S/N, Junto al Aeropuerto Internacional José Joaquín de Olmedo
(04) 371-4610　URL holidayinn.com
SWUS＄120〜　税・サービス料別
カード ADMV　室数 122室

Unipark Hotel
ユニパーク　　　MAP P.331-B2

　セミナリオ公園の前に立つ4つ星ホテル。ショッピングセンター Uni Centroを挟んで2棟に分かれている。モダンで広々とした部屋でファシリティも充実。カフェレストランとバー、フィットネスセンターを併設する。

Clemente Ballén 406 y Av. Chile
(04) 232-7100
URL www.uniparkhotel.com
SWUS＄80.1〜　税・サービス料別
カード ADMV　室数 140室

Grand Hotel Guayaquil
グランド・ホテル・グアヤキル　MAP P.331-A2

　メトロポリタン大聖堂のすぐ裏側にある4つ星ホテル。ふたつのレストランとバー、プール、サウナにビリヤード台まであり、特にプールの周りはリゾートムード満点。客室は広々としている。

1615 Boyaka y 10 de Agosto
(04) 232-9690
URL www.grandhotelguayaquil.com
SWUS＄89〜　税・サービス料別
カード ADMV　室数 184室

El Manso
エル・マンソ　　　MAP P.331-B2

　グアヤス川を望むおしゃれなホテル。部屋毎にテーマカラーがあり、洗練されている。キヌアなどを使ったヘルシー料理を提供するベジレストランを併設。自転車ツアーや地域住民宅を訪問する独自ツアーも催行している。

Malecón 1406 y Aguirre　(04) 252-6644
URL manso.ec　SWUS＄40〜、ドミトリー US＄28〜　税・サービス料別　カード MV　室数 20室

The Park Hotel

ザ・パーク・ホテル　　　MAP P.331-B2

　プラサ・サント・ラファエルがリブランド。セミナリオ公園のすぐ側で、ロケーションは抜群。客室は掃除が行き届いており清潔。セミナリオ公園に面した部屋は、窓が大きく眺めもいい。

🏠 Av. Chile 414 y Clemente Ballén
☎ (04) 232-7140
URL www.theparkhotel.ec
💰 Ⓢ ⓌUS$45〜　税・サービス料別
カード MV　客室数 49室

Hotel Doral

ドラール　　　MAP P.331-B2

　セミナリオ公園から徒歩1分ほどのロケーション。モダンな建物で、立地のよさと手頃な値段が魅力の4つ星ホテル。4人部屋やスイートもある。客室にはドライヤー、エアコン、冷蔵庫完備。

🏠 Av. Chile 402 y Aguirre
☎ (04) 232-8490
URL www.hdoral.com
💰 Ⓢ US$28.89〜　ⓌUS$33.2〜　税・サービス料別
カード AMV　客室数 60室

グアヤキルのレストラン

Red Crab

レッド・クラブ　　　MAP P.331-A1外

　グアヤキル名物の新鮮なマングローブガニやシーフードを味わえる。一番人気はカニチャーハンとサラダ、カニの胴体が1パイついたRed Crab Especial US$31.71。Samborondón地区にも店舗あり。どちらも市内からタクシーで15分ほど、US$5。

🏠 Urdesa, Victor Emilio Estrada 1205 y Laureles esquina
☎ (04) 238-0512/288-7632
URL www.redcrab.com.ec　営 月〜木11:30〜16:00、18:00〜23:00　金・土11:30〜24:00　日11:30〜22:30　休 無休　カード AMV

Picantería La Culata

ピカンテリア・ラ・クラタ　　　MAP P.331-B1

　海岸部の街マナビ出身の女性がオーナー。ココナッツミルクとピーナッツを多用するマナビの料理は、さっぱりとしているのにコクがある。おすすめはエビのニンニク炒めCamarón al Ajillo US$7.98やCeviche de Camarón US$7.98。通常の2倍はありそうなLimonadaはUS$1とお得だ。

🏠 General Córdova y Mendiburu
☎ 099-230-8348
営 月〜木6:00〜24:00　金・土6:00〜翌2:00
休 日　カード 不可

El Café de Tere

エル・カフェ・デ・テレ　　　MAP P.331-B2

　伝統的なバナナ料理が味わえる。バナナを揚げてつぶし、チーズや豚肉と一緒に丸めたボロンBolónはUS$2.50 〜。エンパナーダUS$2.05。ボロンにウミータとコーヒー、ジュースがセットになった朝食メニューはUS$6.13 〜。

🏠 Gral Elizalde 117 entre Malecón y Pichincha
URL www.elcafedetere.com
営 7:00 〜 14:00　休 日　カード 不可

El Mono Goloso

エル・モノ・ゴロソ　　　MAP P.331-B1

　カナダ人とフランス人カップル経営のパン屋&カフェ。毎日焼きたてのパンを提供。クロワッサンUS$1〜は、市内一と評判。焼きたてパンを使ったサンドイッチUS$2.5 〜 4は11:30ごろから販売だが、すぐ売り切れる。ケーキ類はUS$0.5〜4。

🏠 Luzarraga 200 y Panamá　☎ 097-903-6785
営 月〜金8:00〜18:30　土11:00〜17:00
休 日　カード 不可

Islas de Galápagos
ガラパゴス諸島

さまざまな動物が共存するガラパゴス諸島

キト●

★ガラパゴス諸島

標高▶1490m
（イサベラ島の最高地点）

MAP ▶ P.288-A～B1

市外局番▶05
（電話のかけ方は→P.290）

通貨はUSドルを併用

ガラパゴス諸島の気候

　ガラパゴス諸島は赤道直下にあるにもかかわらず、冷たいフンボルト海流の影響で水温が低く、朝晩は涼しく感じるほどの気温になる。しかし、日中の暑さと太陽光線の強さは、やはりここが赤道直下であることを実感させられる。日焼け止めと帽子、サングラスは必携だ。

　島は12～5月がウエットシーズン（雨季）、6～11月がドライシーズン（乾季）となる。ウエットシーズンはほぼ1日に1度は雨が降るが暑い。ドライシーズンはガルーアと呼ばれる霧が上空を覆い、曇った日が続き、気温も低くなる。ウエットシーズンになると海中のプランクトンや魚が増え、生き物たちが繁殖期を迎える。アオアシカツオドリの求愛ダンスを見るなら5～6月がベスト。ドライシーズンは天気がいいので、スノーケルや写真撮影にはいい。

　エクアドル本土の飛行場を離陸した飛行機は、10分もしないうちに太平洋上空に出る。1時間30分ほどで真っ青な海に浮かぶ島々が見えてくる。それが動植物の楽園、ガラパゴス諸島だ。のちに進化論を発表するチャールズ・ダーウィンがこの島を訪れたのは1835年。彼は英国海軍の測量船ビーグル号に生物学者として乗船し、南半球を周航して動植物と地質の観察に従事していた。ダーウィンは、最初はガラパゴス諸島の地質学に興味をもっていた。それが群島に到着してまもなく、生物の観察に大きく傾いたのだ。群島の動物相や植物相の特殊性、島ごとの変異の様相が彼の心を強く打った。それをきっかけにダーウィンの学説、自然選択説が体系づけられ、著書『種の起源』が刊行された。

　島々は1978年にユネスコの世界遺産に登録され、2001年には登録範囲が周囲の海にまで拡張された。ガラパゴス諸島では、単なる旅行者としてだけではなく、ナチュラリストの目で植物を、動物を見つめてみたい。ダーウィンがガラパゴス諸島で受けたときと同じインスピレーションを感じることができるはずだ。

ガラパゴス諸島への行き方

　ガラパゴス諸島へはキトとグアヤキルが起点となる。本土からの飛行機が着陸できる空港は、バルトラ島 Isla Baltra とサン・クリストバル島Isla San Cristóbalの2ヵ所のみ。ガラパゴス諸島でいちばん大きな町プエルト・アヨラ Puerto Ayoraがあるサンタ・クルス島へは、バルトラ島からフェリーで渡る。サン・クリストバル島から船が出るパッケージツアー以外は、バルトラ島行きの飛行機を利用することになる。

木化したハシラサボテン。ゾウガメやイグアナに食べられないよう進化した

十おもな航空会社
タメ航空
URL tame.com.ec
プエルト・アヨラ
☎(05)252-6527
バルトラ島空港
☎(05)252-4750
サン・クリストバル島
☎(05)252-1867
アビアンカ航空
URL www.avianca.com
バルトラ島空港
☎(05)252-6797
サン・クリストバル島
☎(02)294-3100(キト)
ラタム航空
URL www.latam.com
プエルト・アヨラ
サン・クリストバル
☎(02)399-2601(キト)

ガラパゴス諸島への渡航に際して

　ガラパゴス諸島へ渡航する場合、まずはキトかグアヤキルの空港にあるガラパゴス管理庁INGALAの窓口で入島管理料US$10を支払い、IDカードと入出島管理カードを受け取る（ツアーの場合は事前に手続きを済ませ、クルーズのチェックインカウンターで受け取ることもある）。

　その後、ガラパゴス特別検疫制度SICGAL検査場で機内預けの荷物の検査を受ける。果物や野菜は持ち込めない。終わるとSICGALの検査済みタグが付けられる。これがないと荷物が預けられないので忘れないようにしよう。

　ガラパゴス到着前に、機内で配られた入出島管理カードを記入する。到着したら外国籍来島者入口に進み、INGALAデスクで入出島管理カードとパスポートを提出。審査が終わるとパスポートと出島カードを返してくれる。

　次に国立公園デスクに進み、国立公園入園料US$100を支払う。領収書が発行されるので、なくさないようにしよう。最後はSICGALで手荷物の検査を受け、機内預けの荷物が出てくるのを待つ。

海岸にはたくさんのガラパゴスアシカがいる

バルトラ島（サンタ・クルス島）へ

　キトからバルトラ島のセイモア空港Aeropuerto Seymourまで所要約2時間10分、直行便はアビアンカ航空Avianca（AV）とラタム航空LATAM Airlines（LA）で、木・土曜を除き毎日1（水曜は2便）往復。グアヤキルからのほうが本数が多く、毎日2〜6便あり所要約1時間50分。アビアンカ、ラタムのほかタメ航空Tame（EQ）も運空。

バルトラ島の空港からプエルト・アヨラへ

　バルトラ島の空港から赤茶けた道路をバスで20分ほど走ると、船着き場に着く。コンクリートでできた本当に簡単な造りだ。そこから、フェリーに乗り換え、500mほど離れた対岸のサンタ・クルス島に向かう。海は美しく、青く澄みわたっている。

　島に着くと、再びバスに乗り込む。木々の間を貫く一直線の道をバスは走り抜け、約1時間ほどでガラパゴス諸島最大の町プエルト・アヨラに到着する。もしも泊まるところが決まっているなら、ドライバーにひと言告げておけば、近くで降ろしてくれるだろう。

　パッケージツアーの場合は、空港から船着き場、あるいはプエルト・アヨラへの送迎が含まれている。

サン・クリストバル島へ

　キトからエル・プログレソ空港Aeropuerto El Progresoへの直行便はなく、グアヤキル経由となる。グアヤキルからはタメ航空、アエロガル航空、ラン航空がそれぞれフライトしており、所要約1時間30分。出発はいずれも午前中。

ダーウィン島
Isla Darwin

ウォルフ島
Isla Wolf

アルベマルレ岬
フローレス岬

エクアドル火山
Volcán Ecuador

ウォルフ火山
Volcán Wolf
1646m

プンタ・ビセンテ・ロカ
ペンギン

ダーウィン火山
Volcán Darwin
1280m

ペンギン
タグス・コーブ
プンタ・エスピノーサ

イサベラ島
Isla Isabela

ペンギン
コバヌウ、
リクイグアナ

フェルナンディナ島
Isla Fernandina

1463m
ラ・クンブレ火山
Volcán La Cumbre

ウルビナ・ベイ
ゾウガメ

エリザベス湾

1490m
シエラ・ネグラ火山
Volcán Sierra Negra

▲1689m
セロ・アスール火山
Volcán Cerro Azul

クリストバル岬

ウミイグアナ、アシカはほとんどの島で見ることができる。

サン・クリストバル島の空港から港へ

　サン・クリストバル島の空港は、ガラパゴスの県庁所在地があるプエルト・バケリソ・モレノの中心から車で5分ほどの所にある。クルーズに申し込んでいる場合は、空港に迎えが来ている。

ガラパゴスの食物連鎖の頂点に立つガラパゴスノスリ

小さなガラパゴスペンギン

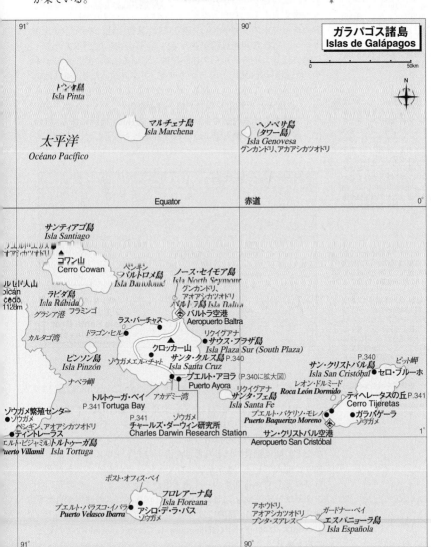

ガラパゴス諸島
Islas de Galápagos

0　　　　50km

太平洋
Océano Pacífico

ピンタ島
Isla Pinta

マルチェナ島
Isla Marchena

ヘノ・ベサ島
（タワー島）
Isla Genovesa
グンカンドリ、アカアシカツオドリ

Equator　赤道　0°

サンティアゴ島
Isla Santiago

コワン山
Cerro Cowan

ペンギン
バルトロメ島
Isla Bartolomé

ノース・セイモア島
Isla North Seymour
グンカンドリ、
アオアシカツオドリ

ラビダ島
Isla Rábida

バルトラ島 *Isla Baltra*

グラシア港　フラミンゴ

バルトラ空港
Aeropuerto Baltra

カルタゴ湾

ラス・バーチャス

ドラゴン・ヒル

リクイグアナ

クロッカー山
ソウガメエルチャト

サウス・プラザ島
Isla Plaza Sur (South Plaza)

ピンソン島
Isla Pinzón

サンタ・クルス島 P.340
Isla Santa Cruz

サン・クリストバル島
Isla San Cristóbal P.340

ピット岬
セロ・ブルーホ

ナペラ岬

プエルト・アヨラ　(P.340に拡大図)
Puerto Ayora

リクイグアナ

レオン・ドルミード
Roca León Dormido

ティヘレータスの丘 P.341
Cerro Tijeretas

トルトゥーガ・ベイ P.341 Tortuga Bay

アカデミー湾

サンタ・フェ島
Isla Santa Fe

ガラパゲーラ
ソウガメ

ゾウガメ繁殖センター
ソウガメ
ペンギン、アオアシカツオドリ
ティントレーラス

チャールズ・ダーウィン研究所
Charles Darwin Research Station

プエルト・バケリソ・モレノ
Puerto Baquerizo Moreno

サン・クリストバル空港
Aeropuerto San Cristóbal

1°

プエルト・ビジャミル トルトゥーガ島
Puerto Villamil Isla Tortuga

ポスト・オフィス・ベイ

フロレアーナ島
Isla Floreana

プエルト・バラスコ・イバラ
Puerto Velasco Ibarra
アシロ・デ・ラ・パス
ゾウガメ

アホウドリ、
アオアシカツオドリ
プンタ・スアレス

ガードナー・ベイ

エスパニョーラ島
Isla Española

ガラパゴスの有人島

ガラパゴス諸島には、サンタ・クルス島、サン・クリストバル島のほかに、下のふたつの有人島がある。有人島には宿泊施設があるので、島に滞在して、ガラパゴスの自然を身近に感じることも可能だ。その場合、クルーズではなく、アイランド・ホッピングのツアーに参加する（→P.344）。サンタ・クルス島～サン・クリストバル島、サンタ・クルス島～イサベラ島はスピードボートと呼ばれるボートも利用できる。所要2時間～2時間30分、料金は片道US$25。ただし、居住地以外は国立公園となり、見どころへはナチュラリスト・ガイドと同行することが義務づけられているので注意。

フロレアーナ島
Isla Floreana

面積173km²、人口約100人。島内に泉があることから、大航海時代からさまざまな人が上陸、滞在してきた。小さな集落に宿が2件ほどある。桟橋にアシカやウミイグアナがいるほか、目の前のビーチでウミガメやペンギンを見かけることも。内陸部の山の上に、海賊が彫ったという岩絵や洞窟、ゾウガメの保護施設がある。

イサベラ島
Isla Isabela

ガラパゴス諸島最大の島で面積は4588km²。5つの火山が連なって島を形成している。島の南部に位置するプエルト・ビジャミルに、2000人ほどが暮らす。集落の前には白砂のビーチが広がり、アオアシカツオドリが集団でダイビングをする様子が見られる。町なかの湖にフラミンゴが飛来することも。沖の岩礁ティントレーラスLos Tintorerasではペンギンやネムリブカなど、さまざまな生き物に出合える。シエラ・ネグラ火山Volcán Sierra Negraのトレッキングも楽しめる。

サンタ・クルス島 Isla Santa Cruz **MAP** P.339

サンタ・クルス島の面積は986km²。ガラパゴス諸島のなかでイサベラ島 Isla Isabelaに次いで2番目に大きい島だ。ガラパゴス最大の町プエルト・アヨラは島の南端にあり、ここがガラパゴス・クルーズの拠点となる。メインストリー

プエルト・アヨラの魚市場

トのチャールズ・ダーウィン通りには、旅行会社、ショップ、レストラン、宿など観光施設が並んでいる。目の前に広がるアカデミー湾には、大小のクルーズ船が碇泊している。湾に面したデッキや、魚市場付近には、ペリカンやサギ、アシカがいたり、海にはエイが泳いでいる姿が見られる。小さなウミイグアナも探せるだろう。ここは人と自然が共存している場所なのだ。チャールズ・ダーウィン研究所は市内から歩いて約20分（約1km）の所にある。ほかに、ガイドなしで個人で歩いて行ける見どころとして、トルトゥーガ・ベイがある。

サン・クリストバル島 Isla San Cristóbal **MAP** P.339

ガラパゴス諸島の東端にある、面積は558km²の島。ガラパゴスの県庁所在地が、この島のプエルト・バケリソ・モレノだ。人口約8000人ほどの町の中心は湾に面し、ショップやレストラン、ホテルなどの観光施設のほとんどは海沿いのチャールズ・ダーウィン通りに並んでいる。通りを北に行くとビーチがあり、アシカがゴロゴロとしている間をぬって海水浴ができる。また、その先のインタープリテーションセンターでは、ガラパゴスの歴史や自然を知ることができる。島内にはゾウガメの飼育施設、ガラパゲーラ・デ・セロ・コロラードGalapaguera de Cerro Coloradoなどの見どころもある。

おもな見どころ

チャールズ・ダーウィン研究所 Charles Darwin Research Station MAP P.340外

チャールズ・ダーウィンが生物進化論を発表し、大きな波紋を投じるきっかけとなったガラパゴス諸島。それ以来、彼の研究者スピリットは受け継がれ、現在、各国からさまざまな分野のエキスパートが集まり、動植物の保護観察が続けられている。

ガラパゴスゾウガメが群れる様子は迫力満点

施設内ではゾウガメの孵化、飼育、保護が行われている。生まれたての小ガメから、各島のゾウガメを多数みることができる。ピンタ島に生き残った最後の1匹のゾウガメ"ロンリム・ジョージ(ひとりぼっちのジョージ)"を飼育していたが、子孫を残すことなく2012年に死んでしまった。巨大なカメが、首を伸ばしてノソノソとやってくる光景は、まるで太古の世界に迷い込んでしまったような感じがする。

研究所内の道沿いにはガラパゴス諸島の植物が植えられている。可憐な花をつける草があるかと思えば、木のようなサボテンがあり、私たちの常識を超えた植物たちに驚くばかりだ。

トルトゥーガ・ベイ Tortuga Bay MAP P.339

プエルト・アヨラの町を抜け、木化サボテンの並木の中の遊歩道を歩くこと約40分。真っ白なパウダーサンドのビーチに出る。長いビーチの先の岩場には、大きなウミイグアナのコロニーがある。トレイル沿いに行くとサボテンの

無数のウミイグアナが群れている

林を抜け、静かな入江へ。海水浴が楽しめるほか、さまざまな水鳥の姿が見られる。

ティヘレータスの丘 Cerro Tijeretas MAP P.339

プエルト・バケリソ・モレノから徒歩20分ほどの展示施設、インタープリテーションセンターから遊歩道がのびている。サボテンやガラパゴス特有の植物が生える道を行くと展望台があり、レオン・ドルミード

ティヘレータスの丘からの眺め

と名づけられた岩と海の絶景、優雅に舞うグンカンドリの姿が見られる。一周約1時間30分ほど。

チャールズ・ダーウィン研究所
URL www.darwinfoundation.org
開 早朝〜夕方
休 無休
料 無料

ガラパゴスリクイグアナも間近に見られる

日本ガラパゴスの会 (JAGA)
ガラパゴス諸島の自然環境を回復・維持するための日本の非営利団体。ガラパゴス体験学習ツアーなどを催行している。
URL www.j-galapagos.org

ガラパゴス時間に注意
エクアドルとガラパゴス諸島には1時間の時差がある(ガラパゴスのほうが1時間遅い)。クルーズの場合、船が本土時間を採用しているのか、ガラパゴス時間なのかを必ず確認しよう(→P.290)。

真っ白なビーチで泳ぐこともできる

ガラパゴス諸島の情報サイト
URL www.galapagos.org

ガラパゴス諸島探検はナチュラリストと
島の約97%を国立公園に指定されているガラパゴス諸島では、自分の好きなように島内を歩くわけにはいかない。国立公園内の動物の生態や地理を熟知したナチュラリスト・ガイドと一緒に行動しなければならないからだ。クルーズの場合はナチュラリスト・ガイドが乗船しているが、個人で島を訪問した場合は、ツアーに参加することになる。

岩場で日なたぼっこをする
ガラパゴスウミイグアナ

ガラパゴスアシカはどの島
でも見かける

目の周りに赤い縁取りがあ
るアカメカモメ

ガラパゴス諸島クルーズ

　ガラパゴス諸島の島々を巡る方法は、クルーズしかない。クルーズ船はサンタ・クルス島、サン・クリストバル島から出港しているが、通常はキトやグアヤキルからの航空券も含んだパッケージになっている。クルーズは1クールが14日となっており、それを4泊5日、6泊7日、8泊9日などに区切って販売。船の大きさや日数により、立ち寄る島が違ってくる。

クルーズ船の種類

　登録されているクルーズ船は約80隻あり、100人もの乗客を収容できる大型船から小型のセーリングボートまで、さまざまな種類がある。80〜100人を乗せることのできる大型クルーズ船や32〜48人を乗せることができる中型クルーズ船の数は少なく、それぞれ5隻のみ。日本人の利用が最も多いのは、ラグジュアリーな大型船のシルバーシー・クルーズだ。

　いっぽう、乗客定員16人の小型クルーズ船は、双胴船のカタマラン、モーターヨットなど多くのタイプが運航している。

船による違い

　大型船と小型船の違いは、まず船室の広さ。大型船の場合は、客室のほかに、乗客全員が集まることのできるサロン、広いレストラン、バーなどの施設がある。また、大型船のほうが揺れが少ない。いっぽうで、人数が多いため下船や乗船に時間がかかる、上陸した際はトレイルに列ができるなどの、大型船ならではのデメリットもある。小型船は大型船よりやや揺れがある、食事の種類が少ないなどの面はあるが、クルーを含め同じメンバーで毎日顔を合わせるため、アットホームな雰囲気と親近感が生まれる。上陸や下船の時間、その他いろいろな場面で融通が利くケースが多い。

クルーズと上陸の仕組み

　諸島全体の97%が国立公園に指定されており、残りの3%のなかの、居住地以外で上陸して歩くことができる場所は1%のみ。そ

れも自由に歩くことはできず、資格を持ったナチュラリスト・ガイドと同行することが義務づけられている。ガイドは最大16人のツアー客を引率できる。したがって、ひとりのガイドが乗船する小型船の乗客は、最大16人となっている。大型船の場合は、5〜6個のグループに分けられ、それぞれにガイドが付く。上陸する際には、決まりごと（→P.342コラム）を必ず守ろう。

クルーズの1日

　ガラパゴス・クルーズは、島に上陸している時間以外は、すべて船内で過ごす。1日の大まかなスケジュールは、以下のとおり。
午前中：朝食後に島に上陸して島内を散策。場所により、いったん船に戻ってからスノーケリングに出発。戻ったら船内でランチ。（この間に船は移動）
午後：島に上陸して散策。場所によりスノーケリングやビーチで泳ぐことができる。17時頃船内に戻り、夕食。（夜間に船は別の島や場所に移動）
　このように移動しながら、1回のクルーズでいくつかの島を巡る。上陸して歩くトレイルの距離は、最長で1.5kmほど。

リゾートホテルのようなクルーズ船

クルーズの料金

　クルーズの料金は、船の大きさではなく、カテゴリーとシーズン、乗船日数による。エコノミーなツーリストクラスで1日US＄400が目安。ラグジュアリーなクラスの船だと1日US＄700〜1000が目安となる。料金には行程中のすべての食事、ナチュラリスト・ガイドの料金などが含まれる（別途チップが必要）。エコノミーなクラスとラグジュアリーなクラスでは、単に船の設備や食事の善し悪しのほかに、ガイドのレベルも違ってくる。ガイドには1〜3（3が最高）のランクがあり、クルーズ船には2以上のガイドが乗船することになっている。

料金の安さばかりにひかれるのは危険！
　ガラパゴスクルーズは、ツアー料金や国立公園入園料などと、何かとお金がかかってしまう。かといって、あまりにも安いツアーに参加するのも考えものだ。ガラパゴスのクルーズ船のなかには、安全基準に達していない船があるという噂を耳にするからだ。ツアーに申し込むときは船の設備や船室（客室）、食事の内容などの確認を必ずしよう。

日本で予約できる旅行会社
　以下の旅行会社はキトに支店などがあり日本で予約ができる。

アートツアー
〒111-0053
東京都台東区浅草橋2-28-15　JSTビル4F
☎(03)3862-6363
(03)3862-8888
www.galapagos.jp

サロンゴ　東京本社
〒105-0021
東京都港区東新橋2-3-14
エディフィチオトーコービル6F
☎03-6402-4391
キト・オフィス→P.303

キト・オフィス→P.303

（→P.342コラム）

COLUMN　ガラパゴス・ツアーを扱うおもな旅行会社

【グアヤキル】
ガラカミーノス・トラベル　Galacaminos Travel
Kennedy Norte Av. Miguel Alcivar y Nahim Isaias, Edif. Torres del Norte Torre A, 1er piso Of. A103,
☎(04) 268-7014
galacaminos.com/jp
　現地の情報に精通している鳥居さんをはじめ、日本人スタッフが応対してくれる。豪華大型クルーズ船ガラパゴス・レジェンド号からエコノミーなクルーズまで、さまざまなアレンジが可能。

【キト】
メトロポリタン・ツーリング　Metropolitan Touring
Av. De Las Palmeras N45-74 y de Las Orquideas

☎(02) 298-8263
www.metropolitan-touring.jp
　キト本社には日本人が常駐。ガラパゴス大型クルーズ船、ホテルを多数自社で経営している。パッケージを予約の場合、大幅な割引も可能。（→P.303）

サロンゴ・キト・オフィス　Salongo Quito Office
www.salongo.jp
　常駐日本人スタッフが大型船クルーズから日帰りアクティビティまで、ガラパゴスを楽しむためのさまざまな要望に細かく対応してくれる。日本事務所でも相談可（要事前予約）。（→P.303）

見たい動物はどの島にいる？

せっかく高いクルーズに参加するなら、お目当ての動物にはぜひ出合いたいもの。季節や天候、運にも左右されるだろうが、期待して行ったのに肝心のゾウガメに合えなかった、など残念な投稿があるのも事実だ。見たい動物がどの島に生息するか、季節はいつがベストなのか、選んだクルーズ船はどの島を回るのか、をきちんと確認してから参加したい。もちろん100％の確証はないが、例えば、ペンギンを見たいならイサベラ島、アホウドリはエスパニョーラ島、フラミンゴはイサベラ島やフロレアーナ島、ゾウガメはサンタ・クルス島（野生のゾウガメはエル・チャト農場で見られる）サン・クリストバル島、イサベラ島やフロレアーナ島の保護施設、アカアシカツオドリはヘノベサ島など、比較的出合える可能性が高い島がある。

日本でガラパゴス諸島の旅のプランを立てるなら、まずはガラパゴス諸島を専門とする日本や現地の旅行会社で現地情報を確認しよう。

ガラパゴスアホウドリがいるのはエスパニョーラ島のみ

「地球の歩き方」GEMシリーズ
『世界遺産 ガラパゴス諸島完全ガイド』
ガラパゴスの主要な島の案内、ガラパゴスの生き物たちの詳しい解説、ガラパゴス諸島クルーズについて詳細紹介。ガラパゴスの旅の必需品。

（ダイヤモンド・ビッグ社刊／1700円税別）

アイランド・ホッピング

有人島にあるホテルに滞在し、島島を巡るアイランド・ホッピングという方法もある。遠くの島には行けないが、島に滞在するので、船酔いが心配な人にはおすすめだ。また、ツアー後は集落

手つかずの自然が残る島内

を自由に歩くことができ、島の暮らしを身近に感じたり、人々との触れ合いも楽しめる。村人が生活する場所にも、生き物や鳥たちがたくさんいる。通常のクルーズ船が訪れる上陸ポイントのほか、島内の見どころも観光できる。料金はホテルのカテゴリーなどにもよるが、通常のクルーズよりも安い。

日帰りツアー

プエルト・アヨラから日帰りのクルーズに参加することもできる。フロレアーナ島、イサベラ島（プエルト・ビジャミル）、ノース・セイモア島、サウス・プラザ島などへのツアーが出ており、料金は島によりUS＄80〜160。8:00頃に出発し、17:30頃に戻ってくる。ナチュラリスト・ガイドが同行する。

観光シーズンに注意

ガラパゴスは1年を通して観光可能。しかし注意したいのは、祝日などの関係から世界中の人々が集まる6月中旬〜9月初旬、12月中旬〜1月初旬の混雑についてだ。船の数が限られているため、各国から直接予約を入れてくる観光客で埋まり、現地（キトやグアヤキル）でツアーを探しても予約がいっぱいということが多い。個人でのクルーズはほぼできない状態になる。

キャンセル待ちをするしかないが、いつになるかわからず、滞在日数によほど余裕のある人でないと難しい。もしシーズン中に、ガラパゴス諸島へ行くためにエクアドルを訪れるなら、高くはつくが日本の旅行会社にお願いするのが確実だ。それでも大型船は4ヵ月前には予約しなくてはならない。

時間があれば最後のチャンスも

オフシーズンなら、自由旅行でも比較的容易にガラパゴスへ行くことができる。ベースはキトかグアヤキルか、ガラパゴスのサンタ・クルス島のプエルト・アヨラにおく。そして、まずは旅行会社を当たってみよう。ほとんどの小型船は定員が16人だが、ひとりやふたり少ないケースがある。出発日ギリギリだと、ラストプライスという安い値段を提示してくる可能性もある。いくつかの旅行会社に声をかけておくといい。

海底火山の噴火で流れ出した溶岩が固まった跡。フェルナンディナ島にて

ガラパゴス諸島

南米大陸エクアドルの沖約1000kmの海上に浮かぶガラパゴス諸島。名前のついた123の島と無数の岩礁からなり、赤道をまたいで東西およそ200kmという広範囲に点在している。島は海底火山の噴火により形成されたもので、どの島も荒々しい様相だ。いちばん大きなイサベラ島は5つもの火山をもち、ほかの島も中心に火口のある島がほとんどだ。

ガラパゴスの名前はスペイン語でガラパゴGalápago＝「カメ」に由来している。17世紀に島にやってきたスペイン人は、のっしのっしと歩く大量のカメに驚き、カメの島と名づけたのである。そして、ガラパゴス諸島が世界に知られるようになったのは、1859年にチャールズ・ダーウィンが発表した『種の起源』による。ダーウィンは1835年にビーグル号に乗って島を訪れ、5週間ほど滞在した。島で彼が発見したことは、島固有の動植物、さらに同じ種が環境により進化することだった。このときの調査がのちの生物進化論に反映されるのである。

『種の起源』により世界中から注目を浴びることになった島だが、17世紀からすでに海賊たちにより荒らされ始めており、特にゾウガメは格好のタンパク源として殺され続けた。その後も立ち寄る船ごとにゾウガメは持ち去られ、その数は推定で20万匹に及ぶとされる。そのような受難を乗り越えてなお生き残った動物たちは、ガラパゴスの固有種がほとんど。その割合は、陸生の爬虫類100%、陸生哺乳類の約93%、昆虫類約47%、陸鳥の約28%といわれている。

（上）島のいたるところに生えるサボテン。ウチワサボテンはゾウガメやリクイグアナの大好物
（下）雨季になるといっせいに芽を吹くパロサントの林

エスパニョーラ島には白砂のビーチがある

ガラパゴス最大級 の生き物
ガラパゴス ゾウガメ

　ガラパゴス諸島の名前の由来となった、世界最大のリクガメ。

　ゾウガメは、島により別々に進化した典型的な生き物で、現在、島ごとに11種が認められている。甲羅の形によりドーム型と鞍型、その間の中間型の大きく3種類に分けられる。大きさは最大で体長約1.5m、体重約250kg。寿命は150年以上といわれている。

　ゾウガメの祖先は南米のチャコリクガメの類縁種とされ、何らかの方法でどこかの島にたど

り着き、その島からまた別の島に渡り、島ごとに進化していったとされている。下草に覆われた島のゾウガメは、首を上にあげる必要がないため甲羅が丸いドーム型に、下草が少なく首を上に伸ばして植物を食べなくてはならない島のゾウガメは、首が上げやすいよう甲羅が鞍型になっている。進化の過程を想像すると、どのくらい長い年月がかかったのか気が遠くなる思いだ。

上／生息数は約2万頭。自然の状態のゾウガメが見られる場所は少ない　下／サンタ・クルス島のハイランド（内陸部）にあるエル・チャト農場には野性のゾウガメがやってくる

サボテンを エサにする
ガラパゴス リクイグアナ

　ガラパゴスを代表する動物のひとつに、ガラパゴスリクイグアナとガラパゴスウミイグアナがいる。ガラパゴスリクイグアナが生息するおもな島はイサベラ島、フェルナンディナ島、サンタ・クルス島、プラサ島、サン

タ・フェ島。ガラパゴスウミイグアナと比べて肉や皮が珍重されたため、生息数はとても少ない。体長約1mのごっつい巨体のわりに大好物はサボテンの花や果実で、海岸に続くサボテン林を隠れ家にしている。

わがもの顔でのっしのっしと歩くガラパゴスリクイグアナ。サウス・プラサ島にて

寿命は約60年以上といわれている

海藻を食べる唯一のイグアナ
ガラパゴスウミイグアナ

ガラパゴスウミイグアナはほとんどの島で見ることができる。イグアナの仲間で唯一、海に潜り、海藻を食べる。潜水時間は約1時間ともいわれ、岩についた海藻だけを食べて生きているヘルシーなイグアナである。海から上がるとひたすら日なたぼっこを決め込み、時折鼻から塩分の濃い海を吹き出すため頭が塩で白くなっていたりする。また、ガラパゴスウミイグアナはある決まった岩塊に雄1匹と雌数匹が群れをなして暮らしている。この岩塊が雄のなわ

ばりであり、いつでも熱心に監視している。もし他者が近くにやってくると、威嚇しあい、頭を振りながら真っ赤な口を開け、手足を突っ張って体や下し、幼から、背中のトサカを高々と持ち上げるのだ。

時折鼻孔から細い水柱を噴き出し、空中へ飛散させる姿は、恐竜のようにも見える。

上／太陽で体を温めて、冷たい海へ向かっていく1日を繰り返す　下／グレーの体色は太陽の光を吸収しやすいためといわれている。エスパニョーラ島のウミイグアナは赤い部分があるのが特徴

一緒に海水浴が楽しめる
ガラパゴスアシカ

左／ラビダ島のガラパゴスアシカ。海に入ると遊びに来ることも　右／イサベラ島のガラパゴスアシカ

ガラパゴス諸島を巡るクルーズで島に上陸すると、まずは砂浜にゴロゴロとしているガラパゴスアシカに出くわす。人がそばを通っても知らん顔。海の中では一緒に泳いでくれることもある愛嬌者だ。雄は体長約2m、雌はひと回り小さい。ガラパゴスにはアシカのほかにオットセイがいて、雄で体長約1m50cmほどとアシカ科のなかでは世界一小さい。アシカほど人には近づかず、見かけるチャンスは少ない。

ウミイグアナとガラパゴスアシカ

パフォーマンスを見せてくれる

ガラパゴスの鳥

ダーウィンフィンチ

大陸から渡ってきたフィンチの祖先が、ガラパゴスでしだいに繁殖し、すみついた島の環境や占めたニッチ（生態的地位）に適応して変化をとげたとしてダーウィンの進化論を決定づけたダーウィンフィンチ。まさにガラパゴスならではのこの鳥は13種類がいて、つつく、探る、つかむ、の用途によってクチバシの形が違う。餌ひとつとっても、花の蜜、サボテン、虫、木の実などさまざま。キツツキフィンチのように道具を使う器用なフィンチもいる。それぞれの島の環境、生息している場所により、1種類のフィンチが枝分かれするように変わっていった。フィンチは合理主義者だったに違いない。

13種いるフィンチ

ペンギン

世界で唯一、赤道直下に暮らすペンギン。4種類いるフンボルトペンギン属でいちばん小さく体長は50cmほど。その昔、フンボルト海流に乗って、南米南部から流れ着いたとされている。生息数は少なく、イサベラ島、フェルナンディナ島、サンティアゴ島、フロレアーナ島などで運がよければ見ることができる。

不器用な歩き方がかわいらしいガラパゴスペンギン。水に入るとすばしっこく泳ぎ回る

ガラパゴスアオアシカツオドリ

目の覚めるような真っ青な足をした、ガラパゴス固有のアオアシカツオドリ。ヒョコヒョコと愛嬌のある歩き方と、長いくちばしの根元についた丸い目がかわいい。魚捕りのダイビングにかけては島一番。エスパニョーラ島、イサベラ島、フロレアーナ島などに2万羽以上が生息する。

真っ青な足がチャームポイントのガラパゴスアオアシカツオドリ

ガラパゴスコバネウ

ガラパゴス特有の鳥をあげたらキリがないが、飛べない鳥といえば、イサベラ島とフェルナンディナ島で見ることができるガラパゴスコバネウがいる。おまけのような小さな手のような羽、ずんぐりした体に青緑色の目と長くて強力そうなくちばし。飛べない鵜は世界で唯一。ガラパゴスの環境が飛ぶ必要をなくしてしまったのだろう。

世界で唯一飛べない鵜、ガラパゴスコバネウ

ガラパゴスアカアシカツオドリ

アオアシカツオドリと反対に赤い足をしたカツオドリで、ベージュか白のボディに青いくちばしを持っている。とても不思議な足をしていて、水カキがあるのに、人間の手のように木をつかむことができるのだ。そのため、小鳥のように、灌木の上に巣を作って生活する。サン・クリストバル島東側などに生息する。

こちらは赤い足のガラパゴスアカアシカツオドリ

ガラパゴスアメリカグンカンドリ

灌木の茂みの上に巣を作るグンカンドリは、ガラパゴスにすむ海鳥のなかでよく見かけるもののひとつだ。雨季になると、雄鳥は雌の注意を引くため、ランの花のような赤い空気袋をふくらませ、男らしい華やかさを示す。ノース・セイモア島に多く生息している。

のどの赤い空気袋を膨らますのは雌への求愛のポーズ

ガラパゴスマネシツグミ

水の入っているペットボトルを持って海岸にいると、必ずといっていいほどやってくる。人見知りしない鳥で、置いてある物の近くをピョンピョンと跳ね回り、ときにはつついてみたりもする。スズメのような色をして、全体的にはスズメよりもふた回りほど大きい。4種あり、うち1種は7亜種に分けられる。ガラパゴス諸島のほとんどの島で見られる。

人を恐れず、ときには荷物をつついたりしていたずらするガラパゴスマネシツグミ

コロンビア

Colombia

シパキラの岩塩教会

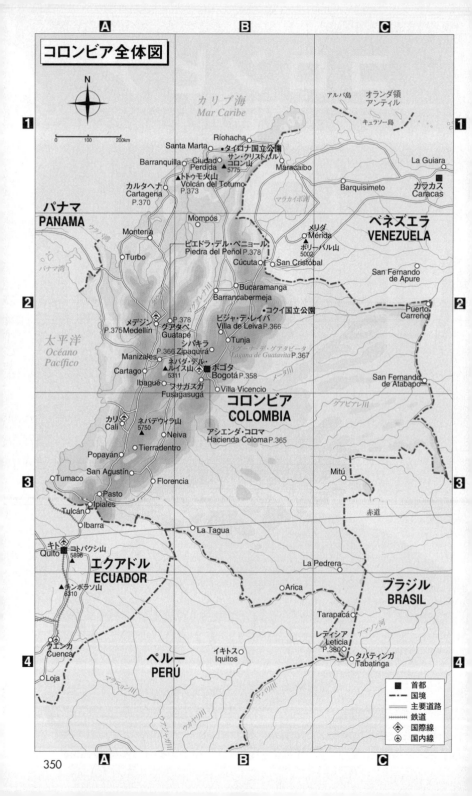

コロンビア全体図

N

0 100 200km

カリブ海
Mar Caribe

アルバ島
オランダ領
アンティル
キュラソー島

Ríohacha
Santa Marta
Barranquilla
Ciudad Perdida
サン・クリストバル
タイロナ国立公園
コロン山
5775
La Guiara

カルタヘナ
Cartagena
P.370
トゥモ火山
Volcán del Totumo
P.373

Mompós
Maracaibo
Barquisimeto
カラカス
Caracas

パナマ
PANAMA

Monteria

パナマ湾

Turbo

ピエドラ・デル・ペニョール
Piedra del Peñol P.378

Cúcuta
San Cristóbal

メリダ
Mérida
ボリーバル山
5002

ベネズエラ
VENEZUELA

San Fernando
de Apure

Bucaramanga
Barrancabermeja
コクイ国立公園

太平洋
Océano
Pacífico

メデジン
P.375
Medellín
P.378
グアタペ
Guatapé
シパキラ
P.366 Zipaquirá
ネバダ・デル・
ルイス山
5311
ビジャ・デ・レイバ
Villa de Leiva P.366
Tunja
ラグーナ・デ・グアタビータ
Laguna de Guatavita P.367
ボゴタ
Bogotá P.358

Puerto
Carreño

Manizales
Cartago
Ibagué
フサガスガ
Fusagasugá

Villa Vicencio

San Fernando
de Atabapo

メータ川

カリ
Cali
ネバデウィラ山
5750
Neiva
Tierradentro

コロンビア
COLOMBIA

グアビアレ川

Popayán
San Agustín
Florencia

アシエンダ・コロマ
Hacienda Coloma P.365

グアイナレ川

Tumaco
Pasto
Ipiales
Tulcán
Ibarra

Mitú

赤道

La Tagua

キト
Quito
コトパクシ山
5896
エクアドル
ECUADOR

La Pedrera

ブラジル
BRASIL

チンボラソ山
6310

Arica

Tarapacá

クエンカ
Cuenca

ペルー
PERÚ

イキトス
Iquitos

レティシア
Leticia
P.380
タバティンガ
Tabatinga

Loja

アマゾン河

ウカヤリ川

マラニョン川

■	首都
—·—·—	国境
═══	主要道路
┼┼┼┼	鉄道
✚	国際線
✚	国内線

A B C

コロンビア
イントロダクション

高山からアマゾンのジャングルまで変化に富んだ自然と、黄金郷（エル・ドラード）伝説を生んだ優れたインディヘナ文化、植民地時代のコロニアルな建造物群など、コロンビアは旅人を魅了する多彩な顔を持っている。

スペインからの独立後、ベネズエラ、エクアドル、パナマなどを含むグラン・コロンビア共和国が形成されたが、わずか30余年で分裂。コロンビア合衆国を経て現在のコロンビア共和国が成立した。コーヒーの一大産地として経済成長する一方で、非合法武装勢力が麻薬取引に上品資金を中心にゲリラ活動を繰り返し、外国人が誘拐される事件も発生。長らく南米諸国のなかでも治安の悪い国として、旅行者にも避けられてきた。

しかし、21世紀に入ってから、武装勢力の解体に力を注いできた政府の努力は確実に成果を見せ、それとともに、今まであまり知られることのなかったコロンビアの魅力に、世界から注目が集まるようになる。旅行者が安心して旅ができる場所も増

モンセラーテの丘からのボゴタの眺め。新旧の町並みが一望できる

は観光国として

の新たな道を歩み始めたのである。

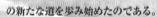

コロンビアの経済はプラス成長を続けており、首都のボゴタをはじめ、大都市は活気にあふれている。多彩な気候はコーヒーを代表に、バナナやジャガイモなどフルーツや野菜の宝庫。年間を通して春のような気候の山岳地帯では花の栽培が盛んで、花の国とも呼ばれるほど。日本へもバラやカーネーションが大量に輸出されている。

日本の約3倍の国土は赤道をまたぎ、3本の山脈からなる山岳地帯、カリブ海と太平洋の沿岸地域、大平原、アマゾン川が国境を隔てる熱帯雨林地帯ほか、たくさんの島々からなる。気候や風土の違いは、日本では季節を待つのに対して、コロンビアでは季節を旅する、といわれるほど。また、地域色、民族色が実に多彩で、さまざまな血が混ざり合った世界でも屈指の美人の国として知られている。食文化ひとつとっても行く先々で違った味に出合える。

ひとつの国のなかでいくつもの国を旅しているような錯覚を楽しめるのも、コロンビアの魅力のひとつだ。

ボゴタのカテドラル

ジェネラル インフォメーション

コロンビアの基本情報

▶旅のスペイン語
→ P.411

コロンビアの人種
南米で最も混血の割合が高い国である。目立った人種差別はないが、白人のなかには、上流意識に根差す閉鎖的な社会を保とうとする者たちもいる。また、白人、メスティソが温帯気候のアンデス地域に集中しているのに対し、アフリカ系は沿岸部の低地に多く居住している。

国 旗
黄色は豊かな鉱物資源を、青は太平洋とカリブ海を、赤は革命で流された血を表している。

正式国名
コロンビア共和国
Republica de Colombia

国 歌
Himno Nacional de Colombia
（コロンビア国歌）

面 積
113万9000km²（日本の約3倍）

人 口
約4875万人（2019年）

首 都

ボゴタ　Bogota D.C.

元 首
イヴァン・デュケ・マルケス
Iván Duque Márques
（2018年7月〜）

政 体
立憲共和制

民族構成
メスティソ（先住民とスペイン人の混血）75％、ヨーロッパ系20％、アフリカ系4％、インディヘナ（先住民）ほか1％。

宗 教
カトリックが約80％

言 語
スペイン語

通貨と為替レート

$

▶持っていくお金について
→ P.384

通貨単位はコロンビア・ペソColombia Peso。略号は$。1000、2000、5000、1万、2万、5万、10万ペソの紙幣と50、100、200、500、1000ペソのコインが使われている。コイン、紙幣とも新旧2種類がある。新紙幣の金額表記は2000が2MIL、5000が5MIL、10000が10MILのように0を3つ省略し、代わりに1000を意味するMILで表している。2019年10月24日現在US$1＝$3387＝108円。

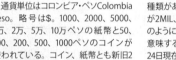

新 $2000	新 $20000	新 $1000	$2000	
新 $5000	新 $50000	$5000	$10000	
新 $10000	新 $100000	$20000	$50000	

$50	$100	$200	$500	$1000

両 替

$

両替
両替は両替所（カサ・デ・カンビオCasa de Cambio）といい、空港や町なかにある。一部の銀行でも両替可能。持っていく通貨はUSドルの現金がベスト。両替時にはパスポートの提示を求められる。
ATMでクレジットカードや国際キャッシュカードを使っての現地通貨の引き出しが可能。

電話のかけ方

▶電話について
→ P.405

日本からコロンビアへかける場合　　**例** コロンビアの （091） 123-4567へかける場合

国際電話会社の番号		国際電話識別番号	コロンビアの国番号	市外局番（頭の09は取る）	相手先の電話番号
001 (KDDI) ※1	+	**010**	**57**	**1**	**123-4567**
0033 (NTTコミュニケーションズ) ※1					
0061 （ソフトバンク）※1					
005345 (au 携帯) ※2					
009130 (NTT ドコモ携帯) ※3					
0046 （ソフトバンク携帯）※4					

※1 「マイライン」「マイラインプラス」の国際区分に登録している場合は、国際電話会社の番号は不要。詳細は、URL www.myline.org
※2 auは、005345をダイヤルしなくてもかけられる。
※3 NTTドコモは事前にWORLD WINGに登録が必要。009130をダイヤルしなくてもかけられる。
※4 ソフトバンクは0046をダイヤルしなくてもかけられる。

ジェネラルインフォメーション

年によって異なる移動祝祭日（※印）に注意。

1/1	元日
1/6 ('20)　1/11 ('21) ※	公現祭
3/23 ('20)　3/22 ('21) ※	聖ヨセフの日
4/9 ('20)　4/1 ('21) ※	聖木曜日
4/10 ('20)　4/2 ('21) ※	聖金曜日
4/12 ('20)　4/4 ('21) ※	復活祭
5/1	メーデー
5/25 ('20)　5/17 ('21) ※	キリスト昇天祭
6/15 ('20)　6/7 ('21) ※	キリスト聖体祭
6/22 ('20)　6/14 ('21) ※	聖心祭
6/29 ('20)　7/5 ('21) ※	聖ペドロ・聖パブロ祭
7/20	独立記念日
8/7	ボヤカ戦勝記念日
8/15 ('20)　8/16 ('21) ※	聖母被昇天祭
10/12 ('20)　10/18 ('21) ※	コロンブス・デー
11/1 ('20)　11/1 ('21) ※	万聖節
11/11 ('20)　11/15 ('21) ※	カルタヘナ独立記念日
12/8	聖母受胎祭
12/25	クリスマス

ボゴタにあるシモン・ボリーバルの邸宅

以下は一般的な営業時間の目安。

銀行、両替所
　月〜金曜9:00〜16:00、土曜の午後と日曜は休業。

レストラン

月〜金曜9:00〜12:30、14:30〜19:00、土曜の午後と日曜は休みの店が多い。

一般の商店
　平日の9:00頃〜19:00頃までで、週末は休みが一般的。

電圧とプラグ
　110〜120ボルト、60ヘルツ。プラグは日本と同様の平ふたつ穴のAタイプが使用されている。したがって、日本の電器製品がそのまま使える。

DVD方式
　日本と同じNTSC方式を採用しているので、現地のビデオテープは日本国内用デッキでも再生できる。

DVDはリージョンコードが異なるため再生できないが、ブルーレイは一般的なデッキで見ることができる。

　5つ星ホテルの場合、ベッドメーキングはUS$1程度。ルームサービスやポーターへのチップも忘れずに。
　レストランではすでに加算されている

ことが多いので確認を。
　タクシーは基本的には必要ないが、空港などで荷物を運んでもらったときにはチップを渡す習慣がある。

コロンビアから日本へかける場合　（例）(03) 1234-5678 または (090) 1234-5678 へかける場合

| 国際電話
識別番号
00 | ＋ | 電話会社の
識別番号
9/7/5
_{いずれか} | ＋ | 日本の
国番号
81 | ＋ | 市外局番と携帯電話の
最初の0を除いた番号
3 または 90 | ＋ | 相手先の
電話番号
1234-5678 |

〈コロンビアでの電話のかけ方〉
コロンビアのおもな都市の市外局番はボゴタ1、メデジン4、カルタヘナ5、レティシア8。国内通話の場合はその前に09、07、05などの電話会社の識別番号をダイヤルする。本書では便宜上電話会社の識別番号09と各都市の市外局番を合わせたものを市外局番として表記している。

| 飲料水 | ボゴタでは水道水が飲めるというが、やはり購入したミネラルウオーターを飲むようにしたい。ミネラルウオーターはスーパーマーケットやキオスクなどで購入できる。ミネラルウオーターは1本$1500〜。 |

| 年齢制限 | 18歳未満の飲酒、喫煙は不可で、購入もできない。 |

| 時差とサマータイム | 日本より14時間遅れ。日本が正午のとき、コロンビアは前日の22:00。 サマータイムは採用していない。 |

| 気候 | ボゴタの気温は年間平均14℃ほどだが、山岳地のため1日の寒暖差は激しい。常に防寒具も用意しておきたい。また、雨は冷たいので、折りたたみの傘があると便利。レティシアは10〜5月にかけてが雨季となり、ほぼ毎日スコールがある。突然の雨に備えてレインコートがあると便利だ。 |

カルタヘナは年間平均気温28℃と常夏

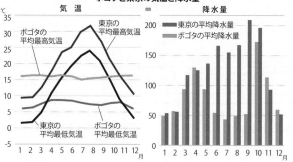

ボゴタと東京の気温と降水量

気温
- 東京の平均最高気温
- ボゴタの平均最高気温
- 東京の平均最低気温
- ボゴタの平均最低気温

降水量
- 東京の平均降水量
- ボゴタの平均降水量

| 周辺諸国からのアクセス | |

コロンビアのフラッグキャリア、アビアンカ航空

▶代表的な国境越えルート →P.396

飛行機

ボゴタへは、リマ（ペルー）、カラカス（ベネズエラ）、キト（エクアドル）、サン・パウロ（ブラジル）、ブエノス・アイレス（アルゼンチン）サンティアゴ（チリ）、ラ・パス（ボリビア）などからフライトがある。また、ボゴタ以外の都市にも南米諸国からのフライトがある。

国際バス

ベネズエラから、マラカイボ Maracaibo（ベネズエラ側）〜マイカオ Maicao（コロンビア側）、サン・クリストバル（ベネズエラ側）〜ククタ Cúcuta（コロンビア側）などのルートがある。国境まではどちらもバスとコレクティーボが運行している。エクアドルから、トゥルカン Tulcán（エクアドル側）〜イピアレス Ipiales（コロンビア側）などのルートがある。国境まではコレクティーボが運行。ただし、エクアドルとベネズエラ国境は「不要不急の渡航は止めてください」、「渡航は止めてください（渡航中止勧告）」の注意喚起が発出されている地域であり、バスでの国境越えは避けたい。

アマゾン河岸のレティシアからはマナウス（ブラジル）、イキトス（ペルー）行きの船が出ている。

周辺諸国からボゴタへのおもなフライト

都市名	便数	所要時間	航空会社
リマ	毎日7便前後	約3時間	AV/LA
カラカス	週8便前後	約1時間50分	9V/P5
キト	毎日5便前後	約1時間30分	AV/EQ/P5
サン・パウロ	毎日3便前後	約6時間	AV/LA
ブエノス・アイレス	毎日3便前後	約6時間30分	AV/AR/LA

AV=アビアンカ航空、LA=ラタム航空、9V=アビオール航空、EQ=タメ航空、AR=アルゼンチン航空、P5=ウインゴ

日本からコロンビアへの直行便はなく、北米の都市を経由して行くのが一般的。同一航空会社で乗り継ぐ場合、デルタ航空Delta Air Lines (DL)のアトランタ経由、アメリカン航空American Airlines (AA)のダラス経由が主流。ユナイテッド航空United Airlines (UA)はヒューストン経由。

複数の航空会社で乗り継ぐ場合には、ロサンゼルスからアビアンカ航空Avianca (AV)のボゴタ行きを利用するのが一般的。また、マイアミからは、アメリカン航空、ラタム航空、アビアンカ航空などのボゴタ行きやメデジン行きなど、コロンビアへ向けての路線が多数運航されている。所要時間の目安は乗り継ぎに要する時間も含めて、最短で約19時間30分。

日本からのフライト時間

▶航空券の手配
→ P.392

コロンビアの郵便局は4-72という会社名だが、通常コレオスCorreosといわれている。日本への航空便ははがき$2700、封書は20gまで$4700。10日程度で届く。小包は500gまでが$4万2000、1kgまでが$6万3000。EMS便は500gまでが$10万2900、1kgまでが$12万2700。FeDexやDHLといった民間の国際宅配サービス会社の支店も国内各都市にある。

郵　便

予防接種は義務づけられていない。マラリア、コレラなどの発病危険地域に指定されている。標高2300m以下のジャングル地域に行く場合は、黄熱病の予防接種を受けておくのが望ましい。

予防接種

▶イエローカード
→ P.386

ビザとパスポート

観光を目的として入国する場合、滞在が90日以内であればビザは必要ない。パスポートの有効残存期間はコロンビア入国時に3ヵ月以上、パスポートの未使用ページが2ページ以上あること。

入国に際しては、機内で配られる税関申告書に必要事項を記入し、提出する（入国カードはない）。

税関申告書の記入例
❶出国入国（入国にチェック）
❷身分証明の種類
（パスポートにチェック）
❸パスポート番号
❹姓　❺名前
❻住所（旅行者の場合は滞在予定のホテル名）
❼ホテルの所在する都市名（例：ボゴタ）
❽コロンビアへの移動手段（飛行機にチェック）
❾航空会社名（例：アビアンカ航空）　❿航空便名
⓫現在コロンビアに居住しているか　⓬居住国　⓭滞在日数
⓮移動費と荷物を除いた、滞在予算　⓯同行する家族の人数
⓰すべての荷物が届いているか。（届いていればYesにチェック）
⓱所持品以外に1500ドルを上回るものを持っているか。（通常は持っていないのでNoにチェック）
⓲所持品以外のものを一時的に預かっているか、持っているか。（通常は持っていないのでNoにチェック）
⓳コロンビアあるいは他の国から持ち出し禁止の文化的遺産物を持ち込んでいるか。
⓴動物、植物、動物や植物由来のものを持って

出入国

税関申告書の記入例

（税関申告書 Declaración de Equipaje, de Dinero en Efectivo y de Títulos Representativos de Dinero — Viajeros　530　DIAN）

主な記入例：
❷Pasaporte にチェック
❸TG0123456
❹CHIKYU　❺HANAKO
❻Hotel Colombia
❼Bogotá
❾Avianca　❿AV/XXX
⓬JAPAN　⓭7 days
⓮1000
❷❸署名：地球花子
到着日：20 01 01
2015934 1 7710420

いるか。
⓬⓭US$10000を超える金融商品または相当の通貨を持ち込んでいるか。（通常は持っていないのでNoにチェック）
㉓サイン（パスポートと同じもの）
㉔到着日

▶コロンビア旅の基礎知識

Colombia

産　業

農業（コーヒー、バナナ、サトウキビ、花卉栽培など）、石油、石炭、エメラルドなどがある。

地理と風土

南米大陸の北端に位置し、西は太平洋、北はカリブ海に面し、ふたつの海を分けるパナマ地峡によって中米と結ばれている。北緯12度30分から南緯4度13分、西経76度50分から79度1分にわたり、その面積は日本の約3倍にあたる。アンデス山地、沿岸低地、東部平野、アマゾン熱帯雨林、諸島の5つの地域に大きく分けることができる。

国土を貫くアンデス山脈は、東部山脈、中央山脈、西部山脈の3つの山系に分かれる。いずれも3000m級の尾根を持ち、5000m級の高峰が6座ある。この3つの山脈の間を走るのが東のマグダレナ川と西のカウカ川で、この2本の川沿いの渓谷や盆地には、温暖で肥沃な農耕地が広がり、主要な街の多くがこの一帯に造られている。国土のおよそ3分の1を占めるこの山岳地域に、人口の75%が生活している。

沿岸低地部はカルタヘナ、ブエナ・ベントゥーラなど国の主要な港があるが、湿地帯も多く、高温多湿な気候もあって、あまり開発は進んでいない。森林地帯のまま残っているところも多い。内陸部に入ると農園や牧場も見られる。

東部平野は、アマゾン河やオリノコ川へと流れ込む多くの川が横切る熱帯地域。リャノスと呼ばれる草原地域では牧畜なども行われているが、全般に人口も少なく、国土の半分を占めながらも、未開の部分がほとんどである。

国の南部を赤道が横切るコロンビアは、熱帯に属するが、気候は標高に大きく左右される。沿岸低地や東部平野は、高温多湿の熱帯気候だが、アンデス地域では標高約900mから約2000mで亜熱帯から温帯気候となり、標高約2600mのボゴタはやや冷涼な気候となる。

一般に、3ヵ月ごとに雨季（3〜5月、9〜11月）と乾季（6〜8月、12〜2月）が来るといわれているが、近年あまり明確ではないようだ。

熱帯のレティシアではオオオニバスが見られる

国内交通

飛行機

国内線はアビアンカ航空を始め、コパ航空 Copa Airlines（CM）、サテナ SATENA（9N）などが52都市を結んでいる。ボゴタやカリ、

アビアンカ航空

メデジン、カルタヘナなどのおもな都市には各社とも頻繁にフライトしている。

アビアンカ航空

URL www.avianca.com

●長距離バス

都市間の移動にバスは欠かせない存在であり、路線網はかなり充実している。バス会社は30社以上あり、同じルートでも値段は多少異なるので、いくつか比べてみるといい。ただし、安いバスは、古い車両だったり途中の経由地が多いこともあるので気をつけよう。

安全とトラブル

現政権による和平プロセスの進展により、国内各地の治安は改善の方向に向かってきている（→P.407旅のトラブルと安全対策）。

2019年9月現在、日本の外務省から、レベル1の「十分注意」からレベル3の「渡航中止勧告」まで国内全域になんらかの危険情報が発出されている。本書で紹介されているボゴタ、メデジン、カルタヘナ、レティシアはすべてレベル1の該当地域にあたる。

観光客は近年増加傾向にあり、観光客が集まる地域には警官を多く配備しているなど、過剰に警戒する必要はない印象を受ける。ただし、2016年11月には邦人旅行者が強盗に射殺されるという痛ましい事件も起きるなど、完全に安全というわけではない。ほかの中南米諸国同様にスリやひったくりなどの一般犯罪は多い。万一に備え、緊急時の連絡先などは確保しておきたい。

緊急時の電話番号	
警　察	112
消　防	119
救　急	132

食事事情

コロンビアの郷土料理は鶏肉をジャガイモ、トウモロコシなどと一緒に煮込んだアヒアコAjiaco、サンコーチョSancocho（アヒアコのほうがシチュー風）など。

カルタヘナではロブスターも食べられる

肉料理ビステクBistecや肉の煮込みなども一般的。飲み物はコーヒーのほか、アロマティカAromaticaというフルーツティー、コロンビアーナColombiana、ポニー・マルタPony Maltaの炭酸飲料も定番。

歴史

ヨーロッパ人がコロンビアに初めて到達したのは1500年頃だったとされる。当時、この地にはいくつもの部族に分かれたおよそ80万人のインディヘナが暮らしていた。なかでも大きな勢力を誇っていたのが、チブチャ（ムイスカ）族である。彼らはインカ文化やマヤ文化にも劣らぬ高度な文化をもっていたとされ、特に、金の細工に長けていた。鋳造、打ち出し、溶接といった技術で、まさに美術品に匹敵する金製品を作り出していた。黄金郷（エル・ドラード）伝説も、そこから生まれたといわれている。

1509年にスペイン人による侵略が開始される。1525年、サンタ・マルタにスペイン人居住区が建設され、そこからヒメネス・デ・ケサーダが黄金郷を目指して奥地へと進んでいった。さらに、同じくスペイン人のセバスチャン・デ・ベラルカサルが、エクアドル方面から進軍し、現在のカリなどの町を築いた。1538年、ケサーダがチブチャ族を討ち滅ぼし、そこにボゴタ市を建設。スペインの支配は確かなものとなり、ケサーダはボゴタの行政長官に任命される。

スペインは1717年、ボゴタを首都とするヌエバ・グラナダ副王領を設置して、今日のコロンビア、エクアドル、ベネズエラ、パナマを統治させた。しかし、18世紀後半になると、各地でスペインからの解放を求める動きが活発化する。コロンビアでもそうした声が高まり、ついに1810年、独立宣言がなされた。これに対し、スペインが軍隊の力でこれを封じようとし、各地で戦闘が繰り広げられた。そして1819年、ベネズエラから侵攻したシモン・ボリーバル軍とサンタンデール率いるヌエバ・グラナダ

ボゴタに残るかつてのボリーバル邸

軍が力を合わせてスペイン軍に立ち向かったボヤカの戦いでこれを撃破、勝利を確かなものとし、グラン・コロンビア共和国が誕生する。その後、1830年にベネズエラとエクアドルが独立し、共和国は分裂した（パナマの独立は1903年）。

分裂後、サンタンデールが大統領となり、ヌエバ・グラナダ共和国が成立。しかし、一部の豊かな者が富を独占する構造に不満は収まらず、1849年、地主階層が教会の権威を背景に保守党を結成、次いで新興企業家層を中心とした自由党が結成され、今日にいたるまでこの2大政党による政権争いが続いている。

1886年には現行憲法のもとになる憲法が制定され、国名もコロンビア共和国となった。国の基礎は固まったものの、ふたつの政党の対立は激しく、ついに武力抗争にまで発展する。1899年には「1000日戦争」という内戦となり、10万人もの犠牲者を出すことに。さらに、1946年から10年に及ぶ「暴力の時代」では、犠牲者の数は20万人に達した。こうした争いが1度は軍事独裁政権を生む結果となり、ようやく両党は和解し、再び文民統治の伝統を取り戻す。これが、1958年の国民協定である。

キューバ革命以降、南米で左翼活動が活発化すると、コロンビアでもコロンビア革命軍（FARC）や国民解放軍（ELN）など左翼ゲリラ組織が生まれ、政府打倒のため積極的な戦闘活動やテロ活動を展開。現在まで続くコロンビア内戦が始まる。一方、地下経済で暗躍してきた麻薬商人たちも、政府がアメリカの力を借りて取り締まりすることに反発し、傭兵によるテロ、暗殺事件をおこすなど、非常に不安定な情勢が続いた。

2002年に大統領に就任したアルバロ・ウリベは武装勢力との戦いに全力を注ぎ、非合法武装勢力の弱体化を図った。2010年にはウリベ政権下で国防大臣として左翼ゲリラ掃討を行ったフアン・マヌエル・サントスが大統領に就任。2012年にはこれまでの強硬路線から一転しコロンビア革命軍と和平交渉を行い、2016年6月に停戦合意取り付け、その年のノーベル平和賞を受賞した。2017年9月には国民解放軍との停戦合意にも至るなど、コロンビア内戦の完全終結が期待されている。ゲリラの弱体化、和平進展にともない治安も徐々に回復、観光ポリスを各所に配置するなどの取り組みで、観光客は増加傾向。また、コーヒーの生産や地下資源の開発などで得る資金をもとに、経済でも南米屈指のレベルで発展を見せている。

ボゴタ

Bogotá

★ボゴタ

標高	**2640m**
MAP▶	P.350-B2
市外局番▶	**091**
（電話のかけ方は→P.352）	
US$1=	**$3387**

ボリーバル広場に建つカテドラル

INFORMATION

❶観光案内所
Puntos de Información
Turística (PIT)
☎018000-127400
URL www.bogotaturismo.
gov.co
空港
営6:30～21:30
休無休
バスターミナル
MAP P.359-A2
営月～土 7:00～19:00
　日　　 8:00～16:00
休無休
セントロ
MAP P.362-A2
住Carrera 8 No.9-83
営月～土 8:00～18:00
　日　　 8:00～16:00
休無休
ウニ・セントロ内
MAP P.359-B1
住Avenida 15 No.123-
30
営月～土11:00～19:00
　日　　 11:00～18:00
休無休

日本国大使館
Embajada del Japón
住Carrera 7, No.71-21
Torre B, Piso 11
☎(091)317-5001
FAX(091)317-4989

　高原の大都会ボゴタは、実にさまざまな表情を併せもっている。コロニアルなたたずまいの建物や石畳の路地があるかと思えば、高層ビルに囲まれた大通りで渋滞に悩まされたりする。粗末な家が並ぶ一角がある一方で、世界の名だたるブランドが集まる場所がある。西方から山のすそ野へと延びる何本もの道をまたいで南から北へ、振られた数字の桁が増すにつれ、近代的な新市街へと入っていく。目に映る景色の変化は、この都市が抱えているさまざまな問題をも映し出しているようだ。

　ボゴタはアンデス山脈の東部、標高約2640mという高地に広がる南北500km、東西約100kmの大盆地に建設されたコロンビアの首都。この大都会が富士山の五合目よりまだ高い所にあるという事実は、にわかには信じられない。だが、赤道からさほど離れていないこの地で年間を通して1日の平均が14℃前後と春のような気候と、朝晩はセーターが必要なぐらい冷え込むこと、坂道や階段で息が切れることなどから、標高の高さを実感する。実際、軽い高山病にかかる人もいる。

　16世紀半ば、スペイン人がやってくるまでは、高度な文明を築いたチブチャ族の都がここにあった。部族の首領はその就任の儀式に、純金の粉を体じゅうに塗り、黄金の装身具を身に付け、神に数々の黄金の捧げ物を贈る習慣があったという。そのことがエル・ドラード（黄金郷）伝説を生み出した。つまり、このボゴタこそがその伝説の土地であったわけだ。独立後も政治、文化の拠点として発展し、今日では、人口約770万人を擁する南米の主要都市となっている。

※ボゴタの市外局番は1だが、国内通話はその前に09、07、05などの電話会社の識別番号をダイヤルする。本書では便宜上、電話会社の識別番号09と市外局番を合わせたものを表記しています。

ボゴタへの行き方

✈ 飛行機

ボゴタへの国際線（→P.354）。国内線はアビアンカ航空Avianca（AV）、ラタム航空LATAM Airlines（LA）、ビバ・エアー Viva Air（FC）、ウインゴWingo（P5）、イージーフライEasyFly（VE）、サテナSatena（9R）などが運航している。カリCaliから毎日27～35便、所要約1時間。カルタヘナCartagenaから毎日25～27便、所要約1時間30分。メデジンMedellínから毎日25～34便、所要約50分。このほか国内38都市と結ばれている。

Let's Go! 空港からから市内へ

市内から約15km西にあるエル・ドラード国際空港 Aeropuerto Internacional El Dorado（BOG）には、メインターミナル（エル・ド

おもな国内線航空会社
アビアンカ航空
URL www.avianca.com
☎(091)401-3434
ラタム航空
URL www.latam.com
☎(091)745-2020
ビバ・エアー
URL www.vivaair.com
☎(091)7433-999
ウインゴ
URL www.wingo.com
☎(091)307-8133
イージーフライ
URL www.easyfly.com.co
☎(091)414-8111
サテナ
URL www.satena.com
☎(091)605-2222

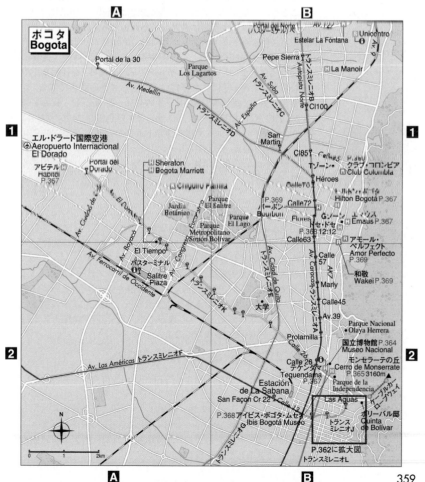

エル・ドラード国際空港
MAP P.359-A1
☎ (091)266-2000
URL eldorado.aero

1階の到着ロビーには軽食の店、薬局、両替所があり、ターミナルを出たところにタクシーとバス、ターミナルビル間の無料バス乗り場がある。各ホテルへ向かうシャトル乗り場は2階。2階の出発フロアにはATM、両替所、ショップ、コーヒーチェーンのJuan Valdez、レストラン、黄熱病予防接種が受けられるクリニックがある。

ターミナル間のバスは30分に1本ぐらいしかないので間違えないよう注意。

✝国際線航空会社
アビアンカ航空
Avianca（AV）
☎ (091)401-3434
アメリカン航空
American Airlines（AA）
☎ (091)439-7777
ラタム航空
LATAM Airlines（LA）
☎ (091)745-2020
ユナイテッド航空
United Airlines（UA）
☎01-800-944-0219
デルタ航空
Delta Air Lines（DL）
☎ (091)376-0033

空港と町の中心部を結ぶトランスミレニオ

CHECK

ボゴタの治安

ベネズエラからの難民が急増したことで、旧市街には路上販売をする人が増え、物乞いや浮浪者も多く見かける。旧市街の観光スポットは18時頃に閉まり、暗くなると治安が悪くなる。特に、ボリーバル広場にほど近いSan Victorino駅周辺は要注意。一方で新市街のZona Gなどのレストランや繁華街は、遅くまで人が歩いていて治安の悪さはあまり感じられない。しかし、周辺の住宅街は街灯が少ないうえ、高い壁に囲まれた家が多く、人も極端に減る。移動には必ずタクシーを利用しよう。

ラード El Dorado）とアビアンカ航空国内線専用のプエンテ・アエレオ Puente Aéreoのふたつのターミナルがある。出発、到着の際にはどちらになるのか確認しておこう。両ターミナルは約1km離れており、空港内を結ぶ無料シャトルバスで約10分。

タクシー　　　　　　　　　　Taxi

エル・ドラード国際空港の場合、ターミナルを出るとタクシー運転手がやってくる。高値をふっかけられることもあるので、出口を出たところにあるタクシー乗り場の列に並んで乗ったほうがいい。旧市街のテケンダマまで＄2万5000、新市街ノルテのショッピングコンプレックス、ウニセントロ（Av. 127）あたりまでおよそ＄3万8000〜4万。プエンテ・アエレオ空港にもタクシーチケット窓口があり、料金はエル・ドラード国際空港とほぼ同じ。

トランスミレニオ　　　　　Transmilenio

空港から市内へは、トランスミレニオ（→P.361）を利用して行くこともできる。エル・ドラード国際空港は8番出口を出たところ、プエンテ・アエレオ空港はタクシー乗り場から道路を渡った先にあるバス停からトランスミレニオM86、K86が、ムセオ・ナシオナルMuseo Nacionalを経由して、新市街ノルテ方面へ行く。運賃は現金では払えず、トゥジャベ・カード（→P.361欄外）を使わなくてはならない。カードはバス停にいるスタッフから購入できる。カード代＄5000、運賃＄2400。月〜土の4:30〜22:45、日・祝の6:00〜21:45の運行。旧市街へ行くには、まず緑色の16-14番のバスに乗り、ポルタル・エル・ドラードPortal El DoradoでトランスミレニオJ6に乗り換え、終点のエスタシオン・ウニベルシダーデスEstación Universidadesで下車する。月〜金の5:00〜22:45、日・祝の6:00〜21:45の運行。

🚌 長距離バス

国内各都市と長距離バスで結ばれている。カリ、メデジンからは所要約10時間、＄5〜7万。カルタヘナからは所要22時間ほどで＄8〜10万。いずれも数社が運行しており、本数も多い。

バス以外にも主要都市間には、ワンボックスカーを利用した、10人乗り程度のタクシー Taxi（Taxi VerdeやVanなど）と呼ばれるものが出ており（市内で乗車するタクシーとは違う）、少人数ということもありバスより乗り心地がよく、安全。所要時間も若干短縮されるが、料金が多少高くなる。

Let's Go! バスターミナルから市内へ

バスターミナルTerminal de Transporteは市内から約8km西に位置している。

市内へのバス、コレクティーボはバスターミナル前からセントロ方面行きに乗車。タクシーは＄1万5000前後。市内からバスターミナルへは、トランスミレニオのK線でエル・ティエンポ駅El Tiempoで下車して歩く（約20分）。

市内交通

タクシー / Taxi

　市内には黄色の小型タクシーが無数に走っている。市の条例によりすべての公共タクシーにメーターと換算表の設置が義務づけられているが、メーターを使用しないタクシーもあるので乗ったら確認を。初乗り料金は＄2300〜2500で、時間と距離で加算される仕組み。夜間や日曜、祝日は＄2000割増し。セントロからノルテまで＄2万前後。

トランスミレニオ / Transmilenio

　ボゴタ市が運営するバスを利用した新交通システム。市内の主要道を12本のトランスミレニオが運行している。専用道路を走るので、渋滞の影響を受けないのが利点。ただし、時間帯によっては非常に混雑する。営業時間は5:00〜23:15頃。旧市街〜国立博物館Museo Nacional間を結ぶL線（ターコイズブルー）、旧市街〜新市街のノルテを南北に走るA線（青）・B線（緑）、そしてセントロと空港を結ぶK線（クリーム）が便利。同一路線でもアルファベット＋数字の組み合わせによって行き先が異なることがあるので、乗る前に確認したほうが確実。乗るにはトゥジャベ・カードが必要で、料金は乗り換え自由の1回乗車券で＄2200。入場口でカードをかざすと入場できる仕組み。

バス / Bus

　ボゴタにはバスBus、バスよりやや小型のブセータBuseta、ワゴン車を改造したコレクティーボColectivoの3種類の公共バスがある。どこでも乗ることができ、またどこでも降りることができる。乗車方法は前から乗って料金を支払い、後ろから降りる。ブセータやコレクティーボはドアがひとつなので乗る際に支払う。料金は車両により約＄1550。夜間や日曜、祝日は＄50アップ。各車の料金はフロントガラス、または乗降口付近に書かれている。エセイテペSITPと書かれたバスは、トゥジャベ・カード専用で、現金では支払えない。

歩き方

　ボゴタの町は山脈に沿って南北に長くのびている。とても広いが、道は碁盤の目状になっているほか、道名が数字になっているのでわかりやすい。東から西に横切る道がカジェCalleで、Calle 6〜13の範囲が**旧市街のラ・カンデラリア地区La Candelaria**。おもな見どころはここに集中している。Calle 72あたりが**Gゾーン Zona G**と呼ばれるグルメスポット。日本大使館もここにある。Calle 80は**TゾーンZona T**またはロサ・ゾーンZona Rosaと呼ばれる高級ブランドショップなどが集まる繁華街だ。Calle 82以北がノルテと呼ばれる新市街で高級住宅街になっている。

バスターミナル
　発着ターミナルはチケットブースも含めて、南方面行きバス、東方面行きバスというように、行き先などによって大きく5つに分かれている。電話局、郵便局のほかに、一時荷物預かり所もある。

新市街ノルテへの交通
　バスは、国立博物館の前あたりでノルテ、Carrera 15方面行きに乗る。料金は約＄1550。バスの種類によって、多少値段が異なる。タクシーはウニセントロまで＄2万前後。スムーズに行けば約15分。

ウーバータクシー
Uber Taxi
　アメリカ生まれのシェアリングサービスのひとつで、アプリでタクシーを呼ぶことができる。使い方はアプリをインストール、クレジットカードを登録。アプリを立ち上げ目的地を入力すれと、近い位置にいるドライバーがピックアップしてくれる。アプリ内で決済が済むことや、評価制度によりぼられる心配が少ないと評判がある。

トランスミレニオ
URL www.transmilenio.gov.co

トゥジャベ・カード
Tullave
　SUICAやPASMOのようなプリペイド方式の公共交通兼電子カード。カードの購入は、空港のトランスミレニオのバス停のスタッフもしくは、各トランスミレニオの切符売り場で行っており、1枚＄5000。お金の入っていない状態なので、購入と同時に入金もしておくこと。2019年9月現在トゥジャベ・カードはトランスミレニオ全線のほか、エセイテペSITPというマークが付いたバスで利用できる。

トゥジャベ・カード。こまめにチャージしよう

手前はバス、奥はトランスミレニオ

独立博物館
Museo de la Independencia

1810年7月20日、コロンビアの民衆はスペインからの独立を宣言、新しい歴史の1ページを開いた。この市民決起の日を記念する博物館でボリーバル、サンタンデールなど英雄たちの肖像画をはじめ、当時の武器や身の回りの品々、調度品、手紙などが集められている。また、建物自体は17世紀のコロニアル建築をそのまま残しており、その造りや庭の雰囲気などが楽しめる。

MAP P.362-A2
■ Carrera 7 No.11-28
☎ (091)334-4150
圖 火～金　9:00～17:00
　 土・日　10:00～16:00
休 月
料 $4000

日曜は無料。水曜15:00～英語によるガイドツアーあり。館内はフラッシュなしで撮影可。

大統領府の衛兵の交代式

おもな見どころ

ボリーバル広場　　Plaza de Bolívar **MAP** P.362-A2

中央に「解放者 El Libertador」とたたえられるシモン・ボリーバルの像が立つ石畳の広場。旧市街の中心であり、この町の歴史とともにあった広場だ。古くは市場が立ったり、セレモニーが行われたりと、市民生活に密着した広場であったが、町が大きくなるにつれてそうした機能は薄れ、今日では町の象徴のような存在となっている。広場を囲んでカテドラル、国会議事堂Capitolio Nacional、市庁舎Alcadia Mayor、裁判所Palacio de Justicaが建ち、周辺にも歴史を物語る建物が数多く集まっている。ネオクラシック様式の国会議事堂は1847年に建てられたが、今日の姿になったのは1920年代になってから。国会議事堂の裏手（南側）に大統領府Palacio de Nariñoがあり、水・金・日曜の15：30頃から衛兵の交代式が行われる。

カテドラルや国会議事堂のある広場

カテドラル　　Catedral Primada **MAP** P.362-A2

広場の東側には荘厳な雰囲気をもつカトリック寺院が並んでいる。広場から見て左からカテドラル、サグラリオ礼拝堂 Capilla del Sagrario、大司教邸 Palacio Cardenalicioである。ボゴタはスペイン

ラ・カンデラリア
（ボゴタ旧市街）
La Candelaria

人侵略が始まってすぐに、最初の教会が建てられた場所だといわれ、カテドラルは1823年に完成した。カテドラル内部は、当時の優れた画家たちの宗教画をはじめ、銀の装飾を施した祭壇など宗教美術の粋が凝らされている。サグラリオ礼拝堂はバロック様式の建物で1660年に建てられたもの。大司教邸も植民地時代、スペインの建築家の手によるものだが、ブロンズの大扉だけはイタリアの職人が造ったという。

威風堂々たるカテドラル

ボテロ博物館と貨幣博物館 Museo de Botero/Casa de la Moneda MAP P.362-A2

　メデジン出身で世界的に有名な画家、フェルナンド・ボテロが自らの作品やコレクションを国家に寄贈したものを展示している。ボテロといえば何もかも膨張したような作風が特徴で、太った人、太った馬、膨張したようなフルーツなど、一度見たら忘れられないインパクトがある。館内には馬の絵画のほかに彫刻などが数多く並び、ボテロワールドにどっぷりと浸ることができる。ほかにも所有していたピカソ、モネ、シャガールほか多数の貴重な作品なども収蔵されている。併設している貨幣博物館には、スペイン統治時代から現在まで、コロンビアで流通した紙幣や硬貨が時代ごとに展示されている。いずれの施設も国立銀行が所有・管理しているもの。

植民地時代の古い紙幣や硬貨がずらり　美しい中庭のあるコロニアルな建物

エメラルド博物館 Museo de la Esmeralda MAP P.362-A1

　エメラルドの名産地として知られるコロンビア。そのエメラルドについての知識と、さまざまなタイプのエメラルドを紹介する博物館として、2008年にオープンした。入口でエメラルドについての5分ほどのビデオを見てから、エメラルド鉱山の疑似坑道を、実際にヘルメットをかぶりガイドの説明を聞きながら歩く。実際の鉱山は湿度100％、気温は45℃にもなるという。気分が盛り上がったところでいよいよエメラルドの展示室へ。エメラルドといっても、モラージャといってエメラルドの色になる以前のものから、繊維のようなものまでいろいろ。見どころは261.5カラットのエメラルドや、6000万年前の水の入った原石。ジュエリーショップも併設している。

エメラルドの深いグリーンの輝きにうっとり

コロニアル博物館
Museo Colonial
　17～18世紀のスペイン統治時代に描かれた宗教画や当時の調度品などを展示している博物館。館内には聖堂もあり、展示物は宗教色の濃いものとなっている。
MAP P.362-A2
住 Carrera 6 No.9-77
開 火～金　　9:00～17:00
　　土・日　　10:00～16:00
休 月
料 $4000（日曜は無料）

コロン劇場
Teatro de Cristóbal Colón
　1885年に国立劇場としてオープン。向かいには当時の大統領官邸（現在の外務省迎賓館）がある。重厚感あふれる外装もさることながら、格式ある劇場内部のすばらしさは圧倒される。木・日曜15:00～と、土曜12:00～のみ見学可（入場$1万）。
MAP P.362-A2
住 Calle 10 No.5-32
☎(091)341-0475
URL teatrocolon.gov.co

ボテロ博物館と貨幣博物館
住 Calle 11, 4-41
☎(091)343-1316
URL www.banrepcultural.org
開 月・水～土 9:00～19:00
　　日　　　 10:00～17:00
休 火
料 無料
　フラッシュなしで撮影可。入場は30分前まで。

ボテロがモナリザを描くとこうなる

エメラルド博物館
住 Calle 16 No.6-66, Edificio Avianca Piso 23
☎(091)482-9643
開 9:00～18:00
休 日
料 $5000
　写真撮影禁止。アビアンカ本社ビルの23階にあり、入場にはパスポートの提示が必要。

疑似坑道は探検気分

最も有名な黄金のポポロ

黄金博物館
🏠 Carrera 6 15-88
☎ (091)343-2222
URL www.banrepcultural.org
🕐 火～土　9:00～18:00
　　日　　10:00～16:00
　（入館は閉館の1時間前まで）
🚫 月
💰 $4000
　日曜は無料。館内はフラッシュなしで撮影可。

サン・フランシスコ教会
🏠 Car. 7 y Av. Jiménez
☎ (091)341-2357

サンタ・クララ教会博物館
Museo Iglesia de
Santa Clara
　17世紀前半に建てられた教会そのものも見る価値があるが、さらに17世紀に描かれた宗教画を100点以上も所有し、見応えがある。
MAP P.362-A2
🏠 Carrera 8, 8-91
☎ (091)337-6762
🕐 火～金　9:00～17:00
　土・日　10:00～16:00
🚫 月　💰 $4000
　日曜は無料。

国立博物館
🏠 Carrera 7a, 28-66
☎ (091)381-6470
URL www.museonacional.gov.co
🕐 火～土　10:00～18:00
　日・祝　10:00～17:00
　（入館は閉館の1時間前まで）
🚫 月（祝日の場合は翌日）
💰 4500
　館内はフラッシュなしで撮影可。

プレ・コロンビア文化の展示

黄金博物館
Museo del Oro **MAP** P.362-A1

　コロンビアで発掘された黄金製品が一堂に会した博物館。4階建ての館内の2～3階に4つのギャラリーがあり、コロンビア国内各地で栄えたプレ・コロンビアの遺物を地域や文化、テーマごとに展示している。黄金文明として知られるプレ・コロンビア文化だが、金のほかに、銀、銅、プラチナ、合金なども使われた。それら金銀をどこから入手して、どのように製造・彫金したのか、というところから知ることができる。思わず引き込まれるのは、非常に繊細な細工を施した見事な黄金製品や、動物や鳥、人をかたどったユニークな形の黄金や土器など。ポポロと呼ばれるコカの葉を入れた黄金の容器が多数展示されており、どれも見事なできばえで見応えがある。3階には、黄金を身につけた王がいかだで湖に漕ぎ出し、神に黄金を捧げたという伝説を音と光で体感できる部屋があり、輝く黄金に囲まれ目がくらみそうだ。1階のミュージアムショップには黄金製品のレプリカや写真集などが揃っている。広いので時間に余裕をもって見学したい。

おびただしい量の黄金に囲まれる部屋

黄金伝説を伝える「黄金のいかだ」

サン・フランシスコ教会 Iglesia de San Francisco **MAP** P.362-A1

　16世紀半ばに着工、完成したのは1640年というボゴタに現存する教会のなかでは最も古い。外観は実に簡素だが、内部は宗教美術の集大成ともいうべきもので、レリーフや絵画、祭壇の彫刻まで、当時の最も優れた芸術家たちの手によって造られている。重厚

内部は黄金の祭壇が見事

かつ荘厳な雰囲気は、ここだけ時間が止まっているかのようだ。

国立博物館
Museo Nacional **MAP** P.359-B2

　石造りの要塞のような堅牢な建物は、かつて刑務所として使用されていたもの。1948年に博物館として生まれ変わった。1階から3階まで、3つのフロアにプレ・コロンビア文化の石像から現代アートまで、コロンビアの文化を知るための展示品が並んでいる。館内は十文字形の一風変わった造り。まず1階は先住民族の文化や遺物などを紹介、2階はコロンビア独立の歴史を当時の絵画、武器、書簡などから解説している。ボリーバルやサンタンデールら独立の英雄たちの肖像画も多い。3階はコロンビアの近代から現代までの美術品が並ぶ。

モンセラーテの丘 Cerro de Monserrate MAP P.359-B2

市内を見下ろす標高3160mの山。見上げると急峻な丘の上に白い教会が建っている。市内との標高差は約500mで、ケーブルカーやロープウェイで行くことができる。山頂からの眺めは、旧市街地域は赤い瓦屋根がモザイク模様のように続き、北側には新興の高層ビル群が林立している。さらに天気のいい日には、100km以上西方の5000m級の中央山系の山々まで見渡せる。教会、夜景を眺めながらディナーが楽しめる2軒の高級レストラン、みやげ物屋があり、週末には観光客で賑わう。

山頂からはボゴタ市街を一望できる

ボリーバル邸 Quinta de Bolívar MAP P.362-B1

ヒメネス通りをモンセラーテの丘のほうへ登っていくと、山麓のうっそうとしたユーカリの木立に囲まれるようにして白亜の屋敷がたたずんでいる。1820年、グラン・コロンビア共和国独立の功績に対し、「解放者」シモン・ボリーバルに贈られたものだ。広々とした美しい庭園に囲まれた17世紀のこの屋敷は現在、資料館になっており、当時のまま残された部屋にボリーバルの自筆の書簡や資料、軍服、勲章などか調度品などとともに保存、展示されている。手入れされた広い庭も美しい。

ボリーバルの寝室

近郊の町と見どころ

アシエンダ・コロマ Hacienda Coloma MAP P.350-B2

ボゴタの南西約60km、フサガスガFusagasugáにあるアシエンダ・コロマは、ボゴタから日帰りで行けるコーヒー農園。園内はガイドと一緒に（英語ガイドも頼める）、コーヒー豆の栽培から乾燥や発酵といった加工の工程をひと通り見学することができる。5〜6、10〜11月頃の収穫期にはコーヒー豆の摘み取り体験も可能。販売所では、コーヒーの試飲、コーヒー豆やみやげの購入ができる。特にコーヒー豆で作ったコーヒーリキュールが人気。ツアーは8:00、11:00、14:00にあり所要約2時間30分。

モンセラーテの丘へ
ケーブルカー、ロープウェイ乗り場までトランスミレニオJ線ラス・アグアスLas Aguas駅または、K線ウニベルシダーデスUniversidades駅から徒歩15〜20分。
月〜金曜6:30〜11:45はケーブルカー、12:00〜23:30はロープウェイが運行。土・日曜、祝日は両方が運行する時間帯もある。
料金は月〜土が片道$1万2000、往復$2万1000、日曜は片道$6500、往復$1万2000。

ケーブルカー乗り場

ボリーバル邸
🏠 Calle 21 No. 4a-31 este
☎ (091)342-4100
🌐 www.quintadebolivar.gov.co
🕐 火〜金 9:00〜17:00
土・日 10:00〜16:00
（入館は閉館の30分前まで）
休 月
料 $4000
日曜は無料。館内はフラッシュなしで撮影可。行き方はトランスミレニオJ線の終点、ラス・アグアス駅から徒歩5分。

アシエンダ・コロマ
🏠 Av. Las Palmas vía Tibacuy, Fusagasugá
☎ (091)547-2500
🌐 www.haciendacoloma.com.co
🕐 9:00〜16:00
突然の訪問では対応できないときがあるので予約が望ましい。
休 無休
料 $3万
フサガスガへはボゴタからバスが5:00〜18:30の15〜20分に1便程度出ている。所要約2時間、$1万2000。フサガスガのバスターミナルを出て右折、大通りを250mほど進んだところで右折し、さらに100mほど行った左側に入口の門がある。

伝統あるコーヒー農園

ガイドが丁寧に解説してくれる

シパキラへ

トランスミレニオの北ターミナル駅から表示に沿って向かい側のホームへ。ZipaまたはZipaquiraの表示のバスに乗る。本数は多く所要約45分、＄5700。Zipaquira駅やセントロが終点なので、そこから塩の大聖堂まで徒歩約20分。

土・日曜、祝日にはボゴタ市内のラ・サバナ駅からボゴタ郊外のウサケンUsaquén駅を経由してシパキラ駅まで、観光SL列車が運行されている。ラ・サバナ駅を8:15に出発、ウサケン駅に9:05に到着し9:15出発、シパキラ駅到着11:05。岩塩洞窟を見学後、カヒカCajicáに行きランチ。カヒカ発15:15、ウサケン駅着16:30、ラ・サバナ駅着17:30というスケジュール。料金は＄6万。チケットは事前に購入のこと。
☎ (091)316-1300
URL www.turistren.com.co

週末は観光SL列車で行くこともできる

岩塩教会
URL www.catedraldesal.gov.co
🕐 9:00～17:30
休 無休
料 ＄5万7000

採掘体験のできるRuta de Mineroは別途＄6000、所要約1時間。月～金8:00～13:00、14:00～18:00

ビジャ・デ・レイバへ

ボゴタのバスターミナルからビジャ・デ・レイバ行きバスで約3時間30分、＄2万4000～2万5000。Flota Valle de Tenza社が5:00～15:45の間に6～11便、Gaviota社が5:45、12:50発。

ビジャ・デ・レイバの🛈
🏠 Carrera 9, No.13-11
URL www.villadeleyva-boyaca.gov.co
🕐 火～金　8:00～12:30、14:00～18:00
　　　土　8:00～15:00
休 月・日
マヨール広場にある。

シパキラ

Zipaquirá **MAP** P.350-B2

天使の像と塩の教会最大の十字架

シパキラの町は、岩塩鉱山の採掘場跡に造られた塩の教会で知られている。入口で音声ガイド（英語）を受け取り岩塩洞窟内へと行くと、途中にキリストの受難と復活にちなむ14の塩のモニュメントがある。10分ほどで約8700m²の広さがある岩塩教会にたどり着く。教会内は誕生の間、生の間、死の間があり、生の間に縦16m、横10mの地下にあるものとしては世界最大の十字架が、ライトアップされて幻想的に浮かび上がる。大聖堂の天井高は17mあ

シパキラのセントロの広場

り、4本の大柱といい、スケールの大きさに圧倒される。真っ白ではないが、壁を指でこすって舐めてみると本当に塩辛いので、なるほど塩でできているという実感がする。岩塩は現在も採掘されており、まだ500年先までの埋蔵量があるという。実際に採掘体験できるオプショナルツアーもある。

ビジャ・デ・レイバ

Villa de Leyva **MAP** P.350-B2

約4000年前の天体観測所

1572年に創建されたビジャ・デ・レイバの町は、コロニアル風の町並みが完全に保存されており、町全体が国民的文化財Monument Nacionalに指定されている。とりわけ印象的なのは町の中心にあるマヨール広場Plaza Mayorで、全体に玉石が敷き詰められた1万4000m²の広大な広場だ。周囲には博物館が点在している。

歴史を感じさせる町の散策を満喫したら、ぜひ町の外にも足を延ばしてみよう。この地域は化石で有名で、とりわけ町から3km離れた化石博物館Museo el Fósilで見られる体長7.25mのクロノサウルスは大迫力。さらにそこから2kmほど北東へ行く

大迫力のクロノサウルスの化石

と考古学公園Parque Arqueológicoがあり、古代の天体観測所遺跡や男性器の形をした立像が見られる。約4000年前にムイスカ人によって建てられたものだ。

ラグーナ・デ・グアタビータ Laguna de Guatavita [MAP] P.350-B2

エル・ドラード伝説の残る湖。山頂にひっそりと横たわるこの湖で、かつてチブチャ族の首長が全身に金をまとい、いかだに乗って湖の中央に行き、神に金やエメラルドを捧げて繁栄を祈る儀式を行ったという。その様子は黄金博物館（→P.364）の「黄金のいかだ」から想像できる。深い緑の神秘的な湖を見ていると、伝説がよみがえるようだ。

エル・ドラード伝説が残る湖

ラグーナ・デ・グアタビータへ
ボゴタから約80km。トランスミレニオの北ターミナル駅からグアタビータ行きのバスに乗り、クアタビータからラグーナ行きのコレクティーボに乗り換える。ツアーで訪れるのが便利。

ラグーナ・デル・グアタビータ
[開]8:30〜16:00
[休]月
[料]$1万8000
見学はガイドツアーのみ。所要約1時間30分。

ボゴタのホテル

Toquendama
テケンダマ [MAP] P.359-B2

🛁 📺 ☎ 🌐 🍴

旧市街から徒歩圏内の歴史ある大型ホテル。優雅な広いロビーが印象的。ショッピングアーケード、カジノ、カフェやレストラン、プール、スパなど施設も充実。空港シャトルが毎時あり無料。

[住]Carrera 10 No.26-21
☎(091)382-0300 [FAX](091)282-2860
[URL]www.tequendamahotel.com
[料]Ⓢ$20万〜 Ⓦ$25万〜
[カード][A][M][V] [室数]573室

Hilton Bogotá
ヒルトン・ボゴタ [MAP] P.359-B1

🛁 📺 ☎ 🌐 🍴

ボゴタにおける金融の中心地にある5つ星ホテルで、ビジネス客の比率が高い。高級感のある居住性とサービスを誇り、屋外プールやフィットネスセンターも完備している。

[住]Carrera 7 No.72 41
☎(091)600-6100 [FAX](091)600-5800
[URL]www.hilton.com
[料]ⓈUS$229〜 ⓌUS$239〜
[カード][A][D][M][V] [室数]245室

Habitel
アビテル [MAP] P.359-A1

🛁 📺 ☎ 🌐 🍴

エル・ドラード国際空港から約5分の空港ホテルで、空港への無料シャトルが15~20分間隔で運行。周囲の空港ホテルに比べ値段は割安で、3件のレストランとショップやジムを併設している。

[住]Av. El Dorado 100-97 ☎(091)419-9999
[URL]www.hotelhabitel.com
[料]ⓈⓌ$11万8000〜
[カード][A][D][M][V] [室数]326室

Emaus
エマウス [MAP] P.359-B1

🛁 📺 ☎ 🌐 🍴

ボゴタのGゾーンにある客室20の小規模なブティックホテル。GゾーンのGとはグルメGourmetのGで、周囲には良質なレストランが多く、ボゴタのナイトライフを楽しむにはぴったりの立地。

[住]Carrera 4 No.69A-46
☎(091)544-2005 [FAX](091)542-0091
[URL]www.hotelemausbogota.com
[料]Ⓢ$15万 Ⓦ$21万 [カード][A][D][M][V] [室数]20室

ホテル客室設備：🛁 バスタブあり 📺 テレビあり ☎ 電話あり 🌐 インターネット可 🍴 朝食付き

Ibis Bogotá Museo
アイビス・ボゴタ・ムセオ [MAP]P.359-B2

🛁 📺 ☎ 🖱 🍴

大手チェーンの中級ホテル。国立博物館の近くにあり、トランスミレニオL線駅へ徒歩1分、旧市街へも徒歩圏内。客室はモダンで機能的にまとめられている。朝食はひとり$2万1000。金・土曜の宿泊料は平日に比べ少し安くなる。

[住]Tranversal 6, No.27-85
☎(091)381-4666 [FAX](091)381-4667
[URL]www.ibis.com
[料]ⓈⓌ$13万5000～ [カード][A][M][V] [室数]216室

Hotel Casa Deco
カサ・デコ [MAP]P.362-B2

🛁 📺 ☎ 🖱 🍴

旧市街の北にあるブティックホテル。壁に飾られた絵画や部屋ごとに違うカラーなど、デザイン性が高くオシャレ。レストランはないがバーを併設。屋上テラスからは眺めがいい。夜の外出はタクシーを利用すること。

[住]Calle 12C No.2-36, La Candelaria
☎(091)282-8640
[URL]www.hotelcasadeco.com
[料]Ⓢ$22万～ Ⓦ$26万4000～ [カード][A][D][M][V] [室数]22室

12:12 Hostel
ドセ・ドセ [MAP]P.359-B1

🛁 📺 ☎ 🖱 🍴

Gゾーンにあるホステル。ドミトリーはベッド数4～9で、各ベッドにはライトと電源コンセント、カーテンがあり、館内には共同キッチンやパソコンルームがある。自転車のレンタルやシパキラへのツアーなども行っている。

[住]Calle 67 No.4-16 ☎(03)313-387-4231(携帯)
[URL]1212hostels.com.co
[料]ドミトリー$3万6000～、Ⓢ$10万～(トイレ共同)
[カード]不可 [室数]40ベッド

Casa Bella Vista
カサ・ベジャ・ビスタ [MAP]P.362-B2

🛁 📺 ☎ 🖱 🍴

チョッロ・デ・ケベド広場に面した、カラフルなペイントが印象的なホステル。ドミトリーはベッド数5、6、8、10で、いずれも男女混合。各自用のロッカーがあり、キッチンも無料で利用できる。3部屋ある個室にはテレビも完備。

[住]Carrera 2 No.12B-31 ☎(091)334-1230
[URL]www.bellavistahostelbogota.com
[料]ドミトリー$2万5000～3万 ⓈⓌ$9万～
[カード][M][V] [室数]3室＋22ベッド

ボゴタのレストラン

Casa Vieja
カサ・ビエハ [MAP]P.362-B1

コロンビアの伝統料理を提供する老舗店。代表的なスープ料理アヒアコ・コン・ポジョ、サンコーチョ・デ・ガジーナなどを味わってみたい。店内もコロニアルでいい雰囲気。日本語メニューあり。

[住]Av. Jiménez No.3-57 ☎(091)334-8908
[URL]www.casavieja.com.co
[営]12:00～16:00 [休]無休 [カード][A][D][M][V]

La Scala
ラ・スカラ [MAP]P.362-A2

[H]オテル・デ・ラ・オペラHotel de La Opera内にあるコロンビア料理の店。骨付き豚肉を煮込んだウエソ・デ・マラーノ$3万2000など代表的な味を楽しめる。

[住]Calle10 No.5-72 Calle del Coliseo
☎(091)336-2066
[URL]www.hotelopera.com.co
[営]6:00～22:00 [休]無休 [カード][A][D][M][V]

Club Colombia
クラブ・コロンビア　**MAP** P.359-B1

　高級住宅地にあるコロンビア料理の店。品数が多く、日替わりのメニューもあるので、何度も通いたくなる。1階に比べ2階は照明を落としており、落ち着いて食事するのに適している。一方で明るいテラス席もあるなど、その日の気分に応じた座席が選べる。

🏠Av. Calle 82 No.9-11　☎(091) 249-5681
URL www.restauranteclubcolombia.com.co
🕐8:00〜23:00
🈺無休　カード A D M V

Bourbon
バーボン　**MAP** P.359-B1

　トランスミレニオA線のカジェ72駅Calle 72を降りてすぐ。コーヒー豆は4種類から選ぶことができ、いずれもコロンビア産。淹れ方もフィルター、エアプレス、ケメックスなどから選べる。マフィンやキッシュ、ケーキ、クロワッサンなどもある。

🏠Calle 70A No.13-03
☎(091) 309-9738
🕐月〜金9:00〜20:00、土10:00〜19:30
🈺日　カード A D M V

Juan Valdez
フアン・バルデス　**MAP** P.362-A2

　コロンビアコーヒー生産者連合会が展開するカフェ・チェーンで、中南米を中心に17ヵ国に展開している。使われるコーヒー豆はもちろん、厳選されたコロンビア産を使用。各種コーヒー豆やオリジナルグッズなどの販売も行っている。

🏠Carrera 6 No.11-20
☎(091) 742-3995
🕐月8:00〜20:00、火〜土7:00〜20:00、
　日9:00〜18:00
🈺無休　カード A D M V

Wakei
和敬　**MAP** P.359-B1

　日本人の経営する寿司居酒屋。新鮮な魚を使った寿司と刺身が自慢。握り寿司は6〜15カンの盛り合わせがある。ほかにも海鮮たんめん、だし茶漬などのメニューがあり、地元の人はもちろん、ボゴタ在住日本人の間でも人気が高い。

🏠Carrera 3B No.64-31
☎(03) 316-524-1783(携帯)
email wakeidomicilio@gmail.com
🕐月〜金17:30〜23:00、土13:00〜15:30、
　17:30〜23:00　🈺日　カード A M V

Amor Perfecto
アモール・ペルフェクト　**MAP** P.359 B1

　店名は「完璧な愛」という意味で、カップにハートマークのロゴがあしらわれている。淹れ方はサイフォンやエアロプレス、ケメックスのドリッパーなどから選ぶことができる。スイーツ類は指さし注文も可。10種類以上ある自社ブランドのコーヒー豆の販売も行っている。

🏠Carrera 4 Nu.66-46
☎(091) 248-6955
URL cafeamorperfecto.com
🕐月〜木8:00〜21:00、金・土8:00〜21:00、
　日11:00〜20:00　🈺日　カード A D M V

ボゴタの**ショップ**

Casona del Museo
カソナ・デル・ムセオ　**MAP** P.362-A1

　200年前の屋敷を利用した雰囲気のある建物内に、たくさんのみやげ物屋が集まっている。コロンビア各地の民芸品やエメラルドのジュエリーなど、コロンビアらしいみやげを探すのにぴったり。

🏠Calle 16 No.5-24　🕐店舗により異なるが9:00〜18:00頃　🈺無休　カード 店により異なる

カルタヘナ

●ボゴタ

カルタヘナ

Cartagena

コロニアルな雰囲気漂うカルタヘナ旧市街

| 標高 **10m** |
| MAP **P.350-A1** |
| 市外局番▶ **095** |
| （電話のかけ方は→P.352） |
| US$1= **$3387** |

INFORMATION

❶観光案内所
Oficinas de Turismo
フェリー乗り場
MAP P.372-A1
☎(095)660-1583
圏火～土9：00～12：00、
13：00～18：00
圏日、月
時計門横
MAP P.372-A1
圏月～土13：00～17：00
圏日

ラファエル・ヌニェス国際空港
☎(095)656-9200
　空港へのバスはインディ
ア・カタリーナの像がある
広場から乗車。所要約30分。

✈おもな航空会社
アビアンカ航空
🏠 Av. Venezuela 33, 8B-05.
　Edificio city Bank. Local B2
☎(095)664-7822
コパ航空
🏠 Av. San Martin Cra 2,
　10-54 Edificio Sky II
　Bolívar
☎01-8000-112600（予約）

ツアー情報
　ボカ・グランデ地区から、
ローマン家など金持ちの屋
敷が並ぶマンガ島、ポパの
丘、サン・フェリペ要塞、旧
市街のラス・ボベダスを巡
るシティツアーが出てい
る。料金は$5万5000。ホテ
ルで申し込める。

　カルタヘナは、熱帯の太陽が眩しく照りつけるカリブ海のリゾート地であるとともに、城壁に囲まれた植民地時代の面影を色濃く残す。ヨーロッパ大航海時代の莫大な富をめぐって繰り広げられた戦いの歴史を物語る壮大な歴史博物館でもある。

　カルタヘナの歴史はペドロ・デ・エレディアが1533年に上陸したときから始まる。スペイン人によって町が築かれると、南米各地からの物産を運び出す絶好の港として、短期間のうちに大きく発展した。さらに1650年には、マグダレナ川へとつながるディケ運河が開通し、交易の要衝としてますます栄えることとなった。だが16～17世紀にかけて、カリブ海には海賊が横行し、略奪や襲撃を繰り返した。そうして造られたのが、町を囲む巨大な城壁と要塞である。

　城壁の中に築かれた町は、今もその姿を保っている。1552年の大火以来、木造建築が禁止され、石とレンガによる建築となったことも幸いしている。1985年には旧市街の町並みがユネスコの世界文化遺産に登録された。

カルタヘナへの行き方

✈ 飛行機

　ボゴタからアビアンカ航空Avianca（AV）、コパ航空Copa Airlines（CM）などが毎日フライト。所要1時間30分。

空港から市内へ

　ラファエル・ヌニェス国際空港 Aeropuerto Internacional Rafael

Núñez（CTG）は旧市街の北東約5kmに位置している。旧市街までタクシーで約＄1万3900、新市街のボカ・グランデへ約＄1万9700。空港バスT102線は、空港出口から西に1ブロック進んだカジェ70 Calle70にあるバス停クレスポCrespoから乗車。バスはサンタンデール通りAv.Santanderを進み、旧市街の外壁を回り込むように時計台門からベネスエラ通りAv.Venezuelaを通り、インディア・カタリーナ像に到達する。所要20～25分。料金は＄2500。

＊ **市内交通**
タクシー
　数は多いがメーターはないので値段を確認してから乗るようにしよう。目安は2kmの移動で7000～1万。
トランスカリベ
Trans Caribe（BRT）
　2016年からスタートした新交通システム。オレンジ色のハイブリッド車が旧市街ではベネズエラ通りの専用軌道を走る。乗車にはICカードを＄4000で購入し、チャージする。90分乗り換え自由で＄2500。

旧市街からボカ・グランデ地区への行き方
　ボカ・グランデ地区へは、旧市街のParque de La Marinaの前からボカ・グランデ行きのバスに乗車。ボカ・グランデのAv. San Martínを通って所要約10分、＄1600（車種により異なる）。トランスカリベではセンテナリオ公園からT103に乗り約10分。タクシーは＄1万前後。

歩き方

　カルタヘナの見どころは**旧市街**そのもの。おもなレストランやショップ、ホテルも旧市街の城塞の中に集まっている。また、カリブ海のリゾートとして開発された**ボカ・グランデ地区**にはリゾートホテルが建ち並び、レストランも多い。両方に宿泊して、違う顔を楽しむのもいいだろう。旧市街以外では、サン・フェリペ要塞、ポパの丘が見どころ。海に浮かぶリゾートアイランドでスノーケリングやダイビングを楽しむのもおすすめ。

カルタヘナのシンボル、城塞と時計門

おもな見どころ

旧市街の城塞　Las Murallas　**MAP** P.372-A·B1

　旧市街の回りは約4kmにわたる堅牢な城塞に囲まれている。城塞の上を歩くこともでき、砲身が並ぶ様子は、かつてこの町が重要な拠点だったことを物語っている。建設が始まったのは16世紀の後半。完成したのは1796年であった。

　城塞には何ヵ所かのゲートがあるが、その表玄関ともいえるのが時計門。1875年に建てられ、アーチ門の上部にかつて時計が据えられていた跡が見える。門を入ると馬車広場Plaza de los Cochesがある。ここでかつて奴隷市場が開かれたという。広場を左に行くと税関広場Plaza de la Aduanaがある。旧市街の中心はこれらの広場からカテドラルや宗教裁判所跡などのあるボリーバル公園Parque de Bolívalにかけて。城塞に沿って北に行くと黄色い建物が印象的なラス・ボベダスLas Bóvedasがある。弾薬庫だったこの建物の中にはみやげ物店が集まっている。

カルタヘナ
Cartagena
0　500m

旧市街
Centro Histórico
時計塔

ラス・ボベダス
サン・フェリペ要塞
Castillo de San Felipe
P.373
センテナリオ公園
P.372に拡大図

P.373
ポパの丘へ
Cerro de la Popa

マンガ
Manga

カリブ海
Mar Caribe

海軍基地

ボカ・グランデ
Boca Grande
Carrera 1

Decamerón

カピージャ・デル・マール
Capilla del Mar
Carrera 2

カルタヘナ・プラザ
Cartagena Plaza
P.374

カスティージョ・グランデ
Castillo Grande
Calle 6

Carrera 6

Hilton

※カルタヘナの市外局番は5だが、国内通話はその前に09、07、05などの電話会社の識別番号をダイヤルする。本書では便宜上、電話会社の識別番号09と市外局番を合わせたものを表記しています。

サン・ペドロ・
クラベール教会
教会博物館
⏰8:00～17:30
休無休
💰$1万4000

　教会の見学は無料。内部
に入った途端「自分はガイ
ドだ」と名乗り出てあたか
もガイド同行が義務づけら
れているように言ってくる
が、必要なければ断ってよ
い。ガイドツアー（英語）
$3万5000。

宗教裁判所跡
⏰月～土　9:00～18:00
　日　　10:00～16:00
休無休
💰$2万1000

うっそうと木が茂る中庭に
ギロチンが

サン・ペドロ・クラベール教会 Iglesia de San Pedro Claver 🗺 P.372-A1

　ふたつの尖塔とドーム状の屋根を持つ旧市街を代表する大きな教会で、修道院もある。石造りの建物は17世紀にイエズス会によって建てられたものが基になっており、1888年に改築、1921年にはフランスの建築家の設計によるドームが加えられた。内部は荘厳な美に包まれており、夜はライトアップされる。ペドロ・クラベールはスペイン人の神父で、奴隷解放に尽力した人物。教会の前に像が立つ。正面左手に教会博物館が併設されている。

寺院内部も見学したい

宗教裁判所跡 Palacio de La Inquisición 🗺 P.372-A1

　大きなバルコニーとバロックスタイルの堂々たる玄関が異彩を放つ白亜の建物が宗教裁判所跡だ。この町のコロニアル建築を代表するすばらしい建物で、1770年に完成した。しかしここで行われていたのは、異教徒の摘発と処罰を目的とする宗教裁判であり、恐しい拷問をともなう異端裁判は1610年～1811年まで約200年間も続いた。1階のフロアには、かつて拷問に使われた器具や魔女狩りの様子を描いた絵などが展示されている。3階は先住民の残した土器や石器を集めた人類学、考古学的な展示と歴史学的な展示になっている。

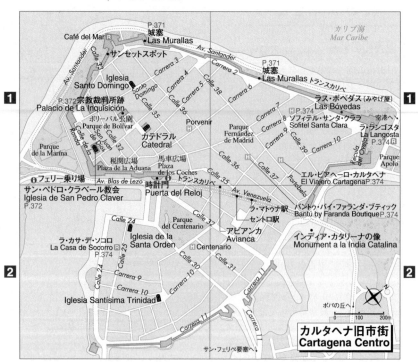

カルタヘナ旧市街
Cartagena Centro

サン・フェリペ要塞 　Castillo de San Felipe 　**MAP** P.371

標高40mの丘に築かれた要塞。1656年に基礎が築かれ、1763年から19年かけて完成した。南米中のスペイン植民地に造られた要塞のなかでも、最も強固で堅牢であるといわれる。城内は周到に設計されており、複雑な通路や、トンネル状の通路を通って、相手に気づかれずに戦略上の重要地点に兵力を移動させるルートもあるという。要塞としての完成度もさることながら、今では展望台としてのすばらしさも魅力となっている。ただし、要塞内は日陰がほとんどなく、日中の炎天下での見学は暑さ対策をしっかりと。

サン・フェリペ要塞
圏8:00～18:00
休無休
圏$2万5000

町を見下ろす要塞

ポパの丘 　Cerro de la Popa 　**MAP** P.371

標高187m、カルタヘナの最高所であるポパの丘からはいくつもの島がつながって広がるカルタヘナが一望できる。1606年に建てられたカルタヘナ最初の修道院があり、美しい中庭や祭壇などを見学できる。

カルタヘナの大展望が楽しめる

ポパの丘
圏8:30～17:30
休無休
圏$1万2000
旧市街やボカ・グランデからタクシーで往復$2～3万。またはツアーで訪れることができる。途中に治安の悪い地区があるので、歩いていかないこと。

近郊の町と見どころ

トトゥモ火山 　Volcán del Totumo 　**MAP** P.350-B1

地中から吹き出す泥が積もってできた小さな山で、山頂に4畳ほどの泥温泉がある。温度は約27℃、深さは2800mあるというのだが、沈むところかぷかぷか浮かんでしまうから不思議。温泉内にいる専属のオジサンが、体の自由が利かない客を横に寝かせて、全身に泥を塗ってくれる。泥温泉浴を楽しんだら、山を下りて、すぐ下の湖へ移動。そこでは桶をもったオバサンが体の泥を洗い落としてくれる。チップは各$1万。世にも珍しい貴重な体験をどうぞ。

深いのだが沈まない不思議な泥温泉

トトゥモ火山へ
カルタヘナから52km離れており、車で約1時間。トトゥモ火山の下まで行く公共のバスはなく、ツアーに参加していくのがおすすめ。ツアーには昼食代が含まれ、$6万。水着、タオル、ビーチサンダル、水など持参のこと。貴重品はバス内に置いておくことになるので、大金や大事なものは持っていかないほうがいい。

ℂOLUMN　リゾートアイランドへのツアー

カリブ海に面しているとはいえ、砂浜はグレー、海もコバルトブルーにはほど遠く、これがカリブ？　と満足できない人も多いだろう。そこで、カルタヘナから南西約25kmの所にある、ロサリオ島Isla del Rosarioなどの島へ行ってみるのはいかが。

ロサリオ島などへは各種ツアーがでており、ホテルや旅行会社、マリナ公園Parque de la Marina前の港事務所などで申し込むことができる。8:00～9:00頃に港を出発。約1時間後、コバルトブルーの澄みわたった海に、南国の緑濃い植物が茂るロサリオ島が現れる。残念

ながらこの島にビーチはないが、水族館があり、イルカと一緒に泳ぐことも可能。ここからまた船で1時間のバル島に、プラヤ・ブランカPlaya Blanca（その名も白砂ビーチ）がある。どこまでも続く白砂のビーチに、20～30mの高さがあるヤシの木が潮風に吹かれている。この島でゆっくりとカリブの海を満喫してカルタヘナの港へ16:00頃に戻ってくる。料金は船の種類（モーターボート、クルーザーなど）や昼食付きかどうかで変わってくる。$5万～16万。ものすごいスピードで航行するので船に弱い人は酔い止めを服用したほうがよい。

カルタヘナのホテル

Sofitel Santa Clara
ソフィテル・サンタ・クララ [MAP]P.372-B1

🛁 📺 📞 💻 🍴

1621年に建てられた修道院を改装した高級ホテル。木々の茂るパティオなどコロニアルな雰囲気を残しつつ、プール、ジムやスパ、レストランなどの設備も充実。

[住]Calle del Torno No.39-29
☎(095)650-4700 [FAX](095)650-3050
[URL]www.sofitel.com
[料]ⓈⓌUS$300～ 税別 [カード][A][D][M][V] [室数]161室

Cartagena Plaza
カルタヘナ・プラサ [MAP]P.371

🛁 📺 📞 💻 🍴

ボカ・グランデ地区にある4つ星のリゾートホテル。ホテルを出た目の前はビーチが広がっており、スイミングプールも完備されている。

[住]Bocagrande Cra 1ra No.6-154
☎(095)651-7450 [FAX](095)665-6315
[URL]www.hotelcartagenaplaza.co
[料]ⓈⓌ$23万2000～ [カード][A][D][M][V] [室数]310室

Bantú by Faranda Boutique
バントゥ・バイ・ファランダ・ブティック [MAP]P.372-B1

🛁 📺 📞 💻 🍴

旧市街にあるコロニアル建築を改装したブティックホテル。トランスカリベのセントロ駅からほど近い古い町並みの一画。屋上にプールがある。

[住]Calle de la Tablada No.7-62
☎(095)664-3362
[URL]www.bantuhotel.com
[料]ⓈⓌ$63万～ [カード][A][D][M][V] [室数]28室

El Viajero Cartagena
エル・ビアヘーロ・カルタヘナ [MAP]P.372-B1

🛁 📺 📞 💻 🍴

旧市街にある安宿。建物の2～3階に部屋がある。部屋はやや暗いがエアコン付き。シャワーは水。ドミトリーは6人部屋でひとり＄4万6000(朝食なし)。

[住]San Diego Calle 7, Infantes#9-45
☎(095)660-2598
[URL]www.viajerohostels.com
[料]Ⓢ$14万 Ⓦ$18万 [カード][M][V] [室数]32室

カルタヘナのレストラン

La Casa de Socorro
ラ・カサ・デ・ソコロ [MAP]P.372-A2

ヘッセマニ地区にあるカルタヘナ料理の店。魚介スープCazuela de Mariscos $4万5000や、魚介チャーハンArros con Mariscosのほか、焼き魚やフライなどメニューは豊富。メイン$3万9000～。

[住]Centro Calle Larga No.8B-112
☎(095)664-4658
[営]10:00～24:00
[休]無休 [カード][A][D][M][V]

La Langosta
ラ・ランゴスタ [MAP]P.372-B1

邸宅を改装した高級レストラン。店の自慢は、ランゴスタ（イセエビ）。500g以上の活ランゴスタを、炭火焼き、ニンニク風味などの料理でダイナミックに味わえる。城塞の外にあるので歩くとやや遠い。

[住]Carrera 2, No.41-43, El Cabrero
☎(095)664-4713
[URL]www.lalangosta.com.co
[営]12:00～21:00 [休]無休 [カード][A][D][M][V]

 ホテル客室設備：🛁バスタブあり 📺テレビあり 📞電話あり 💻インターネット可 🍴朝食付き

Medellín

メデジン

コロンビア

メデジン郊外にあるピエドラ・デル・ペニョール。絶景スポットとして人気。

メデジン ★
●ボゴタ

標高 ▶	**1500m**
MAP ▶	**P.350-A2**
市外局番 ▶	**094**

（電話のかけ方は→P.352）

US$1＝ **$3387**

INFORMATION

❶観光案内所
ホセ・マリア・コルドバ
国際空港
Aeropuerto Internacional
José María Córdova
圏月～金 7:00～21:00
土・日・祝
8:00～19:00
圏無休
Parque de las Luces
圍Calle 44 con Carrera 42
圏9:00～17:00
圏日
　そのほか北、南両バス
ターミナル、マヨール広
場、ヌティバラの丘、ア
ルビ公園などにもある。

　人口250万を超えるメデジンは、ボゴタ、カリと並ぶコロンビアの3大都市。年間を通じて気温は18～28℃と過ごしやすいことから、「常春の町Ciudad de la Eterna Primavera」と呼ばれている。コロンビアにおける工業の中心でもあり、人々は働き者として知られる。メデジンがあるアンティオキア県の人々のことをパイサと呼ぶが、ボリュームたっぷりの名物料理バンデハ・パイサ（パイサ・プレート）はたくさん食べて、一生懸命働く県民性をよく表しているといえるだろう。1980年代は麻薬王と呼ばれたパブロ・エスコバルが率いる犯罪組織メデジン・カルテルの中心として悪名をはせたが、1993年にエスコバルが殺害され、それに続く混乱の時期を乗り越え、現在では世界でも最も発展の著しい都市のひとつに数えられるまでになった。

メデジンへの行き方

✈ 飛行機

　ホセ・マリア・コルドバ国際空港Aeropuerto Internacional José María Córdova（MDE）とオラヤ・エレラ空港Aeropuerto Olaya Herrera（EOH）のふたつの空港があるので、どちらの空港に発着するか事前に確認しておくこと。ボゴタやカルタヘナ、カリなどの国内便のほか、マイアミ、パナマなどの国際便も就航している。

**ホセ・マリア・コルドバ国
際空港**
MAP P.376-B2外
☎(094)402-5110
URL www.aeropuertorionegro.co

オラヤ・エレラ空港
MAP P.376-A2
☎(094)365-6100
URL www.aeropuertoolayaherrera.
gov.co

Let's Go! 空港から市内へ

　ホセ・マリア・コルドバ国際空港から市内へはタクシーで一律$7万5000。中心部に近いサン・ディエゴ地区San Diegoまでは空港から746Mのバス（$9500）や乗り合いタクシー（$1万6000）が

出ているので、サン・ディエゴ地区でタクシーに乗り換えると安上
がりになる。オラヤ・エレラ空港からホテルの多いポブラド地区
へはタクシーで＄1万〜1万3000。

長距離バス

　メデジンには北バスターミナルTerminal del Norteと南バスタ
ーミナルTerminal del Surのふたつのバスターミナルがあり、ボゴ
タ、カルタヘナ、グアタペなどは
北バスターミナル、カリ、アルメ
ニアArmeniaなどは南バスターミ
ナルに発着する。ボゴタへは所要
約9時間で約＄7万、カルタヘナへ
は所要約14時間で約＄12万5000。

グアタペ行きは北バスターミナル発

バスターミナルから市内へ

　北バスターミナルは、メトロA線のカリベ駅Caribeとつながっ
ている。南バスターミナルはオラヤ・エレラ空港に隣接しており、
ポブラド地区へはタクシーで約＄1万。

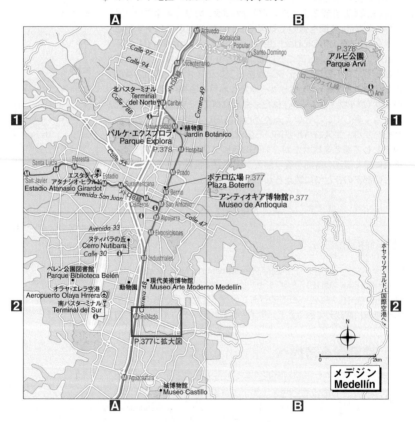

歩き方

メデジンは南北に長く、中心に流れるメデジン川Río Medellínに沿ってメトロA線が走っている。メトロは東西に走るB線もあり、サン・アントニオ駅San AntonioでA線と接続する。運賃は＄2300。両メトロの乗り換えは無料。そのほか

ロープウエイで町を見下ろす

メトロカブレMetrocableと呼ばれる都市型ロープウエイもあり、メトロの乗り換えもロープウエイL線を除いて無料。ロープウエイからはメデジンの町を見下ろす、すばらしい眺めが楽しめるが、ロープウエイのある地区は貧しく、治安もよくないので、途中下車して周囲を散策することはおすすめできない。ホテルとレストランは町全体に点在しているが、町のやや南にあるポブラドPoblado地区は治安もよく、質も高いのでおすすめ。最寄りのメトロ駅はA線のポブラド駅Poblado。

見どころ

ボテロ広場

Plaza Botero MAP P.376-A1

ボテロ広場は別名、彫刻広場Plaza de las Esculturasといい、地元出身の芸術家フェルナンド・ボテロの彫刻が多数並んでいる。広場に隣接するアンティオキア博物館Museo de Antioquiaでもボテロの作品を多数目にすることができる。

ボテロの像とアンティオキア博物館

親日の町メデジン

メデジンにあるEAFIT大学には日本語クラスがあり、日本語を学ぶコロンビア人とスペイン語を学ぶ日本人との言語交換（インターカンビオ）も盛ん。また、ベレン公園図書館Parque Biblioteca Belénは東京大学景観研究室が中心になって設計されており、日本の料理教室や文化に関するワークショップが定期的に開かれている。

アンティオキア博物館
MAP P.376-A1
🏠 Carrera 52 No.52-43
☎ (094)251-3636
URL www.museodeantioquia.co
🕐 月～土　10：00～17：30
　　日・祝　10：00～16：30
🈺 無休
💰 ＄1万8000

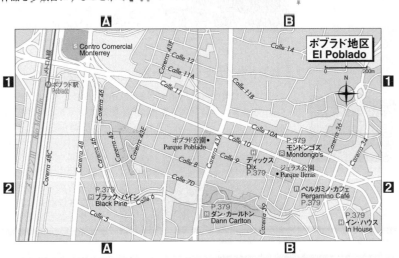

ポブラド地区
El Poblado

0　　　　200m
N

Contro Comercial Monterrey
ポブラド駅 Poblado
Calle 14
Calle 12
Calle 11A
Calle 11
Calle 11B
Calle 10A
Calle 10
ポブラド公園・Parque Poblado
P.379 モンドンゴズ Mondongo's
Calle 9
ディックス Dix P.379
ジェラス公園・Parque Ileras
P.379 ブラック・パイン Black Pine
Calle 8
Calle 7D
Calle 6
Calle 5
P.379 ベルガミノ・カフェ Pergamino Café
P.379 ダン・カールトン Dann Carlton
P.379 イン・ハウス In House

Río Medellín

Carrera 48C
Carrera 48B
Carrera 48
Carrera 46
Carrera 45
Carrera 43F
Carrera 43E
Carrera 43A
Carrera 39
Carrera 36
Carrera 34

パルケ・エクスプロラ
🏠 Carrera 52 No.73-75
☎ (094)516-8300
URL www.parqueexplora.org
⏰ 火～金　8:30～17:30
　　土・日・祝 10:00～18:30
休月
料 $2万4500

館内の巨大水槽

アルビ公園
☎ (094)444-2979
URL parquearvi.org
⏰ 9:00～18:00
休月
料 無料
　メトロA線アセベド駅
AcevedoでロープウエイK線
に乗り換え、さらにサント・
ドミンゴ駅Santo Domingo
でロープウエイL線に乗り換
える。ロープウエイL線は片
道$5200。

グアタペとピエドラ・デル・
ペニョールへの行き方
　メデジンの北バスターミ
ナルから5:00～18:00の15
～30分に1便程度、所要2時
間、グアタペまで$1万3500、
ピエドラまで$1万2500。ピ
エドラを経由してグアタペ
に行くので、先にピエドラを
見学し、その後グアタペに行
くとよい。グアタペからメデ
ジンへ戻るバスの最終は19:
00頃。メデジンからの人気
日帰りスポットなので最終
近くのバスは満員になりや
すい。グアタペに着いた時点
で帰りのチケットを購入し
ておこう。

ピエドラをバックにして貯
水池をボートで巡る

ピエドラ・デル・ペニョール
⏰ 8:00～17:30
休 無休
料 $1万8000

パルケ・エクスプロラ　Parque Explora　MAP P.376-A1

　300以上のインタラクティブな展示を備える体験型の博物館で、水族館とは虫類館も備えている。すぐ近くには植物園Jardín Botánico de Medellínもある。

アルビ公園　Parque Arví　MAP P.376-B1

　メデジンの中心部からメトロとロープウエイ（現地名メトロカブレ）Metrocableを乗り継いで行ける広大な敷地を誇るアルビ公園。都会の喧噪を離れ、のんびり散策をするのにぴったりの場所だ。ロープウエイの駅を出ると観光案内所がある。公園内はトレッキングルートが整備されているほか、主要ポイントを結ぶバスも走っている。

近郊の町と見どころ

グアタペ　Guatapé　MAP P.350-A2

　メデジンからバスで約2時間のグアタペは、カラフルに彩色された町並みがかわいい人気の観光地。各家が思い思いに彩色しているので、統一性はないが、それがかえって色の洪水のように華やかさを増し、独特な魅力を放っている。
　周囲に広がるペニョール貯水池は、1970年代の後半に水力発電用のダム建設のために人工的に造られたもの。貯水池をボートで巡るツアーも人気があり、ボートからは麻薬王エスコバルやサッカー選手のハメス・ロドリゲスの別荘なども見ることができる。

色鮮やかに彩られたグアタペの町並み

ピエドラ・デル・ペニョール　La Piedra del Peñol　MAP P.350-A2

　グアタペの町から約2km、高さ約220mの一枚岩ピエドラ・デル・ペニョールは、コロンビアを代表する絶景スポット。岩自体の偉容もすばらしいが、靴ひも、またはジッパーのように岩にへばりついている階段を上り切った先にある大パノラマもそれに劣らぬ美しさだ。頂上部分には展望塔やカフェ、みやげもの屋がある。

頂上からの眺めに感動

メデジンのホテル

Dann Carlton
ダン・カールトン [MAP] P.377-B2

🛁 📺 ☎ 💻 🍴

スパや屋外プールを備える5つ星の最高級ホテル。最上階には展望レストランがあり、メデジンの夜景を楽しみながらのディナーは人気が高い。

[住]Carrera 43A No.7-50
☎(094)444-5151
[URL]www.danncarlton.com
[料]ⓈⓌ$35万～ [カード][A][D][M][V] [室数]200室

Dix
ディックス [MAP] P.377-B2

🛁 📺 ☎ 💻 🍴

きれいで清潔感あふれる中級ホテル。立地と設備に比べ料金は控えめ。白を基調とした客室は広々としており、エアコンやミニバーを完備。

[住]Calle 10 No.41-21 ☎(094)448-0341
[URL]www.dixhotel.co
[料]Ⓢ18万3000～ Ⓦ$20万3000～
[カード][A][D][M][V] [室数]25室

In House
イン・ハウス [MAP] P.377-B2

🛁 📺 ☎ 💻 🍴

並木道沿いで、緑豊かな場所に建つ中級ホテル。周囲におしゃれなカフェやレストランが多く、ポブラド地区のなかでもよい立地。

[住]Carrera 34 No.7-109 ☎(094)444-1786
[URL]www.inhousethehotel.com
[料]Ⓢ18万1767～ Ⓦ$22万735～
[カード][A][M][V] [室数]17室

Black Pine
ブラック・パイン [MAP] P.377-A2

🛁 📺 ☎ 💻 🍴

メトロA線ポブラド駅から徒歩5分ほどにある小規模なホステル。ドミトリーはベッド数5～7で、一部の個室にはテレビあり。カフェを併設。

[住]Carrera 47A No.5-70 ☎(094)581-3550
[URL]www.blackpinecolombia.com
[料]ⓈⓌ$9万～ ドミトリー$3万1500～
[カード][M][V] [室数]27ベッド

メデジンのレストラン

Mondongo's
モンドンゴズ [MAP] P.377-B2

メデジンの郷土料理が楽しめる人気のレストラン。店名にもなっているモンドンゴは牛モツをスパイスで煮込んだスープで小$2万3000、レギュラー$3万1200。アヒアコは$2万5500。

[住]Calle 10 No.38-38 ☎(094)312-2346
[URL]mondongos.com.co
[営]月・火11:00～20:00、水～日11:00～21:30
[休]無休 [カード][A][D][M][V]

Pergamino Café
ペルガミノ・カフェ [MAP] P.377-B2

「春の路Vía Primavera」に建つメデジンのおしゃれなカフェの代表格。コーヒーは豆、抽出方法を好みで選択でき、自社製の豆の販売も行っている。8:00～13:00は朝食もある。

[住]Vía Primavera, Carrera 37 No.8A-37
☎(094)268-6444 [URL]pergamino.com.co
[営]月～土8:00～21:00、日10:00～18:00
[休]無休 [カード][M][V]

ホテル客室設備：🛁 バスタブあり 📺 テレビあり ☎ 電話あり 💻 インターネット可 🍴 朝食付き

レティシア　Leticia

MAP P.350-C4

大河アマゾンと小舟

コロンビアは山岳地帯というイメージがあるが、実は国土の3分の2が熱帯雨林のジャングルに覆われている。コロンビアの南部、アマゾナスAmazonas県の県都であるレティシアは、アマゾン河沿いに開けた町。コロンビアとブラジル、ペルーとの国境に位置し、アマゾン河を使った3国の流通の中継地となっている。また、近年はコロンビア・アマゾン観光の拠点として注目を集め、周辺の村を訪れるエコ・ツアーが開催されている。はるか彼方に対岸が見えるアマゾン河を船で行けば、アマゾンカワイルカを見かけることも。アマゾン地域特有の動植物の観察や、先住民族の居留地を訪れる楽しみもある。レティシア市街そのものには観光スポットは少ないが、アマゾンの自然を間近に感じることができる。

レティシアの行き方

ボゴタからアビアンカAvianca（AV）が毎日1便、ラタム航空LATAM Airlines（LA）が週4便フライト。所要約2時間。アルフレッド・バスケス・コボ空港Aeropuerto Alfredo Vasquez Cobo（LET）は町の中心部から2kmほどの所にある。空港から市内へはタクシーで$7000ほど。なお、外国人がレティシアに足を踏み入れる際は、入境料$2万1000が必要。

レティシアの歩き方

アマゾン河に沿って広がるレティシア市街の見どころは、民族博物館、市場、早朝に無数のインコが飛び立つサンタンデール公園。500m

民族博物館では館内のスタッフが説明をしてくれる

四方ほどなので徒歩で見て回れる。通り沿いには、スーパーやみやげもの屋などがある。1kmほど行った所にブラジルのタバティンガTabatingaとの国境がある。国境といっても2国の国旗が立っているだけで、入国管理事務所などはない。ブラジル側へ行って、ブラジルのチョコレートや名産の

サトウキビのお酒カシャーサなどを購入することもできる。通貨は両国のものが流通。その先のコマラComaraは、河を挟んでペルーとブラジルを見られる3国国境ポイント。

レティシア発のアマゾンツアー

レティシアにやってくる観光客の最大の目的は、アマゾン河を船で行くツアーだろう。通常はマレコンと呼ばれる船着き場から船に乗り、アマゾン河を遡り、川岸の集落や中州にある島を訪れる。途中、グレーやピンク色のアマゾンカワイルカの姿を見かけることもある。なお、10〜5月が雨季にあたり、多い年は乾季に比べ水位が約13mも上がる。ツアーはホテルなどで申し込める。

リスザルの島（イスラ・ミコス）　Isla Micos

アマゾン河の中州に浮かぶ島で、8グループ約800匹のリスザルが暮らす。遊歩道で森の中に入っていくと、リスザルの餌付けを行っている場所がある。渡されたバナナを手に持つと、木の上からリスザルが続々集まってきて、頭の上や肩の上にのってバナナを奪い合う。2〜3月には子供を抱いた母サルの姿も見られる。周囲に暮らす部族による民芸品の販売もある。

マセドニア　Macedonia

ティクナ族が暮らす集落。ジャンチャマという樹皮をたたいて作った伝統的な服を着て、歌と踊りを披露してくれる。木彫りの民芸品もいろいろなものが売られている。

リスザルと観光客

レティシアのホテル

デカメロン・デカロッジ・ティクナ
Decameron Decalodge Ticuna
住Carrera 11 No.6-11
☎(098)592-6600
URL www.decameron.com
料US$180〜　カード D M V

プールを囲んで建つロッジ風のデラックスな宿。食事、ドリンク付きのオールインクルーシブ・スタイル。

アナコンダ
Hotel Anaconda
住Carrera 15 No.93-75
☎(098)218-4679
URL www.hotelanaconda.com.co
料US$90〜　カード D M V

町の中心にある近代的なホテル。客室はエアコン、冷蔵庫付き。

旅の準備と技術

Travel Tips

在日公館

ペルー共和国大使館
〒150-0012
東京都渋谷区広尾2-3-1
☎(03)3406-4243(大使館)
☎(03)5793-4444(領事館)
URL embajadadelperuenjapon.
org/ja

ボリビア多民族国大使館
〒106-0031
東京都港区西麻布4-12-24
第38興和ビル8階804
☎(03)3499-5442(大使館)
☎(03)3499-5441(領事部)
URL www.ebja.jp

エクアドル共和国大使館
〒106-0031
東京都港区西麻布4-12-24
第38興和ビル8階806
☎(03)3499-2800(大使館)
☎(03)3499-2866(領事館)
URL www.ecuador-embassy.
or.jp

コロンビア共和国大使館
〒141-0021
東京都品川区上大崎3-10-53
☎(03)3440-6451(大使館・
領事館)
URL japon.embajada.gov.co

アルゼンチン共和国大使館
〒106-0046
東京都港区元麻布2-14-14
☎(03)5420-7101(大使館)
☎(03)5420-7107(領事部)
URL www.ejapo.mrecic.gov.
ar/ja

チリ共和国大使館
〒105-0014
東京都港区芝3-1-14
芝公園阪神ビル8階
☎(03)3452-7561(大使館)
☎(03)3452-1425(領事館)
URL chile.gov.cl/japon

パラグアイ共和国大使館
〒102-0082
東京都千代田区一番町2-2
一番町第二TGビル7階
☎(03)3265-5271(大使館)
☎(03)3265-5272(領事部)
URL www.embapar.jp

ブラジル連邦共和国大使館
〒107-8633
東京都港区北青山2-11-12
☎(03)3404-5211(大使館)
☎(03)5488-5451(領事館)
URL toquio.itamaraty.gov.br/
ja

ブラジル総領事館
〒141-0022
東京都品川区東五反田1-13-
12いちご五反田ビル2階
☎(03)5488-5451
URL cgtoquio.itamaraty.gov.
br/ja
※大使館訪問の際は必ず電
話で予約すること。

日本での情報収集

　南米の国々は、日本ではなかなか情報が集まりにくい。各国の政府観光局のホームページ、南米専門の旅行会社などを上手に利用して、出発前にできる限り情報を集めたい。また、南米の一部の国は政治情勢が流動的である。ゲリラによるテロ、戒厳令、クーデターなどが、いつ発生するかわからない地域や国が少なからずある。ペルー、ボリビア、エクアドル、コロンビアの4ヵ国はすべて、外務省より危険情報が発出されている地域がある。ボリビアを除く3ヵ国の一部には「渡航中止勧告」が促されている地域もあるので、出発前には必ず現地の安全情報を確認しよう。安全情報については各国のジェネラルインフォメーション、安全対策については(→P.407)。掲載の4ヵ国で、日本に観光の窓口となる施設はない。

現地での情報収集

　首都はもちろん、ほとんどの観光地に観光案内所がある。まずは観光案内所に行き、パンフレットや最新の情報を手に入れたい。場所によっては観光パンフレットのほか町の地図、バスの路線図などが置いてある場合も。ただし、看板に「Turist info」とあっても、民間の旅行会社であることも

エクアドルのクエンカの観光案内所。「i」マークは各国共通

しばしば。観光案内所と勘違いして入って観光情報を聞いたりすると、しつこくツアーに勧誘されることがあるので注意しよう。

インターネットでの情報収集

　近年、旅行者にとって有力な情報源となっているのがインターネットだ。南米でも例外ではなく、国の観光局はもちろん、各町の観光案内所や博物館などの見どころもインターネットで情報を発信している。ただし、日本語サイトを開設しているところはまずなく、施設によっては英語サイトすらなくスペイン語のみという場合も。宿泊施設のインターネット事情は比較的よく、安宿でもWi-Fiフリーのところが多いので、携帯電話やタブレット、パソコンなどがあれば、現地でも情報収集ができる。しかし、部屋によってつながらない場合や、高級ホテルでは有料の場合もあるので事前に確認しよう。Wi-Fiフリーのレストランやカフェも多い。

旅の予算とお金

旅の準備

国別物価水準

■ ペルーの物価

物価は比較的安定している。首都リマには1泊US＄10ぐらいの安宿からUS＄1000を超える超高級ホテルまで揃っているが、治安と安全性を考えるとあまり安い宿はおすすめできない。最低でもUS＄50ぐらいの予算を見ておきたいものだ。地方都市は高級ホテルがないかわりに、中級クラスの宿はリマと比べて非常に安く、設備も調っている。宿泊料には税金18％＋サービス料10％が加算されるが、税金のほうは外国人は免除となる。宿泊時にパスポートの提出が求められる。また、サービス料が含まれているかいないか事前に確認しておくこと。

食事はリマ市内の観光客向けの高級レストランを除いて比較的安い。特にアレキパなどの地方都市ではUS＄3もあれば定食が食べられる。ランチタイムはどこにでもセットメニューがありUS＄5前後だ。

空路での国内移動は1フライトどこでもUS＄150前後。空路に比べるとバスは格段に安い。

■ ボリビアの物価

南米諸国のなかでも比較的物価の安い国。ホテルはラ・パスでもひとり1泊US＄30も出せば、中級クラスのホテルに泊まることができる。高級ホテルでもUS＄150ほど。しかし、施設面での充実は望めない部分が多い。シャワーのお湯が出るか、暖房があるか

料金の目安

場所	項目	ペルー 平均予算	ボリビア 平均予算	エクアドル 平均予算	コロンビア 平均予算
ホテル	5〜4つ星	S/850	Bs.1000	US＄350	＄40万
	3〜2つ星	S/300	Bs.300	US＄60	＄15万
	1つ星	S/70	Bs.120	US＄20	＄8万
	ユースホステル	S/50	Bs.50	US＄15	＄2万5000
買い物	ミネラルウオーター	S/1.5	Bs.6	US＄0.50	＄2000
	コーラ	S/1	Bs.7	US＄1	＄2500
	ワイン	S/40	Bs.30	US＄15	＄2万5000
	ビール	S/5	Bs.15	US＄1.50	＄3000
	パン	S/0.5	Bs.8	US＄0.5	＄2000
	たばこ	S/6	Bs.15	US＄6	＄6000
食事	高級レストランでフルコース	S/300	Bs.150	US＄60	＄8万
	中級レストランで前菜とメイン	S/80	Bs.70	US＄25	＄4万5000
	ファストフード（ハンバーガーセット）	S/15	Bs.30	US＄6	＄1万5000
	レストランでワイン1本	S/60	Bs.100	US＄25	＄2万5000
	カフェでコーヒー＆サンドイッチ	S/20	Bs.20	US＄5	＄1万
移動	タクシーひと乗り	S/4	Bs.15	US＄1.5	＄1万2000
	市バス1回	S/1.5	Bs.1.5	US＄0.25	＄2200

※ペルー・ソル S/3.3 ＝ US＄1／ボリビア・ボリビアーノ Bs.6.7 ＝ US＄1／エクアドル・ドルUS＄1 ＝ 108円／コロンビア・ペソ ＄3387 ＝ US＄1 ＝ 108円（2019年10月24日現在）

在日公館
ウルグアイ
東方共和国大使館
〒106-0031
　東京都港区西麻布4-12-24
　第38興和ビル908
☎(03)3486-1888（大使館・領事部）
URL sites.google.com/site/jpemburujap/
ベネズエラ・ボリバル共和国大使館
〒106-0031
　東京都港区西麻布4-12-24
　第38興和ビル7階703
☎(03)3409-1501（大使館・領事部）
URL venezuela.or.jp

※大使館訪問の際は必ず電話で予約すること。

政府観光局のサイト
iPeru
URL www.peru.travel
　ペルー政府観光局。日本語ページあり。
PROCOLOMBIA
URL www.colombia.travel
　コロンビア政府観光局。日本語ページもあるが、スペイン語で表示される箇所が多い。

ボリビアのブロケオ
　ボリビアではしばしば、ブロケオBloqueoと呼ばれる道路封鎖が行われる。おもに市民の抗議行動などの場合だが、長時間にわたって封鎖されることもあり、都市間の移動に支障をきたすこともある。現地で情報収集をするように心がけたい。

クレジットカード
　クレジットカードの普及率は年々高くはなっているが、国により、都市により違いがある。通常、都市部の中級クラス以上のホテル、高級なレストランはたいていカードが利用できる。ペルーやコロンビア、エクアドルに比べ、ボリビアはカードの普及率が低い。なお、通用度の高いカードはVISAとMasterCardだ。

クレジットカードの盗難に遭ったら
　万一盗難に遭った場合は、カード会社に連絡して不正使用されないように差し止めをしよう（→P.409）。

お金は気にしないで
優雅に旅するなら

昼食（サービスのいいレストランで食事）	
ペルー	S/100
ボリビア	Bs.100
エクアドル	US＄50
コロンビア	＄4万5000
カフェ（デザートとドリンク付き）	
ペルー	S/40
ボリビア	Bs.30
エクアドル	US＄15
コロンビア	＄1万2000
夕食（高級レストランでワインと肉料理）	
ペルー	S/350
ボリビア	Bs.150
エクアドル	US＄100
コロンビア	＄8万
宿泊費（5つ星のホテル）	
ペルー	S/1000
ボリビア	Bs.1000
エクアドル	US＄250
コロンビア	＄40万

安く済ませたい
倹約派の旅なら

朝食（大衆的なカフェでパンとコーヒー）	
ペルー	S/10
ボリビア	Bs.20
エクアドル	US＄3
コロンビア	＄6000
交通費（地下鉄やバスを使って観光）	
ペルー	S/6
ボリビア	Bs.20
エクアドル	US＄2
コロンビア	＄9000
昼食（ファストフードでランチ）	
ペルー	S/15
ボリビア	Bs.20
エクアドル	US＄6
コロンビア	＄1万5000
カフェ（売店でコーヒー）	
ペルー	S/4
ボリビア	Bs.15
エクアドル	US＄1
コロンビア	＄4000
夕食（食堂で地元の人に交じって食事）	
ペルー	S/25
ボリビア	Bs.30
エクアドル	US＄8
コロンビア	＄1万5000
宿泊費（1つ星ホテルorYH）	
ペルー	S/70
ボリビア	Bs.120
エクアドル	US＄25
コロンビア	＄8万

**ICチップ付きの
クレジットカード**
　ICチップ付きのクレジットカードを利用する際、店がICクレジットカード対応端末設置加盟店の場合は、サインの替わりに暗証番号（PIN Code）を入力することになる。また使用時にパスポートの提示を求められる場合もある。

など泊まる前にチェックしよう。

　この国では食費面でも節約できる。また交通費も陸路・空路とも安い。特に長距離バスは、ラ・パス～サンタ・クルス間の20～30時間コースでもUS＄20ほど。ただし悪路が多く、特に雨季は思いのほか時間がかかる。列車もあり、一等席なら快適な列車の旅が楽しめるが、スケジュールが変更されるケースがしばしばあるので、時間に余裕をもって利用したい。

■ エクアドルの物価

　物価は年々上昇している。しかし、南米の他国と比べるとまだまだ安い。キトなど大都市には高級ホテルから1泊US＄10ぐらいで泊まれる安い宿まで揃っている。地方都市は5つ星クラスのホテルでも料金は全体的に安い。食事も比較的リーズナブルだが、レストランでは税金12％のほか、サービス料10％を請求されることもある。

　交通費は空路、陸路、市内のタクシー、バスなどどれをとっても、ほかの南米諸国に比べて安い。

■ コロンビアの物価

　安宿は1泊US＄10くらいからあるが、旧市街では治安の悪い地区に安宿が多いので注意。中級クラスはUS＄50～70くらい。ボゴタ、カルタヘナには設備の調った5つ星クラスのホテルも数多くある。VAT（付加価値税）は19％だが、外国人観光客は免除される。

　食費は、大衆レストランならランチセットや定食があり、肉料理、ライス、スープが付いてUS＄5くらいと格安。税金8％とサービス料10％程度が加算される。

　交通費は、飛行機での国内移動は1フライトUS＄60～。長距離バスならその半分以下で済むが、山道が多いためバスの旅は距離のわりに時間がかかるし、安全面からおすすめできない。

持っていくお金について

　南米では日本円がそのまま使用できることはまずない。日本円から現地通貨への両替も、大都市ならできるが小さな町では不可能だ。南米諸国の通貨は日本では入手しにくいので、USドルを持っていき、現地で両替するのが最も便利。エクアドルは通貨がUSドルなので、日本でUSドルに両替していけばそのまま使える。その他、自国通貨のある国でも、USドルを現地通貨で換算して、そのまま支払えるケースがある。

　どの都市にもATMがあり、国際キャッシュカードやデビットカードがあれば現地通貨の現金をこまめに入手できる。ただし、1回利用するごとに手数料がかかるので、頻度が高いと手数料も高くなることを頭に入れておこう。

　クレジットカードはほとんどのホテル、都市部の中～高級レストラン、高価なものを扱うみやげ物屋などで利用できる。クレジットカードの普及は進んでおり、露店のような店でも使えるところがある。また、ホテル宿泊の際のデポジット替わりに必要な場合もあるので、少なくとも1枚は必ず持っていくようにしよう。→P.383欄外も参照。

[旅の準備] 出発までの手続き

パスポート（旅券）の取得

パスポートは海外で持ち主の身元を公的に証明する唯一の書類。これがないと日本を出国することもできないので、海外に出かける際はまずパスポートを取得しよう。ビザを申請する場合にもパスポートは必要なので、取得する際は期間を考慮すること。パスポートには有効期限が5年と10年のものがあり（20歳未満は5年間有効のみ申請可）。代理人でも申請書類を提出することはできるが、受け取りは必ず本人が行かなければならない。

パスポートの申請は住民登録している都道府県庁にあるパスポートセンターで行う（学生などの理由で現住所と住民登録した住所が一致しない場合は居所申請も可能）。申請から受領までの期間はパスポートセンターの休業日を除いておよそ1～2週間程度。申請時に配布される旅券引換書に記載された交付予定日に従って6ヵ月以内に受け取りに行くこと。発給手数料は5年間有効が1万1000円（12歳未満は6000円）、10年間有効は1万6000円。

申請書の「所持人自署」欄に署名したサインが、パスポートのサインになる。漢字でもローマ字でも構わないが、クレジットカードと同じにしたほうが無難。なお、パスポートは0歳児から必要だ。パスポートを現地で紛失した場合は、所定の手続きをとって再発行する（→P.409）。

パスポートに関する問い合わせ先
外務省パスポート情報ページ
[URL] www.mofa.go.jp/mofaj/toko/passport/index.html
東京都パスポート案内センター
☎(03)5908-0400（自動音声）
[URL] www.seikatubunka.metro.tokyo.jp/passport
大阪府パスポートセンター
☎(06)6944-6626
[URL] www.pref.osaka.lg.jp/passport
愛知県旅券センター
☎(052)563-0236
[URL] www.pref.aichi.jp/0000000757.html

パスポートの残存有効期間
すでにパスポートを持っている人は、残りの有効期間がどのくらいあるかを確認しよう。入国の条件としてパスポートの残存有効期間があるからだ。期限が切れる1年前から更新手続きを受け付けている。残存有効期間は国により違うので、各国のジェネラルインフォメーションを参照のこと。

パスポートの申請に必要な書類

①一般旅券発給申請書（1通）
各都道府県申請窓口で手に入るほか、外務省パスポート情報ページ（上記欄外）でダウンロードできる。

②戸籍抄本、または謄本（1通）
申請日前6ヵ月以内に発行されたもの。ただし、旅券有効期間内に切り替え申請する場合で、本籍、姓名に変更がなければ省略可。

③写真（1枚）
6ヵ月以内に撮影されたもの。タテ45mm×ヨコ35mmかつ顔の大きさがタテ32～36mm、上の余白が2～6mmのもの、背景無地、無帽正面向き、上半身。白黒でもカラーでもよい。スナップ写真不可。

④申請者の身元を確認するための書類
旅券を以前に取得した人はその旅券（失効後6ヵ月以内のものを含む）、もしくは運転免許証、個人番号カード（マイナンバーカード）など官公庁発行の写真付き身分証明書なら1点でOK。健康保険証や国民年金手帳、厚生年金手帳、恩給証書などは2点必要（うち1点は写真付きの学生証、会社の身分証明書でも可）。コピーは不可。

⑤旅券
以前に取得した人は、その旅券も提出する。

※住民票は、住民基本台帳ネットワークにより確認できるので不要。ただし、居所申請など特別な場合は必要。

※2014年3月20日より前に、名前や本籍地等の訂正を行ったパスポート（訂正旅券）は、訂正事項が機械読取部分及びICチップに反映されておらず、国際標準外とみなされるため、今後は出入国時や渡航先で支障が生じる場合もある。外務省では新規パスポートの申請をすすめているので下記URLで確認を。
[URL] www.mofa.go.jp/mofaj/ca/pss/page3_001066.html

南米各国のビザについて
（2019年10月現在）
アルゼンチン：観光目的で
90日以内の滞在なら不要
ウルグアイ：90日以内の滞
在なら不要
エクアドル：観光目的で90
日以内の滞在なら不要
コロンビア：観光目的で90
日以内の滞在なら不要
チリ：観光目的で90日以内
の滞在なら不要
パラグアイ：観光目的で90
日以内の滞在なら不要
ブラジル：90日以内の滞在
なら不要
ベネズエラ：観光目的で90
日以内の滞在なら不要
ペルー：観光目的で183日以
内の滞在なら不要
ボリビア：観光目的で90日
以内の滞在なら不要（30日
ごとに滞在期間の延長手続
きが必要）

イエローカード情報
厚生労働省検疫所FORTH
URL www.forth.go.jp

黄熱病感染のリスクが
存在する国（黄熱病リスク国）
アルゼンチン
エクアドル
ガイアナ
パラグアイ
フランス領ギアナ
ブラジル
ボリビア
スリナム
ペルー
コロンビア
ベネズエラ
トリニダード・トバゴ（ト
リニダード島のみ）
※2019年10月現在

ビザ（査証）

　南米には12の独立国とひとつのフランス植民地があり、観光での入国にビザは不要。ビザは入国許可証（査証）のことで、相手国の在外公館が旅行者に対して発行し、通常パスポートのビザ欄にスタンプが押される。ビザは必要書類（各国のプロフィール参照）を提出すれば取得できる。

■ どこで取得するか

　ビザは、日本であらかじめ取っていくか、現地の在外公館で必要国のものを取る。観光目的の入国でもビザが必要だったブラジルは、2019年6月から90日以内の滞在は観光ビザの取得が不要となった。また、滞在合計日数が過去1年間に180日を超えなければ、現地で最大90日の滞在延長も可能。約半年間のビザなし滞在が実現する。

　パスポートの残存有効期間が規定日数に足りないときは、最寄りの日本大使館か領事館に行き、新しいパスポートを発給してもらう。長期間の旅行になることがわかっているなら住民票と戸籍謄（抄）本を用意していったほうがいい。

イエローカード

　イエローカードとは黄熱病予防接種証明書。日本から直接ペルー、ボリビア、エクアドル、コロンビアに入る場合は不要だが、黄熱病リスク国から他国へ入国する場合、国によってはイエローカードが必要。接種後10日目から有効となる。以前は10年間の有効期限があったが、2016年7月以降は生涯有効となった。有効期限が過ぎたイエローカードも、生涯有効なものとして扱われる。状況は常に変化するので、事前に旅行会社や各国大使館に相談すること。

イエローカードの要求状況（2019年10月現在）		
国名	黄熱病予防接種証明書の要求	黄熱病予防接種の推奨
ブラジル	要求なし	一部地域の渡航者に推奨
アルゼンチン	要求なし	一部地域の渡航者に推奨
ウルグアイ	要求なし	推奨なし
エクアドル	黄熱リスク国からの渡航者に要求	一部地域の渡航者に推奨
ガイアナ	黄熱リスク国からの渡航者に要求	推奨
コロンビア	黄熱リスク国からの渡航者に要求	一部地域の渡航者に推奨
スリナム	黄熱リスク国からの渡航者に要求	推奨
チリ	要求なし	推奨なし
パラグアイ	黄熱リスク国からの渡航者に要求	一部地域の渡航者に推奨
フランス領ギアナ	要求	推奨
ベネズエラ	黄熱リスク国からの渡航者に要求	一部地域の渡航者に推奨
ペルー	要求なし	一部地域の渡航者に推奨
ボリビア	黄熱リスク国からの渡航者に要求	一部地域の渡航者に推奨

ESTA（エスタ）

米国ビザ免除プログラムを利用し、空路や船でアメリカへ入国するすべての渡航者は、ESTAを取得しなければならない。アメリカ経由で南米に入る場合も例外ではない。ESTAとはアメリカの電子渡航認証システム（Electronic System for Travel Authorization）のことで、事前に専用のウェブサイトで手続きをして取得する。もし取得していない場合は航空機への搭乗やアメリカ入国を拒否されるので忘れないようにしよう。

国際学生証（ISICカード）

学生の人は、ユネスコ承認の国際学生証（ISICカード）を持っていると、国際的に共通の学生身分証明書として有効なほか、国内、海外の約15万ヵ所で美術館などの入館料、交通機関の割引が適用される。ISIC Japanのウェブサイト、大学生協事業センターや各大学生協窓口などで発行している。書類と代金（スマートフォン画面で提示するバーチャルカード1800円、プラスチックカードを追加発行する場合は2550円）が必要。

ユースホステル会員証

南米のなかでも、アルゼンチン、チリ、ウルグアイ、パラグアイ、ブラジル、ペルー、ボリビア、コロンビアには、国際ユースホステル協会Hostelling International（HI）のユースホステルがある。会員証を持っていれば、通常よりも10%以上安く宿泊できる。なかには会員証を提示すれば割引になる観光施設もある。

海外旅行保険

海外旅行保険は掛け捨てだが、安心料だと思って必ず入っておこう。損保ジャパン日本興亜、東京海上日動、AIGなどが扱っている。例えば突然病気になったとき、保険会社によっては、日本語の無料電話で病院の予約・紹介をしてくれるし、治療費は保険会社から直接支払われる。外国の治療費は非常に高いことが多いので保険に入っていれば安心だ。海外旅行傷害保険の種類は、傷害保険（死亡、後遺障害、治療費用）を基本に、疾病保険（治療費用、死亡）、賠償責任保険（誤って物を破損したり、他人を傷つけたりした場合など）、救援者費用保険（死亡あるいは障害または、疾病により7日以上入院した場合など、日本から救援者が駆けつけるための費用）、携帯品保険（旅行中に荷物を紛失、破損、または盗難）の特約があるので、いろいろ比べてみるといい。

旅行保険が付いている生命保険やクレジットカードもあるが、カバーする範囲をチェックして、保険の要不要を考えよう。

ESTA申請

URL esta.cbp.dhs.gov/esta
申請にはUS＄14が必要で、出発の72時間前までに行うのが望ましい。日本語ホームページあり。

地球の歩き方ホームページ内のESTA情報
URL www.arukikata.co.jp/esta

国際学生証の問い合わせ先
ISIC Japan
URL www.isicjapan.jp
E-mail info@isicjapan.jp

国際学生証の必要書類
申請書（ホームページより印刷可能）、学生証のコピーまたは在学証明書、顔写真（タテ3.3cm×ヨコ2.8cm、6ヵ月以内に撮影のカラー写真1枚）。

日本ユースホステル協会
〒151-0052
東京都渋谷区代々木神園町3-1　国立オリンピック記念青少年総合センターセンター棟3階
☎(03)5738-0546
FAX (03)5738-0547
URL www.jyh.or.jp
ユースホステル会員証
成人パス2500円（デジタル会員証は2000円。満19歳以上、有効期間は発行月1年間）。日本国内にて発行した会員証が全世界で有効。

海外旅行保険への加入
海外旅行保険への加入は、航空券など手配した旅行会社のほか、保険会社のインターネットで。成田や関西などの空港にも代理店窓口があるので、出発当日でも加入できる。

南米の町の造り

特にコロニアルな町々は道が基盤の目状に走り、区画が整っているので、このクアドラスがとても役に立つ。道を尋ねると「ここから5クアドラス（5ブロック）先」というように説明されるだろう。

リマのアルマス広場に面したペルー政庁にて

この広い南米大陸に存在する多数の町々は、スペイン人たちの到着以降に形成された文化圏という共通項で結ばれている。いわゆるコロニアル（植民地）文化というものだ。ポルトガル語を話すブラジルでも、かなり近い傾向が見られるので、ここで南米の町の造りを大ざっぱに紹介しよう。

■ セントロとプラザ

まず町にはセントロCentroと呼ばれる中心地区があり、そのまた真ん中には広場（プラサPlaza、ブラジルではプラサPraça）がある。

国によって、町によって中央広場の呼び名は違うが、プラサ・デ・アルマス Plaza de Armas、プラサ・マヨールPlaza Mayor、プラサ・インデペンデンシアPlaza Independencia、プラサ・プリンシパルPlaza Principal、ブラジルではセー広場Praça da Séなどと呼ばれている。もちろん、それぞれの広場に名前がついていることも多い。

その周りには大聖堂（カテドラルCatedral）や市庁舎（パラシオ・ムニシパルPalacio MunicipalまたはムニシパリダMunicipalidad）、政庁（パラシオ・デ・ゴビエルノPalacio de Gobierno、またはカサ・デ・ゴビエルノCasa de Gobierno）などが建っている。ある程度大きな町なら、この近くに観光案内所（Oficina de Turismo）も見かける。

■ 新しい中心地・新市街

クスコの中心アルマス広場

かつてはセントロが町の中心だったが、現在はほとんどの大都市で新市街が形成され、そこが町の中心となっている。セントロは植民地時代の名残のある観光地となり、新しいホテルや人気のレストランは新市街にある場合が多い。そのため、夜のセントロはひとけがなくなり、治安が悪い場合もあるので注意が必要だ。

■ バスターミナルや交通の拠点

鉄道駅はセントロにある場合が多いが、大きなバスターミナルの多くは郊外に位置している。観光客をはじめ、南米各国からの人が出入りするバスターミナルや駅周辺には安い宿が集まっているが、治安のよくないところもある。事前に調べておくようにしよう。

■ 通りの名称と住所のつきとめ方

通常、すべての通りに名前が付いている。多いのは国名、地名、人名、記念日である。大きな道路をアベニーダAvenida（略してAv. = 大通り）、それ以外はカジェ Calleという。Av. Gral. José San Martín（サン・マルティン将軍＝南米独立の英雄）とかCalle Colón

（コロンブスのこと）など、歴史上の偉人の名前は特に多い。また、Calleの代わりに特有の道の呼び方をする国もある。ペルーのヒロンJirón（Jr.と略される）やコロンビアのカレラCarrera、ブラジルのフアRuaなどがその例だ。Av.は一般的にどの国でも使われる。

　住所は一般に"〜通り○○番地"（例：América 123やSimón Bolívar 200など）と表記される。"Calle"は省略されることがほとんど。そして通りに面した建物の角ごとに通りの名が出ているので、住所さえわかれば、目的の建物を探すのは比較的簡単。また、"〜通り○○番地"の後ろに"y Av.△△"とか"esq. Av.△△"などともうひとつ通りを書く習慣があり、これは"〜通り"と"Av.△△"の交差したところ、という意味。

スクレのボリーバル公園にて

旅の言葉

　南米は、日本列島が47個すっぽりと入るとても大きな大陸だが、ありがたいことにほとんどの国でスペイン語が通じる。ブラジルはポルトガル語が公用語だが、スペイン語とポルトガル語は兄弟のような言葉、どちらかを知っていれば、かなりわかり合える。例外として、ガイアナでは英語、スリナムではオランダ語、フランス領ギアナではフランス語が公用語となっている。

　このほかに、ケチュア語（ペルー、ボリビア、エクアドル）、アイマラ語（ペルー、ボリビア）、グアラニー語（パラグアイ）などの先住民族の言語が存在する。先住民族人口の多い国、特にボリビアとペルーでは、スペイン語の間にケチュア語やアイマラ語のボキャブラリーを混ぜ、日常語にしてしまっているところもある。同じスペイン語といっても、本国スペインとは遠く離れ、南米には南米のスペイン語が育まれているのだ。イントネーションや話すスピードも国によって微妙に違う。慣れてくれば、それが楽しい旅の変化になってくるだろう。

アンデスの山岳部ではケチュア語を話す人も多い

■ カタコトでもいいので話してみよう

　英語の得意な人たちには、残念ながら、南米では一般的にまず英語は通じないものだと思ってもらいたい。大きなホテルやレストランや一部の人たちの間では、英語も通用するが、それはごく特殊な世界である。ほかには大きな都市や観光地の観光局、旅行会社などなら、英語でのインフォメーションも期待できる。

　しかし安いホテルを探し、大衆食堂で食事をし、ひとりで町を歩こうと考えている人には、スペイン語、ポルトガル語の知識は欠かせない。ホテルに行けば泊まりたいのであり、レストランに行けば食べるのが目的。あなたが基本的に何をしたいのかは、その場所に行くだけで相手も十分わかっている。そして少しの"キーワード"を並べれば必ずや目的は達せられる。

辞書や会話帳で
アミーゴ・アミーガに
　本などをかばんに入れるかどうかは、荷造りのときに迷うかもしれない。しかし、ひとり旅をするなら、ぜひコンパクトなものを持っていくことをおすすめする。また、近年はスマートフォンやタブレット端末の翻訳アプリもさまざまなものが出ている。しかし、スマートフォン自体を人前にさらすことになるため、地域や場所によっては注意したほうがいい。

旅のスペイン語
→P411

食べたい料理を注文できるようにがんばろう

旅の準備 周遊モデルルート
Best routes in South America

山／マチュピチュ
左／マチュピチュ村にある温泉

1 2都市巡りとマチュピチュ
最低 7 日間

　日本からマチュピチュへの最短ツアーは7日間。時間はないがどうしてもマチュピチュを見たいという人は、このルートで巡るのがおすすめ。リマとクスコも半日ほど観光できる。ただ、スケジュールがタイトなうえ、標高3000m以上の高地へ行くので、体調管理には気をつけたい。

1日目	東京➡リマ （到着は1日目の深夜、または2日目の早朝）
2日目	リマ➡クスコ➡マチュピチュ
3日目	マチュピチュ➡クスコ
4日目	クスコ➡リマ
5日目	リマ➡東京（到着は7日目の午後）

クスコの太陽の神殿

2 ナスカの地上絵とクスコ、マチュピチュ
最低 10 日間

　ユネスコの世界遺産、ナスカの地上絵とマチュピチュの両方を満喫できるコース。ナスカの地上絵の見学は、ピスコかイカの飛行場から。その後、パラカスに宿泊し、翌日の朝にバジェスタス島へ。または、イカのワカチナを見に行くこともできる。リマからマチュピチュは、1のコースと同じ。クスコ、リマの市内観光は半日ほどできる。

1日目	東京➡リマ （到着は1日目の深夜、または2日目の早朝）
2日目	リマ➡ナスカ（ナスカの地上絵を見学） ➡パラカス
3日目	パラカス➡リマ
4日目	リマ➡クスコ
5日目	クスコ➡マチュピチュ （マチュピチュ、またはマチュピチュ村泊）
6日目	マチュピチュ➡クスコ
7日目	クスコ➡リマ
8日目	リマ➡東京（到着は10日目の午後）

マチュピチュ

3 マチュピチュとティティカカ湖＋ボリビア

最低 11 日間

マチュピチュ、クスコのハイライトを巡り、クスコから飛行機でティティカカ湖の拠点となるプーノへ。ティティカカ湖をクルーズしながらボリビアへ入国する。時間に余裕があれば、ボリビアの地方都市へも足を延ばそう。

1日目	東京➡リマ（到着は 1 日目の深夜、または 2 日目の早朝）
2日目	リマ➡クスコ➡マチュピチュ
3日目	マチュピチュ➡クスコ
4日目	クスコ
5日目	クスコ➡プーノ（フリアカ）
6日目	プーノ
7日目	プーノ➡コパカバーナ➡ラ・パス
8日目	ラ・パス
9日目	ラ・パス➡東京（到着は 11 日目の午後）

4 ペルー北部の遺跡巡り

最低 12 日間

ナスカの地上絵を見学後、カハマルカを拠点にクントゥル・ワシ、チクラヨでシパン、シカンの遺跡、トルヒーヨから太陽のワカ・月のワカなどペルー北部の遺跡を巡る。時間があればワラスのチャビン・デ・ワンタルへも足を延ばしたい。

チクラヨのブルーニン博物館にて

1日目	東京➡リマ（到着は 1 日目の深夜、または 2 日目の早朝）
2日目	リマ➡ナスカ
3日目	ナスカ（ナスカの地上絵）➡リマ
4日目	リマ➡カハマルカ
5日目	カハマルカ➡チクラヨ
6日目	チクラヨ
7日目	チクラヨ➡トルヒーヨ
8日目	トルヒーヨ
9日目	トルヒーヨ➡リマ
10日目	リマ➡東京（到着は 12 日目の午後）

5 ガラパゴス諸島満喫

最低 10 日間

ガラパゴス諸島への最短ツアー。キトから飛行機でガラパゴス諸島へ。3 泊 4 日のクルーズ船に乗り込んで生命の楽園を満喫したあとは港町グアヤキルへ。時間に余裕があればガラパゴスでより多くの島々を巡るクルーズを選ぶのもいい。

1日目	東京➡キト（到着は 1 日目の深夜、または 2 日目の早朝）
2日目	キト
3〜5日目	キト➡ガラパゴス諸島クルーズ（3 泊）
6日目	ガラパゴス諸島➡グアヤキル
7日目	グアヤキル
8日目	グアヤキル➡東京（到着は 10 日目の午後）

ガラパゴスゾウガメ

旅の準備 航空券の手配

空路

■ 日本から南米への行き方

日本から南米へは、ノンストップで行くことはできない。どの航空会社を利用するにしても、途中、アメリカの都市（航空会社によってはカナダやメキシコ、ヨーロッパなども）を経由することになる。一般的に、日本から各航空会社が拠点としている北米などの都市までフライトし、そこで乗り継ぎのいい便に乗り換えることとなる。一般的なのは、JALとアメリカン航空（北米からはラタム航空）などのワンワールド、ANAやユナイテッド航空などのスターアライアンスの同じグループの航空会社を利用して、北米の都市で乗り換える方法。

■ アメリカ経由の南米入国

アメリカを経由して南米諸国へ入る場合、アメリカへの入国手続きが必要（2019年10月現在）。日本出国前にESTA取得も必要→P.387。ESTAの導入により、アメリカの入出国カード（I-94W）は廃止された（陸路

経由地では乗り継ぎ便をチェック

入国除く）。北米の都市に降り立ったら、入国審査が行われるが、乗り継ぎで使用される大きな空港には自動入国審査APCの端末が設置されている（操作方法は→P.400）。その後は、一度到着フロアに出る場合や、専用のトランジット用通路でゲートまで移動する場合など空港によって異なる。機内預けの荷物はたいてい最終目的地まで届けられるが、まれにピックアップして再度、預け直す必要がある。日本でチェックインの際に、各航空会社に確認すること。

■ その他の国を経由する

ヨーロッパからは各国の航空会社が、南米のほとんどの国の首都に飛んでいる。日本から直行便が飛んでいるロンドンやパリ、フランクフルト、ローマなどを経由するのが便利。ほか、カンタス航空Qantas（QF）の成田発シドニー経由などもある。

時間はかかるが、カタール航空Qatar Airways（QR）のドーハ経由、エミレーツ航空Emirates（EK）のドバイ経由、エティハド航空Etihad Airways（EY）のアブダビ経由など、中近東の各都市を経由する方法もある。

■ たいていは翌朝到着

南米への一般的なフライトは、日本を夕方に出発し、翌日の早朝に南米の都市に到着する。所要時間は航空会社や経由地での乗り継ぎ時間により25時間〜。しかし、ベネズエラ、ボリビア、エクアドル、パラグアイなどの都市へは、行きか帰り、もしくは両方ともアメリカの都市で1泊せざるを得ないケースがある。

日本とペルー／ボリビア／エクアドル／コロンビアを結ぶおもな航空会社

キト、リマ、ボゴタへは1回の乗り継ぎで行くことができるが、ボリビアのラ・パスへは通常2回以上の乗り継ぎとなる。右ページのルート図は最短で行くことのできる一般的なフライトルート。経由地は変わることがある。

JAL（日本航空）
Japan Airlines（JL）
☎0570-025-031
☎(03)5460-0511
URL www.jal.co.jp
・成田→ロスアンゼルス→リマ
・成田→ダラス→リマ／ボゴタ

アメリカン航空
American Airlines（AA）
☎(03)4333-7675（予約）
URL www.americanairlines.jp
・成田→ダラス→リマ／ボゴタ
・成田→ダラス→マイアミ→キト

ANA（全日空）
All Nippon Airways（NH）
URL www.ana.co.jp
☎0570-029-333
・成田→ヒューストン→リマ／ボゴタ／キト

ユナイテッド航空
United Airlines（UA）
☎(03)6732-5011
URL www.united.com
・成田→ヒューストン→リマ／ボゴタ／キト
・成田→ヒューストン→リマ→ラ・パス

デルタ航空
Delta Air Lines（DL）
☎0570-077-733
URL ja.delta.com
・成田→アトランタ→リマ／ボゴタ／キト

日本のおもな専門旅行会社
テーマを掘り下げる旅行などに強い、日本にある専門旅行会社。気軽に相談してみよう。

グランツールジャパン
☎(03)3561-7511
URL www.grantour.co.jp
西遊旅行
☎(03)3237-1391（東京）
☎(06)6367-1391（大阪）
URL www.saiyu.co.jp

航空券を購入する

■ 日本で航空券を探す

　近年は各航空会社や旅行会社で扱う航空券を一括して検索できる、航空券比較サイトの利用が便利。南米の諸国間路線や国内路線となると便数が限られるため、南米を専門とする旅行会社に依頼するのが確実だ。

■ 航空券の種類

　航空券には正規料金のほかに、ペックス運賃PEXや格安航空券などの種類がある。ペックス運賃とは各航空会社が出している正規の割引料金のこと。ペックス運賃や格安航空券は、正規運賃よりもだいぶ安いが、期間やルートの変更ができないなどの制限がある。一般的にペックス運賃のほうが有効期間が長く、キャンセル料も低めの場合が多いが、発券期限など条件が厳しい。

日本のおもな専門旅行会社
エヌオーイー
☎ (03)5207-2369
URL sti.webcrow.jp
トランスオービット
（ザ・ワールド）
☎ (03)3539-5365
URL www.theworld-j.com
ファイブスタークラブ
☎ (03)3259-1511（東京）
☎ (06)6292-1511（大阪）
URL www.fivestar-club.jp
ユーラシア旅行社
☎ (03)3265-1691
Free 0120-287593
URL www.eurasia.co.jp
ラティーノ
Free 0120-029-777（東京）
Free 0120-292-177（大阪）
URL www.t-latino.com

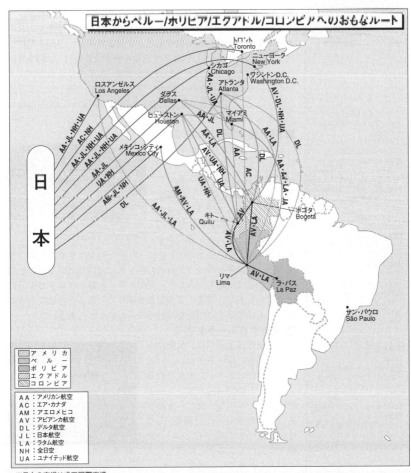

日本からペルー/ボリビア/エクアドル/コロンビアへのおもなルート

アメリカ
ペルー
ボリビア
エクアドル
コロンビア

AA ：アメリカン航空
AC ：エア・カナダ
AM ：アエロメヒコ
AV ：アビアンカ航空
DL ：デルタ航空
JL ：日本航空
LA ：ラタム航空
NH ：全日空
UA ：ユナイテッド航空

※日本の空港は成田国際空港

■ 南米各国内移動の航空券について

　南米の国々の間を、アメリカン航空やユナイテッド航空のほかに、ラタム航空やアビアンカ航空などがフライトしている。航空券は、各航空会社のホームページで直接購入することも可能だが、日本で南米行きの航空券を手配した会社にまとめて頼んでしまうのが便利。しかし、南米の各国内のローカル路線は、どこの旅行会社でも手配できるわけではない。国内をあちこち移動するなら、南米ツアーなどを手がける会社に頼んだほうが安心だ。

　日本では南米国内のディスカウントチケットを購入することはまずできないので、ノーマルチケットを買うことになる。時間に余裕があれば現地の旅行会社などでチケットを購入することも可能で、その場合は往復割引や夜間割引、早割などが適用されることもある。

飛行機利用のアドバイス

■ オーバーブッキングについて

　オーバーブッキングOverbookingとは予約超過、つまり当日のキャンセル客を見込んで航空会社が定員より多めに予約を受け付けること。だから、もし当日キャンセルが少なければ、予約を入れたはずのフライトに乗れない乗客が出る。南米ではこのトラブルがたまにある。これを防ぐためには当日時間に余裕をもって空港へ行くこと。国内線なら出発の1時間前、国際線なら2時間前には搭乗手続きが開始される。

■ 経由便の飛行機がある

　日本ではあまり考えられないことだが、広い南米の国々では出発地から最終地点までの間に、あちこちの都市に寄港するフライトがよくある。列車やバスのように寄港するたびに何人かを降ろし、また何人かが

リマからプエルト・マルドナードに行く飛行機はクスコを経由する

乗ってくるという具合に。事前に、自分の乗るフライトが直行便なのか、経由便なのか、その場合何ヵ所に経由していくのかを把握しておこう。機内のアナウンスがスペイン語やポルトガル語だけのこともあり、間違って飛行機を降りてしまったら最後、次のフライトは翌日まで待たなければならないこともある。

■ 欠航するルートもある

　気候条件によっては、欠航になることが多いルートがある。また、乗客が少ないとキャンセルになることもあるので、国内のフライトはキャンセルになったことも踏まえて、余裕をもった計画を。南米は長距離バスが発達している。距離や時間にもよるが、陸路をうまく組み合わせるのも方法だ。

飛行機から眺めるアンデスの景色も素晴らしい

陸路

■ 南米諸国を国境を越えて旅する

12の独立国とひとつの植民地がひしめいている広大な南米大陸。旅を続けていれば、国境を何回も越えることになるだろう。

国境はスペイン語でフロンテーラFronteraという。国境管理事務所（出入国管理事務所）はイミグラシオンImigración、あるいはミグラシオンMigración。どの国境でも通過できるわけではなく、治安状況などから国境越えができない場所がある。代表的な国境越えルート以外は、事前に現地で状況を把握して、トラブルに巻き込まれないよう注意しよう。

国境越え交通のおもなパターン

■ 国際バス、国際列車

主要都市から隣国の都市へ直通バス、列車がある。バスの場合は国境管理事務所でいったん降りて手続きをし、再び同じバスで次の町へ向かう。列車の場合は車内に係員が乗り込んできて手続きが行われることもある。

■ 国境で乗り換え

直通の交通機関がない場合は、国境近くの町からバスやコレクティーボColectivoと呼ばれる乗合タクシーなどで国境へ向かい、国境の出入国管理事務所で手続きをする。そして次の国の国境からまた同じような交通機関に乗り換える。

■ 直通コレクティーボ

国境近くの町から隣国の国境の町まで直通で走るコレクティーボ。国境での手続きは運転手が面倒を見てくれるので便利。

ラタム航空グループの周遊パス

ラタム航空は、航空券が割安となるエアパス（ラタム・エアラインズ・サウスアメリカ・エアパス）を発売している。利用条件が限られるため、南米専門の旅行会社に問い合わせて購入するのが一般的。

ラタム航空グループ
[住]〒103-0024
東京都中央区日本橋小舟町
13-3 日本橋IPビル5階
☎(03)5695-1642
[FAX](03)5695-1827

プーノとラ・パスを結ぶバス

国境越えの注意点

①観光でもビザが必要な国に入国する際は、必ず事前にビザを取得すること。国境でのビザ取得はほぼ不可能。
②国が変われば、通貨が変わる。国境には銀行はないが、両替所があるか、両替屋がいるので困ることはない。ただし、レートが悪いことがある。
③入国審査や税関オフィス（国境管理事務所）は、すべて国境にあるわけではない。国境から離れた最寄りの町なかにある場合も多いため、手続きする場所を事前に確認しておこう。
④南米の国境管理事務所で起こるトラブルで一番多いのは、入国手数料というお金を要求されることがあること。たいてい払わざるを得なくなる。同じ国への入国でも、国境や係官によって金額が違っていることも。このへんが入国手数料のフシギといわれているところだ。
⑤所持金をどのくらい持っているか聞かれる場合、これは、その国に滞在するだけのお金を持っているかということなのだが、この際、大量のキャッシュは見せないほうがいい。あとで入国手数料（税）などと称して手品を見るようにお金が減る場合がある。少額現金のみ見せるようにしよう。
⑥スタンプは、必ずもらうこと。入出国スタンプをパスポートに押してもらわないと相手先国で入国を拒否されることがある。
⑦国境を通過する時間があまり遅くなると、閉門され、国境の町で一夜を過ごすことになる。小さな町だとあまりいい宿もないので、国境到着の時間は余裕をもって。
⑧麻薬類はもちろんのこと、コカの葉は絶対持ち込まないように。

代表的な国境越えルート

ペルー←→ボリビア
1プーノ～ラ・パス

ティティカカ湖を挟んだプーノとラ・パスは、バスで湖畔を走って国境を越えるルートと、バスとボートを利用して国境を越えるルートがある。バスとボートの場合も2種類あり、ひとつはプーノからボリビア側の拠点となるコパカバーナまで、ティティカカ湖をクルーズしながら行く観光ルート。もうひとつは、ほとんどがバスで、ボリビア側のチュアというところで10分ほどボートに乗ってティティカカ湖を渡る。ボートを利用するコースは8～10時間。バスのみの場合は約5時間。出入国手続きはコパカバーナ手前で行われ、国境は歩いて越える。

エクアドル←→ペルー
2ウアキージャス～トゥンベス

ウアキージャスはマチャラMachalaからバスで約1時間30分の国境の町。出入国管理事務所は国境ではなくウアキージャスの町の中心にあるので、国境に向かう前に必ずスタンプをもらう。入国する人も忘れずにここへ。国境はウアキージャスの先にあり、歩いて行ける。

ペルー側の町はトゥンベス。国境からトゥンベスの町までは、コレクティーボが走っている。気をつけたいのは、トゥンベスへの途中にペルーの出入国管理事務所があることだ。コレクティーボのドライバーに言って事務所でいったん降ろしてもらうのを忘れずに。

ペルーのリマからエクアドルのグアヤキルへ直行する

双方の国旗を掲げた国境越えバス

る大型バスも運行されている。

ペルー←→チリ
3タクナ～アリカ

ペルー～チリの国境を越える長距離バスがある。

ボリビア←→チリ
4ラ・パス～アリカ

バスは直行便と国境の町タンボ・ケマドTambo Quemadoで乗り換えるものがある。

5オルーロ～アリカ

この区間はほぼ毎日運行している。オルーロからイキケ(チリ)へ行く便も毎日運行。

ボリビア←→アルゼンチン
6ビジャソン～ラ・キアカ

ボリビア側の国境の町、ビジャソンへはオルーロやウユニからフェロビアリア・アンディーナFerrocarril Andina(FCA)が週4便運行する列車で行くことができる。そこで列車を降り、徒歩で国境を越える。ビジャソンに出入国管理事務所があり、そこからラ・キアカまでは徒歩約20分。ラ・キアカとアルゼンチン各地の間はバスが結んでいるが、サン・サルバドール・デ・フフイSan Salvador de JujuyまたはサルタSaltaと結ぶ路線が一般的。

ボリビア←→ブラジル
7キハロ～コルンバ

サンタ・クルスからキハロまではフェロビアリア・オリエンタルFerroviaria Oriental(FCOSA)が運営する鉄道を利用する。所要約18時間だが、しばしば遅れが出るためこのルートで国境越えを考えるなら時間に余裕をもって計画を立てたい。キハロの鉄道駅から国境まではタクシーに乗り、ブラジルに入国してからバスに乗り換えてコルンバの市内へ。そこからはブラジル各地へバス路線が整備されている。

このルートで注意しなくてはならないのは、ブラジル側の国境では出入国の手続きがされていないということ。コルンバ市内にある警察署で入国スタンプをもらってから国内を旅するように。逆にブラジルからボリビアへ渡る際にも市内で出国手続きを済ませてから国境へのバスに乗るように。

コロンビア←→ペルー
8レティシア～サンタ・ロサ～イキトス

アマゾン河に面したレティシアのムエジェ港Puerto Muelleから対岸のサンタ・ロサまで渡しの小型ボートで行き、そこからイキトス行きに乗る。イキトスまで所要約10時間、US＄60程度。ブラジルのマナウスManaus行きの船もあり、丸4日ほどかかる。

コロンビア
キトQuito
2 エクアドル 8
ウアキージャス
Huaquillas
トゥンベス イキトス レティシア
Tumbes Iquitos Leticia
マナウス
Manaus
ペルー
ブラジル
リマ
Lima
1
ボリビア
Puno プーノ
Tacna タクナ 4 ラ・パス La Paz 7
オルーロ キハロ
3 Oruro Quiharro
アリカ コルンバ
Arica 5 Corumbá
ビジャソンVillazón
チリ 6
ラ・キアカ La Quiaca
アルゼンチン

旅の持ち物

旅の持ち物

　個人旅行で南米へ行く人は、自分で荷物を持ってあちこち移動することになるので、荷物は最小限に抑えておきたい。足りないものは旅の途中で、必要に応じて買い求めることもできる。大きな町にはデパートやスーパー、地方にはメルカド（市場）がある。ただ、日本から持っていったほうが安心できて安いもの（カメラ、カメラのメモリー、パソコンやタブレットなど）と、薬類や化粧品類、ポケットティッシュやウエットティッシュ、日本でしか手に入らないもの（辞書、ガイドブックなど）は忘れずに！

旅の服装

　南米には、あらゆる気候が揃う。温帯地域から熱帯、砂漠、ジャングル、山岳地方、そして寒帯まである。特に山岳地方や砂漠気候のところでは、昼夜の温度差が20℃近く違うこともある。

　そうなると服装もひととおりのものが必要となる（詳しくは、各国別の注意事項を参考に）。少ない着替えで暑さ、寒さをのりきるには、重ね着のできるものを用意するのがいい。特に風を防ぐウインドブレーカーやマウンテンパーカー、首や体に巻いて寒さをしのげるストールやマフラーなどは、ぜひとも持っていきたい。暑い国であっても、日焼けや虫除けを考えて、長袖・長ズボンを用意しよう。また、靴はしっかりとした歩きやすいものがベスト。

　セーターや革製品は現地調達もできる。アルパカのセーターやマフラーなどは品質もよく、かわいいものが手頃な値段で手に入る。ボリビア、ペルー、エクアドル山岳部の代表的なおみやげだ。

荷物について

■ 飛行機の受託手荷物（チェックイン・バゲージ）

　ハードなスーツケースか、バックパックや背負うこともできるソフトキャリーバッグかは、旅先および、現地での過ごし方による。ツアー参加や移動が少ない場合は、スーツケースでも問題ないが、長距離バスに乗ったり、自分で荷物を運ぶことが多い場合は、背負える機能の付いたバックパックやスリーウェイバッグがおすすめ。なお、バックパックの収納は重い物を下（底）にするのがポイント。

　空港でチェックイン時に預けるチェックイン・バゲージ（受託手荷物）は2個までで、重量は航空会社や路線にもよるがだいたい20〜32kgの間で定められている。これを超えると預かってもらえなかったり、追加料金を請求される場合がある。

コロンビアからボリビアにかけてのおもな気候
　赤道に近いコロンビアやエクアドルは、全体的には年間を通して暑い。ただし、両国ともアンデス山脈が国内を貫き、首都のキトやボゴタなどは標高が高いため温暖な気候。赤道直下とはいえ、海岸沿いやアマゾン地域などへ行かない限りは、暑さ対策はさほど必要ない。
　ペルーにはアマゾンから高地まで、あらゆる気候が揃っている。日本人に人気のクスコは高地に位置し、雨季と乾季がある。4〜10月にかけての乾季は毎日青空が広がり、夜になると、気温は低くなる。山岳部の特徴として、日中と朝晩の気温差が激しい。最も寒い6〜7月の朝晩は氷点下となる日もあるので、防寒対策が必要だ。マチュピチュはクスコよりも1000mほど標高が低く、12〜1月頃の日中は暑いくらいの日もある。また、雨季には毎日のように雨が降る。
　山岳部の多いボリビアは、山岳気候に属するため雨季と乾季があり、寒暖の差が激しい。ウユニ塩湖に水が張るのは、雨季の始まりから少したった、11〜3月ごろにかけて。

受託手荷物へのサービス
　南米では、まれに受託手荷物としたスーツケースやバックパックが壊されたり切られたりして中身を抜かれることがある。そのため、南米の空港には、スーツケースにビニールテープをぐるぐると巻いてくれるサービスがある（有料）。心配な人はお願いするとよい。ただし、米国経由などで帰国の場合は、テロ対策でビニールが開けられてしまう。

受託手荷物の重量と数
　航空会社や経由地、座席のクラスによっても条件が異なる。例えばアメリカン航空のエコノミークラスに乗り、アメリカからペルーへ移動する場合には、受託手荷物は3辺を足した合計が158cm以内、23kg以内のものを2つまでと決まっている。詳細は、事前に各航空会社に確認しよう。

機内に持ち込めないもの
　刃物類、ナイフ類、カッター類、マッチ、オイル充填式カイロなど。スプレー缶については、500ml以下で、キャップなどで噴射弁を押さないような措置がされていれば持ち込み可。防水スプレーは不可。
受託手荷物に入れられないもの
　カメラなどの製品内のリチウムイオン電池については160whを超えるものは機内持ち込み、預けともできない。160wh以下のものは手荷物として持ち込む。ただし、1人2個まで。リチウムイオン電池が取り外せないヘアカーラー、ヘアーアイロン、アルコール度数が70度を超える酒類、接着剤、漂白剤、LPガスボンベも機内持ち込み、預けともできない。ライターは受託手荷物には入れられない。
国土交通省
　航空機への危険物の持ち込みについて
URL www.mlit.go.jp/koku/15_bf_000004.html
液体物の持ち込みについて
　機内へ液体物を持ち込む際は以下のルールがある。
①液体物は100ml以下の容器に入れる。
②容器を1リットル以下の透明なプラスチック袋に入れる。この際、袋はジッパー付きの再封できるものを。
③持ち込める袋は乗客ひとりにつき1袋のみ。

■ 機内持ち込み手荷物（キャビン・バゲージ）

　機内へ持ち込める荷物（キャビン・バゲージ）はひとりひとつまで（身の回り品を入れたハンドバッグを除く）。またサイズは3辺の合計が115cm以内で、重さは合計12kgまで（航空会社により異なるので、事前に確認）となっている。機内持ち込み手荷物についての注意事項は欄外参照。

　機内持ち込み手荷物はチェックインの際やセキュリティチェックの際に規格内サイズかどうか計り、オーバーしていると預けなければならないことになっているが、実際の可否は現場判断となっている場合が多い。

入国＆税関でのトラブル予防法

　麻薬の取り締まりの厳しい国では、けっこう綿密に荷物を調べられる。もしそれらのものを持っていれば、刑務所行きであることはいうまでもない。また風邪薬、胃薬などの薬類は購入時の状態の、箱や瓶に入ったままで持ち運んだほうがいい。粉末状のものは、聞かれた際に何なのか、答えられるようにしておこう。場合によっては、別室などで荷物を開け、すべてをチェックされることもある。

　そのほか、必要以上にたくさんの電気製品やカメラを持っていると課税対象とみなされる。カメラのほか、携帯電話やタブレット端末、音楽プレーヤーなど、個人が使う範囲の数であれば特に注意されることもない。新品を持っていく場合は、未開封の箱の状態で持っていると贈答品として課税されることがあるので注意すること。

持ち物チェックリスト

	品　名	チェック		品　名	チェック		品　名	チェック
貴重品	パスポート		日用品	貴重品入れ		その他	かゆみ止め、虫除け	
	ビザ（必要であれば）			歯みがきセット			ガイドブック	
	航空券またはeチケットの控え			洗顔料			会話集、辞書	
	現金（日本円、USドル）			ひげ剃り			変換プラグ	
	ESTAのコピー（米国経由）			化粧品			カメラとメモリー	
	クレジットカード			石鹸、シャンプー			充電器・充電コード	
	海外旅行保険証			タオル			電卓	
	ホテルのバウチャーもしくは予約確認書			ティッシュペーパー			パスポートのコピー	
	顔写真			洗剤			国外免許証（必要であれば）	
	国際学生証			旅行用ハンガー			メモ帳、筆記用具	
衣類	下着類			日焼け止めクリーム			目覚まし付き時計	
	Tシャツ			室内用スリッパ			ドライヤー	
	ズボン		薬品類	常備薬			爪切り、耳かき	
	長袖シャツ			下熱鎮痛剤			ソーイングセット	
	防寒具			胃腸薬			万能ナイフ	
	くつした			風邪薬			サングラス	
	帽子			ばんそうこう			折りたたみ傘・雨具	
	ウインドブレーカー・防寒具			生理用品			ビニール袋	

※米国経由の場合は、ESTAの認証控え（コピー）を持参するほうがよい。航空会社によっては提示を求めてくる場合も。

旅の技術 出入国の手続き

空港利用のアドバイス

成田国際空港には、第1～3まで3つのターミナルがある。自分の利用する航空会社がどのターミナルから出発するか、事前に確認しよう。ターミナル間は無料のターミナル連絡バスにて移動可能。

南米行きのフライトは成田空港発着が一般的だが、個人でチケットを手配した場合など、東京国際空港（羽田空港）から乗り継ぎ地となる都市へフライトする場合もある。

日本出国

①出発する空港に到着

出発する2時間以上前には空港に到着するように。

②搭乗手続き（チェックイン）

国際線の場合、通常2時間前から利用する航空会社もしくは旅行会社のカウンターにてチェックインを開始する。eチケットとパスポートを窓口で係員に提示するか、自動チェックイン機でチェックインをする。手続き後、搭乗券などとパスポートを受け取り、搭乗時間とゲートについて案内を受ける。同時に機内持ち込みの荷物以外を預けてクレームタグを受け取る。荷物が出てこないときはこれが証明となるので、大切に保管すること。受託手荷物が最終目的地まで行くかどうかの確認も忘れずに。

③手荷物検査

ハイジャック防止のため、金属探知機をくぐり、持ち込み手荷物のX線検査を受ける。この際、液体物はP.398欄外にあるように、ビニールの袋に入れて手荷物から出す。

④税関

日本から外国製の時計、カメラ、貴金属などの高価な品物を持ち出す場合は、「外国製品の持出し届」に必要事項を記入して出国前に係員に提出すること。この届け出をしないと海外で購入したと見なされ、帰国の際に課税される可能性がある。また、100万円相当額を超える現金などを携帯する場合には「支払手段等の携帯輸出・輸入申告書」が必要となる。

⑤出国審査

原則として顔認証ゲートを利用し、本人照合を行う。パスポートにスタンプは押されないが、希望者は別のカウンターで押してもらえる。

⑥飛行機に搭乗

搭乗は通常出発の40分くらい前から。搭乗までは免税店でショッピングしたりできるが、案内された時間に遅れないよう、早めにゲートの近くに移動しよう。なお、搭乗時間やゲートは変更になることがあるので、モニター画面などでチェックしよう。

空港へのアクセス
（→P.403）

成田国際空港
☎(0476)34-8000
[URL] www.narita-airport.jp

東京国際空港（羽田空港）
☎(03)6428-0888
[URL] www.haneda-airport.jp

関西国際空港
☎(072)455-2500
[URL] www.kansai-airport.or.jp

セキュリティチェック
機内持ち込み手荷物のX線検査とボディチェックがある。ナイフやはさみなどは機内に持ち込めないので、受託手荷物に入れておこう（→P.397）。

チェックイン時のセキュリティチェックは不要
成田国際空港、羽田空港、関西国際空港、中部国際空港では、受託手荷物のセキュリティチェックに、インラインスクリーニングシステムを導入している。これは、爆発物検知装置を手荷物の輸送システムに組み込んで、セキュリティチェックを自動的に行うもの。チェックイン前のセキュリティチェックは行われない。

「支払手段等の携帯輸出・輸入申告書」の提出について
合計額が100万円相当額を超える現金（本邦通貨、外国通貨）、小切手などを携帯して持ち出す場合、申告書の提出が必要。
[URL] www.customs.go.jp/kaigairyoko/shiharaishudan.htm

日本出入国時の顔認証ゲート
成田、羽田、関西、中部、福岡の各国際空港で導入されている、顔認証による自動化ゲート。利用者はパスポートをスキャナーにかざし、顔写真の撮影を行う。事前の登録は必要ない。

入出国カードと
税関申告書

アメリカの税関申告書は、通常、日本からの飛行機では日本語様式がある。乗り継ぎの場合、4の「米国における滞在・居住先の住所」の欄には「Transit to 目的地（ペルーの場合はPeru）」と記入。アメリカで1泊する場合はホテル名を記入。8の「渡米に先立って訪れた国」に関しては、なければ記入しなくてよい。10番以降はよく読んで質問に答えよう。

申告する物があれば裏面に記入する

南米入国

① アメリカ入国

アメリカ入国が初めての場合、機内で配られる税関申告書に必要事項を記入する。これは家族で1枚でOK。2008年以降にESTAを取得してアメリカに入国したことがあれば、経由地の空港の自動入国審査端末（APC）を利用できるので、税関申告書の記入は不要。日本からの乗り継ぎ便が利用する主要空港にはAPCがあるが、特殊なルートで地方空港を利用する場合などは、税関申告書を記入しておこう。

空港に到着したら、入国審査の列に並び、順番がきたらパスポートと税関申告書を提出。入国スタンプを押したパスポートと税関申告書が戻されるので、そのまま預け荷物受け取り所バゲージクレームへ。日本からの荷物は通常、最終地点まで運ばれるのでここで荷物をピックアップする必要はなく、係官に税関申告書を渡して乗り継ぎターミナルへと移動する。荷物がいったん出てくる場合は、荷物をピックアップしてから係官に税関申告書を渡し、出てすぐの荷物預け場所で再度荷物を預け（リチェックイン）、乗り継ぎ便の搭乗口へと向かう。

APCでの入国方法は下記のとおり。なお、帰りはすべての人がAPCを利用できる。

② 南米の国の入出国カードの記入

南米へ空路で入国する場合、機内で訪問する国の入出国カードが配られるので、着陸する前に記入を済ませておく。このとき税関申告書も配られるので一緒に記入する。近年は出入国カードを廃止する国が増えており、2019年10月現在、空路でペルーのリマからの入国、エクアドルのキトからの入国については、出入国カードは必要ない。税関申告も、申告する物がある場合のみ記入と

自動入国審査端末（APC）について

ロスアンゼルス、ダラス、アトランタ、ヒューストンなどアメリカ国内の主要空港には、自動入国審査Automated Passport Control（APC）の端末が導入され、スピーディに入国審査の手続きを行うことができる。自身でパスポートを読み取り、指紋採取、顔写真の撮影などを行う。言語選択で日本語表示を選ぶこともでき、操作も簡単だ。

■下記条件を満たす人が利用可能

① 2008年以降に指紋採取と顔写真撮影をしてアメリカに入国したことがある。
②有効なESTAを所持している。

※自動入国審査端末を利用できるのは、ESTAを取得してから1度以上入国したことのある人。初めて入国する場合は、通常の対面式の入国審査を受けなくてはならない。また、新しいパスポートに切り換えた場合も、最初の1回は通常の入国審査となる。なお、通常の入国審査を受ける場合は、機内で配られる税関申告書への記入が必要。

■端末操作の流れ

①画面をタッチし、言語（日本語）を選択
②税関申告の質問事項に回答
③ESTAの所持確認
④パスポートをスキャン
⑤旅行の主な目的を選択、回答
⑥指紋採取
⑦顔写真の撮影
⑧家族同伴かどうかの質問に回答
⑨提供した情報に嘘はないか回答
⑩便名が表示されるので正しいか確認
⑪発行されたレシートを受け取り、係官のブースへ進み、パスポートとレシートを提出。入国スタンプが押される
⑫バゲージクレームを通って税関へ移動、レシートを税関係員に渡す

※入力内容や指紋採取などで不備があった場合、×（バツ）が表示されたレシートが発行される。その場合、近くにいる職員に問い合わせるか審査官のいるブースに進み指示を仰ぐこと。

なる。詳しくは各国のジェネラルインフォメーションを参照のこと。陸路の場合は管理事務所に備えつけの出入国カードを記入する。

③ 入国審査

空港なら順路に従って入国審査係官のいるカウンターへ。陸路なら国境の出入国管理事務所へ。係官の前に立ったら、パスポートと入国カードなどを提出する。

指紋や顔写真を撮られるアメリカでの入国審査に比べれば、南米の入国審査は、渡航目的や滞在日数を聞かれることがあるものの、それほど厳しくはない。これを終えるとパスポートに入国のスタンプが押されて返却される。

④ 税関審査

入国審査が終了したら、バゲージクレームへ。搭乗前に預けた荷物をターンテーブルからピックアップし、税関審査のカウンターへ。税関申告書類のある国は、機内で記入した税関申告書を提出し、指示があれば荷物を開けて見せる。カウンターでボタンを押し、点滅した信号の色で荷物チェックをするかしないかを決める国もある。これでようやく空港ロビーへ出られ、旅の第一歩が始まる。

南米の国内をフライトする飛行機は、小型のプロペラ機だったりすることもある

南米出国

各航空会社のカウンターでパスポートとeチケットを見せて搭乗券を受け取る。受託手荷物はここで預ける。麻薬の取り締まりの厳しい国（コロンビア、ベネズエラ、ボリビアなど）では、何時何分にどこで荷物をパッキングしたか、など質問される場合も。したがって時間に余裕をもって行くこと。出発の2時間前には空港に着くようにしよう。その後、出発ゲートに向かい、出国審査を受ける。入国の際に出入国カードを記入し、出国用の半券を渡された場合は出国審査の際に提出。それ以外は係官にパスポートのみを提出し、出国スタンプを押してもらう。手荷物検査を受けたら搭乗時間まで、買い物や食事をして過ごそう。

リマのホルヘ・チャベス空港。空港の出発カウンターには長い列ができるので、早めに行ってチェックインしたほうがいい

日本帰国

アメリカ経由で日本へ帰る場合、再度アメリカで入国審査がある。日本からアメリカに入国する場合と同じだが、帰りは自動入国審査端末（APC）が利用でき、時間が短縮される（設置されていない空港の場合は、通常の対面式で入国手続きをする）。ESTAは一度取得すれば有効期間内なら何度でも入国できるため、改めて取得手続きをする必要はない。

日本に到着したら、まず検疫を通過する。体調の悪い人は検疫のオフィスへ出頭して相談すること。次に入国審査を受け、パスポートにスタンプを押してもらう。受託手荷物をターンテーブルからピックアップして、税関で審査を受ける。

日本に持ち込める免税範囲は決められている。表の範囲を超える物品には関税がかけられるので、申告書をよく読んで申告しよう。該当するものがない場合も申告書「携帯品・別送品申告書」の提出が（1家族ごとに）義務づけられているので、機内で配られた用紙に記入を。日本の空港の手荷物検査場でも入手できる。また、コカの葉など輸入禁止物にも気をつけよう。コカの葉を使った製品は、ペルーやボリビアではさまざまなものが販売されているが、持ち込みは禁止だ。なお、検疫証明書の添付がない牛肉加工製品の持込みは禁止されている。未成年の場合、酒、たばこは免税にならないので注意。

税関に「携帯品・別送品申告書」とパスポートを提出し税関検査を受けたら、出口から到着フロアへと出る。

持ち込み免税範囲

品名	数量または価格	備考	免税範囲を超えた場合の税金
酒類	3本	1本760ml	ウイスキー、ブランデー800円、ラム、ジン、ウオッカ500円、リキュール400円、焼酎300円、その他（ワイン、ビールなど）200円 ※いずれも1リットルにつき
たばこ	紙巻きたばこのみの場合400本、葉巻のみの場合100本、その他の500g		1本につき13円
香水	2オンス（1オンスは約28ml）	オーデコロン、オードトワレは含まれない	15%
その他の品目	20万円（海外市価の合計額）	同一品目の海外市価の合計額が1万円以下のものは算入する必要なし	関税が有税の場合は15%。無税の場合、軽減税率が適用されるものは8%、それ以外は10%

※上記は、携帯品と別送品（帰国後6ヵ月以内に輸入するもの）を合わせた範囲。

携帯品・別送品申告書（記入例）

※A面下段の署名はパスポートの署名と同じであること。

おもな
日本への輸入禁止品目
・麻薬類とその専用器具
・けん銃などの銃器、弾丸、その部品など
・爆発物
・貨幣、紙幣などの偽造品（有価証券も含む）
・わいせつな雑誌、わいせつなDVD、児童ポルノなど
・偽ブランド商品、海賊版などの知的財産侵害商品
・家畜伝染病予防法や植物防疫法などで定める特定の動物や植物など
税関ホームページ
URL www.customs.go.jp

おもな輸入制限品目
ワシントン条約に基づき、規制の対象になっている動植物およびその加工品（象牙、ワニやヘビ、トカゲ、アルマジロなどの皮革製品、動物の毛皮や敷物など）、ハム、ソーセージ、果物などは、税関検査の前に検疫手続きが必要。
また、個人で使用する場合の医療品、化粧品1品目24個以上など、一定数量を超える医薬品類は、厚生労働省の輸入手続きが必要。
動物検疫所
URL www.maff.go.jp/aqs
植物防疫所
URL www.maff.go.jp/pps
厚生労働省
（医薬品等の個人輸入）
URL www.mhlw.go.jp/topics/0104/tp0401-1.html

成田国際空港へのおもなアクセス

京成上野➡日暮里	京成スカイライナー 京成上野43分、日暮里38分／ 2520円 京成アクセス特急 京成上野56分、日暮里52分／ 1270円 京成電鉄特急 京成上野73分、日暮里70分／ 1050円 京成電鉄上野案内所 ☎(03)3831-0131 URL www.keisei.co.jp
久里浜➡大船➡横浜 ➡東京	JR快速・成田空港行き 久里浜180分／ 2640円、大船140分／ 2310円、横浜120分／ 1980円、東京90分／ 1340円 JR東日本お問い合わせセンター ☎050-2016-1600 URL www.jreast.co.jp
上 野	JR成田線 我孫子駅、成田駅で乗り換え120分／ 1340円 JR東日本お問い合わせセンター ☎050-2016-1600 URL www.jreast.co.jp
大宮➡池袋➡新宿➡渋谷➡東京 大船➡戸塚➡横浜➡品川➡東京	JR特急成田エクスプレス 大宮110分／ 3910円、池袋80分・新宿 75分・渋谷73分・品川65分／ 3250円、大船105分・戸塚100分／ 4700円、横浜85分／ 4370円、東京50分／ 3070円 JR東日本お問い合わせセンター ☎050-2016-1600 URL www.jreast.co.jp
羽田空港➡品川	京急エアポート快特（直通）羽田空港90分／ 1720円、 品川80分／ 1550円 京急ご案内センター ☎(03)5709-0000 URL www.keikyu.co.jp
①東京駅八重洲南口 ②新宿駅西口 ③羽田空港 ④東京ディズニーリゾート ⑤東京シティエアターミナル(T-CAT) ⑥横浜シティエアターミナル(YCAT) ⑦八王子	リムジンバス ①80〜90分／ 2800円　②95〜120分／ 3200円 ③80〜90分／ 3200円　④55〜95分／ 1900円 ⑤60〜90分／ 2800円　⑥85〜110分／ 3700円 ⑦120〜165分／ 3900円 リムジンバス予約・案内センター ☎(03)3665-7220 URL www.limousinebus.co.jp
①大江戸温泉物語 ②東雲車庫 ③東京駅八重洲口前 ④銀座駅（有楽町）	京成バス（東京シャトル） ①約105分　②約95分　③約65分　④約69分／ すべて1000円（深夜・早朝便は2000円） 京成高速バス予約センター　(047)432-1891 URL www.keiseibus.co.jp/kousoku/nrt16.html ※京成バス、成田空港交通、京成バスシステムによる共同運行

関西国際空港へのおもなアクセス

米原 草津 ➡京都➡新大阪➡天王寺	JR特急はるか 米原120〜140分／ 5500円、草津90〜110分／ 4390円、京都90分／ 2900円、新大阪60分／ 2380円、天王寺35 分／ 1740円　※自由席の料金 JR西日本お客様センター　☎0570-00-2486 URL www.jr-odekake.net
京橋➡大阪➡天王寺	JR関空快速 京橋80分、大阪70分／ 1210円、 天王寺55分／ 1080円 JR西日本お客様センター　☎0570-00-2486 URL www.jr-odekake.net
なんば	空港急行 なんば約44分／ 930円 南海特急ラピートα、β なんば38分／ 1450円 南海テレフォンセンター ☎(06)6643-1005 URL www.nankai.co.jp
①新梅田シティ ②大阪駅前（梅田） ③神戸三宮	リムジンバス ①60〜70分／ 1600円　②60〜70分／ 1600円 ③70〜80分／ 2000円 関西空港交通 ☎(072)461-1374 URL www.kate.co.jp
神戸空港	神戸ー関空ベイ・シャトル30分／ 1880円 ベイ・シャトル予約センター ☎(078)304-0033 URL www.kobe-access.jp

※乗車時間と料金は2019年10月現在。JRの特急券は繁忙期と閑散期で料金が変動する。上記は通常期。

ホテルについて

予約は必要か?

おもな都市には中～高級ホテル（いくつもある）。それにも増して安い宿はたくさんある。ただし、不安な場合や深夜着（飛行機が遅れることもしばしば）の1泊目の場合は予約しておいたほうがいい。また、人気の高い高級ホテルやプチホテルなども事前の予約が必須だ。

日本からホテルに直接予約を入れられるのは、ホームページやメールがある中級以上のホテルに限られる。現地の旅行会社をとおしたほうが、手数料が含まれていても安いことがある。また、ホテルの予約サイトを利用して予約するのもいい。

ホテルの予約サイト
エクスペディア
URL www.expedia.co.jp
ホテルズドットコム
URL www.hotels.com
ブッキングドットコム
URL www.booking.com

**混雑が予想される
シーズン**

リオのカーニバルやクスコのインティ・ライミなど大きなイベントや有名なお祭りが行われる場合は、かなり前から予約をしたほうがいい。料金も、この時期だけは倍近くまで跳ね上がることも。

ほか、クリスマスから年末年始にかけてと2月末から4月初めのセマナ・サンタSemana Santa（聖週間）、7月中旬～8月頃が、南米のバケーションシーズン。この時期に旅する人は、事前にホテルを予約するようにしたい。

南米のホテル事情

都市部や観光地なら、5つ星の高級ホテルからユースホステルまで幅広く揃う。地方の町に行くと、町一番のホテルでも2つ星という場合も。安宿と高級ホテルの格差は激しく、快適に過ごしたいなら3つ星以上のホテルにしたほうがいい。ホテルの料金はペルーのリマ、クスコ、ブラジルのサン・パウロやリオ・デ・ジャネイロ、アルゼンチンのブエノス・アイレス、チリのサンティアゴなどは高く、さらに都市部や観光地には、高級のさらに上をいくホテルが増えており、1泊US＄1000以上することもある。

宿泊施設のいろいろ

■ 高級ホテル　★★★★★～★★★★★

欧米系資本のホテル、国営ホテル、各国のチェーンホテルなど。1泊US＄150～。全室エアコン、テレビ、バス、トイレ付き。レストランやバー、みやげ物店などもある。

■ 中級ホテル　★★★

どの国にもある一般的なホテル。3～5階建てで、1階にレセプションがある。1泊US＄25～100。エアコン、バス、トイレ付き。

■ 安ホテル　★★～★、★なしのホテル

"Hotel"と名がついていても、安い宿はたくさんある。部屋の設備はベッドと簡単なライティングデスクくらいで、トイレ、シャワー共同というところがほとんど。1泊US＄10～25。

■ ペンションタイプ

いわゆる小さい安宿。家族経営の民宿タイプもある。オスタルHostal、オスペダヘHospedaje、アロハミエントAlojamient、レシデンシアルResidencial、ペンシオンPención などと呼ばれている。南米にはこのタイプの宿が最も多い。1泊US＄10～25前後。トイレ、シャワーは共同のことが多い。

■ ドミトリータイプ

節約旅行者向きの部屋。ひと部屋にいくつかのベッドがある、相部屋形式。泊まるときは、相部屋になる人たちの雰囲気を見て宿泊するかを判断しよう。また、荷物の管理には十分注意すること。1泊US＄10～。

■ ユースホステル

国際ユースホステル協会の経営する宿。一般的な呼称はアルベルゲ・フベニルAlbergue Juvenil.カサ・デ・エストゥディアンテスCasa de Estudiantes（学生の家）と呼ぶことも。ユースホステル会員（→P.387）の場合は割引。ドミトリーなら1泊US＄10前後くらいで済む。

電話について

南米の電話事情

携帯電話の普及により、公衆電話の数は減ってきている。また、簡単にテレホンカードで国際電話をかけることができる電話事情のいいエリアもあれば、コイン式の公衆電話が一般的で国際電話は電話局からでしかかけられないというような地域もある。電話をかける際は、日本と南米は12〜14時間程度時差があることを考慮しよう。

■ 電話会社のサービスを利用して電話する

KDDIの「ジャパンダイレクト」を利用すれば、日本語のオペレーターを通して海外から日本に電話をかけられる。支払いはコレクトコールのみ。ただし、通話料はかなり割高。また、KDDIの「スーパージャパンダイレクト」では、日本語のガイダンスに従って日本へ電話できる。料金の支払いはクレジットカード。

各国で利用できるサービスが違うので、事前に確認しておこう。

■ 海外で携帯電話を利用する

海外で携帯電話を利用するには、日本で使用している携帯電話を海外でそのまま利用する方法や、レンタル携帯電話を利用する方法、現地でSIMカードを購入して利用する方法などがある。海外通話については、おもにau、NTTドコモ、ソフトバンクの3社がサービスを提供しているので、詳しくは問い合わせてみよう。

日本での電話会社の問い合わせ先
KDDI
Free 0057/0120-977097
URL www.kddi.com
NTTコミュニケーションズ
Free 0120-506506
URL www.ntt.com
ソフトバンク（国際電話）
Free 0088-24-0018
URL www.softbank.jp
au
Free 0077-7-111
URL www.au.com
NTTドコモ
Free 0120-800000
URL www.nttdocomo.co.jp/service/world
ソフトバンク（携帯）
Free （日本からソフトバンクの携帯から無料）
URL www.softbank.jp/mobile/service/global

スマートフォンのインターネット利用注意点

海外ローミング（他社の回線）で利用することになるとパケット通信が高額になるので、日本出国前にデータローミングをオフにしよう。操作方法は各携帯電話会社で確認を。最新のスマートフォンの場合は、自動的にローミングオフになるものも多い。

日本からの電話のかけ方 — 日本から(0＊＊)123-4567に電話をかける場合

国際電話会社の番号		国際電話識別番号		国番号		市外局番の0を取った番号※5		相手先の番号
KDDI (001)※1、NTTコミュニケーションズ (0033)※1、ソフトバンク[携帯] (0061)※1、au[携帯] (005345)※2、NTTドコモ[携帯] (009130)※3、ソフトバンク[携帯] (0046)※4	＋	010	＋	51（ペルー）591（ボリビア）593（エクアドル）57（コロンビア）	＋	＊＊（コロンビアの場合09を取った番号）	＋	123-4567

※1 「マイライン」「マイラインプラス」の国際区分に登録している場合は不要。詳細は URL www.myline.orgへ。
※2 auは005345をダイヤルしなくてもかけられる。
※3 NTTドコモは事前にWORLD WINGに登録が必要。009130をダイヤルしなくてもかけられる。
※4 ソフトバンクは0046をダイヤルしなくてもかけられる。
※5 ボリビアの市外局番には最初の「0」はない。

そのほかの南米各国の国番号
アルゼンチン54　チリ56　パラグアイ595　ウルグアイ598　ブラジル55　ベネズエラ58

南米諸国から日本への電話のかけ方

日本の(03)1234-5678に電話をかける場合（ダイヤル直通）

国際電話識別番号		日本の国番号		市外局番と携帯番号の最初の0を除いた番号		相手先の番号
	＋	81	＋	3	＋	1234-5678

詳しくは各国のジェネラルインフォメーションへ（ペルー→P.40、ボリビア→P.210、エクアドル→P.290、コロンビア→P.352）。

携帯電話を紛失時の
連絡先（利用停止の手続き、
24時間対応）
au
国際電話識別番号
+81+3+6670-6944　※1
NTTドコモ
国際電話識別番号
+81+3+6832-6600　※2
ソフトバンク
国際電話識別番号
+81+92-687-0025　※3
※1auの携帯から無料、一
般電話からは有料。
※2NTTドコモの携帯から
無料、一般電話からは有料。
※3ソフトバンクの携帯か
ら無料、一般電話からは有
料。

ネット接続の環境

　本書に掲載の4ヵ国の首都に関しては、ほとんどのホテル、一部のレストランやカフェ、公共の場でもインターネットを利用できるところが多い。Wi-Fi機能搭載のパソコンやスマートフォンを持っていけば、多くの場所でインターネットをすることができる。ペルーの長距離バスでは、車内でWi-Fiが使える場合もある。町なかにはインターネットカフェもあるが日本語に対応している端末はあまりない。地方の都市でもネット環境は比較的いい。

　ホテルでWi-Fiに接続するためには、ログイン用のユーザー名とアクセスコード、またはパスワードが必要なので、チェックイン時にフロントで確認を。一部の高級ホテルでは有料のことがある。

　利用している携帯電話がSIMフリー端末であれば、現地でSIMカードを購入して利用することが可能。SIMカードは、通信会社（南米諸国ではクラロClaro、モビスター Movistarなどが有名）のオフィスで購入できるが、行列ができていることが多く、時間がかかるのを覚悟しよう。チャージはスーパーやドラッグストアなどでできる。海外用モバイルWi-Fiルーターを日本からレンタルしていく方法もあり、一度に何台も接続できて便利だ。

INFORMATION

ペルー・ボリビア・エクアドル・コロンビアでスマホ、ネットを使うには

　まずは、ホテルなどのネットサービス（有料または無料）、Wi-Fiスポット（インターネットアクセスポイント。無料）を活用する方法がある。ペルー・ボリビア・エクアドル・コロンビアでは、主要ホテルや町なかにWi-Fiスポットがあるので、宿泊ホテルでの利用可否や近くにWi-Fiスポットがあるかなどの情報を事前にネットなどで調べておくとよいだろう。ただしWi-Fiスポットでは、通信速度が不安定だったり、繋がらない場合があったり、利用できる場所が限定されたりするというデメリットもある。ストレスなくスマホやネットを使おうとするなら、以下のような方法も検討したい。

☆ 各携帯電話会社の「パケット定額」

　1日当たりの料金が定額となるもので、NTTドコモなど各社がサービスを提供している。
　いつも利用しているスマホを利用できる。また、海外旅行期間を通じてではなく、任意の1日だけ決められたデータ通信量を利用することのできるサービスもあるので、ほかの通信手段がない場合の緊急用としても利用できる。なお、「パケット定額」の対象外となる国や地域があり、そうした場所でのデータ通信は、費用が高額となる場合があるので、注意が必要だ。

☆ 海外用モバイルWi-Fi ルーターをレンタル

　ペルー・ボリビア・エクアドル・コロンビアで利用できる「Wi-Fiルーター」をレンタルする方法がある。定額料金で利用できるもので、「グローバルWiFi（【URL】https://townwifi.com/）」など各社が提供している。Wi-Fiルーターとは、現地でもスマホやタブレット、PCなどでネットを利用するための機器のことをいい、事前に予約しておいて、空港などで受け取る。利用料金が安く、ルーター1台で複数の機器と接続できる（同行者とシェアできる）ほか、いつでもどこでも、移動しながらでも快適にネットを利用できるとして、利用者が増えている。

　ほかにも、いろいろな方法があるので、詳しい情報は「地球の歩き方」ホームページで確認してほしい。
【URL】http://www.arukikata.co.jp/net/

ルーターは空港などで受け取る

旅のトラブルと安全対策

南米の治安

南米というと、一概に「ものすごく危険！」というイメージがあるが、国やエリア、町により大きく異なる。クスコ、マチュピチュ、ナスカ、ウユニ塩湖など、代表的な観光地には世界中から観光客が集まり、治安も比較的いい。しかし、気の緩んだ観光客を狙ったスリやひったくりがいることも確か。時間帯によっては非常に危険になるエリアもあるので、人どおりのない場所や夜間に歩くのは絶対にやめるように。

外務省の海外安全ホームページでは、最新の海外安全情報を発信している。南米は特に情勢が変わりやすいので、常にチェックして最新の情報を手に入れるようにしよう。2010年10月時点の現地の治安情報については、各国のジェネラルインフォメーションを参照のこと。

盗難の傾向と対策

旅行を計画し始めると、特に現地の治安はとても気になる問題だ。南米というと、ドロボウ、スリ、置き引き……。なんてことがまず頭に浮かぶ人もいるだろうし、実際に被害に遭った人のうわさも聞くことになるだろう。要は予想されるケースをよく知って、いかに対処すべきかを考えることが大事。そこで、南米を旅してきた数人のベテランたちから証言を取り、置き引き、ひったくり、スリの基本的な傾向と対処法をまとめてみた。

■ 犯行は普通、複数で行われる

ひとりが物を取って逃げ、ほかの仲間が一般通行人を装って立ちはだかりじゃまをする場合が多い。あるいは全員で取り囲み、かばんなどを一気にひったくる。

■ 犯人は目標をずーっと狙っている

彼らはチャンスをうかがい、一瞬のスキを見計らって犯行に及ぶ。特にひとり歩きの旅行者や、いかにも観光客然とした態度、服装の人は狙われやすい。一眼レフのカメラを肩から下げて移動するのは、「盗んでください」と言っているようなもの。

■ とにかく相手はプロである

一瞬のスキを狙うことでもわかるように、彼らは日夜そのワザを磨くプロである。一度狙われてしまうと、防ぐのは容易ではない。万一、襲われた場合は抵抗せず、小分けにしたある程度の小額紙幣などを渡してしまおう。なるべくひとりで行動しないことも大切だ。

■ 目撃者（一般市民）は傍観者

周りに人がいたとしても、まず誰も助けてくれない。「あ、またか、かわいそうに」と思われる程度である。

海外の安全情報についての問い合わせ先
外務省
領事サービスセンター
海外安全相談班
〒100-8919
東京都千代田区霞が関2-2-1
☎(03)3580-3311
URL www.mofa.go.jp/mofaj/index.html（外務省）
URL www.anzen.mofa.go.jp（海外安全ホームページ）
開館日以外の9:00〜12:30、13:30〜17:00
外務省発行のリーフレットの入手や海外安全の相談ができる。

「たびレジ」に登録しよう
外務省の提供する海外旅行登録システム「たびレジ」に登録すると渡航先の安全情報メールや緊急連絡を無料で受け取ることができる。出発前にぜひ登録しよう。
URL www.ezairyu.mofa.go.jp/tabireg/index.html

知っておきたい政情・治安用語
いつ、どこで、どんなことが起きるかもわからないのが南米の常。「戒厳令」や「夜間外出禁止令」が突然発布され、知らずに出歩いたりしたら……。こんなことを防ぐためにも、以下に示すような政治・治安用語は最低限知っておこう。（　）内はポルトガル語。
①パーロ Paro
ウエルガ Huelga
（ガレベ・デ・ブラッソ Greve de Braço）
組合などのストライキ。航空会社やバス会社が行うこともあり、そうするとスケジュールが大幅に狂ってしまうことも。
②ブージャ Bulla
ルイード Ruido
（ブリガ Briga）
けんか、さわぎ、うるさいこと。
③ゴルペ・デ・エスタード Golpe de Estado
クーデターのこと。ポルトガル語も同じ。
④トケ・デ・ケダ Toque de Queda
（トケ・ジ・ヘコリェール Toque de Recolher）
夜間外出禁止令。単にトケToqueともいわれる。禁止時間が近づくと、皆いっせいに帰宅するため交通機関は混み合い、タクシーもつかまりにくくなる。

■ 警察がグルの場合もある

　警察の特権を悪用した犯罪も増えている。警察手帳（ニセモノ）を見せ、パスポートと所持金の提示を求め、渡したとたん、それを持ったまま逃げ去ってしまうというケース。車に乗せられて、荷物をハギ取られて外に放り出されるケースもある。したがって、検問などで引っかかった場合以外は、パスポートやお金は見せないこと。ただし、警察の取り締まりが厳しいアルゼンチンやチリでは尋問を受けることもある。その場合、パスポートの顔写真の入ったページのコピーや学生証など、身分を証明するものを提示しよう。くれぐれも本物の警官に反抗しないように。

■ これだけは絶対守ってほしい

　まず知ってほしいのは、自分の身は自分で守るしかないということ。警察がいるといっても、何かあっても彼らが問題を解決してくれるわけではない。警察はせいぜい「盗難証明書」を出してくれるだけのところ、と心得よう。

■ 特に狙われやすい場所は……

　いつでも、どこでも犯行は起こりうる。そして特に狙われやすいのは目的地に着いたばかりの空港、鉄道駅、バスターミナルなど。さらに人混みの市場、遺跡の中など。どこにいても常に周囲に気を配り、あやしい視線を察知するようにしたい。

身の安全＆貴重品管理に心がけること

　被害に遭わないためには、前と横だけでなく後ろにも気を配ること。同じ人物がつけてくるようなら危険信号だ。いったん人の多い場所に入る、レストランに入るなどして様子をうかがおう。帰りが遅くなったり、どうもアブナイと感じたら、タクシーを利用しよう。これは、必要な保険料と考えたい。最低限守らなくてはならないことは以下のとおり。

深夜、人どおりの少ないところは歩かない

　行き先が安全な場所でも夜になったら歩かないのが基本。乗り物を利用しよう。また、帰りの足のことも頭に入れておくこと！

人どおりの少ない路地には入らない

　繁華街でもスリ、ひったくりは起こるが、命にかかわるような犯行は少ない。しかし、人どおりの少ない道を歩くのは、何かあっても助けを求めることができず危険。また、町にによっては特に治安の悪い地域やスラム街など避けるべきところがあるので、各都市編の安全情報を参考にしてほしい。

金目のものをぶらぶらさせない

　派手な時計やアクセサリーは身につけないこと。金色、銀色のものは特に禁物だ。服装もなるべく質素で目立たないもののほうがよい。カメラを首から下げる、スマートフォンを見ながら歩くなど、できるだけしないこと。

荷物の持ち方

　絶対に体から離さないのが鉄則。ショルダーバッグなら斜めにかけ、前で抱えるようにする。後ろに回してしまっては、刃物で切られ中身を抜かれてしまう危険がある。また、気をつけたいのはレストランでの食事時。隣の椅子に置いたり、椅子の肩にかけたりするのは避けたい。

貴重品について

　首からさげるタイプのいわゆる“貴重品袋”は、すでにドロボウたちの知るところで、首にひもでも見えれば、ターゲットの目印にすらなる。せめて肌着の上から斜めにかけるように。また、お金はいくつかに分散して持つこと。胴巻きに入れる、ズボンに秘密ポケットを作る、一部は（少しだけ）バッグやバックパックにも入れておく。このほか、肩かけタイプや足に巻きつけるタイプの貴重品入れも売り出されている。デパートの旅行用品売り場などに行って研究してみよう。いくつかに分けて持っていれば、万一どれかを盗まれたとしても何とかなる。

セーフティボックスを利用する

　セーフティボックスのあるホテルなら、持ち歩かずに預けてしまうのがいい。だが、この場合でも念のため全部は預けないように。また、取り忘れてチェックアウトしてしまわないよう注意。気付いて戻っても、もう誰も分からないということもある。安ホテルにはほとんどセーフティボックスはなく、言えばフロントで預かってくれるが、よほど信用できる宿でない限りはやめたほうがいい。

荷物にカギをかける

　よほどのことがない限り、ホテルの客室に置いたスーツケースが丸ごとなくなることはない。貴重品はスーツケースに入れ、しっかりカギをかけておけば、セーフティボックスより安心な場合もある。ただ、安価な南京錠などは、切られたりピッキングされることもあるので、外付けなら安全性の高いものを用意しよう。部屋を出るときは、貴重品に限らず、パソコンやタブレット端末などの電子機器や充電器なども、バッグの中にしまってカギをかけること。

被害に遭ったら

　もし強盗に遭ったら、むやみに抵抗しないほうがいい。たとえ相手が子供でも、刃物や拳銃を隠し持っているかもしれないし、仲間がいる場合もある。たとえ高価なカメラでも、モノの損害は旅行保険でカバーできるから、まず身の安全を第一に考えることが大事だ。現金については保険がきかないので、余分な現金はできるだけ持ち歩かない、また、分散して持つなどの注意をすること。もし現金とクレジットカードを盗られてしまった場合は、日本から現地の銀行留めで送金してもらうしかない。現金とクレジットカードをいっしょの場所に入れておかないなど、いざという時のことを考えて持ち歩こう。

■ パスポート

　パスポートを紛失や焼失、盗難に遭ったら速やかに警察に届けた後、すぐに在外公館（日本大使館、領事館）で必要な手続きを行う。まずは紛（焼）失届出が必要。紛（焼）失届と同時に新規パスポートまたは帰国のための渡航書の発給申請を行うことができる。新規パスポート発行には、写真1枚に加え一般旅券発給申請書1通、戸籍謄本または抄本1通、手数料が必要。発行までは1～2週間。帰国が迫っており新規発行が待てない場合は、「帰国のための渡航書」を発行してもらう。写真1枚、手数料に加え、渡航書発給申請書1通、戸籍謄本または抄本1通または日本国籍があることを確認できる書類、日程などが確認できる書類（eチケットお客様控えや旅行会社作成の日程表）、警察への届出書が必要。所要2～3日。

■ クレジットカード

　すぐにカード発行会社に連絡して、カードの無効手続きを取る。紛失や盗難の届けが出ていればカードが不正使用されてもカード会社が補償してくれるので、カード番号や緊急連絡先は控えておこう。

　海外で再発行を希望する場合はその手続きも取る。手続きや再発行にかかる日数はカード会社によって異なるが、カード番号と有効期限、パスポートなどの身分証明書を用意しておくと手続きがスムーズに進むことが多い。

■ 航空券（eチケット）

　航空券を再発行するには、まずその航空会社の現地事務所に紛失届を出す（航空会社によっては警察で紛失届を作成してもらう必要がある）。届け出には、航空券の番号と発行日、発行場所などのデータが必要なので、コピーを取っておくといい。

　eチケットの場合は、旅程表（eチケットお客様控え）をなくしても、PCがあればプリントアウトできるし、また航空会社カウンターに行けばすぐに再発行してもらえる。

紛（焼）失届に必要な書類
　紛失一般旅券等届出書1通、警察署の発行した紛失または盗難証明書など、写真1葉（タテ4.5×ヨコ3.5cm、6ヵ月以内に撮影したもの、無帽、無背景）、身元確認書類（必要に応じ本人確認、国籍確認ができるもの。印鑑または拇印が必要な場合もある）。

※帰国のための渡航書で米国を経由して日本に帰国する場合には、米国ビザの取得が必要となる。米国大使館または総領事館で手続きしなければならない。

カード紛失時の連絡先
AMEX
Free 1-804-673-1670
Diners
☎81-3-6770-2796
JCB
☎81-422-40-8122
Emp 0800-77-476（ペルー）
Free 000-10-0170（ナリンビア）
Free 01-800-912-1303（コロンビア）
Free 1-636-722-7111（エクアドル）
VISA
Free 0800-50-716（ペルー）
Free 009-800-12121212（コロンビア）
☎81-3-6627-4067（ボリビア・エクアドル）

観光地であっても、細い路地は暗くなったら歩かないように注意（ラ・パスのハエン通り）

409

生水は飲んではだめ！

　暑い地方や季節によっては十分の汗をかくので、水分、塩分を多めに取ることが必要だ。しかし、生水は絶対に飲んではいけない。不衛生な生水は疲れた体にテキメンに効き、下痢、肝炎の原因になる。どんなにのどが乾いても、水道水ではなく、ミネラルウオーターを飲むようにしよう。また、ミネラルウオーターやビールは、必ず自分で、または目の前で開封開栓したものだけを飲むようにしたい。できるだけ、沸騰させたお湯を使ったコーヒー、紅茶、マテ茶などを飲むようにしたい。

　生水だけでなく、生野菜のサラダや生の魚介類、冷たい飲み物に入っている氷も避けたほうがいい。果物は切り売りのものはやめて、必ず自分で皮をむいて食べるようにしよう。

各国の首都の病院
ペルー（リマ）
日秘総合診療所
Policlínico Peruano Japonés
🏠 Av. Gregorio Escobedo 783, Jesús María, Lima
☎(01)204-2100
　ペルー日系人協会が運営する総合外来診療所。
日秘移住百周年病院
Clínica Centenario Peruano Japonesa
🏠Av. Paso de los Andes 675, Pueblo Libre, Lima
☎(01)208-8000
　ペルー日系人協会が運営する総合病院。

ボリビア（ラ・パス）
クリニカ・デル・スール
Clinica del Sur
🏠Calle 7 Nro. 3539, La Paz
☎(02)278-4003 / 278-4750

エクアドル（キト）
メトロポリターノ病院
Hospital Metropolitano
🏠Av. Mariana de Jesús s/n y Nicolás Arteta, Quito
☎(02)399-8000

コロンビア（ボゴタ）
サンタ・フェ・デ・ボゴタ病院
Fundación Santa Fe de Bogotá
🏠Carrera 7 No.117-15, Bogotá
☎(01)603-0303

病気になったら

■ 下痢　ディアエラDiarrea

　下痢になってしまったら、胃腸の中をカラッポにすること。何も食べず、旅行を中断し休息を取ることがいちばんだが、脱水状態になるので水分は取ろう。どうしても何か食べたいときは、少量のスープ、ヨーグルト、パン、ゆでた野菜を取るくらいにしておく。

　旅行を中断して休むことができないのなら、薬を飲もう。現地の薬局ファルマシアFarmicaで買うならロモティルLomotil、ペスリンPesulin、ペスリン・オー Pesulin-Oはよく効くという。

　それで治らないときは、病院へ行こう。下痢が治ったあと、脱水症状がおき急激な腹痛をともなうことがある。そのときは、塩を少し入れたフルーツジュースか紅茶を飲むといい。

■ 肝炎　エパティティスHepatitis

　伝染性のもので、生水、食べ物、食器などからうつることがある。予防手段としては、健康体を保つことが第一。少し体力が落ちたなと思ったら、無理せず休養を取り、生水はもちろんサラダも避けること。ホテルのタオルなどもあまりきれいに洗濯されていないようなら、自分専用のものを使うよう心がけたい。

　肝炎は、感染してから15日から50日ぐらいで兆候が現れる。発熱、食欲不振、吐き気、倦怠感、黄疸症状。白眼が黄色やオレンジ色になる、といった症状が出てきたら、迷わず医師の診察を受けること。旅行はあきらめ、なるべく早く帰国しよう。

■ 高山病　ソロチェ Soloche

　ペルー南部、ボリビアとチリとの国境に近い地域、アルゼンチン北部のアンデス山脈周辺には標高3000mを超す町もある。標高2000〜4000m以上の高地では、誰でも少なからず高山病の症状に見舞われる。病状を悪化させないためにも、高地に行ったら十分に休息を取ること。血行をよくし過ぎるといけないので食べ過ぎ飲み過ぎに注意し、熱過ぎる風呂やシャワーは避けることが大切。また、利尿作用を高めるため、水分を多く取るよう心がけたい。典型的な症状は、頭痛、めまい、吐き気など。

　高山病の本来の対処法は、低地へ下りることしかないが、「かかったな」と思ったら出歩かず、部屋で安静にすること。横になるとかえって呼吸数が少なくなるので、椅子に座って本でも読むぐらいがいい。深呼吸を繰り返すのもいい。

緊急の場合

　病気になり、ひとりでは無理だ！と思ったら、ホテルのスタッフを呼ぼう。日本大使館や領事館が近くにあれば電話して、よい医師を紹介してもらおう。遠慮せずに助けを求めよう。

旅の
スペイン語

スペイン語の読み方は簡単！

　基本的にスペイン語は子音と母音の組み合わせでできている。つまりローマ字と同じように読んでいけばほぼよいわけで、日本人にとってはとてもなじみやすい。ただし、いくつかの例外はある。それさえ覚えてしまえば、あとは実践あるのみ！

❶ 「h」は発音しない。例：hotelオテル（ホテル）、habitaciónアビタシオン（部屋）
❷ 「ñ」はニャ行、「ll」はリャ行かジャ行で読む。
❸ ハ行（日本語よりもっと強く、のどの奥から出す）ja、ji、ju、jo、ju、gi、gu
❹ カ行　ca、qui、cu、que、co
　　ガ行　ga、gui、gu、gue、go
❺ 「z」は「s」と同じ発音。
❻ 単語の初めにくる「r」とn、l、sのあとにくる「r」、および語中の「rr」は、まき舌のrの音。
❼ アクセントは、母音またはn、sで終わる単語では最後から2番目の音節にあり、他の単語は最後の音節にある。例外は、「 ' 」で示されているところにアクセント。

● あいさつ ●

Buenos días.
（ブエノス　ディアス）
　おはよう。

Buenas tardes.
（ブエナス　タルデス）
　こんにちは。

Buenas noches.
（ブエナス　ノーチェス）
　こんばんは。おやすみなさい。

¡ Hola !
（オラ）
　やあ！

Gracias.
（グラシアス）
　ありがとう。

De nada.
（デ　ナーダ）
　どういたしまして。

¿ Cómo está ?
（コモ　エスタ）
　お元気ですか？

Estoy bien.
（エストイ　ビエン）
　元気です。

Mucho gusto.
（ムチョ　グスト）
　はじめまして。

Adiós.
（アディオス）
　さようなら。

Hasta mañana.
（アスタ　マニャーナ）
　また明日。

Hasta luego.
（アスタ　ルエゴ）
　またあとで。

Perdón.
（ペルドン）
　ごめんなさい。（謝るとき）

Con permiso.
（コン　ペルミッソ）
　すみません。（人の前を通るときや、途中で席を立つときなど）

Salud.
（サルー）
　乾杯！（健康を祝して！）

● きまり文句 ●

Sí. ／ No.
（スィ ／ ノ）
　はい。／いいえ。

Por favor.
（ポル　ファボール）
　どうぞ。（お願いします）

¿ Cómo ?
（コモ）
　何ですか？（聞き返すとき）

Está bien.
（エスタ　ビエン）
　OK。

Un poco.
（ウン　ポコ）
　少しだけ。

Soy Japonés.
（ソイ　ハポネス）
　私は日本人です。（男性の場合）

Soy Japonesa.
（ソイ　ハポネサ）
　　　　　　（女性の場合）

No entiendo bien Español.
（ノ　エンティエンド　ビエン　エスパニョール）
　スペイン語はよくわかりません。

Mas despacio, por favor.
（マス　デスパシオ　ポル　ファボール）
　もっとゆっくりお願いします。

Otra vez, por favor.
（オトラ　ベス　ポル　ファボール）
　もう一度お願いします。

¿ Qué hora es ?
（ケ　オラ　エス）
　何時ですか？

Son las siete y media.
（ソン　ラス　シエテ　イ　メディア）
　7時半です。

Me gusta esto.
（メ　グスタ　エスト）
　私はこれが好きです。

Muy bien.
（ムイ　ビエン）
　たいへんけっこうです。

¿ Qué es esto ?
（ケ　エス　エスト）
　これは何ですか？

● 入国審査 ●

¿ Cuántos días va a estar en Perú ?
（クアントス　ディアス　バ　ア　エスタール　エン　ペルー）
　何日間ペルーに滞在しますか？

411

ドス セマーナス
Dos semanas.
２週間です。

ティエネ アルゴ ケ デクララール
¿ Tiene algo que declarar ?
何か申告するものをお持ちですか？

ノ トドス ソン ミス コサス ペルソナーレス
No, todos son mis cosas personales.
いいえ、すべて私の身の回り品です。

ス パサポルト ポル ファボール
Su pasaporte, por favor.
パスポートをお願いします。

スィ アキー エスタ
Sí, Aquí está.
はい、ここにあります。

エスタ ビエン パセ
Está bien. Pase.
けっこうです。お通りください。

グラシアス
Gracias.
ありがとう。

市内観光

ペルドン
Perdón.
すみません。

ドンデ エスタ
¿ Dónde está~?
～はどこですか？

パラ イール ア
¿ Para ir a~?
～へ行くには？

バ トレス クアドラス デレーチョ イ ダ ラ ブエルタ ア ラ イスキエルダ
Va 3 cuadras derecho y da la vuelta a la izquierda.
３ブロック真っすぐ行って、左に曲がりなさい。

ドンデ エストイ
¿ Dónde estoy ?
私はどこにいるのでしょうか？

ドンデ プエド トマール エル アウトブス パラ
¿ Dónde puedo tomar el autobús para~?
～行きのバスには、どこで乗れますか？

エスタ レホス
¿ Está lejos ?
遠いですか？

エスタ セルカ
¿ Está cerca ?
近いですか？

プエド イール カミナンド
¿ Puedo ir caminando ?
徒歩で行けますか？

クアント セ タルダ エン ジェガール ア
¿ Cuánto se tarda en llegar a ~?
～へ着くにはどれくらいかかりますか？

ア ケ オラ シエラ エル ムセオ
¿ A qué hora cierra el museo ?
博物館は何時に閉まりますか？

ア ポル ファボール
A~, por favor.
～までお願いします。（タクシーで）

アビセメ クアンド ジェゲモス ア
Avíseme cuando lleguemos a~
～に着いたら知らせてください。

ラバトリオ セルビシオス バーニョ
lavatorio／servicios／baño
トイレ

セニョーレス カバジェーロス オンブレス
señores／caballeros／hombres
男性用

セニョーラス ダマス ムヘーレス
señoras／damas／mujeres
女性用

ホテル

アイ アルグン オテル エコノミコ イ リンピオ
¿ Hay algún hotel económico y limpio?
エコノミーで清潔なホテルはありませんか？

ティエネ ウナ アビタシオン シンプレ ＜ドブレ＞
¿ Tiene una habitación simple <doble> ?
シングル＜ダブル＞ルームはありますか？

プエド ベール ラ アビタシオン
¿ Puedo ver la habitación?
部屋を見せてもらえますか？

ノ ティエネ オトラ アビタシオン マス バラータ
¿ No tiene otra habitación más barata ?
もっと安い部屋はほかにありませんか？

コン ＜シン＞ バーニョ プリバード
con <sin> baño privado
バス付き＜なし＞

コン ドゥーチャ
con ducha
シャワー付き

エスタ インクルイード エル デサジューノ
¿ Está incluido el desayuno ?
朝食は付いてますか？

プエデ ジャマルメ ア ラス
¿ Puede llamarme a las~?
デスペルタールメ
〃 despertarme 〃
～時に起こしてもらえますか？

エル アイレ アコンディシオナード ノ フンシオナ ビエン
El aire acondicionado no funciona bien.
エアコンの調子がよくありません。

ノ サレ アグア カリエンテ
No Sale agua caliente.
お湯が出ません。

トアージャ ポル ファボール
Toalla, por favor.
タオルを下さい。

デメ ラ ディレクシオン デ エステ オテル
Deme la dirección de este hotel.
このホテルの住所を教えてください。

ショッピング

ティエネ
¿ Tiene~?
～はありますか？

プエド ベール エスト
¿ Puedo ver esto ?
これを見せてもらえますか？

クアント クエスタ
¿ Cuánto cuesta ?
いくらですか？

エスト ポル ファボール
Esto, por favor.
これをください。

エス ムイ カーロ
¡ Es muy caro !
高過ぎる！

マス バラート ポル ファボール
Más barato, por favor.
もっと安くしてください。

マス グランデ
Más grande.
もっと大きいのを。

マス ペケーニョ
Más pequeño.
もっと小さいのを。

パラ ケ シルベ エスト
¿ Para qué sirve esto?
これは何に使うのですか？

● レストラン ●

ラ カルタ ポル ファボール
La carta, por favor.
メニューをお願いします。

ウン カフェ ポル ファボール
Un café, por favor.
コーヒーをひとつお願いします。

ラ クエンタ ポル ファボール
La cuenta, por favor.
お勘定をお願いします。

● 銀行・両替 ●

セ カンビア エステ チェケ
¿ Se cambia este cheque ?
このチェックは両替できますか？

ア コモ エスタ エル カンビオ デ オイ
¿ A cómo está el cambio de hoy ?
今日のレートはいくらですか？

● 列車・長距離バス ●

ドンデ エスタ ラ テルミナル デ アウトブセス
¿ Dónde está la terminal de autobuses?
バス停はどこですか？

ア ケ オラ サーレ ア
¿ A qué hora sale a ～?
～行きは何時に出発しますか？

ア ケ オラ ジェーガ ア
¿ A qué hora llega a?
～へは何時に着きますか？

クアント ティエンポ セ タルダ アスタ
¿ Cuánto tiempo se tarda hasta～?
～までどのくらい時間がかかりますか？

エスタ ヌメラード
¿ Está numerado ?
座席指定ですか？

ア ウノ ＜ドス＞ ポル ファボール
A ～, uno ＜dos＞, por favor.
～まで、1枚＜2枚＞ください。

● 電話 ●

ア ドンデ キエレ アブラール
¿ A dónde quiere hablar ?
どちらへ電話なさいますか？

ア トキオ ハポン ポル コブラール ポル ファボール
A Tokio, Japón, por cobrar, por favor.
日本の東京へコレクトコールでお願いします。

ア ケ ヌメロ
¿ A qué número ?
何番ですか？

ア
A xx–xxxx.
××－××××です。

ウン モメント ポル ファボール
Un momento, por favor.
少々お待ちください。

エスタ オクパーダ
Esta ocupada.
話し中です。

ノ コンテスタン
No contestan.
どなたも出ません。

アロ
Aló.
もしもし。

デ パルテ デ キエン
¿ De parte de quién?
どちら様ですか？

● 紛失・盗難に遭ったら ●

メ ペルディオー ミ エキパッヘ ＜パサポルテ＞
Me perdió mi equipaje <pasaporte>.
荷物＜パスポート＞を失くしました。

メ ロバーロン ミ レロッホ ＜ディネロ＞
Me robaron mi reloj <dinero>.
時計＜お金＞を盗られました。

ドンデ エスタ エル デパルタメント デ コサス ペルディーダス
¿ Dónde está el departamento de cosas perdidas ?
遺失物係はどこですか？

アイ ペルソーナ ケ アブレ イングレス
¿ Hay persona que hable inglés ?
英語の話せる人はいますか？

● 病気になったら ●

メ シエント エンフェルモ
Me siento enfermo.
気分が悪いん。（男性）

エンフェルマ
〃 enferma.
（女性）

テンゴ フィエブレ
Tengo fiebre.
私は熱があります。

メ ドゥエラ ラ カベッサ ＜エル エストマゴ＞
Me duele la cabeza <el estomago>.
頭＜胃＞が痛い。

エストイ レスフリアード
Estoy resfriado.
カゼをひきました。（男性）

レスフリアーダ
〃 resfriada.
（女性）

ジャメ アル ドクトール ポル ファボール
Llame al doctór, por favor.
医者を呼んでください。

キシエラ アセール ラ レセルバ パラ ウナ コンスルタ
Quisiera hacer la reserva para una consulta.
診察のご予約をしたいのですが。

ノ テンゴ レセルバ ペロ エス ウルヘンテ
No tengo reserva, pero es urgente.
予約はしていませんが、緊急です。

ケ レ パサ
¿ Qué le pasa?
どうしましたか？

メ ドゥエレ ムチョ エスタ パルテ
Me duele mucho esta parte.
この部分がとても痛いんです。

シエント ナウセアス
Siento nauseas.
吐き気がします。

● 非常時の言葉 ●

ソコーロ
¡ Socorro!
助けて！

ラドロン
¡ Ladron!
泥棒だ！

フエゴ
¡ Fuego!
火事だ！

料理の素材表

カルネーロ Carnero	羊
コルデーロ Cordero	仔羊
コネホ Conejo	ウサギ
パト Pato	鴨
パボ Pavo	七面鳥
チュレータ Chuleta	骨つき肉
ビステク Bistec	ビフテキ
ポジョ レボサード Pollo Rebozado	チキンカツレツ
カルネ アサーダ アサード Carne Asada(Asado)	焼肉
ミラネサ Milanesa	薄切り肉のカツ
パリジャーダ Parillada	網焼き肉
バルバコア Barbacoa	バーベキュー
イガド Hígado	肝臓（レバー）
フィレテ Filete	ヒレ肉
レングア Lengua	タン（舌）

ソパ カルド Sopa／Caldo　スープ

カルド デ ポジョ Caldo de Pollo	チキンスープ
カルド デ パタス Caldo de Patas	豚足スープ
ソパ デ ベルドゥーラス Sopa de Verduras	野菜スープ
ソパ デ トマテ Sopa de Tomate	トマトスープ
コンソメ Consome	コンソメスープ
ポタッヘ Potaje	ポタージュスープ
クレマ デ Crema de ～	～のクリームスープ

ペスカード イ マリスコス Pescados y Mariscos　魚介類

ペスカード Pescado	魚
アトゥン Atún	マグロ
サルモン Salmón	サケ
サルディーナ Sardina	イワシ
トゥルーチャ Trucha	マス
プルポ Pulpo	タコ
カラマール Calamar	イカ
カングレッホ Cangrejo	カニ
カマロン Camarón	小エビ
ランゴスタ Langosta	伊勢エビ
ランゴスティーノ Langostino	車エビ
アルメハ Almeja	アサリ
オストラ オスティオン Ostra／Ostión	カキ

カルネ Carne　肉

バカ Vaca	牛
テルネーラ Ternera	仔牛
セルド チャンチョ Cerdo／Chancho	豚
ガジーナ Gallina	鶏
ポジョ Pollo	若鶏

フィアンブレ Fiambre　加工肉食品

ハモン Jamón	ハム
サルチーチャ Salchicha	ソーセージ
チョリソ Chorizo	細いソーセージ
モルシージャ Morcilla	血入りソーセージ
トシーノ Tocino	ベーコン

ウエボ Huevo　卵

ウエボス エストレジャードス Huevos Estrellados	目玉焼き
ウエボス レブエルトス Huevos Revueltos	スクランブルエッグ
ウエボ ドゥーロ Huevo Duro	固ゆで卵
ウエボ ティビオ Huevo Tibio／ ウエボ ノー ムイ コシード Huevo No Muy Cocido	半熟卵

ベルドゥーラス Verduras　野菜

セボージャ Cebolla	タマネギ
サナオリア Zanahoria	ニンジン
トマテ Tomate	トマト
レチュガ Lechuga	レタス
ペピーノ Pepino	キュウリ
コル レポージョ Col／Repollo	キャベツ
フディア ベルデ チャウチャ Judia Verde／Chaucha	サヤインゲン
エスピナーカ Espinaca	ホウレンソウ
カラバサ サパージョ Calabaza／Zapallo	カボチャ
パパ Papa	ジャガイモ
カモテ バタタ ボニアート Camote／Batata／Boniato	サツマイモ
アグアカテ パルタ Aguacate／Palta	アボカド

	赤カブ
	砂糖大根
	キノコ
	トウモロコシ
...lo	(大粒の)トウモロコシ
...pio	セロリ
Espárrago	アスパラガス
Frijoles	フリホール (豆)
Lentejas	レンズ豆
Ensalada	サラダ

Frutas　くだもの

Naranja	オレンジ
Mandarina	ミカン
Limón	レモン
Toronja／Pomelo	グレープフルーツ
Manzana	リンゴ
Plátano	バナナ
Piña／Ananás	パイナップル
Papaya	パパイヤ
Sandía	スイカ
Melón	メロン
Uva	ブドウ
Durazno／Melocotón	桃
Fresa／Frutilla	イチゴ
Higo	イチジク
Mango	マンゴ
Pera	梨
Tuna	サボテンの実
Cereza	サクランボ

Postre　デザート

Pastel／Torta	ケーキ
Flan	プリン
Galleta	ビスケット、クッキー
Helado	アイスクリーム
Nieve／Sorbete	シャーベット

（ただし、Sorbeteは"ストロー"を意味する地域もある。）

| Confitura | フルーツの砂糖煮、ジャム |

Bebida　飲み物

| Agua | 水 |
| Agua Mineral | ミネラルウオーター |

Leche	牛乳
Café	コーヒー
Café Con Leche	カフェオーレ
Té	紅茶
Yerba Mate	マテ茶
Té Manzanilla	カモミールティー
Chocolate	ココア
Jugo／Zumo	ジュース
Jugo de Naranja	オレンジジュース
Limonada	レモネード
Refresco	ソフトドリンク
Cerveza	ビール
Vino	ワイン
Whisky	ウイスキー
Coñac	コニャック
Champán	シャンパン
Ron	ラム酒
Pisco	ピスコ (ブドウの蒸留酒)
Coctel	カクテル

Condimento　調味料

Especia	スパイス
Azúcar	砂糖
Sal	塩
Pimienta	コショウ
Aceite	油
Vinagre	酢
Salsa	ソース
Mayonesa	マヨネーズ
Ajo	ニンニク
Ají／Chile	トウガラシ
Jengibre	ショウガ
Perejil	パセリ
Culantro／Cilantro	香菜、コリアンダー

そのほか

Pan	パン
Hamburguesa	ハンバーガー
Tostada	トースト (バター付き)
Arroz	ライス

■便利な表現／よく見かける言葉

危ない！	¡ Cuidado ! (クイダード)
ご心配なく	No se preocupe. (ノ セ プレオクーペ)
残念です／すみません	Lo siento. (ロ シエント)
おめでとう！	¡ Felicidades ! (フェリシダーデス)
無料	Gratis (グラティス)
触るな	No tocar (ノ トカール)
撮影禁止	No fotografiar (ノ フォトグラフィアール)
禁煙	Prohibido fumar (プロイビード フマール)
立入禁止	Prohibido entrar (プロイビード エントラール)
危険	Peligro (ペリグロ)

■空港

飛行機	avión (アビオン)
空港	aeropuerto (アエロプエルト)
入国管理	migración (ミグラシオン)
ツーリストカード	tarjeta de turista (タルヘータ デ トゥリスタ)
手荷物	equipaje de mano (エキパッヘ デ マーノ)
（飛行機の）便	vuelo (ブエロ)
行き	ida (イダ)
帰り	vuelta (ブエルタ)
税関	aduana (アドゥアーナ)
パスポート	pasaporte (パサポルテ)
荷物	equipaje (エキパッヘ)
（予約の）再確認	reconfirmación (レコンフィルマシオン)

■乗り物

電車	tren (トレン)
タクシー	taxi (タクシー)
バス	bus (ブス)
長距離バス	ómunibus (オムニブス)
飛行機	avión (アビオン)
運賃	tarifa (タリファ)
座席	asiento (アシエント)
往復	ida y vuelta (イダ・イ・ブエルタ)
信号	semáforo (セマフォロ)

■駅／バスターミナル

駅	eastación (エスタシオン)
直通	directo (ディレクト)
1等	primera clase (プリメーラ クラセ)
2等	segunda clase (セグンダ クラセ)
デラックス	lujo (ルホ)
出発（口）、出口	salida (サリーダ)
入口	entrada (エントラーダ)
時刻表	horario (オラリオ)
バスターミナル	terminal de autobuses (テルミナル デ アウトブセス)
停まる	parar (パラール)
急行	expreso (エクスプレソ)
プラットホーム	andén (アンデン)
到着（口）	llegada (ジェガーダ)

■市内観光

待合室	sala de espera (サラ デ エスペーラ)
切符	boleto ／ pasaje (ボレート／パサッヘ)

観光	turismo (トゥリスモ)
観光案内所	información turística (インフォルマシオン・トゥリスティカ)
散歩	paseo (パセオ)
大通り	avenida (アベニーダ)
通り	calle (カジェ)
ブロック	cuadra (クアドラ)
左へ	a la izquierda (ア ラ イスキエルダ)
右へ	a la derecha (ア ラ デレーチャ)
真っすぐ	derecho ／ recto (デレーチョ／レクト)
郵便局	correo (コレオ)
警察	policía (ポリシーア)
旅行代理店	agencia de viaje (アヘンシア デ ビアッヘ)
角	esquina (エスキーナ)
広場	plaza (プラサ)
教会	iglesia (イグレシア)
薬局	farmacia (ファルマシア)
博物館・美術館	museo (ムセオ)
公園・広場	plaza ／ parque (プラサ／パルケ)
東	esta (エステ)
西	oeste (オエステ)
南	sur (スール)
北	norte (ノルテ)
川	rio (リオ)
湖	lago ／ laguna (ラゴ／ラグーナ)
ビーチ・浜	playa (プラヤ)
山	montaña (モンターニャ)

■ホテル

料金	tarifa (タリファ)
荷物一時預かり	consigna (コンシグナ)
フロント	recepción (レセプシオン)
湯	agua caliente (アグア カリエンテ)
チェックアウトタイム	hora de salida (オラ デ サリーダ)
石鹸	jabón (ハボン)
清潔な	limpio (リンピオ)
汚い	sucio (スシオ)
ベッド	cama (カマ)
鍵	llave (ジャーベ)
予約する	reservar (レセルバール)
タオル	toalla (トアージャ)
エアコン	aire-acondicionado (アイレ アコンディシオナード)
暖房	calefacción (カレファクシオン)

■銀行／両替所

銀行	banco (バンコ)
現金	efectivo (エフェクティーボ)
お金	dinero ／ plata (ディネロ／プラタ)

紙幣	billete
貨幣	moneda
両替	cambio
ディスカウント	descuento ／ rebaja
トラベラーズチェック	cheque de viajeros
クレジットカード	tarjeta de crédito

■レストラン

レストラン	Restaurante
フォーク	tenedor
ナプキン	servilleta
コップ	vaso
スプーン	cuchara
ナイフ	cuchillo
ナイフ、フォーク等一式	cubierto
皿／料理	plato
おいしい	rico ／ bueno ／ sabroso
ほかの	otro
税金	impuesto
サービス	servicio
おつり	vuelta
レジ	caja
ウエイター／ウエイトレス	mozo/moza
朝食	desayuno
昼食	almuerzo
夕食	cena

■飲み物

水	agua
炭酸飲料	gaseosa
ジュース	jugo
コーヒー	café
ブラックコーヒー	café sólo
ミルク入りコーヒー	café con leche
紅茶	té (té negro)
マテ茶	mate (té de mate)
ビール	cerveza
ワイン	vino
赤ワイン	vino tinto
白ワイン	vino blanco

■調理方法

揚げた	frito
焼いた (肉)	asado
炭焼き	parrilla
オーブン焼き	horno
煮た	hervido
刺身風	tiradito

■電話／通信

電話	teléfono
公衆電話	teléfono público
携帯電話	teléfono celular
国際電話	llamada internacional
コレクトコール	por cobrar
SIMカード	tips (tarjeta sim)
プリペイドカード	tips prepago
チャージ	recarga
アクティベート	activo

■天気／季節

太陽	sol
晴れ	despejado
曇り	nublado
雨	lluvia
雪	nieve
とても暑い＜寒い＞！	¡Hace mucho calor<frio>!
春	primavera
夏	verano
秋	otoño
冬	invierno

■身体

頭	cabeza
鼻	nariz
耳	oreja
舌	lengua
腕	brazo
腰	cintura
指	dedo
目	ojo
口	boca
歯	dientes
首	cuello
足	pie
手	mano
膝	rodilla

鶏肉をグリルで焼いた、ポジョ・アサードとパパ・フリータ（フライドポテト）

リャマは毛色が白、茶と、そのミックスがいる

■ そのほかの日常語

今日	オイ hoy
きのう	アジェール ayer
午後に	ポル ラ タルデ por la tarde
すぐに	プロント pronto
あとし	デスプエス después
あそこ	アジィ allí
月	メス mes
年	アーニョ año
明日	マニャーナ mañana
午前中に	ポル ラ マニャーナ por la mañana
夜に	ポル ラ ノーチェ por la noche
今	アオラ ahora
ここ	アキ aquí
日、日中	ディア día
週	セマナ semana

■ 色

赤	ロホ rojo
青	アスール azul
黄色	アマリージョ amarillo
黒	ネグロ negro
白	ブランコ blanco
ピンク	ロサ rosa
緑	ベルデ verde
茶色	マロン marrón
オレンジ	ナランハ naranja
無地	リソ liso

洋服の色はカラフル

■ 曜日／月

日曜	ドミンゴ domingo
月曜	ルネス lunes
火曜	マルテス martes
水曜	ミエルコレス miércoles
木曜	フエベス jueves
金曜	ビエルネス viernes
土曜	サバド sábado
1月	エネロ enero
2月	フェブレロ febrero
3月	マルソ marzo
4月	アブリル abril
5月	マヨ mayo
6月	フニオ junio
7月	フリオ julio
8月	アゴスト agosto
9月	セプティエンブレ septiembre
10月	オクトゥブレ octubre
11月	ノビエンブレ noviembre
12月	ディシェンブレ diciembre

■ 数字

1	ウノ uno
2	ドス dos
3	トレス tres
4	クアトロ cuatro
5	シンコ cinco
6	セイス seis
7	シエテ siete
8	オチョ ocho
9	ヌエベ nueve
10	ディエス diez
11	オンセ once
12	ドセ doce
13	トレセ trece
14	カトルセ catorce
15	キンセ quince
16	ディエシ・セイス dieciséis
17	ディエス・シ・シエテ diecisiete
18	ディエス・イ・オチョ dieciocho
19	ディエス・イ・ヌエベ diecinueve
20	ベインテ veinte
21	ベインティ・ウノ veintiuno
30	トレインタ treinta
40	クアレンタ cuarenta
50	シンクエンタ cincuenta
60	セセンタ sesenta
70	セテンタ setenta
80	オチェンタ ochenta
90	ノベンタ noventa
100	シエン cien
200	ドスシエントス doscientos
300	トレスシエントス trescientos
400	クアトロシエントス cuatrocientos
500	キニエントス quinientos
600	セイスシエントス seiscientos
700	セテシエントス setecientos
800	オチョシエントス ochocientos
900	ノベシエントス novecientos
1,000	ミル mil
10,000	ディエス ミル diez mil
100,000	シエン ミル cien mil
1,000,000	ウン ミジョン un millión

フォルムがかわいいプレ・インカ時代、チャンカイの土器

数字を覚えて買い物を楽しもう

参考文献ダイジェスト

旅のスペイン語／参考文献

●ペルーを知るための66章
細谷広美著
[明石書店]

●エクアドルを知るための60章
新木秀和
[明石書店]

●ボリビアを知るための73章
真鍋周三
[明石書店]

●コロンビアを知るための60章
村久則
[明石書店]

●インカ帝国地誌
シエサ・デ・レオン
増田義郎（翻訳）
[岩波文庫]

●インカとスペイン
帝国の交錯（興亡の世界史）
細野徹哉
[講談社]

地球の歩き方
PHOTO BOOK
世界の絶景アルバム101
南米・カリブの旅

「地球の歩き方」の取材から
生まれたフォトブック。南米
の魅力を凝縮。

●マチュピチュ探検記天空都市の謎を解く
マーク・アダムス
森夏樹（翻訳）
[青土社]

●カラー版アマゾンの森と川を行く
高野潤
[中央公論社]

●驚きのアマゾン―遠鎖する生命の神秘
高野潤
[平凡社]

●カラー版　インカ帝国-大街道を行く
高野潤著
[中公新書]

●インカの世界を知る
木村秀雄/高野潤著
[岩波ジュニア新書]

●アンデスの考古学（世界の考古学）
関雄二
[同成社]

●インカ帝国―研究のフロンティア
（国立科学博物館叢書）
島田泉　篠田謙一
[東海大学出版会]

●古代アンデス
―神殿から始まる文明
大貫良夫/加藤泰健/関雄二
[朝日新聞出版]

●文明の創造力-
古代アンデスの神殿と社会
加藤泰建/関雄二
[角川書店]

●岩波 アメリカ大陸古代文明事典
関雄二/青山和夫
[岩波書店]

●天空の帝国インカその謎に挑む
山本紀夫
[PHP研究所]

●ジャガイモのきた道
山本紀夫
[岩波新書]

●黄金郷（エルドラド）伝説
山田篤美
[中央公論新社]

●インカ帝国
―太陽と黄金の民族
カルメン・ベルナン著
阪田由美子訳
[創元社]

●神か黄金か―甦るラス・カサス
グスタボ・グティエレス著
染田秀藤訳　　　　　　[岩波書店]

●カラー版　インカを歩く
高野潤著　　　　　　　[岩波新書]

●アマゾン源流「食」の冒険
―高度差5000mの恵みを味わう
高野潤著　　　　　　　[平凡社]

●インディアスの破壊について
の簡潔な報告
ラス・カサス著　染田秀藤訳
　　　　　　　　　　[岩波文庫]

●アマゾン漢方
永武ひかる著　　　　[NTT出版]

●聖なる予言
ジェームズ・レッドフィールド著
山川紘矢／山川亜希子訳
　　　　　　　　　　[角川文庫]

●ガラパゴス諸島-世界遺産・
エコツーリズム・エルニーニョ
伊藤秀三著
　　　　　　　　　　[角川書店]

●チェ・ゲバラと共に戦った日系
二世の生涯～革命に生きた侍～
マリー前村＝ウルタード／エク
トル・ソラーレス＝前村著　伊
高浩昭監修　松枝愛訳
　　　　　　　　　[キノブックス]

●チェ・ゲバラ伝
三好徹著
　　　　　　　　　　[文春文庫]

●チェ・ゲバラ
―モーターサイクル南米旅行日記
エルネスト・チェ・ゲバラ著
棚橋加奈江訳
[現代企画室]

●深い川
(ラテンアメリカ文学選集8)
ホセ・マリア・アリゲダス著
杉山晃訳　　　　　[現代企画室]

●インカ帝国の虚像と実像
染田秀藤著　　　　　[講談社]

●日本大使館の犯罪
浅野健一著　　　　　[講談社]

●世界遺産 アンデス・インカをゆく
義井豊著　　　　　　[小学館]

●黄金の世界史
増田義郎著　　　　　[小学館]

●アステカとインカ黄金帝国の滅亡
増田義郎著　　　　　[小学館]

●ラテンアメリカ文明の興亡
(世界の歴史18巻)
高橋均／網野徹哉著
　　　　　　　　　　[中央公論社]

●ペルー
―太平洋とアンデスの国―
近代史と日系社会
増田義郎／柳田利夫著
[中央公論新社]

●カント・グランデからの大脱
走―トゥパクアマル革命運動
(MRTA)の闘い
クラリベル・アレグリアほか著
桜井隆志／桜井マリアエレナ訳
[柘植書房新社]

●ガラパゴス博物学
―孤島に生まれた進化の楽園
動物百科
藤原幸一著　　　[データハウス]

●ジャガーの足跡
―アンデス・アマゾンの宗教と儀礼
友枝啓泰／松本亮三編
　　　　　　　　[東海大学出版会]

●アンデスの考古学
関雄二著　　　　　　[同成社]

●マチュピチュ
―写真でわかる謎への旅
柳谷杞一郎著　　　　[雷鳥社]

●世界遺産マチュピチュ村を創
った日本人「野内与吉」物語―
古代アンデス文明の魅力―
野内セサル 良郎／稲村哲也編
　　　　　　　　　　[新記元社]

●聖なる谷
―空中都市マチュピチュを超えて
Hiroshi Makaula Nakae著
　　　　　　　　　[書肆侃侃房社]

●ナスカ砂の王国地上絵の謎
を追ったマリア・ライヘの生涯
楠田枝里子著
　　　　　　　　　　[文春文庫]

●[荒井商店]荒井隆宏のペルー料理
荒井隆宏著
　　　　　　　　　　[柴田書店]

地球の歩き方
gem STONEシリーズ

※電子書籍も好評発売中！

世界遺産
マチュピチュ 完全ガイド

幻の世
界遺産マチ
ュピチュと、
クスコ周辺の
遺跡を徹底
ガイド。

世界遺産
ナスカの地上絵 完全ガイド

広大なパン
パに描かれた
地上絵の謎を
解き明かす。
フライトシミュ
レーションも。

世界遺産
イースター島 完全ガイド

巨大モアイはどうやって立
てられ、どう
して倒され
たのか。モア
イ像の謎を
ひも解く。

世界遺産
ガラパゴス諸島 完全ガイド

世界遺産
第1号のガラ
パゴス諸島。
島に生息する
ユニークな動
植物を詳しく
解説。

さくいん

地球の歩き方 旅の図鑑シリーズ

見て読んで海外のことを学ぶことができ、旅気分を楽しめる新シリーズ。
1979年の創刊以来、長年蓄積してきた世界各国の情報と取材経験を生かし、
従来の「地球の歩き方」には載せきれなかった、
旅にぐっと深みが増すような雑学や豆知識が盛り込まれています。

W01
世界244の国と地域
¥1760

W07
世界のグルメ図鑑
¥1760

W02
世界の指導者図鑑
¥1650

W03
世界の魅力的な
奇岩と巨石139選
¥1760

W04
世界246の首都と
主要都市
¥1760

W05
世界のすごい島300
¥1760

W06
世界なんでも
ランキング
¥1760

W08
世界のすごい巨像
¥1760

W09
世界のすごい城と
宮殿333
¥1760

W11
世界の祝祭
¥1760

W10 世界197ヵ国のふしぎな聖地&パワースポット ¥1870
W13 世界遺産 絶景でめぐる自然遺産 完全版 ¥1980
W16 世界の中華料理図鑑 ¥1980
W18 世界遺産の歩き方 ¥1980
W20 世界のすごい道 ¥1980
W22 いつか旅してみたい世界の美しい古都 ¥1980
W24 日本の凄い神木 ¥2200
W26 世界の麺図鑑 ¥1980
W28 世界の魅力的な道 178選 ¥1980
W30 すごい地球！ ¥2200
W32 日本のグルメ図鑑 ¥1980
W34 日本の虫旅 ¥2200

W12 世界のカレー図鑑 ¥1980
W15 地球の果ての歩き方 ¥1980
W17 世界の地元メシ図鑑 ¥1980
W19 世界の魅力的なビーチと湖 ¥1980
W21 世界のおみやげ図鑑 ¥1980
W23 世界のすごいホテル ¥1980
W25 世界のお菓子図鑑 ¥1980
W27 世界のお酒図鑑 ¥1980
W29 世界の映画の舞台&ロケ地 ¥2090
W31 世界のすごい墓 ¥1980

※表示価格は定価（税込）です。改訂時に価格が変更になる場合があります。

地球の歩き方 シリーズ一覧 2024年8月現在

*地球の歩き方ガイドブックは、改訂時に価格が変わることがあります。 *表示価格は定価（税込）です。 *最新情報は、ホームページをご覧ください。www.arukikata.co.jp/guidebook/

地球の歩き方 ガイドブック

A ヨーロッパ

A01	ヨーロッパ	¥1870
A02	イギリス	¥2530
A03	ロンドン	¥1980
A04	湖水地方＆スコットランド	¥1870
A05	アイルランド	¥2310
A06	フランス	¥2420
A07	パリ＆近郊の町	¥2200
A08	南仏プロヴァンス コート・ダジュール＆モナコ	¥1760
A09	イタリア	¥2530
A10	ローマ	¥1760
A11	ミラノ ヴェネツィアと湖水地方	¥1870
A12	フィレンツェとトスカーナ	¥1870
A13	南イタリアとシチリア	¥1870
A14	ドイツ	¥2420
A15	南ドイツ フランクフルト ミュンヘン ロマンチック街道 古城街道	¥2090
A16	ベルリンと北ドイツ ハンブルク ドレスデン ライプツィヒ	¥1870
A17	ウィーンとオーストリア	¥2090
A18	スイス	¥2200
A19	オランダ ベルギー ルクセンブルク	¥2420
A20	スペイン	¥2420
A21	マドリードとアンダルシア	¥1760
A22	バルセロナ＆近郊の町 イビサ島／マヨルカ島	¥1980
A23	ポルトガル	¥2200
A24	ギリシアとエーゲ海の島々＆キプロス	¥1870
A25	中欧	¥1980
A26	チェコ ポーランド スロヴァキア	¥2420
A27	ハンガリー	¥1870
A28	ブルガリア ルーマニア	¥1980
A29	北欧 デンマーク ノルウェー スウェーデン フィンランド	¥2640
A30	バルトの国々 エストニア ラトヴィア リトアニア	¥1870
A31	ロシア ベラルーシ ウクライナ モルドヴァ コーカサスの国々	¥2090
A32	極東ロシア シベリア サハリン	¥1980
A34	クロアチア スロヴェニア	¥2200

B 南北アメリカ

B01	アメリカ	¥2090
B02	アメリカ西海岸	¥2200
B03	ロスアンゼルス	¥2090
B04	サンフランシスコとシリコンバレー	¥1870
B05	シアトル ポートランド	¥2420
B06	ニューヨーク マンハッタン＆ブルックリン	¥2200
B07	ボストン	¥1980
B08	ワシントンDC	¥2420
B09	ラスベガス セドナ＆グランドキャニオンと大西部	¥2310
B10	フロリダ	¥2310
B11	シカゴ	¥1870
B12	アメリカ南部	¥1980
B13	アメリカの国立公園	¥2640
B14	ダラス ヒューストン デンバー グランドサークル フェニックス サンタフェ	¥1980
B15	アラスカ	¥1980
B16	カナダ	¥2420
B17	カナダ西部 カナディアン・ロッキーとバンクーバー	¥2090
B18	カナダ東部 ナイアガラ・フォールズ メープル街道 プリンス・エドワード島 トロント オタワ モントリオール ケベック・シティ	¥2090
B19	メキシコ	¥1980
B20	中米	¥2090
B21	ブラジル ベネズエラ	¥2200
B22	アルゼンチン チリ パラグアイ ウルグアイ	¥2200
B23	ペルー ボリビア エクアドル コロンビア	¥2200
B24	キューバ バハマ ジャマイカ カリブの島々	¥2035
B25	アメリカ・ドライブ	¥1980

C 太平洋／インド洋島々

C01	ハワイ オアフ島＆ホノルル	¥2200
C02	ハワイ島	¥2200
C03	サイパン ロタ＆テニアン	¥1540
C04	グアム	¥1980
C05	タヒチ イースター島	¥1870
C06	フィジー	¥1650
C07	ニューカレドニア	¥1650
C08	モルディブ	¥1870
C10	ニュージーランド	¥2200
C11	オーストラリア	¥2750
C12	ゴールドコースト＆ケアンズ	¥2420
C13	シドニー＆メルボルン	¥1760

D アジア

D01	中国	¥2090
D02	上海 杭州 蘇州	¥1870
D03	北京	¥1760
D04	大連 瀋陽 ハルビン 中国東北部の自然と文化	¥1980
D05	広州 アモイ 桂林 珠江デルタと華南地方	¥1980
D06	成都 重慶 九寨溝 麗江 四川 雲南	¥1980
D07	西安 敦煌 ウルムチ シルクロードと中国西部	¥1980
D08	チベット	¥2420
D09	香港 マカオ 深圳	¥2420
D10	台湾	¥2090
D11	台北	¥1980
D13	台南 高雄 屏東＆南台湾の町	¥1980
D14	モンゴル	¥2420
D15	中央アジア サマルカンドとシルクロードの国々	¥1870
D16	東南アジア	¥1870
D17	タイ	¥2200
D18	バンコク	¥1980
D19	マレーシア ブルネイ	¥2090
D20	シンガポール	¥2200
D21	ベトナム	¥2090
D22	アンコール・ワットとカンボジア	¥2200
D23	ラオス	¥2420
D24	ミャンマー（ビルマ）	¥2090
D25	インドネシア	¥2420
D26	バリ島	¥2200
D27	フィリピン マニラ セブ ボラカイ ボホール エルニド	¥2200
D28	インド	¥2640
D29	ネパールとヒマラヤトレッキング	¥2200
D30	スリランカ	¥1870
D31	ブータン	¥1980
D33	マカオ	¥1760
D34	釜山 慶州	¥1540
D36	バングラデシュ	¥2090
D37	韓国	¥2090
D38	ソウル	¥1870

E 中近東 アフリカ

E01	ドバイとアラビア半島の国々	¥2090
E02	エジプト	¥2530
E03	イスタンブールとトルコの大地	¥2090
E04	ペトラ遺跡とヨルダン レバノン	¥2090
E05	イスラエル	¥2090
E06	イラン ペルシアの旅	¥2200
E07	モロッコ	¥1980
E08	チュニジア	¥2090
E09	東アフリカ ウガンダ エチオピア ケニア タンザニア ルワンダ	¥2090
E10	南アフリカ	¥2200
E11	リビア	¥2200
E12	マダガスカル	¥1980

J 国内版

J00	日本	¥3300
J01	東京 23区	¥2200
J02	東京 多摩地域	¥2020
J03	京都	¥2200
J04	沖縄	¥2200
J05	北海道	¥2200
J06	神奈川	¥2420
J07	埼玉	¥2200
J08	千葉	¥2200
J09	札幌・小樽	¥2200
J10	愛知	¥2200
J11	世田谷区	¥2200
J12	四国	¥2420
J13	北九州市	¥2200
J14	東京の島々	¥2640
J15	広島	¥2200
J16	横浜市	¥2200

地球の歩き方 aruco

●海外

1	パリ	¥1650
2	ソウル	¥1650
3	台北	¥1650
4	トルコ	¥1430
5	インド	¥1540
6	ロンドン	¥1650
7	香港	¥1650
9	ニューヨーク	¥1650
10	ホーチミン ダナン ホイアン	¥1650
11	ホノルル	¥1650
12	バリ島	¥1650
13	上海	¥1320
14	モロッコ	¥1540
15	チェコ	¥1320
16	ベルギー	¥1430
17	ウィーン ブダペスト	¥1320
18	イタリア	¥1760
19	スリランカ	¥1540
20	クロアチア スロヴェニア	¥1430
21	スペイン	¥1320
22	シンガポール	¥1650
23	バンコク	¥1650
24	グアム	¥1320
25	オーストラリア	¥1760
26	フィンランド エストニア	¥1430
27	アンコール・ワット	¥1430
28	ドイツ	¥1760
29	ハノイ	¥1650
30	台湾	¥1650
31	カナダ	¥1320
33	サイパン テニアン ロタ	¥1320
34	セブ ボホール エルニド	¥1320
35	ロスアンゼルス	¥1320
36	フランス	¥1430
37	ポルトガル	¥1650
38	ダナン ホイアン フエ	¥1430

●国内

北海道	¥1760
京都	¥1760
沖縄	¥1760
東京	¥1540
東京で楽しむフランス	¥1430
東京で楽しむ韓国	¥1430
東京で楽しむ台湾	¥1430
東京の手みやげ	¥1430
東京おやつさんぽ	¥1430
東京のパン屋さん	¥1430
東京で楽しむ北欧	¥1430
東京のカフェめぐり	¥1480
東京で楽しむハワイ	¥1480
nyaruco 東京ねこさんぽ	¥1480
東京で楽しむイタリア＆スペイン	¥1480
東京で楽しむアジアの国々	¥1480
東京ひとりさんぽ	¥1480
東京パワースポットさんぽ	¥1599
東京で楽しむ英国	¥1599

地球の歩き方 Plat

1	パリ	¥1320
2	ニューヨーク	¥1650
3	台北	¥1100
4	ロンドン	¥1650
5	ドイツ	¥1320
7	ホーチミン／ハノイ／ダナン／ホイアン	¥1540
8	スペイン	¥1320
9	バンコク	¥1540
10	シンガポール	¥1540
11	アイスランド	¥1540
13	マニラ セブ	¥1650
14	マルタ	¥1540
15	フィンランド	¥1320
16	クアラルンプール マラッカ	¥1430
17	ウラジオストク／ハバロフスク	¥1430
18	サンクトペテルブルク／モスクワ	¥1540
19	エジプト	¥1320
20	香港	¥1100
22	ブルネイ	¥1430
23	ウズベキスタン サマルカンド ブハラ ヒヴァ タシケント	¥1650
24	ドバイ	¥1320
25	サンフランシスコ	¥1320
26	パース／西オーストラリア	¥1320
27	ジョージア	¥1540
28	台南	¥1430

地球の歩き方 リゾートスタイル

R02	ハワイ島	¥1650
R03	マウイ島	¥1650
R04	カウアイ島	¥1870
R05	こどもと行くハワイ	¥1540
R06	ハワイ ドライブ・マップ	¥1980
R07	ハワイ バスの旅	¥1320
R08	グアム	¥1430
R09	こどもと行くグアム	¥1650
R10	パラオ	¥1650
R12	プーケット サムイ島 ピピ島	¥1650
R13	ペナン ランカウイ クアラルンプール	¥1650
R14	バリ島	¥1430
R15	セブ＆ボラカイ ボホール シキホール	¥1650
R16	テーマパークinオーランド	¥1870
R17	カンクン コスメル イスラ・ムヘーレス	¥1870
R20	ダナン ホイアン ホーチミン ハノイ	¥1650

あなたの**旅の体験談**をお送りください

「地球の歩き方」は、たくさんの旅行者からご協力をいただいて、
改訂版や新刊を制作しています。
あなたの旅の体験や貴重な情報を、これから旅に出る人たちへ分けてあげてください。
なお、お送りいただいたご投稿がガイドブックに掲載された場合は、
初回掲載本を1冊プレゼントします！

ご投稿はインターネットから！

URL www.arukikata.co.jp/guidebook/toukou.html
画像も送れるカンタン「投稿フォーム」
※左記のQRコードをスマートフォンなどで読み取ってアクセス！

または「地球の歩き方　投稿」で検索してもすぐに見つかります

| 地球の歩き方　投稿 | 🔍 | 検索 |

▶投稿にあたってのお願い

★ご投稿は、次のような《テーマ》に分けてお書きください。

《新発見》───ガイドブック未掲載のレストラン、ホテル、ショップなどの情報
《旅の提案》───未掲載の町や見どころ、新しいルートや楽しみ方などの情報
《アドバイス》── 旅先で工夫したこと、注意したこと、トラブル体験など
《訂正・反論》───掲載されている記事・データの追加修正や更新、異論、反論など

> ※記入例「○○編20XX年度版△△ページ掲載の□□ホテルが移転していました……」

★データはできるだけ正確に。
　ホテルやレストランなどの情報は、名称、住所、電話番号、アクセスなどを正確にお書きください。
　ウェブサイトのURLや地図などは画像でご投稿いただくのもおすすめです。

★ご自身の体験をお寄せください。
　雑誌やインターネット上の情報などの丸写しはせず、実際の体験に基づいた具体的な情報をお
　待ちしています。

▶ご確認ください

※採用されたご投稿は、必ずしも該当タイトルに掲載されるわけではありません。関連他タイトルへの掲載もありえます。
※例えば「新しい市内交通バスが発売されている」など、すでに編集部で取材・調査を終えているものと同内容のご投稿をい
　ただいた場合は、ご投稿を採用したとはみなされず掲載本をプレゼントできないケースがあります。
※当社は個人情報を第三者へ提供いたしません。また、ご記入いただきましたご自身の情報については、ご投稿内容の確認
　や掲載本の送付などの用途以外には使用いたしません。
※ご投稿の採用の可否についてのお問い合わせはご遠慮ください。
※原稿は原文を尊重しますが、スペースなどの関係で編集部でリライトする場合があります。

トラベル・エージェント・インデックス

Travel
Agent
INDEX

専門旅行会社で新しい旅を発見!

特定の地域やテーマを扱い、
豊富な情報と経験豊かなスタッフが
そろっている専門旅行会社は、
航空券やホテルの手配はもちろん、
現地の生活情報や最新の生きた情報などを
幅広く蓄積しているのが魅力です。
<トラベル・エージェント・インデックス> は、
旅のエキスパートぞろいの
専門旅行会社を紹介するページです。

※ 広告に記載されている内容(ツアー料金や催行スケジュールなど)に関しては、直接、各旅行代理店にお問い合わせください。
※ 旅行契約は旅行会社と読者の方との直接の契約になりますので、予めご了承願います。

STAFF

制　　作：	清水裕里子	Producer：Yuriko Shimizu	
編　　集：	(有)グルーポ ピコ	Editors：Grupo PICO	
	今福直子／今泉なな	Naoko Imafuku/Nana Imaizumi	
デザイン：	(株)エストール	Designers：Stol Creative	
	エメ龍夢	EMERYUMU	
	ロンディーネ	Róndine	
表　　紙：	日出嶋昭男	Cover Design：Akio Hideshima	
校　　正：	東京出版サービスセンター	Proofreading：Tokyo Shuppan Service Center	
地　　図：	(株)平凡社地図出版	Maps：Heibonsha Cartographic Publishing Co., Ltd.	

取材・撮影：今福直子（グルーポ ピコ）／武居台三（グルーポ ピコ）／平田功（どんぐり・はうす）／原田慶子／後田琢磨

Special Thanks： ペルー共和国大使館／ペルー政府観光局／ボリビア多民族国大使館／
エクアドル共和国大使館／コロンビア共和国大使館／天野博物館／
Museo Rafael Larco Herrera ／ Mickey Tour

写真協力： ©Shutterstock

別　　冊： デザイン：表紙(株)エストール／本文(株)明昌堂　立体地図：(有)コムカッツ

本書の内容について、ご意見・ご感想はこちらまで
〒141-8425 東京都品川区西五反田2-11-8
株式会社地球の歩き方
地球の歩き方サービスデスク「ペルー ボリビア エクアドル コロンビア編」投稿係
URL▶https://www.arukikata.co.jp/guidebook/toukou.html
地球の歩き方ホームページ（海外・国内旅行の総合情報）
URL▶https://www.arukikata.co.jp/
ガイドブック『地球の歩き方』公式サイト
URL▶https://www.arukikata.co.jp/guidebook/

地球の歩き方 B23 ペルー ボリビア エクアドル コロンビア　2020～2021年版
1997年12月19日　　初版発行
2024年　8月23日　　改訂第12版第2刷発行

Published by Arukikata. Co.,Ltd.
2-11-8 Nishigotanda, Shinagawa-ku, Tokyo, 141-8425

著作編集　地球の歩き方編集室
発行人　新井邦弘
編集人　由良暁世
発行所　株式会社地球の歩き方
〒 141-8425　東京都品川区西五反田 2-11-8
発売元　株式会社Gakken
〒 141-8416　東京都品川区西五反田 2-11-8
印刷製本　TOPPAN株式会社

※本書は基本的に 2019 年 8 月～ 11 月の取材データに基づいて作られています。
発行後に料金、営業時間、定休日などが変更になる場合がありますのでご了承ください。
更新・訂正情報：https://www.arukikata.co.jp/travel-support/

●この本に関する各種お問い合わせ先
・本の内容については、下記サイトのお問い合わせフォームよりお願いします。
URL▶ https://www.arukikata.co.jp/guidebook/contact.html
・広告については、下記サイトのお問い合わせフォームよりお願いします。
URL▶ https://www.arukikata.co.jp/ad_contact/
・在庫については　Tel 03-6431-1250（販売部）
・不良品（乱丁、落丁）については　Tel 0570-000577
学研業務センター　〒 354-0045　埼玉県入間郡三芳町上富 279-1
・上記以外のお問い合わせ　Tel 0570-056-710（学研グループ総合案内）

遥か南米、未だ見ぬ絶景へ！

私達が手掛ける世界170ヶ国の中でも、特にこだわりのウユニ塩湖への旅。
朝日から夕日、星空まで、時とともに移りゆく幻想的な絶景を堪能。
トリック写真撮影のお手伝いは勿論、ドローン空撮サービスもございます（※）。
移動の4WDでは全員に窓側席をご用意、高度順応に配慮したゆとりの日程です。
南米の旅作り実績30年以上、経験豊かなスタッフ達がご案内します。

幻想的な雨季のウユニ塩湖（ボリビア）
※2019年9月現在のサービスです。変更となる場合がございます。

資料請求、お問い合わせはこちらまで

0120-287593

代表電話：03-3265-1691　FAX：03-3239-8638
営業時間：月〜金、朝10:00〜夜6:00（土・日・祝休み）
〒102-8642 東京都千代田区平河町2-7-4 砂防会館別館4F

ユーラシアの旅　　検索
https://www.eurasia.co.jp

◆世界170ヶ国を扱う旅行情報誌をプレゼント。
◆専門家を招いての無料講演会、旅行説明会や
　異文化体験イベントを開催しています。
◆テーマを深く掘り下げた知的好奇心・冒険心を
　満たす旅です。イヤホンサービスや手作り観光
　レポートなどで旅の価値をさらに高めます。
◆パッケージツアーは最大人数を7〜25名に制限。平均
　13〜15名程度（2019年実績）の少人数で快適な旅。

観光庁長官登録旅行業第975号
ジャスダック上場企業
JATA正会員
ボンド保証会員

旅行
企画
実施　株式
会社　ユーラシア旅行社

Never Ending Dream

旅行業公正取引
協議会会員

まだ見ぬ南米へ出かけよう！！

南米の絶景

南米旅行なら KONTIKI TOURS
コミュニケーションや言葉に不安があってもサポートします

南米では、日本人にはなじみの少ないスペイン語等が公用語とされているため、
個人で旅行される際に不安に思われる方も多いと思います。
弊社では、全てのツアーで英語又は日本語ガイドをご提供しているため、
安心してご利用いただけます。
また、人気のマチュピチュ・ウユニだけでなく、ガラパゴス諸島やイースター島、
イグアスの滝など南米の旅をトータルコーディネート。

ウユニ塩湖

新たな観光地

ペルーは国土の６０％がアマゾンで、未開拓・未発見の場所であふれています。
弊社は30年に渡り旅行サービスを提供する中で、
多くの新規観光地への現地ツアーをいち早くご提供してまいりました。
最近では、テレビでも取り上げられたレッドリバーをいち早くツアー化いたしました。
定番スポットだけでは物足りない貴方、お気軽にお問い合わせください。

イグアスの滝

＜ JALで行く ワガママ8日間プラン＞
〜マチュピチュ・ウユニ塩湖〜　　**$3,900〜**

時間がなくても大満足、一生に一度は行きたいマチュピチュ・ウユニ塩湖を
プライベートツアーで巡ります。宿泊は 3 つ星以上のホテル利用。
（マチュピチュ：日本語ガイド、ウユニ塩湖：英語ガイド）

レッドリバー

＜格安航空で行く　ペルー3大観光地満喫8日間プラン＞　**$2,627〜**

マチュピチュ、ナスカの地上絵、オアシスの街ワカチナ、
ペルーの観光地のハイライトをすべて巡ります。（学割、早割、お祝い割 ※）

＜JALで行く　ガラパゴス14日間プラン＞
〜先駆けろ！！未開拓の地を巡る旅〜　**$3,125〜**

ペルーの観光地の中でもほとんどの人が行ったことがない未開拓の観光地を巡ります。
クレラップ遺跡やコクタ滝、レバシ墓地遺跡から始まり、ワックラプカラ遺跡、
レッドリバー、マヌージャングル（アマゾン）を巡ります。
普通の観光地じゃ物足りない貴方へ。

マチュピチュ

＜ JALで行く 南米２つの水の秘境を巡る９日間プラン＞
〜イグアスの滝・ウユニ塩湖〜　**$3,897〜**

時間がなくても大満足、一生に一度は行きたいイグアスの滝・ウユニ塩湖を
プライベートツアーで巡ります。宿泊は 3 つ星以上のホテル利用。
（イグアスの滝・ウユニ塩湖：英語ガイド）

ウマンタイ湖

（※上記料金・割引は時期により異なります。詳しくはお問合せ下さい。）

レインボー
マウンテン

KONTIKI TOURS

本社営業所:Jiron Melgar 188,Puno, Puno Peru
クスコ営業所:Calle Intikarwarina 630,
　Cusco, Peru
Tel: +51 960799873

Email: kontiki_jp@kontikiperu.com
ventas@kontikiperu.com
Website: https://www.kontikiperu.com/jp